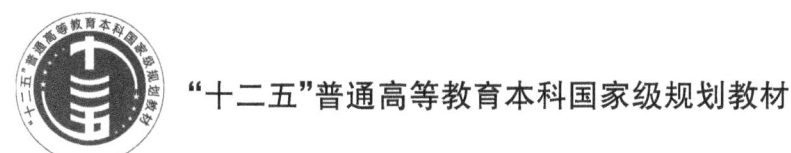
"十二五"普通高等教育本科国家级规划教材

全国普通高等教育医学类系列教材
(供基础、临床、预防、检验、口腔、法医、药学、护理等专业使用)

医学微生物学
(第三版)

戚中田 主编

科学出版社
北京

内 容 简 介

由第二军医大学戚中田教授主编的《医学微生物学》(第二版)入选"十二五"普通高等教育本科国家级规划教材,为进一步落实"十二五"规划教材建设的任务和基本要求,满足教学实践需要,故着手编写《医学微生物学》(第三版)。

第三版增补了细菌分泌系统、细菌免疫系统、细菌群体密度感应调控、细菌自噬和肠出血性大肠埃希菌O104:H4的相关内容;增加了具有重要临床意义的气单胞菌、窄食单胞菌、不动杆菌、莫拉菌属、嗜吞噬细胞无形体以及近年新鉴定的中东呼吸综合征冠状病毒、甲型H7N9禽流感病毒、西尼罗病毒、发热伴血小板减少综合征病毒等;删去了无临床意义的庚型肝炎病毒和TT病毒的内容。同时,新增加第23章放线菌属与诺卡菌属,使全书由原先的38章增加到39章,从而使"三菌"、"四体"、"一病毒"的医学微生物学教学体系更趋合理与完善。新版教材还注重与检验医学和传染病学等临床教材的对接,并在每章后的复习思考题、参考文献与网站资源方面,尽力满足教学实践和执业医师考试的需求。

本书可供基础、临床、预防、检验、口腔、法医、药学、护理等专业的教师、学生及研究人员参考使用。

图书在版编目(CIP)数据

医学微生物学/戚中田主编.—3版.—北京:
科学出版社,2014.11
"十二五"普通高等教育本科国家级规划教材
ISBN 978-7-03-042212-5

Ⅰ.①医… Ⅱ.①戚… Ⅲ.①医学微生物学-高等学校-教材 Ⅳ.①R37

中国版本图书馆CIP数据核字(2014)第243251号

责任编辑:潘志坚 朱灵
责任印制:谭宏宇/封面设计:殷靓

科学出版社 出版
北京东黄城根北街16号
邮政编码:100717
http://www.sciencep.com

南京展望文化发展有限公司排版
广东虎彩云印刷有限公司印刷
科学出版社出版 各地新华书店经销

*

2003年7月第 一 版 开本:889×1194 1/16
2014年11月第 三 版 印张:23
2020年9月第 七 次印刷 字数:713 000
定价:70.00元

《医学微生物学》(第三版)
编辑委员会

主　编　戚中田

副主编　姚　堃　徐志凯　胡福泉

编　委　(以姓氏笔画为序)

王明丽(安徽医科大学)　　　　　　任　浩(第二军医大学)

江丽芳(中山大学中山医学院)　　　安　静(首都医科大学)

严　杰(浙江大学医学院)　　　　　佘菲菲(福建医科大学)

赵　卫(南方医科大学)　　　　　　赵　平(第二军医大学)

胡福泉(第三军医大学)　　　　　　饶贤才(第三军医大学)

姚　堃(南京医科大学)　　　　　　徐志凯(第四军医大学)

黄　瑞(苏州大学医学部)　　　　　戚中田(第二军医大学)

程训佳(复旦大学上海医学院)

第三版前言

我们这本《医学微生物学》于 2003 年出第一版,2009 年出第二版,经过 5 年的使用,今年(2014年)又推出了第三版。第三版教材的改编工作始于 2014 年 5 月,2014 年 9 月定稿。参加第三版教材编写的 15 位编委来自 12 所国内著名高校,他们长期从事教学工作,熟悉国内外现状与进展,具有丰富的教学与教材编写经验。在 4 个月的改编过程中,编委们瞄准前沿并结合教学一线需求,先后两次召开全体编者研讨会,对教材内容体系进行科学设计与有机组合,形成了目前的版本。

《医学微生物学》(第二版)于 2012 年荣幸入选"十二五"普通高等教育本科国家级规划教材,与其相比,第三版教材增补了细菌分泌系统、细菌免疫系统、细菌群体密度感应调控、细菌自噬和肠出血性大肠埃希菌 O104:H4 的相关内容;增加了具有重要临床意义的气单胞菌、窄食单胞菌、不动杆菌、莫拉菌属、嗜吞噬细胞无形体以及近年新鉴定的中东呼吸综合征冠状病毒(MERS-CoV)、甲型 H7N9 禽流感病毒、西尼罗病毒(WNV)、发热伴血小板减少综合征病毒(SFTSV)等;删去了无临床意义的庚型肝炎病毒(HGV)和 TT 病毒的内容,使讲解的病原微生物由第二版的 109 种增加到 116 种。同时,将有关放线菌与诺卡菌的内容独立形成一章(第二十三章放线菌属与诺卡菌属),使全书由第二版的 38 章增加到 39 章,从而使"三菌"(细菌、放线菌、真菌)、"四体"(螺旋体、衣原体、支原体、立克次体)、"一病毒"的教学体系更趋合理与完善。新版教材还注重了与检验医学和传染病学等临床教材的对接,并在每章后的复习思考题和参考文献与网站方面,尽力满足教学实践和执业医师考试的需求。

值此第三版教材交稿付印之际,我由衷地感谢各位编委的辛勤付出,感谢第二军医大学及各编委所在院校的大力支持,感谢科学出版社十分专业的技术指导。限于我们的知识水平和编撰能力,第三版教材难免存在疏漏与不足之处。殷切希望各高校师生和同道们不吝指教,以便再版时进一步完善。

2014.9.8 于上海

目 录

第三版前言

第一章 绪论 … 1

    第一节 微生物 … 1
    第二节 医学微生物学 … 4

第一篇 细 菌 学

第二章 细菌的形态与结构 … 13

    第一节 细菌的大小与形态 … 13
    第二节 细菌的结构 … 14
    第三节 细菌的形态学检查 … 21

第三章 细菌的生理 … 23

    第一节 细菌的理化性状 … 23
    第二节 细菌的营养与生长繁殖 … 24
    第三节 细菌的代谢 … 31
    第四节 细菌的人工培养 … 34
    第五节 细菌的分类与命名 … 36

第四章 消毒灭菌与实验室生物安全 … 39

    第一节 物理消毒灭菌法 … 39
    第二节 化学消毒灭菌法 … 42
    第三节 影响消毒灭菌效果的因素 … 44
    第四节 实验室生物安全 … 45

第五章 细菌的遗传与变异 … 47

    第一节 细菌遗传变异的物质基础 … 47

第二节　基因转移和重组 ·· 51
　　第三节　基因突变 ·· 54
　　第四节　细菌基因表达的调节 ··· 57
　　第五节　细菌遗传变异在医学上的实际意义 ··· 58

第六章　细菌的感染与免疫　61

　　第一节　正常菌群与条件致病菌 ·· 62
　　第二节　细菌的致病机制 ·· 64
　　第三节　感染的发生与发展 ·· 72
　　第四节　抗细菌免疫机制 ·· 74
　　第五节　医院感染 ·· 81

第七章　细菌感染的诊断与防治原则　85

　　第一节　细菌学诊断 ·· 85
　　第二节　血清学诊断 ·· 88
　　第三节　分子生物学诊断 ·· 89
　　第四节　细菌感染的特异性防治 ·· 89

第八章　抗菌药物与细菌耐药性　93

　　第一节　抗菌药物种类与作用机制 ·· 93
　　第二节　细菌的耐药机制 ·· 95
　　第三节　细菌耐药性的防治 ·· 98

第九章　球菌　100

　　第一节　葡萄球菌属 ·· 101
　　第二节　链球菌属 ·· 105
　　第三节　肠球菌属 ·· 109
　　第四节　奈瑟菌属 ·· 111

第十章 肠杆菌科 — 114

- 第一节 埃希菌属 …… 115
- 第二节 志贺菌属 …… 117
- 第三节 沙门菌属 …… 120
- 第四节 克雷伯菌属与变形杆菌属 …… 123

第十一章 弧菌属 — 125

- 第一节 霍乱弧菌 …… 125
- 第二节 副溶血弧菌 …… 127

第十二章 空肠弯曲菌和幽门螺杆菌 — 129

- 第一节 空肠弯曲菌 …… 129
- 第二节 幽门螺杆菌 …… 130

第十三章 厌氧性细菌 — 133

- 第一节 破伤风梭菌 …… 133
- 第二节 产气荚膜梭菌 …… 135
- 第三节 肉毒梭菌 …… 137
- 第四节 艰难梭菌 …… 138
- 第五节 无芽胞厌氧菌 …… 139

第十四章 棒状杆菌属 — 142

- 第一节 白喉棒状杆菌 …… 142
- 第二节 其他棒状杆菌 …… 144

第十五章 分枝杆菌属 — 146

- 第一节 结核分枝杆菌 …… 146

第二节　麻风分枝杆菌 ··· 152
第三节　其他分枝杆菌 ··· 153

第十六章　微小杆菌　155

第一节　嗜血杆菌属 ··· 155
第二节　鲍特菌属 ··· 157
第三节　军团菌属 ··· 159

第十七章　动物源性细菌　162

第一节　布鲁菌属 ··· 162
第二节　耶尔森菌属 ··· 165
第三节　芽胞杆菌属 ··· 168
第四节　土拉弗朗西斯菌 ··· 171

第十八章　其他重要细菌　173

第一节　假单胞菌属 ··· 173
第二节　李斯特菌属 ··· 175
第三节　不动杆菌属与莫拉菌属 ··· 175
第四节　气单胞菌属 ··· 177
第五节　窄食单胞菌属 ··· 177

第十九章　螺旋体　179

第一节　钩端螺旋体属 ··· 180
第二节　密螺旋体属 ··· 183
第三节　疏螺旋体属 ··· 185

第二十章　衣原体　189

第一节　概述 ··· 189
第二节　主要致病性衣原体 ··· 191

第二十一章　支原体　194

　第一节　概述　194
　第二节　主要致病性支原体　197

第二十二章　立克次体　200

　第一节　概述　200
　第二节　主要致病性立克次体　203

第二十三章　放线菌属与诺卡菌属　206

第二篇　病毒学

第二十四章　病毒的形态与结构　213

　第一节　概论　213
　第二节　病毒的大小与形态　214
　第三节　病毒的结构与功能　216
　第四节　病毒衣壳的对称性　218
　第五节　病毒的分类　219

第二十五章　病毒的复制与变异　220

　第一节　病毒的复制　220
　第二节　病毒的遗传与变异　223

第二十六章　病毒感染与免疫　225

　第一节　病毒感染的途径与类型　225
　第二节　病毒感染的致病机制　228
　第三节　抗病毒免疫　229

第二十七章　病毒感染的诊断　233

第一节　分离病毒 ... 234
第二节　检测病毒核酸 ... 235
第三节　检测病毒抗原 ... 236
第四节　检测病毒抗体 ... 237

第二十八章　病毒感染的治疗和预防　239

第一节　病毒感染的治疗 ... 239
第二节　病毒感染的免疫预防 ... 241

第二十九章　肝炎病毒　243

第一节　甲型肝炎病毒 ... 244
第二节　乙型肝炎病毒 ... 246
第三节　丙型肝炎病毒 ... 253
第四节　丁型肝炎病毒 ... 254
第五节　戊型肝炎病毒 ... 255

第三十章　呼吸道病毒　258

第一节　正黏病毒 ... 258
第二节　副黏病毒 ... 264
第三节　冠状病毒 ... 267
第四节　其他呼吸道病毒 ... 270

第三十一章　肠道病毒　273

第一节　脊髓灰质炎病毒 ... 273
第二节　柯萨奇病毒与埃可病毒 ... 275
第三节　新型肠道病毒 ... 276

第三十二章　急性胃肠炎病毒　　　　278

第一节　人轮状病毒 ··· 278
第二节　杯状病毒 ··· 280
第三节　星状病毒与肠道腺病毒 ································· 281

第三十三章　疱疹病毒　　　　282

第一节　概述 ··· 282
第二节　单纯疱疹病毒 ·· 284
第三节　水痘-带状疱疹病毒 ····································· 286
第四节　巨细胞病毒 ··· 287
第五节　EB病毒 ··· 288
第六节　新型人疱疹病毒 ·· 291

第三十四章　逆转录病毒　　　　293

第一节　人免疫缺损病毒 ·· 293
第二节　人嗜T细胞病毒 ·· 300

第三十五章　虫媒病毒　　　　301

第一节　日本脑炎病毒 ·· 302
第二节　登革病毒 ··· 305
第三节　森林脑炎病毒 ·· 306
第四节　西尼罗病毒和发热伴血小板减少综合征病毒 ············ 306

第三十六章　出血热病毒　　　　308

第一节　汉坦病毒 ··· 308
第二节　克里米亚-刚果出血热病毒 ······························ 311
第三节　埃博拉病毒 ··· 312

第三十七章　其他重要病毒　　314

第一节　狂犬病病毒 314
第二节　人乳头瘤病毒 316
第三节　小 DNA 病毒 317
第四节　天花病毒 319
第五节　博纳病病毒 321
第六节　朊病毒 321

第三篇　真　菌　学

第三十八章　真菌学概论　　327

第一节　真菌的生物学性状 327
第二节　真菌的致病性与免疫性 330
第三节　真菌感染的诊断与防治 331

第三十九章　病原性真菌　　333

第一节　浅部感染真菌 333
第二节　深部感染真菌 334

主要参考文献　　338

索引　　339

第一章 绪 论

第一节 微 生 物

We all live in a microbial world, from birth to death, and we all have a variety of microorganisms on and inside our bodies. Microbiology is the study of living organisms of microscopic size. Microorganisms, first seen with a simple microscope about 1676 by the Dutchman Antony van Leeuwenhoek, are generally regarded as living forms that are a group of tiny creatures and relatively simple, usually unicellular in structure. The bacteria and related organisms (rickettsiae, chlamydiae, mycoplasmas and spirochetes) are prokaryotic cells whereas the cells of fungi are eukaryotic. Viruses fall into neither category; they are not cells in the accepted sense and rely on the biochemical processes of the host cell for their replication and propagation. Nearly all becteria are smaller than 100 μm, and a microscope is therefore necessary to see them. Viruses are even smaller, and in most cases an electron microscope is needed to visualize them (Fig. 1-1).

In this chapter, you will become acquainted with the brief history of microbiology, as well as microbes and human diseases. Applications of microbiology have transformed the diagnosis, prevention and cure of disease. Rapid advances and great progresses, spearheaded mainly by Louis Pasteur and Robert Koch, have been made since 1850s. Some of the major events that occurred from 1798 are listed in Table 1-1.

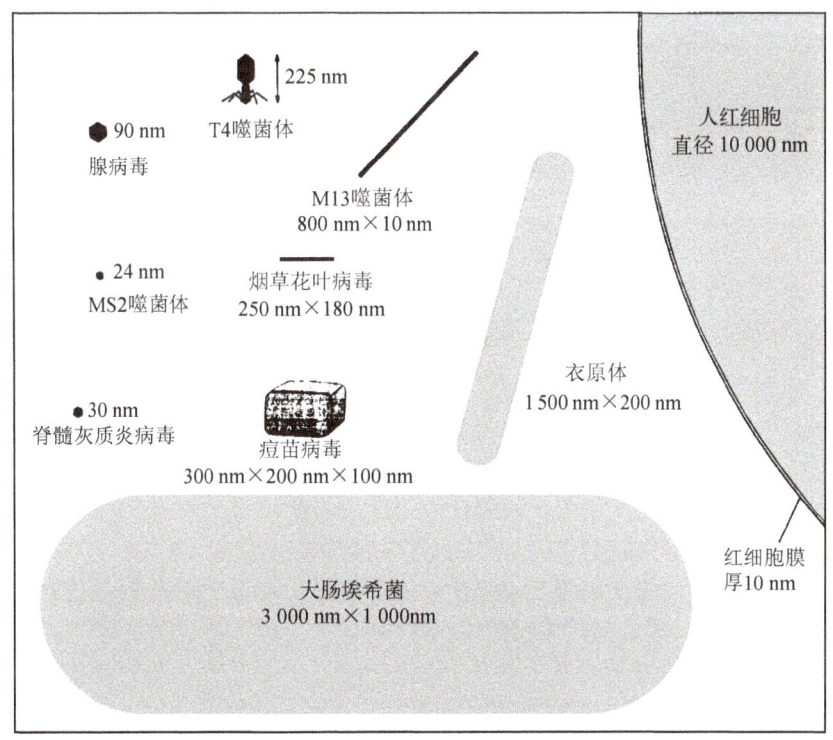

图 1-1 微生物大小比例示意图

一、微生物的特点

微生物(microorganism 或 microbe)是自然界中许多微小生物的总称。微生物的构造简单、种类繁多、形态各异、特性不同,但具有以下共同特点。

(一) 个体微小

微生物的个体极其微小,常以微米(μm,即 10^{-6} m)或纳米(nm,即 10^{-9} m)作为测量其大小的计量单位,并需光学显微镜(light/optical microscope)或电子显微镜(electron microscope)才能观察到。各类微生物间的大小差异也十分明显,较大的如葡萄球菌(staphylococcus)直径约为 1 μm,而较小的如脊髓灰质炎病毒(poliovirus),直径仅约 20 nm。一般细菌的大小介于 0.2 μm 至数个微米之间,病毒的直径多为 20~300 nm(图 1-1)。

(二) 结构简单

微生物的个体一般是由单细胞、简单多细胞或非细胞型的生命物质所构成,结构相当简单。例如,病毒仅含有核酸(DNA 或 RNA)及蛋白质,类病毒(viroid)仅含核酸,而朊病毒(prion)仅含蛋白质。

(三) 种类繁多

生物多样性(biodiversity)是微生物学关注的问题之一。目前所发现的微生物约有 135 000 种,现仍以每年发现 500 种左右的数量不断递增,其种类远多于动、植物。根据其形态、结构、化学组成及生活习性的差异,与医学有关的微生物可归纳成下列三大类(表 1-1)。

表 1-1 病原微生物的种类与主要特性

种	类	大小/μm	形态与结构特点	生活特性	所致疾病
原核细胞型	细菌*	0.5~1.0	单细胞,球状、杆状或弧状,有细胞壁,细胞核分散存在	可人工培养	脑膜炎、肠炎、伤寒、炎症化脓、创伤感染及结核病等
	立克次体	0.5	介于细菌与病毒之间,结构近似细菌,呈球杆状,有细胞壁与细胞膜	活细胞中生长繁殖	斑疹伤寒、恙虫病及 Q 热等
	衣原体	0.3~0.5	介于细菌与病毒之间,球状,有类似细胞壁的结构	活细胞中生长繁殖	沙眼及鹦鹉热等
	支原体	0.2~3.0	形态近似细菌,但没有胞壁,故呈高度多形性,可呈球状、丝状等不规则形状	可人工培养	非典型肺炎等
	螺旋体	5.0~20.0	介于细菌与原虫之间,单细胞,细长螺旋状,有细胞壁、细胞膜及轴丝	少数能人工培养	钩端螺旋体病、回归热及梅毒等
	放线菌	0.5~1.0	单细胞,分枝菌丝状,无典型的细胞核结构	可人工培养	面、颈、胸及腹部或内脏的放线菌病
真核细胞型	真菌	5.0~30.0	单细胞或多细胞,有细胞壁及细胞核,有菌丝与孢子	可人工培养	各种癣病及内脏真菌病
非细胞型	病毒	0.02~0.3	呈球状、砖状、弹状、丝状或蝌蚪状	活细胞中生长繁殖	流行性感冒、麻疹、脑炎、肝炎、非典型肺炎、严重急性呼吸综合征(SARS)等

* 表中的细菌系指除其他原核细胞型微生物之外的传统意义上的细菌。

1. 原核细胞型微生物 原核细胞型微生物(prokaryotic microbe),细胞无核仁和核膜,是一种裸露的原始核,细胞器分化不明显,细菌(bacteria)属此。后来发现,其他原核细胞型微生物的结构与细菌相似,故广义的细菌还包括衣原体(chlamydia)、立克次体(rickettsia)、支原体(mycoplasma)、螺旋体(spirochete)和放线菌(actinomyces)。利用核糖体 RNA(16S rRNA)序列分析技术,现已能较好地揭示真核生物、真细菌和古细菌之间的亲缘关系,也可能成为未来细菌分类的标准。

2. 真核细胞型微生物 真核细胞型微生物(eukaryotic microbe)有核膜、核仁和完整的细胞核,细胞器分化明显。真菌(fungus)是真核细胞型微生物。

3. 非细胞型微生物 非细胞型微生物(acellular microbe)不具有细胞的完整结构与功能,体积比细菌更微小,常需在活的容纳细胞内生长繁殖。病毒(virus)属于此类。

此外,还有一些比病毒更小的特殊的非细胞型微生物,包括卫星病毒(satellite virus)、类病毒、拟病毒(virusoid)和朊病毒等,它们也被统称为亚病毒(subviral agents)等。卫星病毒多与植物感染有关,与人类疾病相关的仅有丁型肝炎病毒(HDV)一种。卫星病毒的基因组为单链 RNA,长度约 500~2 000 个核苷酸,与辅助病毒基因组间无同源性。卫星病毒有两种类型,一类可编码自身的衣壳蛋白(如 HDV),另一类不编码自身衣壳蛋白,仅为病毒 RNA 分子,后者亦称为拟病毒。类病毒呈杆状,为单链环状 RNA 分子,不编码任何蛋白质,无蛋白衣壳,复制时依赖宿主细胞的DNA依赖的RNA多聚酶,主要引起植物病害,尚未发现能引起人类疾病。朊病毒亦称朊粒,是一类仅含传染性蛋白质的致病颗粒,有关内容将在第三十七章介绍。

(四) 繁殖迅速

在生物界中,微生物具有最快的繁殖速度。以二分裂方式繁殖的细菌,在合适条件下的倍增时间约为20 min。以此推算,一个细菌经过24 h后可产生$4\,722\times10^{21}$个后代,总重量可达4 722 t(每个细菌的重量以10^{-12} g计算)。这当然是理论上的计算值,一般培养液内的细菌浓度,通常不超过$(1\times10^8 \sim 1\times10^9)$个/L。由于微生物易于培养且生长快速,再加上有相当宽泛的生化活性,因此常被用作医学研究的模式生物(model organism)。

(五) 数量巨大

微生物的生长条件要求不高,生长繁殖速度特别快,故在土壤、空气和水体中均含有巨大数量的微生物。土壤是微生物的大本营,每克泥土中所含的微生物总数可达数亿至数十亿个。人体肠道内始终集居着数百种微生物,它们属肠道的正常菌群,菌体总数可达100万亿个。

(六) 分布广泛

在地球上,微生物无处不有、无孔不入。人迹所到之处,必定有大量的微生物,人迹不到之处,亦有微生物的存在和活动。目前已在18 000 m高空的同温层尘埃中发现了军团菌和葡萄球菌等数百种微生物;在约3 000 m深并且缺氧的南非地下金矿中也发现微生物的存在。研究极端环境下的微生物,有助于了解生命的极限。例如,嗜盐菌(halophile)可在15%至饱和的(6.2 mol/L)氯化钠水溶液中生长;嗜酸菌(acidophile)可在pH 0.5~3的条件下生长;嗜碱菌(basophile)可在pH 10甚至更高的pH条件下生长;嗜热菌(thermophile)可在85~100℃的陆地温泉(如美国黄石国家公园温泉)、甚至110℃极端黑暗和高压的海底热液出口处生长;嗜冷菌(psychrophile)可在0℃生长;嗜压菌(barophile)可在40 530 kPa甚至更高的压力下生长。此外,细菌芽胞(spore)可在严酷的条件下生存,待到条件适宜则发育成繁殖体。

(七) 代谢旺盛

生物的个体越小,其单位体积所消耗的营养成分就越多。微生物的"胃口"分外大,在合适的环境下,大肠埃希菌每小时约可消耗其自身重量2 000倍的糖类。

(八) 营养源多

微生物的营养谱广泛,在生理和生态方面展现丰富的多样性。真菌和大多数细菌能分解、利用各种有机物,光合细菌能进行光合作用,硫化细菌和硝化细菌能氧化无机物作为生长的能量,需氧菌(aerobe)需要氧气、厌氧菌(anaerobe)不需要氧气,还有在各种极端环境下生活的微生物,它们能利用纤维素、木质素、壳多糖、角蛋白、石油、甲醇、甲烷、天然气、塑料、橡胶、酚类和氰化物等动、植物不能利用的、甚至是剧毒的物质。

(九) 容易变异

微生物的变异(mutation)可分为基因型变异和表型变异。由基因型变异导致的可遗传的表型变异,常使微生物的形态构造、代谢途径、生理类型、药物抗性、抗原性或代谢产物等发生改变。微生物自发变异的频率比较低,一般为$1\times10^{-10}\sim1\times10^{-5}$,但由于其繁殖速度快,故仍可在较短时间内出现大量变异的后代。在医疗实践中,最常见的变异是致病微生物对抗生素产生的耐药性(drug resistance)变异。

(十) 起源很早

我们居住的地球约诞生于40亿年前,原始生命在海洋中以微生物的形式出现,经过长时间的演化才呈现出今日地球上丰富的生物多样性。人类的形成约在300万年前。而最早的微生物约在35亿年前形成,产生氧气的光合细菌约在25亿年前形成,随后大约在5.8亿年前出现需氧菌,约在15亿年前出现了多细胞生物和真核生物,而后出现了动、植物。

1995年,科学家从一个形成于大约2 500万年到4 000万年前的琥珀中蜜蜂体内分离出细菌胞子,并成功将它们复活。此后,又有科学家从盐晶中复活了大约2.5亿年前的胞子。

二、微生物与人类

微生物是地球上最早的"居民",也是至今在地球上分布最广的生物类群。微生物和生态系统中其他生物有各式各样的交互作用,如导致动、植物患病或死亡的寄生作用,动物(或人)肠道中的细菌所进行的互利共生等。此外,微生物在生物圈碳、氮等物质的循环中也扮演重要角色。自然界中微生物的种类平衡、数量稳定及与其他生物的和谐关系有助于我们维持一个可持续生存的地球环境。

在生物制品方面,可用微生物生产胰岛素、干扰素、疫苗等各种基因工程产品,也可用微生物生产抗生素、生物碱等微生物本身的代谢产物;在食品方面,可用微生物生产氨基酸、核苷酸、维生素或其他食品添加剂,可用微生物生产酒、豆腐乳、酱油、醋等发酵食品;在农业方面,可用微生物生产微生物杀虫剂或微生物肥料;在能源方面,可用微生物生产乙醇、甲烷、氢气等;在环境保护方面,可用微生物处理废水、垃圾等。在其他如石油、勘探、化工、制革等行业,微生物也有广泛应用。虽然大约在300多年前人类就发现了微生物,但直到1876年德国学者郭霍(Robert Koch,1843~1910年)证明炭疽杆菌造成炭疽热后,人们才认识到致病微生物与人类健康有着密切关系。

第二节　医学微生物学

微生物学主要包括细菌学、病毒学、真菌学等学科,是研究微生物遗传、变异、形态、结构及功能、代谢、分类、诊断、预防和治疗等的一门学科,是生命科学中一个充满活力的重要组成部分。随着科学的发展,微生物学又形成了许多分支学科,如根据内容划分的微生物生物学、微生物生态学、分子微生物学、细胞微生物学等和根据专业划分的普通微生物学、农业微生物学、工业微生物学、食品微生物学、海洋微生物学、兽医微生物学、古微生物学、医学微生物学等。

医学微生物学(medical microbiology)属于基础医学科学范畴,是微生物学的最重要组成部分。它着重研究与医学有关的致病微生物的生物学性状、与人体的相互作用、感染与致病机制、抗感染免疫等基础理论和技术,以控制和消灭人类传染性疾病、防止生物战争、保障人民健康。医学微生物学在现代生命科学中的重要性与日俱增,在其发展过程中,有数十位科学家荣获诺贝尔奖(表1-2)。我国学者汤飞凡(1897~1958年,图1-2)在1956年利用鸡胚卵黄囊分离培养沙眼衣原体成功,并用自己的眼做实验,为我国医学微生物学的发展作出了重要贡献。

图1-2　汤飞凡(1897~1958年)

人类与微生物的关系源远流长,且从未间断。微生物学发展的历史(history of microbiology)分为下列几个阶段。

表1-2　微生物学发展大事记△

年份	科学家	主要贡献
1676	Leeuwenhoek AV(荷兰)	创制显微镜
1798	Jenner E(英国)	接种牛痘苗
1840	Semmelweis I(匈牙利)	找出"分娩热"原因
1857	Pasteur L(法国)	利用细菌发酵
1861	Pasteur L(法国)	否定疾病"自然发生说"
1864	Pasteur L(法国)	建立巴氏消毒法
1867	Lister J(英国)	采用无菌手术
1876	*Koch R(德国)	提出"细菌致病学说"
1880	Pasteur L(法国)	建立免疫技术
1881	*Koch R(德国)1905年获诺贝尔奖	建立细菌纯培养
1882	*Koch R(德国)	发现结核分枝杆菌
1883	*Koch R(德国)	发现霍乱弧菌
1884	*Metchnikoff E(俄国)	发现巨噬细胞吞噬现象

续 表

年 份	科 学 家	主 要 贡 献
1890	*Von Behring EA(德国)1901年获诺贝尔奖	制成白喉抗毒素
	*Ehrlich P(德国)	提出免疫学说
1892	Winogradsky	提出硫磺循环理论
1905	Koch R(德国)	制成旧结核菌素
1910	*Ehrlich P(德国)	发现梅毒
1928	*Fleming A(英国)1945年获诺贝尔奖	发现青霉素
	*Nicolle CJ(法国)	研究斑疹伤寒
1935	*Northrop JH(美国)	制备病毒结晶
	*Stanley WM(美国)	
	*Sumner JB(美国)	
1939	*Domagk G(德国)	证实百浪多息的抗菌作用
1943	*Delbruck M(法国)	提出噬菌体感染机制
	*Hershey AD(美国)	
	*Luria SE(意大利)	
1944	Avery O(美国)	肺炎链球菌DNA转化实验
1946	*Muller HJ(美国)	用X射线辐射产生突变
1951	*Theiler M(南非)	制成黄热病疫苗
1952	*Waksman SA(美国)	发现链霉素
1953	*Watson JD(美国)	发现DNA双螺旋结构
	*Crick FH(英国)	
	*Wilkins M(英国)	
1954	*Enders JF(美国)	人工培养脊髓灰质炎病毒
	*Robbins FC(美国)	
	*Weller TH(美国)	
1957	*Jacob F(法国)	细菌蛋白合成的乳糖操纵子模型
	*Monod J(法国)	
1958	*Beadle GW(美国)	建立微生物遗传学
	*Tatum EL(美国)	
	*Lederberg J(美国)	
1963	*Blumberg B(美国)	发现HBV的澳大利亚抗原
1966	*Rous FP(美国)	发现Rous病毒
1968	*Holley RW(美国)	发现遗传密码
	*Khorana HG(印度)	
	*Nirenberg MW(美国)	
1971	*Arber W(瑞士)	发现限制性内切酶
	*Smith HO(美国)	
	*Nathans D(美国)	
1973	*Berg P(美国)	首次基因工程实验
	Boyer H(美国)	
	Cohen S(美国)	
1975	*Dulbecco R(美国)	发现反转录酶和DNA肿瘤病毒
	*Baltimore D(美国)	
	*Temin HM(美国)	

续表

年份	科学家	主要贡献
1976	Gajdusek DC(美国)	发现库鲁病和克雅病的慢病毒病因
1982	*Klug A(南非)	发现烟草花叶病毒结构
	*Prusiner SB(美国)	发现朊病毒
1983	*McClintock B(美国)	发现移动基因
1984	*Kohler G(德国)	用杂交瘤技术制备单克隆抗体
	*Milstein C(阿根廷)	
	Jerne N(丹麦)	免疫网络学说
1988	*Deisenhofer J(德国)	发现细菌光合成色素的结构
1989	*Bishop JM(美国)	反转录病毒癌基因的细胞起源
	*Varmus HE(美国)	
1993	*Mullis K(美国)	从耐热菌中分离 DNA 聚合酶，用于 PCR
1997	*Prusiner S(美国)	提出 Prion 是疯牛病的病因
2005	*Marshall BJ(澳大利亚)	发现幽门螺杆菌引起消化性溃疡
	*Warren J R(澳大利亚)	
2008	*Montagnier L(法国)	发现艾滋病病毒(HIV)
	*Barré-Sinoussi F(法国)	
	*Hausen H(德国)	发现导致宫颈癌的 HPV

注：△本表系根据 Tortora GJ 等主编的 Microbiology 第 4 版(1992)和闻玉梅主编的《现代医学微生物学》(1999)改写。* 为诺贝尔奖获得者。表中的年份为获奖者的工作论文发表年份，亦有少数为获奖年份。

(一) 史前时期(1650 年以前)

基本特征是：微生物尚未发现，微生物学尚未建立，而劳动人民在与自然界的斗争中积累了许多利用微生物的实际经验。我国在 3 000 年前就能利用微生物制造酱及食醋，2 500 年前就用霉豆饼敷贴治疗痈疮。明代隆庆年间(1567～1572 年)，预防天花的人痘接种法已在我国广泛使用，并先后传至东南亚、远东、欧洲等地。

(二) 奠基时期(1650～1850 年)

基本特征是：显微镜的发明和微生物的发现。1676 年，荷兰人列文虎克(Antony van Leeuwenhoek，1632～1723 年)(图 1-3)用自磨的镜片，成功制造了一架能放大 226 倍的原始显微镜，并陆续观察了污水、齿垢和粪便等许多标本，发现了许多肉眼看不见的微生物，并描述了它们的形态。显微镜的发明为微生物的发现和揭开微生物世界的奥秘提供了有力工具，具有划时代的意义，为微生物的存在提供了科学依据。

图 1-3 列文虎克(Antony van Leeuwenhoek，1632～1723 年)

(三) 黄金时期(1850～1920 年)

主要特点是：建立了一套独特的微生物研究方法，将微生物与人类生产实践联系起来。这一时期的主要代表人物有法国的巴斯德(Louis Pasteur，1822～1895 年)(图 1-4)和德国的郭霍(Robert Koch，1843～1910 年)(图 1-5)。19 世纪中叶，巴斯德通过研究否定了当时盛行的传染病"自然发生说"，认识到人类传染病、蚕病、酒变酸、有机物发酵等，都是由微生物引起的。从而创立了加温处理牛奶的巴氏消毒法，开创了微生物的生理学时代，是微生物学的奠基人之一。

微生物学的另一奠基人是郭霍，他的贡献是建立了微生物实验方法，创用固体培养基，发明了倾皿法进行微生物纯培养，建立了细菌染色和悬滴培养法。郭霍在对炭疽芽胞杆菌的研究中提出了著名的郭霍法则(Koch's postulates)：① 病原菌在患传染病的个体中存在，在健康者则不存在；② 病原菌能被

图1-4 巴斯德(Louis Pasteur,1822~1895年)

图1-5 郭霍(Robert Koch,1843~1910年)

分离而得纯培养；③ 纯培养接种易感动物,应引发相同疾病；④ 该病原菌可从患病实验动物中重新分离出来,并可在实验室再次培养并与原始病原菌相同。郭霍法则对鉴定病原菌起了重要指导作用,以后又相继发现了结核分枝杆菌和霍乱弧菌等一批严重传染病的病原体,使微生物学的研究从形态进入了功能水平。

继许多细菌被发现后,俄国学者伊凡诺夫斯基(Ivanovskii D)在1892年发现了烟草花叶病病毒。在20世纪早期,植物病毒、动物病毒、细菌病毒和人类病毒等相继被分离与鉴定。

(四) 成熟时期(1920年以后)

20世纪后随着微生物学、遗传学、分子生物学、细胞生物学、生物化学、免疫学、物理学、生物物理学、化学等学科的发展,以及基因工程、细胞培养、电子显微镜、X射线晶体衍射、色谱、聚合酶链反应(PCR)、单克隆抗体、生物芯片、生物质谱和转基因动物等技术的进步,医学微生物学获得了飞速发展。基于免疫荧光、酶联免疫吸附、PCR、基因探针、杂交等一大批特异、敏感、快速的微生物学技术方法相继建立,更加速了人们对病原微生物结构与功能的认识。在20世纪初期,人们开始用磺胺类药物治疗传染性疾病。1929年弗莱明(Fleming A,图1-6)发现了青霉素,1940年弗洛里(Florey HW)等将青霉菌应用于传染性疾病的临床治疗,使许多由微生物引起的传染病得到控制和治愈,为人类健康作出了巨大贡献。

科学的进步极大地推动了微生物学的发展,微生物学的发展反过来也对科学的进步起到很大的促进作用。格里菲斯(Griffith F)1928年在研究肺炎链球菌感染小鼠时发现,并由埃弗雷(Avery O)等在1944年证明的细菌DNA转化现象,1941年比德尔(Beadle G)和塔图

图1-6 弗莱明(Alexander Fleming,1881~1955年)

姆(Tatum E)研究真菌链孢霉(*Neurospora crassa*)时提出了"一个基因一个酶"的理论,1943年鲁里亚(Luria S)等开展的噬菌体遗传学研究等,这些工作都进一步确定了DNA作为遗传物质的作用。1946年里德伯格(Lederberg J)等研究大肠埃希菌的接合现象,证实了遗传信息可由一个细胞传至另一个细胞。微生物学的发展,为1953年沃森(Watson JD)和克里克(Crick F)提出DNA双螺旋结构理论及其后的现代分子生物学研究奠定了基础。病毒反转录酶的发现,使RNA在试管内反转录成DNA成为可能,从而加快了功能基因cDNA的克隆和鉴定,揭示了真核生物基因组的可塑性,丰富了传统"中心法则"的内容。此外,多种病毒载体的出现为研究真核细胞基因表达以及疾病的基因治疗提供了重要手段。

随着医学微生物学的飞速发展,一些新的病原微生物不断地被鉴定,一些过去已被基本控制的致病微生物又重新流行(表1-3),构成了严重的公共健康问题。目前国际上将新发现微生物引起的传染病

称为新发传染病(emerging infectious disease),将由已知微生物重新流行所致的传染病称为再发传染病(re-emerging infectious disease)。近年来,数百种病原微生物的基因组序列被测定,在此基础上阐明了一批微生物基因的结构与功能、基因表达的调控、致病岛基因、微生物与宿主细胞相互作用的物质基础等,这些成果又为研制新型疫苗、新型药物、预防和治疗疾病带来了新的突破。

表1-3 近年确认的病原微生物及所致疾病

年份	病原微生物	疾病名称
1973	轮状病毒(rotavirus)	婴儿腹泻,病毒性腹泻
1974	细小病毒B19(Parvovirus B19)	传染性红斑、慢性溶血性贫血
1976	小圆形病毒(small round virus)	胃肠炎
1976	埃博拉病毒(Ebola virus)	埃博拉出血热(EBOHF)
1977	嗜肺军团菌(*Legionella pneumophila*)	军团菌病
1977	空肠弯曲杆菌(*Campylobacter jejuni*)	肠炎
1977	丁型肝炎病毒(hepatitis D virus)	丁型病毒性肝炎
1978	汉滩病毒(Hantaan virus)	肾综合征出血热(HFRS)
1980	嗜人T细胞白血病病毒Ⅰ型(human T lymphotropic virus,HTLV-Ⅰ)	成人T细胞白血病
1982	嗜人T细胞白血病Ⅱ型(HTLV-Ⅱ)	毛细胞白血病
1982	伯氏疏螺旋体(*Borrelia burgdorferi*)	慢性游走性红斑
1982	大肠埃希菌O157(*Escherichia coli* O157)	肠出血性综合征
1982	朊病毒(prion)	Kuru病、克雅病、传染性早老痴呆症
1983	戊型肝炎病毒(hepatitis E virus)	戊型病毒性肝炎
1983	人免疫缺损病毒(human immunodeficiency virus,HIV)	获得性免疫缺陷综合征(AIDS)
1983	肺炎衣原体(*Chlamydia pneumoniae*)	肺炎衣原体病
1983	幽门螺杆菌(*Helicobacter pylori*)	消化性溃疡、胃炎
1986	人疱疹病毒-6(human herpesvirus 6,HHV-6)	猝发蔷薇疹
1989	丙型肝炎病毒(hepatitis C virus)	丙型病毒性肝炎
1992	霍乱弧菌O139(*Vibrio cholerae* O139)	流行性霍乱
1992	汉赛巴通体(*Bartonella henselae*)	猫抓病
1993	辛诺柏病毒(Sinnombre virus)	汉坦病毒肺综合征
1994	亨德拉病毒(Hendra virus)	肺炎、脑炎
1994	萨比亚病毒(Sabia Virus)	巴西出血热
1994	人疱疹病毒-8(HHV-8)	卡波济肉瘤
1995	庚型肝炎病毒(hepatitis G virus)	庚型病毒性肝炎
1996	牛海绵状脑病(Bovine Spongiform Encephalopathy,BSE)病毒	变异型克雅病(疯牛病)
1997	H5N1禽流感病毒(Avian Influenza virus H5N1)	人禽流感
1997	输血传播的病毒(transfusion transmitted virus,TTV)	TT型肝炎
1997	尼帕病毒(Nipah virus)	尼帕病毒性脑炎
1999	西尼罗病毒(West Nile virus)	西尼罗脑炎
2002	猴痘病毒(monkeypoxvirus)	人猴痘
2003	SARS冠状病毒(SARS-CoV)	严重急性呼吸道综合征(SARS)
2005	猪链球菌-2型(*Streptococcus Suis* 2)	人猪链球菌病
2009	甲型H1N1流感病毒(Influenza A virus H1N1)	甲型H1N1流感
2011	发热伴血小板减少综合征病毒(Severe Fever with Thrombocytopenia Syndrome Virus,SFTSV)	发热伴血小板减少综合征
2012	中东呼吸综合征冠状病毒(Middle East Respiratory Syndrome Coronavirus)	中东呼吸综合征
2013	甲型H7N9禽流感病毒(Avian Influenza A virus H7N9)	甲型H7N9流感

医学微生物学是一门基础医学课程,学习本课程的目的主要是掌握病原微生物的生物学特性、致病

与免疫机制、检验诊断要点及特异防治原则,同时了解生物武器(主要有病毒、细菌、立克次体、衣原体、真菌和毒素等六大类30余种)防御的基本知识,为后续课程的学习打下基础。

(戚中田　任浩)

复习思考题

1. 简述微生物和医学微生物的定义。
2. 试比较三大类微生物及其特点,各举一例予以说明。
3. 郭霍法则的主要内容是什么?你如何评价它?
4. 试述近30年来医学微生物学的主要进展。

第一篇

细菌学

第二章 细菌的形态与结构

The basic forms of bacteria are as follows: coccal, rod shaped, spiral shaped. The bacteria are so minute that they must be visualized at least with a light microscope. The unit for the measurement of bacteria is micron or micrometer which corresponds to 10^{-3} millimeter. According to their shape and mode of division, bacteria may form the following shapes: diplococci, streptococci, staphylococci, tetrads and sarcina, bacilli, coccobacilli, streptobacilli, vibrio and spirilla.

The basic structures of the bacteria consist of cell wall, cell membrane, cytoplasm, nucleus, cytoplasmic structures, etc. Most Gram positive bacteria contain a large amount of special substance, known as the teichoic acid. The Gram negative bacteria contain an another special structure which lies outside of the peptidoglycan layer composed of lipid, protein, and lipopolysaccharides. Some of the bacteria possess besides these structures common to all species, some structures which are peculiar to certain species. They are capsules, flagella, pili and spores.

In order to see the small bacteria, light microscope with variations such as phase contrast technic, dark field illumination and various staining technics will be required to improve their visibility. Generally, staining methods may be divided into two types, the simple and the complex. The most commonly employed differentiating stains are the Gram stain and the acid fast stain.

细菌(bacterium)属于原核细胞型的一种单细胞生物。除细菌外,原核细胞型微生物还包括支原体、衣原体、立克次体、螺旋体和放线菌等。它们形体微小,结构简单,繁殖迅速;无成形细胞核,也无核仁和核膜;除核糖体外无其他细胞器。在适宜的条件下具有相对稳定的形态与结构。一般将细菌染色后用光学显微镜观察,各种细菌有不同的形态特点,而其内部的超微结构须用电子显微镜才能看到。了解细菌的形态对研究细菌特性,鉴别细菌及细菌性疾病诊断和防治等具有重要的理论和实践意义。

第一节 细菌的大小与形态

观察细菌常用光学显微镜,通常以微米(μm)作为测量大小的单位。肉眼的最小分辨率为0.2 mm,用光学显微镜观察细菌形态要放大几百到上千倍才能看到。在营养丰富的人工培养条件下,细菌按其外形描述可分为三类:球菌、杆菌、螺形菌(图2-1),这是浮游细菌(planktonic bacteria)的生命活动形态。但在自然界及人和动物体内,绝大多数细菌黏附在有生命或无生命物体表面,以生物膜(biofilm)的形式存在。

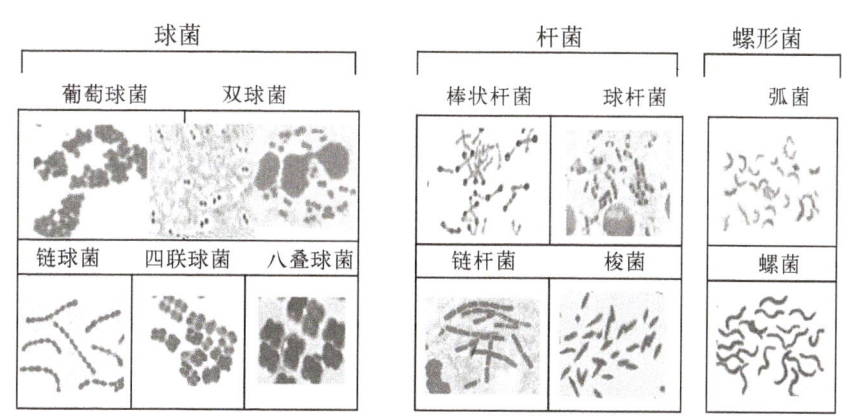

图2-1 细菌的基本形态图示

一、球　　菌

球菌（coccus）呈圆球形或近圆球形，也有矛头状或肾状。单个球菌的直径为 0.8～1.2 μm。

繁殖时由于细菌细胞分裂方向和分裂后细菌粘连程度及排列方式不同分为：

1. **双球菌（diplococcus）**　　球菌在一个平面上分裂后成双排列，如肺炎链球菌、脑膜炎奈瑟菌。
2. **链球菌（streptococcus）**　　球菌在一个平面上分裂后多个细菌粘连排列成链状，如乙型溶血性链球菌。
3. **四联球菌（tetrad）**　　球菌在两个相互垂直的平面上分裂后，以 4 个球菌黏附呈方形，如四联加夫基菌。
4. **八叠球菌（sarcina）**　　球菌在三个互相垂直的平面上分裂后，8 个菌体重叠黏附呈立方体状，如藤黄八叠球菌。
5. **葡萄球菌（staphylococcus）**　　球菌在数个不规则的平面上分裂后，菌体相互黏附堆积在一起，而呈葡萄状排列，如金黄色葡萄球菌。

除上述典型排列方式外，细菌样本或培养物镜下观察常可见到散在的单个菌体。

二、杆　　菌

各种杆菌（bacillus）的大小、长短、弯度、粗细差异较大。大多数中等大小杆菌长 2～5 μm，宽 0.3～1 μm。大的杆菌，如炭疽芽胞杆菌（3～5）×（1.0～1.3）μm，小的如野兔热杆菌（0.3～0.7）×0.2 μm。菌体的形态呈直杆状的多见，也有的菌体微弯。菌体两端多呈钝圆形，少数两端平齐（如炭疽芽胞杆菌）；也有两端尖细（如梭杆菌）或末端膨大呈棒状（如白喉棒状杆菌）；也有分枝状（如结核或麻风分枝杆菌）；也有的末端呈分叉状（如双歧杆菌）；有的菌体短小，近似椭圆形，称球杆菌。排列一般分散存在，无一定形式，偶有成对或链状，个别呈特殊的排列，如栅栏状或 V、Y、L 字样。

三、螺形菌

螺形菌（spiral bacterium）菌体弯曲，可分为以下几类。

1. **弧菌（vibrio）**　　菌体只有一个弯曲，呈弧状或逗点状，菌体长 2～3 μm，如霍乱弧菌。
2. **螺菌（spirillum）**　　菌体有数个弯曲，菌体长 3～6 μm，如鼠咬热螺菌；有的细菌细长，菌体呈弧形或螺旋形，如幽门螺杆菌。

细菌形态受各种理化因素的影响较大，一般说来，在生长条件适宜时培养 8～18 h 的细菌形态最为典型；环境中有不适于细菌生长的物质（药物、抗体、过高的盐分等）时，陈旧的培养物中或细菌衰老时，细菌常常表现为梨形、气球状、丝状、不规则形等多形态（polymorphism），称为衰退型（involution form），增加了识别难度。因此，观察细菌形态和大小特征时，应注意来自机体或环境中多种因素所导致的细菌形态变化，选择细菌对数生长期为最好。

第二节　细菌的结构

细菌的结构包括基本结构和特殊结构，对细菌的生存、致病性和免疫性等均有重要作用。按部位可分为：表层结构，包括细胞壁、细胞膜、荚膜；内部结构，包括细胞质、核糖体、核质、质粒（部分细菌可无）以及芽胞等；外部结构，包括菌毛和鞭毛。通常又把一个细菌生存不可缺少的，或一般细菌都具有的结构称为基本结构，而把某些细菌在特定条件下所形成的结构称为特殊结构（表 2-1）。

表 2-1　细菌的基本结构和特殊结构

分　类	基本结构	特殊结构
表层结构	细胞壁、细胞膜	荚膜
内部结构	细胞质、核糖体、核质	芽胞
外部结构	—	菌毛、鞭毛

一、基本结构

细菌的基本结构包括细胞壁、细胞膜、细胞质(图2-2)。

(一) 细胞壁

细胞壁(cell wall)是细菌表面一层较厚(5~80 nm)、质量均匀的网状结构,结构较复杂。细胞壁坚韧而有弹性,可承受细菌细胞内强大的渗透压而不被破坏。细菌经革兰染色(Gram stain)分为革兰阳性(G^+)菌与革兰阴性(G^-)菌,两类细菌的细胞壁既有共有又有特殊组分,分别予以介绍。

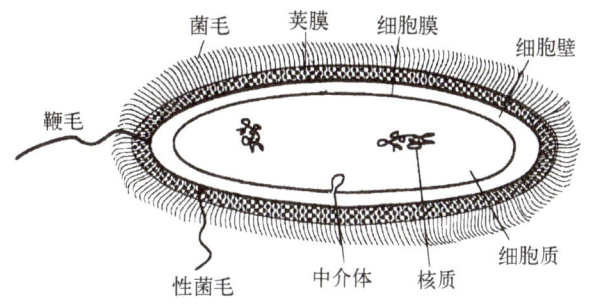

图2-2 细菌的结构模式图

1. G^+菌与G^-菌细胞壁共有组分 主要是肽聚糖(peptidoglycan),又称黏肽(mucopeptide)。合成肽聚糖是原核生物特有的能力。肽聚糖支持细胞壁的机械强度。肽聚糖是由N-乙酰葡糖胺和N-乙酰胞壁酸两种氨基糖经β-1,4糖苷键连接间隔排列形成的多糖支架。在N-乙酰胞壁酸分子上连接四肽侧链,肽链之间再由肽桥或肽链联系起来,组成一个机械性很强的网状结构。各种细菌细胞壁的肽聚糖支架均相同,G^+菌肽聚糖由肽聚糖支架、四肽侧链和五肽桥三部分组成;G^-菌肽聚糖仅由肽聚糖支架、四肽侧链两部分组成。四肽侧链的组成及其连接方式随不同细菌而异。

葡萄球菌(G^+菌)的四肽侧链氨基酸由L-丙氨酸-D-谷氨酸-L-赖氨酸-D-丙氨酸组成。通过一条5个甘氨酸残基组成的肽桥,四肽侧链与另一条四肽侧链第3位L-赖氨酸残基连接,另一端在转肽酶的作用下,与侧链第4位D-丙氨酸残基连接。X射线可观察到肽聚糖的多糖支架是一长条较硬并呈螺旋状卷曲的杆,由于其螺旋状,使得连接在其上的肽链可伸向四方,交联受到一定限制,只有邻近的肽链才可交联。但葡萄球菌的五肽桥较长,有可塑性,使远距离的肽链间也可交联,交联率达90%,形成坚固致密的三维立体网状结构(图2-3)。

大肠埃希菌(G^-菌)的四肽侧链中第三位的氨基酸(L-赖氨酸)均被二氨基庚二酸(DAP)所取代,以DAP直接与相邻四肽侧链中的D-丙氨酸残基相连,且交联率甚低,没有五肽交联桥,形成二维平面结构,因此其结构较革兰染色阳性的葡萄球菌疏松(图2-4)。

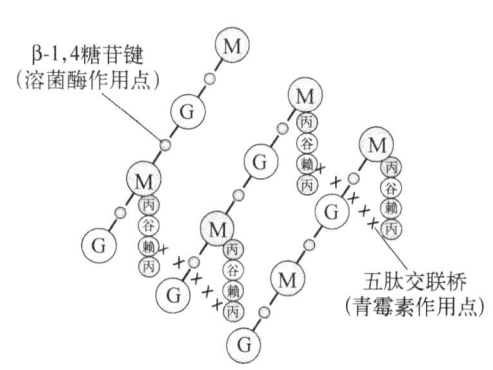

图2-3 金黄色葡萄球菌细胞壁的肽聚糖结构

M:N-乙酰胞壁酸;G:N-乙酰葡糖胺;丙谷赖丙:四肽侧链;×:甘氨酸5肽

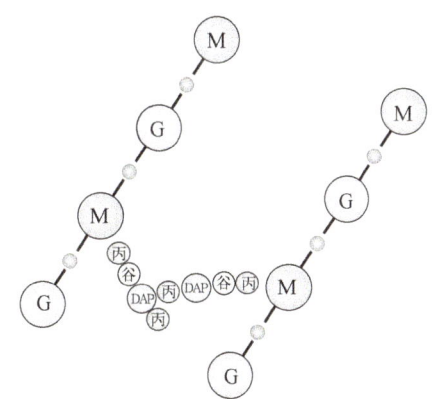

图2-4 大肠埃希菌细胞壁的肽聚糖结构

破坏肽聚糖结构或抑制其合成的物质,都能损害细胞壁而使细菌变形或杀伤细菌,例如溶菌酶(lysozyme)能破坏肽聚糖支架,即切断了肽聚糖中N-乙酰葡糖胺和N-乙酰胞壁酸之间的β-1,4糖苷键之间的联结,引起细菌裂解。青霉素和头孢菌素能竞争细菌合成胞壁过程所需的转肽酶,从而抑制五肽桥与四肽侧链上D-丙氨酸残基之间的联结,使细菌难以合成完整的细胞壁,导致细菌死亡。人和哺乳动物细胞无细胞壁结构,亦无肽聚糖,故溶菌酶和青霉素对人、哺乳动物细胞无毒性作用。除肽聚糖外,G^+菌和G^-菌还各有其特殊结构和组分。

2. G⁺菌细胞壁特殊组分 细胞壁较厚,20～80 nm。有15～50层肽聚糖,每层厚度1 nm,占细胞壁干重的50%～80%。此外,尚有大量特殊组分磷壁酸(teichoic acid)(图2-5)。少数细菌是磷壁醛酸。磷壁酸是由核糖醇(ribitol)或甘油(glycerol)残基经由磷酸二酯键互相交连而成的多聚物。磷壁酸分为两种,一端和细胞壁中肽聚糖的N-乙酰胞壁酸连接者为壁磷壁酸(wall teichoic acid),和细胞膜连接的称膜磷壁酸(membrane teichoic acid)或脂磷壁酸(lipoteichoic acid,LTA);另一端均游离于细胞壁外。磷壁酸抗原性很强,是G⁺菌的重要表面抗原,与细菌的某些代谢活动有关,如调节离子通过黏肽层;也可能参与某些酶活性表达;某些细菌的磷壁酸,其作用类似菌毛,能黏附在宿主细胞表面,可能与致病性有关。此外,少数G⁺菌细胞壁外还有一些特殊的表面蛋白,如金黄色葡萄球菌A蛋白,也与致病性有关。

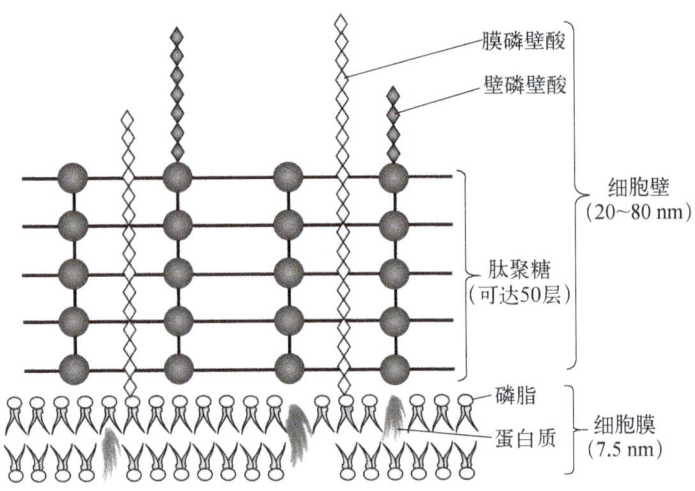

图2-5 G⁺菌细胞壁结构模式图

3. G⁻菌细胞壁特殊组分 细胞壁较G⁺菌薄,有1～2层肽聚糖,10～15 nm,占细胞壁干重的5%～20%。G⁻菌细胞壁特殊组分是位于细胞壁肽聚糖层外侧的外膜层,结构比较复杂,包括脂多糖、脂质双层、脂蛋白三部分(图2-6),约占细胞壁干重的80%以上。

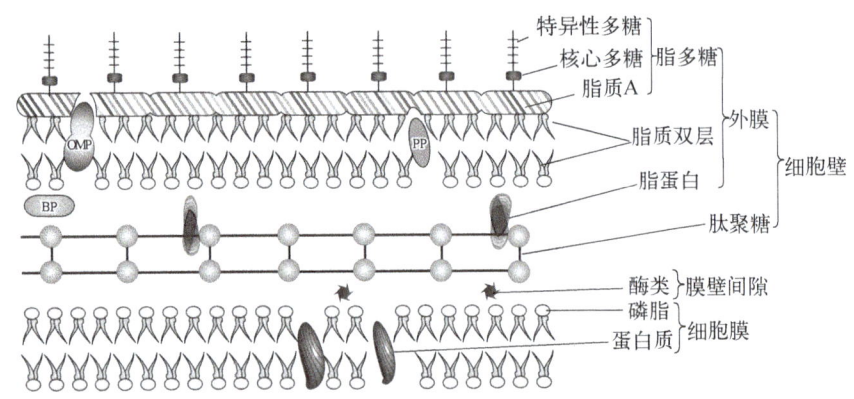

图2-6 G⁻菌细胞壁结构模式图

OMP:外膜蛋白;PP:孔蛋白;BP:结合蛋白

(1)脂蛋白(lipoprotein):一端的蛋白质部分以共价键连接于肽聚糖的四肽侧链上;另一端脂质部分以非共价键连接于外膜的磷酸上。其功能是稳定外膜并将之固定于肽聚糖层。

(2)脂质双层:G⁻菌细胞壁的主要结构,双层内镶嵌着多种蛋白质称为外膜蛋白,除了转运营养物外,还可作为某些噬菌体和性菌毛的受体。此外,外膜蛋白还有屏障作用,抵抗许多化学药物的作用,阻止多种物质透过,因此G⁻菌对青霉素、溶菌酶等比G⁺菌具有较强的抵抗力。用乙二胺四乙酸(EDTA)、2%十二烷基硫酸钠(SDS)或45%酚水溶液等化学物质可以将G⁻菌外膜除去,显露出肽聚糖层。

(3)脂多糖(lipopolysaccharide,LPS):由脂质双层向细胞外伸出,由脂质A、核心多糖、特异性多糖三个部分组成,习惯上将脂多糖称为细菌内毒素。

1) 脂质 A：为一种糖磷脂，是由 β-1,6 糖苷键连接的氨基葡糖聚二糖链，双糖骨架的游离羟基和氨基上可结合多种长链脂肪酸和磷酸集团。不同种属细菌的脂质 A 骨架基本相同，主要区别是各自携带的脂肪酸和磷酸集团不同。脂质 A 是脂多糖(内毒素)的主要毒性部分及生物学活性成分，为 G^- 菌的致病物质。由于无种属特异性，故各种 G^- 菌内毒素引起的毒性作用都大致相同。

2) 核心多糖：位于脂质 A 的外层，由庚糖、己糖(葡萄糖、半乳糖等)、2-酮-3-脱氧辛糖酸(KDO)、磷酸乙醇胺等组成。经 KDO 与脂质 A 共价联结。核心多糖具有属特异性，同一属细菌的核心多糖相同。

3) 特异性多糖：即 O 特异性多糖链。位于脂多糖的最外层，是由数个至数十个低聚糖(3～5 个单糖)重复单位所构成的多糖链。O 特异性多糖链即 G^- 菌的菌体抗原(O 抗原)。不同 G^- 菌的 O 特异性多糖链种类、排列顺序及空间构型各不相同，从而决定了细菌抗原的特异性。O 特异性多糖链丢失可使细菌菌落由光滑型(S 型)变为粗糙型(R 型)。

在 G^- 菌的细胞膜和外膜脂质双层间有一间隙，称为膜壁间隙或周质间隙(periplasmic space)。该间隙含有多种酶类(蛋白酶、解毒酶、核酸酶等)及一些特殊蛋白质，与细菌获取营养、去除有害物质毒性的作用有关。

G^+ 菌和 G^- 菌的细胞壁结构有明显差异(表 2-2)，导致这两类细菌在染色性、抗原性、毒性及对某些药物的敏感性等方面有很大差别。

表 2-2　G^+ 菌与 G^- 菌细胞壁结构的比较

比较内容	G^+ 菌	G^- 菌
强度	较坚韧	较疏松
厚度	厚，20～80 nm	薄，5～10 nm
肽聚糖层数	多，可达 50 层	少，1～2 层
肽聚糖含量	多，占胞壁干重 50%～80%	少，占胞壁干重 10%～20%
磷壁酸	有(膜磷壁酸、壁磷壁酸)	无
外膜	无	有(脂多糖、脂质双层、脂蛋白)
结构	三维空间(立体结构)	二维空间(平面结构)
青霉素作用	敏感	不敏感

4. 细胞壁的功能　细菌细胞壁坚韧而富有弹性，对维持细菌的固有形态起重要作用；可保护细菌抵抗低渗环境影响，承受菌体内的 507～2 533 kPa 的渗透压，使细菌在低渗的环境下细胞不易破裂而生存；细胞壁可允许水分子及直径小于 1 nm 的可溶性小分子自由通过，与物质交换有关；细菌细胞壁上带有多种抗原决定簇，决定其抗原性。

G^+ 菌的磷壁酸带有负电荷，能与 Mg^{2+} 等二价离子结合，有利于菌体内离子平衡；磷壁酸还是 G^+ 菌重要的表面抗原，与细菌血清分型有关。G^- 菌的外膜可保护菌体不易受到宿主体液杀菌物质、肠道胆盐和消化酶的作用，还可阻挡某些抗生素的进入，是细菌有效的保护屏障，也是某些细菌天然耐药的机制之一。

5. 细菌 L 型　L 型是指细菌细胞壁缺陷型。因 1935 年首次在李斯特(Lister)研究所发现，故以其第一个字母命名。人工诱导或自然情况下，细菌 L 型在体内或体外均能产生。在理化或生物因素的作用下，细菌细胞壁中的肽聚糖结构合成被抑制或受到直接破坏，这种细胞壁受损的细菌一般在普通环境中不能存活，因不能耐受菌体内部的高渗透压而胀裂死亡；但在高渗环境下，它们可存活而成为细胞壁缺陷型(细菌 L 型)。G^+ 菌的 L 型称为原生质体(protoplast)，必须生存于高渗环境中。G^- 菌的 L 型肽聚糖层受损后其外还有外膜存在，称为原生质球(spheroplast)，在低渗环境中仍有一定的抵抗力。因缺失细胞壁，细菌 L 型的形态呈多形性，有球状、杆状和丝状。大小不一，着色不匀，形成的细菌 L 型用革兰染色大多数染成阴性。细菌 L 型生长繁殖时的营养要求基本与原菌相似，须在高渗的、含血清和低琼脂的培养液中生长，因而需补充 3%～5% 的 NaCl、10%～20% 蔗糖或 7% 聚维酮(PVP)等稳定剂，以提高培养基的渗透压。制备固体培养基时，在液体培养基中加入 1% 琼脂的同时再加入 10%～20% 人或马血清。细菌 L 型生长较原菌缓慢，一般培养 2～7 d 后在软琼脂平板形成中间较厚、四周较薄的荷包蛋样细小菌落；也有颗粒型和丝状型菌落，细菌 L 型在液体培养基中生长后呈较疏松的絮状颗粒，沉于管底，培养液清亮。

各种细菌 L 型有一个共同的致病特点，即引起组织的间质性炎症和慢性感染。细菌变为 L 型后致病性有所减弱,但在一定条件下 L 型又可回复为原细菌,引起病情加重。细菌 L 型因其形态、培养特性均发生了改变,往往不易查出病原,贻误诊治。近年来研究显示,细菌 L 型与一些慢性感染如尿路感染、结核病、钩端螺旋体病后发症、母婴垂直感染有密切关系。临床遇到有症状明显而样本常规细菌培养阴性者,应考虑到细菌 L 型感染的可能性,宜做细菌 L 型的专门分离培养或更换新抗生素治疗。

(二) 细胞膜

细胞膜(cell membrane)又称质膜(plasma membrane),位于细胞壁内侧,细菌胞质外的一层具有弹性的半渗透性脂质双层生物膜,厚约 7.5 nm,主要由磷脂及蛋白质构成。细胞膜不含胆固醇是与真核细胞膜的重要差别。细胞膜有选择性通透作用,与细胞壁共同完成菌体内外的物质交换。膜上有多种酶类,参与细菌的物质转运、生物合成、呼吸与分泌过程。膜上还有青霉素结合蛋白(PBP),是细菌合成细胞壁肽聚糖的酶类,同时也是青霉素作用的主要位点。

细菌细胞膜可以形成一些特有的结构,用电子显微镜观察,可以看到细胞膜向胞质内凹陷折叠成的囊状物,称为中介体(mesosome)。中介体常位于菌体的侧面或靠近中央横隔处。横隔中介体与核质相连,可有一个或多个。当细菌分裂时横隔中介体也一分为二,各自带一套核质进入子代细胞。中介体扩大了细菌包膜的表面积,相应地增加呼吸酶的含量,可为细菌提供大量能量,有拟线粒体(chondroid)之称,中介体与细菌的分裂、呼吸、胞壁合成和芽胞形成有关。中介体多见于 G$^+$ 菌。

细菌的蛋白分泌系统(protein secretion system)是一种贯穿细菌细胞膜的特殊结构,由不同的膜镶嵌蛋白构成。其分泌的物质主要为蛋白质及少量的蛋白质- DNA 复合物,这些成分有的分布于细菌表面,有的释放到细菌的外环境中,或注入宿主细胞内,参与细菌各种重要生命活动或对宿主细胞的致病作用。根据细菌分泌系统的结构和功能不同,目前确认的有 Ⅰ~Ⅶ 型分泌系统。

(三) 细胞质

细胞质(cytoplasm)是无色透明胶状物,基本成分是水、蛋白质、脂类、核酸及少量无机盐。细胞质中还存在一些胞质颗粒。

1. 拟核(nucleoid) 又称核质,集中在细胞质的某一区域,多见菌体中部,是细菌的遗传物质,决定细菌的遗传特征。它与真核细胞的细胞核不同点在于四周无核膜,无组蛋白包绕,不成形。由于其功能与真核细胞的染色体相似,故通常也称其为细菌染色体。一个菌体内一般含有1~2个核质。研究证明,细菌的核质由双股 DNA 组成,由单一的一根环状 DNA 分子反复旋曲盘绕而成。细菌的核质除 DNA 外,还有少量的 RNA 和组蛋白样蛋白。大肠埃希菌的染色体分子质量为 3×10^6 kDa,伸展后长度约达 1.1 mm,约含 5×10^6 个碱基对,可携带 3 000~5 000 个基因,以满足细菌生命活动的需要。核质控制细菌的各种遗传性状。细菌胞质中含有大量 RNA,用碱性染料染色后着色很深,将核质掩盖,不易显露。若用酸或 RNA 酶处理,使 RNA 水解,再用富尔根(Feulgen)法染色,便可染出拟核,在普通光学显微镜下可以看到呈球状、棒状或哑铃状的核质形态。

2. 质粒(plasmid) 是染色体外的遗传物质,为双股环状 DNA。分子质量比染色体小得多,可携带细菌的某些遗传信息,例如耐药因子、细菌素及性菌毛的基因均编码在质粒上。质粒能独立进行复制。某些情况下质粒可丢失,失去质粒的细菌仍能正常存活。质粒可通过性菌毛接合、噬菌体转导等途径将有关性状传递给另一个(种)细菌(详见第五章)。

3. 核糖体(ribosome) 是细菌合成蛋白质的场所,存在于细胞质中,数目可达数万个。电子显微镜下可见到胞质中有大量沉降系数为 70S 的颗粒,即为核糖体。其化学组成 70% 为 RNA,30% 为蛋白质。核糖体与正在转录的 mRNA 相连成串珠状,成为多聚核糖体(polyribosome)。细菌 70S 核糖体由 50S 和 30S 两个亚基组成,链霉素能与细菌核糖体的 30S 亚基结合;红霉素能与其 50S 亚基结合,干扰了细菌蛋白质的合成,导致细菌死亡。真核细胞的核糖体为 80S,因此作用于细菌核糖体的药物对人体细胞并无影响。

4. 胞质颗粒(cytoplasmic granule) 大多为营养储藏物,包括淀粉、糖原等多糖,脂类和磷酸盐。不同细菌、不同生长期、养料和能量充足与短缺等情况下,胞质颗粒可多少不一。较为常见的是储藏高能磷酸盐的异染颗粒(metachromatic granule),嗜碱性较强,用特殊染色可以看得更清晰。如白喉棒状杆菌的异染颗粒多位于菌体两端,用革兰染液或亚甲蓝染色,异染颗粒呈深紫或深蓝色;用 Albert 法染色,菌体染成绿色,异染颗粒呈蓝黑色。观察异染颗粒的形态、位置及染色,有助于鉴定白喉棒状杆菌。

二、特殊结构

细菌的特殊结构包括荚膜、鞭毛、菌毛和芽胞。

(一) 荚膜

许多细菌胞壁外围绕一层较厚、黏性、胶冻样的物质,其厚度在 0.2 μm 以上,普通染色不易着色,与四周有明显界限,普通显微镜下可见,称为荚膜(capsule),如肺炎链球菌荚膜(图 2-7)。多数细菌(肺炎链球菌、脑膜炎奈瑟菌等)的荚膜由多糖组成。链球菌荚膜为透明质酸;少数细菌的荚膜为多肽(炭疽芽胞杆菌荚膜为D-谷氨酸的多肽)。荚膜厚度在 0.2 μm 以下者,在光学显微镜下不能直接看到,须借助电镜或免疫学方法才能证明,称微荚膜(microcapsule),如溶血性链球菌的M蛋白、伤寒沙门菌的Vi抗原及大肠埃希菌的K抗原等。

细菌荚膜的形成与环境和营养有关,一般在机体内和营养丰富的培养基中才能形成荚膜。产生荚膜的细菌在固体培养基上形成光滑型(S型)或黏液型(M型)菌落;失去荚膜后菌落变为粗糙型(R型)。细菌生存过程中可丢失荚膜,失去荚膜的细菌仍可存活。荚膜的主要功能有:

1. 与细菌的毒力有关 荚膜黏液层比较光滑,多糖类荚膜亲水且带负电荷,不易被吞噬细胞捕捉。调理吞噬在吞噬、消化细菌中有重要作用,荚膜占据的空间和屏障作

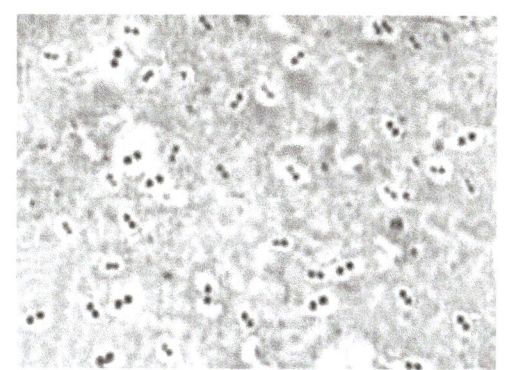

图 2-7 肺炎链球菌荚膜(革兰染色×1 000)

用能阻止活化补体 C3b 的结合,减低补体介导的杀伤作用,因而能保护细菌免遭吞噬细胞的吞噬和消化。

2. 潴留水分 荚膜能潴留水分而使细菌抗干燥,并对其他因子(溶菌酶、补体、抗体、抗菌药物等)的侵害有一定抵抗力。

3. 附着物质表面并参与生物膜形成 如变异链球菌与龋齿发生、铜绿假单胞菌(依靠荚膜附着于住院患者的医用导管内)与医院交叉感染发生有直接的关系。

(二) 鞭毛

多种细菌(大多数的杆菌、少数球菌和全部的弧菌及螺菌)菌体上具有细长而弯曲的丝状物,称为鞭毛(flagellum)。鞭毛的长度常超过菌体若干倍。根据不同细菌的鞭毛数目、位置和排列不同,可分为单毛菌(monotrichate)、双毛菌(amphitrichate)、丛毛菌(lophotrichate)、周毛菌(peritrichate)等类型(图 2-8)。

鞭毛自细胞膜长出,游离于细胞外(图 2-9)。用电子显微镜研究鞭毛的超微结构,证实鞭毛的结构由三部分组成:基础小体、钩状体和丝状体(图 2-10)。

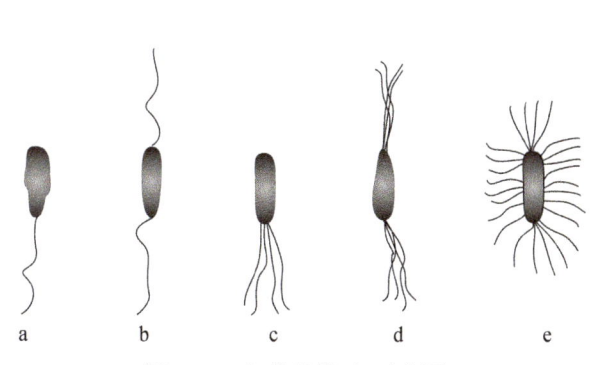

图 2-8 细菌的鞭毛(示意图)
a. 单毛菌;b. 双毛菌;c、d. 丛毛菌;e. 周毛菌

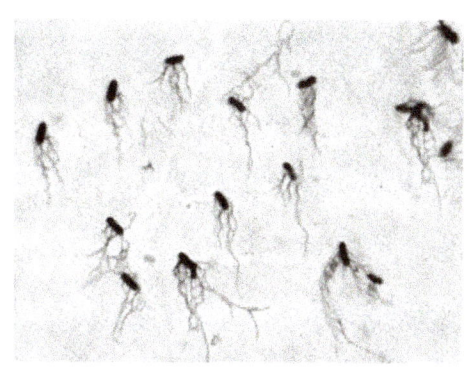

图 2-9 伤寒沙门菌鞭毛(鞭毛染色×1 000)

1. 基础小体(basal body) 位于鞭毛根部,埋在细胞壁中。G⁻菌鞭毛的基础小体由一根圆柱和两对同心环所组成,一对是M环与S环,附着在细胞膜上;另一对是P环与L环,串联在胞壁的肽聚糖和外膜上(M、S、P、L分别代表细胞膜、膜上、肽聚糖、外膜中的脂多糖),与钩状体相接。少数G⁺菌有鞭毛,因细胞壁无外膜,其鞭毛只有M与S环而无P环和L环。鞭毛运动需要能量,细胞膜中的呼吸链可供其所需。

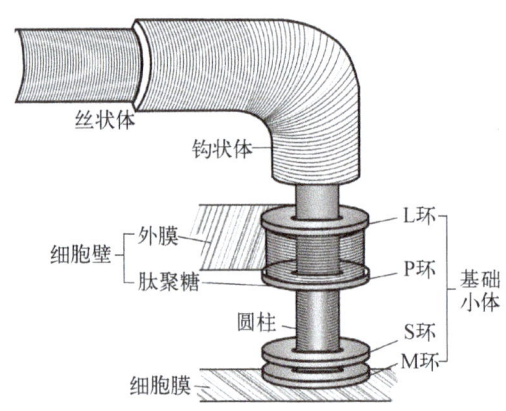

图 2-10 大肠埃希菌鞭毛根部结构模式图

2. 钩状体(hook) 指鞭毛伸出菌体的部分,呈90°钩状弯曲,鞭毛由此转变向外伸出,成为丝状体。钩状体的功能是使鞭毛在运动时起旋轴的作用。

3. 丝状体(filament) 伸出菌体之外,呈纤丝状,由紧密螺旋状缠绕的鞭毛蛋白亚单位构成,丝状体为中空的管状结构。鞭毛蛋白的氨基酸组成与骨骼肌中的肌动蛋白相似,可能与鞭毛的运动性有关。

鞭毛是细菌的运动器官,鞭毛的转动主要靠质子泵,驱动质子向细胞内梯度流动或靠钠离子的梯度流动。有鞭毛的细菌往往有化学趋向性,常朝有高浓度营养物质的方向移动,而避开对其有害的环境。这与膜内某种特异性蛋白质由cGMP介导的去甲基化有关。营养物质的吸引作用可抑制蛋白质的去甲基化,细菌朝吸引物质方向移动;有害物质的刺激作用可激活蛋白质的去甲基化,细菌朝有害物质相反方向移动。鞭毛极细,一般染色不能看到,常用特殊方法,如鞭毛染色或镀银染色观察;也可将样本用悬滴法或压滴法在显微镜下直接观察运动;也可将细菌以穿刺法接种于半固体培养基观察动力。细菌有无鞭毛及鞭毛的数量、分布可用以鉴别细菌。

鞭毛抗原有很强的抗原性,通常称为H抗原,利用免疫学方法对某些细菌进行鉴定、分型及分类具有重要意义。

少数细菌的鞭毛与致病性间接有关,如霍乱弧菌和空肠弯曲菌能通过鞭毛运动穿透覆盖在小肠黏膜表面的黏液层,利于细菌黏附于肠黏膜上皮细胞,产生毒性物质导致疾病的发生。

(三) 菌毛

菌毛(pilus)是许多 G^- 菌菌体表面遍布的比鞭毛更为细、短、直、硬、多的丝状蛋白附属物,也称纤毛(fimbriae)。其化学组成是菌毛蛋白(pilin),在光学显微镜下看不见,使用电子显微镜才能观察到。菌毛与运动无关。菌毛可分为普通菌毛(common pilus)和性菌毛(sex pilus)。

1. 普通菌毛 普通菌毛长 0.3~2.0 μm,直径 7 nm,可多达数百根。具有黏着细胞(红细胞、上皮细胞)和定植各种细胞表面的能力,它与某些细菌的致病性有关。无菌毛的细菌则易被体内黏膜细胞的纤毛运动、肠蠕动或尿液冲洗而排除,细菌失去菌毛,致病力亦随之减弱或丧失。

2. 性菌毛 性菌毛仅少部分 G^- 菌具有,较普通菌毛量少,只有1~4根,比普通菌毛长而粗,中空呈管状。性菌毛由质粒携带的一种致育因子(fertility factor)的基因编码,故性菌毛又称F菌毛。带有性菌毛的细菌称为 F^+ 菌或雄性菌,无性菌毛的细菌称为 F^- 菌或雌性菌。性菌毛能在细菌之间传递DNA,通过这种方式也可传递细菌的毒性及耐药性,是某些肠道杆菌容易产生耐药性的原因之一。某些噬菌体通过性菌毛吸附于敏感细菌表面。

(四) 芽胞

在一定条件下,芽胞杆菌属(如炭疽芽胞杆菌)及梭状芽胞杆菌属(破伤风梭菌、产气荚膜梭菌等)能在菌体内形成一个折光性很强的不易着色小体,称为内芽胞(endospore),简称芽胞(spore)。芽胞并非细菌的繁殖体,而是躲避恶劣环境、维持细菌生存而处于代谢相对静止的休眠体。

能产生芽胞的细菌均为 G^+ 菌。通常芽胞只在动物体外才能形成,受环境影响较大,当营养缺乏,特别是碳源、氮源或磷酸盐缺乏时,容易形成芽胞。不同细菌形成芽胞还需不同的条件,如炭疽芽胞杆菌和破伤风梭菌,前者须在有氧条件下,而后者必须在厌氧条件下才能形成芽胞。芽胞含水量少(约40%),蛋白质受热不易变性。芽胞具有多层厚而致密的包膜结构,由内向外依次为核心、内膜、芽胞壁、皮质、外膜、芽胞壳和芽胞外衣(图2-11)。特别是芽胞壳,无通透性,有保护作用,能阻止化学药品渗入。芽胞形成时能合成一些特殊的酶,这些酶较其繁殖体中的酶具有更强的耐热性。芽胞核心和皮质层中含有大量吡啶二羧酸(dipicolinic acid,DPA),占芽胞干重的 5%~15%,这种成分在细菌繁殖体和其他生物细胞中都没有,为芽胞所特有。芽胞形成过程中很

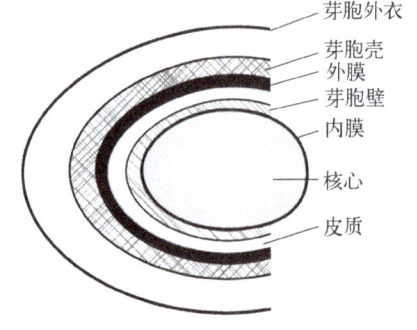

图 2-11 细菌芽胞的结构模式图

快合成 DPA，DPA 能以一种特殊的作用方式，使芽胞中的酶类获有很高的稳定性和耐热性。

成熟的芽胞可被多种正常代谢物如丙氨酸、腺苷、乳酸、葡萄糖等激活而发芽。先是芽胞酶活化，皮质层及外壳迅速解聚，水分进入，在合适的温度和营养条件下，芽胞的核心向外生长成繁殖体，开始发育和分裂繁殖。芽胞多呈圆形或椭圆形，其直径和在菌体内的位置随菌种而不同，这种形态特点有助于细菌鉴别（图 2-12）。例如，破伤风梭菌芽胞正圆形、比菌体大，位于顶端，如鼓槌状；肉毒梭菌芽胞椭圆形、比菌体大，位于次末端，如网球拍状；炭疽芽胞杆菌的芽胞为卵圆形、比菌体小，位于菌体中央。芽胞在自然界分布广泛，在野外施工和战伤中有重要病原学意义。因此要严防芽胞污染伤口、用具、敷料、手术器械等。芽胞的抵抗力强大与其结构紧密相关：① 含水量少，使蛋白质及酶类具有耐热性；② 核心和皮质中含有吡啶二羧酸；③ 多层致密的厚膜结构，阻挡理化因素的透入。因此芽胞对热

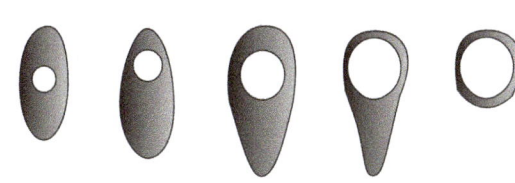

图 2-12　细菌芽胞的大小、形状和位置模式图

力、干燥、辐射、化学消毒剂等理化因素均有强大的抵抗力，用一般的方法不易将其杀死。炭疽芽胞杆菌的芽胞污染的草原，几十年后都有发生再感染的可能性。有的芽胞可耐 100℃ 沸水煮沸数小时，杀灭芽胞最可靠的方法是高压蒸汽灭菌。临床进行消毒灭菌时通常以芽胞是否被杀死作为判断灭菌效果的指标。

第三节　细菌的形态学检查

细菌的形态学检查包括对细菌镜下形态和菌落形态的观察。细菌镜下形态可分为活菌及死菌、染色样本及非染色样本。镜下形态观察对某些细菌感染有诊断意义。菌落形态的观察则需在临床检验科或专门实验室进行，是细菌培养鉴定的一项重要内容。

一、镜检观察细菌特征的种类

普通光学显微镜或附加暗视野集光器、相差、荧光装置等附件，放大 1 000～2 000 倍，即可满足细菌细胞形态和与相应抗体特异结合反应的观察要求。

（一）观察染色性和特殊结构

G^+ 菌和 G^- 菌对不同药物的敏感性不同，可初步帮助选择细菌性感染治疗药物；抗酸染色多用于分枝杆菌属（结核分枝杆菌、麻风分枝杆菌等）的实验诊断。有些细菌细胞质中有独特的异染颗粒，用其特殊染色后观察可作为诊断的依据。样本染色后镜下观察和描述的主要内容应包括细菌的大小、形状、排列、有无荚膜、鞭毛、芽胞等特殊结构等。

（二）观察活菌动力特征

有鞭毛的细菌具有动力，单鞭毛的细菌比周毛菌运动快，如霍乱弧菌镜下呈活泼运动。常用不染色的压片法或悬滴样本法。用暗视野显微镜观察，效果更佳。除霍乱弧菌、弯曲杆菌等细菌外，其他病原菌中的梅毒苍白密螺旋体、钩端螺旋体特有的形态和运动方式，对临床诊断有意义。

（三）镜下免疫反应

利用抗原抗体免疫学反应原理与细菌形态相结合。例如，有荚膜细菌滴加特异抗体后出现细菌荚膜显著增大并出现肿胀，称荚膜肿胀试验，常用于肺炎链球菌、流感嗜血杆菌等检测；有动力的细菌滴加特异抗体后，于 3～5 min 内细菌停止运动并产生凝集，动力消失，为制动试验（如霍乱弧菌）。此外，还可使用荧光抗体或酶标抗体染色。

（四）药物作用（串珠试验）

炭疽芽胞杆菌在低浓度青霉素作用下，由于细胞壁的生物合成受阻，细胞膜受胞质的压力作用，使炭疽芽胞杆菌由竹节状变为球形呈串珠状排列，称串珠试验。此为炭疽芽胞杆菌所特有现象，可作为其重要鉴别方法之一。

二、细菌镜检样本的制备和染色方法

（一）制备不染色样本

常用压片法和悬滴法。压片法：用无菌毛细管吸取待检液体样本后，载玻片上点留少许吸取物，加

盖玻片，压片后立即镜检。操作中要防止待检样本出现气泡、溢出和干涸。悬滴法：在盖玻片上滴样同压片法，滴量稍多。在事先准备好的凹玻片凹窝四周涂加少量凡士林，将凹玻片的凹窝对准液滴放置载玻片上，轻压黏着后翻转，镜检。因液滴下垂故称悬滴法。

（二）制备染色样本和染色

临床样本可选取血液、分泌及排泄物、穿刺液和实验室液体培养物，直接涂片；固形培养物（菌落或菌苔）可加少量生理盐水后涂片。病变部位采样的棉拭子，感染动物脏器可用无菌手术刀切面，直接涂片。涂片后自然风干，涂片背部通过火焰（3次）固定，亦可用甲醇、甲醛等方法固定。

用单一染料染色的方法为单染色。常用的染色液有沙黄水溶液、苯酚复红稀释液、碱性美蓝（亚甲蓝）和吉姆萨（Giemsa）染色液等。单染色法简便、易行。碱性亚甲蓝和吉姆萨染液具有一定的双色性，有荚膜的炭疽芽胞杆菌用碱性亚甲蓝染色可将菌体染成蓝色，荚膜呈粉红色；用碱性亚甲蓝染色可显示样本中白喉棒状杆菌、鼠疫耶尔森菌异染颗粒；临床上用此法染色检出尿道脓性分泌物中淋病奈瑟菌和脑脊液中脑膜炎奈瑟菌均有较好效果。吉姆萨或Giménez染色多用于组织染色，常用于立克次体、衣原体和螺旋体检查。

复染色或特殊染色是指使用两种以上染料组成的染色程序。常用的有：① 革兰染色：紫蓝色为阳性菌，红色为阴性菌。② 抗酸染色：杂菌和背景染成蓝色，结核分枝杆菌、麻风分枝杆菌染成红色。③ 墨汁负染色：常用于某些有荚膜细菌或真菌（如新生隐球菌）染色。取优质绘图墨汁、待检菌悬液和蒸馏水各一接种环置载玻片上混合涂片，待干镜检。呈现黑色背景，菌体荚膜呈现空白环状。④ 芽胞染色：细菌芽胞常规染色不着色，芽胞染色可观察到不同芽胞形状。方法是先用水溶性色素孔雀绿染液加热染色，充分水洗后，再用沙黄染液复染，芽胞一旦着色后不易脱色。菌体部分经水洗孔雀绿退色，复染时染成粉红色。

三、镜检可初步诊断的细菌感染

临床考虑细菌感染并有症状作为参考，同时用无菌技术在特定的病变部位采样涂片，染色镜检发现细菌典型形态特征的可做出初步检验诊断。但对烈性传染病如鼠疫、霍乱等病原菌的确诊，必须慎重并严格按检验程序完成，单凭镜检不宜下最后的诊断。临床常见的通过镜检可做出初步诊断的细菌感染见表2-3。

表2-3　临床涂片染色镜检可初步诊断的细菌感染

疾病种类	样本取样	染色方法	镜下结果
白喉	鼻、咽病变部位假膜棉拭子	革兰或亚甲蓝染色	革兰阳性棒状杆菌，有异染颗粒
结核	痰、胸水或尿沉淀	抗酸染色	结核分枝杆菌红色、杂菌及背景蓝色
麻风	病变组织刮取液	抗酸染色	麻风分枝杆菌红色、束状，背景蓝色
流脑	瘀斑血、组织液、离心脑脊液	革兰或亚甲蓝染色	吞噬细胞内外革兰阴性双球菌
淋病	泌尿生殖道脓性分泌物、子宫颈口表面分泌物	革兰或亚甲蓝染色	吞噬细胞内革兰阴性双球菌
霍乱	米泔水样便	革兰染色、制动试验	革兰阴性弧菌，动力阳性
炭疽	痰、病变渗出物	革兰或亚甲蓝染色、串珠试验	革兰阳性竹节状大杆菌，串珠试验阳性
鼠疫	痰、血液、淋巴结穿刺液	革兰或亚甲蓝染色	革兰阴性菌，两端浓染球杆菌，多形性

（吕欣　徐志凯）

复习思考题

1. 细菌的基本形态有哪几类？举例说明。
2. 细菌的基本结构包括哪些？简述其主要作用。
3. 细菌的特殊结构包括哪些？简述其主要功能。
4. 简述 G^+ 菌与 G^- 菌细胞壁结构的主要异同点及其医学意义。
5. 简述细菌胞质内与医学有关的重要结构及其意义。
6. 试举5种临床涂片可初步诊断的细菌感染。

第三章 细菌的生理

Growth is the orderly increase in the sum of all components of an organism. Microbial growth requires the polymerization of biochemical building blocks into proteins, nucleic acids, polysaccharides, and lipids. The building blocks must come preformed in the growth medium or must be synthesized by the growing cells. Bacterial multiplication is numerous increase caused by binary fission of bacterial cells. Cell multiplication is a consequence of growth. Growth is counterbalanced by death. During growth and multiplication, microbial metabolism take place. Microbial metabolism is the means by which a microbe obtains the energy and nutrients (e.g. carbon) it needs to live and reproduce. Microbes use many different types of metabolic strategies. For good understanding of bacterial growth, multiplication, metabolism and cultivation, following points will be presented in this chapter: a) General physical and chemical features of bacteria, especially those associated with bacterial growth and metabolism. b) Essential requirements needed for growth and multiplication of bacteria. c) Nutrition absorption of bacteria. d) Bacterial growth curve, which includes lag, exponential, stationary and decline phrases. e) Secretion system of bacteria. f) Quorum sensing system of bacteria. s) Immune system of bacteria. h) Factors affecting growth and multiplication of bacteria, such as nutrients, temperature, hydrogen ion concentration(pH), aeration, and so on. i) Metabolism of bacteria, including catabolism (yielding energy metabolism), and anabolism (assimilatory)pathway. j) The artificial cultivation of bacteria. In the final section, bacterial classification, nomenclature of bacteria will be presented.

第一节 细菌的理化性状

一、细菌的化学组成

构成细菌细胞的物质基础包括水、无机盐、蛋白质、糖类、脂质、核酸等。水是细胞维持正常生命活动的最重要成分,细菌的代谢活动是在水中完成的。细菌细胞中的水分占细菌细胞总重量的 $75\%\sim90\%$。细胞湿重与干重之差即为细胞含水量。蛋白质占细菌固体成分的 $50\%\sim80\%$,大多以核蛋白、糖蛋白、脂蛋白形式存在。糖类占细菌固体的 $10\%\sim30\%$,主要以多糖形式存在,或与蛋白质结合形成糖蛋白,或与脂质结合形成脂多糖。构成细菌的各种化学元素包括碳、氢、氧、氮、磷、硫等六种主要元素。细菌的无机盐主要包括钠、钾、镁、钙、铁等,此外还包括锌、锰、钠、氯、钼、硒、钴、铜、钨、镍、硼等微量元素。无机盐和微量元素在维持菌体渗透压、构成菌体成分、调节代谢等方面有着重要作用。

二、细菌的物理性状

(一) 光学性质

单细胞细菌为半透明体,不染色时,在普通光学显微镜下难以看见,但用相差显微镜可以观察到活体细菌细胞形态。当光线照射至菌液时,部分被吸收,部分被折射,故细菌悬液呈混浊状态。细菌数越多浊度越大,使用比浊法或分光光度计可以粗略地估计细菌的数量。

(二) 表面积

细菌体积微小,相对表面积大。如葡萄球菌直径约 $1\ \mu m$,则 $1\ cm^3$ 体积的细菌,其展开后表面积可达 $60\ 000\ cm^2$。细菌的相对表面积大,有利于同外界进行物质交换,有利于细菌的快速生长繁殖。

(三) 带电现象

细菌固体成分的 $50\%\sim80\%$ 是蛋白质,蛋白质由兼性离子氨基酸组成,故细菌在非等电点情况下,都以带电荷状态存在。G^+ 菌等电点(pI)为 2～3，G^- 菌 pI 为 4～5，故在近中性或弱碱性环境中，细菌带负电荷，G^+ 菌比 G^- 菌带负电荷更多。细菌的带电现象与细菌的染色反应、凝集反应、抑菌和杀菌作用等都有密切关系。

(四) 半通透性

细菌的细胞壁和细胞膜都有半通透性，允许水及部分小分子物质自由通过，有利于吸收营养物质和排出代谢产物。

(五) 渗透压

细菌胞质内含有高浓度的营养物质和无机盐，多呈高渗状态。一般 G^+ 菌的渗透压高达 2 027～2 533 kPa，G^- 菌为 506～608 kPa。细菌所处一般环境相对低渗，但由于有坚韧细胞壁的保护不致崩裂。若处于比菌体内渗透压更高的环境中，菌体内水分逸出，胞质浓缩，不利于细菌生长。

第二节 细菌的营养与生长繁殖

一、细菌的营养类型

各类细菌的酶系统不同，产能方式不一样，因而对营养物质的需求不同。根据细菌所利用的能源和碳源的不同，将细菌分为自养菌和异养菌两大营养类型。

(一) 自养菌

自养菌(autotroph)以简单无机物为养料，如可利用 CO_2 或 CO_3^{2-} 作为碳源，利用 N_2、NH_3、NO_2^-、NO_3^- 等作为氮源，合成菌体成分，进行新陈代谢。这类细菌所需能量来自无机物的氧化，称为化能自养菌(chemotroph)。有的自养菌能通过光合作用获得能量，称为光能自养菌(phototroph)。自养菌广泛分布于土壤及水环境中，参与地球物质循环，多为非病原菌。

(二) 异养菌

异养菌(heterotroph)必须以多种有机物(如蛋白质、糖类)为养料，才能合成菌体成分并获得能量。根据异养菌利用的有机物性质的不同，又可将它们分为腐生营养(metatrophy)和寄生营养(paratrophy)两类。腐生菌利用无生命的有机物(如动、植物尸体和残体)作为碳源，寄生菌则寄生在活的生物机体内吸取营养物质，离开寄主就不能生存。目前已知的所有致病菌都属于有机异养型微生物。

某些菌株发生突变后，失去合成某种对其生长必不可少的物质(如氨基酸、维生素)的能力，必须从外界环境获得该物质才能生长繁殖，这种突变体菌株称为营养缺陷型(auxotroph)菌株，相应的野生型菌株称为原养型(prototroph)。营养缺陷体菌株经常用来进行微生物遗传学方面的研究。

二、细菌的营养物质

细菌生长繁殖所需的营养物质包括水、碳源、氮源、无机盐和生长因子等。

(一) 水

细菌所需营养物质必须先溶于水，营养的吸收与代谢均需有水才能进行。

(二) 碳源

碳源物质被细菌吸收和利用，合成菌体组分和作为获得能量的主要来源。病原菌主要从糖类获得碳源。

(三) 氮源

细菌对氮源的需要量仅次于碳源，其主要功能是作为菌体构成成分的原料。病原性细菌主要从氨基酸、蛋白胨等有机氮化物中获得氮。少数病原菌如克雷伯菌也可利用硝酸盐甚至氮气，但利用率较低。

(四) 无机盐

细菌需要各种无机盐以提供细菌生长的各种元素，其需要浓度在 10^{-4}～10^{-3} mol/L 的元素为常用元素，其需要浓度在 10^{-8}～10^{-6} mol/L 元素为微量元素。前者如磷、硫、钾、钠、镁、钙、铁等；后者如钴、锌、锰、铜、钼等。各类无机盐的功用概括如下：① 合成有机化合物，构成菌体成分；② 作为酶的组成部分，维持酶的活性；③ 参与能量的储存和转运；④ 调节体内外的渗透压；⑤ 某些元素与细菌的生长繁殖与致病作用密切相关。例如白喉棒状杆菌在含铁 0.14 mol/L 的培养基中毒素产量最高，铁的浓度达到 0.6 mol/L 时则完全不产毒。有些细菌具有铁载体(siderophore)，能与铁螯合，借此在体内竞争铁离子，供细菌代谢之需。如结核分枝杆菌的有毒株和无毒株的一个重要区别就是有毒株有一种称为分枝菌素(mycobactin)的铁载体。上述微量元素并非所有细菌都需要，不同细菌只需要其中的一种或数种。

(五) 生长因子

某些细菌生长所必需的但自身又不能合成，必须由外界供给的物质称为生长因子(growth factor)，例如维生素、某些氨基酸、嘌呤、嘧啶等。少数细菌还需要特殊的生长因子，如流感嗜血杆菌需要 X、V 两种因子，X 因子是高铁血红素，V 因子是辅酶 I 或辅酶 II，两者为细菌呼吸所必需。

三、细菌对营养物质的吸收

水和水溶性物质可以通过具有半透膜性质的细胞壁和细胞膜进入细胞内，蛋白质、多糖等大分子营养物需经细菌分泌的胞外酶的作用分解成小分子物质才能被吸收。

细菌摄取与转运营养物质的方式有被动扩散和主动转运。

(一) 被动扩散

被动扩散指营养物质从高浓度向低浓度方向扩散，其驱动力是浓度梯度，不需要提供能量。不需要任何细菌组分的帮助，营养物质就可以进入细胞内的扩散过程称为简单扩散；如果需要细菌细胞特异性蛋白来帮助或促进才能实现的物质跨膜转运称为易化扩散。如甘油需被甘油激酶催化形成磷酸甘油才能实现向菌体内的转运。

(二) 主动转运

主动转运是细菌吸收营养物质的主要方式，其特点是营养物质从浓度低向浓度高的一侧转运，转运过程是耗能的。细菌有如下三种主动转运方式。

1. 依赖周质间隙结合蛋白的转运(periplasmic binding protein dependent transport) 营养物与周质间隙内的受体蛋白结合后，引起受体构型改变，然后将营养物转送给细胞膜上的 ATP 结合型载体(ATP binding cassette type carrier)，ATP 水解提供能量，将营养物转运进入胞质内。

2. 化学渗透驱动转运(chemiosmotic driven transport) 该转运方式利用膜内、外两侧质子或离子浓度差产生的质子动力(proton motive force)或钠动力(sodium motive force)作为驱使力使营养物实现跨膜转运。转运营养物的载体是电化学离子梯度透性酶，这种酶是一种能够进行可逆性氧化还原反应的疏水性膜蛋白，即在氧化状态与营养物结合，而在还原状态时其构象发生变化，使营养物释放进胞质内。

3. 基团转移(group translation) 营养物在转运的过程中被磷酸化，并将营养物的转运与代谢相结合，更为有效地利用能量。如大肠埃希菌摄入葡萄糖需要的磷酸转移酶系统，细胞膜上的载体蛋白首先在胞质内从磷酸烯醇丙酮酸获得磷酸基团，然后在细胞膜的外表面与葡萄糖相结合，将其送入胞质内后释放出 6-磷酸葡萄糖。经过磷酸化的葡萄糖在胞内累积，不能再逸出菌体。该转运方式的能量供体是磷酸烯醇丙酮酸。

需要指出的是各种细菌对营养物质的转运方式各有不同，即使对同一种物质，不同细菌的摄取方式也可能不一样。

四、细菌的分泌系统

细菌不仅需要把外界的营养物质吸收进来供其生长繁殖之需，同时也需要把某些代谢产物甚至生理活性物质分泌到细胞外，发挥其作用。分泌物质包括蛋白酶、毒素、溶血素、色素、细菌表面物质、调节性物质、DNA 以及分解代谢产物等。这一重要生理功能是由细菌的分泌系统(secretion system)来完成的。细菌的分泌系统不仅为细菌的生长繁殖所需，也与细菌的致病性、耐药性以及遗传物质的横向转移密切相关。细菌分泌系统的发现与深入研究将有助于人们对细菌生理特性和致病性的理解和应用。

细菌分泌系统是由 10 多种甚至 20 余种蛋白质构成的跨膜通道。迄今已发现有 7 种不同的分泌系统(T1SS~T7SS)，其中 T6SS 及 T7SS 是近年发现的两种分泌系统。不同的分泌系统结构不尽相同，图 3-1 为不同分泌系统结构示意图。

T1SS 的分泌由一步完成，即从胞质内将分泌物质分泌到细菌外膜之外。T2SS 及 T5SS 的分泌需两步完成：第一步由跨越内膜的 Sec 蛋白将被分泌物质转运到周质间隙，在此，被分泌蛋白的信号肽被信号

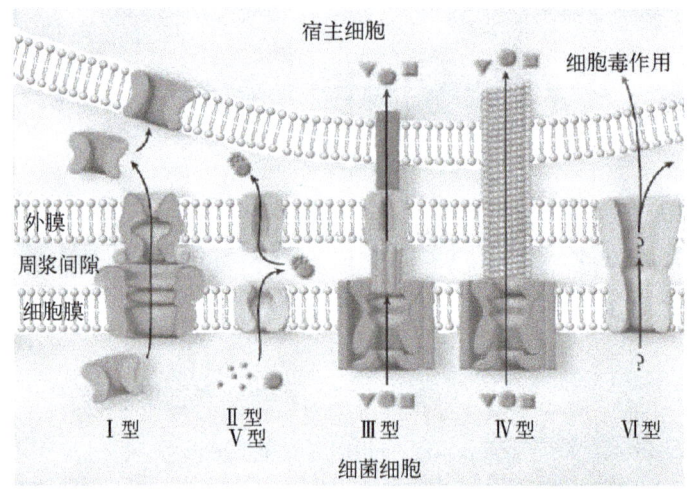

图 3-1 细菌分泌系统示意图

肽酶剪切;第二步由跨越外膜的另一套蛋白质将被分泌物质转移到细菌胞外。T3SS 及 T4SS 像"注射器样结构",不仅可以将被转运分子一步转移跨越细菌内膜和外膜,而且可将其直接注入靶细胞中。T3SS 及 T4SS 转运的物质与致病有关,常常在靶细胞内引起一系列病理生理效应。T6SS 的作用类似噬菌体尾鞘,可以通过收缩推动被转运物质跨越细菌的内、外两层膜,且可直接注入靶细胞中。T6SS 的特殊性在于它可以拆卸和重组,不断重复使用。

表 3-1 细菌分泌系统及其生物学意义

	转运物质种类	
T1SS	蛋白酶,溶血素,磷酸酶,葡聚糖酶,脂肪酶,毒素,S-层蛋白等	与细菌的致病性、耐药性及表层结构的构成等相关;可用于异源性蛋白(如抗原)的递呈
T2SS	毒力因子,细胞壁降解酶,磷脂酶 C 等	与细菌定植、破坏组织细胞等致病性相关
T3SS	效应蛋白,如耶尔森菌的 YopE,沙门菌的 AvrA,志贺菌的 IpaA 等	通过"注入"方式注入效应蛋白到靶细胞内,扰乱靶细胞功能,与致病性密切相关
T4SS	效应蛋白,细菌 DNA,质粒,毒素等	向靶细胞"注入"效应蛋白,与致病相关,介导细菌结合,介导耐药性转移
T5SS	IgA 蛋白酶,丝氨酸蛋白酶,空泡毒素,血凝素等	与致病性相关;可用于异源蛋白或肽在细菌表面的展示
T6SS	核糖体结合蛋白,毒力蛋白等可溶性蛋白	增强细菌环境适应性,巨噬细胞的细胞毒性
T7SS	毒力因子,宿主细胞相互作用调控蛋白等	结核杆菌等革兰阳性菌中的重要毒力相关因素

五、细菌的生长繁殖

细菌的生长与繁殖是两个不同而又相互联系的概念。生长是指菌体内各种结构成分的增加。细菌摄取的水分、营养成分等在胞内累积不是真正的生长。繁殖是指细菌生长到一定阶段,通过分裂方式产生新的生命个体的过程,是引起生命体数量增加的生物学过程。在高等生物中,这两个过程可以明显分开。但在微生物中,这两个过程是紧密联系又很难划分的。因此在微生物学中,往往将这两个过程放在一起讨论。

研究细菌生长繁殖的规律,需要测定细菌的数量。反映细菌的数量,有两个不同的指标。

1. 细菌浓度 细菌浓度(concentration)有总浓度和活菌浓度两个概念。总浓度包括死菌和活菌构成的浓度。通过浊度测定可粗略估计细菌总数(包括活菌和死菌)。肉眼稍见混浊的大肠埃希菌悬液,约为 1×10^7 个/ml 细菌数;非常混浊时约含 1×10^8 个/ml 细菌数。通过分光光度计比色,制定校正曲线,可较准确地测定细菌细胞浓度。活菌浓度的测定需要通过活菌计数来完成。活菌计数通常是计数培养平板上的菌落数,即计数菌落形成单位(colony forming unit,CFU)。

2. 细菌的生物量 细菌生物量(biomass)是指细菌的重量。可以通过离心、洗净后测定沉淀物的湿重或干重。

细菌群体生长规律表现为生长曲线:细菌接种到液体培养基后,细菌以二分裂(binary fission)方式进行无性繁殖。每个细菌分裂繁殖一代所需的时间称为代时(generation time)。以生长时间为横坐标,以细菌数为纵坐标,可以作出一条反映细菌生长数量变化规律的曲线,即生长曲线(growth curve)。典型的生长曲线可以分为迟缓期、对数生长期、稳定期和衰亡期等4个生长时相(图3-2)。

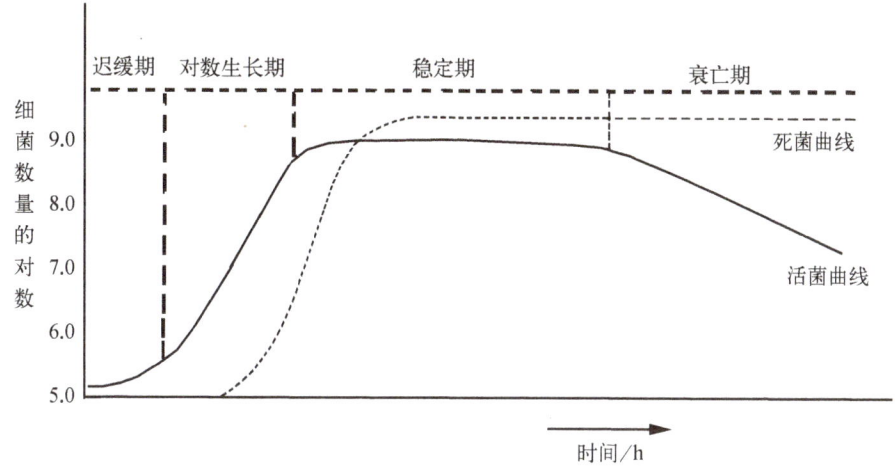

图3-2 细菌的生长曲线

1. 迟缓期 细菌接种到新鲜培养基的初期,有一个适应新环境的过程,这段时间中细菌并不分裂,数量维持恒定或增加很少,称为迟缓期(lag phase)。迟缓期一般为1~4 h。此时,细菌的核酸、蛋白质、辅酶等物质合成逐步增加,细胞体积逐步增大,为细菌的繁殖做好准备。迟缓期长短不一,如果接种的种子质量不好,如种子老化或未充分活化,甚至有某种损伤,迟缓期会延长。因此,应尽量利用对数生长期的细胞作为种子。使接种前后所使用的培养基组成及培养条件相差不大,或适当扩大接种量等方式都能缩短迟缓期。

2. 对数生长期 对数生长期(logarithmic phase)又称指数生长期(exponential phase)。细菌经过迟缓期后进入对数生长期,以最大的速率生长和分裂,细菌数量呈对数级增加。对数生长期细菌的代谢活性高而稳定,大小比较一致,生命力强,形态、染色性、生理特性等都较典型,对外界环境因素反应敏感。此期细菌是种子细胞鉴定和研究工作的理想材料。在不添加培养基情况下,一般细菌对数生长期维持4~8 h。

3. 稳定期 由于培养基中营养物质的消耗,有害代谢产物的积累和pH等环境变化,逐渐不适宜于细菌生长,导致生长速率降低,死亡数增加,使细菌的增加数约等于死亡数,即进入稳定期(stationary phase)。稳定期通常维持约10 h。如果向培养系统中补充营养物质、取走代谢产物或改善培养条件、对需氧菌进行通气、搅拌或振荡等可以延长稳定期。

4. 衰亡期 随着营养物质逐步耗尽,有毒代谢产物的大量积累,细菌死亡速率逐步增加,活菌数逐步减少,死亡数大于增加数,生长繁殖进入衰亡期(decline phase)。此期细菌代谢活性降低,衰老,出现多种形态的非典型细胞,难以辨认,有的甚至出现自溶。一般不能用衰亡期的细菌做鉴定或研究工作。如果一种细菌较长时间存在于衰亡期,部分细菌经过一定的适应期后获得了利用某些代谢产物(如乳糖)的能力,可出现二次生长现象,活菌数再度增高。

六、细菌的群体密度感应

细菌生长繁殖所表现出来的生长曲线,不仅是对营养物质丰富与否、代谢产物堆积多少的反映,更重要的是细菌对"群体密度感应"(quorum sensing, QS)调控的结果。细菌是单细胞生物,单细胞是其生命活动的基本单元。但大量研究已经表明,细菌的生物学特性是建立在群体基础上的。为了适应复杂多变的环境,细菌可通过某种机制来调控其群体行为,行使单个细胞无法完成的功能,如适应环境变化、抵御宿主免疫、争夺食物、调控毒力基因表达等。针对细菌的生长曲线而言,在接种细菌到新鲜培养基的初期,营养丰富,细菌经过一段适应期,即进入高速繁殖的指数生长期。在稳定期,细菌的群体密度感应机制感知它们的群体密度已太高,即将面临食物紧缺危机。因此,它们分泌一种调控分子,抑制生长繁殖速度,让某些个体进入"程序化死亡"(programming death),从而减少群体数量,以便在营养贫瘠条件下,保持物种的生存与延续。

细菌的群体密度感应系统,介导细菌种内甚至种间的信号交流,是通过信号分子的产生、释放、识别和应答过程来实现的。目前已清楚 QS 系统有三种类型(图 3-3)。

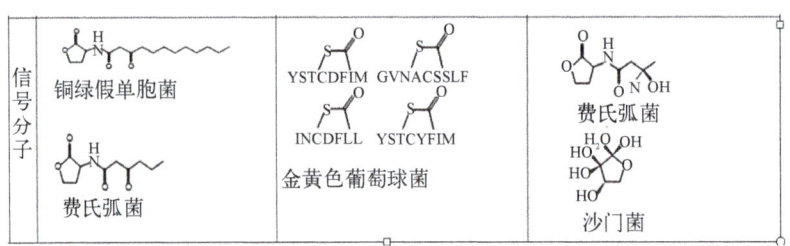

图 3-3　细菌群体感应系统的信号分子

(一) 革兰阴性菌的种内 QS 信号分子

G^- 菌间的种内 QS 信号分子是一种叫酰化高丝氨酸内酯(acylated homoserine-lactone,AHL)的分子。AHL 分子是一类特殊的小分子水溶性化合物,是受 *LuxI* 基因编码的。不同细菌的高丝氨酸内酯结构有一定差异,主要区别在于高丝氨酸侧链长度的差异。当细菌生长繁殖时,合成并释放的 AHL 逐渐增多,当达到一定阈值时,即可刺激细菌的表面受体 LuxR,启动胞内信号传导途径,导致程序化死亡。

(二) 革兰阳性菌的种内 QS 信号分子

G^+ 菌的 QS 信号分子是一类"自诱导肽"(autoinducing peptide,AIP)。AIP 合成释放后,需经过修饰加工,整合不同的结构,如内酯环、硫醇内酯环、羊毛硫酸酯、异戊二烯基团等,成为稳定且具有活性的寡肽分子。AIP 不能自由穿透细胞壁,需通过 ABC(ATP binding cassette)转运系统或其他膜通道蛋白将其转运到胞外。感知 AIP 存在的是"双组分信号传导系统"(two component system,TCS),AIP 分子激活 TCS 中的组氨酸蛋白激酶,启动跨膜信号传导,并最终启动程序化死亡,调控群体密度。

(三) 细菌的种间 QS 信号分子

细菌的种间 QS 信号分子是一类叫做"自诱导分子"(autoinducer,AI)的化合物。AI 的产生依赖于一个叫 LuxS 的蛋白质。LuxS 催化 S-核苷半胱氨酸形成 4,5 二羟基 2,3 戊二酮,后者自身环化而成呋喃酰硼酸二酯(furanosyl borate diester),称为 AI-2 分子。研究证实,费氏弧菌的 AI-2 的受体是 LuxP。当环境中的 AI-2 分子达到阈值后,可激活 LuxP,启动群体密度调控机制。

应当指出的是,QS 系统不仅仅能调控细菌的群体密度。目前已知 QS 系统可调控细菌的多种重要生物学功能,如某些细菌的生物发光、致病因子的产生、抗生素合成、真菌的孢子形成、细菌的运动等。

七、细菌的免疫系统

细菌作为一种单细胞生物,生活在自然环境中,也会受到自然环境中其他微生物(如噬菌体)或遗传物质(如质粒)的侵染,也会"生病"甚至因此而死亡。但在长期进化过程中,细菌也进化出来一些免疫机制,用以识别并排除"异己"成分,从而保存自身和种群的生存与遗传性。下面介绍几种常见的细菌免疫机制。

(一) 细菌的限制性修饰系统

细菌的限制性修饰系统(restriction-modification system)也简称 R-M 系统。R-M 系统由限制性核酸内切酶和甲基化修饰酶组成。不同细菌有不同的限制性核酸内切酶,目前许多商业化的核酸内切酶(如 Hind Ⅲ, Not Ⅰ 等)都系此类酶。它们能够特异性识别核酸分子链上的相应酶切位点。而甲基化修饰酶则将细菌自身核酸分子上相同的酶切位点通过甲基化修饰而保护起来。当有外来核酸物质(如噬菌体基因组或质粒等)侵入时,限制性核酸内切酶可迅速降解外来核酸,而自身遗传物质并不受影响。这样即可阻止外来遗传物质在细菌体内的复制和繁殖,从而保存自身不受侵染。R-M 系统在原核生物中普遍存在,是细菌对抗外来核酸侵染的最主要机制之一。

（二）细菌的流产感染系统

细菌的流产感染系统（abortive infection system，Abi）也称 Abi 系统，是针对噬菌体，使噬菌体感染流产的机制。当噬菌体感染细菌时，会将其基因组注入宿主菌体内进行复制，此时细菌通过一种 DNA 结合蛋白识别和结合噬菌体 DNA，启动自身的一种程序化死亡机制，导致自身死亡，导致噬菌体不能完成其复制周期，即导致噬菌体复制"流产"。受到噬菌体感染的细菌采取一种"自杀"方式，与噬菌体"玉石俱焚"，牺牲"小我"保全"大我"的行为，让那些尚未感染的细菌得以生存。可见，Abi 系统是一种细菌的群体免疫机制，是细菌保存种群的生存策略。

（三）毒素-抗毒素系统

细菌的"毒素-抗毒素系统"（toxin-antitoxin system，T-A）也称 T-A 系统。毒素-抗毒素系统分别由两个基因编码，但两个基因受同一操纵子控制。毒素具有多种生物学功能，其中一种功能就是启动细菌的程序化死亡。但毒素的活性通常受到抗毒素调控，当有抗毒素与毒素结合成复合物时，毒素活性被中和，不表现出活性。当有噬菌体感染时，解除了抗毒素对毒素的抑制，毒素释放出来，显示出其生物学活性，启动细菌的程序化死亡。其结果是使噬菌体的复制周期不能完成。可见，毒素-抗毒素系统与 Abi 系统的机制虽然不同，但结果却是一样的，都是牺牲"小我"保全"大我"，有利于群体生存的策略。

需要指出的是，毒素-抗毒素系统生物学功能是多方面的，除了发挥细菌免疫功能之外，还包括调控基因表达、应对抗生素压力、营养缺乏、DNA 损伤、高盐高温及氧化应激、调控生物膜形成等。可见，毒素-抗毒素系统是细菌处位较高的一种多功能调控系统。

（四）CRISPR-Cas 系统

近年发现，细菌基因组中存在一种"簇集存在的规则短间隔重复序列"（clustered regularly interspaced short palindromic repeat，CRISPR）。Cas 是"CRISPR-associated"的缩写，实际上是一种能与 CRISPR 结合的蛋白质，具有核酸酶和解旋酶活性。CRISPR 的结构如图 3-4。由图可见 CRISPR 由"重复序列"（repeats，三角形）和"间隔序列"（spacers，矩形）相间排列而成。重复序列是细菌基因组中的固有序列（20～50 bp），插入序列是来自噬菌体的一段特异性序列。细菌受到噬菌体感染时，与噬菌体斗争，消灭噬菌体后，留下一段噬菌体的特异性序列（20～70 bp），插入到两个重复序列之间，作为"记忆"保留下来。当再次遇到同样噬菌体感染时，细菌转录出 CRISPR 的 RNA，形成 crRNA-Cas 复合物，借助复合物中的 crRNA 即可识别外来噬菌体的基因组，而复合物中的 Cas 发挥核酸内切酶活性，迅速将噬菌体基因组降解，这样即起到抗噬菌体感染的免疫作用。显然，这是细菌的一种特异性免疫功能。

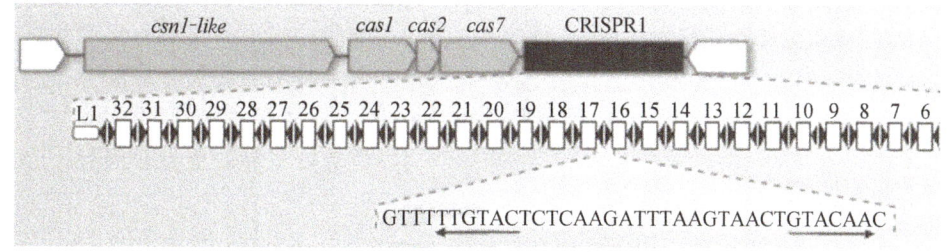

图 3-4 细菌 CRISPR 结构示意图

八、细菌生长的影响因素

细菌的生长繁殖是细菌与环境相互作用的结果。在细菌生长繁殖过程中，许多环境因素都对其产生影响。

（一）营养物质

营养物质不足导致细菌生长所需要的能量、碳源、氮源、无机盐等成分不足，不利于细菌生长。营养物质充分时，细菌生长繁殖好。人工培养细菌，需保证充分的营养条件。

（二）温度

各种生物都有其适宜的生长温度，温度对细菌生长的影响表现在多个方面，例如，① 对酶活性的影响。细菌体内的每种酶都有最适的酶促反应温度,温度变化影响酶促反应速率。② 影响细胞质、细胞膜组分的流动性。在一定范围内,温度高,组分流动性大,有利于物质的运输。反之,则不利于物质运输。③ 影响物质的溶解度。温度上升,物质的溶解度增加,温度降低,物质的溶解度降低,会影响细菌的对物质的吸收。根据细菌生长的最适温度不同,可以将细菌分为嗜冷、兼性嗜冷、嗜温、嗜热和嗜高温等 5 种不同的类型(表 3 - 2)。

表 3 - 2 微生物生长的温度范围

微生物类型	生长温度/℃		
	最低	最适	最高
嗜冷微生物(psychrophile)	<0	15	20
兼性嗜冷微生物(psychrotroph)	0	20~30	35
嗜温微生物(mesophile)	15~20	20~45	>45
嗜热微生物(thermophile)	45	55~65	80
嗜高温微生物(hyperthermophile)	65	80~90	>100

(三) 氢离子浓度(pH)

细菌体内的绝大多数生化反应是酶促反应,而酶促反应需要适合的 pH 范围。在此范围内,酶促反应速率高,有利于细菌的生长繁殖。pH 可影响细胞膜的透性和稳定性、物质的溶解性或电离性等过程。此外,质子在溶液中能迅速与水结合成水合氢离子(H_3O^+ 等)。在偏碱性条件下,OH^- 占优势,水合氢离子和 OH^- 对营养物质的溶解度、离解状态、细胞表面电荷平衡、细胞的胶体性质等方面均会产生重大影响。在酸性条件下,H^+ 可与营养物质结合,并能从可交换的结合物或细胞表面置换出某些阳离子,从而影响细胞结构的稳定性。因此,pH 环境对细菌生长繁殖的影响是多方面的。多数细菌生长的 pH 范围是 6.0~8.0。嗜酸性细菌的最适生长 pH 可低至 3.0,嗜碱性细菌的最适生长 pH 可高至 10.0。病原性细菌的最适 pH 多为 7.2~7.6,个别(如霍乱弧菌)在 pH 8.4~9.2 生长最好。

(四) 气体

根据细菌生长对氧气的需要程度,可将细菌分为四类。

1. 专性需氧菌(obligate aerobe) 专性需氧菌具有完善的呼吸酶系统,以氧分子作为受氢体完成需氧呼吸,只能在有氧环境下生长。如结核分枝杆菌、铜绿假单胞菌即为专性需氧菌。

2. 微需氧菌(microaerophilic bacterium) 微需氧菌在低氧压(5%~6%)环境下生长最好,氧浓度>10%对其有抑制作用。如空肠弯曲菌、幽门螺杆菌即为微需氧菌。

3. 兼性厌氧菌(facultative anaerobe) 兼性厌氧菌兼有需氧呼吸和无氧发酵能力,在有氧或无氧环境中都能生长。大多数病原菌都属于兼性厌氧菌。

4. 专性厌氧菌(obligate anaerobe) 专性厌氧菌缺乏完善的呼吸酶系统,利用氧以外的其他物质作为受氢体,必须在无氧条件下才能生长,有氧时则容易死亡,其原因如下。

(1) 缺乏氧化还原电势(Eh)高的呼吸酶:各种物质均有其固有的 Eh,在氧化还原过程中,Eh 高的物质可氧化 Eh 低的物质,反之不能。人体组织的 Eh 约为 150 mmol,普通培养基在有氧环境中的 Eh 为 300 mmol 左右,细菌必须具有氧化还原电势更高的呼吸酶,如细胞色素和细胞色素氧化酶,才能氧化环境中的营养物质。专性厌氧菌缺乏这类高 Eh 呼吸酶,故在有氧条件下不能生长。

(2) 缺乏分解有毒氧基团的酶:细菌在有氧条件下代谢时,常产生具有杀菌毒性的超氧阴离子(O_2^-)和 H_2O_2。在有铁存在条件下,这两种物质还会产生毒性很强的自由基 OH·。自由基是一种强氧化剂,可导致生物大分子自由基化,从而对细菌产生损伤或致突变,直至引起死亡。

$$H_2O_2 + O_2^- \xrightarrow{Fe^{3+}/Fe^{2+}} O_2 + OH^- + OH·$$

非厌氧菌不会死亡,是因为它们具有超氧化物歧化酶(superoxide dismutase, SOD),可催化 O_2^- 生成 H_2O_2,后者又可在触酶(catalase)或过氧化物酶作用下生成水:

$$2O_2^- + 2H \xrightarrow{SOD} H_2O_2 + O_2$$

$$2H_2O_2 \xrightarrow{触酶} 2H_2O + O_2$$

专性厌氧菌缺乏处理这些有毒基团的超氧化物歧化酶(SOD)、触酶和过氧化物酶,故在有氧条件下不能生存。

第三节 细菌的代谢

细菌的代谢(metabolism of bacteria)是细菌细胞内发生的各种化学反应的总称,包括分解代谢(catabolism)和合成代谢(anabolism)。

一、细菌的分解代谢

物质在生物体内经过一系列连续的氧化还原反应,逐步分解并释放能量的过程称为生物氧化,是一个产能代谢过程。在生物氧化过程中释放的能量可被细菌直接利用,也可通过能量转换储存在高能化合物(如 ATP)中,以便逐步被利用,还有部分能量以热的形式被释放到环境中。

根据氧化还原反应中电子受体的不同,可将微生物细胞内发生的生物氧化反应分成发酵和呼吸两种类型,而呼吸又分有氧呼吸和厌氧呼吸两种方式。

(一)发酵

发酵(fermentation)是指细菌将分解有机物氧化释放的电子直接交给某些未完全氧化的中间产物,同时释放能量并产生各种不同的代谢产物的过程。发酵条件下,有机化合物只是部分地被氧化,只释放出部分能量。发酵过程的氧化是与有机物的还原偶联在一起的。发酵的种类有很多,可发酵的底物有碳水化合物、有机酸、氨基酸等,其中以细菌发酵葡萄糖最为重要。生物体内葡萄糖被降解成丙酮酸的过程称为糖酵解,分为以下几种途径。

1. EMP 途径(Embden-Meyerhof pathway) 葡萄糖经 1,6-二磷酸果糖降解成丙酮酸,1 mol 葡萄糖生成 2 mol 丙酮酸,净合成 2 个 ATP 和 2 mol NAD+H_2。EMP 途径可为细菌的生理活动提供 ATP 和 NADH,其中间产物又可为细菌的合成代谢提供碳骨架,并在一定条件下逆转合成多糖。

2. HMP 途径(hoxose monophosphate pathway) HMP 途径是从葡糖-6-磷酸开始的,即在单磷酸己糖基础上开始降解,故称为单磷酸己糖途径。HMP 途径与 EMP 途径有着密切的关系,因为 HMP 途径中的 3-磷酸甘油醛可以进入 EMP,因此该途径又称为磷酸戊糖支路,可由己糖生成戊糖。其产能效率仅是 EMP 途径的一半,不是产生 ATP 的主要机制。大多数需氧和兼性厌氧菌中都有 HMP 途径,而且在同一微生物中往往同时存在 EMP 和 HMP 途径。

3. ED 途径(Entner-Doudoroff pathway) 在 ED 途径中,葡糖-6-磷酸脱氢产生 6-磷酸葡糖酸,接着在脱水酶和醛缩酶的作用下,产生一分子 3-磷酸甘油醛和一分子丙酮酸。然后 3-磷酸甘油醛进入 EMP 途径转变成丙酮酸。一分子葡萄糖经 ED 途径最后生成两分子丙酮酸,一分子 ATP,一分子 NADPH 和 NADH。ED 途径在 G^- 菌中较常见。ED 途径可不依赖于 EMP 和 HMP 途径而单独存在。对于厌氧菌而言,ED 途径不如 EMP 途径效能高。

某些肠杆菌,如埃希菌属、沙门菌属和志贺菌属中的一些细菌,能够利用葡萄糖进行混合酸发酵。先通过 EMP 途径将葡萄糖分解为丙酮酸,然后由不同的酶将丙酮酸转化成不同的产物,如乳酸、乙酸、甲酸、乙醇、CO_2 和氢气,还有一部分磷酸烯醇式丙酮酸用于生成琥珀酸。而肠杆菌、欧文菌属(Erwinia)中的一些细菌,能将丙酮酸转变成乙酰乳酸,后者经一系列反应生成丁二醇。由于这类肠道菌还具有丙酮酸甲酸裂解酶及乳酸脱氢酶等,所以其终产物还有甲酸、乳酸、乙醇等。

(二)细胞呼吸(cell respiration)

上面讨论的是葡萄糖分子在没有外源电子受体时的代谢过程。此时,底物中所具有的能量只有一小部分被释放出来,并合成少量 ATP。造成这种现象的原因有两个,一是底物的碳原子只被部分氧化,二是初始电子供体和最终电子受体的还原电势相差不大。然而,如果有氧或其他外源电子受体存在时,底物分子可被完全氧化为 CO_2,在此过程中合成 ATP 的量大大多于发酵过程。细菌在降解底物的过程中,将释放出的电子交给 NAD(P)、FAD 或 FMN 等电子载体,再经电子传递系统传给外源电子受体,从而生成水或其他还原型产物并释放出能量的过程,称为呼吸作用。呼吸分以下两种类型。

1. 有氧呼吸　以分子氧作为最终电子受体的称为有氧呼吸。在有氧呼吸过程中,丙酮酸进入三羧酸循环,被彻底氧化生成 CO_2 和水,同时释放大量能量,生成 38 分子 ATP。需氧菌和兼性厌氧菌进行有氧呼吸。

2. 无氧呼吸　以氧化型化合物作为最终电子受体的称为无氧呼吸。无氧呼吸的最终电子受体不是氧,而是以 NO_3^-、NO_2^-、SO_4^{2-} 等无机氧化物作为受氢体,并在能量分级释放过程中伴随有磷酸化作用,能产生较多的能量用于生命活动。但生成的能量不如有氧呼吸产能多。某些厌氧和兼性厌氧微生物在无氧条件下进行无氧呼吸。

二、细菌的合成代谢

细菌利用分解代谢所产生的能量、中间产物以及从外界吸收的小分子,合成复杂的细胞物质的过程称为合成代谢。合成代谢所需要的能量由 ATP 和质子动力提供。细菌合成代谢的起始物往往是为数不多的几种前体物质,这些前体物质就像建筑中的"建筑模块"(building block)。合成代谢的早期模块是一些"焦点代谢物"(focal metabolite)。由"建筑模块"再合成核酸、蛋白质或脂类。核酸或蛋白质中的"建筑模块"(碱基或氨基酸)的排序是由模板决定的;而糖类和脂类合成中"模块"排列的特异性则是由酶促反应决定的。下面所示为一些"焦点代谢物"转化"建筑模块"的途径(图 3-5～图 3-9)。

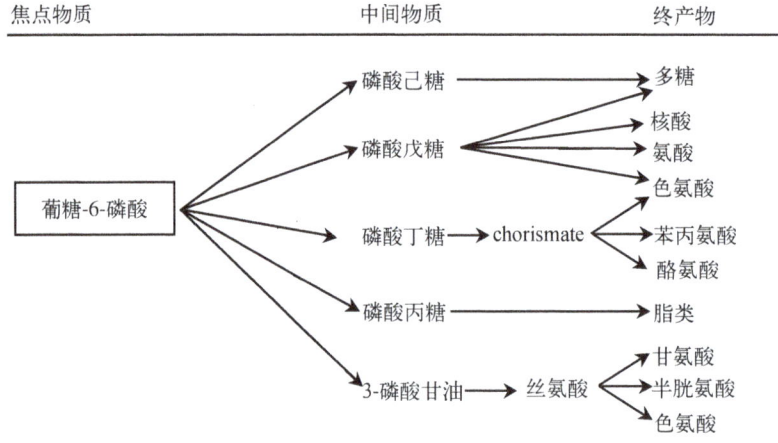

图 3-5　从葡糖-6-磷酸合成一些"模块"的示意图

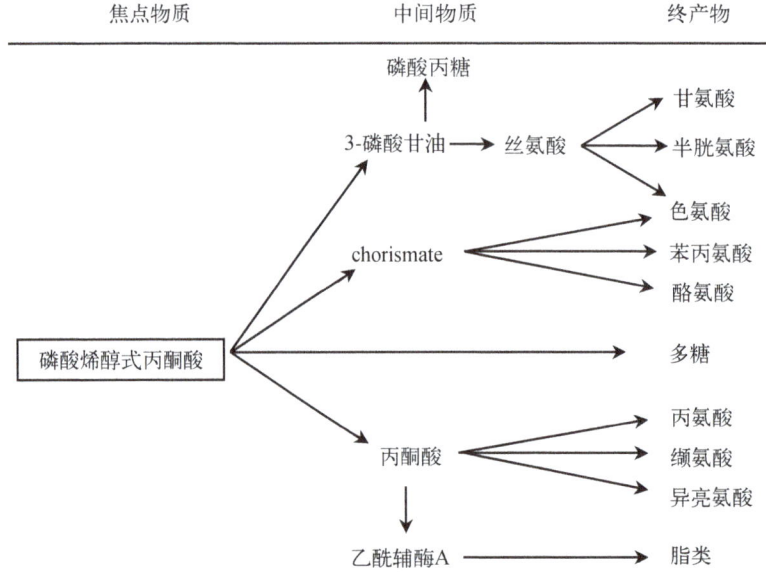

图 3-6　从磷酸烯醇式丙酮酸合成一些"模块"的示意图

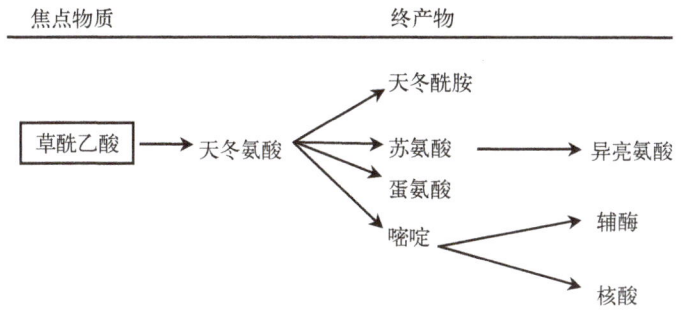

图 3-7　从草酰乙酸合成一些"模块"的示意图

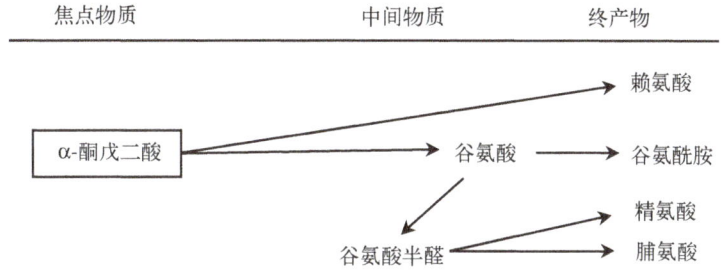

图 3-8　从 α-酮戊二酸合成一些"模块"的示意图

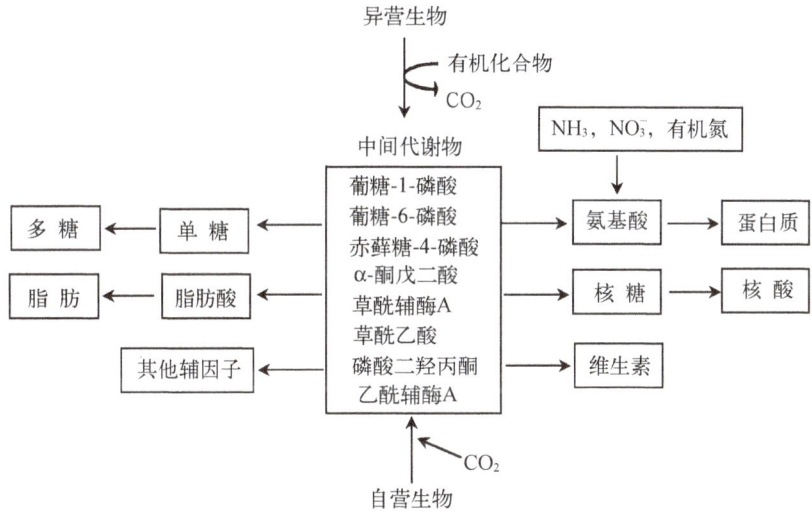

图 3-9　从构建模块合成菌体所需成分的示意图

有了上述这些构建模块,细菌的核酸、蛋白质、糖类、脂类等的合成代谢就不难理解了,从图 3-9 可见一个梗概。实际上细菌的许多代谢过程与人体内生化过程相同或类似,人体内的许多生化过程都是以微生物作为研究对象方得以阐明的。

三、细菌的代谢产物

通常,将微生物从外界吸收营养,通过分解代谢和合成代谢,生成维持生命活动的物质和能量的过程,称为初级代谢。次级代谢是指微生物在生长中,以初级代谢产物为前体合成一些物质的过程。次级代谢产物大多是分子结构比较复杂的化合物。初级代谢和次级代谢产物在医学上有许多应用价值。

(一) 细菌的分解代谢产物和生化反应

各种细菌所具有的酶不完全相同,对营养物质的分解能力也不一致,因而其代谢产物有别。根据此特点,利用生物化学方法来鉴别不同细菌的试验称为细菌的生化反应。常见的试验分述如下。

1. 糖发酵试验　糖发酵试验测定的是细菌分解糖类的能力和代谢产物。实验中配制各种单糖发酵管,用以测定不同细菌分解不同糖类的能力。糖发酵试验根据发酵后的产酸或产气(CO_2 和 H_2)来判断细菌是否分解了相应糖类。

2. VP试验（Voges-Proskauer test） 测定细菌能否使丙酮酸脱羧生成中性的乙酰甲基甲醇，后者在碱性溶液中被氧化生成二乙酰，二乙酰与含胍基化合物反应生成红色化合物。生成红色化合物即 VP 试验阳性。

3. 甲基红试验（methyl red test） 测定细菌能否分解葡萄糖产生丙酮酸，进而经脱羧生成中性的乙酰甲基甲醇的能力。若细菌分解葡萄糖，产生乙酰甲基甲醇，此时培养液 pH>5.4，甲基红指示剂呈黄色，为甲基红试验阴性。若细菌产生丙酮酸，而不能脱羧生成乙酰甲基甲醇时，pH<5.4，甲基红指示剂呈红色，为甲基红试验阳性。

4. 柠檬酸盐利用（citrate utilization）试验 有的细菌能利用柠檬酸盐作为惟一碳源，可在柠檬酸盐培养基上生长，分解柠檬酸盐生成碳酸盐，并分解铵盐生成氨，使培养基变为碱性，这时称为该试验阳性。

5. 吲哚试验（indole test） 测定细菌分解培养基中的色氨酸生成吲哚（靛基质）的能力。吲哚可与试剂中的对二甲基氨基苯甲醛作用，生成玫瑰吲哚而呈红色，为吲哚试验阳性。如大肠埃希菌、变形杆菌、霍乱弧菌均为该试验阳性。

6. 硫化氢试验（hydrogen sulfide test） 有些细菌如沙门菌、变形杆菌等能分解培养基中的含硫氨基酸（如胱氨酸、蛋氨酸）生成硫化氢，后者遇铅或铁离子生成黑色的硫化铅或硫化铁。

7. 尿素酶试验（urease assay） 有些细菌如变形杆菌有尿素酶，能分解培养基中的尿素产生氨，使培养基呈碱性，酚红指示剂显红色，称为尿素酶试验阳性。

现代临床细菌学已普遍采用微量、快速的生化鉴定方法来鉴定细菌。根据生化反应谱，组成鉴定码，形成以细菌生化反应为基础的各种数值编码鉴定系统。同时，也可用细菌鉴定软件分析细菌的生化反应谱，由自动化细菌鉴定仪自动给出鉴定结果。此外，应用气相、液相色谱法鉴定细菌分解代谢产物中的挥发性或非挥发性有机酸和醇类，也能够快速确定细菌的种类。

（二）合成代谢产物及其在医学上的意义

细菌的一些合成代谢产物在医学上具有重要意义，如：

1. 热原质（pyrogen） 热原质也称致热原，它是细菌合成的一种注入人体或动物体内能引起发热反应的物质。产生热原质的细菌大多是 G⁻ 菌，热原质的本质是细菌细胞壁的脂多糖。热原质耐高温，高压蒸汽灭菌（121℃ 20 min）亦不被破坏，250℃高温干烤才能破坏热原质。用吸附剂和特殊石棉滤板可除去液体中大部分热原质，蒸馏法去热原质效果最好。在制备各种药用制剂中须严格防止热原质进入制剂。

2. 毒素与侵袭性酶 细菌产生外毒素和内毒素等毒素，在细菌致病作用中具有重要意义。某些细菌可产生分解组织细胞的酶类，损伤机体组织，促使细菌的侵袭和扩散，也是细菌重要的致病物质。

3. 色素（pigment） 某些细菌能产生不同颜色的色素，有助于鉴别细菌。细菌的色素有两类，一类为水溶性，能弥散到培养基或周围组织，如铜绿假单胞菌产生的绿色色素。另一类为脂溶性，不溶于水，只存在于菌体，使菌落显色而培养基颜色不变，如金黄色葡萄球菌。细菌色素产生需要一定的条件，如营养丰富、氧气充足、温度适宜等。

4. 抗生素（antibiotic） 某些微生物代谢过程中能产生抑制或杀死某些其他微生物或肿瘤细胞的物质，称为抗生素。抗生素大多由放线菌和真菌产生。

5. 细菌素（bacteriocin） 有些细菌能产生一类具有抗菌作用的蛋白质，称为细菌素。细菌素作用范围狭窄，仅对与产生菌有亲缘关系的细菌有杀伤作用。大肠埃希菌产生的细菌素称大肠菌素（colicin）。细菌素在治疗上的应用价值已不被重视，但可用于细菌分型和流行病学调查。

6. 维生素（vitamin） 有些细菌能合成一些维生素，除供自身需要外，还能分泌至周围环境中，如人体肠道内的大肠埃希菌，合成 B 族维生素和维生素 K，可被人体吸收利用。

第四节 细菌的人工培养

了解了细菌的生理需要，掌握了细菌生长繁殖的规律，就可用人工方法来培养细菌以满足不同的需求。

一、培 养 基

培养基(culture medium)是人工配制的,适合微生物生长繁殖或产生代谢产物的营养基质。培养基是微生物学研究和微生物发酵中必不可少的。培养基种类繁多,根据其成分、物理状态和用途,可将培养基分成多种类型。

(一) 按成分不同划分

1. 天然培养基　　天然培养基主要由天然有机物组成,如牛肉膏蛋白胨培养基和麦芽汁培养基。常用的天然有机营养物质包括牛肉浸膏、蛋白胨、酵母浸膏、豆芽汁、玉米粉、麸皮、牛奶、血清、胡萝卜汁等。

2. 合成培养基　　合成培养基是由化学成分完全清楚的物质根据配方配制而成的培养基。合成培养基的重复性好,但与天然培养基相比其成本较高,细菌在合成培养基中生长速度较慢,常用于实验室测定细菌的营养需求、代谢、分类鉴定、生物量测定、菌种选育及遗传分析等方面的研究工作。

(二) 根据物理状态划分

根据培养基中凝固剂的有无及含量的多少,可将培养基分为三种类型。

1. 固体培养基　　在液体培养基中加入一定量凝固剂(如2%~3%琼脂)使培养基呈固体。固体培养基为细菌提供一个营养表面,单个细菌在固体培养基表面生长繁殖后,可以形成单个菌落。固体培养基常用来进行微生物的分离、鉴定、活菌计数及菌种保藏等。

2. 半固体培养基　　半固体培养基中凝固剂的含量比固体培养基少,琼脂量一般为0.2%~0.7%。半固体培养基常用来观察微生物的运动特征、分类鉴定及噬菌体效价滴定等。

3. 液体培养基　　液体培养基中未加任何凝固剂。在用液体培养基培养时,常通过振荡或搅拌以增加培养基的通气量,同时使营养物质分布均匀。液体培养基常用于大规模工业生产以及实验室微生物基础理论和应用方面的研究。

(三) 按用途划分

1. 基础培养基　　基础培养基是含微生物生长繁殖所需基本营养物质的培养基。牛肉膏蛋白胨培养基是最常用的基础培养基。基础培养基也可以作为一些特殊培养基的基础成分,再根据某种微生物的特殊营养需求,加入所需营养物质。

2. 营养培养基　　营养培养基是在基础培养基中加入某些特殊营养物质制成的一类营养丰富的培养基。这些特殊营养物质包括血液、血清、酵母浸膏、动植物组织液等。营养培养基一般用来培养营养要求比较苛刻的微生物,如培养百日咳鲍特菌需用含有血液的营养培养基。

3. 鉴别培养基　　鉴别培养基是用于鉴别不同类型微生物的培养基。在培养基中加入特定化学物质,微生物在其中生长后能产生某种代谢产物,与培养基中的特定化学物质发生特定的化学反应,产生特征性变化,根据这种变化,可将该种微生物与其他微生物区分开来。鉴别培养基主要用于微生物的快速分类鉴定,以及分离和筛选产生某种代谢产物的菌种。

4. 选择培养基　　选择培养基是用来将某种细菌从混杂的微生物群体中分离出来的培养基。根据不同种类细菌的特殊营养需求或对某种化学物质的敏感性不同,在培养基中加入相应的特殊营养物质或化学物质,抑制不需要的微生物的生长,有利于所需微生物的生长。例如,在培养基中加入对所分离菌无害但可以抑制或杀死其他微生物的成分(亚硫酸铋),可以抑制大多数细菌的生长,而伤寒沙门菌可以在这种培养基上生长;在培养基中加入染料亮绿或结晶紫,可以抑制G^+菌,从而达到分离G^-菌的目的。

5. 厌氧培养基　　用于分离、培养和鉴定厌氧菌的培养基称为厌氧培养基(anaerobic medium)。这种培养基营养丰富,含特殊生长因子,氧化还原电势低,并加入亚甲蓝作为氧化还原指示剂。其中心、脑浸液和肝组织块、肉渣含不饱和脂肪酸,能吸收培养基中的氧;硫乙醇酸盐和半胱氨酸是较强的还原剂;维生素K、氯化血红素可以促进某些类杆菌的生长。常用的有庖肉培养基、硫乙醇酸盐肉汤等,并在液体培养基表面加入凡士林或液体石蜡以封闭液面、隔绝空气。

二、细菌在培养基中的生长现象

不同的细菌在液体培养基中大量繁殖后表现出不同现象:大多数细菌生长后表现为均匀混浊;少数细菌表现为沉淀生长;枯草芽胞杆菌、结核分枝杆菌等专性需氧菌易于在液体表面生长,生长后形成菌膜。

将标本或培养物接种到固体培养基表面,并用划线法使细菌分散,待细菌生长繁殖后可形成肉眼明显可见的菌落(colony)。单个菌落是一个细菌分裂繁殖后形成的细菌集团,故也称为"菌落形成单位"(colony formation unit,CFU)。通过计数培养基表面的菌落数,即可以推算出原标本中的CFU,即活菌数量。这种菌落计数法常用于检测饮水、饮料、临床标本中的活菌含量。挑取单菌落移种到另一培养基中,生长出来的细菌为单个细菌繁殖而来的纯种,称为纯培养(pure culture)。从临床标本中获得细菌的纯培养是检查、鉴定细菌重要的第一步。不同细菌在固体培养基上形成的菌落,在大小、形态、颜色、气味、透明度、表面光滑或粗糙、湿润或干燥、边缘整齐度等方面,各具特色,这些特征都有助于识别和鉴定细菌。根据菌落特征,分为以下三种情况。

1. 光滑型菌落(smooth colony) 亦称S型菌落。新分离的致病性细菌大多生长成光滑型菌落,表面光滑、湿润、边缘整齐。

2. 粗糙型菌落(rough colony) 亦称R型菌落。菌落表面粗糙、干燥、呈波纹或颗粒状,边缘大多不整齐。

3. 黏液型菌落(mucoid colony) 亦称M型菌落。菌落黏稠,有光泽,似水珠样,多见于有厚荚膜或丰富表面黏液层的细菌,如肺炎克雷伯菌等。

有鞭毛的细菌在半固体培养基中生长后,借助鞭毛的动力,细菌可在半固体培养基中泳动,沿穿刺线形成羽毛状或云雾状混浊生长现象。无鞭毛细菌只能沿穿刺线形成线状生长。借助上述特征,可鉴别细菌有无鞭毛。这一试验称为细菌的动力实验。

第五节 细菌的分类与命名

分类(classification)是认识客观事物的一种基本方法。要认识、研究和利用各种微生物资源必须对它们进行分类。研究微生物分类理论和技术方法的学科称为微生物分类学(taxonomy)。分类学涉及三个相互关联而又有区别的内容:分类、命名(nomenclature)和鉴定(identification)。分类是根据一定的原则对微生物进行分群归类,根据相似性或相关性编排成系统,并对各个类群的特征进行描述,以便查考和对未被分类的微生物进行鉴定;命名是根据命名法规,给每一个分类单位一个专有的名称;鉴定是指通过特征测定,确定未知的,或新发现的,或未明确分类地位的微生物的归属类群的过程。

一、细菌的分类

分类是依据一定的分类原则进行的。分类的方法和原则不是一成不变的,它是随着科学的发展而不断深化和科学化的。细菌的分类原则上可分为传统分类和种系分类(phylogenetic classification)。

(一)传统分类

传统分类是建立在表型基础上的,故也称为表型分类。它以微生物的表型特征如细菌的形态、特殊结构、染色性、培养特性、生化反应、抗原性等作为分类依据。经典《伯杰细菌学鉴定手册》及微生物学教科书大量的分类都是建立在传统分类的基础之上。这种分类方法具有可操作性与适用性,但有时它不能反映物种之间在遗传、进化上的相互关系。20世纪60年代开始借助计算机建立了数值分类法(numerical taxonomy),该方法将细菌的各种性状分别赋予数字,再进行数学统计和聚类分析,从而按相似程度进行归类(一般种的水平相似度>80%)。

近年来,人们应用电泳、色谱、质谱等方法,对细菌菌体成分、代谢产物进行分析,如细胞壁脂肪酸分析、全细胞脂类分析、全细胞蛋白分析、多点酶电泳分析等,从而建立了分析分类法或化学分类法。分析分类法本质上仍属于传统分类,它只是为细菌的传统分类提供了更有力的手段。

(二)种系分类

种系分类法试图反映物种之间在遗传、进化上的相互关系。分子生物学分类法,如G+C含量分析、DNA指纹分析、DNA-DNA杂交、DNA-RNA杂交、16S RNA/rDNA序列分析、rDNA转录间区分析等为种系分类提供了技术手段。近20年来,又提出了"基于序列的分类(sequence-based classification)"。在微生物基因组测序逐步深入、发展的今天,测序成本极大降低,使得基于序列的分类方法日趋成熟,得以引入分类系统。这种基于核酸或蛋白质序列的种系分类法,反映了细菌的遗传与进化关系,这是分类学的发展方向。

目前,一般将生物界分为三个域:真细菌(eubacterium,即通常所说的细菌)、古生菌(archaeobacterium)和真核生物(eukaryote)。三界学说已广泛为人们接受,表3-3是三个域生物的特征比较。

表3-3 细菌、古细菌和真核生物主要特征比较

特　　征	细菌(真细菌)	古细菌(古生菌)	真核生物
有核仁、核膜的细胞核	无	无	有
共价闭合环状DNA	有	有	无
复杂的细胞器	无	无	有
胞壁含肽聚糖	有	无	无
膜脂特征	酯键脂直链脂肪酸	酯键脂支链烃	酯键脂直链脂肪酸
多顺反子mRNA	有	有	无
mRNA剪接加帽加尾	无	无	有
核糖体	70 S	70 S	80 S
EF-2被白喉毒素灭活	－	＋	＋
链霉素、卡那霉素敏感性	敏感	不敏感	不敏感

Woses根据16S RNA序列分析,以及Brown和Doolitle依据同源基因分析分别构建了生命进化树(图3-10)。从图中可见,古生菌和真核生物其实在进化关系上更接近。目前构建出来的进化树是"无根树",有关生命进化的关键问题,即三域生命的共同祖先(进化树的根)是谁?还有待探讨。

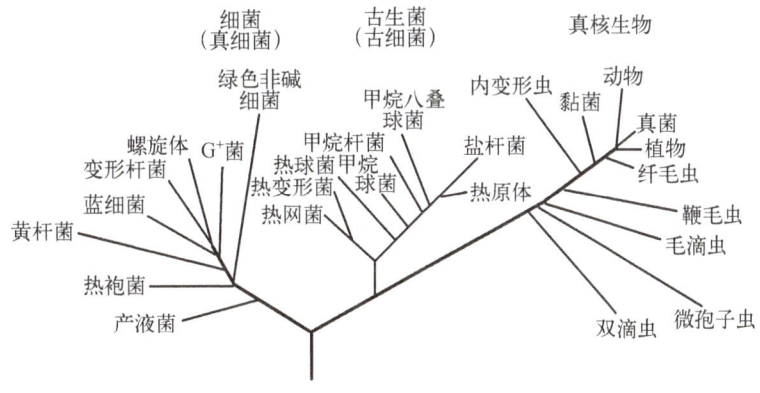

图3-10 生命进化树

细菌的分类层次(rank)与其他生物相同,依次为界(kingdom)、域(domain)、门(phyllum)、纲(class)、目(order)、科(family)、属(genus)、种(species)。种是细菌分类的基本单位。性状相近亲缘关系密切的若干菌种组成一个菌属,一般认为DNA的G+C含量的差异小于10%～12%及16S RNA的同源性≥95%的种可归为一个属。在表观特征高度相似的情况下,DNA同源性≥70%的菌群可定为一个种,16S RNA的同源性≥97%的细菌也可认为是一个种。同一菌种的各个细菌,虽性状基本相同,但某些方面仍有一些差异,差异明显的称亚种(subspecies),或变种(varieties),差异较小则称为型(type)。例如,按抗原结构不同而分血清型,型内若再有微小差异,可再分出不同的亚型;对噬菌体或细菌素敏感性不同而分噬菌体型(phage-type)或细菌素型(bacteriocin-type);生化反应和其他某些生物学性状不同而分为生物型(biotype)。对不同来源的同一种细菌称为不同的株(strain)。具有某种细菌典型特征的菌株称为该菌的标准株(standard strain)或模式菌株(type strain)。一个正式命名的细菌,种和属的属性是必须明确的。

二、细 菌 的 命 名

微生物命名有两种方法:一是区域性的俗名,它是一个国家或地区使用的普通名称,如铜绿假单胞菌(P. aeruginosa)在我国习惯上也称为"绿脓杆菌"。另一方法是使用国际上统一的科学名称(scientific name)。俗名的优点是在一定的区域内通俗易懂便于记忆,但有局限性,尤其是不便于国际交流。所以为了使生物分类、命名的名称能在国际上通用,就需要制定一个为各国生物学工作者共同遵守的命名法

则,即国际生物命名法规,用以管理生物分类单元的命名,以确保生物名称的统一性、科学性和实用性。但在实际使用中,有些常见菌的俗名,如结核杆菌、伤寒杆菌、脑膜炎球菌等比较简洁,故人们常按习惯使用之。

目前,国际通用的细菌命名采用拉丁文双名法,每个菌名由两个拉丁词组成。前一词为属名,用名词,首字母大写;后一词为种名,用形容词,小写。一般属名表示细菌的形态,或发现者,或对该菌研究有贡献者。种名表明细菌的性状特征、寄生部位,或所致疾病。中文的细菌名称次序与拉丁文相反,即种名在前,属名在后,如金黄色葡萄球菌(*Staphylococcus aureus*)、大肠埃希菌(*Escherichia coli*)。属名亦可不将全名写出,只用第一个字母代表,如 *M. tuberculosis*,*S. typhi* 等。细菌的属名和种名需用斜体表示。

(胡福泉)

复习思考题

1. 细菌的生长繁殖需要哪些营养物质与条件?
2. 何谓细菌生长曲线?你怎样解释细菌生长曲线?
3. 细菌合成代谢和分解代谢各有什么特征?细菌的代谢产物有何医学意义?
4. 关于培养基和细菌的人工培养你知道一些什么知识?
5. 鉴别细菌的生化检测试验有哪些?试述其原理。

第四章 消毒灭菌与实验室生物安全

The scientific control of microbial growth began only about 100 years ago. Prior to that time, epidemics periodically killed thousands of people. Joseph Lister (1827~1912), an English surgeon, first introduced the concept of microbial control. Lister read about Pasteur's work with microbes and concluded that the number of infected surgical wounds(sepsis) could be decreased through simple procedures that prevented the access of microbes to the wound. Today's procedures are far more sophisticated and effective. We are used not only to control pathogenic organisms but also to curb microbial growth that results in food spoilage. This chapter will discuss how microbial growth can be controlled by physical methods and chemical agents. Physical methods include the use of heat, low temperature, desiccation, filtration, and radiation. Chemical agents include several groups of substances that destroy microbes or limit microbial growth on body surfaces and on inanimate objects.

Biosafety of research laboratories, including the four-grade system of biosafety laboratories and the four-category system of pathogenic microorganisms, is described in Section 4 of this chapter.

消毒与灭菌在医学实践上有重要意义。微生物极易受外界条件的影响,若环境适宜,生长繁殖极为迅速;若环境变化过于剧烈,微生物则因代谢障碍而生长受到抑制,甚至死亡。根据此现象,可采用多种物理学、化学或生物学的方法来抑制或杀灭环境中的病原微生物,以控制污染,消灭传染病。另外,微生物学实验室和外科手术室等为防止微生物的污染或医院感染(hospital-acquired infection, nosocomial infection),也需杀灭物品或器械上的微生物。我国2012年8月1日正式实施了《医疗机构消毒技术规范》(WS/T 367-2012),规定了医疗机构消毒的管理要求、消毒与灭菌的基本原则、清洗与清洁、消毒与灭菌方法、清洁、消毒与灭菌的效果监测等,适用于各级医疗机构执行。以下术语常用于表示物理或化学方法对微生物的杀灭程度。

1. **消毒(disinfection)** 杀死物体上病原微生物的方法,并不一定能杀死细菌的芽胞。消毒所用的化学试剂称为消毒剂(disinfectant)。一般消毒剂在常用浓度下,只对细菌的繁殖体有效,对其芽胞则需提高消毒剂浓度和延长作用时间。

2. **灭菌(sterilization)** 杀灭物体上所有微生物的方法,包括杀灭细菌芽胞在内的全部病原微生物和非病原微生物。灭菌比消毒条件要求高,常需湿热121℃ 15 min或干热170℃ 2 h。

3. **抑菌(bacteriostasis)** 抑制体内或体外细菌繁殖或抑制真菌生长(fungistasis)。常用的抑菌剂(bacteriostatic agent)为抗生素等抗菌药物,可在体内抑制细菌的繁殖,或在体外用于抑菌试验以检测细菌对抗生素的敏感性,去除抑菌剂后,细菌仍能继续生长繁殖。

4. **防腐(antisepsis)** 防止或抑制体外细菌生长繁殖的方法,细菌一般不死亡。同一种化学药品在高浓度时为消毒剂,低浓度时常为防腐剂。

5. **无菌(asepsis)** 意为不存在活的微生物。防止细菌进入人体或其他物品的操作技术,称为无菌操作。空气过滤、紫外线照射和器械灭菌等可达到无菌的目的。例如,外科手术时需防止细菌进入创口,微生物学实验中要注意防止污染和感染等。

第一节 物理消毒灭菌法

消毒与灭菌的方法一般可分为物理学方法和化学方法两大类。用于消毒灭菌的物理因素有热力、紫外线、电离辐射、超声波、过滤、干燥和低温等。

一、热力灭菌法

高温对细菌具有明显的致死作用,因此最常用于消毒与灭菌。多数无芽胞细菌经55~60℃作用30~60 min后死亡。经80℃湿热5~10 min可杀死所有细菌繁殖体和真菌。细菌芽胞对高温有很强的抵抗力,例如炭疽杆菌的芽胞,可耐受5~15 min的煮沸,而肉毒梭菌的芽胞则需煮沸3~5 h才死亡。

热力灭菌法分干热灭菌和湿热灭菌两大类,相同温度下,后者效力较前者大。这是因为:① 湿热中细菌菌体蛋白较易凝固。② 湿热的穿透力比干热大。③ 湿热的蒸汽有潜热存在。水由气态变为液态时释放的潜热,可迅速提高被灭菌物体的温度。

(一) 干热灭菌法

干热(dry heat)的杀菌作用是通过脱水干燥和大分子变性而实现的。一般细菌繁殖体在干燥状态下,80~100℃经1 h即被杀死;芽胞则需经170℃ 2 h才死亡。

1. 焚烧 直接点燃或在焚烧炉内焚烧是一种彻底的灭菌方法,但仅适用于废弃物品或动物尸体等。

2. 烧灼 直接以火焰灭菌,适用于微生物学实验室的接种环、试管口等的灭菌。

3. 干烤 利用干热灭菌器进行灭菌,灭菌参数一般为:150℃,150 min;160℃,120 min;170℃,60 min;180℃,30 min。适用于耐热、不耐湿、蒸汽或气体不能穿透的物品灭菌,如玻璃器皿、瓷器、金属等医疗用品和油类粉剂等制品的灭菌。

4. 红外线 红外线是一种波长为0.77~1 000 μm的电磁波,可因产生高热而发挥灭菌作用,其中1~10 μm波长的热效应最强。但热效应只在照射表面产生,因此不能使物体均匀加热。红外线的杀菌作用与干热相似,利用红外线烤箱灭菌所需的温度和时间亦同于干烤。此法多用于医疗器械的灭菌。

(二) 湿热灭菌法

湿热(moist heat)灭菌法有下面五种。

1. 巴氏消毒法(pasteurization) 巴氏消毒法用较低温度杀灭液体中的病原菌或特定微生物,而仍保持物品中所需的不耐热成分不被破坏的消毒方法。此法由巴斯德创用以消毒酒类,故得名。目前主要用于牛乳等消毒,有两种方法:一种是63℃加热30 min;另一种是72℃经15 s。现今广泛采用后者。

2. 煮沸法 在一个大气压下,水的煮沸温度为100℃,一般细菌的繁殖体煮沸5 min被杀死,而其芽胞常需煮沸1~2 h才被杀灭。常用使用方法为将待消毒物品完全浸没水中,加热水沸腾后维持15 min以上。此法常用于金属、玻璃制品、餐饮具、织物等。水中加2%碳酸钠,既可提高沸点达105℃,促进芽胞的杀灭,又可防止金属器皿生锈。

3. 流动蒸汽消毒法 又称常压蒸汽消毒法,是通过流行蒸汽发生器、蒸锅等,当水沸腾后产生水蒸气,蒸汽温度为100℃,相对湿度80%~100%时,作用时间15~30 min可被杀灭细菌繁殖体,但芽胞常不被全部杀灭。适用于医疗器械、器具和物品手工清洗后的初步消毒。

4. 间歇蒸汽灭菌法(fractional sterilization) 指反复多次利用流动蒸汽间歇加热以达到灭菌的目的。将需灭菌物置于流通蒸汽灭菌器内,100℃加热15~30 min,杀灭细菌繁殖体,但芽胞尚残存。取出后置37℃孵箱过夜,使芽胞发育成繁殖体,次日再加热一次,如此连续3次以上,可达到灭菌效果。该法适用于一些不耐高热的含糖、牛奶等培养基。若有些物质不耐100℃,则可将温度降至75~80℃,每次加热时间延长至30~60 min,次数增加至3次以上,也可达到灭菌目的。

5. 高压蒸汽灭菌法 是一种最有效的灭菌方法。灭菌的温度取决于蒸汽的压力。在一个大气压下,蒸汽的温度是100℃。如果蒸汽被限制在密闭容器中,随着压力的升高,蒸汽的温度也相应升高。在103.4 kPa(1.05 kg/cm²)蒸汽压下,温度达到121.3℃,维持15~20 min,可杀灭包括细菌芽胞在内的所有微生物。高压蒸汽灭菌器(autoclave)就是根据这一原理制成的,常用于一般培养基、生理盐水、手术敷料、诊疗器械、器具等耐热、耐湿物品的灭菌,不适用于油类和粉剂的灭菌。

二、射线杀菌法

(一) 紫外线

波长200~300 nm的紫外线(ultraviolet radiation)(包括日光中的紫外线)具有杀菌作用,其中以265~266 nm的杀菌作用最强(图4-1),这与DNA的吸收光谱范围一致。紫外线主要作用于DNA,使一条DNA链上相邻的两个胸腺嘧啶共价结合而形成二聚体,从而干扰DNA的复制与转录,导致细菌变异或死亡。紫外线穿透力较弱,普通玻璃、纸张、尘埃、水蒸气等均能阻挡紫外线,故只能用于手术室、传染病房、细菌实验室的空气消毒,或用于不耐热物品的表面消毒。杀菌波长的紫外线对人体皮肤、眼睛有损伤作用,使用时应注意防护。

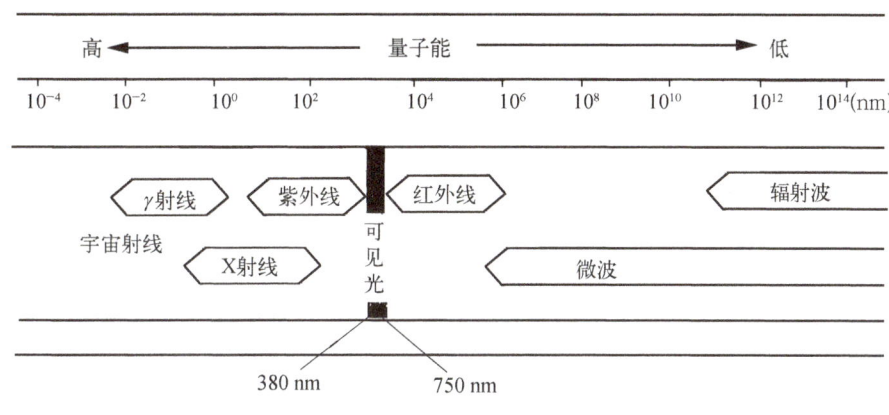

图 4-1 电磁光谱的效应范围

(二) 电离辐射

电离辐射(ionizing radiation)包括高速电子、X射线和γ射线等(图4-1)。在足够剂量时,对各种细菌均有致死作用。其机制在于产生自由基,破坏DNA。电离辐射常用于大量一次性医用塑料制品的消毒,亦可用于食品的消毒,且不破坏其营养成分。

(三) 微波

微波(microwave)是一种频率高、波长短、穿透性强的电磁波,波长为1 mm~1 m(图4-1),消毒中常用的频率为2 450 MHz,可穿透玻璃、塑料薄膜与陶瓷等物质,但不能穿透金属表面。可杀灭包括芽胞在内的所有微生物,多用于检验室用品、非金属器械、无菌病室的食品餐具、药杯及其他用品的消毒。微波消毒的物品应浸入水中或用湿布包裹。

三、过滤除菌法

过滤(filtration)除菌法是将待消毒的介质,通过规定孔径的过滤材料,以物理阻留的方法去除液体或气体中的微生物,但不能将微生物杀灭,主要用于一些不耐高温灭菌的血清、毒素、抗生素等液体过滤除菌以及超净工作台与层流室的空气净化。所用器具是滤菌器(filter)。滤菌器有微细小孔,只允许液体或气体通过,大于孔径的细菌等颗粒则不能通过。滤菌器的除菌性能与滤器材料的特性、滤孔大小、静电作用等因素有关。目前常用的滤菌器有薄膜滤菌器、素陶瓷滤菌器、石棉滤菌器(也称Seitz滤菌器)、烧结玻璃滤菌器等。

四、超声波杀菌法

超声波(ultrasonic vibration)是不被人耳感受的、高于20 000 Hz的声波。超声波可裂解多数细菌,尤其是G$^-$菌更为敏感,但往往有残存活菌。目前超声波主要用于粉碎细胞,以提取细胞组分或制备抗原等。超声波裂解细菌的主要机制是它通过水时发生的空(腔)化作用,在液体中造成压力改变,应力薄弱区形成许多小空腔,逐渐增大,最后崩裂。崩裂时的压力可达101 325 kPa。

五、干燥及低温抑菌法

(一) 干燥

有些细菌的繁殖体在空气中干燥(desiccation)会很快死亡,例如脑膜炎奈瑟菌、淋病奈瑟菌、霍乱弧菌、苍白密螺旋体等。但有些细菌的繁殖体抗干燥能力较强,如溶血性链球菌在尘埃中存活25 d,结核分枝杆菌在干痰中数月不死。芽胞的抵抗力更强,如炭疽杆菌的芽胞耐干燥20余年。干燥法主要用于保存食物,浓盐或糖渍食品可使细菌体内水分逸出,造成生理性干燥,使细菌的生命活动停止,因而可防止食物变质。

（二）低温

低温(low temperature)状态下细菌的新陈代谢减慢,而当温度回升至适宜范围时,又能恢复生长繁殖,故低温常用作保存细菌菌种。低温保存细菌时,温度必须迅速降低,否则可致细菌死亡。冷冻时加入甘油、血清等保护剂可使细菌存活率上升。冷冻保存的细菌在解冻时,对其亦有损伤作用,为避免解冻时对细菌的损伤,可在低温状态下真空抽去水分,此法称为冷冻真空干燥法(lyophilization)。该法是目前保存菌种的最好方法,一般可保存微生物数年至数十年。

第二节　化学消毒灭菌法

许多化学药物能影响微生物的化学组成、物理结构和生理活动,从而发挥防腐、消毒甚至灭菌的作用。消毒防腐剂对人体组织与病原微生物无选择性,吸收后对人体有害,只能外用或用于环境的消毒。

一、消毒剂的主要种类

（一）根据消毒剂杀灭微生物作用的强弱分类

可分为高效、中效、低效三类。

1. 高效消毒剂　可以杀灭一切微生物,包括细菌芽胞。这类消毒剂有戊二醛、甲醛、环氧乙烷、过氧乙酸等。

2. 中效消毒剂　能杀灭除细菌芽胞以外的微生物,这类消毒剂有乙醇、含氯消毒剂、碘伏等。

3. 低效消毒剂　能杀灭细菌繁殖体和亲脂性病毒,对真菌也有一定作用,但不能杀灭细菌芽胞、结核分枝杆菌和亲水性病毒。这类消毒剂有苯扎溴铵、氯己定等。

（二）根据化学消毒剂的杀菌机制不同分类

可分为以下三类。

1. 促进菌体蛋白质变性或凝固　如酚类(高浓度)、醇类、重金属盐类(高浓度)、酸碱类、醛类。

2. 干扰细菌的酶系统和代谢　如某些氧化剂、重金属盐类(低浓度)与细菌的—SH基结合使有关酶失去活性。

3. 损伤细菌细胞膜　如酚类(低浓度)、表面活性剂、脂溶剂等,能降低细菌细胞的表面张力并增加通透性,胞外液体内渗,致使细菌破裂。

（三）根据消毒剂的化学结构与性质的不同分类

可分为以下几类。

1. 酚类　苯酚、来苏儿、氯己定等酚类化合物,低浓度时破坏细菌细胞膜,使胞质内容物漏出；高浓度时使菌体蛋白质凝固。也有抑制细菌脱氢酶、氧化酶的作用。

2. 醇类　杀菌机制在于去除细菌包膜中的脂类,并使菌体蛋白质变性。乙醇最常用,浓度为70%～75%时杀菌力最强,更高浓度因能使菌体表面蛋白质迅速凝固影响其继续渗入,杀菌效力反而减弱。异丙醇的杀菌作用比乙醇强,且挥发性低,但毒性较高。两者主要用于皮肤物体表面消毒和诊疗器具的浸泡消毒等。

3. 重金属盐类　高锰酸钾、硫酸铜、汞盐、银盐等高浓度时易与带负电荷的菌体蛋白质结合,使之发生变性或沉淀,又可与细菌酶蛋白的-SH基结合,使其丧失酶活性。主要对细菌和真菌有效,对芽胞、病毒效力差。

4. 氧化剂　常用的有臭氧、过氧化氢、过氧乙酸、高锰酸钾与卤素等。它们的杀菌作用是依靠其氧化能力,可与酶蛋白中的—SH基结合,转变为—SS—基,导致酶活性的丧失。臭氧适用于无人状态下病房、口腔科等场所的空气消毒和物体表面的消毒。过氧化氢在水中可形成氧化能力很强的自由羟基,破坏蛋白质的分子结构。过氧化氢低温等离子体灭菌适用于不耐热、不耐湿的诊疗器械的灭菌。过氧乙酸为强氧化剂,易溶于水,对细菌繁殖体和芽胞、真菌、病毒等都有杀灭作用,应用广泛；但稳定性差,易分解并有刺激性与腐蚀性,不适用于金属器具等的消毒,适用于耐腐蚀物品、环境、室内空气等的消毒,专用机械消毒设备适用于内镜的灭菌。用于消毒的卤素有碘和氯两类,碘多用于皮肤消毒；氯多用于水的消毒。氯化合物有漂白粉、次氯酸钙、次氯酸钠等,适用于物品、物体表面、分泌物、排泄物等的消毒。

5. 表面活性剂　表面活性剂又称去污剂,易溶于水,能降低液体的表面张力,使物品表面油脂乳化易于除去,故具清洁作用。并能吸附于细菌表面,改变胞壁通透性,使菌体内的酶、辅酶、代谢中间产物逸出,呈现杀菌作用。表面活性剂有阳离子型、阴离子型和非离子型三类。因细菌带负电,故阳离子型杀菌作用较强。阴离子型如烷苯磺酸盐与十二烷基硫酸钠解离后带负电,对G^+菌也有杀菌作用。非离子型对细菌无毒性,有些反而有利于细菌的生长,如吐温80(Tween 80)对结核分枝杆菌具有刺激生长及使菌分散的作用。常用于消毒的表面活性剂有苯扎溴铵、度米芬等。

6. 烷化剂 杀菌机制在于对细菌蛋白质和核酸的烷化作用,杀菌谱广,杀菌力强。常用的有甲醛、环氧乙烷和戊二醛等。甲醛与环氧乙烷的杀菌作用主要是取代细菌酶蛋白中氨基、羧基、疏基或羟基上的氢原子,使酶失去活性。戊二醛主要是取代氨基上的氢原子,适用于不耐热的诊疗器械、器具和物品的浸泡消毒与灭菌。环氧乙烷能穿透包裹物,对分枝杆菌、病毒、真菌和细菌芽胞均有较强的杀灭作用。缺点是对人体有一定毒性,且有些烷化剂如β丙脂等可能有致癌作用。低温甲醛蒸汽灭菌和环氧乙烷气体灭菌适用于不耐热、不耐湿的诊疗器械、器具和物品的灭菌。

二、消毒剂的应用

常用消毒剂的选用见表4-1。

表4-1 常用消毒剂的种类、使用浓度与用途

类别	作用机制	常用消毒剂	用途
酚类	蛋白质变性、损伤细胞膜、灭活酶类	3%~5%苯酚 2%来苏儿	地面、器具表面的消毒,皮肤消毒
醇类	蛋白质变性与凝固、干扰代谢	70%~75%乙醇 50%~70%异丙醇	皮肤、体温计消毒
重金属盐类	氧化作用、蛋白质变性与沉淀、灭活酶类	0.05%~0.1%升汞	非金属器皿的消毒
		2%红汞	皮肤、黏膜、小创伤消毒
		0.1%硫柳汞	皮肤消毒、手术部位消毒
		1%硝酸银 1%~5%蛋白银	新生儿滴眼、预防淋病奈瑟菌感染
氧化剂	氧化作用、蛋白质沉淀	0.1%高锰酸钾	皮肤、尿道、蔬菜、水果消毒
		3%过氧化氢	创口、皮肤黏膜消毒
		0.2%~1%过氧乙酸	塑料、玻璃器材消毒
		2.0%~2.5%碘酒	皮肤消毒
		0.2~0.5 μl/L氯	饮水及游泳池消毒
		10%~20%漂白粉	地面、厕所与排泄物消毒
		0.5%~1.5%漂粉精	地面、墙壁、家具消毒,饮水消毒:(0.3%~0.4%)/kg
		0.2%~0.5%氯胺	室内空气及表面消毒,0.1%~1.2%浸泡衣服
		4 μl/L二氯异氰尿酸钠	水消毒
		3%二氯异氰尿酸钠	空气及排泄物消毒
表面活性剂	损伤细胞膜、灭活氧化等酶活性、蛋白质沉淀	0.05%~0.1%苯扎溴铵	外科手术洗手,皮肤黏膜消毒,浸泡手术器械
		0.05%~0.1%度米芬	皮肤创伤冲洗,金属器械、塑料、橡皮类消毒
烷化剂	菌体蛋白质及核酸烷基化	10%甲醛	物品表面消毒,空气消毒
		50 mg/L环氧乙烷	手术器械、敷料等消毒
		2%戊二醛	精密仪器、内镜等消毒
染料	抑制细菌繁殖,干扰氧化过程	2%~4%甲紫	浅表创伤消毒
酸碱类	破坏细胞膜和细胞壁、蛋白质凝固	5~10 ml/m³ 醋酸加等量水蒸发	空气消毒
		生石灰(按1:8~1:4比例加水配成糊状)	地面、排泄物消毒

1. **患者排泄物与分泌物** 粪、尿、脓、痰等,一般多以等量的20%漂白粉、5%苯酚或2%来苏儿,搅拌均匀,作用2 h后倾去。
2. **皮肤(手)** 一般用2%来苏儿,当疑有肝炎病毒污染时,用0.2%~0.4%过氧乙酸浸泡1~2 min后,流水冲洗。此外,2.5%碘酒、70%乙醇、2%红汞均可应用。
3. **黏膜** 新生儿预防淋病奈瑟菌性眼结膜炎可用1%硝酸银或2%蛋白银滴眼;口腔黏膜消毒可用3%过氧化氢;冲洗尿道、阴道、膀胱等可用0.01%~0.1%氯己定或0.1%高锰酸钾。
4. **饮水** 自来水用氯气,少量的饮用水可用氯己定。
5. **厕所、阴沟** 可用生石灰,其有效成分是氢氧化钙。
6. **空气** 常用甲醛溶液加热法:12.5~25 ml/m³熏蒸12~24 h;或甲醛混合高锰酸钾法:甲醛40 ml加高锰酸钾30 g/m³,熏蒸12~24 h;肝炎病房可用过氧乙酸3 g/m³熏蒸90 min。
7. **玻璃、搪瓷、橡胶及金属器械** 常用1:200稀释的"84"消毒液浸泡30 min,也可根据情况选用0.5%碘伏或0.2%~1%过氧乙酸浸泡。

第三节 影响消毒灭菌效果的因素

一、影响因素

绝大多数消毒剂浓度越高,越易杀死微生物;作用时间越长,杀灭微生物的概率也越大。浓度与作用时间是有关联的,浓度降低可用延长时间补偿,但当浓度减低到一定限度后,即使再延长作用时间,也无杀菌作用。因此,消毒灭菌的效果受环境、微生物种类及消毒剂本身等多种因素的影响。

1. **消毒剂的性质、浓度和作用时间** 各种消毒剂的理化性质不同,对微生物作用的大小也有差异。例如表面活性剂对G⁺菌的杀灭效果比对G⁻菌好;甲紫对葡萄球菌作用较强。同一种消毒剂的浓度不同,其消毒效果也不同。大多数消毒剂在高浓度时杀菌作用大,当降至一定浓度时只有抑菌作用,但醇类例外,70%乙醇或50%~80%异丙醇的消毒效果最好。消毒剂在一定浓度下,对细菌的作用时间愈长,消毒效果也愈好。

2. **微生物的种类与数量** 同一消毒剂对不同微生物的杀菌效果不同,必须根据消毒对象选择合适的消毒剂。例如一般消毒剂对结核分枝杆菌的作用要比对其他细菌繁殖体的作用差;70%乙醇可杀死一般细菌繁殖体,但不能杀灭细菌的芽胞。此外,微生物的数量越大,消毒所需的时间就越长。消毒严重污染的物品时,必须增加消毒剂浓度和延长消毒时间。

3. **温度与湿度** 温度升高可提高消毒效果。例如,2%戊二醛杀灭每毫升含1×10⁴个炭疽杆菌的芽胞,20℃时需15 min,40℃时为2 min,56℃时仅1 min即可。各种气体消毒剂都有其适宜的相对湿度范围,过高或过低都会降低杀菌效果。

4. **酸碱度** 消毒剂的杀菌作用受酸碱度的影响。例如,戊二醛本身呈中性,其水溶液呈弱酸性,不具有杀芽胞的作用,只有在加入碳酸氢钠(呈碱性环境)后才发挥杀菌作用。而次氯酸盐类在酸性条件下杀菌效果好。苯扎溴铵的杀菌作用是pH愈低所需的杀菌浓度愈高,在pH 3时所需的杀菌浓度,较pH 9时要高10倍左右。

5. **有机物** 环境中有机物的存在,如血液、痰液、食物残渣、粪便等,可以降低消毒剂杀灭微生物的作用。因有机物阻碍消毒剂与微生物的接触,也可中和或吸收一部分消毒剂,降低消毒剂杀菌功效。病原菌常随同排泄物、分泌物一起存在,这些物质对消毒灭菌的效果有影响。

6. **化学拮抗物质** 阴离子表面活性剂可以降低季铵盐类和氯己定的消毒作用,因此不能将苯扎溴铵等消毒剂与肥皂、阴离子洗涤剂合用。过氧乙酸、次氯酸盐会被硫代硫酸钠中和。金属离子存在时,消毒效果也有一定影响,可增强或减弱消毒作用。

二、注意事项

(1) 根据待消毒物品的性能及病原微生物的特性,选择适当的消毒剂。
(2) 严格掌握所用消毒剂的浓度、消毒时间与使用方法。
(3) 使用新鲜配制的消毒液。因为许多消毒剂性质不稳定,储存过程中浓度会逐渐降低,影响消毒效力。

（4）消毒液应于消毒过的清洁容器内储存备用。

（5）待消毒物品在消毒灭菌前应充分清洗干净，管道中有血迹等有机物污染时，应采用超声波和医用清洗剂浸泡清洗。清洗后的物品应及时进行消毒。

（6）挥发性消毒液应储放在有盖容器内，并定期监测其浓度，在有效期内使用。

近年来，消毒与灭菌方法有了较快的进展，新型消毒剂与灭菌的方法不断问世。但由于新病原体及耐消毒剂菌株的出现，目前的医院感染也由过去的以 G^+ 球菌为主转变为以 G^- 杆菌为主，机会致病菌感染的比例增大，消毒与灭菌工作仍要进一步重视。

第四节 实验室生物安全

针对病原微生物尤其是高致病性病原微生物的实验操作需要在生物安全实验室进行，实验室生物安全是指保护工作人员避免接触实验室工作中的生物因子的原则和技术路线、避免实验生物因子伤害风险的原则和措施。

一、人间传染的病原微生物危害程度分类

根据病原微生物的传染性、感染后对个体或者群体的危害程度，2004 年我国公布的《病原微生物实验室生物安全管理条例》将人间传染的病原微生物分为四类（参见下述小字内容），其中第一类的病原微生物致病性最强，第四类的最弱；第一类、第二类病原微生物统称为高致病性病原微生物。

第一类病原微生物是指能够引起人类或者动物非常严重疾病的微生物，以及我国尚未发现或者已经宣布消灭的微生物。

第二类病原微生物是指能够引起人类或者动物严重疾病，比较容易直接或者间接在人与人、动物与人、动物与动物间传播的微生物。

第三类病原微生物是指能够引起人类或者动物疾病，但一般情况下对人、动物或者环境不构成严重危害，传播风险有限，实验室感染后很少引起严重疾病，并且具备有效治疗和预防措施的微生物。

第四类病原微生物是指危险性小、低致病力、实验室感染机会少，通常情况下不引起人类或动物疾病的微生物，如减毒活疫苗以及不属于第一、二、三类的各种低毒力的病原微生物。

2006 年，我国公布了《人间传染的病原微生物名录》，对 380 种病原微生物的危害程度进行了具体定位（表 4-2）

表 4-2 病原微生物危害程度分类

类别	危害程度	病原微生物种类
1	高个体危害，高群体危害	类天花病毒、克里米亚刚果出血热病毒（新疆出血热病毒）、东方马脑炎病毒、埃博拉病毒、亨德拉病毒、猴疱疹病毒、鸠宁病毒、拉沙热病毒、跳跃病毒、马秋波病毒、马尔堡病毒、猴痘病毒、尼巴病毒、圣路易斯脑炎病毒、天花病毒、委内瑞拉马脑炎病毒、西方马脑炎病毒、黄热病毒、蜱传脑炎病毒以及朊病毒等
2	高个体危害，低群体危害	布尼亚维拉病毒、加利福尼亚脑炎病毒、基孔肯尼雅病毒、多里病毒、口蹄疫病毒、汉坦病毒、高致病性禽流感病毒、艾滋病毒（Ⅰ型和Ⅱ型）、乙型脑炎病毒、淋巴细胞性脉络丛脑膜炎（嗜神经性的）病毒、新城疫病毒、口疮病毒、脊髓灰质炎病毒、狂犬病毒（街毒）、SARS 冠状病毒、猴免疫缺损病毒、西尼罗病毒 炭疽芽胞杆菌、布鲁菌属、鼻疽伯克菌、伯氏考克斯体、土拉热弗朗西丝菌、牛分枝杆菌、结核分枝杆菌、立克次体属、霍乱弧菌、鼠疫耶尔森菌 粗球孢子菌、马皮疽组织胞浆菌、荚膜组织胞浆菌、巴西副球孢子菌等
3	中等个体危害，有限群体危害	急性出血性结膜炎病毒、腺病毒、腺病毒伴随病毒、星状病毒、布尼亚病毒、杯状病毒、骆驼痘病毒、冠状病毒、牛痘病毒、柯萨奇病毒、巨细胞病毒、登革病毒、埃可病毒、肠道病毒、肠道病毒 71 型、EB 病毒、甲型肝炎病毒、乙型肝炎病毒、丙型肝炎病毒、丁型肝炎病毒、戊型肝炎病毒、单纯疱疹病毒、人疱疹病毒 6 型、人疱疹病毒 7 型、人疱疹病毒 8 型、人 T 细胞白血病病毒、流行性感冒病毒（非 H2N2 亚型）、甲型流行性感冒病毒 H2N2 亚型、麻疹病毒、Meta 肺炎病毒、传染性软疣病毒、流行性腮腺炎病毒、人乳头瘤病毒、副流感病毒、副牛痘病毒、细小病毒 B19、多瘤病毒、狂犬病毒（固定毒）、呼吸道合胞病毒、鼻病毒、罗斯河病毒、轮状病毒、风疹病毒、白蛉热病毒、塞姆利基森林病毒、仙台病毒（鼠副流感病毒 1 型）、猴病毒 40、辛德毕斯病毒、痘苗病毒、水痘带状疱疹病毒、水泡性口炎病毒

续 表

类别	危害程度	病原微生物种类
		不动杆菌、龟分枝杆菌、放线菌属、单胞菌属、蜡样芽胞杆菌、脆弱类杆菌、巴尔通体、鲍特菌属、伯氏疏螺旋体、达氏疏螺旋体、回归热疏螺旋体、奋森疏螺旋体、空肠弯曲菌、肺炎衣原体、鹦鹉热衣原体、沙眼衣原体、肉毒梭菌、艰难梭菌、溶组织梭菌、产气荚膜梭菌、破伤风梭菌、牛棒状杆菌、白喉棒状杆菌、极小棒状杆菌、假结核棒状杆菌、肠杆菌属、致病性大肠埃希菌、坏疽梭菌、阴道加德纳菌、杜氏嗜血菌、流感嗜血杆菌、幽门螺杆菌、产酸克雷伯菌、肺炎克雷伯菌、嗜肺军团菌、李斯特菌、问号钩端螺旋体、鸟分枝杆菌、偶发分枝杆菌、结核分枝杆菌、麻风分枝杆菌、副结核分枝杆菌、肺炎支原体、淋病奈瑟菌、脑膜炎奈瑟菌、星状诺卡菌、巴西诺卡菌、奇异变形菌、普通变形菌、铜绿假单胞菌、沙门菌属、志贺菌属、金黄色葡萄球菌、表皮葡萄球菌、念珠状链杆菌、肺炎链球菌、化脓链球菌、链球菌属、猪链球菌、斑点病密螺旋体、苍白（梅毒）密螺旋体、极细密螺旋体、文氏密螺旋体、解脲脲原体、创伤弧菌、小肠结肠炎耶尔森菌、假结核耶尔森菌、人粒细胞埃立克体、查菲埃立克体 黄曲霉、烟曲霉、白假丝酵母菌、头孢霉属、新生隐球菌、小孢子菌属等
4	低个体危害，低群体危害	豚鼠疱疹病毒、金黄地鼠白血病病毒、松鼠猴疱疹病毒、小鼠白血病病毒、小鼠乳腺瘤病毒、大鼠白血病病毒等

二、生物安全实验室防护水平分级

根据实验室对病原微生物的生物安全防护水平（biosafety level，BSL）将生物安全实验室分为 BSL-1、BSL-2、BSL-3、BSL-4 四个等级。其中 BSL-1 实验室为普通建筑结构实验室；BSL-2 实验室应配备生物安全柜和高压蒸汽灭菌器等设备；BSL-3 实验室要求实验室房间保持负压，有独立的送排风系统，排除的空气需经高效过滤器过滤；BSL-4 实验室的防护级别最高，配备生命支持系统，对实验室内部设施和外部环境都有更特殊的要求。

值得注意的是，四类病原微生物与四个等级的生物安全实验室虽有关系，但并不一一对应。一般情况下不感染人或动物的微生物，可在 BSL-1（普通）实验室进行操作。如果病原体的致病性不强，并且不形成气溶胶，可在 BSL-2 实验室操作。如果病原体的致病性强，且易通过气溶胶传播，则需在 BSL-3 实验室操作。对于极少数致病性和传染性极强并缺乏有效预防和治疗手段的病原体，必须采用 BSL-4 实验室。简而言之，BSL-1 和 BSL-2 实验室不得从事高致病性病原微生物实验活动。BSL-3 和 BSL-4 实验室从事高致病性病原微生物实验活动，但应当通过实验室国家认可。确定某一病原微生物的具体实验操作所需的实验条件，可以查阅《人间传染的病原微生物名录》。

（戚中田　赵卫）

复习思考题
1. 什么是消毒、灭菌、无菌、抑菌和防腐？
2. 热力灭菌法的种类有哪些？有哪些用途？
3. 简述射线灭菌法的原理和应用。
4. 列举常用化学消毒剂的种类、浓度和应用范围。
5. 人间传染的病原微生物按危害程度分为几类？各类病原微生物与生物安全实验室防护水平的对应关系是什么？

第五章 细菌的遗传与变异

Heredity is the genetic transmission of a particular quality or trait from parent to offspring. Variation is the deviation in characters of the offspring from those of its parents. Both heredity and variation are determined by genetic material. Features of bacterial genomic organization and regulation of gene expression are distinguished from eukaryotic cells. Plasmid, transposable element, integron and bacteriophage, which are considered as genetic elements of bacteria beside bacterial genomic DNA, affect deeply heredity and variation of bacteria. One of variation mechanisms of microorganism is by mutation, including spontaneous mutation, which occurs for a given gene generally with a frequency of $10^{-9} \sim 10^{-6}$, and induced mutation with much higher frequency. Another of variation mechanisms is by transfer and recombination of gene or genes. Based on the different mechanisms causing genetic exchange, transfer and recombination of genetic material are divided into five types: transformation, plasmid-mediated conjugation, phage-mediated transduction, lysogenic conversion and gene transposition.

遗传与变异是生物的基本特征之一。作为最简单的生物之一，细菌的形态结构、生理代谢、致病性、耐药性、抗原性等生物学性状都是由遗传物质决定的。由于细菌生长繁殖速度快，遗传变异可在短期之内显现出来，因此细菌是人们研究遗传变异的理想材料。所谓遗传(heredity)是指细菌的生物学性状保持相对稳定，且世代相传，使其物种得以保存的能力。遗传的基本单位是基因(gene)，一种生物遗传物质的总和构成该生物的基因型(genotype)。生物所表现出来的生物学性状是基因表达的结果，称为表型(phenotype)。变异(variation)是指子代与亲代之间生物学特性出现的差异。变异使细菌产生新种，是细菌进化并展现出多样性的根本原因。变异分为遗传性变异与非遗传性变异。前者是指基因结构发生改变，故亦称基因型变异(genotypic variation)；后者基因结构未变，故亦称表型变异(phenotypic variation)。基因型变异只影响少数个体，并能稳定传给后代，基本不受外界因素的影响；表型变异则由环境因素所致，易受外界条件影响，会波及同一环境中的全部个体，其变化是可逆的、非遗传的。

第一节 细菌遗传变异的物质基础

一、细菌的遗传物质

(一) 细菌染色体

细菌染色体(chromosome)由一条环状 dsDNA 分子组成，在胞质内高度折叠、缠绕，形成一个较为致密的区域，外无核膜包围，称为拟核(nucleoid)。拟核的中央部分由 RNA 和支架蛋白组成，外围是超螺旋的闭环 dsDNA。与真核细胞不同，细菌染色体为单倍体，无内含子，不伴有组蛋白。细菌染色体大小差异很大，为 $580 \sim 130\,000$ kb，如大肠埃希菌染色体 DNA 约 4000 kb，分子质量 2.64×10^9 kDa，有 1 mm 长，约为菌体本身长度的 1000 倍，但由于 DNA 紧密折叠缠绕，所以只占细菌体积的 10% 左右。

细菌染色体 DNA 复制的速度极快(1 代/20 min)，复制时首先双螺旋 DNA 分子解旋并打开双链，形成复制叉(replication fork)，解旋后的两条链分别作为两个模板，在 DNA 聚合酶作用下，按碱基配对原则合成新链。细菌复制是通过半保留(semiconservative)复制方式进行，这种复制方式使子代细菌获得与亲代完全相同的染色体 DNA。

细菌基因组(genome)是指存在于细菌细胞内的全部遗传物质，即一套染色体(单倍体)DNA。细菌基因组学(Genomics)是通过测定细菌全基因序列和应用序列分析软件相结合，研究细菌全部基因组的结构及功能的一门科学。因此，研究细菌的基因组学首先需获得未知功能的 DNA 序列，然后用 DNA 分析软件分析未知的 DNA 序列，再通过核苷酸和氨基酸的同源性或相似性检索等获得的研究信息,推测该DNA序列的功能。基因组学包括结构基因组学(structural genomics)、功能基因组学(functional genomics)和比较基因组学(comparative genomics)三个亚领域。因此,通过细菌基因组学获得的全基因序列的生物信息是认识生物学功能的基础。细菌基因组学研究技术就是应用DNA制图、测序技术以及计算机软件分析,将所获得的生物信息,用于研究细菌全部基因组的结构及功能。因此,细菌基因组学的基本研究方法包括核苷酸序列的测定、核苷酸序列的拼接和基因组序列的分析等。目前,几乎所有的病原菌代表株已完成测序。基因组序列揭示了细菌基因组结构的一些基本特征,包括遗传信息在基因组中排列的连续性、功能相关的基因组成操纵子结构、结构基因单拷贝及rRNA基因的多拷贝、基因组的重复序列少而短等。

细菌基因组在细菌的致病性、感染性疾病的防治及诊断上均有十分重要的意义:① 细菌的毒力基因与致病性。随着基因组学的发展,一些新兴的技术手段可以帮助人们较快地寻找到病原菌的毒力因子。例如可以通过比较种属相近的菌株基因组间的差异,尤其是同一种属致病与不致病菌株间的差异,快速找到一些与毒力相关的基因或序列。如流感嗜血杆菌在基因组序列测定完成前,仅发现7种基因与脂多糖合成相关。测序完成后,通过同源性分析发现有25个基因可能与脂多糖的合成相关。基因组的研究将微生物的基因和其致病性联系起来,这对于毒力因子鉴定和细菌性疾病的防治有很重要的实际意义。② 细菌的特异DNA序列与分子诊断。病原菌的特异DNA序列可作为分子标记用于诊断。基因芯片即是将成千上万个特异寡核苷酸探针用机械手密集点布在硅片等固相支持物上。再将样本DNA标记上放射性核素或荧光染料后,然后与基因芯片杂交,通过检测仪器测定结果。杂交结果可以判断病原菌的种类。已经有金黄色葡萄球菌、白假丝酵母菌、结核杆菌等细菌的DNA芯片用于病原菌的检测或耐药性的检测。另外,应用多重PCR技术,即用多对引物同时对多个目的DNA片段进行序列扩增,既可用于细菌学诊断又可大大提高诊断效率。③ 细菌基因组序列与新药及疫苗的开发。许多的药物治疗存在着疗效问题,随着基因组学的发展和高通量筛选方法的出现,人们可以同时分析多种候选药物对相关基因和基因产物的潜在影响,发掘新药。基因组学为药理学的发展开辟了新领域,药理基因组学将推动新一代药物开发。随着基因组学和蛋白组学的发展,为疫苗研究提供了非常有用的生物信息。通过分析基因组信息,筛选候选蛋白质抗原的方法被称为反向疫苗学(reverse vaccinology),即从细菌基因组中分析可能的蛋白质抗原表位;将它们高通量克隆并表达;进行体内或体外免疫学实验分析,筛选有效的候选疫苗。

(二) 质粒

质粒(plasmid)是细菌染色体外遗传物质,存在于大多数细胞的细胞质中,为环状闭合的dsDNA。质粒的主要特征:① 质粒具有自我复制的能力,一个质粒是一个复制子(replicon)。与染色体同步复制的质粒称紧密型质粒(stringent plasmid),与染色体复制不相关的质粒称松弛型质粒(relaxed plasmid)。② 质粒能编码某些特定性状,如致育性、耐药性、致病性等。③ 质粒可自行丢失或经紫外线等理化因素处理后消除,质粒赋予细菌的性状亦随之消失,故质粒并非是细菌生命活动不可缺少的遗传物质。④ 质粒可通过接合、转化或转导等方式在细菌间转移。根据质粒能否通过细菌的接合作用进行传递,将其分为接合性和非接合性两大类。接合性质粒带有 tra 等与接合传递相关的基因,一般分子质量较大,为40~100 kb,如F质粒,多数R质粒;非接合性质粒较小,一般在15 kb以下。不能通过接合方式进行传递,但可通过接合性质粒的诱动(mobilization)或通过转导而传递。⑤ 质粒的不相容性与相容性。两种结构相似、密切相关的质粒不能稳定共存于一个宿主菌的现象称为不相容性(incompatibility)。反之则为相容性。这与质粒的宿主范围、复制部位等因素有关。根据质粒的不相容性可将相关细菌分组,如肠杆菌科中分离的质粒已划分30余个不相容组。

质粒虽不是细菌生命活动所必需的,但它携带的基因决定了细菌的多种重要生物学特性。根据质粒编码的生物学性状分为编码性菌毛的F质粒(fertility plasmid),与耐药相关的R质粒(resistance plasmid)、产生大肠菌素的Col质粒(colicinogenic plasmid)、编码毒素的Vi质粒(virulence plasmid)等。

(三) 转座因子

转座因子(transposable element)是细菌基因组中能改变自身位置的一段DNA序列,这种转座作用可以发生在同一染色体上,也可在染色体之间或质粒之间,甚至在染色体和质粒之间。转座因子的转座可引发多种遗传学效应,如插入突变、染色体畸变及基因的移动和重排等。这些效应不仅在生物进化上有重要的意义,而且已成为遗传学研究中的一种重要的工具。

已证实所有生物均有转座因子,其转座作用主要依赖自身合成的特异性转座酶(tansposase)。转座因子按结构和功能的不同分为两类:① 插入序列(insertion sequence,IS),是最简单的转座因子,大小为750~1550 bp,两端有反向重复序列(3~10 bp)作为重组酶的识别位点,中心序列能编码转座酶及与转录有关的调节蛋白(图5-1)。IS可独立存在,也可成为转座子的一部分。在细菌染色体和质粒中含有不少IS,每种IS还可有多个拷贝,这是造成基因重组的条件之一。② 转座子(transposon,Tn),结构比较复杂,大小为2~25 kb,除两端的IS外还带有其他基因,如与转座无关的耐药、毒力等基因(图5-1),这些基因可随Tn的转座而发生转移重组。

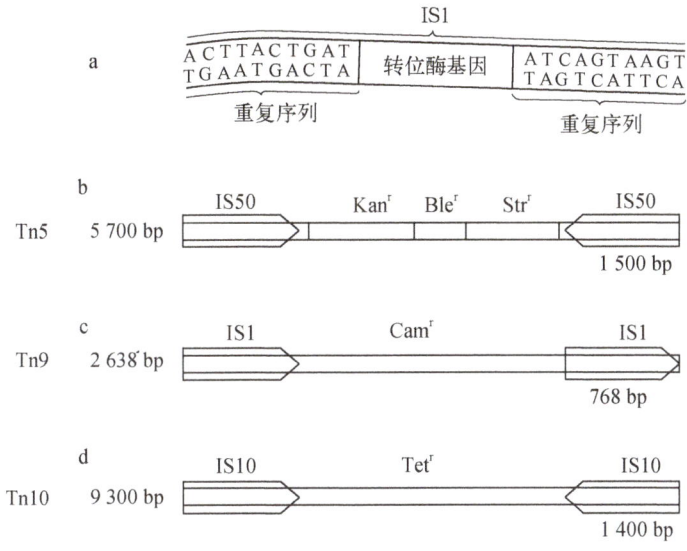

图5-1 插入序列和转座子

a. IS:中间为转座酶基因,两端为反向重复序列;b. Tn5:中间为卡那霉素、博来霉素、链霉素抗性基因,两端为IS;c. Tn9:中间为氯霉素抗性基因,两端为IS;d. Tn10:中间为四环素抗性基因,两端为IS

(四) 整合子

1989年,Strokes和Hall首次提出整合子(integron,In)的概念。整合子是一种运动性的DNA分子,具有独特结构,可捕获和整合外源性基因,使之转变成为功能性基因的表达单位。它通过转座子或接合性质粒,使多种耐药基因在细菌中进行水平传播。整合子存在于许多细菌中,定位于染色体和质粒或转座子上,是细菌固有的一种遗传单位,并通过捕获外源性基因来增强细菌生存的适应性。整合子的基本结构由两端的保守末端和中间的可变区构成。可变序列含有一个或多个基因盒,但其并非是整合子必需的组成部分。基因盒由一个结构基因(多为耐药基因)和57~141个碱基对组成。整合子含有整合酶基因、重组位点和启动子三个功能元件,均位于整合子5′保守末端。整合酶催化基因盒在重组位点上的整合及切除,整合于整合子上的基因盒由启动子负责表达。整合子是根据其整合酶基因序列的不同而分类的,目前发现的整合酶至少有六类。

二、噬菌体

噬菌体(bacteriophage,phage)是感染细菌、真菌、螺旋体或放线菌的病毒。噬菌体的严格寄生性与宿主菌的遗传变异有关。

(一) 形态与结构

电镜下噬菌体表现为蝌蚪形、球形和丝状三种基本形态。

大多数噬菌体呈蝌蚪状,由头、尾两部分组成(图5-2)。头部常为六棱柱体,立体对称,内含核酸,外裹一层蛋白质外壳,大小约80 nm×100 nm。尾部螺旋对称,为噬菌体与细菌细胞接触的器官。不同噬菌体的尾部结构差异较大,长短、粗细、复杂程度各不相同,短者10~40 nm,长者可达100~200 nm,较复杂的由尾领、尾髓、尾鞘、尾板、尾刺、尾丝等组成。

噬菌体的主要化学成分为核酸和蛋白质。噬菌体头部的外壳和尾部由蛋白质组成,主要起保护核酸、维持噬菌体外形的作用,尾部蛋白质还具有吸附功能,与噬菌体的特异性感染有关。头部内容物主要是DNA(少数为RNA),多数为双链线状DNA,少数为环状DNA或单链线状DNA。

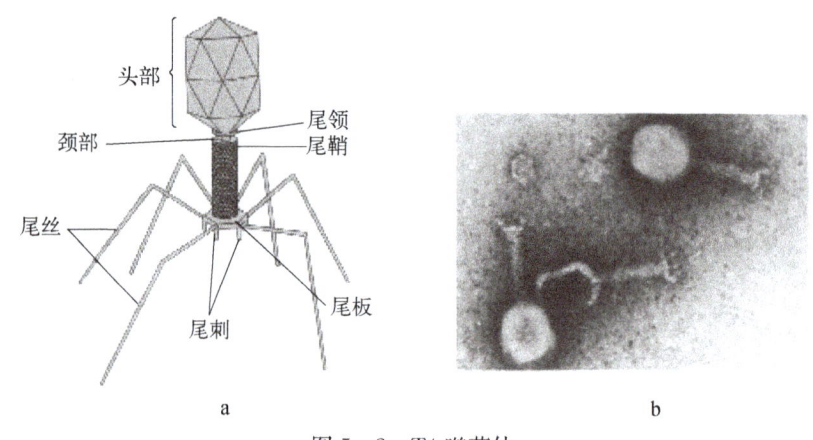

图 5-2 T4 噬菌体
a. 示意图；b. 电镜照片

根据感染后的结果及与宿主菌的相互关系，噬菌体可分为两种：一种在宿主细胞内复制增殖，产生子代噬菌体，最终使宿主细胞裂解，称为毒性噬菌体（virulent phage）；另一种感染宿主细胞后不增殖，而把自身基因与宿主基因整合在一起，随宿主细胞分裂而传给下一代，称温和噬菌体（temperate phage）。

（二）毒性噬菌体

与其他动物病毒一样，毒性噬菌体在敏感菌内以复制方式增殖，其过程包括吸附、穿入、生物合成、成熟和释放五个阶段（图 5-3）。复制过程为有尾噬菌体的尾部结构（尾丝、尾刺）与细菌表面受体发生特异性结合。结合后噬菌体尾部释放溶酶体样物质，将细菌细胞壁溶一小孔，随后尾鞘收缩，将头部的 DNA 挤入细菌细胞内，而蛋白质外壳仍留在细胞外。在菌体内的噬菌体 DNA 利用宿主的酶系统及原料（氨基酸、核苷酸等）合成大量噬菌体核酸及蛋白质，同时降解宿主 DNA，抑制细菌蛋白质的合成。已合成的噬菌体 DNA 及蛋白质在细菌细胞内按一定程序装配成完整的病毒颗粒。当宿主细胞内子代噬菌体达到一定数目时，可使细菌细胞壁破裂，释放出大量子代噬菌体。释放出的噬菌体可再感染其他细菌并重复其增殖周期。在增殖过程中，若包装出现差错，可能会误将残留的细菌 DNA 包入噬菌体衣壳蛋白，在感染其他细菌时会通过普遍性转导造成细菌基因的转移与重组。

从毒性噬菌体感染细菌开始，到引起细菌裂解并释放出子代噬菌体为止称为一个溶菌周期。毒性噬菌体的增殖速度比动物病毒快，一般一个溶菌周期仅需 20～40 min。

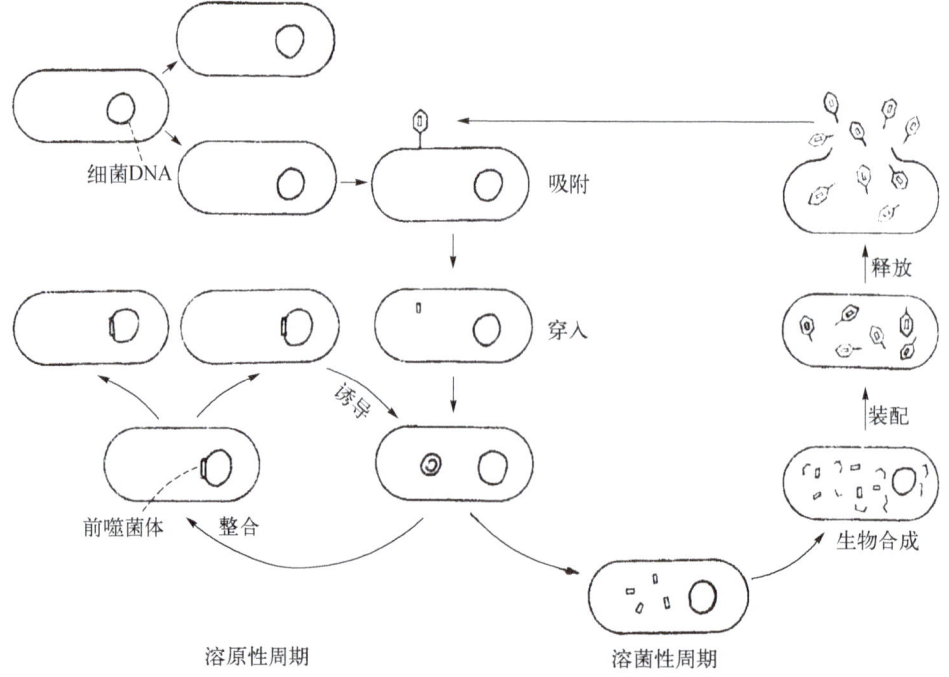

图 5-3 噬菌体的溶菌周期与溶原周期

(三) 温和噬菌体

温和噬菌体感染细菌后不产生完整的子代噬菌体,也不裂解细菌,这种状态称为溶原状态,带有温和噬菌体基因组的细菌称溶原性细菌(lysogenic bacterium),整合在细菌染色体上的噬菌体基因组称为前噬菌体(prophage)。溶原性细菌能正常分裂,前噬菌体也能正常传代,此时温和噬菌体处于溶原周期。由于温和噬菌体基因编码产生一种阻抑蛋白,可使溶原性细菌对同种或近缘噬菌体的再感染产生免疫力。溶原性细菌也可因前噬菌体的整合而产生新的性状,称为溶原性转换。

溶原状态可受外界因素(紫外线、诱变剂、X射线等)作用而中止,此时前噬菌体脱离细菌基因组(称为切离),在细菌细胞内增殖并产生成熟的子代噬菌体,最终造成细菌细胞的裂解,使溶原周期转变为溶菌周期(图5-3)。切离过程也可能出现偏差,将部分邻近的细菌染色体切下,包入噬菌体外壳中,进而通过局限性转导造成细菌的基因转移与重组。

第二节 基因转移和重组

细菌间基因的转移与重组是发生遗传性变异的重要原因之一。重组有两种方式:同源重组(homologous recombination)发生在紧密相关的DNA之间,在细菌 *rec* 基因编码的重组酶作用下,由一段外源性单链DNA取代宿主菌染色体上的一段DNA;非同源重组(nonhomologous recombination)发生在无关的DNA之间,在位点专一重组酶的作用下,将缺失或插入的DNA重新联结。譬如转座子或前噬菌体基因组的插入,均依靠自身编码的位点专一重组酶的作用,完成与宿主菌染色体之间的重组。重组使受体菌获得供体菌的某些性状。一般根据DNA片段的来源及交换方式等不同,将基因转移和重组分为转化、转导、接合和基因转座等。

一、接 合

细菌通过性菌毛相互连接沟通,将遗传物质从供体菌转给受体菌的方式称为接合(conjugation)。能通过接合方式转移的质粒称为接合性质粒,主要包括F质粒、R质粒等。

(一) F质粒的接合

F质粒又称致育质粒,能编码性菌毛,有性菌毛的菌株相当于雄性菌(F^+);无性菌毛的菌株相当于雌性菌(F^-)。类似有性生殖,当F^+与F^-菌杂交时,F^+菌性菌毛与F^-菌表面受体接合,使两菌之间形成通道,F质粒的一条DNA链断开并通过性菌毛通道进入F^-菌内,两菌内的单链DNA以滚环式进行复制,各自形成完整的F质粒。受体菌获得F质粒后即成为F^+菌(图5-4,图5-5)。这种转移的速度较快,整个过程仅需1 min。

F质粒可以游离在细胞质中,亦可整合到染色体上,具有高频率转移自身染色体至F^-菌的能力称为高频重组株(high frequency recombinant, Hfr)。Hfr也有性菌

图5-4 细菌接合示意图

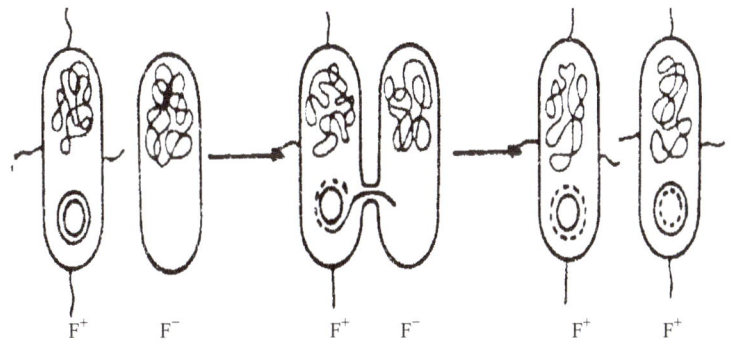

图5-5 接合时F质粒的转移

毛,当与 F⁻ 菌接合时,Hfr 的染色体以单链进入 F⁻ 菌,领先的基因高频转移,其后的基因转移频率逐渐降低,全部染色体转移需 100 min。由于 F 质粒位于染色体链的末端,而且接合过程随时会受各种因素影响而中断,因此 F 质粒几乎没有可能进入 F⁻ 菌,F⁻ 菌很少能成为 F⁺ 菌(图 5-5)。利用 Hfr 转移过程中,不同时间内有不同长度染色体片段进入 F⁻ 菌的特性,可进行基因定位,绘制基因图,称为间断交配实验。

Hfr 菌中的 F 质粒有时会从染色体上脱离,终止 Hfr 状态。从染色体上脱离的 F 质粒还会携带相邻的染色体 DNA 片段,称为 F′质粒。如 F′lac 质粒,可通过接合方式转移到不发酵乳糖的菌株中,使该菌获得发酵乳糖的性状。

(二) R 质粒的接合

1959 年,日本学者将具有多重耐药性的大肠埃希菌与敏感的志贺菌混合培养,发现多重耐药性可由大肠埃希菌传给志贺菌,首次证明了 R 质粒(R plasmid)的接合性传递功能。在健康人中分离的大肠埃希菌,有 R 质粒的菌株占 30%~50%,而致病性大肠埃希菌则高达 90%。R 质粒由耐药传递因子(resistance transfer factor, RTF)和耐药决定子(resistance determinant, r-det)组成。两部分可以单独存在,也可结合在一起,但单独存在时无接合传递 R 质粒的功能。RTF 的功能与 F 质粒相似,编码性菌毛,决定质粒的复制、接合及转移;r-det 则决定菌株的耐药性。r-det 可带有几个不同耐药基因的转座子,如 Tn9、Tn4 和 Tn5 组成的 r-det,携带氯霉素、氨苄青霉素、链霉素、磺胺、卡那霉素、博来霉素和链霉素耐药基因(图 5-6),从而产生多重耐药性。

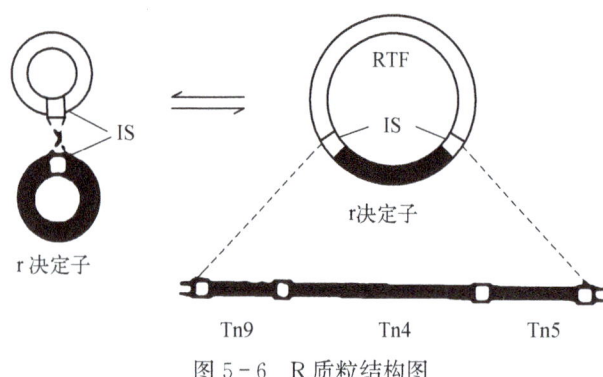

图 5-6 R 质粒结构图

Tn4:携带氨苄青霉素、链霉素和磺胺类药耐药基因;Tn5:携带卡那霉素、博来霉素和链霉素耐药基因;Tn9:携带氯霉素耐药基因

由于 R 质粒能在相同或不同种属间转移,从而导致耐药菌大量增加,给感染性疾病的临床用药带来极大的困难,因此 R 质粒又被称为传染性耐药因子。

二、转　化

转化(transformation)是供体菌裂解释放的 DNA 片段被受体菌直接摄取,使受体菌获得新的性状。1928 年 Griffith 研究肺炎链球菌时发现了转化现象。有荚膜的肺炎链球菌为Ⅲ型光滑型菌落(ⅢS 型),ⅢS 型菌有毒力;无荚膜的肺炎链球菌为Ⅱ型粗糙型菌落(ⅡR 型),ⅡR 型菌无毒力。Griffith 用ⅡR 型菌和ⅢS 型菌分别注射给小鼠,前者存活,后者死亡,而且从死亡小鼠心血中分离到ⅢS 型菌。若将ⅢS 型菌加热杀死后再注射小鼠,则小鼠存活。若将杀死的ⅢS 型菌与活的ⅡR 型菌混合后注射小鼠,则小鼠死亡,并从死鼠的心血中分离出ⅢS 型菌(图 5-7)。实验表明:活的ⅡR 型菌从死的ⅢS 型菌中获得编码荚膜的遗传物质后转化为ⅢS 型菌。

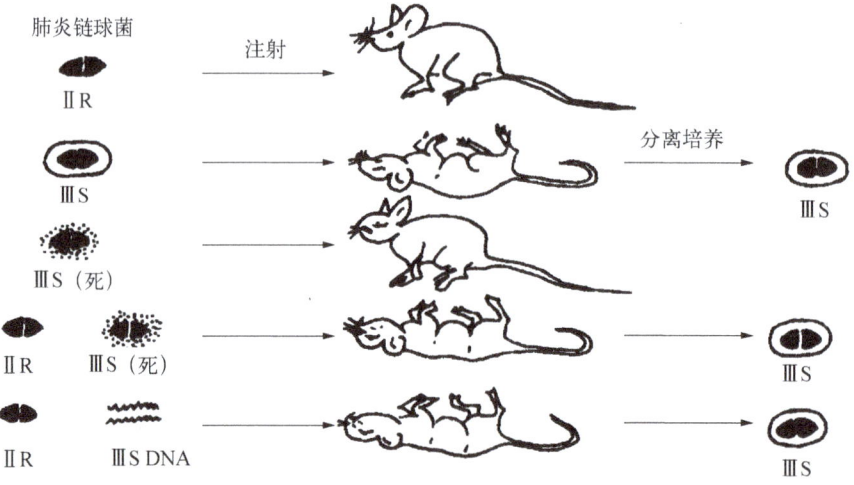

图 5-7 小鼠体内肺炎链球菌的转化试验

1944年,Avery用活的ⅡR型菌加上提取的ⅢS型菌DNA片段注射小鼠,同样致小鼠死亡,并从死鼠心血中分离到ⅢS型菌。如用DNA酶处理DNA片段,则转化过程无法实现,这进一步证明了引起转化的物质是DNA。

转化的基本过程为转化因子吸附于受体细胞上,其dsDNA中的一条链被降解消化,所得能量使另一条互补链进入细胞,进入的单链DNA片段与受体菌染色体的同源部位重组,形成异源双链区。随着染色体复制、细胞分裂后产生两个子细胞,一个保持原受体菌的性状,另一个则成为带有供体菌性状的转化型细菌。

转化可受如下因素影响:

1. 供、受体菌的基因型 两菌的亲缘关系愈近,其基因型愈相似,转化率愈高。在转化过程中,能转化的DNA片段的分子质量要小于1×10^7 kDa,最多不超过10~20个基因。

2. 受体菌的生理状态 在转化过程中,转化的DNA片段称为转化因子(transforming principle),受体菌只有在感受态(competence)的生理状态下才能摄入转化因子。感受态细菌表面带正电荷且发生细胞膜通透性增高等改变,均有利于细胞对转化因子的摄取。不同细菌感受态出现的时间不同,持续时间也不同。如肺炎链球菌感受态出现在对数生长期的末期,可维持40 min。

3. 环境因素 Ca^{2+}、Mg^{2+}、cAMP等可维持DNA的稳定性、促进转化作用。细菌的感受态也可用人工诱导,如将正在生长的大肠埃希菌加入低渗的氯化钙溶液后置0℃处理,然后移至42℃下作短暂的热激活,可促进细菌对外源性DNA的吸收。可能原因是Ca^{2+}引起细胞壁改变,易使外源性DNA黏着在菌体表面,形成能抗御DNA酶的复合物而被细菌吸收。

三、转 导

由噬菌体介导,将供体菌的DNA片段转入受体菌中,使后者获得前者的部分遗传性状,这种基因转移方式称转导(transduction)。最早由Zinder和Lederberg(1952)在研究鼠伤寒沙门菌遗传重组时发现转导现象。转导可分为普遍性转导和局限性转导两类。

(一)普遍性转导

毒性噬菌体和温和噬菌体都能介导普遍性转导(general transduction)。在噬菌体增殖后期的成熟装配过程中,由于装配错误,误将残留的细菌染色体片段或质粒装入噬菌体衣壳蛋白中,产生转导噬菌体(transducing phage),当它感染其他细菌时便会将此供体菌DNA转入受体菌(图5-8)。DNA转入后可有两种结果,一种是外源DNA片段与受体菌染色体整合,随染色体复制而传代,称为完全转导;另一种是外源DNA不能与受体菌染色体整合而仍保持游离状态,不能自身复制,也不能传代,称为流产转导(abortive transduction)。

(二)局限性转导

由温和噬菌体介导的是局限性转导(restricted trsnduction)。溶原期噬菌体DNA整合在细菌染色体上形成前噬菌体,经诱导(紫外线照射或化学物质处理)后溶原期转入裂解期,前噬菌体从细菌染色体上切离,若切离发生偏差,噬菌体DNA可带着邻近的宿主染色体基因一起切出,而将其本身DNA上的一段留在宿主染色体上。这种转导噬菌体再感染受菌时,可将供体菌基因带入。例如大肠埃希菌的温和噬菌体λ能整合到大肠埃希菌染色体上半乳糖苷酶基因(gal)与生物素基因(bio)之间,切离时可能带走gal或bio,将其转移入受体菌(图5-9)。

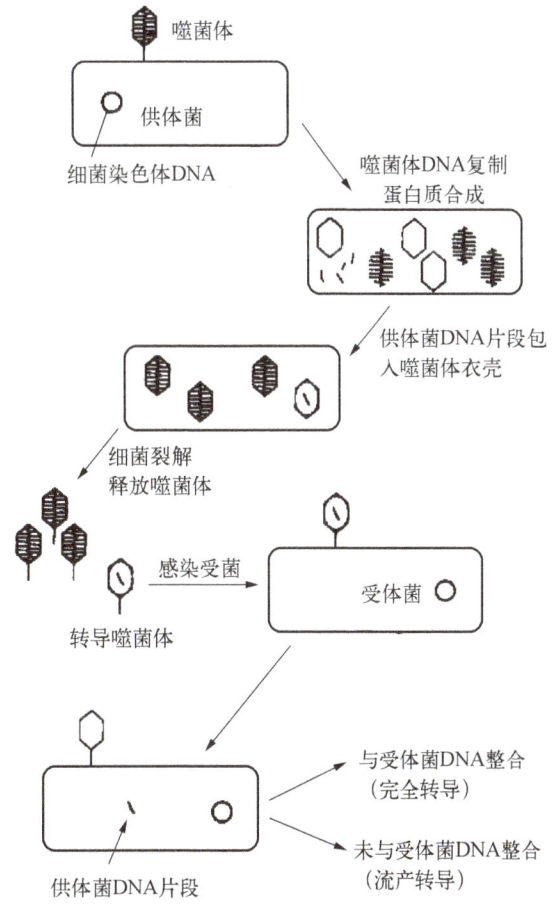

图5-8 普遍性转导模式图

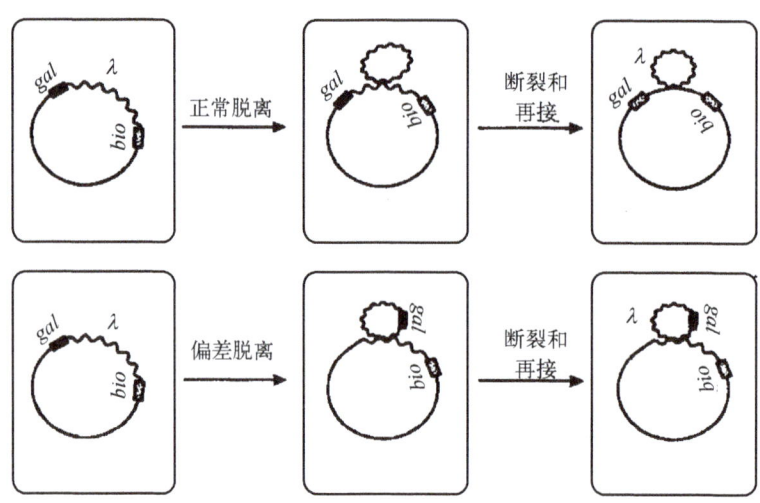

图 5-9 局限性转导模式图

转导现象在细菌中普遍存在,同一细菌可由不同噬菌体进行转导,同一噬菌体也可在不同种属的细菌间进行转导。一般约 1/100 的供体菌遗传物质可通过转导进入受体菌。

四、基因转座

基因转座(gene transposition)是通过转座因子的转移来实现的。转座有两种方式:一种是从原位置"切出"转座因子,"粘贴(paste)"到转移位置上;另一种是复制性的,即转座因子先经过复制,一个拷贝留在原位,另一个拷贝转移到新位置。IS 是一类简单的转座因子,它的两端为反向重复序列(inverted repeat,IR),IR 决定转座位置的特异性,它是通过同源重组来介导转座的。IS 的中段有阅读框(reading frame),是编码转座酶的基因,转座酶是位置转移的功能性酶。Tn 比 IS 分子大得多,它的两端同样带有反向重复序列 IR,Tn 分子的中间序列除携带有转座酶基因外,还可以带有其他特殊基因,如抗生素抗性基因、乳糖发酵基因等。临床上的许多抗生素耐药基因是通过 Tn 介导转移的。

有人将某些溶原性噬菌体也看作是转座因子,如以大肠埃希菌为宿主的温和噬菌体 Mu,全长约 39 kb,就被看作是一种转座子。溶原性噬菌体感染宿主菌时,将其基因组整合进入宿主菌染色体,称为前噬菌体。前噬菌体基因组编码的某些生物学性状(如耐药性、产毒素等)在宿主菌中表达,称为溶原性转换(lysogenic conversion)。溶原性转换导致的基因转移是细菌中比较常见的现象。如白喉棒状杆菌通过 β 棒状噬菌体的溶原性转换获得产白喉毒素的能力,A 群链球菌、产气荚膜梭菌或肉毒梭菌等均可因溶原性转换而分别获得产生致热外毒素、α 毒素或肉毒毒素的能力。

第三节 基 因 突 变

细菌的遗传物质构成细菌的基因型。基因突变是指 DNA 碱基对的置换、置换或缺失所致的基因结构的变化。细菌突变是基因型的遗传性改变,可以是自发的,亦可通过理化因子诱导突变。基因突变是生物变异的主要原因,是生物进化的主要因素。

一、基因突变规律

(一) 突变率

在细菌生长繁殖过程中,突变经常是自发的。突变率是指细菌生长时发生突变的频率。自发突变率为每一世代 $10^6 \sim 10^9$,即细菌每分裂 $10^6 \sim 10^9$ 次可发生一次突变。诱发突变是在某些理化因素(诱变剂)作用下诱导细菌发生变异,其发生率比自发突变率提高 $10 \sim 1\,000$ 倍,达到 $10^4 \sim 10^6$ 左右。

(二) 自发突变与诱发突变

突变可以自然发生。自发突变率很低,但可以用实验方法检出。1943 年,Luria 与 Delbruck 用彷徨试验(fluctuation test)首次检出自发突变型菌株(图 5-10)。实验用噬菌体为材料,观察细菌对噬菌体的耐受是出现在接触噬菌体之前还是之后。实验取两个 10 ml(10^3/ml)大肠埃希菌分别装在 A、B 两个大

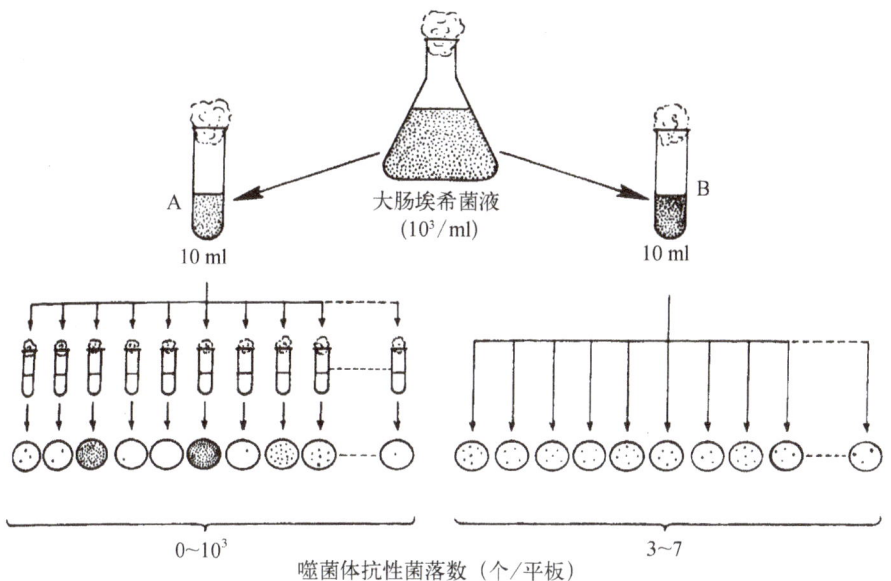

图 5-10 彷徨试验示意图

试管中，A管内的样本进一步分装到50个小管中。培养2h后，自每个小管取样，分别涂布在50个含噬菌体的平板上，同时B管取样涂布50个含噬菌体的平板。37℃培养，只有耐受噬菌体的细菌才能长成菌落。统计每个平板上的菌落数，结果如图5-10所示。来自小管的样本，菌落数差异大（0~10^3 个）；来自B大管的样本，菌落数差异小（3~7个）。来自小管及B管的细菌是同时接触噬菌体，如果突变是在接触噬菌体后发生的，则来自小管和B管的样本的菌落数应该相差不显著。如果突变发生在接触噬菌体之前，则可解释图5-10的结果：由于小管在培养的2h中，突变菌出现在不同时间点，突变出现早者含菌落数多，突变出现晚者含菌落数少。而B大管中，不论突变发生在何时间点，突变细菌分裂繁殖后被混匀在大管中，故耐受菌分布均匀。彷徨试验证明，突变是自发的，随机的；突变是在接触噬菌体之前已经发生，噬菌体对突变仅起筛选作用，而不是诱导作用。

人工诱导产生的突变为诱发突变。诱发突变可提高细菌的突变率。如大肠埃希菌对链霉素的自发突变率为 10^9，经紫外线照射后其突变率为 10^5。许多理化因子如X射线、紫外线、亚硝酸盐等都具有诱变活性。对动物有致癌作用的化学因子或被动物组织转化后的代谢产物，对细菌都有诱变作用。检测细菌诱变因子的诱变试验可作为检测环境因子对人类致癌作用的筛选方法。

（三）突变与选择

彷徨试验已证明突变是随机的，不定向的。发生突变的只是大量菌群中的个别细菌。要从菌群中找出个别突变菌，必须将菌群放在一种利于突变菌而不利于其他菌生长的环境中，才能将突变株选择出来。

为了筛选耐药菌株，Lederberg 等（1952）设计了影印平板（replica plating，图5-11）试验。

先在平板A中培养出菌落，用灭菌丝绒制作一印章。用该印章自平板A取样，转种到平板B、C上，但B平板不含抗生素，C平板含抗生素。培养2h，长出菌落。在C板出现的那个菌落就是抗生素耐受菌落。在B平板上的相应位置那个菌落，尽管没有接触到抗生素，也可判断具耐药性。取该菌落转种到含抗生素的试管中培养，可以生长就证明了这一事实。试验同样表明，自发突变是随机，非定向的。突变是发生在接触抗生素之前，抗生素的作用在于将敏感细菌杀死，将耐受菌选择出来，繁殖成为优势菌。

（四）回复突变与抑制突变

从自然界分离的未发生突变的菌株称为野生型（wild type）；相对于野生型菌株发生某一性状的改变，称为突变

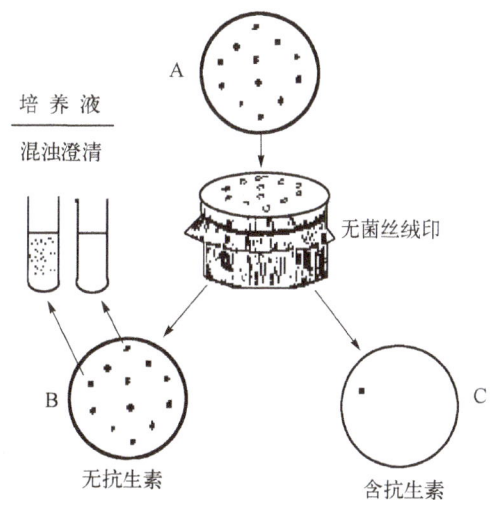

图 5-11 影印培养示意图

型(mutant type)。细菌由野生型变为突变型是正向突变,有时突变株经过又一次突变可恢复为野生型的性状,这种第二次突变称回复突变(reverse mutation)。野生型 DNA 序列的原位回复突变概率很低,一般第二次突变并没有改变正向突变的 DNA 序列,而是一个抑制基因(suppressor gene)突变,抑制了第一次突变所致的性状改变。这种抑制基因突变若发生在同一基因内的不同部位,称为基因内抑制(intragenic suppression);若发生在不同的基因,则称为基因间抑制(extragenic suppression)。回复突变可以自发性的,其频率一般是正向突变的 10%,也可以用诱变剂处理增加其频率。回复突变往往不是基因型回复,而是表型的回复。

二、常见的突变类型

自发突变是非定向的,从理论上讲,任何生物学性状都有可能发生突变。除了同义突变外,其他三种突变都可能导致表型的变化。下面介绍几种常见突变。

(一) 形态突变

形态突变(morphological mutation)是指菌落形态、颜色的变化以及菌体形态的变化。这是一类非选择性突变,它没有像抗性突变那样的生长优势,也没有像营养缺陷性突变和条件致死突变那样的生长劣势。形态突变和非突变体在平板上均同样生长,只能根据看得见的形态变化进行筛选,其中以颜色变化较易筛选。

(二) 营养缺陷体突变

营养缺陷体突变(auxotroph mutation)发生后,缺乏合成其生存所必需的营养物,故只有从周围环境或培养基中获得这些营养或其前体物才能生长。这种突变的基因型常用所需营养物的前三个英文小写斜体字母表示,例如,$hisC^-$ 代表组氨酸缺陷体突变,$lacZ^-$ 表示乳糖发酵缺陷体突变。没有突变的相应野生型则表示为 $hisC^+$ 和 $lacZ^+$。营养缺陷体是微生物遗传学研究中重要的选择标记和育种的重要手段,因为这类突变体在缺乏相应营养的选择培养基上不生长。这是一种负选择标记,采用影印平板法可分离到这种突变株,即用一套影印平板,在有营养平板上生长,在营养缺陷平板上不生长的那一个菌落就是营养突变菌。

(三) 耐药性突变

由于基因突变使细菌对某种或某些抗生素产生抗性的突变叫耐药性突变(drug-resistant mutation)。耐药性突变给临床感染的治疗带来了严峻的问题。这类突变常用药物的前三个小写斜体英文字母加上 r 表示,例如,str^r 表示对链霉素有抗性,str^s 对链霉素敏感。耐药性突变可以用来筛选重组子和作为进行其他遗传学研究的重要正选择标记,即用一套影印平板,在有抗生素平板上仍然生长的那一个菌落就是耐药菌落。

(四) 毒力突变

毒力突变(virulence mutation)是指导致毒力增强、减弱或完全消失的变异。利用毒力减弱或完全消失的变异可制成疫苗,用于预防疾病,如卡介苗、痘苗、脊髓灰质炎疫苗。微生物的致病能力也可以通过人工手段而提高,成为新型生物战剂。

(五) 条件致死突变

条件致死突变(conditional lethal mutation)是指在某种条件下发生某种突变后突变子不能存活的突变。人们可利用这类突变来分离生长繁殖必需的基因。常用的是温度敏感突变(temperature-sensitive mutation,ts),这类突变在高温下(如 42℃)是致死的,但可以在低温(如 25~30℃)下存活。筛选 ts 突变的方法也是采用影印平板法,采用 A、B、C 三个相同的平板培养细菌,将 A 平板上的细菌影印到 C 和 D 平板,C 和 D 平板分别置低温(30℃)和高温(42℃)下培养,然后挑取在 C 平板上生长而在 D 平板上不生长的菌落就是 ts 突变株。

三、突变的分子机制

根据基因结构改变方式,基因突变分为碱基置换突变、移码突变和缺失突变。

1. 碱基置换突变 碱基置换(base pair substitution)指核酸复制过程中碱基配对错误,一对碱基为另一对碱基所取代。其中嘌呤置换嘌呤或嘧啶置换嘧啶称为转换(transition),而嘌呤置换嘧啶或嘧啶置换嘌呤则称为颠换(transversion)。引起碱基置换的原因:一是碱基类似物的掺入,例如在大肠埃希菌培养基中加入 5-溴尿嘧啶(BU)后,会使 DNA 的一部分胸腺嘧啶被 BU 所取代,从而导致 AT 碱基对变成 GC 碱基对,或者 GC 碱基对变成 AT 碱基对;二是某些理化物质如亚硝酸、亚硝基胍、硫酸二乙酯、氮芥和紫外线照射等引起的碱基置换突变。

2. 移码突变（frame shift mutation） 基因中插入或者缺失一个或几个碱基对,会使DNA的阅读框架发生改变,导致插入或缺失部位之后的所有密码子都跟着发生变化,产生一种异常的多肽链,譬如一些像吖啶类染料插入DNA分子,使DNA复制时发生差错,导致移码突变。

3. 缺失突变 缺失一个或几个碱基对,甚至缺失基因片段,导致移码突变或较广泛的染色体重排。

根据遗传信息的改变方式,基因突变又可以分为沉默突变、错义突变和无义突变。

1. 沉默突变（silent mutation） 有时DNA的一个碱基对的改变并不影响其编码蛋白质的氨基酸序列,因为改变后的密码子和改变前的密码子是兼并密码子,编码同一种氨基酸,这种突变称为沉默突变。

2. 错义突变（missense mutation） 碱基对的改变引起决定某一氨基酸的密码子变为决定另一氨基酸的密码子。错义突变有可能使它所编码的蛋白部分或完全失活。

3. 无义突变（nonsense mutation） 由于碱基对的改变引起决定某一氨基酸的密码子变为一个终止密码子的突变叫无义突变。其中密码子改变为UAG称琥珀突变,密码子改变为UAA则称赭石突变。

根据突变程度的大小可分为小突变和大突变。大、小突变取决于DNA序列的损害程度。小突变也叫点突变（point mutation）,是指细菌DNA上核苷酸序列的改变仅为一个或几个碱基的置换、插入或丢失,出现的突变只影响到一个或几个基因。点突变机制包括碱基置换和移码突变。如果多个碱基对发生改变则为多点突变（multiple mutation）。多点突变往往涉及较广泛的染色体倒位、重复或缺失所致的数目较多的染色体重排（图5-12）,其DNA损伤程度可能已达到大突变。大突变是涉及大段的DNA发生突变,大、小突变间无明显界限,但大突变发生的频率要比小突变高,可能因为无表型变化的小突变是非常普遍的,但不易发现。

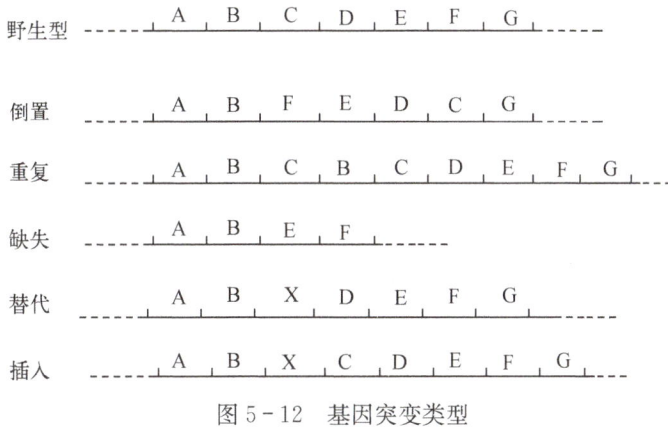

图5-12 基因突变类型

第四节　细菌基因表达的调节

基因是遗传信息的携带者。基因可以通过转录过程将信息传给mRNA,由mRNA翻译蛋白质。转录是蛋白质合成的起始阶段,RNA聚合酶与启动子（promoter）区域结合,启动mRNA转录。在原核细胞中,基因表达的调节主要发生在转录水平。为了快速适应环境的变化,又要防止蛋白质合成时过多地消耗能量,细菌具有有效的基因表达的调节系统。Jacob和Monod于1961年提出了转录调控的操纵子（operon）模型。一般细菌的相关基因串联排列在染色体的特定部位,其上游有启动子和操纵基因（operator gene）序列,共同构成一个转录单位,称为操纵子。在操纵子上游还有一个调节基因,编码的蛋白质能调节操纵子的活动。这些串联排列的功能相关基因,受上游区的调控,同时转录,同时翻译,最终形成功能相关的几种蛋白质,如大肠埃希菌的乳糖操纵子（lac operon）。操纵子根据调控机制的不同又可分为正调控系统和负调控系统。正调控系统中,调节基因的产物是激活蛋白（activator protein）,起着促进结构基因转录的作用。在负调控系统中,调节基因的产物是阻遏蛋白（repressor）,起着阻止结构基因转录的作用。

一、大肠埃希菌乳糖操纵子

大肠埃希菌乳糖操纵子作用是典型的负调控系统。在该系统中,i基因是调节基因,它编码一个阻遏蛋白。阻遏蛋白与操纵区（lac O）结合时,RNA聚合酶就不能转录结构基因,故称为负调控系统。在环境中缺乏诱导物乳糖或异丙基-β-D-硫代半乳糖苷（IPTG）时,乳糖操纵子是受阻的,当环境中存在有乳糖时,乳糖进入细胞后转变为异乳糖。异乳糖作为诱导物与阻遏蛋白紧密结合,使后者的构型发生改变而不能与 lac O 结合,因而去阻遏,RNA 聚合酶能顺利转录结构基因,形成 mRNA,继而翻译成三种不同的蛋白质:β半乳糖苷酶、乳糖渗透酶、硫代半乳糖苷转乙酰基酶(图 5-13),促进乳糖代谢。

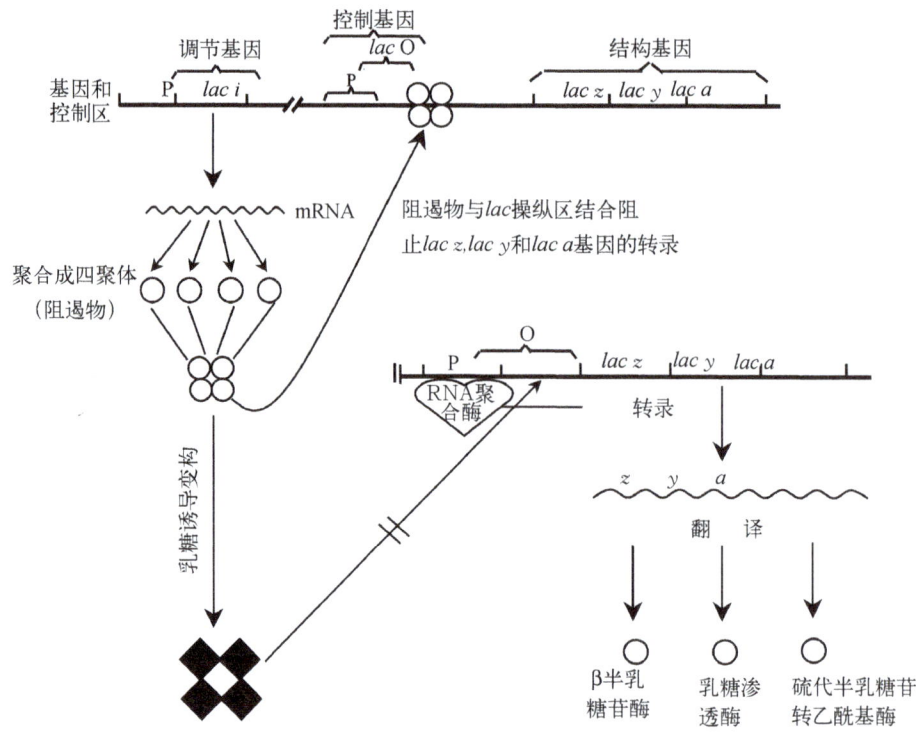

图 5-13　乳糖操纵子调控示意图

二、大肠埃希菌麦芽糖操纵子

大肠埃希菌麦芽糖操纵子(maltose operon)是一个典型的正调控系统,调节蛋白为激活蛋白,促进 RNA 聚合酶与启动子结合,从而增加 mRNA 的合成,故称为正调控系统。这里麦芽糖是诱导物,它与激活蛋白结合后使其构型发生改变,进而与 DNA 上的特殊结合位点结合,促使 RNA 聚合酶开始转录。

三、抗生素诱导性耐药的调节

抗生素诱导性耐药的调节亦具有操纵子的调控作用,产生的阻遏蛋白和诱导物的阻遏和去阻遏过程,都在不改变基因结构的情况发生。大多数细菌含有 1 000～3 000 个基因,在正常生长时,并非所有基因同时编码各种功能性多肽,有些基因的关闭或开放与细菌生长的特定阶段或生长时遇到的基质分子等有关。细菌体内已有某些抗生素的耐药基因,在多数情况下趋于抑制状态。当受到某些抗生素攻击时,抗生素作为诱导因子,与阻遏蛋白结合后去除了阻遏作用,从而起始耐药基因转录。但一旦停用抗生素,又逐渐恢复到抑制状态,即停止耐药基因的转录。相反,某些耐药质粒则因无调控基因,致使耐药基因呈持续高表达,且由于质粒的快速复制和可转移性,极易在菌株以及不同菌属间传播,造成更多菌株耐药。

乳糖操纵子或抗生素诱导性耐药的基因调控等所致的变化均属细菌的表型变异,表型的改变则会波及同一环境中的全部个体,且其变化是可逆的、非遗传。此外,还有多种细菌基因表达的调控方式都在基因转录水平调控蛋白的表达,如分解代谢物阻遏调控等。

第五节　细菌遗传变异在医学上的实际意义

一、影响细菌学诊断

发生变异的细菌可以失去其典型特性,如菌落形态、鞭毛、抗原性等方面发生变化。伤寒患者中分离出的伤寒沙门菌,约10%的菌株因变异而失去鞭毛,细菌学检查时无动力,患者血清中无抗H抗体。用青霉素等抗生素治疗时,有时会使细菌失去细胞壁变为L型,细菌L型在普通培养基上不易生长,必须用高渗培养基进行分离。因此,在进行细菌学检查时,应注意细菌的变异现象。多数细菌变异后,其表型改变很大以致难以识别,但其基因型的改变不会很大,因此可用分子杂交等方法测定细菌特异性DNA片段,以协助诊断。

二、预防耐药菌株的扩散

从抗生素广泛应用以来,耐药性细菌不断增加而引起关注。以金黄色葡萄球菌为例,对青霉素、磺胺类药等的耐药菌株高达90%以上。目前,耐甲氧西林金黄色葡萄球菌(methicillin resistant *Staphylococcus aureus*, MRSA)亦逐年上升,我国已达70%以上。在引起肠道感染的细菌中,还表现为同时耐受多种抗菌药物。细菌的耐药性变异给临床治疗带来很大的麻烦。为了提高抗菌药物的疗效,防止耐药菌株的扩散,用药物敏感试验选择敏感药物是常用的方法。临床上可通过合理用药等措施,降低耐药性突变的发生机会。

三、研制细菌疫苗

利用变异原理制备的减毒株已在疾病的预防方面收到良好的效果。卡介苗(Bacillus of Calmette Güerin, BCG)就是由卡介二氏将有毒力的牛型结核分枝杆菌接种在含有胆汁、甘油、马铃薯培养基上,经过13年传230代,终于获得了一株毒力减弱但仍保持免疫原性的变异株。随着基因工程研究的不断发展,将产生更多更理想的基因工程疫苗。

四、检测致癌物

细菌突变的诱因往往是化学物质,这种致变物质一般均有致癌的可能性,因此采用细菌作为模型来进行可疑致癌物的筛选是最经济快速的方法。Ames试验就是常用方法之一。其原理是突变菌在诱变剂的作用下可能会发生回复突变而恢复其原有性状。采用的是几株鼠伤寒沙门菌的组氨酸营养缺陷型(his$^-$)作为试验菌,用被检测的可疑化学物质为诱变剂。his$^-$菌在组氨酸缺乏的培养基上不能生长。若his$^-$菌在诱变剂作用下发生回复突变为his$^+$菌,则能在无组氨酸的培养基上生长。比较有可疑诱变剂的试验平板与无诱变剂的对照平板上的菌落数,凡能提高突变率、诱导菌落生长较多者,即证明被检物有致癌的可能性(图5-14)。

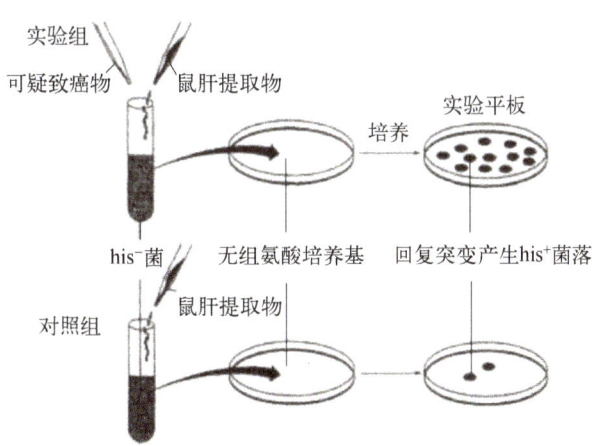

图5-14 Ames试验

(引自钱利生,2003)

实验组his$^-$菌培养管中加可疑致癌物,对照管中不加,鼠肝提取物作为活化剂;混合后分别倒入无组氨酸平板,37℃培养2 d;比较两平板菌落数,对照平板可有少量发生自发突变的his$^-$菌,若实验组菌落数明显多于对照组,则该可疑致癌物有致癌的可能

五、应用于基因工程

基因工程(gene engineering)是一种DNA体外重组技术,其基本过程是在生物体外用人工方法将目

的基因重组于载体(质粒或噬菌体)上,通过载体将目的基因转入受体细胞,使受体细胞表达出目的基因的性状。基因工程最大的特点和优点就是打破了生物种属间的界限,使微生物、动植物甚至人类之间的遗传物质可以相互转移和重组,人类可根据需要,选择不同的目的基因,在细菌中表达后供人类使用。目前许多不易从天然生物体内大量获取的生物活性物质,如胰岛素、白细胞介素、干扰素、生长激素和凝血因子等都可采用基因工程大量生产。

(赵卫　钱利生)

复习思考题

1. 与细菌遗传变异相关的物质有哪些？何谓质粒、转座子？
2. 噬菌体通过哪些方式参与细菌的遗传变异？
3. 试述细菌基因组的主要特性。
4. 试述细菌基因转移与重组的类型及各类型的主要特点。
5. 何谓 Hfr、溶原性转换？
6. 试述影印平板试验和 Ames 试验的过程。
7. 简述细菌突变的常见类型。
8. 试述耐药质粒的特征及其与耐药性的关系。

第六章 细菌的感染与免疫

Pathogenicity is the ability of an infectious agent to cause infection and disease in a host. Based on this concept, bacteria can be classified into three major groups: true pathogens, opportunistic pathogens and nonpathogens. Pathogens are capable of causing infections and diseases in healthy persons with normal immune defenses. Opportunistic pathogens become infectious when the host defenses are compromised or when they become established in a part of the body that is not natural to them. Nonpathogens do not cause diseases and may be a part of the normal flora of the host. The term normal flora denotes the population of microorganisms that inhabit the skin and mucous membrane of healthy normal hosts. They actually contribute to the host defenses by competing with and warding off potentially invasive pathogens.

Virulence is the degree of pathogenicity, which is affected by numerous variables such as the number of infecting bacteria, route of entry into the body, virulence factors of the bacterium, and nonspecific or specific host defense mechanisms.

In order for a pathogen to cause disease, it must gain access to the host, adhere to and invade host cells and tissues, resist or evade the host defenses, multiply and damage the host tissues. Bacteria enter the human body primarily via skin, respiratory tracts, gastrointestinal tracts, urogenital tracts or wounds. The source of the infectious agent may be exogenous (acquired from environment, animal sources or from other patients or carriers) or endogenous (from the normal flora). Pathogenic bacteria cause damage to host cells mainly by producing toxins. Toxins are generally classified into two groups: exotoxins and endotoxins. The major differences between the two groups are summarized in Table 6 - 5.

All hosts have defense mechanisms that are always operating to keep their healthy. The innate (nonspecific) defenses consist of physical, chemical, normal flora barriers, phagocytosis, inflammatory response and fever, which form the first line of defenses and prevent entrance and colonization of most pathogens. The phagocytes are capable of destroying most, but not all the invading pathogens. The adaptive (specific) defenses are the second line of defenses against a particular microorganism, which can be antibody-mediated (humoral), cell-mediated (cellular), or both. Antibody-mediated defenses are important against extracellular pathogens and their toxins. Cell-mediated defenses are mainly utilized to cope with intracellular pathogens. Antibodies protect hosts against pathogens by a variety of mechanisms: neutralization of toxins, lysis of bacteria in the presence of complement, opsonization of bacteria to facilitate phagocytosis and interference with adherence of bacteria to host cell surfaces. T cells mediate a variety of reactions including cytotoxic destruction of intracellular bacteria-infected cells, activation of macrophages and delayed hypersensitivity.

A rather delicate balance exists between the host defenses and the disease-producing mechanisms of microorganisms. When the host defenses succeed in resisting the disease-producing capabilities of the pathogens, health is maintaind. But when the ability of the pathogen overcomes the host defenses, infection and disease will be result. After the disease has become established, whether the infected host can recover completely, suffer permanent damage or die depends on many factors.

Infectious diseases acquired in a hospital or other medical facility are called hospital-acquired infections or nosocomical infections, which occur in about 5% to 20% of all admitted patients and pose a risk of increased morbidity and mortality. Urinary tracts, respiratory tracts and surgical incisions infections are the most common. The most important and widespread hospital pathogens are *Escherichia coli*, *Staphylococcus aureus*, *Pseudomonas aeruginosa*, *Enterococcus faecalis*, *Klebsilla pneumoniae*, and coagulase negative staphylococcus.

Hospital-acquired infections originally may be exogenous or endogenous. The exogenous source may be other patients or medical personnel in the hospital (cross infection) or contaminated medical equipments or hospital environment (iatrogenic infection). A high proportion of clinically apparent hospital infections are endogenous (self infection), the infecting organism being derived from the patients' normal flora. Hand hygiene is the single most important technique to prevent the introduction and spread of nosocomical infections.

细菌侵入宿主后,经过定植、繁殖和释放毒性物质等一系列过程,引起机体不同程度的病理损伤,称为感染(infection)。能使正常宿主致病的细菌称为致病菌或病原菌(pathogenic bacterium)。不能造成宿主致病的细菌称为非致病菌或非病原菌(nonpathogenic bacterium),它们是宿主正常菌群不可缺少的组成部分。有些细菌在正常情况下并不致病,但在宿主免疫防御能力下降或菌群失调等特殊条件下可以致病,称为条件致病菌(conditioned pathogen)或机会致病菌(opportunistic pathogen)。绝大多数微生物是非致病菌,对人和动物有益,有些甚至是必需的,只有极少数微生物属于致病菌。

致病菌入侵后,在建立感染的同时,能激发宿主免疫系统产生一系列免疫应答。其结局取决于细菌致病力与宿主免疫力的强弱。如致病菌被消除,可不形成感染;感染形成但逐渐消退,患者康复甚至获得终身免疫;感染扩散,患者死亡;宿主亦有可能成为带菌者。

第一节　正常菌群与条件致病菌

一、正　常　菌　群

自然界中存在着大量不同种类的微生物。人类与自然环境接触密切,人体体表和与外界相通的腔道(如消化道、呼吸道、泌尿生殖道等)中寄居着不同种类和数量的微生物,通称正常菌群(normal flora)或正常微生物群(normal microbial flora, normal microflora)。

（一）正常菌群的组成

在宿主出生后,正常菌群即在体内建立并持续存在,可分为两大类。

1. 常居菌群(resident flora)　亦称原籍菌群(autochthonous flora),是由相对固定的微生物组成,有规律地定居于特定部位,成为宿主不可缺少的组成部分(表6-1)。如果出现失调,正常菌群本身可迅速重建。

表6-1　医学上重要的人体常见正常菌群

部位	重要菌类	较重要菌类
皮肤	表皮葡萄球菌	金黄色葡萄球菌、甲型和丙型链球菌、类白喉棒状杆菌、痤疮丙酸杆菌、铜绿假单胞菌、非致病性奈瑟菌
鼻腔	金黄色葡萄球菌*	表皮葡萄球菌、类白喉棒状杆菌、甲型和丙型链球菌
咽喉部	甲型链球菌	表皮葡萄球菌、乙型和丙型链球菌、肺炎链球菌、流感嗜血杆菌、非致病性奈瑟菌、类白喉棒状杆菌、肺炎支原体
口腔	甲型链球菌	啮蚀艾肯菌、乳杆菌、乙型和丙型链球菌、非致病性奈瑟菌、螺旋体、白假丝酵母菌
牙菌斑	变异链球菌	乳杆菌、黏液放线菌、内氏放线菌、中间普氏菌、牙龈卟啉单胞菌
牙龈缝	血链球菌、脆弱类杆菌、核梭杆菌、衣氏放线菌	牙龈卟啉单胞菌、伴放线放线菌、产黑色素普氏菌、中间普氏菌、消化链球菌、螺旋体
胃		乳杆菌、消化链球菌、幽门螺杆菌*
肠道	双歧杆菌、大肠埃希菌、脆弱类杆菌	乳杆菌、乳酸链球菌、消化链球菌、真杆菌属、产气肠杆菌、肺炎克雷伯菌、变形杆菌、铜绿假单胞菌、粪肠球菌、金黄色葡萄球菌*、甲型和丙型链球菌、产气荚膜梭菌、破伤风梭菌、艰难梭菌、白假丝酵母菌

续表

部 位	重 要 菌 类	较 重 要 菌 类
尿道	大肠埃希菌*	表皮葡萄球菌、粪肠球菌、甲型和丙型链球菌、类白喉棒状杆菌、消化链球菌、耻垢分枝杆菌、解脲脲原体
阴道	嗜酸乳杆菌、大肠埃希菌*、B群链球菌*	消化链球菌、产黑色素普氏菌、阴道加德纳菌、甲型和丙型链球菌、脆弱类杆菌、类白喉棒状杆菌、解脲脲原体、白假丝酵母菌
外耳道		表皮葡萄球菌、类白喉棒状杆菌、铜绿假单胞菌
眼结膜		表皮葡萄球菌、金黄色葡萄球菌、干燥棒状杆菌、丙型链球菌

* 不属于正常菌群,但是医学上重要的定居菌。

2. 外籍菌群(allochthonous flora) 亦称暂住菌群(transient flora),由非致病菌或条件致病菌所组成,来自周围环境或宿主其他生境,可在皮肤或黏膜上存留数小时、数天或数周。如果宿主免疫功能受损或常居菌群出现紊乱,外籍菌群可在体内定植(colonize)、繁殖和引起疾病。

研究正常微生物群的结构、功能,以及与其宿主、外界环境相互依存和制约的学科称为微生态学(microecology),也是研究微生态平衡(microeubiosis)、微生态失调(microdysbiosis)和微生态调节(microecological adjustment)的一门新兴学科。

(二) 正常菌群的生理作用

正常菌群对微生态平衡和内环境稳定非常重要,对宿主是有益无害的,并且是必需的,主要生理作用如下。

1. 营养作用 正常菌群参与宿主的物质代谢、营养转化和合成。例如,双歧杆菌、乳杆菌、大肠埃希菌等能合成B族维生素、维生素K等,并参与糖类和蛋白质的代谢,有助于宿主消化吸收营养物质和生长发育。

2. 生物拮抗作用 正常菌群在宿主皮肤和黏膜表面特定部位黏附、定植和大量繁殖,形成菌膜屏障(图6-1)。通过空间占夺、营养争夺和产生代谢产物(如乳酸、脂肪酸、细菌素、过氧化氢、抗生素)等机制,可抑制和排斥外籍菌的入侵和定植,维持微生态平衡。研究发现,以鼠伤寒沙门菌攻击小鼠,需10万个活菌才能引起感染;若先给予口服链霉素,抑制大多数正常菌群,则100个活菌就可引起感染。可见,如果正常菌群失调,将大大削弱宿主抵御外籍菌入侵的能力。

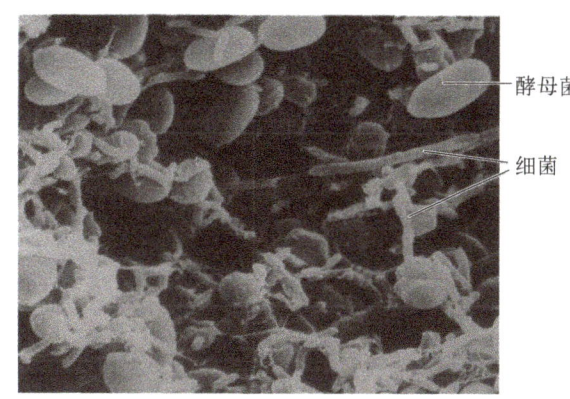

图6-1 大肠黏膜菌膜屏障扫描电镜图

3. 免疫作用 正常菌群能促进宿主免疫器官的发育,刺激宿主发生免疫应答,产生的抗体对具有交叉抗原组分的致病菌有一定的抑制或杀灭作用。正常菌群能激活巨噬细胞和树突状细胞等,增强其吞噬和抗原提呈能力,并释放多种细胞因子,以抵御外籍菌的入侵。

4. 排毒作用 双歧杆菌能使肠道过多的革兰阴性杆菌下降到正常水平,减少内毒素的释放,可产生酸性物质,维持肠道的正常蠕动,有利于各种毒素、毒性代谢产物和致癌物等排泄,并将食物中胆固醇转变为胆甾烷和粪烷,从粪便中排出。

此外,正常菌群还具有抗肿瘤和抗衰老作用。

二、条件致病菌

在正常情况下,正常菌群之间、正常菌群与其宿主之间始终处于一个动态的微生态平衡状态。但是,在特定条件下,这一平衡被打破,正常菌群则转化为条件致病菌,引起机会性感染(opportunistic infection)。转化条件主要有以下三点。

1. 宿主免疫防御功能下降 宿主先天或后天免疫功能缺陷(如艾滋病)、放疗和化疗,使用激素,器官移植后使用免疫抑制剂等,免疫防御能力下降,成为免疫功能低下的宿主(immunocompromised host);患有慢性消耗性疾病(如肝硬化、结核病、糖尿病、肿瘤等),使机体抵抗力下降;烧伤或烫伤,接受介入性诊治操作和外科手术等,上述情况易发生机会性(或内源性)感染。

2. 菌群失调(dysbacteriosis) 亦称比例失调,是指宿主正常菌群中各菌种间的种类或比例发生较大幅度变化,特别是原籍菌的种类和数量下降,外籍菌或环境菌的种类和数量升高。严重的菌群失调可使宿主产生一系列临床症状,称之为菌群失调症。

严重的菌群失调可导致二重感染(superinfection),即在抗菌药物治疗原感染性疾病过程中,造成体内菌群失调而产生的一种新感染。当较长期或大量服用抗生素,尤其是广谱抗生素时,宿主正常菌群中的敏感菌株大部分被抑制或消除,而体内原本处于劣势的或来自医院环境的少数耐药菌则趁机定植和大量繁殖,成为优势菌,引起新的感染。例如,抗生素使用不当破坏肠道内微生态平衡,寄居在肠道的艰难梭菌趁机大量生长繁殖,释放大量的外毒素A和B,引起假膜性肠炎。又如,应用第三代头孢菌素治疗大肠埃希菌性尿路感染时,可杀灭阴道内主要正常菌群嗜酸乳杆菌,导致pH上升,诱发白假丝酵母菌性阴道炎。

引起二重感染主要以金黄色葡萄球菌、革兰阴性杆菌(如铜绿假单胞菌、大肠埃希菌、肺炎克雷伯菌等)和白假丝酵母菌为多见。在临床上主要表现为鹅口疮、假膜性肠炎、医院内肺炎、尿路感染、败血症等。二重感染的致病菌常对多数抗菌药物耐药,而患者抵抗力因原发感染和(或)原发病而显著降低,因此,二重感染常难以控制,呈急性状态,病情重,病死率较高。若发生二重感染,除立即停用正在使用的抗菌药物外,需对临床标本中优势菌群进行药敏试验,以选用敏感药物治疗。同时,亦可使用微生态制剂,如双歧杆菌、乳杆菌等益生菌(probiotic),协助调整菌群类型和数量,加快恢复微生态平衡。

3. 定位转移(translocation) 正常菌群由原寄居部位向其他部位或本来无菌部位转移的现象。正常菌群在原籍生境通常是不致病的,如果转移则可能致病。例如,肝病患者胆汁分泌减少,可引起下消化道正常菌群上行至上消化道定植和大量繁殖,引起细菌过生长综合征,临床表现为营养吸收不良综合征和脂肪泻等。又如,大肠埃希菌原籍生境为肠道,可经口腔转移到下呼吸道,引起医院获得性肺炎;亦可侵犯泌尿道、腹腔和血液,分别引起尿路感染、腹膜炎和败血症。再如,当拔牙或插鼻胃管和内窥镜介入性诊疗时,正常寄居在口腔或鼻咽部的甲型链球菌可侵入血液,引起菌血症。如果宿主心瓣膜为先天缺损或是人工瓣膜,甲型链球菌可在心瓣膜上黏附、定植和繁殖,引起亚急性细菌感染性心内膜炎。医院介入性诊治手段可增加正常菌群发生定位转移的机会,引起医院感染。

第二节 细菌的致病机制

细菌引起宿主疾病的能力称为致病性(pathogenicity)。细菌的致病性具有宿主特异性,有的细菌仅对人类有致病性,有的仅对某些动物有致病性,有的两者均可。细菌的致病性还具有种属特异性,如伤寒沙门菌引起人类伤寒,鼠伤寒沙门菌则对人和动物均致病。致病菌的致病性强弱称为毒力(virulence)。毒力可用半数致死量(50% lethal dose,LD_{50})或半数感染量(50% infection dose,ID_{50})来表示,即在规定时间内,通过合适的感染途径,使一定体重和年龄的健康的易感动物半数死亡或半数感染所需的细菌最小数量。各种致病菌的毒力常不尽相同,并可随不同宿主而异;即使同一种细菌也常因菌型、菌株的不一而有毒力差异。

致病菌的致病机制,包括感染的启动和疾病体征(sign)与症状(symptom)的出现。致病菌侵入宿主能否引起感染和疾病,主要取决于细菌的毒力强弱、侵入机体的数量和侵入门户,以及宿主免疫防御能力强弱。另外,自然因素和社会因素对感染的发生与发展亦有明显影响。

一、细菌的毒力

致病菌侵入人体引起疾病,通常需要:① 黏附并定植于人体某种组织细胞。② 适应人体内环境进行增殖,向其他部位侵袭或扩散。③ 抵抗或逃避机体的免疫防御机制。④ 释放毒素(toxin)或诱发超敏反应,引起机体组织器官损伤。通常将前三项统称为细菌的侵袭力(invasiveness),侵袭力和毒素构成细菌的毒力。毒力是细菌致病的关键因素,是由多种基因决定的。毒力基因的表达受到宿主环境因素(如温度、pH等)的调控。毒力及毒力相关因子能有序地与宿主特定细胞发生相互作用,最终导致感染。

(一) 侵袭力

致病菌突破宿主的免疫防御机制,侵入宿主并在体内定植、繁殖和扩散的能力,称之为侵袭力。侵袭力由菌体表面结构(如菌毛、荚膜)和侵袭性物质(如侵袭性酶类)等组成。

1. 黏附与定植 细菌一旦进入宿主体内,通常必须首先牢固地黏附于皮肤和呼吸道、消化道或泌尿生殖道等黏膜上皮细胞,否则将被汗液分泌、呼吸道的纤毛运动、肠蠕动或尿液冲洗等清除。之后,细菌在局部定植和繁殖,产生毒性物质,或者继续侵入组织或血液和淋巴液转移扩散,直至形成感染。可见,黏附(adherence)与定植是绝大多数细菌感染过程的关键性的第一步(图6-2,图6-3)。

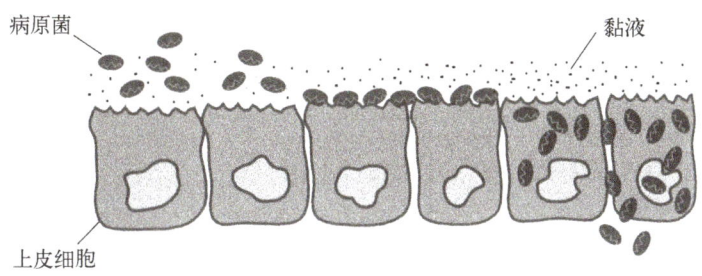

图6-2 细菌黏附与侵入宿主上皮细胞示意图

在黏附与定植过程中,部分细菌的鞭毛发挥重要作用。例如,幽门螺杆菌借助活泼的鞭毛运动,快速穿过黏液层而黏附于胃黏膜上皮细胞上(图6-3),以避免胃酸的杀灭作用;霍乱弧菌和空肠弯曲菌通过鞭毛运动,迅速穿越小肠黏液层,到达小肠黏膜上皮细胞表面黏附与定植,以免被肠蠕动排出体外。

细菌特异性黏附至宿主细胞主要由黏附素(adhesin)介导。细菌黏附素与宿主上皮细胞表面受体结合具有高度特异性,决定感染的组织特异性,即感染不同宿主或部位的细菌可能具有不同的黏附素。很多致病菌可表达多种黏附素,参与识别和黏附不同的组织细胞。如大肠埃希菌的多种黏附素,能侵犯肺、脑膜、小肠或泌尿生殖道,分别引起肺炎、脑膜炎、腹泻或尿路感染等。黏附素是细菌表面的蛋白质或多糖。G^-菌的黏附素通常为普通菌毛,不同种或型的细菌可产生不同类型的菌毛;G^+菌的黏附素是菌体表面的毛发样突出物。黏附素受体一般是靶细胞表面的糖蛋白或糖脂(表6-2)。抗黏附素抗体可阻断致病菌与黏膜上皮细胞之间的黏附作用,保护宿主免受感染。例如,肠产毒型大肠埃希菌菌毛疫苗已用于兽医界,对预防新生小牛、小猪由该菌引起的腹泻作用明显。

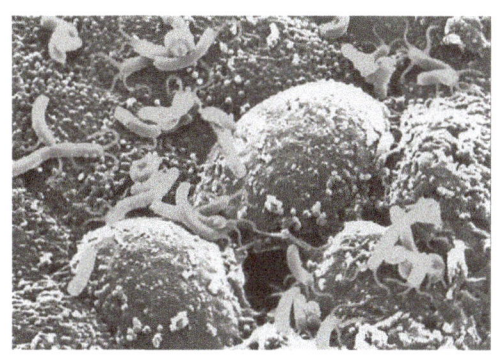

图6-3 幽门螺杆菌黏附于胃黏膜上皮细胞表面

表6-2 部分致病菌黏附素及其受体

黏附素	产生菌	靶细胞受体
菌毛黏附素		
普通(Ⅰ型)菌毛	致腹泻大肠埃希菌	D-甘露糖
定植因子抗原(CFAⅠ,CFAⅡ)	肠产毒性大肠埃希菌	GM-神经节苷脂
P菌毛	尿路致病性大肠埃希菌	P血型糖脂(P血型抗原)
X-黏附素(S,M)	致肾盂肾炎大肠埃希菌	P血型糖脂(P血型抗原)
Ⅳ型菌毛	淋病奈瑟菌	GD1神经节苷脂
	铜绿假单胞菌	GM-神经节苷脂
	霍乱弧菌	岩藻糖和甘露糖
非菌毛黏附素		
脂磷壁酸(LTA)	金黄色葡萄球菌	纤维粘连蛋白(fibronectin)

续表

黏附素	产生菌	靶细胞受体
LTA-M蛋白复合物	A群溶血性链球菌	纤维粘连蛋白
表面蛋白质	B群链球菌	N-乙酰氨基葡萄糖
P1、P2、P3蛋白	梅毒螺旋体	纤维粘连蛋白
表面血凝素	沙眼衣原体	N-乙酰氨基葡萄糖
丝状血凝素(FHA)	百日咳鲍特菌	整合素、N-乙酰氨基葡萄糖、肝素、硫酸糖脂
P1蛋白	肺炎支原体	唾液酸
藻酸盐	铜绿假单胞菌	黏蛋白
外膜蛋白Ⅱ	淋病奈瑟菌	跨膜糖蛋白CD46
血型抗原结合黏附素(BabA)	幽门螺杆菌	Lewis[b]血型抗原

2. 侵袭 一些致病菌感染仅局限于皮肤黏膜表面(图6-2,图6-3)。但是,大多数致病菌需要侵入宿主上皮细胞内或更深层组织,或经血液和淋巴液播散至全身,到达适合其繁殖的靶组织细胞,方可引起疾病。该过程称为侵袭(invasion)。

有些致病菌,如肠致病性大肠埃希菌黏附素与宿主细胞表面受体结合后,即可启动侵袭过程;有些致病菌的侵袭涉及一系列过程——基因的表达、通过Ⅲ型分泌系统直接将效应蛋白注入宿主细胞内、细菌与宿主细胞之间信号转导、宿主细胞膜表面结构改变、细胞内细胞骨架重排、致病菌内在化(internalization)等;有的致病菌能穿过黏膜上皮细胞或通过细胞间质,侵入深层组织或血液中,导致严重的深部感染或全身感染;另有一些致病菌被吞噬细胞吞噬后不被杀死,随着吞噬细胞转移至淋巴结和血液中,可扩散至宿主全身,引起全身感染。

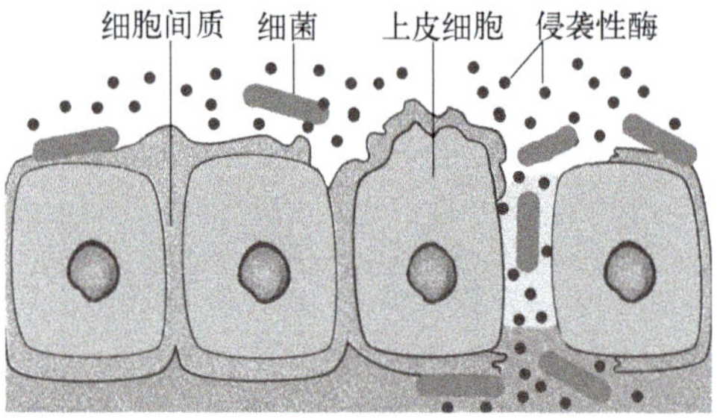

当致病菌在感染原始部位向其他部位扩散时,必然要受到宿主屏障作用的限制。但是,有些致病菌能产生降解和损伤组织细胞的侵袭性胞外酶(invasive exoenzyme),破坏宿主防御机制,协助细菌扩散(图6-4,表6-3)。例如,A群溶血性链球菌产生的透明质酸酶、链激酶和链道酶,能降解细胞外基质透明质酸、溶解血纤维蛋白和液化脓液中高黏度的DNA等,有利于细菌扩散至邻近组织,引起扩散性很强的化脓性感染,与周围组织界限不清,脓汁稀薄。目前,链激酶已用于治疗急性心肌梗死、脑血栓等。

图6-4 细菌产生侵袭性酶类在组织间扩散示意图

表6-3 细菌侵袭性酶类及其作用机制

侵袭性酶	产生菌	作用机制
透明质酸酶	A群溶血性链球菌、金黄色葡萄球菌、产气荚膜梭菌、肺炎链球菌、布鲁菌、梅毒螺旋体	水解结缔组织的细胞外基质透明质酸,使组织疏松,通透性增加,促使细菌扩散
溶纤维蛋白酶(如链激酶)	A群溶血性链球菌、金黄色葡萄球菌	激活血液中纤维蛋白酶原,转变为纤维蛋白酶,溶解血凝块,利于细菌扩散
DNA酶(如链道酶)	A群溶血性链球菌、金黄色葡萄球菌、产气荚膜梭菌	降解脓汁中高度黏稠的DNA,使脓汁稀薄,利于细菌扩散
胶原酶	A群溶血性链球菌、产气荚膜梭菌、钩端螺旋体	溶解结缔组织中胶原蛋白,促使细菌扩散
凝固酶	金黄色葡萄球菌	使血纤维蛋白原变为固态的血纤维蛋白,导致血浆凝固,保护细菌免受吞噬和杀灭
弹性蛋白酶	铜绿假单胞菌	降解弹性蛋白,损伤血管,灭活补体,干扰宿主防御机制
尿素酶	幽门螺杆菌、变形杆菌、解脲脲原体	分解尿素产生氨,中和胃酸,破坏黏膜上皮细胞
IgA蛋白酶	流感嗜血杆菌、肺炎链球菌、脑膜炎奈瑟菌、淋病奈瑟菌、变形杆菌	水解宿主黏膜表面的SIgA,降低宿主抑制细菌黏附的能力

侵袭性酶	产生菌	作用机制
磷脂酰胆碱酶（卵磷脂酶）	产气荚膜梭菌	水解细胞膜的磷脂酰胆碱（卵磷脂），导致红细胞、白细胞、血小板和内皮细胞溶解，血管通透性增加，利于细菌扩散
过氧化氢酶、超氧化物歧化酶	结核分枝杆菌、伤寒沙门菌、幽门螺杆菌、布鲁菌	清除反应性氧中介物 H_2O_2、OH^- 和 O_2，免遭吞噬细胞的杀伤作用
神经氨酸酶	肺炎链球菌、铜绿假单胞菌	水解 N-乙酰神经氨酸，使上皮细胞表面的受体暴露，利于细菌黏附、定植与扩散

3. 抵抗宿主防御机制 致病菌侵入机体后，可采用不同的策略来抵抗或逃避宿主的免疫杀伤，称为免疫逃逸（immune evasion）（表 6-3）。

（1）抗吞噬和消化作用：有些致病菌能引起吞噬细胞凋亡。例如，葡萄球菌杀白细胞素和 α 溶素、链球菌溶素 O、炭疽毒素、铜绿假单胞菌外毒素 A 等能杀伤吞噬细胞。

有些致病菌，如肺炎链球菌、流感嗜血杆菌、脑膜炎奈瑟菌等具有荚膜，可阻止补体在菌体表面沉积及调理作用，从而抵抗吞噬细胞的吞噬（图 6-5）。此外，A 群溶血性链球菌的 M 蛋白、伤寒沙门菌的 Vi 抗原、淋病奈瑟菌的菌毛、鼠疫耶氏菌的外膜蛋白等亦具有抗吞噬功能。金黄色葡萄球菌凝固酶能使血浆中的液态纤维蛋白原变成固态的纤维蛋白，沉积于菌体表面，阻碍吞噬细胞的吞噬。

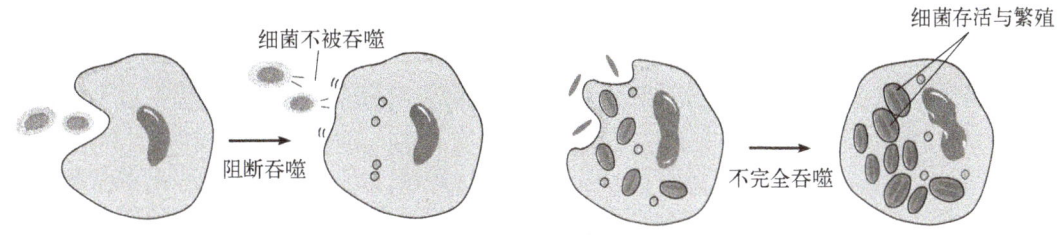

图 6-5 抗吞噬作用（左）和不完全吞噬（右）示意图

有些胞内菌，如结核分枝杆菌、布鲁菌、嗜肺军团菌、伤寒沙门菌、衣原体、立克次体等虽被吞噬细胞吞噬，但能抵抗杀伤并在吞噬细胞中生存和繁殖（图 6-5），称为不完全吞噬（incomplete phagocytosis）。胞内菌逃避免疫杀伤机制可能有：① 避免进入吞噬溶酶体（phagolysome），逸入无杀伤物质存在的吞噬细胞胞质内。② 阻止吞噬体（phagosome）与溶酶体（lysosome）的融合，使之在吞噬体内生存。③ 抑制吞噬溶酶体酸化，以不寻常的"卷入吞噬作用（coiling phagocytosis）"方式进入吞噬细胞，不引起呼吸爆发（respiratory brust），免受因呼吸爆发产生的反应性氧中介物（reactive oxygen intermediate，ROI）等强氧化物质的杀伤。④ 细胞壁含有腊质 D，对溶酶体酶、反应性氧中介物、防御素等具有高度抗性，并能产生过氧化氢酶和超氧化物歧化酶，有效地清除 H_2O_2、OH^- 和 O_2，因而可在吞噬溶酶体中存活。⑤ 合成酪氨酸磷酸酯酶和丝氨酸激酶，注入吞噬细胞导致吞噬功能完全丧失（参见本章第四节）。

（2）产生 IgA 蛋白酶：为逃避宿主特异性黏膜免疫应答，有些细菌能产生 IgA 蛋白酶，水解宿主黏膜表面的 SIgA，降低其免疫防御机能，增强致病菌在黏膜上皮细胞黏附与生存能力。几乎所有能引起脑膜炎的致病菌均可产生 IgA 蛋白酶，并同时需要荚膜作为毒力因子。

（3）抗原变异：通过修饰菌体表面抗原，改头换面后协助致病菌逃避宿主特异性免疫应答。由于基因突变或重组，使原有特异性抗体失效。有些细菌可模拟机体自身成分，形成分子模拟（molecular mimicry），使细菌得以伪装，不被免疫系统视为"非己"而免遭杀伤。

（4）干扰补体活性：某些细菌能抑制补体活化或灭活补体活性片段，抵抗补体的溶菌、调理及趋化作用，称为血清抗性（serum resistance）。例如，铜绿假单胞菌分泌弹性蛋白酶，可灭活补体片段 C3a、C5a 等，抑制趋化作用；流感嗜血杆菌和淋病奈瑟菌外膜上具有修饰过的脂寡糖（lipooligosaccharide，LOS），可干扰膜攻击复合体（membrane attack complex，MAC）的形成；大肠埃希菌和沙门菌某些菌株的 O 抗原可阻止 MAC 插入到靶细胞膜中而免遭杀伤。

此外，细菌超抗原及脂多糖可过度激活多种免疫细胞，诱导产生过量的 TNF-α、IL-1、IL-6 等细胞因子,导致宿主免疫功能紊乱。葡萄球菌蛋白 A 可与 IgG 类抗体的 Fc 段结合,干扰抗体介导的调理吞噬作用。

(二) 毒素

致病菌损害宿主细胞组织的方式主要有:① 由细菌毒素和侵袭性酶等引起的直接损害(图 6-6,表 6-3,表 6-4)。② 由超敏反应或宿主细胞释放的细胞因子等介导的间接损害。根据来源、性质和作用机制等不同,细菌毒素可分为外毒素(exotoxin)和内毒素(endotoxin)两大类(表 6-5)。

1. 外毒素　主要由 G^+ 菌产生,少数 G^- 菌也能产生外毒素。大多数外毒素是在菌体内合成后分泌至菌体外;也有少数存在于菌体内,待细菌死亡裂解后才释放出来,痢疾志贺菌和肠产毒型大肠埃希菌的外毒素属此。

外毒素化学成分是蛋白质,易被蛋白酶分解破坏。绝大多数外毒素不耐热。例如,白喉毒素在 58~60℃ 经 1~2 h,破伤风痉挛毒素在 60℃ 经 20 min 即可被破坏。葡萄球菌肠毒素是例外,能耐 100℃ 30 min。

外毒素的毒性作用强。例如,1 μg 肉毒毒素能杀死 20 万只小鼠,对人的最低致死量为 0.1 μg,其毒性比 KCN 大 1 万倍,是目前已知的化学毒和生物毒中最毒的物质之一。破伤风痉挛毒素的毒性作用仅次于肉毒毒素。在第二次世界大战中,破伤风夺去了"轴心国"5 万多名军人的生命,而盟军由于接种了破伤风疫苗,死于破伤风的人数极少。

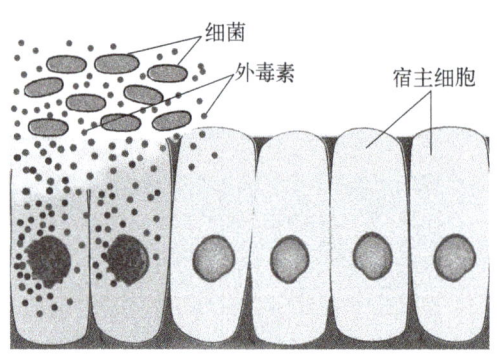

图 6-6　细菌释放外毒素损伤宿主细胞示意图

外毒素对宿主组织器官具有高度选择性,引起特殊的临床病变。根据其来源、分子结构、作用机制和所致临床病理特征,外毒素可分为神经毒素、细胞毒素和肠毒素三大类(表 6-4)。

表 6-4　外毒素的种类和作用机制

外毒素	产生菌	分子结构	作用机制	疾病:症状和体征
神经毒素				
破伤风痉挛毒素	破伤风梭菌	AB	阻断抑制性神经元释放甘氨酸等抑制性神经介质	破伤风:全身骨骼肌强直性痉挛
肉毒毒素	肉毒梭菌	AB	抑制胆碱能运动神经释放乙酰胆碱	肉毒中毒:神经肌肉松弛性麻痹
细胞毒素				
白喉毒素	白喉棒状杆菌	AB	灭活延长因子-2,抑制靶细胞蛋白质合成	白喉:假膜形成、心肌损伤、外周神经麻痹
毒性休克综合征毒素	金黄色葡萄球菌	单肽链	为超抗原,激活大量 T 细胞,诱生过量的细胞因子	毒性休克综合征:高热、猩红热样皮疹、休克
表皮剥脱毒素	金黄色葡萄球菌	单肽链	水解皮肤桥粒中的蛋白质,引起表皮与真皮脱离	烫伤样皮肤综合征:弥散性红斑、表皮剥脱性病变
致热外毒素	A 群溶血性链球菌	单肽链	为超抗原,破坏毛细血管内皮细胞	猩红热:高热、全身红色皮疹
百日咳毒素	百日咳鲍特菌	AB_5	阻断 G 蛋白介导的信号转导,激活腺苷环化酶	百日咳:黏稠分泌物增多,阵发性痉挛性咳嗽
艰难梭菌外毒素 B	艰难梭菌	AB	使肌动蛋白丝解聚,破坏细胞骨架,导致细胞凋亡	假膜性肠炎:肠壁细胞坏死,假膜形成
α-毒素	产气荚膜梭菌	单肽链	水解细胞膜上的磷脂酰胆碱,溶解红细胞等	气性坏疽:血管通透性增加,水肿,细胞坏死
葡萄球菌溶素	金黄色葡萄球菌	单肽链	细胞膜穿孔,细胞裂解	化脓性炎症:组织损伤
链球菌溶素 O	A 群溶血性链球菌	单肽链	细胞膜穿孔,细胞裂解	化脓性炎症:组织损伤
肠毒素				
霍乱肠毒素	霍乱弧菌	AB_5	激活腺苷环化酶,增高小肠上皮细胞内 cAMP 水平	霍乱:严重的上吐下泻,米泔样大便

续 表

外 毒 素	产 生 菌	分子结构	作 用 机 制	疾病：症状和体征
不耐热肠毒素	肠产毒性大肠埃希菌	AB_5	同霍乱肠毒素	腹泻：水样、非血性腹泻
耐热肠毒素	肠产毒性大肠埃希菌	单肽链	激活鸟苷环化酶，增高小肠上皮细胞内 cGMP 水平	腹泻：水样、非血性腹泻
志贺毒素*	出血性大肠埃希菌 痢疾志贺菌	AB_5	降解 60S 亚基 28SrRNA，抑制靶细胞蛋白质合成	出血性肠炎：血性腹泻 细菌性痢疾：黏液脓血便
葡萄球菌肠毒素	金黄色葡萄球菌	单肽链	为超抗原，刺激呕吐中枢	食物中毒：以呕吐为主，腹痛、腹泻
艰难梭菌外毒素 A	艰难梭菌	AB	趋化中性粒细胞浸润肠壁，释放细胞因子	假膜性肠炎：水样或血性腹泻，肠壁出血性坏死

* 志贺毒素亦可纳入细胞毒素。

(1) 神经毒素（neurotoxin）：主要作用于中枢神经系统和（或）外周神经系统，通过抑制神经元释放神经递质，引起神经传导功能异常。例如，破伤风痉挛毒素能阻断上下神经元间抑制性神经介质的传递，导致神经持续兴奋与骨骼肌强直性痉挛；肉毒毒素作用于神经肌肉接头突触前膜，能阻断胆碱能神经末梢释放乙酰胆碱，导致神经肌肉麻痹，可引起眼睑下垂、复视、斜视、吞咽困难等，严重者可因呼吸肌麻痹而死亡。A 型肉毒毒素是第一个进入临床的细菌毒素，主要用于皮肤美容（除皱）和治疗痉挛性病症与痛症等。

(2) 细胞毒素（cytotoxin）：通过作用于靶细胞的某种酶或细胞器，致使细胞功能异常而死亡，引起相应组织器官炎症和坏死等。例如，白喉毒素对呼吸道黏膜上皮细胞、外周神经末梢、心肌细胞等有高度亲嗜性，通过抑制靶细胞蛋白质的合成，导致咽喉部假膜形成、外周神经麻痹和中毒性心肌炎等。将白喉毒素 A 链与肿瘤单克隆抗体或细胞因子受体结合，可望制成"生物导弹"——免疫毒素（immunotoxin），用于肿瘤的靶向治疗。有些细胞毒素能直接导致膜损伤引起细胞裂解（图 6-7），称为膜损伤毒素

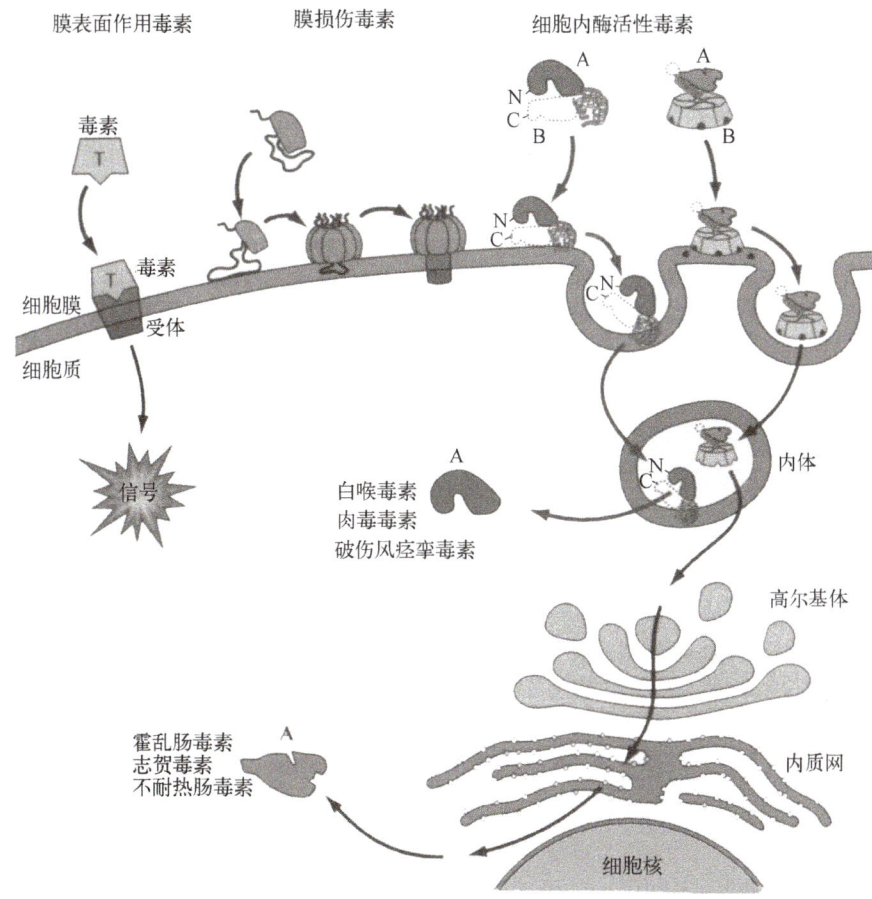

图 6-7 细菌毒素种类及作用机制示意图

(membrane-disrupting toxin)或溶细胞毒素(cytolytic toxin),可攻击多种组织细胞,使宿主出现诸如贫血、白细胞减少、毛细血管出血、皮肤坏死、化脓性炎症、心肌坏死等症状。例如,A群溶血性链球菌溶素O可损伤红细胞、白细胞和心肌细胞等。

(3) 肠毒素(enterotoxin):可引起胃肠道各种炎症、呕吐、水样腹泻、出血性腹泻等症状。例如,霍乱肠毒素可激活小肠黏膜上皮细胞内腺苷环化酶,造成靶细胞生理功能紊乱,超量合成 cAMP,致水分和电解质大量丢失,引起水样腹泻;志贺毒素为细胞毒性肠毒素(cytotoxic enterotoxin),可抑制靶细胞蛋白质合成,直接损伤肠黏膜上皮细胞,引起组织炎症、溃疡、坏死、出血等;葡萄球菌肠毒素随食物进入胃肠道,再吸收入血后到达中枢神经系统,刺激呕吐中枢,导致以呕吐为主要症状的食物中毒。

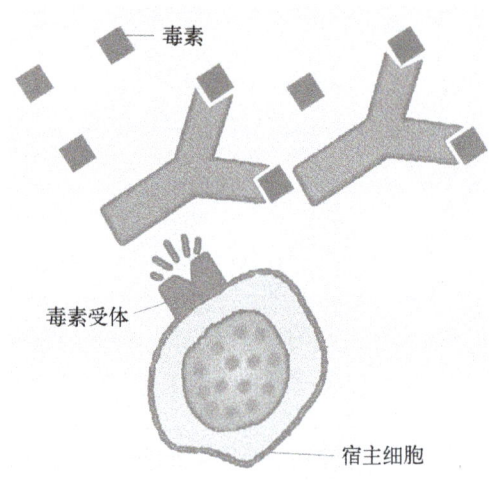

图6-8 抗毒素中和细菌外毒素作用示意图

外毒素大多具有良好的抗原性,可刺激机体产生抗毒素(antitoxin)。抗毒素能迅速中和游离外毒素的毒性作用,保护靶细胞免受损伤(图6-8)。外毒素可被甲醛脱去毒性,但仍保持免疫原性,成为类毒素(toxoid)。类毒素注入机体后不再致病,但可刺激机体产生抗类毒素的抗体,即抗毒素。因此,类毒素和抗毒素在防治白喉、破伤风、肉毒中毒等疾病中有重要的实际意义。类毒素作为疫苗,用于预防(人工主动免疫);抗毒素常用于治疗和紧急预防(人工被动免疫)。

致病菌的毒力因子大多是由质粒、转座子和温和噬菌体(temperate bacteriophage,phage)所携带,亦可存在于细菌染色体DNA或致病岛(pathogenicity island)上。

2. 内毒素 内毒素是G^-菌细胞壁外膜中的脂多糖(lipopolysaccharide,LPS),由O特异性多糖(O polysaccharide side chain)或O抗原(O antigen)、核心多糖(core polysaccharide)和脂质A三部分组成,依靠脂质A锚在G^-菌外膜脂质双层上(图6-9)。在细菌存活时,LPS只是细胞壁的结构组分,没有毒性作用。只有当细菌死亡裂解,或用人工方法破坏菌体后,LPS才游离出来,发挥毒性效应,故称为内毒素。螺旋体、衣原体、支原体、立克次体亦有类似的LPS,具有内毒素活性。

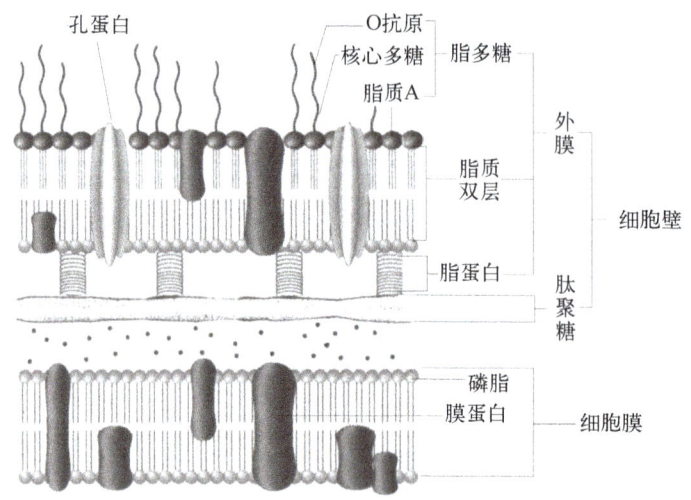

图6-9 G^-菌细胞壁及内毒素结构示意图

内毒素抵抗力强。耐热,加热100℃经1 h不被破坏;需加热至160℃经2~4 h,或用强碱、强酸或强氧化剂加温煮沸30 min才被灭活。可见,注射液、药品、输液用的蒸馏水若被革兰阴性菌污染后,虽经高压蒸汽灭菌法(121.3℃)杀灭细菌,但内毒素不被破坏,仍可引起临床不良后果。内毒素抗原性很弱,不能用甲醛脱毒成类毒素。内毒素注射机体可产生相应抗体,但中和作用较弱。

内毒素的毒性作用较弱。脂质A是内毒素的主要毒性组分。不同革兰阴性菌的脂质A结构虽有差异,但基本相似。因此,不同革兰阴性菌感染时,由内毒素引起的毒性作用大致相同。LPS不直接损伤各种组织器官。LPS首先与血液中 LPS 结合蛋白(lipopolysaccharide binding protein, LBP)结合;再与单核巨噬细胞表面的受体 CD14 分子结合;最后,LPS-LBP-CD14 复合物与 Toll 样受体 4(Toll-like receptor 4, TLR4)及辅助受体髓样分化因子 2(myeloid differential factor-2, MD-2)相互作用,触发细胞信号转导级联反应,激活单核巨噬细胞产生和释放 TNF-α、IL-1、IL-6、IL-8 等细胞因子,继而刺激参与固有免疫的各种免疫细胞、内皮细胞和黏膜上皮细胞,产生一系列炎性细胞因子、生物活性介质、急性期蛋白(acute phase protein)等,引起多种组织器官或全身性多种病理生理反应。主要临床症状有(图 6-10):

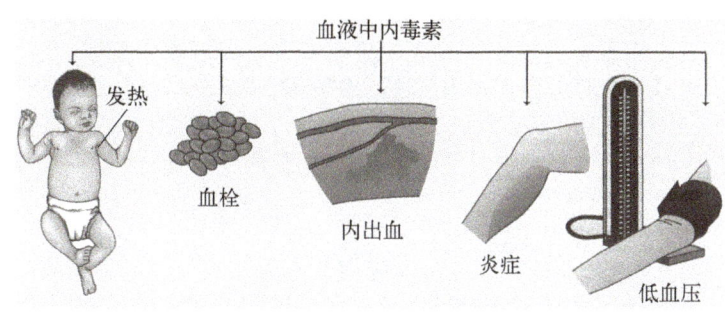

图 6-10 内毒素的毒性作用与临床症状

(1) 发热反应:极微量(1~5 ng/kg)内毒素注入人或动物体内即可引起体温上升,维持约 4 h 后恢复。其机制是:内毒素刺激巨噬细胞、单核细胞、内皮细胞等,使之产生和释放 IL-1、IL-6 和 TNF-α 等内源性致热原(endogenous pyrogen),作用于宿主下丘脑体温调节中枢,促使体温升高而发热。不过,适度发热有利于宿主抵御致病菌的感染。

(2) 白细胞反应:内毒素入血后,血循环中的中性粒细胞数量骤减,系与其移动并黏附至感染部位的毛细血管壁有关。1~2 h 后,LPS 诱生的中性粒细胞释放因子(neutrophil releasing factor)刺激骨髓释放中性粒细胞进入血液,使白细胞数量显著增加。但伤寒沙门菌内毒素是例外,始终使血循环中的白细胞总数减少,机制尚不清楚。

(3) 内毒素血症与内毒素休克:大量内毒素(血液中、感染病灶内或输液中革兰阴性菌死亡后释放出)进入血液后,可过度激活巨噬细胞、中性粒细胞、内皮细胞、血小板等,产生过量的 TNF-α、IL-1、IL-6 等细胞因子,引起高热。内毒素激活补体系统,产生 C3a 和 C5a,继而促使肥大细胞、血小板等释放组胺、5-羟色胺、前列腺素、缓激肽、白细胞三烯、NO 等生物活性介质;TNF-α、IL-8、C3a、C5a 等趋化因子使中性粒细胞聚集至感染部位,损伤血管内皮细胞,导致血管扩张和通透性增加,致使重要组织器官的毛细血管灌注不足,出现局部水肿、充血和微循环障碍等,称为内毒素血症(endotoxemia)。严重时则出现以高热、低血压和微循环衰竭为主要特征的内毒素休克(septic shock),死亡率极高。其中,尤以伤寒沙门菌、志贺菌、脑膜炎奈瑟菌和大肠埃希菌所致的内毒素休克特别危险。

(4) 弥散性血管内凝血:弥散性血管内凝血(disseminated intravascular coagulation, DIC)是指继发于革兰阴性菌内毒素血症的常见综合征,主要表现为小血管内广泛微血栓形成和凝血功能障碍。发生机制是:① 当发生严重的革兰阴性菌感染时,高浓度的内毒素可直接激活凝血因子Ⅻ,激活凝血系统和激肽系统。② 通过损伤血管内皮细胞,间接激活凝血系统。③ 通过激活血小板和白细胞,使之释放凝血因子,促使血纤维蛋白原转变为血纤维蛋白,加重血液凝固,形成微血栓,并启动溶血系统。上述因素的综合作用最终造成局部缺血、缺氧、出血、重要组织衰竭等。

细菌外毒素与内毒素的主要区别见表 6-5。

表 6-5 外毒素与内毒素的主要区别

特 性	外 毒 素	内 毒 素
来 源	G⁺菌与部分 G⁻菌	G⁻菌
存在部分	活菌分泌出,少数细菌崩解后释放出	细胞壁组分,细菌死亡裂解后释放出
化学成分	蛋白质。大多为 AB 型毒素	脂多糖。主要毒性组分是脂质 A

续 表

特 性	外 毒 素	内 毒 素
热稳定性	大多不耐热,60~80℃,30 min 被破坏	耐热,160℃ 2~4 h 才被破坏
毒性作用	强,对组织器官有选择性毒性效应,引起特殊临床表现,但通常不会引起发热	较弱,各菌的毒性效应大致相同,引起发热、白细胞增多、微循环障碍、休克、DIC 等
抗原性	强,刺激机体产生抗毒素;甲醛液处理脱毒形成类毒素	弱,刺激机体产生的中和抗体作用弱;甲醛液处理不形成类毒素
编码基因	常由质粒、噬菌体等染色体外基因编码	由染色体基因编码

综上所述,所有致病菌感染后不外乎利用菌体表面结构(如菌毛、荚膜)和代谢产物(如侵袭性酶类和内、外毒素)使人致病。多数致病菌兼有侵袭力和毒素,如 A 群溶血性链球菌、霍乱弧菌;有的以产生毒素为主,如破伤风梭菌、肉毒梭菌;有的则以侵袭力为主,如肺炎链球菌。由于细菌结构、代谢产物、生长繁殖所需条件、侵入和定植部位,以及毒力因子的不同,各种细菌的致病性有很大的差异。

二、细菌的侵入数量

感染的发生,除致病菌必须具有一定的毒力外,还需有足够的数量。感染所需菌量的多少,取决于细菌毒力和宿主免疫力两方面,细菌毒力越强或(和)宿主免疫力越低,引起感染所需的菌量越小。例如,在无特异性免疫力的宿主中,毒力强大的鼠疫耶尔森菌只需数个菌侵入即可发生感染;而某些毒力弱的引起食物中毒的鼠伤寒沙门菌,常需摄入数亿个菌才引起急性胃肠炎。Q 热立克次体、结核分枝杆菌、痢疾志贺菌、淋病奈瑟菌、伤寒沙门菌、鼠伤寒沙门菌和霍乱弧菌感染所需的最小菌量分别为 1、10、100、1 000、10 000、100 000 和 1 000 000 000 个。

三、细菌侵入的门户

具有一定毒力和足够数量的致病菌,若侵入门户或途径(portal or route)不适宜,仍不能引起感染。例如,伤寒沙门菌经口进入;脑膜炎奈瑟菌经呼吸道吸入;破伤风梭菌的芽胞需进入深部创伤且在厌氧环境中才能发芽和生长繁殖等。也有一些致病菌可经多种门户感染,如结核分枝杆菌可经呼吸道、消化道、皮肤创伤等多途径感染。

第三节 感染的发生与发展

一、感 染 源

在感染性疾病中,根据病原体来源,可分为外源性感染(exogenous infection)和内源性感染(endogenous infection);根据感染发生场所,可分为社区感染(community-acquired infection)和医院感染(nosocomial infection)。

(一) 外源性感染

外源性感染是指病原体来自宿主体外的感染。

1. 患者 大多数人类感染是通过人与人之间的传播。患者在疾病潜伏期直至病后一段恢复期内,都有可能将致病菌传播给其他人。与患者密切接触的人如果未经免疫,则有被感染的危险。医院感染的致病菌大多可经医护人员的手发生接触传播。因此,对患者及早诊断并采取防治措施,是控制和消灭传染病的根本措施之一。

2. 带菌者(carrier) 有些健康人、传染病潜伏期患者,或患者恢复后一段时间内仍继续排菌。健康带菌者和恢复期带菌者是很重要的传染源,因其无临床症状,不易被人们察觉,难以控制,故危害性大于患者。脑膜炎奈瑟菌、白喉棒状杆菌常有健康带菌者,伤寒沙门菌、志贺菌等可有恢复期带菌者。

3. 病畜和带菌动物 20 世纪 70 年代以来,全球范围新现和再现传染病达 60 多种,其中半数以上是人畜共患病,即人类和脊椎动物之间自然传播的、由共同的病原体引起的、流行病学上又有关联的一类疾病,也称动物源性传染病。通过直接接触受感染动物、食用受污染的肉奶蛋等制品或昆虫叮咬等,病畜或带菌动物的致病菌可传播给人类。例如鼠疫耶尔森菌、空肠弯曲菌、炭疽芽胞杆菌、布鲁菌、牛分枝杆菌、大肠埃希菌O157：H7、伯氏疏螺旋体、斑疹伤寒立克次体，以及可引起食物中毒的沙门菌等可经动物传播给人。

此外，自然界亦存在许多致病菌和条件致病菌，如土壤中的破伤风梭菌、产气荚膜梭菌，医院供水或空调系统中的嗜肺军团菌等。

（二）内源性感染

内源性感染是指病原体来自患者体内或体表的感染，亦称为自身感染(self infection)。致病菌大多是存在于体表和与外界相通的腔道中的正常菌群，少数是以潜伏状态存在于体内的致病菌(如结核分枝杆菌)。正常菌群在特定条件下转化为条件致病菌后才致病。目前，内源性感染有逐渐增多的趋势。

二、传播方式与途径

（一）皮肤感染

完整的皮肤黏膜是宿主抗感染的"第一道防线"，如果出现细小破损或烧(烫)伤，金黄色葡萄球菌、A群溶血性链球菌、大肠埃希菌、铜绿假单胞菌等常可侵入引起化脓性感染。在泥土、人类与动物粪便中，可能存在破伤风梭菌、产气荚膜梭菌等芽胞，若进入皮肤深部伤口，厌氧微环境适宜时就会发芽与繁殖，产生外毒素而致病。通过皮肤接触患病动物及受染皮毛、疫水等，可感染炭疽芽胞杆菌、布鲁菌、钩端螺旋体等。有些致病菌是通过节肢动物叮咬而传播的。例如，鼠疫耶尔森菌、斑疹伤寒立克次体由鼠蚤传播，伯氏疏螺旋体、Q热柯克斯体由蜱传播等。沙眼衣原体可通过接触传播，即经眼→眼或眼→手(或用具)→眼途径感染。

（二）呼吸道感染

患者或带菌者的痰液和唾液中含有大量的致病菌，通过咳嗽、喷嚏、大声说话或大笑时喷出的痰液、飞沫和飞沫核，散布到周围空气中，经呼吸道可感染他人。亦可通过吸入携带致病菌的尘埃或经手接触呼吸道分泌物而引起感染。空调系统形成的气溶胶、雾化器、湿化器等吸入治疗装置内的液体若被致病菌污染，也可发生感染。

（三）消化道感染

又称粪-口途径感染，大多是摄入粪便污染的饮水、食物所致。水、食物、手指和苍蝇等是消化道传染病传播的重要媒介。通过消化道传播的致病菌主要有伤寒沙门菌、志贺菌、霍乱弧菌、钩端螺旋体、大肠埃希菌O157：H7、副溶血性弧菌等；引起毒素性食物中毒的致病菌主要有肉毒梭菌、金黄色葡萄球菌等；幽门螺杆菌则可能通过唾液发生人-人传播。

（四）泌尿生殖道感染

通过性接触传播的致病菌主要有淋病奈瑟菌、阴道加德纳菌、沙眼衣原体、解脲脲原体和梅毒螺旋体，所致疾病统称为性传播疾病(sexually transmitted disease, STD)。STD是人类面临的重大公共卫生问题之一。淋病奈瑟菌、沙眼衣原体、梅毒螺旋体、B群链球菌等亦可经产道感染。大肠埃希菌、凝固酶阴性葡萄球菌、变形杆菌等可引起尿路感染。

此外，许多介入性诊治操作可导致内源性感染。有些致病菌，如结核分枝杆菌、炭疽芽胞杆菌、布鲁菌等可经呼吸道、消化道、皮肤创伤等多种途径传播。

三、感染的类型

感染的发生、发展和结局，是宿主的免疫力和致病菌的致病能力相互作用的复杂过程。根据双方力量对比，可出现隐性感染(inapparent infection)、潜伏感染(latent infection)、显性感染(apparent infection)和带菌状态(carrier state)等不同临床表现。随着双方力量的消长，这几种类型可以相互转化或交替出现。

（一）隐性感染

当宿主的抗感染免疫力较强，或侵入的致病菌数量不多、毒力较弱时，感染后对机体损害较轻，不出现或只出现不明显的症状，称为隐性感染，又称亚临床感染(subclinical infection)或无症状感染(asymptomatic infection)。在大多数传染病流行中，隐性感染者一般约占人群的90%或更多。隐性感染后，机体常可获得足够的特异性免疫力，能抵御同种致病菌的再次感染。隐性感染的宿主可向体外排出致病菌而成为重要的感染源。流行性脑脊髓膜炎、结核、白喉、伤寒等常有隐性感染。

（二）潜伏感染

当宿主与致病菌在相互作用过程中暂时处于平衡状态时，致病菌潜伏在病灶内或某些特殊组织中，一般不排出体外。一旦机体免疫力下降,潜伏的致病菌则被激活,大量繁殖后引起疾病复发。例如,结核分枝杆菌和梅毒螺旋体有潜伏感染。

(三) 显性感染

当宿主的抗感染免疫力较弱,或侵入的致病菌数量较多、毒力较强时,机体的细胞组织受到不同程度的损害,出现一系列明显的临床症状和体征,称为显性感染。显性感染过程结束后,致病菌可被清除。由于宿主免疫力和细菌致病能力存在着差异,因此,显性感染又有不同形式。

1. 临床上按病情轻重缓急分为以下几种

(1) 急性感染(acute infection):病情发展迅速,病程较短,一般是数日至数周。病愈后,外来的致病菌从宿主体内消失,但内源性感染的条件致病菌则不一定消灭。如流行性脑脊髓膜炎、猩红热、霍乱、伤寒、细菌性痢疾、气性坏疽、鼠疫、食物中毒(如大肠埃希菌性出血性肠炎)等属于急性感染。

(2) 慢性感染(chronic infection):病情较急性感染轻,病程缓慢,常持续数月至数年。如结核、麻风、幽门螺杆菌性慢性胃炎等。胞内菌往往引起慢性感染。

(3) 亚急性感染(subacute infection):病情发展比急性感染慢,病程比慢性感染持续时间短,如甲型链球菌所致的亚急性细菌性心内膜炎。

2. 临床上按感染的部位及性质可分为以下几种

(1) 局部感染(localized infection):致病菌侵入宿主体后,仅局限在一定部位生长繁殖,释放毒素,引起局部病变。例如,化脓性球菌所致的疖和痈、幽门螺杆菌所致的胃炎和消化性溃疡,以及淋病、霍乱、细菌性痢疾等。

(2) 全身感染(generalized infection):感染发生后,致病菌或其毒性代谢产物通过血液播散而引起全身急性症状。临床上常见类型有:① 毒血症(toxemia):致病菌侵入宿主体后,只在机体局部生长繁殖,不进入血循环,但其产生的外毒素入血,并经血液到达并损伤易感的组织细胞,引起特殊的临床症状。如白喉、破伤风等。② 内毒素血症:G⁻菌侵入血液后大量繁殖,死亡裂解后释放大量内毒素;或感染病灶内大量革兰阴性菌死亡后释放的内毒素入血所致。在严重G⁻菌感染时,可出现内毒素休克、DIC等症状,甚至死亡,如小儿急性中毒性细菌性痢疾。③ 菌血症(bacteremia):致病菌由局部侵入血液,但未在其中生长繁殖,只是短暂的一时性或间断性侵入血循环,到达体内适宜部位后再进行繁殖而致病,如伤寒、波浪热(布鲁菌病)等。④ 败血症(septicemia):致病菌侵入血液并在其中大量繁殖,产生毒性产物,造成机体严重损害,出现全身性中毒症状,如高热、皮肤和黏膜淤血、肝脾肿大等,如鼠疫、炭疽、气性坏疽、流行性脑脊髓膜炎等。⑤ 脓毒血症(pyemia):化脓性致病菌从感染部位侵入血液,并在其中大量繁殖,通过血液扩散至宿主的其他组织或器官,产生新的化脓性病灶。例如,金黄色葡萄球菌的脓毒血症常导致多发性肝脓肿、皮下脓肿和肾脓肿等。

(四) 带菌状态

宿主在显性或隐性感染后,有时致病菌并未立即消失,而在体内继续留存一定时间,与机体免疫力处于相对平衡状态,即为带菌状态,该宿主称为带菌者(carrier)。例如,伤寒、白喉患者等病后常可出现带菌状态。在显性感染临床症状出现之前称为潜伏期带菌者;显性感染之后称为恢复期带菌者;隐性感染之后称为健康带菌者。带菌者的共同特征是没有临床症状,但能不断或间歇排出致病菌,成为重要的感染源之一。因此,及早发现和治疗带菌者,对控制和消灭传染病的流行具有重要意义。

第四节 抗细菌免疫机制

虽然人体一直生活于"微生物的海洋"之中,但由于人体具有高度完善的免疫防御系统,大多数病原微生物并不能轻易侵入人体引起疾病。免疫系统由免疫器官(骨髓、胸腺、淋巴结、脾、扁桃体、黏膜相关淋巴组织)、免疫细胞(T细胞、B细胞、树突状细胞、中性粒细胞、单核细胞、巨噬细胞、NK细胞、肥大细胞、血小板等)和免疫分子(抗体、补体、细胞因子等)共同组成。在抗感染过程中,通过免疫器官、组织、细胞和分子间相互协作、相互制约、密切配合,共同完成复杂的免疫防御抗感染功能。

致病菌侵入人体后,首先遭遇的是固有免疫功能的抵御,可阻止致病菌侵入,或在致病菌在体内生长繁殖和造成感染之前将其破坏,从而抵御大多数致病菌的感染。一般经7～10 d后,适应性免疫才产生,部分致病菌需通过两者配合才能被杀灭。

一、固有免疫

固有免疫(innate immunity)亦称天然免疫,是人类在长期的种系发育和进化过程中逐渐建立和完善的天然防御机制。其特点是:① 先天具有:个体出生后即有,可代代相传;② 作用迅速;③ 无特异性:作用范围广泛,并非针对某一特定致病菌,故又称为非特异性免疫(nonspecific immunity)。固有免疫是监视和清除任何致病菌的快速反应系统,担负人体"第一道防线"作用,是适应性免疫应答的前奏。

固有免疫主要由物理屏障、化学屏障、微生物屏障和吞噬细胞、免疫分子等组成(图6-11)。

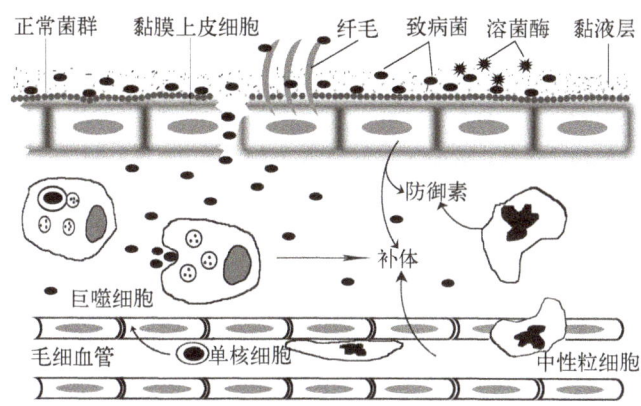

图6-11 人体固有免疫系统组成示意图

(一)屏障结构

1. 物理屏障

(1)皮肤与黏膜屏障:完整的皮肤和黏膜能阻挡致病菌的感染。黏膜是机体与外界相隔的最大屏障,黏膜表面的多种附件和黏液层能防止致病菌的黏附。例如,呼吸道黏膜上皮的纤毛运动、口腔唾液的吞咽、肠蠕动和尿液冲洗等,可将入侵的致病菌不断排出体外(图6-11)。宿主黏膜屏障若遭到破坏,如受到外伤、手术或插入性诊治操作,正常菌群发生移位或致病菌乘机侵入,与黏膜上皮细胞表面紧密结合,或者侵入更深层组织,易引起气管-支气管炎、肺炎、阴道炎等。

(2)血-脑屏障:一般认为,血-脑屏障由软脑膜、脉络丛的毛细血管内皮细胞和星状胶质细胞等组成,主要借助脑毛细血管内皮细胞层的紧密连接和微弱的吞饮作用,阻挡致病菌及其毒性产物从血液进入脑组织或脑脊液,从而保护中枢神经系统。婴幼儿的血-脑脊液屏障发育尚未完善,故易发生脑膜炎等中枢神经系统疾病。

(3)胎盘屏障:由母体子宫内膜的基蜕膜和胎儿绒毛膜组成,能阻止母体血液中的病原体及其有害产物侵入胎儿体内。但母体在妊娠3个月内,由于胎盘屏障尚不完善,母体中的病原体有可能通过胎盘侵犯胎儿,干扰其正常生长发育,造成畸形、流产,甚至死亡。药物亦可影响胎儿发育,在怀孕期间尤其是早期,应尽量防止发生感染,尽可能不用或少用副反应大的药物。

2. 化学屏障

(1)皮肤黏膜分泌的杀菌物质:皮肤的汗腺分泌乳酸,使汗液呈酸性(pH5~6),并含有高浓度盐分,可抑制大多数致病菌的生长。皮脂腺分泌的脂肪酸和汗腺分泌的溶菌酶具有杀菌作用。不同部位的黏膜能分泌溶菌酶(泪液、唾液、呼吸道分泌物)、蛋白水解酶(口腔、肠道)、胆盐(小肠)等多种杀菌物质。胃腺能产生胃酸,进入胃中的细菌大多不能抵抗pH2~3的强酸环境而被杀死。肠道的胆盐、蛋白水解酶和碱性环境可进一步杀灭进入肠道的外籍菌。溶菌酶主要作用于G^+菌的细胞壁肽聚糖,使之裂解而溶菌。G^-菌因肽聚糖外尚有外膜包围,阻止溶菌酶进入。但在特异性抗体或补体等参与下,溶菌酶亦可破坏G^-菌。

(2)抗菌肽:抗菌肽(antibacterial peptide,antimicrobial peptide)是由人和动物细胞产生的一类小分子多肽,是机体炎症反应的组成部分,具有广谱的抗菌活性,其合成和扩散速度非常快,能迅速杀灭致病菌和限制其蔓延,是宿主防御致病菌入侵的重要分子屏障,为启动更有效的适应性免疫应答赢得时间。

人类有多种抗菌肽,其中以防御素(defensin)为主。防御素是一类富含精氨酸的阳离子多肽(18~42个氨基酸残基),可分为α-防御素和β-防御素两大类,主要由中性粒细胞、小肠潘氏细胞(Paneth cell)和上皮细胞产生。防御素是天然抗菌免疫中的直接效应分子,主要作用于胞外菌感染。其杀菌机制可能是:以疏水端插入致病菌细胞膜而形成跨膜离子孔道,造成细胞膜通透性增加,内外物质交换失控,故而细菌裂解死亡。

此外,正常血液和体液中尚有阳离子蛋白(cationic protein)、乙型溶素(β-lysin)、吞噬细胞杀菌素(phagocytin)、白细胞素(leukin)、乳铁蛋白(lactoferrin)、血小板溶素(plakin)、正常调理素等杀菌或抑菌物质。

3. 微生物屏障 正常菌群构成的菌膜屏障是宿主抵御外籍菌入侵的最重要的防御系统之一。例如,成年妇女阴道内的主要正常菌群嗜酸乳杆菌能分解糖原(glycogen),产生大量的乳酸,使阴道内保持酸性环境(pH4~4.5),可抑制致病菌或条件致病菌的入侵和繁殖;肠道中大肠埃希菌分泌的大肠菌素(colicin)和酸性物质,能抑制志贺菌、金黄色葡萄球菌、白假丝酵母菌等生长;口腔中唾液链球菌产生的H_2O_2,能杀死脑膜炎奈瑟菌和白喉棒状杆菌等。

(二) 吞噬细胞

当致病菌突破宿主物理、化学和微生物屏障后,首先与致病菌接触并发动攻击的是吞噬细胞(图6-12)。吞噬细胞是非特异性免疫中最重要、最有效的防御组分。

人类吞噬细胞包括外周血中的中性粒细胞(neutrophil)、单核细胞(monocyte)和各种组织中的巨噬细胞(macrophage)。中性粒细胞是主要的吞噬细胞,约占外周血白细胞的60%,在血液中仅存留6~12 h,即迅速进入感染或组织损伤部位。单核细胞在血液中存留数天后迁移至组织中,并分化为游走或固定的巨噬细胞。血液的单核细胞和组织中的各种巨噬细胞构成单核-吞噬细胞系统(mononuclear phagocyte system)。与中性粒细胞不同的是,巨噬细胞只有被激活后才产生杀菌物质。

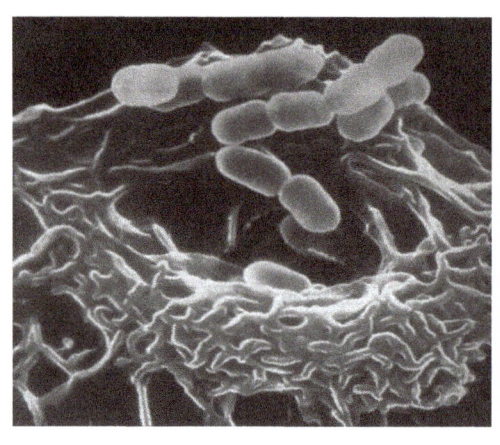

图6-12 巨噬细胞吞噬大肠埃希菌示意图

当致病菌穿透皮肤或黏膜到达体内组织后,中性粒细胞数量迅速显著增加,率先从毛细血管中迅速逸出,聚集到致病菌所在部位(图6-11,图6-13),多数情况下,致病菌被吞噬消灭。少数未被吞噬的致

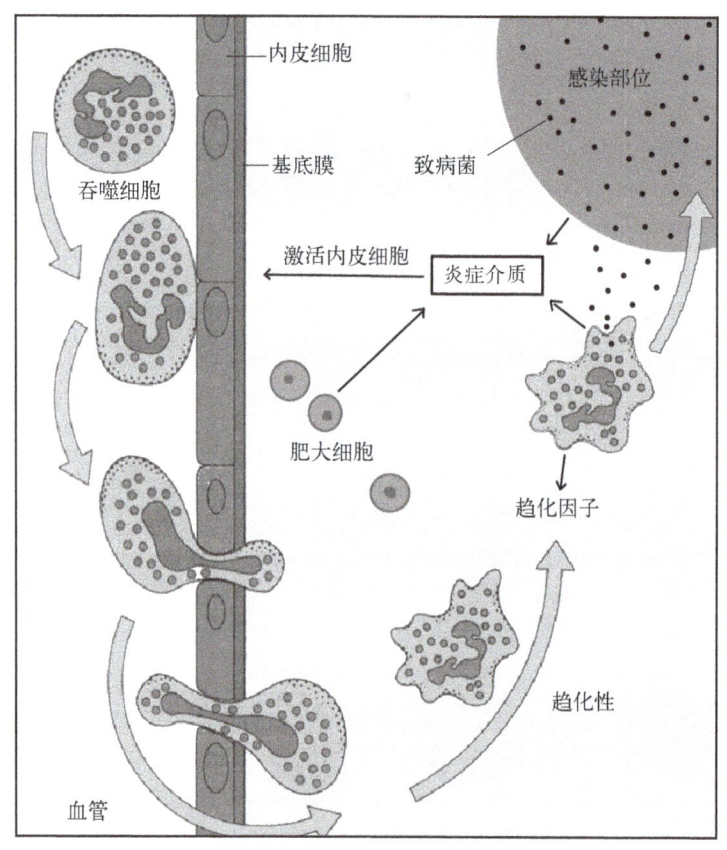

图6-13 吞噬细胞穿越毛细血管进入感染部位

病菌可随淋巴液经淋巴管到附近淋巴结,由淋巴结内的吞噬细胞吞噬和杀灭。可见,淋巴结的过滤作用在机体免疫防御功能上占有重要地位,一般只有毒力强、数量多的致病菌才有可能不被完全阻挡而侵入血液和肝、脾或骨髓等器官,然后再由该处的吞噬细胞继续吞噬杀灭。吞噬细胞能吞噬和杀灭大多数种类的致病菌,同时释放多种细胞因子,引起炎症反应。

1. **吞噬和杀菌过程** 吞噬作用(phagocytosis)大致可分为以下四个阶段。

(1) 游走(migration):入侵的致病菌可刺激吞噬细胞、内皮细胞、皮肤角质细胞、成纤维细胞等产生趋化因子(chemokine, chemotactic factor),激活正常T细胞表达与分泌上调等,招募大量的中性粒细胞和单核细胞由毛细血管中央向边缘移动(图6-13)。吞噬细胞借助黏附分子与血管内皮细胞联结处的黏附分子相互作用,选择性地黏附于感染病灶的血管内皮细胞上,逐渐变平,以"滚动(rolling)"方式穿过毛细血管内壁,进入组织间隙中。在趋化因子作用下,组织中吞噬细胞继续定向移动并聚集在感染部位(图6-13)。此外,细菌菌体成分或代谢产物、补体活化后的裂解产物C3a与C5a、炎症组织裂解产物等亦具有趋化作用。

(2) 识别(recognition):致病菌侵入人体后,吞噬细胞、树突状细胞、黏膜上皮细胞等不表达特异性抗原受体,主要依靠"模式识别受体(pattern recognition receptor, PRR)",如 Toll 样受体(Toll-like receptor, TLR)、LPS 受体(CD14 分子)、甘露糖受体、"清道夫受体(scavenger receptor)"等,识别致病菌的"病原体相关分子模式(pathogen-associated molecular pattern, PAMP)",并与之结合(图6-14)。

PAMP 是指病原微生物共有的高度保守的组分,如 G⁻ 菌的脂多糖(LPS)、G⁺ 菌的脂磷壁酸等,为微生物生存和致病性所必需,很少发生变异。PAMP 仅由微生物产生,不存在于高等哺乳动物中,免疫系统可借此区分"自己"(self)与"非己"(nonself),即 PAMP 可作为病原微生物入侵的"危险信号",诱发宿主免疫应答。

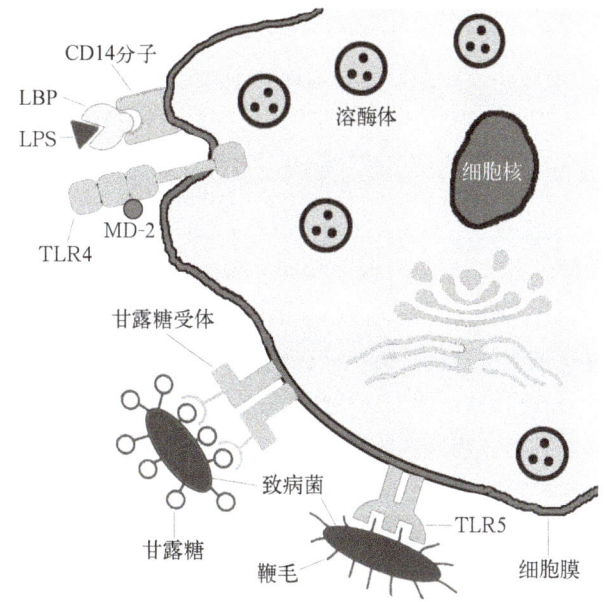

图 6-14 吞噬细胞表面 PRR 识别结合致病菌表面的 PAMP 示意图

吞噬细胞依靠 PRR 可直接与致病菌的 PAMP 识别而结合,但不能直接识别结合 LPS。LPS 需先与血清中的脂多糖结合蛋白(lipopolysaccharide binding protein, LBP)结合,再与吞噬细胞膜上的 CD14 分子形成 LPS-LBP-CD14 复合物,才被 TLR4-MD2 所识别(图6-14)。另外,吞噬细胞亦可通过调理素(opsonin)识别致病菌,即在特异性抗体产生前,通过其表面的 C3b 受体识别和结合 C3b 包被的致病菌;当特异性 IgG 类抗体产生后,其 Fab 段识别并结合致病菌,Fc 段与吞噬细胞表面 Fc 受体结合,从而促进吞噬,即调理作用(opsonization)(图6-15)。

(3) 吞入(ingestion):吞噬细胞识别并结合致病菌后,细胞膜内陷,伸出伪足,将致病菌包围并摄入细胞内,形成由部分细胞膜包绕的内体(endosome)或吞噬体(phagosome)(图6-16)。

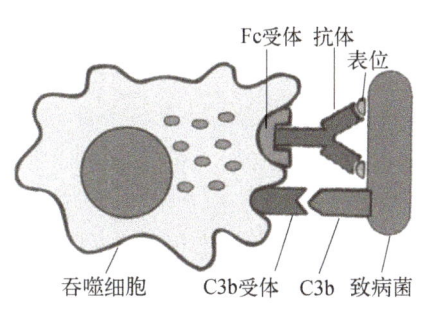

图 6-15 抗体和补体调理吞噬作用示意图

(4) 杀灭(killing):当吞噬体形成后,溶酶体与之融合成吞噬溶酶体(图6-16)。此时,吞噬细胞从有氧呼吸转换为糖酵解作用,产生大量乳酸,使吞噬溶酶体内酸化(pH3.5～4.0),从而抑制致病菌的生长,并增强多种溶酶体酶的活性。溶酶体内的溶菌酶、髓过氧化物酶(myeloperoxidas, MPO)、阳离子蛋白、乳铁蛋白、防御素、反应性氧中介物(reactive oxygen intermediate, ROI)和反应性氮中介物(reactive nitrogen intermediate, RNI)等可杀死致病菌,而蛋白水解酶、多糖酶、核酸酶、脂酶等能将致病菌降解,绝大部分产物通过胞吐方式排至吞噬细胞外,但有些被加工处理形成抗原肽,并与MHC-Ⅱ类分子结合形成抗原肽-MHC-Ⅱ类分子

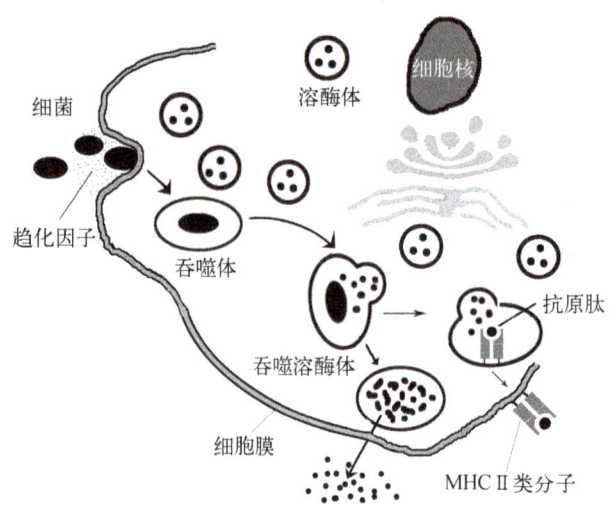

图 6-16 吞噬细胞吞噬杀菌和抗原提呈示意图

复合物,表达于巨噬细胞膜表面,提呈给 CD4+T 淋巴细胞识别,启动适应性免疫应答(图 6-16)。

2. 吞噬作用的结局　吞噬细胞吞噬致病菌后,其结局随细菌种类、毒力和宿主免疫力不同而异,一般有以下两种结局。

(1) 完全吞噬:正常情况下,大多数细菌会被吞噬杀灭,称为完全吞噬(图 6-16)。例如,大多数化脓性球菌被吞噬后,一般在 5~10 min 内死亡,30~60 min 内被完全破坏。

(2) 不完全吞噬:结核分枝杆菌、伤寒沙门菌、嗜肺军团菌等胞内菌在免疫力缺乏或低下的宿主中,虽被吞噬却未被杀死,称为不完全吞噬(图 6-5)。不完全吞噬可使致病菌在吞噬细胞内得到保护,免受体液中非特异性抗菌物质、特异性抗体或抗菌药物等作用。有的致病菌甚至能在吞噬细胞内生长繁殖,最终诱导吞噬细胞凋亡;或者随游走的吞噬细胞经淋巴液或血液扩散到人体其他部位,造成广泛病变。此外,吞噬细胞在吞噬过程中,溶酶体释放出的多种酶也能破坏邻近的正常组织细胞,造成组织的免疫病理性损伤和炎症反应。

(三) 免疫分子

1. 补体　补体(complement)是机体重要的免疫效应分子。在感染的早期,即抗体尚未产生之前,补体系统可通过旁路途径(alternative pathway)或甘露糖结合凝集素(mannose-binding lectin,MBL)途径,由细菌肽聚糖、甘露糖残基、脂多糖和真菌酵母多糖等激活。在感染的中、晚期,即抗体产生之后,抗原抗体复合物可激活补体的经典途径(classical pathway)(图 6-17)。

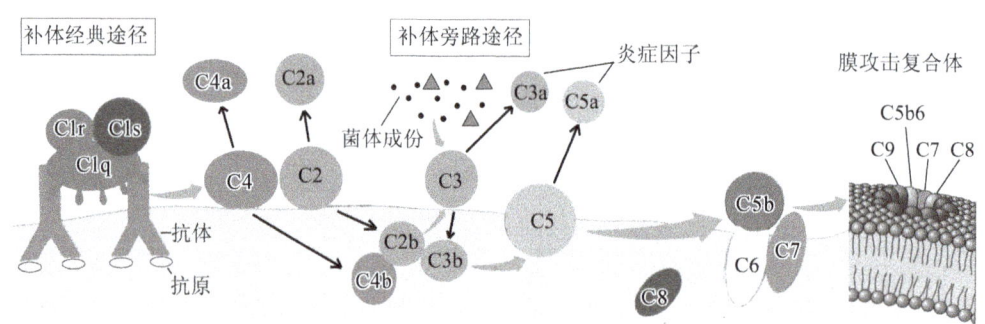

图 6-17 补体经典和旁路途径的激活过程示意图

补体系统激活后可产生多种生物活性产物,主要作用有:① 溶菌和溶解靶细胞:膜攻击复合物(membrane attack complex,MAC)可溶解破坏细菌和胞内菌感染细胞。② 调理作用:C3b、C4b 可作为调理素,与细菌或其他颗粒性抗原结合后,被具有相应受体的吞噬细胞识别结合,增强吞噬作用。③ 引起炎症反应:C3a、C5a 具有趋化作用,募集大量的吞噬细胞聚集到感染部位;能刺激肥大细胞、血小板等释放组胺、前列腺素、激肽等生物活性介质,增加血流量和毛细血管通透性,介导炎症反应的发生。④ 免疫复合物清除作用或免疫粘连(immune adherence)作用:免疫复合物可借助 C3b 与红细胞表面的补体受体结合,并通过血液运送至肝脏,为吞噬细胞所清除。

2. 细胞因子　是指宿主受到致病菌感染后,由免疫细胞和非免疫细胞产生的具有免疫学活性的小分子糖蛋白。其中,IL-1、IL-6 和 TNF-α 等可引起发热和炎症反应,IL-8 可趋化和激活中性粒细胞,IL-6 可诱导肝细胞合成和分泌急性期蛋白,引起急性期反应等。

3. 急性期蛋白　急性期蛋白(acute-phase protein)是在细菌脂多糖、IL-6 等刺激下,主要由肝细胞产生的一组血浆蛋白,包括 C-反应蛋白(C-reaction protein,CRP)、脂多糖结合蛋白(LBP)、甘露糖结合凝集素(MBL)、血清淀粉样蛋白 A(serum amyloid A protein,SAA)和蛋白酶抑制剂等。急性期蛋白最主要功能是最大限度地激活补体系统和调理吞噬入侵的致病菌，引发炎症反应。蛋白酶抑制剂可抑制吞噬细胞所释放酶类的活性，减少由致病菌感染所致的组织损伤。MBL能直接与致病菌表面甘露糖残基结合，介导调理作用；可活化MBL相关的丝氨酸蛋白酶，该酶与C1s、C1γ有同源性，可激活补体系统。

机体在抵抗致病菌感染的固有免疫过程中，组织、细胞和分子共同发挥作用，诱发炎症反应（inflammatory response），出现红、肿、痛和发热等症状，以破坏入侵的致病菌，阻止细菌在体内进一步侵袭，但过度的炎症反应可能给机体带来不利影响。

自噬（autophagy）是继凋亡（apoptosis）后生命科学领域又一研究热点，是指细胞内的双层膜结构包裹部分胞质和细胞内需降解的细胞器、蛋白质或外来异物形成自噬体（autophagosome），然后与溶酶体融合形成自噬溶酶体（autophagolysosome），利用溶酶体内的水解酶降解其包裹的内容物，为细胞的重建、再生和修复提供必需原料，以实现细胞稳态和细胞器的更新。自噬既可以作为一种防御机制来抵御环境变化对细胞造成的损伤，又可作为一种死亡机制，诱导细胞发生不同于凋亡的自噬性细胞死亡（autophagic cell death）亦称Ⅱ型程序性细胞死亡（programmed cell death Ⅱ，PCD Ⅱ），这种双重机制使其在抗感染时产生不同的作用，一方面宿主通过自噬清除细菌，同时细菌（如伤寒沙门菌）亦可通过某些机制逃避宿主细胞的自噬；另一方面，某些胞内菌（如结核分枝杆菌）可通过诱导宿主细胞的自噬而促进自身存活。自噬这把"双刃剑"的分界线尚不明了，就感染性疾病而言，可能与感染的时程和强度等因素有关。细胞不仅通过自噬/溶酶体途径发挥天然免疫应答效应，还通过自噬及其形成的自噬体参与抗原递呈过程。

二、适应性免疫

致病菌一旦突破宿主"第一道防线"——固有免疫，可能导致感染性疾病的发生；与此同时诱发适应性免疫（adaptive immunity），又以最终清除致病菌为目的。适应性免疫又称获得性免疫（acquired immunity）或特异性免疫（specific immunity），是个体出生后，在生活过程中与病原微生物及其代谢产物等抗原接触后产生的，或通过人工免疫而获得的免疫防御功能，担负"第二道防线"作用。其特点是：① 特异性：仅对诱发免疫力的相同抗原有作用，对其他抗原无效，故称为特异性免疫（specific immunity）。② 后天获得性：不能遗传给后代，需个体自身接触抗原后形成。产生适应性免疫需一定时间，初次免疫一般是7～10 d。③ 记忆性：再次接触相同抗原，其免疫强度明显增加，反应更为迅速（约为3 d）。

适应性免疫能特异性识别不同种类的致病菌，而固有免疫只能识别致病菌的病原体相关分子模式（泛特异性）。通常，固有免疫能清除入侵的致病菌，如不能清除则通过诱发适应性免疫应答清除致病菌。适应性免疫可分为黏膜免疫（mucousal immunity）、体液免疫（humoral immunity，antibody-mediated immunity）和细胞免疫（cellular immunity，cell-mediated immunity）。

(一) 适应性免疫系统

1. 黏膜免疫 黏膜免疫系统又称为黏膜相关淋巴组织（mucosal associated lymphoid tissue，MALT），主要是指呼吸道、消化道及泌尿生殖道黏膜上皮内和黏膜下固有层中弥散的无被膜淋巴组织，以及某些带有生发中心的器官化淋巴组织，如扁桃体、小肠派氏小结（Payer's patch）和阑尾。黏膜免疫的诱导部位主要是派氏小结，效应部位主要是黏膜上皮内或黏膜下固有层（图6-18）。

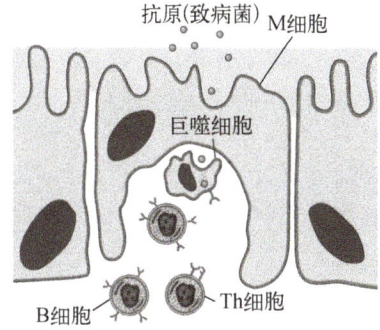
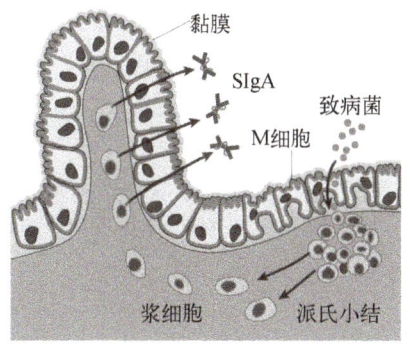

图6-18 黏膜免疫中M细胞的功能示意图

M细胞(microfold cell,微皱褶细胞)即特化的上皮细胞散布于黏膜上皮细胞之间,是启动黏膜免疫的关键细胞。当致病菌经黏膜入侵后,M细胞可作为抗原转运细胞(antigen transporting cell)或抗原捕获细胞,以吞饮方式将致病菌等抗原吞入胞内,跨上皮转运至黏膜下固有层,供巨噬细胞或树突状细胞摄取(图6-18)。树突状细胞亦可直接捕获致病菌,从肠腔转运至肠系膜淋巴结。在派氏小结内,抗原提呈细胞、T细胞、B细胞等发生相互作用,B细胞活化、增殖、分化为浆细胞(plasma cell),合成和分泌大量特异性抗体(antibody),其中主要是IgA,与分泌片结合后成为分泌型IgA(SIgA),可第一时间阻断致病菌在黏膜上皮细胞表面的黏附与定植(图6-18)。由于绝大多数细菌感染首先从黏膜侵入或仅发生在黏膜局部,因此,黏膜免疫在抗菌免疫中的作用日益受到重视。

2. 体液免疫 是指由B细胞(或特异性抗体)介导的免疫应答,主要作用于胞外菌及其毒素。当机体受到某些致病菌和(或)其产物刺激后,在$CD4^+$ Th2细胞辅助下,B细胞活化、增殖、分化为浆细胞。随抗原性质、进入途径、应答过程等不同,浆细胞可合成和分泌IgG、IgM、IgA、IgD和IgE五类免疫球蛋白(抗体)。大多数宿主血清中约80%免疫球蛋白是IgG。根据它们在抗菌免疫中的作用,可分为抗菌抗体(调理素)和抗外毒素抗体(抗毒素,antitoxin)。

3. 细胞免疫 是指由T细胞介导的免疫应答,在抵御胞内菌和病毒感染中起主要作用。当某些胞内菌侵入人体后,经抗原提呈细胞加工处理后,形成抗原肽-MHC分子复合物,提呈给T淋巴细胞识别,在多种细胞间黏附分子和细胞因子(如IL-2)协同作用下,T细胞活化、增殖、分化为效应T细胞,主要是$CD4^+$ Th1细胞和细胞毒性T细胞(cytotoxic T lymphocyte,CTL)。其中,$CD4^+$ Th1细胞可诱发慢性炎症反应或迟发型超敏反应,杀死可逃避抗体攻击的胞内菌;CTL可特异、高效、连续地杀死胞内菌或病毒感染的靶细胞。

(二) 胞外菌感染的免疫

胞外菌(extracellular bacteria)寄居在宿主细胞外的组织间隙和血液、淋巴液、组织液等体液中。大多数致病菌属胞外菌,主要有金黄色葡萄球菌、A群溶血性链球菌、肺炎链球菌、脑膜炎奈瑟菌、淋病奈瑟菌、大肠埃希菌、痢疾志贺菌、霍乱弧菌、白喉棒状杆菌、破伤风梭菌、产气荚膜梭菌、鼠疫耶尔森菌、流感嗜血杆菌和铜绿假单胞菌等。胞外菌的致病机制主要是:① 产生内、外毒素等毒性物质。② 引起炎症反应。

中性粒细胞、单核细胞和巨噬细胞是杀灭和清除胞外菌的主要力量,黏膜免疫和体液免疫是抗胞外菌感染的主要免疫机制(图6-19)。特异性抗体的作用有以下几个方面。

1. 阻断致病菌黏附与定植 黏膜免疫系统可产生SIgA,释放到多种黏膜分泌液中。SIgA在黏膜表面与入侵的相应致病菌表面抗原(如鞭毛、菌毛)结合后,可阻断致病菌在黏膜上皮细胞表面的黏附与定植。致病菌亦可被黏膜上皮细胞间的M细胞内吞,并转运给黏膜下的巨噬细胞,使不能被黏膜表面清除的致病菌被吞噬杀灭。乳汁中的SIgA可将母体有关抗体传递给新生儿,使其免受感染。

2. 中和外毒素 抗毒素与外毒素(如白喉毒素、破伤风痉挛毒素、肉毒毒素)结合后,可封闭外毒素的活性部位,或阻止其与敏感细胞表面的相应受体结合,从而中和外毒素的毒性作用(图6-8)。

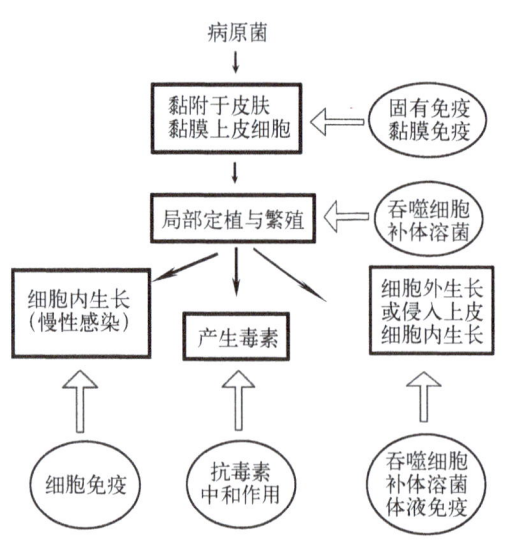

图6-19 致病菌感染过程和宿主免疫防御机制

3. 调理作用 无荚膜的致病菌易被吞噬杀灭,而吞噬杀伤有荚膜的致病菌则需要抗荚膜抗体的参与。IgG类抗体可作为调理素,其Fab段与致病菌或抗原表位结合,Fc段与中性粒细胞和巨噬细胞表面的Fc受体结合,促进吞噬作用(图6-15)。

4. 激活补体 IgM、IgG类抗体与致病菌结合后形成免疫复合物,可激活补体经典途径(图6-17),形成终末膜攻击复合体,导致细菌溶解;补体激活过程中产生的C3a、C5a等能介导炎症反应;C3b、C4b可覆盖于致病菌表面,并与吞噬细胞上的补体受体CR1和CR3结合,增强调理吞噬作用(图6-15)。

补体与抗体两者联合,则调理作用更强(图 6-15)。

5. 抗体依赖性细胞介导的细胞毒效应 IgG 类抗体的 Fab 段与靶细胞表面的相应抗原表位结合后,其 Fc 段与 NK 细胞等表面的 Fc 受体结合,增强或触发 NK 细胞对靶细胞的杀伤作用,称为抗体依赖性细胞介导的细胞毒效应(antibody dependent cell-mediated cytotoxicity,ADCC),主要是破坏肿瘤细胞、病毒感染细胞和胞内菌感染细胞。

参与胞外菌免疫应答的 T 细胞主要是 $CD4^+$ Th2 细胞。除了辅助 B 细胞对胸腺依赖性抗原(TD-Ag)产生抗体外,$CD4^+$ Th2 细胞尚能产生 IL-4、IL-5、IL-6、IL-10 等 Th2 型细胞因子,促进巨噬细胞的吞噬和杀伤,募集和活化中性粒细胞等,引起局部炎症反应,以阻止致病菌从感染部位扩散。但是,若产生过量的细胞因子,则可造成严重的宿主组织损伤。

有些胞外菌与人体某些细胞组织存在着交叉抗原,这些致病菌诱生的抗体有可能与这些细胞组织发生交叉反应(cross-reaction),引起Ⅱ型和(或)Ⅲ型超敏反应(hypersensitivity),造成组织损伤而致病。最具代表性的疾病是 A 群溶血性链球菌感染后的风湿热和肾小球肾炎。幽门螺杆菌感染后也存在自身抗体,与胃黏膜发生交叉免疫反应,诱发胃炎和胃溃疡。

(三) 胞内菌感染的免疫

胞内菌(intracellular bacteria)可分为兼性(facultative)和专性(obligate)两类。兼性胞内菌既可在宿主细胞内寄居,亦可在体外环境中生存和繁殖。专性胞内菌则必须在活细胞内生长繁殖。医学上重要的兼性胞内菌有结核分枝杆菌、麻风分枝杆菌、伤寒沙门菌、布鲁菌、嗜肺军团菌、产单核细胞李斯特菌等。立克次体、柯克斯体、衣原体等属于专性胞内菌。

胞内菌感染的特点除胞内寄生外,尚有低细胞毒性,潜伏期较长,病程缓慢,主要通过病理性免疫损伤而致病等。持续的抗原刺激可形成胞内菌感染常有的肉芽肿病变特征。肉芽肿既可阻挡致病菌的扩散,亦对宿主局部造成一定的病理损伤。最具代表性的疾病是结核分枝杆菌引起的肺结核。

由于特异性抗体不能进入胞内菌寄居的吞噬细胞内与之作用,故体液免疫对胞内菌感染作用有限,主要依靠以 T 细胞为主的细胞免疫,包括:① $CD4^+$ Th1 细胞:分泌 IL-2、IL-12、IFN-γ、TNF-β 等 Th1 型细胞因子。IFN-γ 是巨噬细胞最强激活剂,可增强其吞噬杀菌能力。活化的巨噬细胞释放的 IFN-γ、IL-1 和溶酶体酶为重要炎性因子,促进感染部位的血管内皮细胞黏附分子的表达,募集大量的吞噬细胞移向炎症部位,在局部组织产生以淋巴细胞和单个核细胞浸润为主的慢性炎症反应或迟发型超敏反应(delayed-type hypersensitivity),有利于对胞内菌的清除(图 6-20)。② CTL:能分泌穿孔素(perforin),直接破坏胞内菌感染细胞;亦可分泌颗粒酶(granzyme),或高表达 FasL 和 TNF-α,激活半胱天冬氨酸蛋白酶(caspase),诱导受感染的靶细胞发生凋亡,释放的致病菌由抗体或补体等调理后,由吞噬细胞吞噬消灭(图 6-20)。

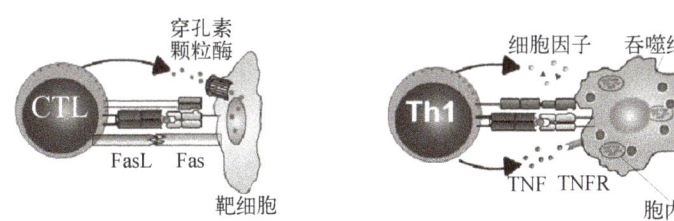

图 6-20 效应性 T 细胞产生效应分子示意图

第五节 医院感染

医院感染又称医院获得性感染,主要是指患者在医院接受诊断、治疗、护理及其他医疗保健过程中,或在医院逗留期间获得的一切感染。目前,医院感染发生率高达 5%~20%,已成为全球性公共卫生问题。

医院感染的判定标准是:① 对于有明确潜伏期的疾病,自入院第一天算起,超过平均潜伏期后所发生的感染;对于无明确潜伏期的疾病,发生在入院 48 h 后的感染。② 患者发生与上次住院直接相关的感染。③ 在原有感染的基础上,出现新的与原有感染无关的不同部位的感染,或者在原感染部位已知病原体的基础上,又培养出新的病原体(包括菌株的新种、属、型)。④ 新生儿在经产道时发生的感染,或发生于分娩48 h后的感染。⑤ 医务人员在医院工作期间获得的感染。

一、常见病原体及其特点

(一) 常见病原体

随着治疗方法、药物种类、诊断技术的发展变化,医院感染的病原体种类亦随之改变。目前,医院感染主要由6种细菌引起(表6-6),分别是大肠埃希菌、铜绿假单胞菌、金黄色葡萄球菌、肠球菌、肺炎克雷伯菌和凝固酶阴性葡萄球菌,其中,革兰阴性杆菌感染发生率超过50%。近来细菌生物膜感染发生率不断攀升,主要引起慢性和难治性感染。真菌感染逐年增长,主要是白假丝酵母菌。医院感染大多由单一病原体引起。

表6-6 医院感染的常见病原体

感 染 部 位	常 见 病 原 体
肺部感染	铜绿假单胞菌、肺炎克雷伯菌、大肠埃希菌、阴沟肠杆菌、产气肠杆菌、沙雷菌属、金黄色葡萄球菌、嗜肺军团菌
泌尿道感染	大肠埃希菌、表皮葡萄球菌、变形杆菌、粪肠球菌、铜绿假单胞菌、肺炎克雷伯菌、白假丝酵母菌
感染性腹泻	
非侵袭型腹泻	霍乱弧菌、肠产毒素性大肠埃希菌、金黄色葡萄球菌
侵袭型腹泻	志贺菌、鼠伤寒沙门菌、空肠弯曲菌、肠出血性大肠埃希菌
抗菌药物相关性腹泻	艰难梭菌、金黄色葡萄球菌、白假丝酵母菌
手术伤口感染	金黄色葡萄球菌、凝固酶阴性葡萄球菌、大肠埃希菌、甲型链球菌、肠杆菌属、铜绿假单胞菌、克雷伯菌属、脆弱类杆菌、真菌
菌(败)血症	金黄色葡萄球菌、凝固酶阴性葡萄球菌、粪肠球菌、大肠埃希菌、肠杆菌属、肺炎克雷伯菌、铜绿假单胞菌、鲍曼不动杆菌
与输血相关的传染病	人类免疫缺陷病毒、丙型肝炎病毒、乙型肝炎病毒、梅毒螺旋体

(二) 微生态学特点

1. 大多为条件致病菌 引起医院感染的病原微生物种类繁多,但更多的是患者体内的毒力较低的,甚至是正常菌群,有些则来自医院,如凝固酶阴性葡萄球菌、大肠埃希菌、白假丝酵母菌等,以及来自医院环境中的非致性病微生物。

2. 具有耐药性 由于在医院环境内长期接触大量抗生素,医院内耐药菌的检出率远比社区高,尤其是多重耐药菌株的出现,使许多抗生素失效。对于同一种细菌,在医院内和医院外分离的菌株有不同的耐药性,前者耐药性较强和涉及抗菌药物的种类较广。

3. 具有特殊的适应性 一些细菌在获得耐药性质粒的同时,也可能获得编码侵袭力及毒素等基因,从而增强其毒力,更容易攻击免疫力低下的宿主。例如,表皮葡萄球菌、铜绿假单胞菌等具有黏附于插(导)管、人工瓣膜等医学材料表面的能力。细菌黏附后合成和分泌大量胞外多糖,菌体间相互粘连形成生物膜,增强对抗生素、消毒剂和机体免疫分子的抵抗能力。如果塑料静脉插管受到细菌生物膜污染,可使心脏手术和插入静脉导管的患者引起败血症和感染性心内膜炎;铜绿假单胞菌常侵袭用呼吸机治疗的患者,该菌在新鲜蒸馏水中经48 h培养,仍能繁殖,经蒸馏水培养传代后,对一些常用消毒剂产生更强的抵抗力。

二、医院感染的类型

根据感染来源的不同,可将医院感染分为外源性感染和内源性感染两大类。

(一) 外源性感染

1. 交叉感染(cross infection) 由医院内患者、病原携带者或医务人员直接或间接传播引起的感染。患者和病原携带者体内的病原微生物以自然或人为方式排出,一旦侵袭适当的宿主(主要是患者)即可引起感染。例如,细菌性痢疾患者和痢疾志贺菌携带者通过粪便排出痢疾志贺菌,通过粪-口途径感染他人;巨细胞病毒感染者如做供肾者,可使受肾者发生感染。

2. 医源性感染（iatrogenic infection） 在治疗、诊断和预防过程中，由于所用器械消毒不严而造成的感染。医院干燥环境中常有金黄色葡萄球菌、表皮葡萄球菌、粪肠球菌和结核分枝杆菌，常存在于紫外线灯的灯架、物品柜顶等灰尘中。非发酵 G⁻ 杆菌（如铜绿假单胞菌、鲍曼不动杆菌等）和肠道杆菌（如肺炎克雷伯菌、产气肠杆菌、黏质沙雷菌）等在营养缺乏的潮湿环境下能够存活与繁殖，常存在于医院的公共设施，如肥皂盒中液体、水池、水龙头、拖把，甚至空调机等处。以上致病菌常可引起医院感染。将被微生物尤其是细菌生物膜污染的各种插入性诊治器材直接接触体内组织或无菌部位，亦可造成感染。G⁻ 杆菌（如肠道杆菌）可污染输液用液体，引起输液反应。

（二）内源性感染

人体体表和与外界相通的腔道中寄居着种类繁多的正常菌群。如果患者固有免疫与适应性免疫防御功能受损，或接受侵（介）入性诊治措施，或微生态平衡遭受破坏，患者自身的正常菌群或条件致病菌可因菌群失调或定位转移而引起医院感染，称之为内源性感染，亦称自身感染。例如，寄居在肠道或口咽部的条件致病菌侵入肺部引起的医院获得性肺炎；尿道口处细菌经导尿管上行后引起的尿路感染；与抗菌药物相关的假膜性肠炎和真菌性阴道炎等菌群失调症，均与患者自身的正常菌群密切相关。

三、医院感染的传播途径

医院感染的传播途径与医院这一特殊环境及患者这一特殊群体密切相关，其中医护人员起有特殊作用。

（一）接触传播

1. 直接接触传播 在医院，患者与患者之间、患者与医护人员之间通过直接接触，易发生医院感染，如痢疾志贺菌、甲型肝炎病毒等引起的消化道感染。

2. 间接接触传播 这是目前医院感染的主要传播方式，主要通过医务人员的手、医疗器械（尤其是反复使用的、不易彻底消毒的器械）、患者的生活用具等传播。医务人员的手是最重要的传播者，最易被病原微生物污染，既要接触有菌的物体，又要接触无菌的用品。如果手的清洗与消毒稍有疏忽，将为间接接触传播提供条件。在现代医院，侵入性诊治手段甚多，如插（导）管及内镜的使用、穿刺、注射、血液透析、外科手术、器官移植、介入性治疗、呼吸机的使用等，均有可能将病原微生物直接带入患者体内，也可使患者自身的正常菌群转移至外籍生境或无菌部位，引起医院感染，如导尿相关性感染、内镜相关性感染等，尤其是细菌生物膜引起的移植和介入治疗术后感染日益增多。

（二）空气-飞沫传播

患者排泄物和分泌物（如飞沫、痰液、脓汁和粪便等）携带大量的微生物，可严重污染医院空气。许多呼吸道传染病，如流行性感冒、严重急性呼吸综合征和肺结核等，可经空气或飞沫传播。雾化器、湿化器等吸入治疗装置内的液体若被致病菌污染，也可发生感染。空调系统形成的气溶胶若被嗜肺军团菌污染，可发生军团菌性肺炎。

（三）血液-体液传播

输血相关性感染主要是丙型肝炎、乙型肝炎、获得性免疫缺陷综合征、巨细胞病毒感染、梅毒等。供静脉滴注的液体若被细菌（如表皮葡萄球菌、粪肠球菌、大肠埃希菌、阴沟肠杆菌、奇异变形杆菌、肺炎克雷伯菌）及真菌（如白假丝酵母菌）等污染，可引起原发性菌血症。静脉用高能营养液若被真菌污染，亦可引发原发性真菌血症。

此外，食用被致病菌污染的饮水、食物以及口服药物亦可引起医院感染。

四、医院感染的危险因素与防治原则

医院是病原微生物汇集的重要场所，患者、带菌者和健康人之间密切接触，很容易造成病原体在人群中扩散。医院患者绝大多数是婴幼儿和老年人。婴幼儿由于免疫器官尚未发育完善，免疫功能处于未成熟状态。老年人免疫功能随着寿命的延长而下降，并可能患有免疫受损的基础性疾病，如糖尿病、肾脏疾病、肝硬化与重症肝病、免疫缺陷病、恶性肿瘤与血液病等。因此，婴幼儿和老年人更易发生医院感染。现代医疗手段的应用，如接受激素、免疫抑制剂、化疗和放疗，以及介入性诊治手段，使医院患者免疫防御功能受损的机会增加，受到条件致病菌感染的机会亦相应增加，尤其是抗菌药物的不合理应用，可导致微生态失调而出现二重感染。

医院感染在病原学、流行病学、临床和诊断学等方面都与社区感染有显著差别(表6-7),因此,在诊断、治疗、预防和控制医院感染上应与社区感染有所区别。

表6-7 社区感染与医院感染的区别

	社 区 感 染	医 院 感 染
病原学		
病原体	典型致病菌	条件致病菌为主
病原学诊断	易于判定	不易判定
流行病学		
传染源	外源性感染	内源性感染为主
传播方式	固有途径	常为特殊方式(如插入性诊治操作)
感染对象	健康人群为主	患者,免疫力低下人群
传染性	强	较弱
隔离意义	传染源隔离(防止病原体扩散,保护外界易感人群)	保护性隔离(保护患者,避免暴露于有关病原体的环境中)
临床疾病学		
临床表现	单纯,典型	复杂,不典型
诊断	临床流行病学分析,可确诊	微生物学定性、定量、定位分析
治疗	较易	较难

对医院感染发病情况实施全方位的监测,认识医院感染现状及其特点,是制定控制与管理医院感染规划和措施的依据。控制医院感染的关键措施是清洁、消毒、无菌技术、隔离、净化、合理使用抗生素、尽量减少侵袭性操作、一次性使用医用器具、监测和通过监测进行效果评价。其中,手部卫生(hand hygiene)如洗手最为重要,是阻断医护人员经操作导致在患者之间传播疾病的关键环节,手部卫生"达标"可明显减少医院感染的发生。总之,严格地执行现有的医院感染控制制度,约有1/3医院感染可以避免。

(黄瑞　龙北国)

复习思考题

1. 正常菌群在什么条件下可转化为条件致病菌?简述二重感染的发生机制。
2. 简述细菌致病的物质基础。
3. 试比较内毒素与外毒素的主要区别。
4. 以破伤风梭菌和霍乱弧菌为例,试述影响感染发生与发展的主要因素。
5. 什么是内源性感染?为什么近年来内源性感染有逐渐增多的趋势?
6. 试述医院感染的分类及医院感染的常见病原体。

第七章 细菌感染的诊断与防治原则

Laboratory procedures used in the diagnosis of infectious disease in a patient vary greatly according to the clinical syndrome and the infectious agent types being considered. Generally speaking, the procedures include the following: a) Morphologic identification of the agent in stained or unstained specimens. The Gram staining is the only most useful procedure in diagnostic microbiology. b) Cultivation, isolation and identification of the agent. Culture is the most reliable way to identify a suspected pathogen that causes a disease. Isolated bacteria may be tested for susceptibility to antimicrobial drugs. c) Detection of antigen from the agent by immunologic assay (agglutination, precipitation, immunolabelling technique, etc). d) Detection of pathogen-specific gene in patients' specimens by DNA probe, polymerase chain reaction (PCR), DNA sequence analysis or DNA chip. e) Demonstration of meaningful antibody to an infectious agent by serological tests.

In the field of infectious diseases, laboratory test results depend largely on the quality of the specimen, the timing and the care with which it is collected, and the technical proficiency and experience of laboratory personnel. Physicians must know when and how to take specimens, what labortory examination to request, and how to interpret the results. The clinical specimen must be taken under aseptic conditions so that contamination is avoided. The specimen can be correctly obtained from the infected patients by swabs, needle aspiration, intubation, catheters, etc. Once taken, the specimen should be analyzed as soon as possible.

Immunizations and vaccines are the most cost-effective weapons for microbial disease prevention. Artificial passive immunization is usually therapeutic, used to cure a person who is suffering from the disease or is at risk for acquiring a particular infection. Antitoxins, monoclonal antibodies or immune globulins in preparations of animal or human serum are injected to provide the rapid, temporary protection. The main advantage of passive immunization is the prompt availability of large amounts of antibodies; disadvantages are the short life span of these antibodies and possible hypersensitivity. Artificial active immunization is usually used as a prophylactic measure, to protect a susceptible person against future attack of a pathogen. The material used in inducing active immunity is known as vaccine. It may consist of inactivated vaccine, attenuated live vaccine, subunit vaccine, recombinate vector vaccine and DNA vaccine, etc. The cost and efficacy of prophylactic immunization must be assessed against other forms of defenses. One of the advantages of active immunization is the longterm resistance (based on memory of prior contact with the antigen and the capacity to respond faster and to a greater extent on subsequent contact with the same antigen); disadvantages are the slow onset of resistance and the need for prolonged or repeated contact with the same antigens.

尽管有预防措施和宿主免疫防御功能,但细菌感染性疾病经常发生。为了及早制定有效的防治方案,应快速、准确地作出病原学诊断。根据临床症状与体征,采取合适的临床标本,进行细菌学、血清学和生物分子学检验,对确诊病因极为重要。特异性预防是应用适应性免疫的原理,给宿主注射病原微生物的抗原、抗原编码基因或特异性抗体等,使其获得特异性免疫力,以有效预防感染性疾病。细菌感染性疾病的特异性治疗主要是应用抗菌药物,但细菌耐药性问题已日趋严重,甚至出现对任何药物都有抵抗力的"超级细菌",可考虑使用特异性抗体、微生态制剂或中草药等综合措施治疗部分感染性疾病。

第一节 细 菌 学 诊 断

细菌感染的实验室诊断主要包括以检测致病菌及其抗原或代谢产物为目的的细菌学诊断

(bacteriologic diagnosis)、以检测患者血清中特异性抗体为目的的血清学诊断(serologic diagnosis)，以及以检测致病菌特异性 DNA 片段为目的的基因诊断(gene diagnosis)。

一、临床标本采集

细菌感染性疾病的实验室诊断结果主要取决于临床标本(clinical specimen)的质量、采集时间及方法、实验人员的技术及经验。临床医生应掌握何时和怎样采取标本，需作哪些实验室检查，以及如何解释结果。为提高致病菌检出率，避免诊断错误或漏检，标本采集与送检过程应遵循下列原则。

（1）严格执行无菌操作，尽量避免患者皮肤黏膜正常菌群或外界环境中杂菌污染临床标本。采取血液和脑脊液标本时，应用碘酒和酒精对穿刺部位的皮肤进行消毒。采取局部病变处标本，不可用消毒剂，必要时以无菌生理盐水冲洗，拭干后再取材。从呼吸道、消化道、泌尿生殖道、伤口或体表分离可疑致病菌时，由于目前正常菌群所致的内源性感染呈不断上升趋势，应特别注意与特定部位的正常菌群及患者临床体征和症状一并加以考虑，以便作出合理的解释。

（2）根据致病菌在患者不同病期的体内分布和排出部位，采取不同的临床标本(图 7-1，表 7-1)，尽可能采集病变明显部位的材料。例如，流行性脑脊髓膜炎患者取脑脊液、血液或出血淤斑；伤寒患者在病程第 1~2 周内取血液，第 2~3 周时可取粪便。

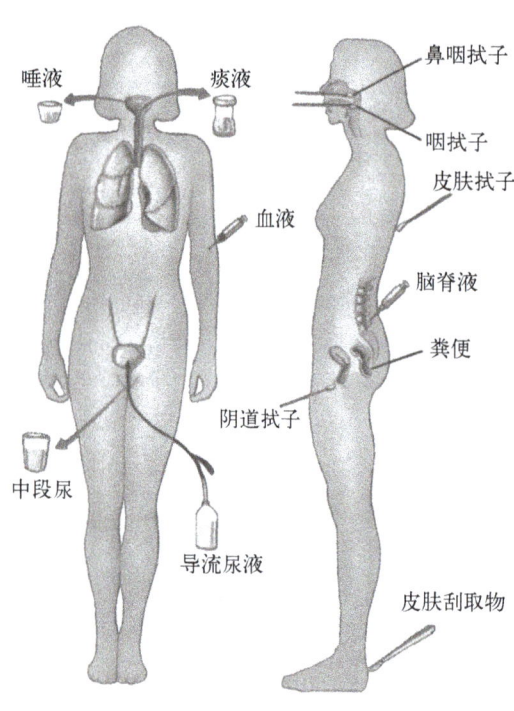

图 7-1　临床标本采集部位与方法

表 7-1　临床标本中常见致病菌

临床标本	常见疾病	常见致病菌
血液	脓毒症、心内膜炎、脑膜炎、肺炎、伤寒	金黄色葡萄球菌、甲型链球菌、粪肠球菌、表皮葡萄球菌、脑膜炎奈瑟菌、肺炎链球菌、大肠埃希菌、肺炎克雷伯菌、铜绿假单胞菌、流感嗜血杆菌、伤寒沙门菌
鼻咽拭子	咽炎、白喉、百日咳	A 群溶血性链球菌、白喉棒状杆菌、百日咳鲍特菌
痰	肺结核、肺炎、军团病、百日咳	结核分枝杆菌、肺炎链球菌、金黄色葡萄球菌、大肠埃希菌、肺炎克雷伯菌、铜绿假单胞菌、流感嗜血杆菌、肺炎支原体、嗜肺军团菌、百日咳鲍特菌
脑脊液	脑膜炎、肺炎	脑膜炎奈瑟菌、流感嗜血杆菌、大肠埃希菌、肺炎链球菌
粪便及呕吐物	细菌性痢疾、食物中毒、霍乱、假膜性肠炎	志贺菌、沙门菌、空肠弯曲菌、大肠埃希菌、副溶血弧菌、产单核细胞李氏菌、产气荚膜梭菌、蜡样芽胞杆菌、霍乱弧菌、艰难梭菌、金黄色葡萄球菌
尿液	尿路感染(肾盂肾炎、膀胱炎)	大肠埃希菌、凝固酶阴性葡萄球菌、变形杆菌、产气肠杆菌、粪肠球菌、铜绿假单胞菌
生殖道分泌物	淋病、非淋菌性尿道炎、梅毒、阴道炎	淋病奈瑟菌、沙眼衣原体、解脲脲原体、梅毒螺旋体、阴道加德纳菌
伤口及脓肿	术后感染、烧伤或烫伤感染、气性坏疽、脓肿	金黄色葡萄球菌、A 群溶血性链球菌、铜绿假单胞菌、大肠埃希菌、产气荚膜梭菌、脆弱类杆菌
胃窦和胃体黏膜	胃炎、消化性溃疡	幽门螺杆菌

（3）应尽量在疾病早期和使用抗菌药物之前采集标本，否则可能需停药数天后采集，或者在分离培养时加入药物拮抗剂。

（4）临床标本必须新鲜，采集后应尽快送检，尤其是检测抵抗力弱的细菌。若不能立即送检，应将标本置于特殊的转运培养基中，低温保存，以减缓致病菌的死亡，阻止杂菌的过度生长。送检过程中，除不耐寒冷的脑膜炎奈瑟菌、淋病奈瑟菌等要保温外，大多数菌可冷藏送运。

（5）采取烈性传染病或感染原因不明患者的临床标本，即"高风险标本(high-risk specimen)"时，务必注意安全性。例如，接触患者血液、体液和破损皮肤时应戴上手套。

二、细菌学诊断方法

主要有形态学鉴定(如直接涂片染色镜检)、分离培养与鉴定(如菌落特征、动力学试验、生化反应、血清学试验等)。有的尚需作动物试验,进行致病菌的分离与鉴定、细菌毒力的检测等,但一般不作为常规细菌学诊断。敏感性、特异性、时效性和简便性是影响临床诊断程序选择的重要因素。

(一) 直接涂片染色镜检

直接涂片染色镜检法,如革兰染色法、抗酸染色法(acid-fast staining),可在显微镜下直接观察致病菌的形态、大小、排列方式和染色特点。凡在形态和染色性上具有特征的致病菌,直接涂片染色后镜检有助于作出初步诊断和指导临床经验性治疗。例如,痰中查见抗酸性细长杆菌、脑脊液或淤血点中查到肾形双排列的革兰阴性球菌、脓液中发现革兰阳性葡萄串状球菌、咽喉假膜中有异染颗粒的棒状杆菌或生殖器脓汁标本中检出革兰阴性双球菌时,可分别初步诊断为结核分枝杆菌、脑膜炎奈瑟菌、葡萄球菌、白喉棒状杆菌或淋病奈瑟菌。此外,尿沉渣中发现优势菌类,或长期腹泻患者粪便中发现革兰阳性球菌和白假丝酵母菌等优势菌,以及血液中发现细菌,均有重要的诊断价值。在某些情况下,可采用直接荧光抗体试验(direct fluorescence antibody test)检测细菌,即在直接涂片后,以特异性荧光抗体染色,在荧光显微镜下观察,若发现有发荧光的菌体就是欲检验的细菌。例如,粪便中的志贺菌和霍乱弧菌、呼吸道标本中的嗜肺军团菌和百日咳鲍特菌等可用此技术快速检出。

不染色标本主要用于检测活菌的运动情况,常采用悬滴法,如可用暗视野显微镜观察疑似有霍乱弧菌或螺旋体的临床标本。

染色或不染色标本的形态学检查法较为简便、快速、价廉,为临床检验所常用,特别是有的细菌尚不易进行人工培养,或培养时间较长,只能通过直接涂片染色并结合临床症状与体征确诊。但是,直接涂片镜检法的敏感性不及分离培养法。

(二) 分离培养

有很多细菌无法通过形态、排列方式和染色性区分,须进行分离培养,这是确诊细菌感染性疾病最可靠的方法("金标准"),并有助于选用抗菌药物及评价疗效。由于各种细菌的生物学特性有所差异,所采用的培养基和培养方法也不尽相同。例如,分离培养 A 群溶血性链球菌和肺炎链球菌应采用血平板,分离培养淋病奈瑟菌和脑膜炎奈瑟菌应采用巧克力色血平板,并需补充 5%~10% CO_2 气体。

从无菌部位采取的血液、脑脊液等标本,可先接种至营养培养基(enrichment medium)作增菌培养,再接种于固体培养基;从正常菌群存在部位采取的标本如粪便、尿液,应接种至选择培养基(selective medium)或鉴别培养基(differential medium)。例如,从腹泻标本中分离培养致病性肠道杆菌所采用的伊红-美蓝培养基属于选择(鉴别)培养基,可选择性抑制革兰阳性菌的生长,同时可区分发酵乳糖与不发酵乳糖的革兰阴性杆菌。

临床标本接种后置 37℃ 孵育,一般需氧菌经 16~20 h 大多可形成菌落(colony),厌氧菌和微需氧菌通常需 2~3 d 才形成菌落。少数菌如布鲁菌、结核分枝杆菌生长缓慢,分别需培养 3~4 周和 4~8 周才长成可见菌落。根据细菌所需要的营养、生长条件、菌落特征可作初步鉴别(图7-2),确诊还需对纯培养物(pure culture)进行菌体形态与染色特征、动力学试验、生化试验和血清学试验等鉴定。分离培养法的阳性率要比直接涂片镜检法高,但需时较久。因此,当发生白喉、气性坏疽等急性传染病时,可根据患者临床表现和直接涂片镜检结果作出初步诊断并及时治疗,不必等待分离培养报告,以免贻误治疗时间。

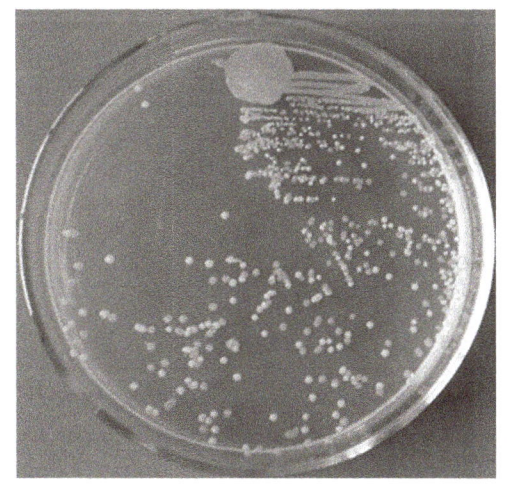

图7-2 普通琼脂培养基上生长的金黄色葡萄球菌和白色葡萄球菌

(三) 生化试验

细菌的代谢活动依靠一系列酶的催化作用。不同的细菌具有不同的酶系,对营养物质的分解能力及其代谢产物不尽相同。检测细菌对各种基质(如糖类和蛋白质)的代谢作用和代谢产物的差异,借以区别和鉴定细菌,称为细菌的生化试验(biochemical test)。例如,幽门螺杆菌产生极强的尿素酶,可分解尿素产生氨,使培养液呈碱性,pH指示剂则改变颜色。生化试验对菌体形态、革兰染色反应和菌落特征相同或相似的细菌(如肠道杆菌)的鉴定尤为重要。例如,乳糖发酵试验可区分肠道杆菌中的致病菌与非致病菌。

现代临床细菌学已普遍采用微量、快速、半自动化或自动化的细菌生化鉴定和细菌药敏分析系统,使细菌检出水平明显提高,所需时间大为缩短,推进了相关标本鉴定的准确性与时效性。其中,VITEK-AMS系统可鉴定200~300多种细菌和真菌,并对近100种不同抗菌药物的敏感性测试。细菌鉴定原理是根据不同细菌的理化性质不同,采用光电比色法,测定细菌分解底物导致pH改变而产生的不同颜色判断反应的结果。

(四)血清学试验

在许多情况下,难以或不能从患者的临床标本中分离培养出致病菌(如梅毒螺旋体),特别是在发病早期已用抗生素等药物治疗过的患者,因致病菌的生长被抑制或杀死,可明显影响致病菌的检出率。但是,采用血清学试验(serological test),即用单克隆抗体或含有特异性抗体的免疫血清,可快速、准确地检出临床标本中极微量的细菌特异性抗原,亦可鉴定分离培养的未知的纯种细菌,并可确定细菌的种或型,有助于确定病因。常用方法有:① 凝集试验(agglutination):如玻片凝集试验、协同凝集试验、乳胶凝集试验、反向间接血凝试验。② 免疫标记技术(immunolabelling technique):如免疫荧光试验、酶免疫测定法如酶联免疫吸附(enzyme linked immunosorbent assay,ELISA)试验、免疫印迹试验等(表7-2)。

第二节 血清学诊断

人体受到致病菌感染后,免疫系统可发生免疫应答而产生特异性抗体。抗体量常随感染进程而增多,表现为效价(titer)或滴度的升高。因此,采用已知的细菌或其特异性抗原,检测患者血清或其他体液中有无相应特异性抗体及其效价的动态变化,可作为某些传染病的辅助诊断。一般采集患者的血清进行试验,故这类方法通常称为血清学诊断(serological diagnosis)。血清学诊断主要适用于抗原性较强、生化试验不易区别、难以培养或不能培养,以及感染病程较长的致病菌。

在血清学诊断中,最好采取患者急性期和恢复期双份血清标本。因为在传染病流行区内,患者血清中出现某种抗体,除患有与该抗体相应的疾病外,亦可因曾受过该菌隐性感染或近期预防接种所致。因此,必须有抗体效价明显高于健康人群的水平或随病程动态递增才有诊断价值。当恢复期的抗体效价比急性期升高≥4倍时,则提示为现症感染。若患者在疾病早期应用抗菌药物,致病菌在体内繁殖不多,抗体效价可以无明显升高。可见,细菌学诊断和血清学诊断在细菌感染的确立上互为辅助。

常用于细菌感染性疾病的血清学诊断方法列于表7-2。其中,酶联免疫吸附试验(ELISA法)远比细菌分离培养法快速,而且灵敏度高、特异性较强,已有各种商品化试剂盒,用于自动化检测大量标本,有逐渐替代其他血清学诊断方法之势。目前已广泛应用于流行病学调查和多种病原体的抗原、抗体和可溶性毒素等检测,尤其适用于病毒感染的诊断。

表7-2 细菌感染性疾病的血清学诊断方法

血清学试验	应用举例
凝集试验	
直接凝集试验	伤寒、副伤寒(肥达试验)、立克次体病(外斐试验)、波浪热、钩端螺旋体病(显微凝集试验)
间接血凝试验	梅毒(MHA-TP试验)
乳胶凝集试验	流感嗜血杆菌和脑膜炎奈瑟菌性脑膜炎*、梅毒(RPR试验)、布鲁菌病
冷凝集试验	支原体性原发性非典型肺炎
沉淀试验	
琼脂扩散法	白喉毒素(Elek平板毒力试验)、梅毒(VDRL试验)
对流免疫电泳	流行性脑脊髓膜炎
免疫标记技术	
免疫荧光试验	梅毒(FTA-ABS试验)、细菌性痢疾*、军团病*
ELISA	多种病原体及其毒素、特异性抗体的检测
免疫印迹试验	莱姆病

* 检测临床标本中相应的致病菌及其抗原。

第三节 分子生物学诊断

分子生物学诊断方法主要有聚合酶链反应(polymerase chain reaction,PCR)和 DNA 探针技术(DNA probe technique)等,通常不需作细菌分离培养,只需检测标本中致病菌的特异性核酸片段,即可鉴定出致病菌,具有特异性强、敏感度高、快速、简便等特点,尤其适用于检测难以或不能培养的致病菌(如麻风分枝杆菌、梅毒螺旋体),以及培养时间较长或培养条件苛刻的致病菌(如立克次体、衣原体、结核分枝杆菌、幽门螺杆菌、空肠弯曲菌、嗜肺军团菌等)。

一、PCR 技 术

PCR 技术是一种体外扩增特异性 DNA 或 RNA 片段的技术。以待检标本中靶 DNA 序列作为扩增模板,扩增产物用琼脂糖凝胶电泳和溴乙锭染色后,即可确定靶 DNA 片段存在与否。若需进一步鉴定,可从凝胶中分离和回收 PCR 产物,再用标记的特异 DNA 探针确定,或直接测序分析。目前,PCR 技术和由此发展而来的多重 PCR(multiplex PCR)、逆转录 PCR(reverse transcriptase PCR,RT-PCR)、连接酶链反应(ligase chain reaction,LCR)、实时荧光定量 PCR(real-time PCR)等技术已广泛用于病原微生物及其耐药性的基因诊断。

二、DNA 探 针 技 术

原理是应用放射性核素或生物素、地高辛、辣根过氧化物酶、荧光素等非放射性物质,标记致病菌的已知序列的小片段单链核酸(如 16SrRNA 编码基因中的保守序列)作为 DNA 探针(DNA probe)或基因探针(gene probe),在一定条件下,根据碱基配对原则,与待测标本的同源或部分同源核酸单链(靶序列)形成双链杂交体。通过杂交信号的检测,鉴定临床标本中有无相应的病原体特异基因及其分子质量大小,从而鉴定出致病菌。

DNA 探针技术可直接定量、甚至定位检出标本中的致病菌,对尚不能或难以分离培养的致病菌尤为适用,亦可采用多基因探针同时检出多种病原体。目前,临床上常用的方法主要有以下几种。

1. 斑点印迹法(dot blot) 先将 DNA 探针结合到固相载体(如硝酸纤维膜)上,再与从待检标本中分离提取的靶 DNA 进行核酸杂交(nucleic acid hybridization)。

2. Southern 印迹法和 Northern 印迹法 先提取纯化待检标本中的靶 DNA 或 RNA,用限制性核酸内切酶酶切后,作琼脂糖凝胶电泳分离,并转移至硝酸纤维膜上,最后与特异性 DNA 探针进行杂交。

3. 原位杂交(*in situ* hybridization) 将 DNA 探针直接与临床活检标本组织中靶 DNA 进行杂交;亦可先用 PCR 扩增活检标本组织中靶 DNA 序列,再用 DNA 探针进行杂交。可检测靶 DNA 序列及其空间位置。

4. 夹心或三明治杂交(sandwich hybridization) 首先将未标记的特异 DNA 探针(捕获探针)吸附到固相载体上,再与待检标本中靶 DNA 杂交;经洗涤去除杂质,最后加入标记的 DNA 探针(显色探针),与靶 DNA 进行杂交,特异性将大大增强。

5. PCR-反向斑点印迹法(PCR-reverse dot blot) 首先将未标记的特异寡核苷酸探针固定于硝酸纤维膜或尼龙膜等固相膜上;以生物素或地高辛标记的特异性 PCR 引物扩增待检标本中靶 DNA 序列,PCR 产物变性后与固定在膜上的 DNA 探针进行杂交;最后,通过酶免疫显色反应判断结果。该方法将 PCR、DNA 探针和免疫标记三大技术相结合,可将多种 DNA 探针固定在同一固相膜上,能一次性筛查多种不同的靶 DNA 序列。具有结果直观,肉眼即可辨别,具有快速、简便、特异性强、敏感度高等特点,尤其适合于检测病原微生物耐药突变基因(如点突变)和基因分型等。

第四节 细菌感染的特异性防治

人工免疫包括人工主动免疫(artificial active immunization)和人工被动免疫(artificial passive immunization)(表 7-3),是预防细菌感染的有效措施。人工主动免疫方法通常称为预防接种(prophylactic inoculation)或疫苗接种(vaccination)。我国目前已纳入计划免疫的疫苗有卡介苗、乙型肝炎疫苗、脊髓灰质炎疫苗、全细胞百日咳-白喉-破伤风联合疫苗(无细胞百日咳-白喉-破伤风联合疫苗)、麻疹疫苗、甲型肝炎疫苗、流行性脑脊髓膜炎疫苗、流行性乙型脑炎疫苗、麻疹-流行性腮腺炎-风疹联合疫苗。人工被动免疫主要用于急性传染病的治疗或紧急预防，对治疗肉毒中毒、破伤风、白喉、气性坏疽尤为重要。

表7-3 人工主动免疫与人工被动免疫的比较

区别要点	人工主动免疫	人工被动免疫
免疫物质	抗原(如病原微生物及其产物)	抗体或细胞因子等
免疫出现时间	慢(初次免疫7~10 d，再次免疫3 d)	快(立即)
免疫维持时间	长(数月~数年)	短(数周)
主要用途	预防	治疗或紧急预防

一、人工主动免疫

人工主动免疫是将疫苗(vaccine)接种于人体，使之产生特异性免疫力，从而对相应病原体感染产生抵抗作用的措施。疫苗接种始于 Jenner 接种牛痘病毒预防天花，有效地降低感染性疾病的发生率和病死率。在发展中国家，传染病的死亡率占总死亡率的30%~50%。而在发达国家，传染病的死亡率占死亡总死亡率的4%~8%，主要得益于疫苗的广泛应用。

传统疫苗主要有灭活疫苗、减毒活疫苗和类毒素，但对于某些抗原性弱且易于发生免疫逃逸的病原体，传统疫苗往往难以获得有效的免疫应答及保护性。对于一些免疫保护机制不清、可能诱导免疫病理反应、有潜在致肿瘤作用和不易培养的病原体，则难以用传统方法生产疫苗。

现代疫苗学的发展策略主要是：① 疫苗的形式从过去较单一的全细胞疫苗(灭活疫苗、减毒活疫苗)和非重组亚单位疫苗(类毒素、荚膜多糖)，发展到现代的基因工程亚单位疫苗、重组活载体疫苗、核酸疫苗、植物疫苗、合成肽疫苗(包括表位疫苗)、抗独特型抗体疫苗，以及预防多种疾病、接种次数少的多价抗原联合疫苗和微胶囊可控缓释疫苗等。② 疫苗的功能从预防发展到预防与治疗双重功能。疫苗的发展趋势是增强免疫效果，简化接种程序，提高疫苗的稳定性及安全性，以及降低疫苗的生产成本。

(一) 灭活疫苗

选用免疫原性强的病原体，经人工大量培养后，用理化方法(如加热、甲醛处理)杀死，但仍保留其抗原性而制成的生物制品，称为灭活疫苗(inactivated vaccine)或死疫苗(killed vaccine)。常用的灭活疫苗有百日咳、伤寒、霍乱、钩端螺旋体病、斑疹伤寒、Q热、鼠疫、狂犬病、流行性乙型脑炎、流行性感冒、脊髓灰质炎(Salk疫苗)、甲型肝炎等疫苗。灭活疫苗制造工艺相对简单，免疫原性稳定性高，易于制备多价疫苗，安全性高，储存及运输方便，一般4℃可保存1年左右。缺点是：① 疫苗株不能增殖，故而免疫力维持时间短，需接种多次。为减少接种手续，可将不同种类的死疫苗适当混合组成联合疫苗，例如，伤寒和甲、乙型副伤寒混合的三联疫苗，多个型别钩端螺旋体组成的多价钩端螺旋体疫苗等。② 不能模拟病原体在宿主中的自然感染过程，主要诱发体液免疫，不能产生细胞免疫或黏膜免疫应答。③ 接种剂量较大，注射局部和全身的不良反应较大。④ 需要严格灭活。

(二) 减毒活疫苗

通过人工反复传代培养，将病原体的毒力高度降低或基本无毒，可模拟自然发生隐性感染，诱发理想的免疫应答而又不产生临床症状的疫苗，称为减毒活疫苗(live-attenuated vaccine)。例如，用毒力很强的牛分枝杆菌在人工培养基上经13年230次传代后，获得减毒活疫苗——卡介苗(BCG)；用猴肾细胞传代培养获得脊髓灰质炎减毒活疫苗，即Sabin疫苗。炭疽疫苗、麻疹-流行性腮腺炎-风疹联合疫苗、流感疫苗、甲肝疫苗等亦属于减毒活疫苗。

与灭活疫苗相比，减毒活疫苗的最大优点是：能模拟自然感染过程，诱发全面、稳定、持久的体液免疫、细胞免疫和黏膜免疫应答，不需要佐剂；剂量较小，一般只需接种1次，即可达到预防目的；可采用口服、喷鼻或气雾途径免疫，避免一些因注射免疫而引起的局部不良反应或合并症。活疫苗的缺点是：存在毒力回复突变危险；有效期短和热稳定性差，需冷藏保存和运输，但此不足可用冻干法改进剂型来克服。免疫缺陷者和孕妇一般不宜接受活疫苗接种。

近年来,采用基因工程技术,去除病原体毒力基因或毒力相关基因片段,使之毒力减低或丧失,制成毒力基因缺失活疫苗(virulence gene deleted live vaccine)。与自然突变株(多为点突变毒株)相比,毒力基因缺失活疫苗具有突变性状明确、稳定、不易发生毒力返祖的优点。

(三) 亚单位疫苗

亚单位疫苗(subunit vaccine)是指不含病原体核酸,仅含能诱发宿主产生中和抗体的微生物蛋白或表面抗原的疫苗。其突出优点是已除去病原体中不能激发机体保护性免疫和对宿主有害的部分,只保留有效的免疫原成分,因而免疫作用明显增强而稳定,可消除减毒活疫苗的回复突变和灭活疫苗的感染性复活作用,对机体引起的不良反应小。其缺点是需要选用佐剂;不能诱发细胞免疫和黏膜免疫。亚单位疫苗可分为以下两大类。

1. 非重组的亚单位疫苗　　是由单个蛋白质或寡糖组成的疫苗,采用化学方法将这些免疫原物质予以提取、纯化和精制而成(图7-3)。例如,肺炎链球菌、脑膜炎奈瑟菌、流感嗜血杆菌的主要保护性免疫原是荚膜多糖,白喉棒状杆菌、破伤风梭菌和百日咳鲍特菌是外毒素,钩端螺旋体和伯氏疏螺旋体是外膜蛋白,流行性感冒病毒是血凝素和神经氨酸酶等。

荚膜多糖疫苗的免疫原性较弱,需与佐剂或免疫原性强的抗原(如破伤风类毒素、白喉类毒素)等组成偶联疫苗或结合疫苗(conjugate vaccine),以增强多糖免疫原的免疫应答。细菌外毒素经 $0.3\%\sim0.4\%$ 甲醛处理后,失去毒性但仍保持免疫原性,成为类毒素。加入适量磷酸铝或氢氧化铝等吸附型佐剂则成为精制的类毒素。它们在体内吸收缓慢,能较长时间刺激宿主,可增强诱导产生抗毒素的免疫效果。常用的百白破三联疫苗是将灭活的百日咳鲍特菌与白喉、破伤风两种类毒素混合而成。优点是不仅可减少接种次数,且百日咳鲍特菌是有效的佐剂,能增强白喉和破伤风类毒素的免疫效果。

近年来,采用点突变技术,通过改变百日咳毒素毒性中心的两个氨基酸,即可消除其毒性,保留抗原性,纯化蛋白不需甲醛脱毒处理,即可制成类毒素,称为基因工程类毒素(genetically engineered toxoid),用于预防百日咳。

2. 基因工程亚单位疫苗　　将病原体中能诱导保护性免疫应答的目的抗原编码基因扩增后,插入到适当的原核或真核表达载体质粒中;再将重组质粒导入合适的原核表达系统(如大肠埃希菌)或真核表达系统(如毕氏酵母菌)中,获得高效和稳定的表达;最后,将目的蛋白(抗原)分离纯化制成的疫苗,称为基因工程亚单位疫苗(genetically engineered subunit vaccine)(图7-4),亦称为"第二代疫苗"。最成功的是乙型肝炎疫苗(HBsAg)和宫颈癌疫苗(人乳头瘤病毒主要衣壳蛋白L1,为病毒颗粒样疫苗)。艾滋病亚单位疫苗(gp120或gp160)已在志愿者中接种和考察免疫效果。

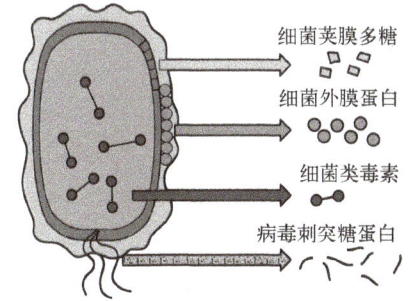
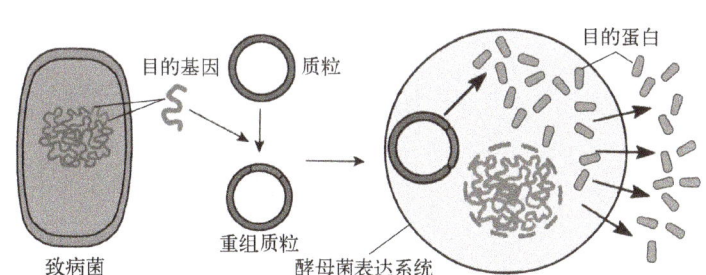

图7-3　非重组亚单位疫苗研制策略示意图　　　　图7-4　基因工程亚单位疫苗研制策略示意图

近年来,以微生物基因组学和蛋白组学为平台,应用生物信息学、体内表达技术(*in vivo* expression technology)和高通量筛选技术等,预测和寻找致病菌毒力或毒力相关抗原、分泌蛋白抗原和外膜蛋白抗原等,对上述抗原的编码基因进行高通量表达,再对纯化重组蛋白进行体外和体内免疫学分析,筛选出有效的保护性抗原,大大加快了疫苗的研究进程。

二、人工被动免疫

当宿主已被病原体感染,采用人工主动免疫已为时过晚,此时宜行人工被动免疫。人工被动免疫是给患者注射特异性抗体(如抗毒素、纯化免疫球蛋白、单克隆抗体等)、细胞因子或致敏的免疫细胞等,使机体立即获得特异性免疫,因而作用及时。但是,这些免疫物质不是患者自身产生的,故维持时间短

(表7-3)。

(一) 抗毒素

一般用细菌类毒素或外毒素多次免疫马,待马产生高效价抗毒素(抗体)后采血,从血清中提取免疫球蛋白,精制成抗毒素。抗毒素能中和相应的外毒素,阻断其毒性作用。目前,我国的白喉、破伤风和肉毒中毒的抗毒素均由免疫马获得抗体,因而使用这种异种动物抗毒素时,应避免Ⅰ型超敏反应的发生。注射前务必先做皮肤试验,必要时可采用脱敏疗法,即小剂量、短间隔(20~30 min)、多次注射。应用人源性免疫球蛋白则可避免发生超敏反应。此外,外毒素毒性强,与靶细胞的结合为不可逆的,故抗毒素只能中和游离的外毒素,用抗毒素作人工被动免疫时,应尽可能早期、足量注射。

(二) 免疫球蛋白

免疫球蛋白(immune globulin)包括胎盘丙种球蛋白(placetal gamma globulin)和血清丙种球蛋白(serum gamma globulin),前者是从健康产妇的胎盘和婴儿脐带血中提取而制成,后者是从正常成人血清中提取的。因大多数成人经历过多种常见致病菌的隐性感染及疫苗接种,有的曾患过某些传染病,故其血清中含有抗多种病原体的特异性抗体。这种制剂源自人血清球蛋白,对患者虽有同种抗原问题存在,但由于免疫原性较弱,一般不会发生超敏反应。免疫球蛋白主要用于麻疹、甲型肝炎、乙型肝炎、脊髓灰质炎等病毒性疾病的紧急预防,也可治疗丙种球蛋白缺乏症患者,以及经长期化疗或放疗的肿瘤患者,以预防常见致病菌的感染。因这类制剂不是专门针对某一特定病原体的特异性抗体,故其免疫效果不如高效价的特异性免疫球蛋白。

此外,某些多重耐药菌(如铜绿假单胞菌)感染时,可考虑抗菌血清治疗。

(黄瑞　龙北国)

复习思考题

1. 对于一种新发现的(未知的)微生物传染病,如何确定病原体?
2. 对一疑似伤寒(或流行性脑脊髓膜炎)的患者,你将如何进行微生物学检查?
3. 试述核酸疫苗、亚单位疫苗、全细胞疫苗(灭活疫苗和减毒活疫苗)的主要优缺点。
4. 试述核酸疫苗和活载体疫苗的概念及构建方法。
5. 抗毒素主要用于哪些感染性疾病的防治?临床上使用抗毒素时应注意哪些事项?
6. 在我国,已纳入儿童计划免疫的疫苗有哪些?各属于何种类型的疫苗?

第八章 抗菌药物与细菌耐药性

Antimicrobial agents are divided into two groups, antibiotics and synthetic drugs, and they are capable of destroying or inhibiting microorganisms even at high dilutions. Antimicrobial agents may damage pathogens by hampering cell wall synthesis, inhibiting protein and nucleic acid synthesis, disrupting cell membrane structure and function, or blocking metabolic pathways through inhibition of key enzymes. The clinical applications of antibiotics have undoubtedly saved millions of lives, however, the inappropriate, extensive use of antibiotics has led to bacterial drug resistance. The emergence of drug-resistant bacteria, has made many currently available antimicrobial agents ineffective and become a serious public health problem.

The bacteria can produce biochemical or genetic mechanisms to resist antimicrobial agents. The genetic mechanisms include the spontaneous mutations in the genes of key drug determinants and the acquisition of extrachromosomal elements to encode resistance, while the biochemical mechanisms include: a) prevention of the drug into the bacterial cell. b) pumping the drug out of the cell. c) inactivation of the drug by destruction or modification. d) modification of the target site of the drug. Resistant bacteria may also use an alternate metabolic pathway to bypass the reaction inhibited by the drug or increase the production of the target metabolite.

The reasons for the increasing frequency of drug resistance were complex, and which may be attributed by combinations of microbial characteristics, selective pressures of antimicrobial drugs, and societal and technologic changes that enhance the transmission of drug-resistant bacteria. The judicious use of antibiotics and proper control of bacterial infections are most important to prevent the emergence and spread of drug-resistant bacteria.

1941年青霉素投入临床使用,标志着细菌感染性疾病的治疗从此进入抗生素时代。然而20世纪中期即分离到耐青霉素的金黄色葡萄球菌,到80年代,越来越多的细菌对抗生素产生耐药性,抗菌治疗面临新的挑战。了解抗菌药物的杀菌机制和细菌耐药性的产生机制,有助于正确地使用抗菌药物和指导开发新型抗菌药物,控制细菌耐药性的产生和扩散。

第一节 抗菌药物种类与作用机制

临床应用的抗菌药物包括抗生素和化学合成抗菌药物。抗生素(antibiotic)是某些微生物(主要是放线菌和丝状真菌)在代谢过程中产生的一类抗菌物质,极微量即能选择性地杀死某些病原微生物或抑制其生长,而通常不会损伤宿主细胞。其中,只能杀死一种或极少数几种病原体的称为窄谱抗生素(narrow-spectrum antibiotic),如万古霉素主要杀死葡萄球菌、肠球菌等;能杀死多种病原体的称为广谱抗生素(broad-spectrum antibiotic),如四环素可杀伤许多G^-杆菌、衣原体、支原体和立克次体。通过化学方法在抗生素母核中加入不同侧链或通过母核结构改造而获得的为半合成抗生素,如耐酶青霉素甲氧西林。完全化学合成的为化学合成抗菌药物,如磺胺类和喹诺酮类药物。

抗菌药物主要通过干扰细菌的代谢过程而杀菌,主要机制见图8-1。

一、抑制细胞壁的合成

肽聚糖(peptidoglycan)是细菌细胞壁的特有组分。许多抗菌药物能干扰肽聚糖的合成,使细菌不能合成完整的细胞壁,可导致细菌裂解死亡。其中,糖肽类(glycopeptide)抗生素,如万古霉素(vancomycin)和替考拉宁(teicoplanin)可与UDP-胞壁酰五肽末端的D-Ala-D-Ala结合,形成复合物,进而抑制肽

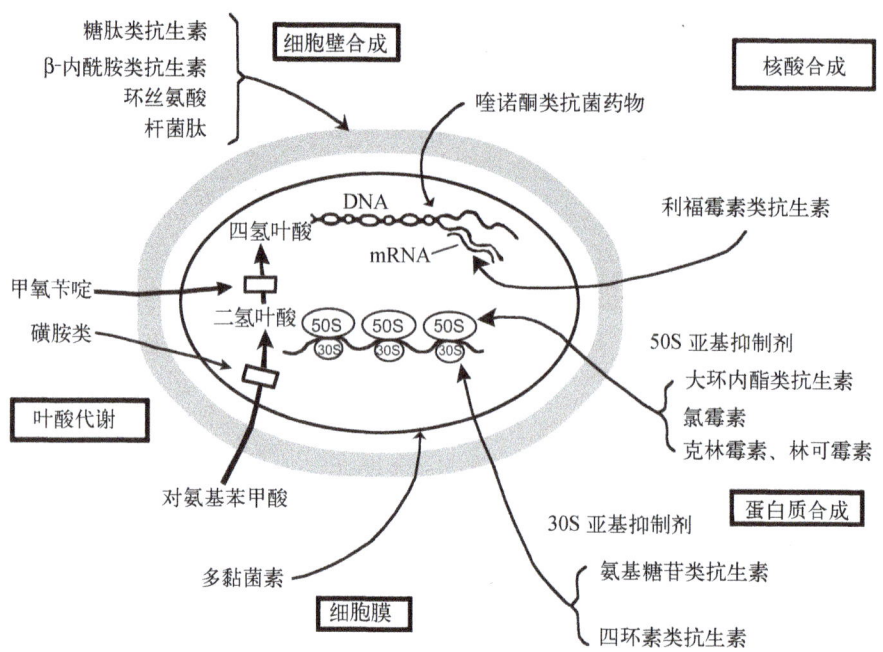

图 8-1 抗菌药物作用靶位

聚糖肽链交联;β-内酰胺类(β-lactams)抗生素能与细菌竞争性抑制参与肽聚糖合成所需的转肽酶和羧肽酶等,抑制四肽侧链上 D-Ala 与五肽交联桥之间的联结或侧链直接相连。被 β-内酰胺类抑制的酶具有与青霉素结合的能力,故称为青霉素结合蛋白(penicillin-binding protein,PBP)。

β-内酰胺类抗生素含有一个 β-内酰胺环,主要种类有:① 青霉素类(penicillin):如青霉素 G (penicillin G)等。② 头孢菌素类(cephalosporin):包括第一代如头孢拉定(cefradine)、第二代如头孢克洛(cefaclor)、第三代如头孢他啶(ceftazidime)与头孢曲松(ceftriaxone)和第四代头孢菌素如头孢匹罗(cefpirome)。③ 单环 β-内酰胺类(monobactam):如氨曲南(aztreonam)。④ 碳青霉烯类(carbapenem):如亚胺培南(imipenem)、美罗培南(meropenem)、比阿培南(biapenem)。⑤ 头霉素(cephamycin):如头孢西丁(cefoxitin)、头孢美唑(cefmetazol)。

二、抑制蛋白质的合成

细菌核糖体由 50S 大亚基和 30S 小亚基组成,许多抗菌药物能干扰细菌核糖体的功能,抑制蛋白质合成,使细菌丧失生长繁殖的物质基础,导致细菌死亡。

1. 干扰 30S 亚基的功能 ① 氨基糖苷类(aminoglycoside):如链霉素(streptomycin)、庆大霉素(gentamicin)、妥布霉素(tobramycin)、阿米卡星(amikacin)、地贝卡星(dibekacin)等,其杀菌机制主要是,与核糖体 30S 亚基不可逆地结合,将已接上的甲酰蛋氨酰-tRNA 解离,抑制蛋白质合成起始过程;亦可引起 mRNA 三联密码的错读,合成对细菌无功能的蛋白质。② 四环素类(tetracycline):如四环素(tetracycline)、多西环素(doxycycline)、替加环素(tigecycline),可特异性地与核糖体 30S 亚基 A 位结合,阻断氨基酰-tRNA 进入 A 位,影响肽链的延伸和释放。

2. 干扰 50S 亚基的功能 ① 大环内酯类(macrolide):如红霉素(erythromycin)、螺旋霉素(spiramycin)、克拉霉素(clarithromycin)、阿齐霉素(azithromycin)和酮内酯类(ketolide)如泰利霉素(telithromycin),可与核糖体 50S 亚基 23S rRNA 结合,阻断转肽作用和 mRNA 位移,抑制肽链的延伸。② 林可霉素(lincomycin)和克林霉素(clindamycin):阻断肽键形成,抑制肽链延伸。③ 氯霉素(chloramphenicol):可与核糖体 50S 亚基 23S rRNA 结合,抑制肽链转移酶,使肽链延伸受阻。④ 噁唑烷酮类(oxazolidinone):如利奈唑胺(linezolid),可与核糖体 50S 亚基 P 位结合,抑制 Met-tRNA 与 P 位结合,阻断蛋白质合成起始复合物的形成和肽链的延伸。

三、抑制核酸的合成

抗菌药物可通过干扰或抑制细菌核酸的合成而发挥抗菌作用。主要药物有:① 喹诺酮类

(quinolone)：如诺氟沙星（norfloxacin）、环丙沙星（ciprofloxacin）、司帕沙星（sparfloxacin）、吉米沙星（gemifloxacin）等，可抑制 DNA 解旋酶（拓扑异构酶Ⅱ）或拓扑异构酶Ⅳ，阻止 DNA 的断裂-重接循环，干扰 DNA 的复制、修复和转录。② 利福霉素类（rifamycin）：如利福平（rifampin）、利福布丁（rifabutin）等，可抑制 DNA 依赖性 RNA 多聚酶，阻断 mRNA 的合成。③ 磺胺类（sulfonamide）：如磺胺甲噁唑（sulfamethoxazole），可单独使用，亦可与甲氧苄啶（trimethoprim）联用。磺胺类与对氨基苯甲酸竞争性抑制二氢叶酸合成酶，甲氧苄啶抑制二氢叶酸还原酶，阻断核苷酸前体物质四氢叶酸的合成，进而影响核酸的合成。④ 硝基咪唑类（nitroimidazole）：如甲硝唑（metronidazole），可产生毒性中介化合物，引起细菌 DNA 链断裂，干扰 DNA 复制。

四、影响细胞膜的功能

细菌细胞膜具有选择性屏障作用，并具有多种酶系统，参与生化代谢过程。多黏菌素（polymycin）作用于 G⁻杆菌的磷脂，使细胞膜受损，细胞质内容物漏出，引起细菌死亡。脂肽类（lipopeptide）抗生素，如达托霉素（daptomycin）可与细菌细胞膜上蛋白质结合，干扰细胞的生长；亦可插入细菌细胞膜形成离子通道，损伤细胞膜；并使膜电位快速去极化，阻断细菌 DNA 和 RNA 的合成，导致细菌迅速死亡。

第二节　细菌的耐药机制

耐药性（drug resistance）亦称抗药性，是指细菌对抗菌药物产生了抵抗力，即由原来敏感变为不敏感，致使疗效降低或治疗失败。耐药性的程度用某种药物对细菌的最小抑菌浓度（minimal inhabitory concentration，MIC）来表示，可通过肉汤稀释法、琼脂扩散法等药物敏感试验进行检测（图 8-2）。细菌同时对多种（3 种或以上）作用机制不同或结构完全各异的抗菌药物具有耐性，称为多重耐药性（multidrug resistance，MDR），具有多重耐药性的细菌称为多重耐药菌。例如，结核分枝杆菌可同时对异烟肼、利福平、链霉素耐药。

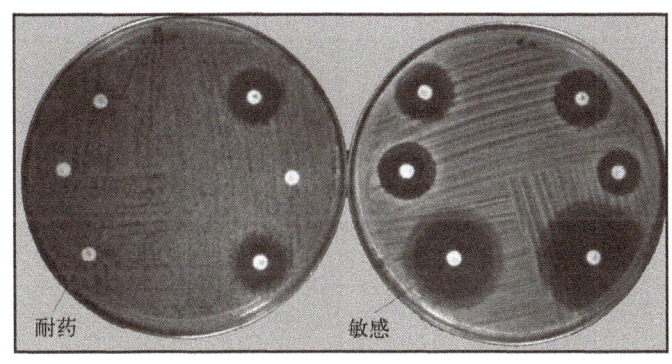

图 8-2　细菌药物敏感试验（琼脂扩散法）

一、临床上常见的耐药菌

近 20 多年来，随着抗生素的广泛使用和滥用，越来越多的细菌产生耐药性或多重耐药性，甚至出现了所谓的超级耐药细菌（superbug）。目前，临床上常见的耐药菌主要有以下几种。

1. 金黄色葡萄球菌　在青霉素投入临床使用不久即出现了耐青霉素金黄色葡萄球菌，1959 年，耐酶青霉素，如甲氧西林投入临床使用，1961 年又在英国发现了耐甲氧西林金黄色葡萄球菌（methicillin-resistant *Staphylococcus aureus*，MRSA）。目前，MRSA 检出率占全部金黄色葡萄球菌临床分离株的 50%～60%，部分地区甚至高达 80%。有些 MRSA 菌株对几乎所有常用 β-内酰胺类耐药，MRSA、结核分枝杆菌和人类免疫缺陷病毒将成为 21 世纪威胁人类健康的最重要的三大病原微生物。1997 年在日本首先发现万古霉素中度耐药金黄色葡萄球菌（vancomycin intermediate resistant *S. aureus*，VISA）。2002 年，在美国首次发现耐万古霉素金黄色葡萄球菌（vancomycin resistant *S. aureus*，VRSA），给临床治疗带来严峻挑战。

2. 革兰阴性杆菌　主要包括大肠埃希菌、肺炎克雷伯菌、铜绿假单胞菌、鲍曼不动杆菌、嗜麦芽黄单胞菌等,其中最为重要的是产超广谱β-内酰胺酶(extended-spectrum β-lactamase,ESBL)、AmpC酶(ampicillin cephamycinase,AmpC)、金属β-内酰胺酶(metallo-β-lactamase,MBL)和多重耐药的菌株。ESBL能灭活青霉素类、单环β-内酰胺类和第一、二、三代头孢菌素,仅对头霉素和碳青霉烯类敏感。MBL能水解青霉素类、头孢菌素类和碳青霉烯类,且不被β-内酰胺酶抑制剂所灭活,但对单环β-内酰胺类等敏感。在重症监护病房(ICU),G⁻杆菌的耐药性问题尤为突出。

3. **肠球菌** 1987年,在英国最先发现耐万古霉素肠球菌(vancomycin resistant enterococci,VRE)。VRE常呈多重耐药性,已在全球蔓延,暴发流行多发生在ICU,患者病死率高。

4. **结核分枝杆菌** 至少同时耐异烟肼(isonizid)和利福平的结核分枝杆菌称为多重耐药结核分枝杆菌(multidrug resistant *Mycobacteriun tuberculosis*,MDR-MTB)。目前,在我国和东欧等发展中国家,MDR-MTB的检出率高达10%以上,且呈不断蔓延扩散的趋势。结核分枝杆菌对链霉素、吡嗪酰胺(pyrazinamide)、乙胺丁醇(ethambutol)等一线药物的耐药检出率亦逐年增高。随着艾滋病的蔓延和流动人口的增加,多重耐药结核分枝杆菌的产生及传播将更为严重。

5. **肺炎链球菌** 20世纪40年代,肺炎链球菌对青霉素G高度敏感。长期以来,青霉素是治疗肺炎链球菌感染(主要是大叶性肺炎)的首选药物。70年代末发现高水平青霉素耐药株(penicillin resistant *Streptococcus pneumoniae*,PRSP)。至80~90年代,PRSP检出率迅速增加,亚洲地区尤为严重。20世纪90年代初,大环内酯类取代青霉素成为治疗大叶性肺炎的首选药物。近年来,在我国及周边多个国家,肺炎链球菌对大环内酯类和喹诺酮类的耐药性发展迅速,远远超出欧美国家。

6. **流感嗜血杆菌** 20世纪70年代初,氨苄西林取代氯霉素和四环素成为治疗流感嗜血杆菌感染的首选药物。近20多年来,氨苄西林耐药流感嗜血杆菌(ampicillin resistant *Haemophilus influenzae*,ARHI)检出率逐年增加,遍布全球。

7. **淋病奈瑟菌** 青霉素一直是治疗淋病的首选药物,但到20世纪70年代中期,发现产青霉素酶的淋病奈瑟菌(penicillinase-producing *Neisseria gonorrhoeae*,PPNG)。80年代又出现不产青霉素酶的染色体介导的青霉素和四环素耐药菌株。PPNG感染率最高的是东南亚。由于淋病奈瑟菌对青霉素和四环素出现耐药性,只能选用氨基糖苷类(如大观霉素,spectinomycin)、第三代头孢菌素(如头孢他啶)和喹诺酮类(如环丙沙星)等治疗。近年来,耐喹诺酮类淋病奈瑟菌检出率逐年增高,喹诺酮类已不适合作为治疗淋病的一线药物。

8. **志贺菌属** 1959年,在日本首次发现多重耐药痢疾志贺菌(multidrug resistant *Shigella dysenteriae*,MDR-SD)感染暴发。1990年,布隆迪暴发流行的痢疾志贺菌对该国所有口服抗生素均呈耐药。志贺菌对以前常用的氨苄西林、四环素、氯霉素、磺胺甲噁唑/甲氧苄啶等耐药严重。目前,主要选用第三代头孢菌素(如头孢他啶)、喹诺酮类(如诺氟沙星)和氨基糖苷类(如阿米卡星)治疗细菌性痢疾,但近年来对喹诺酮类耐药的志贺菌检出率呈明显上升趋势。

9. **沙门菌属** 鼠伤寒沙门菌(*Salmonnella typhimurium*)对氨苄西林、四环素、氯霉素、磺胺甲噁唑/甲氧苄啶等传统药物呈多重耐药性。目前,喹诺酮类和第三代头孢菌素成为治疗沙门菌感染的一线药物,但耐药检出率逐年增高。

10. **弧菌** 目前,霍乱弧菌、非01群霍乱弧菌等对抗生素的耐药检出率逐年升高,对氨苄西林的耐药率高达90%,对利福平的耐药率也达45%,多重耐药菌的检出率约30%,但对氧氟沙星、阿米卡星、头孢呋辛、头孢曲松等仍保持敏感,可作为治疗的首选药物。

二、细菌耐药的生化机制

抗菌药物对细菌起作用的重要前提是细菌必须具备该药物的靶位(drug target)。敏感细菌通过生化代谢产生对抗菌药物的耐药性,称为细菌耐药的生化机制,包括渗透障碍、外排增加、钝化酶的产生、靶位改变等。一种细菌对某抗菌药物可能存在多种耐药机制(图8-3)。

1. **药物渗透障碍** 由于细菌细胞壁的有效屏障或细胞膜通透性的改变,阻止药物吸收,使抗生素难以或无法进入菌体内发挥作用(图8-3)。例如,结核分枝杆菌的细胞壁存在异常紧密的蜡质结构,通透性极低,常呈现明显的多重耐药性。此外,细菌生物膜(biofilm)的形成能阻碍药物渗透,有效浓度的抗菌药物能迅速杀死浮游生长的细菌和生物膜表面的细菌,但不能杀死生物膜内的细菌即被膜菌(biofilm bacteria)。其机制可能是被膜菌合成和分泌大量的胞外多糖(EPS),具有较强的屏障作用,可阻止大多数抗菌药物充分渗透到生物膜内，难以达到有效的抑菌或杀菌浓度，故而呈现耐药；抑或被膜菌为厚厚的 EPS 包绕，难以获得充足的营养，代谢产物亦难以排出，生长极其缓慢，故对抗菌药物大多不敏感。

万古霉素中度耐药金黄色葡萄球菌（VISA）一个普遍的特征是细胞壁增厚，这一特征可通过如下机制产生万古霉素耐药性：① 亲和诱捕（affinity trapping）：VISA 的细胞壁显著增厚，大量的肽聚糖合成中间产物 D-Ala-D-Ala 可将大部分万古霉素捕获，并结合于细胞壁的外侧，使之不能到达作用位点发挥杀菌作用。② 阻塞现象（clogging）：由于细胞壁增厚，菌体表层大量的 D-Ala-D-Ala 可与万古霉素结合，堵塞肽聚糖层的网眼，从而阻止万古霉素分子继续渗透到达作用靶位。

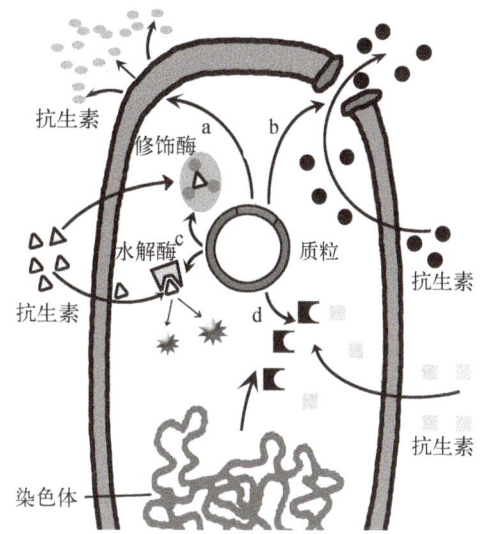

图 8-3 细菌耐药生化机制示意图
a. 阻止药物进入；b. 增加药物排出；c. 灭活作用；d. 靶位改变

2. 药物排出增加 铜绿假单胞菌、大肠埃希菌等具有能量依赖性的主动外排系统即外排泵（efflux pump），可将不同种类的抗生素同时泵出菌体外，使菌体内的抗生素浓度明显降低，不足以杀死细菌（图 8-3）。这是细菌产生多重耐药性的主要原因。主动外排系统通常由外排转运蛋白、外膜通道蛋白和连接蛋白（或辅助蛋白）组成。外排转运蛋白捕获抗生素，在连接蛋白的辅助下，从外膜通道蛋白源源不断地将抗生素排至菌体外。

3. 灭活作用 这是细菌产生耐药性的最重要方式。细菌被诱导产生灭活酶，通过水解或修饰作用破坏抗生素，使之转化为无活性的衍生物（图 8-3）。常见的灭活酶有 β-内酰胺酶、超广谱 β-内酰胺酶（ESBL）、氨基糖苷类修饰酶（乙酰转移酶、磷酸转移酶、核苷酸转移酶）、红霉素酯酶和氯霉素乙酰转移酶等。β-内酰胺酶可破坏 β-内酰胺环而使 β-内酰胺类的活性失去或减低，这是大多数致病菌耐 β-内酰胺类的主要机制。氨基糖苷类修饰酶能将氨基糖苷类抗生素的游离氨基乙酰化，将游离羟基磷酸化、核苷化，使药物不易进入菌体内，也不易与细菌内靶位-核糖体 30S 亚基结合，从而失去抑制蛋白质合成的能力。

4. 靶位改变 细菌通过产生诱导酶对抗生素的作用靶位进行化学修饰，或通过基因突变造成靶位改变，使抗菌药物不能与靶位结合或亲和力下降，失去杀菌作用（图 8-3）。例如，肺炎链球菌、淋病奈瑟菌、铜绿假单胞菌能改变自身青霉素结合蛋白（PBP）的结构，使之与 β-内酰胺类的亲和力降低而导致耐药；MRSA 则能产生一种新的青霉素结合蛋白 PBP2a，对所有 β-内酰胺类具有低亲和性，故而对几乎所有的 β-内酰胺类呈现耐药。耐万古霉素肠球菌（VRE）能合成脱氢酶和连接酶，使肽聚糖五肽侧链末端 D-Ala-D-Ala 转变为 D-Ala-D-Lac，万古霉素与之亲和力大为降低，故而产生耐药。

此外，耐药菌可通过旁路途径，绕开抗生素作用部位；或者大幅增加被抗生素抑制的代谢产物的合成，从而产生耐药性。

三、细菌耐药的遗传机制

细菌耐药性可通过染色体基因突变或耐药基因转移而产生，其中，质粒介导的耐药性远比染色体介导的耐药性普遍。

1. 基因突变 染色体发生基因突变（gene mutation）可使细菌获得耐药性。由基因突变产生的耐药性是随机发生的，频率通常为 $10^{-10} \sim 10^{-7}$，一般只对一种或两种相类似的药物耐药，且比较稳定，可代代相传。基因突变在耐药性发展上起有非常重要作用。例如，结核分枝杆菌产生多重耐药性与染色体多个相互独立的耐药基因突变的逐步累加密切相关；大肠埃希菌、铜绿假单胞菌等广谱 β-内酰胺酶编码基因发生点突变后，即可产生超广谱 β-内酰胺酶（ESBL）。

2. 基因转移 耐药基因转移是细菌耐药性迅速扩散的主要原因。携带耐药基因的基因转移元件主要有质粒（plasmid）、溶原性噬菌体（lysogenic bacteriophage）、转座子（transposon,Tn）和整合子。耐药基因在细菌之间可通过接合（conjugation）、转化（transformation）、转导（transduction）和转座（transposition）方式转移。其中，接合型 R 质粒携带耐药传递基因（resistance transfer gene）和耐药决定基因（drug resistance gene),前者编码性菌毛,介导自主复制与接合转移;后者编码灭活酶等,赋予宿主菌耐药性。R 质粒可能只含一种耐药基因,亦可能由多个转座子(Tn)或耐药基因盒(resistance gene cassett)连接相邻排列,构成一个多耐药基因的复合体,这是造成多重耐药的重要原因。R 质粒主要通过接合方式从耐药菌传递给敏感菌,使后者产生耐药性。R 质粒不仅在同一种属细菌间转移,而且可在不同种属细菌间互相传递,尤其是在 G⁻ 菌(如肠道杆菌)中比较普遍,从而造成耐药性的广泛传播。例如,绝大多数革兰阴性杆菌超广谱 β-内酰胺酶(ESBL)由接合型 R 质粒上的转座子编码产生。通过质粒接合转移和转座,ESBL 编码基因容易在 G⁻ 菌之间扩散。

此外,近年发现可携带耐药基因的整合子。整合子具有启动子、整合酶基因和位点特异性的重组表达系统,可识别和捕获外源基因和基因盒(gene cassette),尤其是抗生素耐药基因,如金属 β-内酰胺酶编码基因。一个整合子可捕获多个耐药基因盒,产生多重耐药性。整合子常存在于耐药性质粒和转座子上,可在不同细菌之间转移,加速耐药基因的广泛扩散。

第三节 细菌耐药性的防治

近 20 多年来,越来越多的细菌对抗菌药物产生耐药性,耐药水平越来越高,细菌耐药性播散迅速,已成为一个严重的全球性公共卫生问题。细菌耐药性的出现,造成现存有效抗菌药物不断失效,逐步限制着治疗方案的选择。耐药菌感染导致住院时间延长,费用增加,医院感染发病率和病死率增高,人类已面临"抗生素耐药性危机",可能将进入"后抗生素时代"(post-antibiotic era)。因此,科学、有效地控制细菌耐药性的产生和扩散显得十分重要。

一、加强细菌耐药性监控,减少选择压力

应加强国际交流与合作,构建细菌耐药性全球监测网络,加强细菌耐药性监控,这是了解细菌耐药性趋势、正确制定标准治疗指南和评定控制措施效果的关键因素。

通过减少抗生素应用选择压力,让耐药突变株失去与野生型敏感菌的竞争优势而逐渐减少或消失,从而阻止耐药性的发生与蔓延。近年来,根据耐药性变迁特点,通过限制某些抗生素的应用;改变抗生素的应用种类;有计划地定期或划区停用某一类型抗生素;或循环使用抗生素,对遏制细菌耐药性已显示出良好的前景。应建立特异性强、敏感度高、快速的分子药敏试验法,如 PCR、PCR-DNA 测序法、PCR-SSCP(单链构象多态性)、PCR-RFLP(限制性酶切片段长度多态性)、PCR-反向斑点印迹法和基因芯片技术等,部分代替常规药敏试验(如平板扩散法、E 试验法),直接检出临床标本中病原菌及其耐药(突变)基因,将大大减少误用的抗生素处方率,帮助医生选用针对性更强的抗生素。此外,应停止药店无处方出售抗生素;鼓励农牧业在食用动物中使用非人用和不会选择交叉耐药的抗生素;限制或禁止使用抗生素作为生长促进剂。

二、科学合理用药,防止耐药菌株的产生

1. 严格掌握抗菌药物应用的适应证　病毒性感染和长期发热原因不明者,除并发细菌感染外,不宜轻易采用抗菌药物。

2. 正确选择抗菌药物和配伍　在使用抗生素前,除危重患者外,原则上应先从患者体内分离培养出致病菌,并作细菌药敏试验,选择敏感的抗生素治疗。对于严重感染患者,可考虑采用"降阶梯抗生素治疗(de-escalation antibiotic therapy)",即第一阶段经验治疗时,选用广谱、高效的抗菌药物,以尽量覆盖可能导致感染的致病菌;第二阶段则根据细菌药敏结果,降级换用针对性强的相对窄谱的抗菌药物,以减少耐药菌发生的可能,并优化治疗的成本效益。联合用药可降低耐药性突变频率,从不同环节控制产生耐药性,但必须有明确的指征,如病原体不明或单一抗菌药物不能控制的严重感染或混合感染。

3. 正确掌握剂量、疗程和给药方法　用药量应保证血液或感染组织达到有效抑菌或杀菌浓度,及时杀灭致病菌。避免剂量过大或疗程过长而造成微生态失调;又要注意由于剂量不足而致病情迁延,转为慢性、复发,诱发细菌耐药性。

三、严格执行消毒隔离制度,防止耐药菌的交叉感染

加强医院感染控制措施,预防耐药菌的暴发流行。应隔离保护危重患者,以防医院内耐药菌感染。医务人员检查患者时必须正确、及时洗手,对与患者接触较多的医生、护士和护工,应定期检查带菌情况。发现携带重要的耐药性致病菌时应暂时调离病房,以免传播耐药菌感染。

四、寻找新型抗菌药物和新的抗感染方法

1. 改良现有抗生素 ① 发展耐酶抗生素:例如,碳青霉烯类和青霉烯类对超广谱 β-内酰胺酶稳定;阿米卡星和地贝卡星不被氨基糖苷类修饰酶所修饰。② 寻找灭活酶抑制剂:如 β-内酰胺酶抑制剂克拉维酸(clavulanate)、舒巴坦(sulbactam)、他唑巴坦(tazobactam),可与抗生素联用,组成 β-内酰胺类复方制剂,如阿莫西林和克拉维酸组成奥格门汀(angmentin)、哌拉西林和他唑巴坦组成他唑西林(tazocillin)。③ 抑制外排系统:如新一类四环素-甘氨环素类(glycylcycline)如替吉环素不易被主动外排泵排出菌体外;亦可筛选与外排泵亲和力更强的药物类似物,与抗菌药物联用;或使用外排泵能量抑制剂;或干扰外排泵的组装。④ 增加与靶位亲和力:研制与 PBP2a 有高度亲和力的 β-内酰胺类抗生素,如新型头孢菌素类 ceftobiprole、青霉烯类法罗培南(faropenem)和噁唑烷酮类利奈唑胺;与细胞壁五肽末端 D-Ala-D-Ala 亲和力增强的万古霉素衍生物如奥利万星(oritavancin)。

2. 寻找细菌内抗菌作用的新靶标 以致病菌(或耐药菌)为目标,利用细菌基因组学与蛋白组学、生物信息学、基因敲除技术(gene knockout)和体内基因表达技术(*in vivo* gene expression technology)等,寻找对致病菌生存必不可少,感染过程又常常优先表达的因子,如涉及细胞分裂、脂肪酸合成、代谢物转运、毒力等,作为药物筛选的新靶标,采用超高通量药物筛选系统,发展新型抗菌药物。例如,针对细菌生物膜相关感染的治疗,目前尚无十分有效的药物,可开发渗透性更强或干扰密度感应系统(quorum-sensing system)的抗菌药物。铜绿假单胞菌生物膜的主要组分是藻酸盐,可考虑应用藻酸盐合成酶抑制剂、藻酸盐裂解酶、藻酸盐单克隆抗体等,阻断生物膜的形成,达到治疗目的。

3. 开发抗菌中药复方、天然抗微生物肽和微生态制剂 中药复方成分复杂,杀菌机制和环节多,不易产生耐药性,部分中药能消除 R 质粒,抑制细菌生物膜的形成,并能调节机体免疫功能。来源于人、动物和微生物的抗菌肽,如防御素(defensin)、天蚕素(cecropin)、蛙皮素(magainin)、牛乳铁素(lactoferricin)、蜂毒肽(melittin)、鲨胺(qualamine)、乳链球菌肽(nisin)等,具有广谱、高效的抗菌活性,不易诱导耐药菌株的产生,且无毒或毒性低,将有可能成为新一代抗菌药物——肽类抗生素(peptide antibiotic)。目前,临床上广泛使用的肽类抗生素有杆菌肽(bacteracin)、多黏菌素、万古霉素、达托霉素等,均来源于微生物。此外,亦可从海洋生物中提取新型抗生素。微生态活菌制剂即益生菌,是人体正常生理性细菌,如双歧杆菌、乳杆菌等,能通过空间争夺、营养争夺和产生代谢性产物等多种机制拮抗致病菌,即"以菌制菌"。益生菌已广泛用于治疗假膜性肠炎等抗生素相关性腹泻、婴幼儿腹泻、顽固性腹泻、便秘、细菌性或真菌性阴道炎等。目前,基因工程益生菌的研究备受关注。亦可考虑将噬菌体引入临床治疗某些局部感染。

4. 发展疫苗 这是解决较难治疗的耐药菌(如铜绿假单胞菌)的最好办法。疫苗接种可降低细菌感染发生率,从而减少抗生素用量,延缓耐药性的出现。

(饶贤才)

复习思考题
1. 简述抗菌药物的主要种类和杀菌机制。
2. 临床上常见的耐药菌有哪些?以 MRSA 为例,简述其耐药的发生机制。
3. 试述细菌产生耐药性的生化机制和遗传分子机制,并举例说明。
4. 针对耐药菌产生的生化机制,如何开发新型抗菌药物?
5. 如何防止细菌耐药性的产生和扩散?

第九章 球　　菌

There are three medically important Gram-positive cocci genera: *Staphylococcus*, *Streptococcus* and *Enterococcus*. The organisms in these genera are nonmotile and do not form spores. The genus *Neisseria is* Gram-negative coccus, which contains two important human pathogens: *Neisseria gonorrhoeae* and *Neisseria meningitidis*.

The staphylococci are Gram-positive spherical cells, usually arranged in grape-like irregular clusters. They grow readily on many types of media and are active metabolically, fermenting carbohydrates and producing pigments that vary from white to deep yellow. Some are members of the normal flora of the skin and mucous membranes of humans, others cause suppuration, abscess formation, a variety of pyogenic infections, and even fatal septicemia. The pathogenic staphylococci often hemolyze blood, coagulate plasma, and produce a variety of extracellular enzymes and toxins. The most common type of food poisoning is caused by a heat-stable staphylococcal enterotoxin. Staphylococci rapidly develop resistance to many antimicrobial agents and present difficult therapeutic problems.

The streptococci are Gram-positive spherical bacteria that characteristically form pairs or chains during growth. They are widely distributed in nature. Some are members of the normal human flora; others are associated with important human diseases attributable in part to infection by streptococci, in part to sensitization to them. Streptococci elaborate a variety of extracellular substances and enzymes.

The *S. pneumoniae* (pneumococci) are Gram-positive diplococci, often lancet-shaped or arranged in chains, possessing a capsule of polysaccharide that permits typing with specific antisera. Pneumococci are normal inhabitants of the upper respiratory tract of 5% to 40% humans and can cause pneumonia, sinusitis, otitis, bronchitis, bacteremia, meningitis, and other infectious processes.

The enterococci have the group D group-specific substance and were previously classified as group D streptococci. They are part of the normal enteric flora. There are 29 species of enterococci. *Enterococcus faecalis* is the most common and causes 85% to 90% of enterococcal infections, while *Enterococcus faecium* causes 5% to 10%. The enterococci are among the most frequent causes of nosocomial infections, particularly in intensive care units, and are selected by therapy with cephalosporins and other antibiotics to which they are resistant. Enterococci are transmitted from one patient to another primarily on the hands of hospital personnel, some of whom may carry the enterococci in their gastrointestinal tracts. In patients, the most common sites of infection are the urinary tract, wounds, biliary tract, and blood. Enterococci may cause meningitis and bacteremia in neonates. In adults, enterococci can cause endocarditis. However, in intra-abdominal, wound, urine, and other infections, enterococci usually are cultured along with other species of bacteria, and it is difficult to define the pathogenic role of the enterococci. A major problem with the enterococci is that they can be very resistant to antibiotics. *E. faecium* is usually much more antibiotic-resistant than *E faecalis*.

The family Neisseriaceae includes *Neisseria* species and *Moraxella catarrhalis* as well as *Acinetobacter* and *Kingella* and other *Moraxella* species. The neisseriae are Gram-negative cocci that usually occur in pairs. *Neisseria gonorrhoeae* (gonococci) and *Neisseria meningitidis* (meningococci) are pathogenic for humans and typically are found associated with or inside polymorphonuclear cells.

球菌是细菌中的一大类,广泛分布于自然界,是人和动物的皮肤及与外界相通的腔道中的正常菌群成员之一。大部分是非致病的腐生菌,但部分人体可携带致病性球菌。根据革兰染色性的不同,可分为

G⁺和G⁻两大类。前者包括葡萄球菌、链球菌、四联球菌和八叠球菌等；后者包括脑膜炎奈瑟菌、淋病奈瑟菌，以及卡他、干燥和黄色奈瑟菌等。

对人类有致病性的球菌称为病原性球菌（pathogenic coccus）。由于这类球菌主要引起化脓性炎症，故又称为化脓性球菌（pyogenic coccus）。主要包括葡萄球菌、链球菌、肺炎链球菌、脑膜炎奈瑟菌及淋病奈瑟菌。病原性球菌有不同程度的器官亲和性；如肺炎链球菌、脑膜炎奈瑟菌和淋病奈瑟菌有明显的器官亲和性。而葡萄球菌和链球菌能使多种组织脏器感染，引起多种多样的临床病症，如疖、痈、脓肿、败血症等，还可引起烫伤样皮肤综合征和毒性休克综合征等疾病；而肺炎链球菌则常引起大叶性肺炎；脑膜炎奈瑟菌常引起脊髓膜和脑膜的化脓性炎症（脑脊髓膜炎），淋病奈瑟菌常引起尿道黏膜的炎症（淋病）和眼结膜炎（脓漏眼）。

第一节 葡萄球菌属

葡萄球菌属（*Staphylococcus*）细菌是临床最常见的化脓性球菌，80%以上的化脓性疾病由葡萄球菌引起。葡萄球菌分别由郭霍（Koch R,1878）、巴斯德（Pasteur L,1880）和奥格斯顿（Ogston A,1881）从疖肿的脓液中分离进行了初步研究，劳森巴赫（Rosenbach FJ,1884）对葡萄球菌的培养特性作了首次详细记载。葡萄球菌属目前发现有35种，寄生人体的至少有16种；其中只有金黄色葡萄球菌能产生血浆凝固酶，称为血浆凝固酶阳性葡萄球菌，为致病性葡萄球菌，其余统归为凝固酶阴性葡萄球菌（coagulase-negative staphylococcus，CNS）。

人和动物的皮肤和鼻咽部可携带致病性葡萄球菌，鼻咽部带菌率高达20%~50%，医院的医务人员的带菌率更高，可达70%，而且多为耐药性菌株，这些带菌者是重要的医院内感染传染源。

葡萄球菌在皮肤表面上可生存较久，常隐藏在毛囊、汗腺和皮脂腺内。在进行注射、外科手术和接产时，如不严格消毒，常易引起化脓性感染。

一、生物学性状

(一) 形态与染色

典型的葡萄球菌为革兰阳性菌，呈球形，直径0.4~1.2 μm，不规则葡萄状排列（图9-1）。在脓汁或液体培养基中，可见有单个、两个、四联体以及短链状排列。

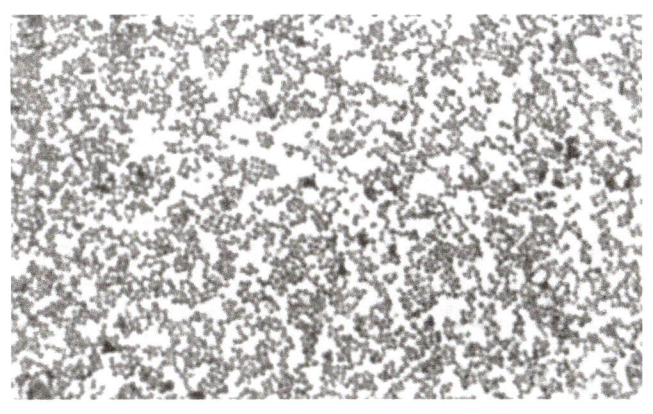

图9-1 葡萄球菌（革兰染色，×1 000）

葡萄球菌无芽胞，无鞭毛，一般不形成荚膜，但在少数菌株的外层可见有荚膜样的黏液物质。幼龄菌易染色，但在衰老、死亡及陈旧培养物中或被中性粒细胞吞噬后可变成G⁻菌。在青霉素的作用下可被溶解或变为L型。

(二) 培养和生化反应

葡萄球菌为需氧或兼性厌氧菌，营养要求不高，在37℃置多种培养基内均易生长。37℃孵育24~48 h可形成直径大小为2 mm左右、圆形、凸起、表面光滑、湿润、有光泽、不透明、边缘整齐的发亮菌落。在室温下长时间培养，易产生金黄色、白色和柠檬色等不同的脂溶性色素，使菌落着色形如"一滴漆"状。于血液琼脂平板上培养，金黄色葡萄球菌菌落周围可形成完全透明溶血环（又称β溶血）。在液体培养基中呈混浊生长。金黄色葡萄球菌能分解葡萄糖、麦芽糖、蔗糖,产酸不产气。分解甘露醇产酸在鉴定致病性方面有一定意义。触酶(过氧化氢酶)阳性,可作为与链球菌相区别的依据之一。

(三) 分类

根据血平板上菌落色素和生化反应等不同表型,葡萄球菌可分为金黄色葡萄球菌($S.\ aureus$)、表皮葡萄球菌($S.\ epidermidis$)和腐生葡萄球菌($S.\ sarophyticus$)三种(表 9-1)。根据有无凝固酶分型,可分为凝固酶阳性菌株和凝固酶阴性菌株两大类。凝固酶阳性的金黄色葡萄球菌可被相应的噬菌体裂解,借此可将其分为四大群 23 型。噬菌体分型常用来鉴定细菌型别并分析与细菌的耐药性、致病性和流行病学上的关系。此外,采用琼脂糖凝胶电泳法测定菌株质粒的大小和数量来分型的质粒分型法、根据核酸分析的遗传学分型法、血清学分型法和抗生素分型法等都曾用于葡萄球菌的分类。

表 9-1 三种葡萄球菌鉴别的主要生物学性状

性 状	金黄色葡萄球菌	表皮葡萄球菌	腐生葡萄球菌
菌落色素	金黄色	白色	白色或柠檬色
血浆凝固酶	+(−)	−	−
甘露醇发酵	+	−	−
α 溶素	+	−	−
耐热核酸酶	+	−	−
磷壁酸类型	核糖醇型	甘油型	−
噬菌体分类	能	不能	不能
葡萄球菌 A 蛋白(SPA)	+	−	−
致病性	强	弱或无	无

(四) 抗原结构

葡萄球菌抗原种类多,结构复杂,已发现的抗原有 30 多种,其化学组成有多糖抗原、蛋白质抗原和细胞壁的肽聚糖。其中与致病性相关的是葡萄球菌 A 蛋白和荚膜多糖。

1. 荚膜多糖 感染机体内的金黄色葡萄球菌表面常形成黏液样物质,为荚膜多糖成分,具有抗原性,可分为 11 个血清型。与感染有关的主要为 5 型和 7 型。除具有抗吞噬细胞的吞噬作用外,还具有促进细菌对医用导管和其他合成材料(如人工关节和生物瓣膜等)的表面黏附作用。

2. 葡萄球菌 A 蛋白 90%以上的金黄色葡萄球菌细胞壁上有一种很重要的组分称为葡萄球菌 A 蛋白(staphylococcal protein A,SPA)。SPA 是一种单链多肽,与胞壁肽聚糖呈共价结合。它能与人和动物的 IgG 亚类 IgG1、IgG2 和 IgG4 的 Fc 段非特异性结合,IgG 的 Fc 段与 SPA 结合后,其 Fab 部分能朝外并能自由地与相应抗原分子发生特异性结合。利用这一特性建立的简易快速的协同凝集试验已广泛应用于多种细菌抗原的检出。SPA 与 IgG 结合后的复合物具有抗吞噬、促细胞分裂、引起超敏反应、损伤血小板等多种生物学活性。

(五) 抵抗力

在无芽胞的细菌中,葡萄球菌抵抗力最强。在干燥的脓汁、痰液中可存活 2~3 个月;加热 60℃ 1 h 或 80℃ 30 min 才被杀死;2%苯酚中 15 min 或 1%升汞中 10 min 死亡;耐盐性强,在含 9% NaCl 的培养基中仍能生长。同其他 G⁺ 菌一样,对碱性染料敏感,例如 1:100 000~1:200 000 甲紫溶液可抑制其生长。近年来由于广泛应用抗生素,耐药菌株逐年增多;目前许多金黄色葡萄球菌菌株能产生青霉素酶(β-内酰胺酶),因而对青霉素 G 的耐药株高达 90%以上。尤其是耐甲氧西林的金黄色葡萄球菌(MRSA)已成为医院内感染最常见的致病菌。

(六) 表皮葡萄球菌(ATCC 12228 株)基因组

现已完成表皮葡萄球菌 ATCC 12228 株全基因组 2 499 279 bp 的测序,并初步进行了基因组的注释工作。该菌基因组序列的初步分析结果如下:① 平均 G+C 含量为 32.1%。② 经预测,有 2 450 个开放阅读框(open reading frame,ORF)。③ 编码区占基因组序列全长的 83.2%,ORF 的平均长度为 864 bp。④ 编码蛋白有明确功能的 ORF 有 1 555 个,未知的 ORF 有 734 个,另外 161 个在数据库中未找到序列同源的蛋白。

分析表皮葡萄球菌基因组还有如下重要发现:

(1) 均具有多种转录调控因子(regulatory element)，其中葡萄球菌的 agr 系统有很重要的作用，agr 自身诱生的肽 phemerone 在不同菌株间的循环可能代表对细胞密度的一种信息交换系统，在细菌群体间起作用。此外，这种系统在当细菌被宿主防御系统所包裹，并且在营养条件差的情况下也可发挥作用，并与致病性相关。

(2) 在表皮葡萄球菌中，金黄色葡萄球菌致病性所具有的主要毒素，如 α 毒素、溶白细胞毒素(包括超抗原，superantigen)和胞外酶(如血浆凝固酶)等均不存在。

(3) 表皮葡萄球菌具有完善的黏附因子基因。可能存在共生(commensal)及非共生(non-commensal)菌株。

(4) 基因组分析发现金黄色葡萄球菌中大多数耐抗生素基因是通过带耐药基因的质粒或可移动的基因分子(mobile genetic element)，包括一些"耐药岛"(SCCmec)所携带。还发现可能存在新的耐药组分。转座子 Tn4001 带有 aacA-aphD(编码氨基糖甙耐药性)，相比之下，不形成生物膜的表皮葡萄球菌(ATCC 12228)较少有耐抗生素的基因，但带有可利用或耐金属离子的基因。

表皮葡萄球菌形成生物膜经过两步。开始细菌黏附是通过 PSA(荚膜类多糖黏附素，capsular polysaccharide adhesin)，以后细菌间黏附与聚集则主要是由 ica (intercellular adhesin)操纵子编码的 PIA (polysaccharide intercelular adhesin)完成，自血培养中分离的表皮葡萄球菌株约 85% 有 ica 基因，但腐生型表皮葡萄球菌仅 6% 有 ica 基因，ica 基因对区别致病性和污染性的表皮葡萄球菌有一定的鉴别价值。

二、致病性与免疫性

葡萄球菌仍是当今医院和公共场所的一种主要病源，许多疾病由它们引起，如伤口感染、皮肤脓肿、食物中毒、泌尿道感染、败血症、TSS 和心内膜炎等。在引起医院获得性感染中，葡萄球菌居第二位(10.2%)，仅次于大肠埃希菌(19.2%)。研究证明，金黄色葡萄球菌的致病性主要是因其能分泌 20 多种毒力因子所致。而凝固酶阴性葡萄球菌(CNS)的致病机制则和其产生黏质有关。

(一) 金黄色葡萄球菌

1. 致病物质

(1) 凝固酶：凝固酶(coagulase)是能凝结人和兔血浆的一种蛋白质，致病菌株多数能产生，非致病菌株一般不产生，故凝固酶的有无是鉴别葡萄球菌有无致病性的重要指标。凝固酶有两种：一种是分泌至菌体外的称为游离凝固酶，其可被人或兔血浆中的协同因子激活，成为凝血酶样物质，从而使液态的纤维蛋白原变成固态的纤维蛋白，导致血浆凝固；另一种结合于菌体表面并不释放，称为结合凝固酶或凝聚因子。其作用是使该菌株表面有纤维蛋白原受体，纤维蛋白原与菌受体两者交联而使细菌凝聚。凝固酶耐热，粗制品加热至 100℃经 30 min 或高压灭菌后仍保持部分活性，但易被蛋白酶分解破坏。凝固酶和葡萄球菌的毒力关系密切。凝固酶阳性株进入机体后，可使周围血液或血浆中的纤维蛋白沉积于菌体表面，阻碍宿主体内吞噬细胞的吞噬作用。同时，凝固酶聚集在细菌四周，亦能保护病菌不易受血清中杀菌物质的破坏。葡萄球菌感染易于局限化和形成血栓也与凝固酶的生成有关。

(2) 葡萄球菌溶素：致病性葡萄球菌能产生多种葡萄球菌溶素(staphylolysin)，对人类有致病作用的主要是 α 溶素。α 溶素是一种外毒素，具有良好的抗原性，经甲醛液脱毒后可制成类毒素。α 溶素由质粒或染色体编码，产生毒性作用的机制是毒素分子插入细胞膜疏水区，从而破坏膜完整性而使其溶解。该毒素对多种哺乳动物红细胞有溶血作用，对白细胞、血小板、肝细胞等均有损伤作用。

(3) 杀白细胞素：大多数致病性葡萄球菌能产生另一种破坏白细胞的毒素称为 Panton-Valentine (PV)杀白细胞素(leukocidin)，攻击中性粒细胞和巨噬细胞，其作用部位在细胞膜。在抵抗吞噬细胞吞噬、增强侵袭力方面有意义。

(4) 肠毒素：30%~50% 临床分离的金黄色葡萄球菌可产生肠毒素。产生肠毒素的菌株常是凝固酶阳性株。葡萄球菌肠毒素是热稳定的蛋白质，耐 100℃ 30 min，抵抗胃肠液中蛋白酶的水解作用。食用含有肠毒素的食物后，该毒素可能以完整的分子经消化道吸收入血，到达中枢神经系统后刺激呕吐中枢，导致以呕吐为主要症状的食物中毒。

(5) 表皮剥脱毒素：表皮剥脱毒素(exfoliative toxin, exfoliatin)也称表皮溶解毒素(epidermolytic toxin)，引起人类的表皮剥脱性病变。具有抗原性，可被甲醛液脱毒成类毒素。表皮剥脱毒素引起的烫伤样皮肤综合征(SSSS)，又称剥脱性皮炎，患者皮肤呈弥漫性红斑和水疱，继从表皮上层大片脱落。多见于新生儿、幼儿和免疫功能低下的成人。

(6) 毒性休克综合征毒素-1：毒性休克综合征毒素-1(toxic shock syndrome toxin 1, TSST-1)是金黄色葡萄球菌产生的一种外毒素，最初的实验观察到该毒素能引起猴呕吐，曾被命名为肠毒素 F。毒性休克综合征(TSS)以急骤起病、高热、低血压或昏厥、猩红热样皮疹伴恢复期脱屑、并可累及多个器官为特征的严重症候群。

(7) 其他酶类：由葡萄球菌产生的胞外酶还有：透明质酸酶(hyaluronidase)或扩散因子(spreading factor)，葡萄球菌激酶(staphylokinase)或纤溶酶(fibrinolysin)。前者可分解连接结缔组织间以及细胞与细胞间的透明质酸，使组织产生空隙，细菌得以迅速在其间扩散、繁殖及进入宿主的组织内；后者可溶解纤维蛋白亦可使细菌易于扩散。此外，还有蛋白酶、酯酶和青霉素酶等。

2. 所致疾病 主要引起两种类型疾病：一种是侵袭性；另一种是毒素性。该菌侵袭性感染的标志是形成脓肿，在侵入的组织部位造成损伤，活细菌能长期地存在于损伤部位。由葡萄球菌毒素引起的疾病日渐增多，主要由该菌分泌的胞外酶和毒素引起。

(1) 侵袭性疾病：侵袭性疾病主要是化脓性感染。葡萄球菌可通过多种途径进入机体，引起皮肤器官化脓性感染和败血症等局部或全身性化脓性炎症。

皮肤软组织感染：大多由金黄色葡萄球菌引起，少数可为表皮葡萄球菌。主要类型有疖、痈、毛囊炎、甲沟炎、睑腺肿、疏松结缔组织炎、伤口化脓等。

内脏器官感染：感染仍主要由金黄色葡萄球菌引起，有气管炎、肺炎、脓胸、中耳炎、脑膜炎、心包炎、内心膜炎等。

全身感染：有败血症、脓毒血症等，主要由金黄色葡萄球菌引起，亦有部分是表皮葡萄球菌。后者大多发生于严重的原发病灶，并多见于新生儿。

(2) 毒素性疾病：

食物中毒：主要由肠毒素引起，导致以呕吐为主要症状的食物中毒，进食后1～6 h出现症状；发病1～2 d可自行恢复，预后良好。

毒性休克综合征：由TSST-1引起的疾病。

烫伤样皮肤综合征：由表皮剥脱毒素引起的疾病，多见于新生儿及免疫功能低下患者。

3. 免疫性 人对金黄色葡萄球菌有一定的天然免疫力。只有当皮肤黏膜受伤后，或患有慢性消耗性疾病以及其他病原体感染导致宿主免疫力降低时，才易引起葡萄球菌的感染。机体康复后，虽能获得一定的免疫力，但不足以预防再次感染。

(二) 凝固酶阴性葡萄球菌

凝固酶阴性葡萄球菌(CNS)是皮肤、口腔及肠道中的正常菌群之一。因其不产生血浆凝固酶、α溶素等毒性物质，曾被作为临床样本中的污染菌，以为无致病作用。但20世纪80年代后，医院内感染日益增多，病原学方面最显著变化是CNS成为重要致病菌，并出现多重耐药菌株；当机体免疫功能低下或进入非正常寄居部位时，可引起多种感染。另外，腐生葡萄球菌能选择地吸附于尿道上皮细胞，这对其定植及引起感染有一定作用；溶血性葡萄球菌的溶血性与其致病性也有关系。

目前已发现了十余种CNS，主要有表皮葡萄球菌(*S. epidermidis*)、腐生葡萄球菌(*S. saprophyticus*)、人葡萄球菌(*S. huminis*)、溶血葡萄球菌(*S. hemolyticus*)、头葡萄球菌(*S. capitis*)、华纳葡萄球菌(*S. warneri*)、模仿葡萄球菌(*S. simulans*)、木糖葡萄球菌(*S. xylosus*)、猿类葡萄球菌(*S. simians*)等。从感染样本中分离最多的CNS是表皮葡萄球菌和腐生葡萄球菌。凝固酶阴性葡萄球菌引起的常见感染有以下几种。

1. 泌尿系统感染 该菌群是引起青年妇女急性膀胱炎的主要致病菌，在下尿路感染中仅次于大肠埃希菌，占这类感染的42%。常见的有表皮葡萄球菌、人葡萄球菌和溶血葡萄球菌，而腐生葡萄球菌则是引起青年人原发性泌尿道感染的常见菌。

2. 败血症 该菌群是血培养中常见的病原菌，特别是在新生儿败血症中居常见病原菌的第三位，仅次于大肠埃希菌和金黄色葡萄球菌。常见的有溶血葡萄球菌和人葡萄球菌，也可为表皮葡萄球菌，但必须排除该类细菌的污染。

3. 术后感染 该菌群是引起外科感染的常见病原菌。骨和关节修补术、器官移植，以及持续性腹膜透析，特别是心瓣膜术后的感染多为该菌群的细菌引起，与该菌群引起安置血管导管感染有关。

另外，CNS耐药率及多重耐药率较高，这与耐药质粒有关。这些质粒可通过转化、转导等方式进行耐药性转移，也与某些抗生素作为首选药长期广泛使用有关。CNS对万古霉素、诺氟沙星及阿米卡星耐药率低，可考虑单独或联合应用治疗CNS的感染。

三、微生物学检查法

一般局部化脓性感染,如疖、痈等微生物学检查意义不大;但对全身感染,在确定病原或选择有效抗生素上有一定价值。

(1) 脓液等可直接涂片,革兰染色镜检。一般根据细菌形态,排列和染色性,可初步诊断,但不能区别是否为致病菌。

(2) 血培养需先增菌再分离培养,接种于血液琼脂平板或含有 7.5% NaCl 的培养基(尤其是当样本有杂菌污染时),37℃培养 18 h 后,选择典型菌落进行致病性鉴定。致病性葡萄球菌产生血浆凝固酶和耐热核酸酶、金黄色素、有溶血性和发酵甘露醇,可作为判定有无致病性的指标。但少数血浆凝固酶阴性葡萄球菌有时也能致病,如可引起泌尿系统感染、败血症、心内膜炎。在装有外来异物(如牙齿矫正器、心脏起搏器和导尿管等)的患者,易引起内源性医院感染。故在最后判定时须结合临床表现。

(3) 葡萄球菌肠毒素检查,取呕吐物或剩余食物做细菌分离培养和鉴定。可采用 ELISA 法快速检测肠毒素,也可用核酸杂交和 PCR 等技术检测分离到的葡萄球菌是否为产肠毒素的菌株。

四、防 治 原 则

及时处理皮肤创伤。皮肤化脓性感染(特别是手部感染)未愈前,不应从事食品加工或饮食服务工作,以防止就餐人员食物中毒。医务人员在接触感染者后,手指要充分消毒再接触其他患者,这是有效控制葡萄球菌医院感染的重要措施之一。

治疗应根据药物敏感试验结果,选用敏感抗生素。对反复发作的顽固性疖疮,可采用自身疫苗或用类毒素人工主动免疫疗法有一定疗效。

耐甲氧西林的金黄色葡萄球菌

耐甲氧西林的金黄色葡萄球菌(MRSA)是指对甲氧西林(二甲氧苯基青霉素)耐药的金黄色葡萄球菌(简称金葡菌),20 世纪 60 年代首先在欧洲报告,70 年代后各国相继均有发现。至 80 年代,其感染几乎遍及全球,最高可占金葡菌感染总数的 53%。MRSA 对目前临床应用的绝大多数抗生素均耐药,且其感染常发生于免疫缺陷、大面积烧伤、大手术后及老年患者,容易造成流行或爆发,病死率可高达 50%。MRSA 感染已成为临床棘手的难题,有人甚至将其与乙型肝炎、艾滋病同列为当今世界的三大传染性疾病。1977~1979 年上海地区分离的 200 株金葡菌中,MRSA 占 5%,而 1985~1986 年(125 株)激增至 24%。北京分离的 509 株金黄色葡萄球菌中,甲氧西林耐药菌 105 株,MRSA 占 20.6%。国外近期资料表明,烧伤创面培养的凝固酶阳性金葡菌中有 50% 为 MRSA。MRSA 的耐药机制:

(1) 固有耐药性,由染色体介导产生。

(2) 获得性耐药性,由质粒介导产生。由于其耐药基因传递靠质粒介导结合,即在葡萄球菌与葡萄球菌之间,葡萄球菌和链球菌之间都可以通过基因传递扩大而耐药。经鉴定,在通过质粒传递耐药的菌株中,葡萄球菌之间的传播达 80%,葡萄球菌与链球菌达 30%,Mac Manus 认为这类耐药菌都是能产生 β-内酰胺酶的葡萄球菌,即对含有 β-内酰胺类的抗生素耐药。因此,它使许多临床常用的抗生素不能发挥作用。

(3) 诱导酶和超广谱酶亦是细菌产生耐药的原因。自 1978 年万古霉素在临床应用以来,是当前惟一对 MRSA 有效的抗生素。我国现在生产一种万古霉素的衍生物去甲万古霉素也能抗多数的 MRSA 分离菌株。其他治疗 MRSA 感染有效的注射用抗生素有克林霉素、利福平、氨基糖苷类和亚胺磷霉(imipenem);口服制剂则可用利福平。使用克林霉素或去甲万古霉素以外的抗生素时,一般应联合用两种抗生素,以免再出现耐药性。

第二节 链 球 菌 属

链球菌属(*Streptococcus*)细菌是化脓性球菌中的另一大类常见的革兰阳性球菌,对人类致病性的主要是 A 群链球菌和肺炎链球菌。

一、链 球 菌

(一) 生物学性状

1. 形态与染色　　链球菌菌体呈球形或卵圆形,直径约为 1.0 μm,常呈链状排列(图 9-2)。链的长短与菌的种类及生长环境有关。在含有血液或组织液的液体培养基中易呈长链,在固体培养基中链较

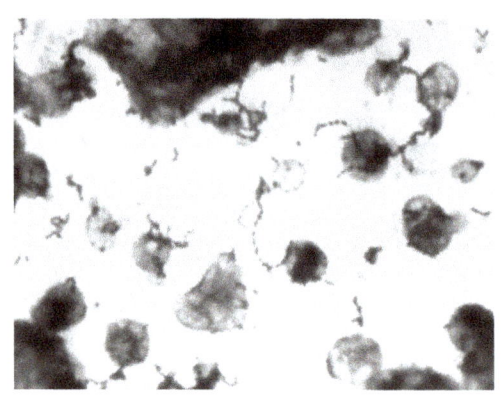

图 9-2 链球菌(革兰染色,×1 000)

短,有时单个或成双,易与葡萄球菌相混淆。革兰阳性,衰退型菌常转为革兰阴性。化脓性链球菌不形成芽胞,无鞭毛,不能运动,但有菌毛。有的菌种在幼龄期(2～4 h)形成透明质酸的荚膜,具有抵抗吞噬的作用。随着培养时间的延长,因菌自身产生的透明质酸酶而使荚膜消失。

2. 培养特性和生化反应

(1) 培养特性:大多为需氧或兼性厌氧菌,少数为专性厌氧菌和微需氧链球菌,如消化链球菌为厌氧链球菌。营养要求较复杂,普通培养基上生长不良,需补充血液、血清、葡萄糖等。最适生长温度为37℃,最适 pH 为7.4～7.6。在血清肉汤中易形成长链,管底呈絮状沉淀。在血琼脂平板上,形成灰白色半透明、表面光滑、边缘整齐、直径大小1～2 mm 的细小菌落。不同菌株溶血不一。

(2) 生化反应:分解葡萄糖,产酸不产气。对乳糖、甘露醇的分解随不同菌株而异,一般不分解菊糖,不被胆汁溶解,这两种特性可用来鉴别甲型溶血性链球菌和肺炎链球菌。链球菌不产生触酶,此与葡萄球菌不同。

3. 抗原结构　链球菌的细胞壁含有数种抗原性物质,较重要的有以下三种。

(1) 核蛋白抗原:核蛋白抗原或称 P 抗原,无特异性,各种链球菌都相同,为菌体的主要成分,并与葡萄球菌有交叉。

(2) 多糖抗原:多糖抗原或称 C 抗原,是群特异性抗原,是细胞壁的多糖组分,是 Lancefield 血清学分类的主要依据。

(3) 蛋白质抗原:蛋白质抗原或称表面抗原,具有型特异性,位于 C 抗原外层。A 群链球菌具有与致病性有关的 M 蛋白抗原,为菌株分型的依据。

4. 分类　链球菌的分类方法有多种,常用的有以下几种。

(1) 根据链球菌在血液琼脂平板上的溶血性分类:① 甲(α)型溶血,有草绿色溶血环,如草绿色链球菌(Streptococcus viridans),也称α溶血性链球菌(α-hemolytic streptococcus)。② 呈透明溶血环的称为乙(β)型溶血,称β溶血性链球菌(β-Hemolytic streptococcus)或化脓性链球菌(S. pyogenes)。③ 也有不溶血的,称为丙(γ)型溶血,一般不致病。

(2) 根据群特异性抗原分类:用细胞壁多糖(C)抗原将乙型溶血性链球菌分为 A、B、C、D、E、F、G、H、K、L、M、N、O、P、Q、R、S、T、U、V 共 20 个群(group)。引起人类疾病的只有 A～D,F 和 G 群。根据细菌表面蛋白质抗原不同,又分若干型。例如,A 群根据 M 蛋白抗原不同,可分成约 80 多个型。对人类致病的 90%为 A 群,A 群链球菌又称化脓性链球菌。

5. 抵抗力　本菌抵抗力不强,加热 60℃ 30 min 即被杀死。对一般消毒剂、抗生素如青霉素、红霉素、四环素、磺胺等均敏感。

(二) 致病性与免疫性

1. A 群链球菌　A 群链球菌(group A streptococcus)是链球菌中致病力最强的细菌,这与其菌体的表面结构和产生溶血毒素、致热外毒素(红疹毒素)等多种外毒素,以及透明质酸酶、链激酶和链道酶等多种侵袭性酶类有关。

(1) 致病物质:

脂磷壁酸:人口腔黏膜和上皮细胞、淋巴细胞、血小板、红细胞、白细胞等细胞膜上均有 LTA 结合点。A 群链球菌通过 LTA 易与宿主细胞黏附。

M 蛋白(M protein):表面蛋白质,具有抗吞噬和抵抗细胞内杀菌作用。此外,M 蛋白与心肌成分有共同抗原,故与风湿性心肌炎有关。

肽聚糖:A 群链球菌的肽聚糖具有致热、溶解血小板、致局部 Shwartzman 反应的作用,还可提高血管通透性和诱发实验性关节炎等。

细胞壁受体:近年来发现 A 群链球菌细胞壁上有许多蛋白质和纤维结合素受体,可与 IgG、IgA、纤维蛋白原结合,有利于细菌黏附于宿主细胞。

侵袭性酶：① 链道酶(streptodornase,SD)：也称链球菌DNA酶，有A、B、C、D四种。A、C仅能分解DNA；B、D还能分解RNA。该酶能分解脓汁中高度黏稠性的核酸，使脓汁稀薄，利于细菌扩散。② 胶原酶(collagenase)：能溶解胶原纤维，亦有利于细菌的扩散。③ 透明质酸酶和链激酶(SK)等：均可使细菌及其毒素易在组织中扩散。

外毒素：链球菌溶素(streptolysin)按对氧的稳定性分为对氧敏感的链球菌溶素O(streptolysin O, SLO)和对氧稳定的链球菌溶素S(streptolysin S, SLS)。SLO为含有-SH基的蛋白质，对热及氧敏感，遇氧时-SH基被氧化成-SS-基，暂时失去溶血能力。若加入还原剂半胱氨酸等，又可恢复其溶血能力。SLO也对白细胞有破坏作用，引起白细胞内溶酶体释放，继而溶解。SLO可引起实验动物心脏骤停，其机制可能为SLO直接损伤心肌细胞和阻断心脏内传导过程。SLO有抗原性，其抗体即抗O抗体(ASO)，有中和SLO的活性，阻止其溶血作用。85%~90%患者于链球菌感染后2~3周，至病愈后数月或一年内均可查到这种抗体；SLS是小分子糖肽，无抗原性，对多种组织和白细胞有破坏作用，静脉注射可引起动物血管内溶血和迅速死亡。SLS可能是作用于哺乳动物细胞膜上的磷脂部分，亦是血液琼脂平板上沿菌落四周形成溶血环的物质。

致热外毒素(pyrogenic exotoxin)又称红疹毒素(erythrogenic toxin)或猩红热毒素。此毒素的产生由噬菌体基因所控制。过去侧重其引起猩红热的红疹，然而该毒素的主要反应是致热性，皮疹可能是一种超敏反应。根据其抗原性，至少有A、B、C三种血清型。

(2) 所致疾病：感染源为患者和带菌者。病菌通过直接接触、飞沫，或经皮肤、黏膜的伤口侵入机体，引起人类多种疾患，大致分为化脓性炎症、中毒性和超敏反应性三类。

1) 化脓性炎症：化脓性炎症(suppurative inflammation)于皮肤或皮下组织可引起局部的痈、脓肿等；由于产生SD、SK等使脓汁稀薄，有利于细菌在组织中扩散，易引起疏松结缔组织炎；细菌沿淋巴管和血管扩散易引起丹毒、淋巴管炎及其他系统感染，主要有扁桃体炎和咽炎。

2) 猩红热：猩红热(scarlet fever)由产生致热外毒素的化脓性链球菌所致。细菌经咽喉黏膜侵入机体，大量繁殖并产生毒素引起高热、全身红疹等症，病后获得较强的免疫力。

3) 链球菌感染后超敏反应：链球菌感染后超敏反应(hypersensitivity post streptococcal infection)主要发生在感染一个月后，由机体本身免疫系统造成的不利反应。

急性肾小球肾炎(acute glomerulonephritis)：在扁桃体炎和咽炎感染后均可发生，多见于儿童和青少年，主要由化脓性链球菌的M12型菌株引起。发病机制是由于M蛋白和相应抗体两者结合形成抗原抗体复合物，沉积于肾小球基底膜引发Ⅲ型超敏反应，导致基底膜损伤；其次是由于链球菌的胞质膜抗原与肾小球基膜可溶性成分有共同抗原，机体对链球菌胞质膜抗原所产生的抗体，亦可与肾小球基底膜引发Ⅱ型超敏反应，造成免疫损伤。

风湿热(rheumatism 或 rheumatosis)：主要在咽炎后有可能发生，由化脓性链球菌多种型别引起。临床表现以关节炎、心肌炎为主，发病机制不是链球菌直接侵袭所致。因为患者的病变部位和血液中并无链球菌，风湿热一般发生在链球菌感染后的1~4周。有人认为是链球菌细胞壁上M蛋白与其抗体形成免疫复合物，沉积于心瓣膜和关节滑膜上而引起Ⅲ型超敏反应，造成心肌和关节组织损伤；也可能是由于链球菌细胞壁多糖抗原与心瓣膜等组织的糖蛋白有共同抗原，引起Ⅱ型超敏反应，造成心脏损伤。

(3) 免疫性：链球菌感染后，机体产生多种抗体，但只有抗M蛋白抗体和抗红疹毒素抗体有免疫作用。抗M蛋白抗体(IgG)有增强吞噬细胞对同型链球菌的吞噬和杀灭作用，因而能保护机体免受同型菌的再感染。各型M蛋白均能诱导γ干扰素的产生，通过干扰素活化巨噬细胞，增强吞噬作用。

2. 其他链球菌与所致疾病

(1) 甲型溶血性链球菌：甲型溶血性链球菌也称草绿色链球菌。因无多糖抗原，故不属于血清学分类的任何群。常见的菌种有唾液链球菌、血链球菌和变异链球菌，是人类口腔、上呼吸道的正常菌群，具有条件致病性，可引起下列两种疾病。

1) 龋齿：常由变异链球菌引起。该菌为厌氧菌，黏附于牙齿表面能分解蔗糖产生不溶性葡聚糖。此糖黏度大，能把细菌黏附于牙齿表面形成菌斑。除变异链球菌外，黏性放线菌和乳杆菌也是重要的致龋菌。菌斑中细菌分解各种糖产酸，导致局部釉质脱钙形成龋齿。

2) 亚急性细菌性心内膜炎：当拔牙或摘除扁桃体时，寄居于口腔的甲型溶血性链球菌可乘机侵入血流,引起菌血症。在一般情况下,血中细菌短时间内即被清除,不会引起疾病。但若心瓣膜已有损伤或先天性缺陷时,细菌可在损伤部位繁殖,引起炎症。由此菌引起的亚急性心内膜炎占全部病例的30%~50%。

(2) B群链球菌:B群链球菌又称无乳链球菌,其致病物质与A群相似。是阴道的正常寄生菌群,带菌率为30%左右,也寄居在健康人鼻咽部,故可引起皮肤感染、产后感染、新生儿败血症和脑膜炎。

(3) D群链球菌:D群链球菌包括粪链球菌、牛链球菌和马链球菌。营养要求不高,可在普通培养基上生长,正常寄居在皮肤和与外界相通的腔道,如上呼吸道、消化道和泌尿生殖道,偶尔引起泌尿道感染等。免疫功能低下者易感染。

(三) 微生物学检查法

脓液等可直接涂片,革兰染色镜检。发现典型链球菌时,可作初步诊断。若脓液中有链球菌而培养阴性时,则应怀疑有厌氧链球菌存在。取脓液或咽拭子直接在血液琼脂平板上分离培养;血液样本则必须先用葡萄糖肉汤增菌后再分离培养。一般鉴定主要依据形态、染色、菌落特征、溶血情况等进行。如需要,可做血清学试验帮助临床诊断,常用的有:

(1) ASO试验:ASO试验(antistreptolysin O test, ASO test)即抗链球菌溶素O试验,是一种传统的体外毒素抗毒素中和试验,简称抗"O"试验,即用SLO检测血清中的抗O抗体(ASO),常用于风湿热或肾小球肾炎的辅助诊断,一般是ASO效价在1:400以上时有诊断意义。

(2) ELISA试验:现已有快速检查咽拭子中化脓性链球菌抗原的试剂盒,即用化学方法提取咽拭子中抗原,经ELISA检查,2 h就可得出结果。

(四) 防治原则

化脓性链球菌感染的一般防治与葡萄球菌相同,应积极治疗患者及带菌者,以减少感染源。对急性咽炎和扁桃体炎患者,尤其是儿童,要彻底治疗,以防止发生风湿热和急性肾小球肾炎。青霉素G为防治化脓性链球菌感染的首选药物,用青霉素预防链球菌感染,对减少肾小球肾炎及风湿热的发生有一定的效果。红霉素类可作为替代用药,其他抗菌药物亦可酌情选用。

猪链球菌病

猪链球菌病是由链球菌属中致病性链球菌引起的一种重要的人畜共患传染病,于1951年Jansen等首次报道,曾引起广泛流行,随后在养猪业发达的国家多有报道。现已知,该病可由C、D、E及L群链球菌和猪链球菌2型(R型)引起,其中最为重要的是猪链球菌2型,在日本、西班牙、法国和我国等国家均得以分离。猪链球菌2型可通过伤口、消化道等途径传染给特定人群,并可导致死亡,危害严重。人感染猪链球菌病潜伏期短,常见2~3 d,最短数个小时,最长7 d。

人感染猪链球菌主要途径有两种,即私自宰杀病猪和食用病死猪。猪链球菌通过伤口、消化道等途径传染给人。感染后起病急,临床表现为畏寒、发热、头痛、头晕、全身不适、乏力、腹痛、腹泻,外周血白细胞计数升高,中性粒细胞比例升高,严重患者发病初期白细胞可以降低或正常。临床可表现为脑膜炎,主要症状为恶心、呕吐(可能是喷射性呕吐),重者可出现昏迷。少数病例在中毒性休克综合征基础上,出现化脓性脑膜炎。

预防人感染猪链球菌,主要采取控制传染源(病、死猪等家畜)、切断人与病(死)猪等家畜接触为主的综合性防治措施。在有猪链球菌病疫情的地区要强化疫情监测,各级各类医疗单位的医疗人员发现符合疑似病例及临床诊断病例的要立即向当地疾病控制预防机构报告。病(死)家畜应在当地有关部门的指导下,立即进行消毒、焚烧、深埋等无害化处理。目前猪链球菌疫苗主要用于猪,可预防猪的链球菌感染,尚没有用于人的疫苗。有效控制猪链球菌病的发生和流行,切断传播途径,可有效预防人感染猪链球菌病。只要及早、足量使用抗生素,人患猪链球菌病一般可以治愈。

二、肺炎链球菌

肺炎链球菌(S. pneumoniae)俗称肺炎球菌。正常存在于人呼吸道,多数菌株不致病或致病力弱,仅少数菌株对人致病。本菌于1881年由巴斯德及其同事们从狂犬病患者尸体的唾液中首次发现。威克赛包(Weichselbaum A)于1884年研究证明本菌为大叶性肺炎的病原体。

(一) 生物学性状

1. 形态与染色 本菌于早期培养物中为典型的G^+成双排列的球菌,菌体呈矛头状,底面相对,尖端向外(图9-3)。在患者痰或脓汁中常呈单个或短链排列。无鞭毛,也不形成芽胞;毒力菌株在机体内形成较厚的荚膜,培养后荚膜会消失并变成G^-菌,且有自体溶解倾向。

2. 培养特征及生化反应 营养要求与链球菌相同。但在37.5℃时生长最好，10% CO_2 可助其生长。在血平板上菌落与甲型（α）溶血性链球菌相似，即菌落较小、圆形、稍扁平、表面光滑，菌落周围有草绿色（α）溶血环。在血清肉汤中呈混浊生长；细菌可产生自溶酶，培养稍长时间可因细菌自溶而使培养液又变澄清；而在固体培养基上，菌落呈"脐"状。自溶酶能被胆盐或胆汁等物质激活，加速细菌溶解，故可用胆汁溶菌试验与甲型链球菌相区别；肺炎链球菌能分

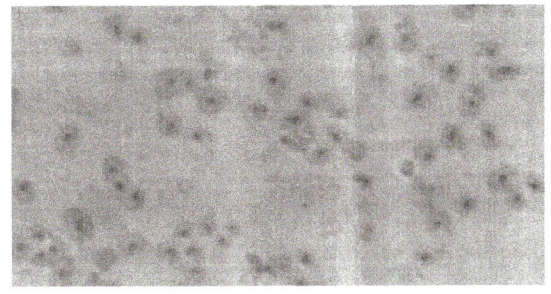

图 9-3 肺炎链球菌（荚膜染色，×1 000）

解菊糖也可作为与甲型溶链球菌相区别的依据。该菌在小鼠腹腔中繁殖很快，造成小鼠的败血症。肺炎链球菌的粗糙菌落（无荚膜、无毒力菌株）和光滑菌落（有荚膜、有毒力菌株），曾用来进行"DNA是遗传物质"的试验，对遗传学研究有贡献。

3. 抗原结构 肺炎链球菌除含有非特异菌体核蛋白抗原之外，还有下列抗原。

（1）荚膜多糖抗原：荚膜多糖抗原是一种可溶性物质，存在于细菌荚膜中，具有型特异性。用凝集反应、沉淀反应或荚膜肿胀试验可将肺炎链球菌分为84个型。

（2）其他抗原：肺炎链球菌含有M蛋白和C多糖。M蛋白质为型特异抗原，各型彼此不同，而C多糖则为各型肺炎链球菌所共有，可与血清中一种正常蛋白质出现沉淀反应。此种正常蛋白质称为C反应蛋白（C reaction protein, CRP）。CRP不是抗体，但在炎症的活动期（如风湿热）含量增多。

（二）致病性与免疫性

正常情况下，机体对寄居在上呼吸道的肺炎链球菌具有强大的自然抵抗力而不致病。只有当机体抵抗力低下，特别是伴有病毒感染、吸入麻醉、肺水肿、胸部外伤及受凉时，可引起继发感染（多为内源性感染）。其致病主要是通过细菌在组织中大量繁殖及荚膜的抗吞噬作用导致。

肺炎链球菌主要引起大叶性肺炎，疾病发作很突然，常有高热（39～40℃）、畏寒、咳嗽、痰中带血呈铁锈色。还可引起急性或慢性支气管炎、副鼻窦炎、中耳炎和儿童的化脓性脑膜炎等。机体感染后可产生抗肺炎链球菌荚膜多糖型特异性抗体，有调理作用，对同型菌有较持久的特异性免疫力。

（三）微生物学检查法

根据病变部位，取痰液、脓液、血液或脑脊液等或其他样本直接涂片革兰染色镜检，如发现典型的革兰阳性具有荚膜的双球菌，即可初步诊断。血液、脑脊液样本须先用血清肉汤增菌，再将样本接种于血平板后置5%～10% CO_2 孵箱内培养。如发现血平板上肺炎链球菌菌落周围有草绿色溶血环，可疑菌落应与草绿色链球菌鉴别，常用的方法有以下几种。

1. 胆汁溶菌试验 菌液中加入10%去氧胆酸钠或2%硫磺胆酸钠，或牛、猪、兔等新鲜胆汁，置室温或37℃，在5～10 min内出现细菌溶解，培养液变清者为阳性。胆汁溶菌试验是鉴别肺炎链球菌和甲型溶血性链球菌的可靠方法。

2. Optochin试验 方法类似药敏试验。待试菌涂布于血平板表面，再将含有一定量的Optochin滤纸片贴于平板涂菌处。于37℃ 48 h后观察抑菌圈的大小，肺炎链球菌抑菌圈的直径常在20 mm以上，甲型溶血链球菌的直径小于12 mm。

3. 荚膜肿胀试验（Quellung reaction） 在玻片上，肺炎链球菌与抗荚膜抗体混合，在显微镜下见有荚膜明显肿胀。如用单价特异抗体检查，可用于肺炎链球菌的分型；如用多价抗血清与新鲜痰标本混合，则可快速检测标本中肺炎链球菌，用于疾病的快速检测。

（四）防治原则

多价肺炎链球菌荚膜多糖疫苗可预防肺炎链球菌所致的肺部感染，发达国家如美国等现已用23价荚膜多糖疫苗用于预防儿童肺炎、败血症、中耳炎，对一些高危人群的感染也有一定的效果。治疗用药同链球菌感染。

第三节 肠球菌属

肠球菌属（*Enterococcus*）广泛分布于自然界，常栖居在人、动物的肠道和女性泌尿生殖道。近年来研

究证实,肠球菌具有致病性,在医院内感染的致病菌中,重要地位仅次于葡萄球菌。本菌在抗生素的影响下,已逐渐形成多重高水平耐药菌,自1988年美国首次报道了耐万古霉素肠球菌引起医院感染暴发流行以来,由本耐药菌引起的医院内感染发病率大幅上升,给临床抗感染治疗带来了极大威胁和严重后果。

一、生物学性状

(一) 形态与染色

本菌为圆形或椭圆形,呈单个、成对或短链状排列,革兰染色阳性,无芽胞,无鞭毛,为需氧或兼性厌氧菌,触酶阴性。本菌对营养的要求不高,在含有血清的培养基上生长良好。在血平板上经37℃培养18 h后,可形成灰白色、不透明、表面光滑、直径0.5～1 mm大小的圆形菌落。不同的菌株表现为不同的溶血现象,典型菌落为不溶血性,但也可出现α型溶血或β型溶血。与链球菌显著不同的是它能在pH 9.6、65 g/L NaCl和400 g/L胆盐中生长,并对许多抗菌药物表现为固有耐药。

(二) 分类

肠球菌属原归类于链球菌属,随着血清分型系统的建立,肠球菌又被划为D群链球菌。后来发现肠球菌在生理、生化特性方面不同于其他D群链球菌(牛链球菌),如肠球菌能在高盐和胆汁培养基中生长,可耐受60℃ 30 min。结合DNA杂交分析,现已将肠球菌从链球菌属中分离出来,Schleifer和Kilpper-Balz于1984年将其命名为肠球菌属。肠球菌属由粪肠球菌(E. faecalis)、屎肠球菌(E. faecium)和坚韧肠球菌(E. durans)等29个种组成。其中对人类致病者主要为粪肠球菌和屎肠球菌。在临床分离菌中粪肠球菌占85%～95%、屎肠球菌占5%～10%,其余少数为坚韧肠球菌和其他肠球菌。

二、致病性

对肠球菌致病性研究目前主要集中在粪肠球菌。本菌毒力不强,并不产生毒素或水解酶,很少引起蜂窝织炎和呼吸道感染。肠球菌只有在一定的条件下如必须在宿主组织定植,并能抵抗机体的免疫防御机制后才引起组织病理改变,导致感染。

(一) 致病物质

1. 脂磷壁酸(LTA)与黏附素　肠球菌可通过细菌表面的LTA和黏附素(carbohydrate adhesins)定植于肠道、尿路上皮细胞及心脏细胞。这些黏附素的表达受细菌生长环境的影响。

2. 聚合物因子(aggregation substance)　肠球菌可产生一种表面蛋白,能聚集供体与受体菌,以利质粒转移,在体外增强其对肾小管上皮细胞的黏附。

3. 细胞溶素(cytolysin)　由肠球菌质粒编码产生,可使真核细胞溶解,引起局部组织损伤,可加重感染的严重程度。

4. 多形核白细胞趋化因子　粪肠球菌产生的该因子可介导与肠球菌感染有关的炎症反应。

肠球菌还能诱发血小板聚集及细胞因子依赖纤维蛋白的产生,这与肠球菌心内膜炎的发病机制有关。此外,细菌的生长环境亦可影响肠球菌与多形核白细胞反应。最初认为肠球菌感染为内源性感染,归因于患者自身的肠道菌群。最近研究显示,耐药肠球菌可在医院内患者之间传播,而且这些菌株可在护士及其他医务工作者身上寄殖,造成医院感染。

(二) 肠球菌的耐药性

肠球菌的耐药性及医院感染已引起广泛关注。肠球菌是医院感染重要的致病菌,随着抗菌药物的广泛应用,肠球菌耐药现象日益严重,特别是携带万古霉素耐药基因质粒的传播,引起难治性感染。肠球菌细胞壁坚厚,对许多抗生素表现为固有耐药,屎肠球菌比粪肠球菌更易耐药。

1. 对青霉素耐药机制　肠球菌一般对青霉素敏感,当其与青霉素的亲和力减低,可导致耐药,以屎肠球菌多见。青霉素不能致肠球菌自溶,故对肠球菌只起抑菌作用,而非杀菌作用。少数情况下,肠球菌能产生特殊的青霉素结合蛋白(PBP)而引起耐药。

2. 对氨基糖苷类的耐药性　肠球菌细胞壁渗透障碍可导致中度耐药,细菌质粒介导的氨基糖苷类钝化酶则导致高度耐药。高度耐药使青霉素或糖肽类与氨基糖苷类的协同作用消失。测定氨基糖苷类的耐药程度,对治疗有重要的意义。

3. 对万古霉素的耐药性　肠球菌含有抗万古霉素的基因,分为Van A～E 5个型,VanA基因位于转座子上,有高度抗药性,可转移到其他菌种。其他的抗药基因位于染色体上。

肠球菌在体内可利用外源叶酸,使磺胺甲噁唑及甲氧苄啶类药物失去抗菌作用。

(三) 所致疾病

肠球菌是医院感染的重要病原菌,容易在年老及虚弱、表皮黏膜破损以及因为使用抗生素而使正常菌落平衡改变的病患身上产生感染。

1. 尿路感染 为粪肠球菌所致感染中最为常见,绝大部分为医院感染。肠球菌的医院内尿路感染仅次于大肠埃希菌。其发生多与留置导尿管、其他器械操作和尿路结构异常有关。一般表现为膀胱炎、肾盂肾炎,少数表现为肾周围脓肿等。

2. 腹腔、盆腔感染 肠球菌感染居第二位。

3. 败血症 肠球菌感染居第三位。87%为粪肠球菌,其次为屎肠球菌和坚韧肠球菌。入侵途径多为中心静脉导管、腹腔、盆腔化脓性感染、泌尿生殖器感染、胆道感染和烧伤创面感染等。患者多为老年人、中青年女性、衰弱或肿瘤患者。

4. 心内膜炎 5%~20%的心内膜炎由肠球菌引起的。

肠球菌还可引起外科伤口、烧伤创面、皮肤软组织及骨关节感染。

三、防治原则

尿路感染病原菌为非产酶株,可单独应用青霉素、氨苄西林或万古霉素。大部分肠球菌对呋喃妥因敏感,已成功用于尿路感染。肠球菌引起的心内膜炎、脑膜炎等感染的治疗需选择有杀菌作用的抗生素,常用青霉素或氨苄西林与氨基糖苷类药物联合用药抗菌治疗。控制耐万古霉素的肠球菌感染在于依据药敏试验和临床效果,调整用药。对耐万古霉素肠球菌感染的散布要实施严格的隔离及合理、谨慎使用万古霉素。

第四节 奈瑟菌属

奈瑟菌属(Neisseria)是一群革兰阴性双球菌,大多有荚膜和菌毛,无鞭毛和芽胞,专性需氧。本菌属包括23个种,如淋病奈瑟菌、脑膜炎奈瑟菌和干燥奈瑟菌等。其中对人致病的只有淋病奈瑟菌和脑膜炎奈瑟菌,除淋病奈瑟菌寄居于泌尿生殖道黏膜上外,其他菌均存在于鼻咽腔黏膜上。

一、淋病奈瑟菌

奈瑟(Neisser)在1879年于淋病及脓漏眼患者的脓性分泌物中首次发现了淋病奈瑟菌。Bamm于1885年在凝固血清培养基上培养淋球菌获得成功。淋病奈瑟菌(Neisseria gonorrhoeae)俗称淋球菌(gonococcus),是人淋菌性尿道炎(淋病)的病原菌。

(一) 生物学性状

1. 形态与染色 形如一对咖啡豆状的革兰阴性双球菌(图9-4),直径约0.8 μm,常成双排列。无芽胞和鞭毛,有菌毛,新分离的菌株有荚膜。

2. 培养与生化特性 为专性需氧菌。因该菌对蛋白胨和琼脂中所含脂肪酸和微量金属非常敏感,故在普通琼脂培养基上不能生长,需用营养丰富的培养基才能生长,常用巧克力血琼脂培养基,即加热破坏红细胞后的血液琼脂平板。最适生长温度为37℃,初次分离时还需5%~10% CO_2,在巧克力血琼脂平板上的次代培养菌落变大而且粗糙。此菌仅分解葡萄糖,产酸不产气,产生氧化酶和过氧化氢酶,不能发酵麦芽糖。

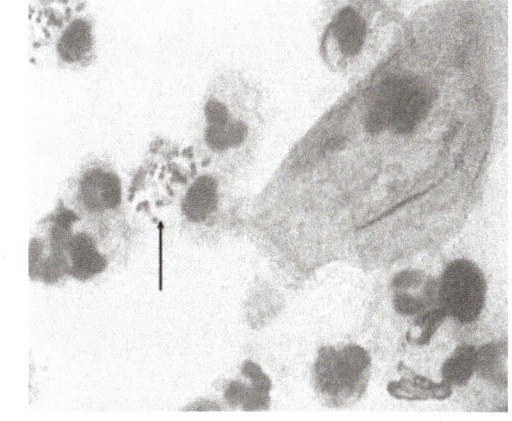

图9-4 淋病奈瑟菌(革兰染色,×1 000)

3. 抗原构造与分型 淋病奈瑟菌抗原构造多样、复杂。

(1) 脂寡糖(lipooligosaccharide, LOS)抗原:致病性奈瑟菌的LOS与其他革兰阴性菌的脂多糖(LPS)在结构上有差异,主要区别在于LOS缺少O抗原成分,但其生物学功能与LPS基本类似,是淋球菌的重要毒力因子,它可以辅助细菌在感染过程中的黏附与侵入,且可诱导宿主产生杀菌性抗体。

(2) 蛋白抗原：它能使细菌与人类上皮、白细胞及细菌间相互黏合。

(3) 菌毛抗原：由多肽组成，几乎所有菌株的菌毛抗原都是不同的，一个菌株可有许多抗原性不同的菌毛。菌毛可黏附于人类上皮细胞并有抗吞噬作用，菌毛抗原易变异，这种抗原性的不断变化可使该菌逃避机体的免疫功能。所以人体无法产生有效的免疫力，易导致重复感染。

4. 抵抗力　　本菌对外界抵抗力弱，不耐干燥和寒冷，55℃ 5 min 或 42℃ 15 h 被杀死。对消毒剂敏感，1% 苯酚 1～3 min 或 1：4 000 硝酸银 2 min 即死亡。本菌能自溶，对青霉素、环丙沙星、大观霉素等多种抗生素敏感，但是近年报告耐药菌株增多。

(二) 致病性与免疫性

1. 致病物质　　淋病奈瑟菌的致病机制尚未完全清楚，但菌毛与毒力有密切关系。菌毛不仅有黏附作用，而且能抵抗吞噬；蛋白抗原也有助于黏附。淋病奈瑟菌的 LOS 是损害黏膜的重要因素，产生的 IgA 蛋白酶能破坏黏膜表面分泌性 IgA。

2. 所致疾病　　感染后引起的淋病（gonorrhea）是人类重要的性传播疾病（sexually transmitted disease, STD）之一。人是淋病奈瑟菌的惟一自然宿主，这是因为该菌对外界抵抗力弱，在自然界迅速死亡，只能在患者体内生存繁殖。本菌能侵袭泌尿生殖道和眼睛的黏膜，在患部造成急性化脓，侵入组织后，会形成慢性炎症。经 2～14 d 的潜伏期后，出现临床症状，男性发生尿道炎；女性发生阴道炎、尿道炎、子宫颈管炎。如不及时治疗，男性则发展为前列腺炎；女性发展为子宫内膜炎、输卵管炎、卵巢炎及腹膜炎等。淋病性阴道炎或子宫颈炎的孕妇，胎儿经产道娩出时可被感染，患淋病性眼结膜炎，或称为新生儿脓漏眼，常导致失明（重者出生后 2 h 内会失明）。

3. 免疫性　　由于淋病奈瑟菌抗原结构复杂，菌株间有高度特异性，因此病后尽管能查出抗体，甚至 SIgA，但再感染者仍极为常见。

(三) 微生物学检查法

取泌尿生殖道脓性分泌物或眼结膜分泌物样本直接涂片，革兰染色镜检，如在中性粒细胞内发现有革兰阴性双球菌时，对男性患者有诊断价值；而对女性可能检到形态相似的其他细菌，做诊断时应慎重。分离淋病奈瑟菌可用巧克力色血琼脂培养基，为了抑制杂菌，在培养基中加入多黏菌素和万古霉素，制成选择性培养基。37℃、5%～10% CO_2 条件下培养 24～48 h，选取可疑菌落。再通过糖发酵、氧化酶试验等进一步鉴定。

近年来用 SPA 协同凝集试验、ELISA 法检查淋病奈瑟菌抗原，或用核酸杂交及 PCR 技术检测样本中特异性核酸，可做快速诊断。

(四) 防治原则

淋病是我国目前发病率较高的性传播疾病，目前尚无特异的预防方法。婴儿出生时用氯链合剂或 1% 硝酸银滴眼，可预防新生儿淋病性脓漏眼。治疗可选用青霉素 G、氨苄西林（ampicillin）、四环素或红霉素等。

二、脑膜炎奈瑟菌

脑膜炎奈瑟菌（*N. meningitidis*）俗称脑膜炎球菌（meningococcus），属于奈瑟菌属，为流行性脑脊髓膜炎（流脑）的病原菌。流脑在 19 世纪曾在多个国家暴发大流行，死亡率很高。本菌由意大利学者 Marchiafava 和 Celli 首先将脑脊液作显微镜检查时发现；1887 年获得本菌的纯培养物，威克赛包进行了详细的研究。

(一) 生物学性状

1. 形态与染色　　本菌呈肾形或豆形，直径为 0.8 μm，两菌平面相对呈双球状，偶尔聚成四联体或成小集团。在患者脑脊液中多位于中性粒细胞内，形态典型（图 9-5），新分离的菌株具有多糖荚膜和菌毛，革兰阴性菌。在陈旧培养物中或接触抗生素后细菌易出现肿胀和变性。

2. 培养特性及生化反应　　为专性需氧菌，培养条件与淋病奈瑟菌相似。经 24 h 培养，形成的菌落直径为 1.0～1.5 mm，无色、圆形、凸起，光滑透明似露滴状。于

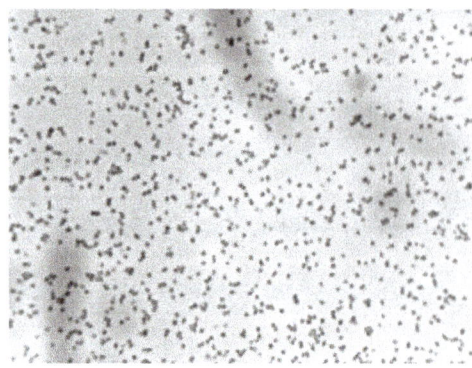

图 9-5　脑膜炎奈瑟菌（革兰染色，×1 000）

血清肉汤中混浊生长。细菌能产生自溶酶,培养物如不及时移种,超过 48 h 后常死亡。绝大多数脑膜炎奈瑟菌可分解葡萄糖和麦芽糖,产酸不产气,氧化酶试验阳性。

3. 抵抗力　　该菌对干燥、湿热、寒冷等抵抗力极弱,室温放置 3 h 即死亡,但若置暗处,并有适当湿度时,可在衣物或脓液中残存数小时。对常用消毒剂也很敏感,1% 苯酚、75% 乙醇、0.1% 苯扎溴铵均可使细菌迅速死亡。对磺胺、青霉素、链霉素和金霉素均敏感。

4. 分类　　根据荚膜多糖群特异抗原的不同,将本菌分成 13 个血清群。我国 95% 以上病例由 A 群菌引起;B 群只有散发病例,但病情严重;C 群病例极少见。

(二) 致病性与免疫性

1. 致病物质　　包括菌毛、荚膜和 LOS。菌毛有黏附于黏膜上皮细胞的作用,利于定植。荚膜可抵抗吞噬,使细菌在机体内大量繁殖。细菌死亡或自溶时释放的 LOS 是脑膜炎奈瑟菌最主要的致病物质,对血管损害极大,可引起发热、微循障碍,严重可致内毒素休克、DIC 等。

2. 所致疾病　　感染源是患者和带菌者,流脑流行期间正常人带菌率可达 70%~80%,故带菌者是重要感染源。易感者可经过飞沫或接触到被污染的物品而感染,细菌侵入机体后,首先在鼻咽腔繁殖,潜伏期 1~4 d。细菌在局部大量繁殖入血,引起菌血症和败血症,患者突然恶寒发热、恶心呕吐,皮肤上有出血性红疹。细菌经血流到达中枢神经系统,侵犯蛛网膜,引起化脓性炎症,出现剧烈头痛、喷射性呕吐、颈项强直等脑膜刺激症状,且在数小时内便进入昏迷状态。暴发型脑膜炎时血中细菌大量繁殖,菌体在溶解时释放大量内毒素,引起微循环衰竭、内毒素休克,并可引起 DIC。

3. 免疫性　　成人对脑膜炎奈瑟菌抵抗力较强,儿童易感,但感染后仅有 2%~3% 表现为脑膜炎,绝大多数呈鼻咽炎或带菌状态。机体感染后以体液免疫为主,血清中特异抗体能杀死脑膜炎奈瑟菌;抗体的调理作用能增强吞噬细胞的功能;分泌型 IgA 可阻止脑膜炎奈瑟菌对上呼吸道黏膜的黏附。母体中的 IgG 可通过胎盘传给胎儿,故 6 个月以内婴儿极少患流行性脑脊髓膜炎。

(三) 微生物学检查法

脑膜炎奈瑟菌能迅速自溶,对低温和干燥敏感,故采取样本应注意保湿保温,并立即送检或床边接种,以免细菌死亡。

取经离心的脑脊液沉淀物或刺破的淤斑渗出物直接涂片,革兰染色镜检,在中性粒细胞内外如发现典型的革兰阴性双球菌,则可做初步诊断。如用预温巧克力色血平板做分离培养,为提高检出率,最好是床边接种。培养基中可加多黏菌素和万古霉素以抑制其他杂菌生长,接种后置 37℃、5%~10% CO_2 孵箱中培养。挑选可疑菌落做生化反应、血清学鉴定。脑脊液及血清中含有可溶性抗原,可用反向血凝试验、SPA 协同凝集试验、对流免疫电泳及 ELISA 等方法来检测,进行快速诊断。

(四) 防治原则

早期隔离并积极医治患者以消除感染源。近年来采用纯化的 A、C 二价或 A、C、Y 和 W135 四价混合群特异性荚膜多糖制备的疫苗,对儿童免疫接种后预防免疫效果好。治疗首选青霉素,对过敏者可选用氯霉素或红霉素等。

(王明丽)

复习思考题

1. 简述葡萄球菌的生物学性状、分类、致病物质的种类和所致疾病。
2. 简述致病性葡萄球菌的鉴别要点。
3. 简述链球菌的生物学性状、分类、致病物质的种类和所致疾病。
4. 简述链球菌溶血素和临床检测的关系。
5. 简述肺炎链球菌的形态、染色特征、致病物质及所致疾病。
6. 简述脑膜炎奈瑟菌的生物学性状、主要致病物质和所致疾病。
7. 简述脑膜炎奈瑟菌微生物学检查法。
8. 简述淋病奈瑟菌的形态、染色、致病物质、所致疾病及防治原则。

第十章 肠杆菌科

The Enterobacteriaceae are a large, heterogeneous group of Gram-negative rods whose natural habitat is the intestinal tract of humans and animals. The family includes many genera(*Escherichia*, *Shigella*, *Salmonella*, *Enterobacter*, *Klebsiella*, *Serratia*, *Proteus*, and others). Some enteric organisms, eg. *Escherichia coli*, are part of the normal flora and incidentally cause disease, while others, the *salmonellae* and *shigellae*, are regularly pathogenic for humans. The Enterobacteriaceae are facultative anaerobes or aerobes, ferment a wide range of carbohydrates, possess a complex antigenic structure, and produce a variety of toxins and other virulence factors. Enterobacteriaceae, enteric Gram-negative rods, and enteric bacteria are the terms used in this chapter, but these bacteria may also be called coliforms.

肠杆菌科(Enterobacteriaceae)细菌是一群生物学性状相似的革兰阴性杆菌,多寄居在人和动物的肠道中,与机体呈共生状态。现已知有 30 个菌属和 120 多个菌种,其中与医学有关为埃希菌属(*Escherichia*)、志贺菌属(*Shigella*)、沙门菌属(*Salmonella*)、克雷伯菌属(*Klebsiella*)、变形杆菌属(*Proteus*)、摩根菌属(*Morganella*)、柠檬酸菌属(*Cibrobacter*)、肠杆菌属(*Enterbacter*)、沙雷菌属(*Serratia*)和耶尔森菌属(*Yersinia*)10 个菌属,包括 25 个菌种。其中沙门菌属、志贺菌属与部分埃希菌属细菌对人类有致病作用,其他多为肠道正常菌群。当宿主状态改变或细菌进入肠道以外部位,则可引起机会性感染。肠杆菌科细菌有以下共同特征。

1. 形态与培养 肠杆菌科细菌为革兰阴性杆菌,菌体两端钝圆,$(0.3\sim1.0)\mu m \times (1.0\sim6.0)\mu m$,无芽胞,多有周身鞭毛,某些细菌有荚膜或微荚膜(K 或 Vi 抗原),大多数细菌有菌毛。需氧或兼性厌氧。在普通培养基上生长良好,形成中等大小 S 型菌落,液体培养基中呈均匀混浊生长。

2. 生化反应 肠杆菌科细菌生化反应活泼,不同种细菌分解糖类或蛋白质形成不同产物,以此可区分各菌属和菌种。乳糖发酵试验在初步鉴别肠杆菌科中致病菌和非致病菌上有重要价值,致病菌一般不分解乳糖,而非致病菌多分解乳糖。除个别外,氧化酶阴性和触酶均阳性,还原硝酸盐。

3. 抗原结构 肠杆菌科细菌抗原构造较复杂,主要有菌体抗原(O 抗原)、鞭毛抗原(H 抗原)、荚膜或 K 抗原及菌毛抗原等,均可用血清学反应检出,用于肠杆菌科的血清学分类。

(1) O 抗原:来自德文 Ohne Hauch,存在于肠杆菌科细菌细胞壁脂多糖(LPS)层,具有属、种特异性。O 抗原耐热,100℃不被破坏。从病人新分离菌株的菌落大多呈光滑(S)型,在人工培养基上多次传代、移种和保存日久后,LPS 失去外层 O 特异性侧链,此时菌落变成粗糙(R)型,是为 S-R 型变异。R 型菌株的毒力显著低于 S 型株。

(2) H 抗原:来自德文 Hauch,存在于肠杆菌科细菌的鞭毛蛋白。其特异性取决于多肽链上的氨基酸排列顺序及空间构型。不耐热,60℃ 30 min 即被破坏。细菌失去鞭毛后,运动随之消失;同时 O 抗原外露,是为 H-O 变异。

(3) K 抗原:来自德文 Kapsel,类似细菌的荚膜,具有抗吞噬作用,成分以多糖类为主,包绕于肠杆菌科细菌 O 抗原的周围,能阻断 O 抗原与相应抗体的结合,但加热后可消除 K 抗原的阻断作用。重要的 K 抗原(微荚膜抗原)有伤寒沙门菌及丙型副伤寒沙门菌 Vi 抗原和大肠埃希菌的 K 抗原等。

(4) 菌毛抗原:有多种,菌毛是细菌的黏附结构,并能阻断 O 抗原与相应抗体结合。

(5) 共同抗原:在菌体表面,为氨基糖聚合物,与肠杆菌科细菌致病性的关系尚不清楚。

4. 毒力因子 已发现的肠杆菌科细菌毒力因子主要有菌毛或菌毛样结构、荚膜或微荚膜、外膜蛋白、内毒素、外毒素等。

5. 抵抗力 因无芽胞,肠杆菌科细菌对理化因素抵抗力不强。湿热 30~60 min 即被杀死。对低温有耐受力,在水、土壤、冰块、牛奶或其他食品中可生存数小时至数周。对一般消毒剂如漂白粉、酚、甲醛等均敏感。有些菌能耐胆盐和在不同程度上抵抗染料的抑菌作用,此特性已被用于制作鉴别培养基或选择培养基。

6. 变异　　肠杆菌科细菌易出现变异菌株。除自发突变外;还可以通过转导、接合或溶原性转换等转移遗传物质,使受体菌获得新的性状而导致变异。其中最常见的是耐药性转移;此外,尚有毒素产生、生化反应特性改变,以及H-O抗原和S-R菌落变异等。这种易变性在其致病性、诊断和防治中都有重要意义。

第一节　埃希菌属

埃希菌属(Escherichia)有5个种,其中大肠埃希菌(E. coli)是最常见的临床分离菌。大肠埃希菌(俗称大肠杆菌)是人类和动物肠道中的正常菌群,在肠道一般是不致病的,但当宿主免疫力下降或菌侵入肠外组织或器官,可引起肠外感染。有些特殊菌株如O157:H7,致病性强,能直接导致肠道感染。

大肠埃希菌在体外通常存在于有粪便的环境中,因而在环境卫生和食品卫生学中,检出该菌常被用作粪便污染的检测指标。在分子生物学和基因工程研究中,大肠埃希菌是重要的实验材料。

一、生物学性状

埃希菌属细菌为长约2～3 μm的革兰阴性短杆菌(图10-1),有周身鞭毛,有普通菌毛和性菌毛。细菌在普通培养基上形成3～4 mm、圆凸、边缘整齐、中等大小的光滑型菌落。因分解乳糖产酸,在含有乳糖的麦康凯鉴别培养基上使指示剂变色,菌落着红色;在伊红美蓝鉴别培养基上菌落呈紫黑色。本菌生化反应活泼,分解葡萄糖、乳糖、麦芽糖、甘露醇等多种糖类,产酸产气。吲哚及甲基红试验均阳性,VP试验阴性,不能利用柠檬酸盐(即IMViC试验++--)。凡IMViC试验有此结果的,判为典型的大肠埃希菌。

埃希菌属细菌可在土壤及无余氯的水中生存数月,多数的菌株经60℃处理10～20 min即被杀死。胆盐、煌绿染料等对其有明显的抑菌作用;易形成耐药性,R质粒可在肠道菌群间传递;对氯霉素、庆大霉素敏感。

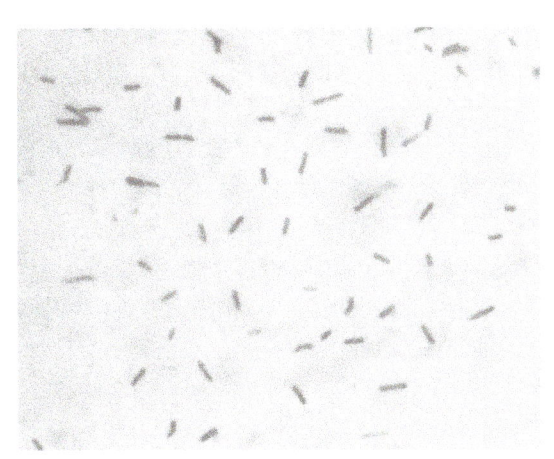

图10-1　大肠埃希菌
(革兰染色,×1 000)

二、致病性

大肠埃希菌于新生儿(或动物)出生后不久即侵入肠道并终身寄生。由于土壤与水常可受到粪便的污染,故此菌分布广泛。该菌是有益于人类的共生菌,不仅可以合成维生素B、K供人体所需,并且可借细菌间的拮抗作用,协助人肠道内正常菌群的稳定。大部分大肠埃希菌菌株不会引起疾病,极少数可引起肠道外或肠道感染。

(一)肠道外感染

病变以化脓性炎症最为常见。以泌尿系统感染为主,例如尿道炎、膀胱炎、肾盂肾炎。年轻女性首次尿路感染有90%是大肠埃希菌引起。亦可引起腹膜炎、阑尾炎、手术创口感染等。在婴儿、老年人或免疫功能低下者,可引起败血症。在新生儿,大肠埃希菌还可引起脑膜炎。

引起泌尿系统感染的菌株统称为尿路致病大肠埃希菌(uropathogenic E. coli, UPEC)。其致病因子主要有P菌毛、溶血素、内毒素、荚膜等。

(二)肠道感染

引起肠道感染的大肠埃希菌分成五组。

1. **肠产毒性大肠埃希菌(enterotoxigenic E. coli, ETEC)**　　是婴幼儿和旅游者腹泻的重要病原菌。热带尤为常见,由食入污染食物或水而致病。临床症状可从轻度腹泻至严重的水样腹泻。致病物质主要是菌毛(CFA/Ⅰ,CFA/Ⅱ)、肠毒素、内毒素和K抗原。ETEC经过胃,在小肠近端的黏膜上皮黏附定植,一般不侵入细胞内,有30%～40% ETEC菌株产生ST和(或)LT,40%～50%的菌株只产生ST,20%～30%的菌株只产生LT。产生ST和LT的菌株一般致病性较强,可引起重症腹泻。常见血清型见表10-1。

2. 肠侵袭性大肠埃希菌(enteroinvasive E. coli,EIEC) 较少见,主要侵犯较大儿童和成人。所致疾病很像菌痢,腹泻呈脓血便,有里急后重,故曾称志贺样大肠埃希菌(shigelloid E. coli)。EIEC不产生肠毒素,能侵袭结肠黏膜上皮细胞并在其中生长繁殖。菌死亡崩解后释放出内毒素,破坏细胞形成炎症和溃疡,导致腹泻。EIEC的侵袭与一种含侵袭性 p^{INV} 基因的大质粒(120～140 MD)有关,携带该质粒的菌株可引起豚鼠角膜Sereny试验阳性,并可侵袭HeLa细胞。对EIEC的大质粒与志贺菌编码侵袭性基因的大质粒高度同源。含侵袭性基因的探针与EIEC和志贺菌中的有毒株均能发生特异性反应。EIEC无动力、生化反应和抗原结构也近似志贺菌。因此,若不注意,容易误诊为志贺菌。常见血清型见表10-1。

3. 肠致病性大肠埃希菌(enteropathogenic E. coli,EPEC) 是发展中国家婴幼儿腹泻的主要病原菌,感染源来自食品操作人员或粪便污染的供水。分娩室受污染时能造成新生儿严重感染,病死率高,成人少见。腹泻粪便中含大量黏液而无血,症状通常较严重,可持续两周以上。不产生肠毒素和其他外毒素,无侵袭力。致病物质主要是菌毛Bfp(bundle forming pili)和紧密黏附素(intimin)。病菌在十二指肠、空肠和回肠上段黏膜表面大量繁殖,黏附于微绒毛,导致刷状缘被破坏、微绒毛萎缩、上皮细胞排列紊乱和功能受损,造成严重腹泻。常见血清型见表10-1。

4. 肠出血性大肠埃希菌(enterohemorrhagic E. coli,EHEC) 亦称为Vero毒素大肠埃希菌(verotoxigenic E. coli,VTEC)。引起出血性结肠炎,主要的血清型为O157:H7。1982年首先在美国发现,以后世界各地有散发或地方小流行,1996年日本大阪地区发生流行,患者逾万死亡11人。EHEC的致病因子主要有菌毛、Vero毒素、内毒素和溶血素。病菌进入消化道后,由紧密黏附素介导与宿主末端回肠、盲肠和结肠上皮细胞结合,然后释放Vero毒素,引起血性腹泻。

2011年4月以来,德国发生了肠出血性大肠埃希菌O104:H4(EHEC O104:H4)感染暴发疫情,并波及部分欧洲其他国家及美国、加拿大等国家。5岁以下儿童易感染,感染菌量可低于100个。症状轻重不一,可为轻度水泻至伴剧烈腹痛的鲜血样便。约10%小于10岁患儿可并发有急性肾衰竭、溶血性尿毒综合征、血栓性血小板减少性紫癜,死亡率达10%左右。

5. 肠黏附性大肠埃希菌(enteroadherent E. coli,EAEC) 又称肠集聚性大肠埃希菌(enteroaggregative E. coli,EaggEC)。该菌黏附在HEP-2细胞表面之后,菌体聚集成砖状排列。引起婴幼儿持续性腹泻脱水,偶有血便。腹泻可持续两周或两周以上。不侵袭细胞。致病因子为菌毛和毒素。有4种不同形态的菌毛,其中集聚性黏附菌毛Ⅰ(aggregative adherence fimbriae Ⅰ,AAF/Ⅰ)与EPEC中BFP基因编码的菌毛很相似。毒素包括肠集聚耐热毒素(enteroaggregative heat-stable toxin,EAST)和溶血素。EAST抗原上与ETEC的ST有关,可导致大量液体分泌。大肠埃希菌常见血清型见表10-1。

表10-1 引起腹泻的大肠埃希菌

菌株	易感人群	疾病与症状	主要致病机制	常见的O血清型
ETEC	婴幼儿、旅游者	水样便、腹痛、恶心、低热	产生LT和(或)ST,致小肠黏膜上皮细胞大量分泌液体和电解质	6、8、15、25、27
EIEC	较大儿童及成人	痢疾样腹泻;水样便,继以脓血黏液便、腹痛、发热	侵袭和破坏结肠黏膜上皮细胞,形成溃疡	28ac、29、112ac、124、136、143、144、152
EPEC	婴幼儿	水样便、恶心、呕吐、发热	黏附和破坏小肠黏膜上皮细胞	2、55、86、111、114、119、125、126、127、128、142、158
EHEC	5岁以下儿童	水样便,继以大量出血、剧烈腹痛,溶血性尿毒综合征,血小板减少性紫癜	产生Vero毒素,终止蛋白质合成,使肠上皮细胞死亡脱落	157、26、111
EAEC	婴幼儿	持续性水样便、呕吐、低热	聚集性黏附,产生EAST,致大量液体分泌	42、44、3、86、878

三、微生物学检查法

(一) 临床样本检查

微生物检查的原则是根据病变部位分别采取中段尿、血液、脓汁、脑脊液、穿刺液及粪便等样本,分离细菌,并通过生化反应和血清学试验鉴定病原菌。血液、脑脊液样本应先进行增菌培养,然后接种普通琼脂培养基及鉴别培养基。若鉴定为阳性,可明确诊断为大肠埃希菌败血症或脑膜炎。粪便样本可直接接种鉴别培养基,37℃培养18~24 h,观察生长菌落并作涂片染色镜检。然后做生化反应、血清学分型。必要时做肠毒素、VT、DNA片段及侵袭力测定。泌尿道感染者的尿样本还应做细菌总数测定,当每毫升中段尿液含菌量超过1×10^5个时才有诊断意义。

(二) 卫生细菌学检查

寄居于肠道中的大肠埃希菌不断随粪便排出,可污染周围环境、水源、饮料及食品。样品中检出此菌愈多,表示被粪便污染愈严重,也间接表明可能有肠道致病菌污染。因此,卫生细菌学常以"大肠菌群值"和"细菌总数测定"作为饮水、食品等粪便污染的指标之一。

大肠菌群指数指每1 000 mL(g)样品中的大肠菌群数。大肠菌群系指在37℃ 24 h内发酵乳糖产酸产气的肠道杆菌,包括埃希菌属、枸橼酸杆菌属、克雷伯菌属及肠杆菌属等。我国《生活饮用水卫生标准》(GB5749-2006)规定,在100 mL饮用水中不得检出大肠菌群。

四、防治原则

为防止大肠埃希菌尿道感染,尿道插管和膀胱镜检查应严格无菌操作。为防止腹泻应改善流行地区的卫生条件,培养良好的卫生习惯,加强对食品、水的卫生检查。现已明确,有的牛群肠道中存在EHEC,进食加热不彻底而被牛粪污染的牛肉、牛奶,可能罹患出血性结肠炎。例如美国多次EHEC流行,传染源多是汉堡包中污染EHEC的牛肉馅。因此,预防EHEC感染,应避免食用未煮熟的牛肉、生牛奶、蔬菜等。

疫苗的研制主要针对大肠埃希菌菌毛,在家畜中,用菌毛疫苗防治新生畜崽腹泻已获得成功。用于预防EHEC和EPEC的紧密黏附素口服疫苗正在研制中。此外一种使用ST与LT亚单位交联的人用疫苗也正在研究中。

大肠埃希菌对抗生素的耐药现象非常普遍,因此抗生素治疗应在药物敏感试验的指导下进行。对腹泻患者应及时校正水和电解质平衡。

五、大肠埃希菌基因组

1997年,美国的Blattner ER完成大肠埃希菌K-12型的MG1655株和W3110株的基因组测序。2001年,美国Wisconsin基因组中心和日本宫崎医科大学的Hayashi小组又相继报告了O157:H7 EDL933株和Sakai分离株的全基因组序列。Sakai株基因组的全长5 498 450 bp;Sakai株与MG1655株之间有4.1 Mb的保守骨架序列,剩下的4.4 Mb为Sakai株的特异性序列。基因组共有5 301个蛋白编码基因,7个拷贝的rRNA(16S,23S和5SRNA)、102个tRNA、一个mRNA及13个小RNA(Rnase,6SRNA和4.5SRNA),编码蛋白的区域占全基因组的88.1%,开放阅读框(ORF)的平均长度为904 bp。

基因分析表明O104:H4型毒力基因与O157:H7型有差别,前者只带志贺毒素2(Stx2)而无志贺毒素1(Stx1),无Intimin(eae基因编码产物)及EHEC溶血素(EHEC-Hly);PCR检测发现该血清型具有EAEC型大肠埃希菌的aatA、aggR、aap、aggA及aggC基因阳性。O104:H4与EAEC型大肠埃希菌的基因同源性达93%,认为可能存在基因水平转移,对多种抗菌药物具有耐药性,导致O104:H4型具有强毒性以及重症感染较多。

到目前为止,已报道了四株大肠埃希菌菌株的全基因组序列,并获得了大量未知功能的ORF。这些ORF就是进行后基因组研究的资源,确定这些ORF的功能,并最终了解大肠埃希菌生长、繁殖及适应不断变化的环境能力的所有细节是后基因组研究的主要内容。

第二节 志贺菌属

1896年,日本细菌学家志贺(Shiga)首先从痢疾患者的粪便中分离出志贺痢疾杆菌(*Shigella*

dysenteriae)。志贺菌属(*Shigella*)细菌是人细菌性痢疾(俗称菌痢)的病原菌,俗称痢疾杆菌(dysentery bacterium)。

一、生物学性状

(一) 形态、染色、培养及生化反应

志贺菌属细菌为革兰阴性杆菌,无芽胞,无鞭毛,无荚膜,有菌毛。在普通琼脂培养基上形成半透明光滑型菌落。宋内志贺菌常出现扁平的粗糙型菌落。分解葡萄糖,产酸不产气。除宋内志贺个别菌株迟缓发酵乳糖(一般需3~4 d)外,均不分解乳糖。甲基红试验阳性,VP试验阴性,不分解尿素,不产生H_2S,对甘露醇的分解和产生吲哚的能力因菌种而异。

(二) 抗原结构及分类

志贺菌属细菌有O和K两种抗原。O抗原是分类的依据,分群特异抗原和型特异抗原,借以将志贺菌属分为A、B、C、D 4个群(种)及40多个血清型(包括亚型)。各菌种在血清学特性方面有交叉,而且大多数菌种与其他肠道杆菌具有共同的抗原(表10-2)。

表10-2 志贺菌属的抗原分类

菌 种	群 型	亚 型
痢疾志贺菌	A 1~10	8a,8b,8c
福氏志贺菌	B 1~6,X,Y变型	1a,1b,2a,2b,3a,3b,3c,4a,4b,5a,5b
鲍氏志贺菌	C 1~18	
宋内志贺菌	D 1	

A群:即痢疾志贺菌(*S. dysenteriae*)。有12个血清型(包括亚型)。除第二型和第十型外,各血清型之间无交叉反应。

B群:即福氏志贺菌(*S. flexneri*)。有14个血清型(包括变型和亚型),各型间有交叉反应。我国以2a型为最常见血清型。福氏2a志贺菌基因组的序列测定和分析已由我国科学家在国际上率先完成。

C群:即鲍氏志贺菌(*S. boydii*)。有18个血清型。各型间无交叉反应。

D群:即宋内志贺菌(*S. sonnei*)。抗原单一,只有1个血清型。宋内志贺菌有Ⅰ相和Ⅱ相两个交叉变异相。Ⅰ相呈S型菌落,对小鼠有致病力,多分离自急性期感染病人标本。Ⅱ相为R型菌落,对小鼠不致病,常从慢性患者或带菌者检出。Ⅰ相抗原受控于一个140 MD的大质粒,若质粒丢失,Ⅰ相抗原不能合成,菌则从有毒的Ⅰ相转变为无毒的Ⅱ相。

(三) 抵抗力

本属细菌对理化因素抵抗力甚弱,在酸性环境中极易死亡。日光直接照射30 min、湿热50~60℃ 10 min即被杀死,在1‰苯酚中15~30 min内死亡。对多种抗生素易形成耐药性。耐药性主要由R质粒决定,并可在细菌间传递。

二、致病性与免疫性

(一) 致病物质

1. 侵袭力 侵袭力是志贺氏菌的主要致病因素。细菌经口进入肠道,借助菌毛及相关结构的协同黏附在回肠末端和结肠的黏膜上皮细胞表面,继而穿入,在上皮细胞内大量增殖后,引起发炎(微小脓肿),导致黏膜坏死,表面溃疡、出血,并在溃疡处形成假膜。细菌可扩散到邻近细胞及上皮下层,一般不侵犯其他组织。细菌侵入血流罕见。

各群志贺菌的侵袭相关基因都定位于1个140 MD大质粒上。而侵袭基因的完全表达则受质粒和染色体上多个基因的正、负调控。志贺菌穿透上皮细胞的能力由质粒编码的IpaB、IpaC和IpaD蛋白介导,病菌在细胞内外的播散则由质粒上的 *icsA* 和 *icsB* 基因控制,其产物可使细菌产生以肌动蛋白为基础的运动动力,完成细胞内外传播。志贺菌只有侵入肠黏膜后才能致病。否则,即使菌量再大也不引

起疾病。

2. 毒素

（1）内毒素：志贺菌所有菌株都有强烈的内毒素。内毒素作用于肠黏膜，使其通透性增高，进一步促进对内毒素的吸收，引起一系列毒血症的症状，如发热、神志障碍，甚至中毒性休克。内毒素破坏肠黏膜，可形成炎症、溃疡，呈现典型的脓血黏液便。内毒素尚能作用于肠壁植物神经系统，使肠功能发生紊乱，肠蠕动失调和痉挛。尤其是直肠括约肌痉挛最明显，因而出现腹痛、里急后重等症状。

（2）外毒素：多由痢疾志贺菌1型和2型产生，又称志贺外毒素（Shigella dysenteria exotoxin），由A及B两种多肽链组成。A链为毒性部分，能抑制蛋白质的合成，B链是毒素与靶细胞表面受体结合的部位。志贺外毒素的DNA序列、氨基酸序列与EHEC的VT-Ⅰ基本相同；与VT-Ⅱ则有60%的同源性。志贺外毒素具有三种生物学活性：① 肠毒素，像大肠埃希菌VT毒素一样引起腹泻。② 细胞毒素，阻止小肠上皮细胞对糖和氨基酸的吸收。③ 神经毒素，在痢疾志贺菌引起的重症感染者可作用于中枢神经系统，造成昏迷或脑膜炎。新近发现福氏及宋氏志贺菌也可产生少量类似的毒素。

志贺外毒素由位于染色体上的 *stxA* 和 *stxB* 基因编码；与EHEC产生的毒素相同，ST亦由1个A亚单位和5个B亚单位组成。对细胞损伤的机制同Vero毒素。因此，1型痢疾志贺菌感染的临床症状较重，除血便、高烧外，常伴有血尿综合征和白血病样反应，病死率较高。新近发现福氏及宋内志贺菌也可产生少量类似的毒素。

（二）所致疾病

仅人和灵长类动物对志贺菌属易感。细菌经口感染，且感染仅限于胃肠道，很少侵入血流。典型病例出现菌痢，潜伏期为数小时至7 d，多数为1~2 d。食入10~200个细菌就可使人致病，感染源是患者和带菌者，尤其是饮食业、炊事员和保育员中的带菌者。急性典型菌痢经及时治疗，预后良好，治疗不当可转为慢性。急性中毒性菌痢多见于小儿，主要为内毒素引起微循环障碍发生DIC所致。非典型菌痢易误诊，导致慢性菌痢或成为带菌者。带菌者有三种类型，即恢复期带菌者、慢性带菌者和健康带菌者。

（三）免疫性

志贺菌感染后可产生型特异性抗体，但免疫期短，亦不强，这可能与菌型多及型别间缺乏交叉免疫有关。志贺菌属的感染主要限于肠道，细菌很少入血。所以其抗感染免疫主要依赖肠道局部免疫，包括肠道黏膜细胞吞噬（饮）功能的加强及分泌性IgA形成等。分泌性IgA能阻止志贺菌吸附，于病后3 d左右出现，但维持时间短。

三、微生物学检查法

一般取患者或带菌者粪便中的脓血或黏液部分，必要时取肛拭子。应迅速送检培养，如不能立即培养，需将待检样本置含30%甘油缓冲盐水保存液中保存或运送。中毒性痢疾患者可取肛拭。样本接种于肠道杆菌选择培养基或鉴别培养基上（常用S-S培养基），37℃培养18~24 h，取可疑菌落进行生化反应和血清凝集试验，以确定菌群和菌型。测定志贺菌的侵袭力可用Senery试验。志贺外毒素的测定，可用HeLa细胞或Vero细胞，也可用PCR技术直接检测其产毒基因 *stxA*、*stxB*。

快速诊断法可采用荧光菌球检查法，在含荧光素标记的志贺菌属免疫血清的液体培养基中接种样本，培育4~8 h，带有荧光的菌球为阳性。还可采用协同凝集试验，用含有SPA的葡萄球菌标记志贺菌属抗体，测定粪便或增菌培养液中的细菌及其可溶性抗原。

四、防治原则

菌痢属于法定传染病，若有病例发生，除应对患者进行及时诊断、隔离和彻底治疗外，还应追踪感染源并切断感染途径，包括加强粪便管理、水源管理及食品卫生监督等。

鉴于志贺菌的免疫防御机制主要是分泌至肠黏膜表面的SIgA，而SIgA需由活菌作用于黏膜局部才能诱发，故主要研发了三类活疫苗：① 减毒突变株，例如链霉素依赖株（streptomycin dependent strain, Sd）活疫苗，是一种变异株，环境中存在有链霉素时始能生长繁殖。将其制成活疫苗给志愿者口服后因正常人体内不存在链霉素，该Sd株不能生长繁殖；但也不立即死亡，尚可有一定程度的侵袭志愿者肠黏膜而激发局部免疫应答，产生SIgA。同时，血清中的IgM、IgG特异抗体也增多。Sd活疫苗的免疫保护具有特异性,只对同型菌的再感染有保护作用。② 杂交株,如将志贺菌的大质粒导入另一弱毒或无毒菌中,形成二价减毒活疫苗。如宋内志贺菌的Ⅰ相质粒转移到伤寒沙门菌 Ty21a 的杂交疫苗等。③ 营养缺陷减毒株,如 SFL-114,是 aorD 基因失活的营养缺陷的福氏志贺菌减毒菌苗株。它有侵袭表型,由于需要芳香族氨基酸,限制了本菌在宿主细胞内的繁殖。但可在肠黏膜激发局部免疫应答。目前志贺菌菌苗的主要研究趋势是研究表达 LPS 和 Ipa 两类抗原的重组菌苗。

轻型菌痢患者可不用抗菌药用,严重病例则需用抗生素。首选环丙沙星等喹诺酮类抗生素。本属细菌多重耐药性菌株较多,在治疗时应经药敏试验选用敏感药物。

第三节 沙门菌属

沙门菌属(Salmonella)细菌种类繁多,血清型在 2 000 种以上,但对人致病的只是少数,例如引起肠热症的伤寒沙门菌(S. typhi)、甲型副伤寒沙门菌(S. paratyphi A)、乙型副伤寒沙门菌(S. paratyphi B)和丙型副伤寒沙门菌(S. paratyphi C)。其他是对动物致病的沙门菌,有些沙门菌偶可传染给人,引起食物中毒或败血症,如鼠伤寒沙门菌、肠炎沙门菌、鸭沙门菌、猪霍乱沙门菌等 10 余种。

一、生物学性状

(一) 形态、染色、培养和生化反应

沙门菌属细菌为革兰阴性杆菌,兼性厌氧,除鸡沙门菌和雏沙门菌(S. pullorum)等个别外,都有周身鞭毛,有菌毛。一般无荚膜,均无芽胞。营养要求不高,在普通琼脂平板上形成中等大小、无色半透明的 S 型菌落。不发酵乳糖。沙门菌属各菌的生化反应有规律性,对沙门菌属的种和亚种鉴定有重要意义(表 10-3)。

表 10-3 几种沙门菌的部分生化特性

菌名	动力	葡萄糖	乳糖	麦芽糖	甘露醇	蔗糖	硫化氢	吲哚	VP	甲基红	枸橼酸盐
甲型副伤寒沙门菌	+	⊕	−	⊕	⊕	−	−/+	−	−	+	−
乙型副伤寒沙门菌	+	⊕	−	⊕	⊕	−	+++	−	−	+	±
鼠伤寒沙门菌	+	⊕	−	⊕	⊕	−	+++	−	−	+	+
丙型副伤寒沙门菌	+	⊕	−	⊕	⊕	−	+	−	−	+	+
猪霍乱沙门菌	+	⊕	−	⊕	⊕	−	−/+	−	−	+	+
肠炎沙门菌	+	⊕	−	⊕	⊕	−	+++	−	−	+	+
伤寒沙门菌	+	+	−	+	+	−	−/+	−	−	+	−

注:糖发酵试验:−不发酵;+产酸;⊕产酸产气

(二) 抗原构造和分类

沙门菌属的抗原构造复杂,有 O、H、Vi 及菌毛等重要抗原。O、H 是用于分型的抗原,按 O 抗原和 H 抗原的不同组合,沙门菌可分为 2 400 多个血清型。

1. O 抗原 O 抗原是沙门菌属细菌的 LPS 成分,性质稳定,刺激机体主要形成 IgM。耐湿热(100℃数小时),亦不被乙醇或 0.1% 苯酚所破坏。O 抗原有 67 种,分别以 1、2、3、4 等阿拉伯数字表示。每种细菌带有数种 O 抗原,不同种的细菌可有共同的 O 抗原,如乙型副伤寒沙门菌有 4、5、12;鼠伤寒沙门菌有 1、4、5、12;而 4、5、12 即为两种菌的共同抗原。也有全不相同的,如丙型副伤寒沙门菌带有 6、7 抗原,伤寒沙门菌带有 9、12 抗原。将具有共同抗原的沙门菌归为一组,共有 42 组,以 A、B、C 等表示。引起人类沙门菌病的细菌多属 A~E 组(表 10-4)。

2. H 抗原 H 抗原是鞭毛蛋白,性质不稳定,易受外界理化因素影响而失去活性。如湿热 60℃ 15 min 或用乙醇处理后即被破坏。一般采取此种方法破坏 H 抗原制备 O 抗原;在制备 H 抗原时,一般将细菌用甲醛固定,使 O 抗原被遮盖,不能与 O 抗体发生凝集。但菌体表面仍保留 H 抗原性,易于和 H 抗体发生反应。H 抗原刺激机体主要形成特异性 IgG 型抗体。

表 10-4 常见沙门菌的 O 抗原和 H 抗原

组别(group)	菌种	O 抗原	H 抗原	
			第 1 相	第 2 相
A(O_2)	甲型副伤寒沙门菌	1,2,12	a	—
B(O_4)	乙型副伤寒沙门菌	4,5,12	b	1,2
	鼠伤寒沙门菌	1,4,5,12	I	1,2
C_1(O_6)	丙型副伤寒沙门菌	6,7,Vi	c	1,5
	猪霍乱沙门菌	6,7	c	1,5
D_1(O_9)	伤寒沙门菌	9,12,Vi	d	—
	肠炎沙门菌	1,9,12	g,m	—
E1($O_{3,10}$)	鸭沙门菌	3,10	e,h	1,6
E_2	钮因顿沙门菌	3,15	e,h	1,7

沙门菌属的 H 抗原有两种，称第 1 相和第 2 相。前者为特异相，用 a、b、c 等表示，z 以后用 z_1、z_2 等表示；后者为几种沙门菌所共有，称非特异相，用 1、2、3 等表示。具有两种相抗原的细菌叫双相菌；只有其中一相者称单相菌。例如，乙型副伤寒沙门菌为双相菌，具有特异相 b 和非特异相 1、2 抗原；伤寒沙门菌为单相菌，只有特异相 d 抗原。按 O 抗原分组后，每一组沙门菌根据 H 抗原分成不同的种或血清型，血清型的抗原排列为：O(Vi)、H 1 相、H 2 相，如 6,7,C,1,5 为猪霍乱沙门菌（表 10-4）。

3. Vi 抗原 成分为不耐热的聚-N-乙酸-D-半乳糖胺醛酸，抗原性较弱，体内有菌存在时，才能产生相应的 Vi 抗体。从患者样本中分离的伤寒沙门菌及丙型副伤寒沙门菌有 Vi 抗原。Vi 抗原具有抗吞噬作用，并保护菌体不受抗体和补体的作用。Vi 抗原能阻止 O 抗原与其相应抗体的凝集反应。

(三) 抵抗力

沙门菌在水中能存活 2～3 周，粪便中可活 1～2 月，在冰冻土壤中可过冬。对湿热抵抗力不强，60℃ 经 15～20 min。5% 苯酚或 1：500 升汞中 5 min 即被杀死。对胆盐、煌绿及其他染料有一定抵抗力，故常用含有这些染料的肠道杆菌选择性培养基 (S-S 培养基) 分离培养。

二、致病性与免疫性

(一) 致病物质

1. 侵袭力 侵袭力与该菌的特异 O 抗原或 Vi 抗原有关。细菌能侵入小肠壁上皮细胞，并穿过上皮细胞层侵入固有层。细菌被巨噬细胞吞噬，吞噬后不被消灭，而是在巨噬细胞中繁殖，由巨噬细胞携带至机体的深层部位。已证明鼠伤寒沙门菌失去特异性 O 抗原后，对小鼠致病力随之降低。此外，菌毛也与致病有关。沙门菌的黏附和穿入宿主细胞，由染色体上的侵袭素基因 *inv* 介导。

2. 内毒素 沙门菌死亡时释放的内毒素能引起体温升高、白细胞数下降，刺激肠黏膜炎症反应等。大剂量可导致中毒症状和休克。这些与内毒素的激活补体替代途径产生 C3a、C5a 以及诱发免疫细胞分泌 TNT-α、IL-1、IFN-γ 等细胞因子有关。

3. 肠毒素 某些沙门菌，如鼠伤寒沙门菌能产生肠毒素，其性质类似 ETEC 产生的肠毒素。

(二) 所致疾病

只对人类致病的沙门菌仅引起伤寒和副伤寒。有不少沙门菌是人畜共患病的病原菌。动物宿主范围很广。家畜、野生动物、冷血动物、软体动物、环形动物、节肢动物均可带菌。人类因食用患病或带菌动物的肉、乳、蛋或被病鼠尿污染的食物等而罹患，人类沙门菌感染有 4 种类型。

1. 肠热症 包括伤寒和副伤寒，病原体是伤寒沙门菌或副伤寒沙门菌。细菌随污染的食物和饮用水进入人体。发病与否，取决于侵入的菌量与人体的免疫状况。若侵入的菌量多（10^6～10^{11}）或胃酸不足时，未被胃酸杀死的细菌进入小肠，穿过黏膜上皮细胞或细胞间隙，侵入肠壁淋巴组织，在吞噬细胞中繁殖。部分细菌通过淋巴管至肠系膜淋巴结大量增殖。此期无临床症状，故称为潜伏期，约 1～2 周。当细菌在淋巴组织中增殖到一定程度后经胸导管进入血流，引起第一次菌血症。患者出现全身疼痛、不适、发热等前驱症状。此时为前驱期。细菌通过血流进入全身各脏器包括肝、脾、肾、胆囊等，并在其中繁殖后，再次入血造成第二次菌血症。此时临床症状明显而典型，出现持续高热，肝脾肿大，全身中毒症状、皮肤出现玫瑰疹，相当于发病的第 1 周。胆囊中菌通过胆汁进入肠道，一部分随粪便排出体外，一部分再次侵入肠壁淋巴组织，使已致敏的组织发生超敏反应，导致局部坏死和溃疡，加重肠道病变，严重的有出血或肠穿孔并发症。肾脏中的病菌可随尿排出。以上病变出现在疾病的第 2~3 周。若无并发症，自第 3 周后病情开始好转。典型病例病程为 3~4 周。并发症包括肠穿孔、胆囊炎、肺炎或肺脓肿等。少数患者可成为慢性带菌者。

伤寒和副伤寒的致病机制和临床症状基本相似，只是副伤寒的病情较轻，病程较短。

2. 胃肠炎（食物中毒） 是最常见的沙门菌感染，约占 70%。由摄入大量鼠伤寒沙门菌、猪霍乱沙门菌、肠炎沙门菌等污染的食物引起。常见的食物主要为畜、禽肉类食品，其次为蛋类，系动物生前感染或加工处理过程污染所致。细菌对肠黏膜的侵袭以及细菌释放的内毒素可能是主要的致病机制。潜伏期 6~24 h。起病急，主要症状为发热、恶心、呕吐、腹痛、水样便，偶有黏液或脓性腹泻。严重者伴有迅速脱水，可导致休克、肾功能衰竭而死亡，此大多发生在婴儿、老人和体弱者。一般沙门菌胃肠炎多在 2~3 d 自愈。

3. 败血症 多见于儿童和免疫力低下的成人。病菌以猪霍乱沙门菌、丙型副伤寒沙门菌、鼠伤寒沙门菌、肠炎沙门菌等常见。症状严重，有高热、寒战、厌食和贫血等。败血症系菌侵入血循环引起，因而菌可随血流导致脑膜炎、骨髓炎、胆囊炎、心内膜炎等发生。

4. 无症状带菌者 有 1%~5% 伤寒或副伤寒患者，在症状消失后 1 年或更长的时间内仍可在粪便中检出有相应沙门菌。这些菌留在胆囊中，成为人类伤寒和副伤寒病原菌的储所。其他沙门菌的带菌者很少，不到 1%，故在人类的感染中不是主要的传染源。

（三）免疫性

肠热症沙门菌侵入宿主后，主要在细胞内生长繁殖，因而要彻底杀灭胞内寄生菌，特异性细胞免疫是主要防御机制。在致病过程中，沙门菌亦可有存在于血流和细胞外的阶段，故特异性体液抗体也有辅助杀菌作用。胃肠炎的恢复与肠道局部产生 SIgA 有关。肠热症后，能获得牢固免疫，很少发生再感染，即使发生，症状也轻。

三、微生物学检查法

根据不同疾病和病程收集相应样本。分离培养可确定沙门菌感染的诊断，可疑细菌必须用生化反应和血清学试验来鉴定。

（一）细菌的分离鉴定

在病程不同阶段采取不同样本。第 1 周、第 2 周取血或骨髓。第一周血培养阳性率达 80% 以上；骨髓培养阳性率可达 90% 以上；第 2 周以后取粪便、尿，在第 3~4 周粪便培养阳性率最高，可达 75%，而尿培养的阳性率仅为 25%。血液和骨髓液先增菌培养，粪、尿沉渣可直接接种于选择性培养基，置 37℃ 培养 24 h 后挑选可疑菌落，进一步作生化反应和血清学鉴定。骨髓中吞噬细胞摄取病原菌较多，且存在时间较长，培养阳性率高于血液，而且持久，即使用过抗菌药物亦常呈阳性。

由沙门菌引起的急性胃肠炎需采集粪便样本；败血症则采集血液进行病原菌分离鉴定。

（二）血清学诊断

1. 肥达反应 用已知的伤寒沙门菌 O、H 抗原和引起副伤寒的甲、乙、丙型副伤寒沙门菌 H 抗原与患者血清做定量凝集试验，根据抗体效价的增长，辅助肠热症的临床诊断，即肥达反应（Widal test）。在肠热症的诊断中，肥达反应受许多因素影响不如细菌的分离鉴定可靠。因此，必须结合临床表现、流行病学资料及患者血清中抗体的含量及消长情况进行判断。肠热症患者肥达反应阳性率自第 2 周升高，至第 4 周阳性率可高达 90%，但也有少数病例抗体效价不上升。因此，血清学检查结果的判断必须结合临床症状、病期及地区情况。一般说，间隔 5~7 d 重复采血，如凝集效价随病程延长而升高 4 倍或以上，方有诊断价值。若做一次试验，应根据下列情况判定结果。

（1）正常凝集价：正常人由于隐性感染或预防接种，血清中通常可含有一定水平的凝集抗体，正常的凝集价可因不同地区而有差异。一般情况下，伤寒沙门菌 O 抗体的凝集价应在 1∶80 以上，H 抗体凝集价在 1∶160 以上，引起副伤寒的沙门菌 H 抗体凝集价在 1∶80 以上才有诊断意义。

（2）病程：抗体在发病后一周出现，以后逐渐增加。所以，在发病初期凝集价可正常。若在病程第三周，抗体凝集价仍在 1∶80 以下，则肠热症的可能性不大。但也必须注意临床症状和周围的流行情况等。

(3) H抗体与O抗体的性质及其消长的意义：感染伤寒沙门菌后，伤寒沙门菌O抗体(IgM)出现较早，维持时间较短(几个月)；伤寒沙门菌H抗体属IgG，在机体内出现的较晚，维持时间较长(可长达数年)。因此，若发现O与H凝集价均超过正常值，则伤寒的可能性很大。若两者均低于正常值，则可能性甚小。若O凝集价高而H低于正常值，则可能是感染早期或沙门菌属中其他的细菌感染引起的O凝集的交叉反应。若O凝集价低而H高于正常值，则可能是以往预防接种的结果或非特异性回忆反应。

2. 微量肥达反应 目前临床上较常使用该方法辅助肠热症诊断。与传统肥达反应的试管法不同，微量肥达反应采用玻片法或微量反应板法，具有检出时间短、操作简单、结果稳定、不需要特殊设备，易于基层推广应用，可用于伤寒早期血清学诊断，不足之处是不易观察到患者双份血清滴度递增现象。

(三) 带菌者检查

检查带菌者最可靠的方法是分离培养病原菌。取带菌者粪便、肛拭子和胆汁或取尿作培养。带菌者的检出率不高。也可用血清学方法检测Vi抗体。如伤寒沙门菌Vi抗体效价在1∶10以上，即为阳性。一般认为带菌者的Vi抗体阳性率可达90%左右。Vi抗体阳性者应取粪便或尿液反复进行细菌分离培养，以最后确定是否为带菌者。

四、防治原则

(一) 消灭或控制感染源

除早期发现患者、早期隔离、治疗并对传染性排泄物及时消毒处理之外，还应及时发现带菌者，这些个体应避免从事食物料理工作。为防止食物中毒，应完善卫生措施，防止病菌污染。

(二) 切断感染途径

应注意灭蝇，加强对饮水、食品等的卫生管理。防止病从口入。

(三) 提高机体抵抗力

注射伤寒、甲型及乙型副伤寒三联疫苗，能提高人体对肠热症的免疫力，降低发病率。这种死疫苗虽有一定的保护作用，但不良反应大、效果差。近年研制的Ty21a伤寒沙门菌口服活疫苗已进入试用阶段。该疫苗株是尿苷二磷酸半乳糖-4-差向异构酶缺失株(gal E突变株)，在接种者体内短期停留即可诱发免疫应答。但在多国进行的大规模现场考核中，效果不一。在我国进行的现场考核，结果难以令人满意。20世纪80年代初，Robbins在总结前人的工作基础上，开始对伤寒Vi多糖疫苗进行研究，该疫苗的优点是：安全、稳定、易于制造、使用方便，注射一针即可获得一定的保护力，有效期至少3年。我国目前也致力于该疫苗的研制。

(四) 治疗

氯霉素曾被作为治疗伤寒的首选药物，随着耐药现象的增多，应根据药敏实验结果，选择敏感抗生素。在未确定伤寒沙门菌是否对氯霉素敏感或已确定对氯霉素耐药时，首选氧氟沙星或环丙沙星等第三代喹诺酮类抗生素。儿童和孕妇伤寒患者首选第三代头孢菌素。

第四节 克雷伯菌属与变形杆菌属

一、克雷伯菌属

克雷伯菌属(*Klebsiella*)中与人类关系密切的是肺炎克雷伯菌(*K. pneumoniae*)，俗称肺炎杆菌为G^-球杆菌，有较厚的荚膜，多数菌株有菌毛。该菌易形成耐药性，尤其易形成多重耐药性。是目前除大肠埃希菌和金黄色葡萄球菌之外的最重要的条件致病菌，成为医院内感染的重要细菌。

肺炎克雷伯菌存在于正常人肠道、呼吸道以及水和谷物上，当机体免疫力下降、使用免疫抑制剂或长期应用抗生素导致菌群失调时，能引起多种感染。常见的有肺炎，也可引起尿路感染、创伤感染及腹泻等，有时导致严重的败血症、脑膜炎、腹膜炎等。克雷伯菌对抗生素的抗性很高，治疗宜选用敏感药物，如环丙沙星类抗生素。

二、变形杆菌属

变形杆菌属(*Proteus*)的代表菌种为普通变形杆菌。此外，还包括奇异变形杆菌等，是广泛分布于自然的腐生菌，在人和动物肠道中也经常存在。

变形杆菌是 G^- 杆菌，有时呈多形性。无荚膜，有周鞭毛，运动活泼，有菌毛。在湿润的固体培养基上呈扩散生长，于琼脂表面形成以细菌接种部位为中心的同心圆形的层层波状菌苔，称为迁徙性生长现象(swarming growth)。本菌能分解葡萄糖，不发酵乳糖，迅速分解尿素(2～4 h)，在鉴别上有参考价值。

变形杆菌的 O、H 两种抗原可用以分血清群及型别。本属细菌中的某些特殊菌株 X19、X2 及 XK 的 O 抗原与立克次体有共同的多糖抗原组分，能与立克次体疾病患者血清凝集。因此可代替立克次体抗原与患者血清做凝集反应，称外斐反应(Weil-Felix reaction)。

变形杆菌为人体正常菌群，但在一定条件下可成为条件致病菌，引起食物中毒、尿路感染、肺炎、心内膜炎、乳突炎、脑膜炎、创伤及烧伤感染等。也有的能引起夏季婴儿腹泻及新生儿败血症。其中最常见的是慢性尿路感染，或对住院患者和接受静脉输液患者引起菌血症。

奇异变形杆菌的菌毛与黏附有关，由质粒和染色体共同控制。消除质粒后，细菌菌毛大部分丢失，其黏附性也显著降低。在尿路感染中，细菌水解尿素产氨，使 pH 增高，引起钙和镁盐的沉积，易形成结石。细菌的 IgA 蛋白酶能阻止机体 SIgA 的防御作用。自腹泻患者分离的某些菌株能产生肠毒素，引起食物中毒。

变形杆菌常有耐药性，用抗生素治疗混合伤口或尿路感染时，会因其他病菌受抑制而使变形杆菌大量繁殖。

（佘菲菲）

复习思考题

1. 引起腹泻的大肠埃希菌分几组？简述它们的致病特点。
2. 试述肠出血性大肠埃希菌的血清型及所致疾病。
3. 志贺杆菌与霍乱弧菌致腹泻的临床表现和机制有何不同？
4. 试述大肠菌群在卫生细菌学检查中的应用。
5. 试述志贺菌的种类、致病物质及所致疾病。
6. 试述志贺菌的微生物学检测。
7. 试述沙门菌属的主要致病菌种类、致病物质和所致疾病。
8. 试述肠热症的标本采集及分离鉴定。
9. 试述肥达反应 O 抗体与 H 抗体检测的临床意义。

第十一章 弧菌属

The genus of *Vibrio* is composed of more than 36 species. They are curved aerobic rods and are motile, possessing a polar flagellum, found in marine and surface waters worldwide. *Vibrio cholera*, especially serogroups O1 and O139, produces an enterotoxin that causes cholera, a profuse watery diarrhea that can rapidly lead to dehydration and death. While other *vibrios* may cause enteritis or sepsis, wound infection and other extraintestinal infections.

弧菌属(*Vibrio*)细菌为革兰阴性菌,形态为弧形或逗点样,菌体一端有单鞭毛。弧菌广泛分布在自然界中,以淡水和海水中分布最多。目前,已经确定的弧菌有 36 个种,至少 12 种可致人类感染。O1 和 O139 群的霍乱弧菌可引起烈性肠道传染病霍乱,副溶血弧菌和其他致病性弧菌可导致腹泻以及败血症、伤口感染等其他肠道外感染。

第一节 霍乱弧菌

一、生物学性状

霍乱弧菌(*Vibrio cholerae*)为革兰阴性菌,新分离株形态典型,菌体呈弧形或逗点状,但人工培养后,形态呈杆状,与肠杆菌类似。有菌毛,一端有单鞭毛,有些菌株有荚膜(图 11-1)。本菌营养要求不高,在 pH6.4~9.6 的普通蛋白胨水中即可生长,但以 pH8.8~9.0 的碱性蛋白胨水或平板中生长为佳,故碱性蛋白胨水可作为霍乱弧菌的选择培养基和增菌培养基。该菌抵抗力不强,对热和一般消毒剂敏感,对酸尤为敏感,在正常胃酸中仅能生存 4 min。但可在河水、海水中存活 1~3 周,甚至可越冬。

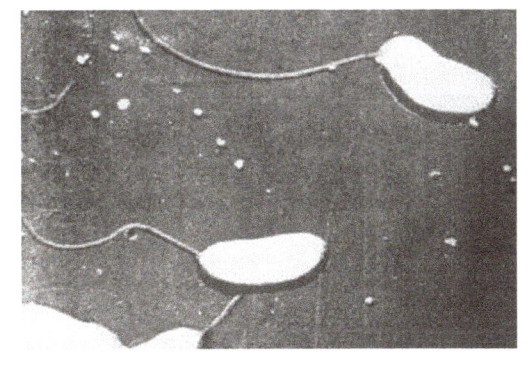

图 11-1 霍乱弧菌(扫描电镜)

霍乱弧菌有耐热的 O 抗原,根据 O 抗原的不同,现可分成 156 个血清群,其中 O1 群和 O139 群能引起霍乱流行。O1 群无荚膜,菌体抗原有 A、B、C 三种型抗原,据此分成三种血清型,具有 A、B 抗原的定为小川型(Ogawa),A、C 抗原组成的为稻叶型(Inaba),有 A、B、C 抗原的为彦岛型(Hikojima)。小川型和稻叶型常见,可造成霍乱流行,而彦岛型较少见。根据 O1 群表型特性,每个血清型又可分古典生物型和 El Tor 生物型(图 11-2)。古典生物型表型特性为不溶解绵羊红细胞、不凝集鸡红细胞、对多黏菌素 B 敏感、可被第 4 群噬菌体裂解等。O139 群与 O1 群的 El Tor

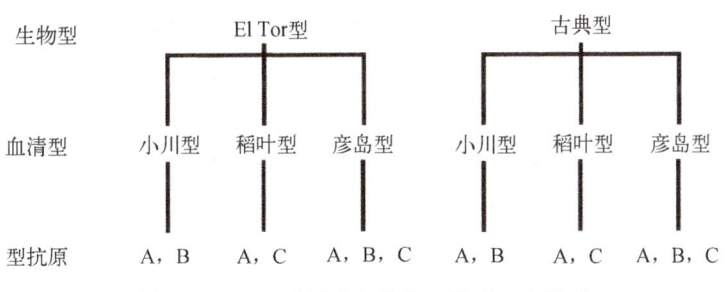

图 11-2 O1 群霍乱弧菌的生物型及血清型

生物型很相似,但有荚膜,无 O1 群的脂多糖抗原。非 O1 血清群的 O2～O138 群广泛分布于地面和水中,仅引起散发性胃肠炎,因不与 O1 群血清发生凝集,故又称不凝集弧菌。

二、致病性与免疫性

霍乱弧菌引起的霍乱主要为小肠疾患,是烈性肠道传染病,属于我国的甲类法定传染病。自然情况下,人是霍乱弧菌的唯一易感者。霍乱弧菌对酸敏感,经口感染,需要大量食入(超过 10^8 个),任何导致胃酸降低的因素都可能增强人体对霍乱弧菌的易感性。霍乱弧菌到达小肠,借助鞭毛的运动及弧菌产生的蛋白酶作用穿透黏液层,依靠菌毛等黏附因子黏附于小肠微绒毛黏膜细胞表面(图 11-3),在此生长繁殖并产生霍乱肠毒素(cholera enterotoxin, CT)。霍乱肠毒素和其他毒力因子均来自 CTX 噬菌体,霍乱弧菌菌毛表面有 CTX 受体,CTX 与受体结合引起溶原性转换,使非产毒株霍乱弧菌获得产毒基因。

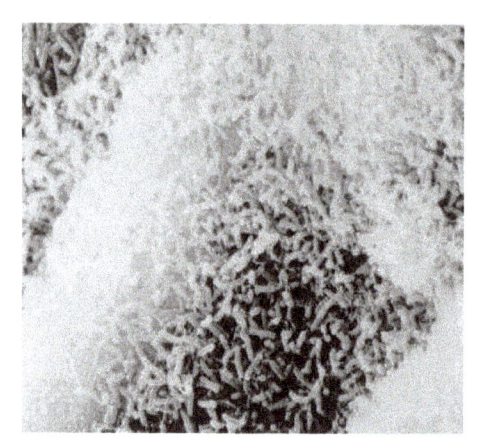

图 11-3 感染早期黏附于小肠黏膜上皮细胞表面的霍乱弧菌(扫描电镜,×4 000)

(引自 Nelson ET et al., 1976)

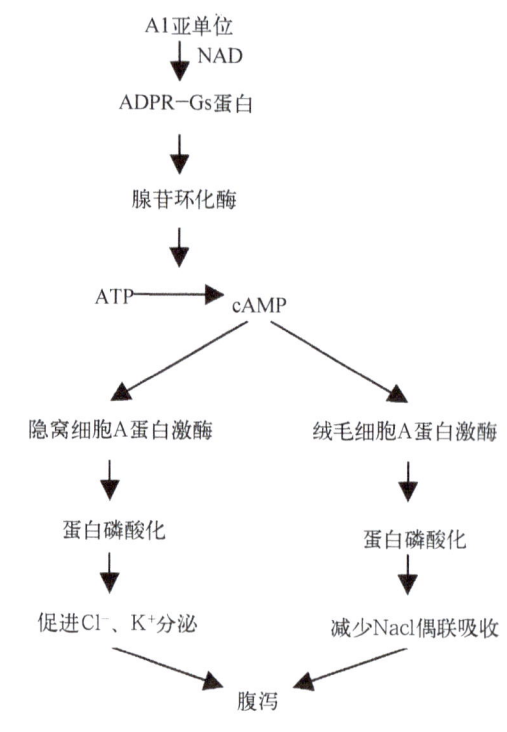

图 11-4 霍乱肠毒素致病机制

霍乱肠毒素是已知的最强的致泻性毒素。根据抗原性,霍乱肠毒素可分为两种 CT1 和 CT2,古典型和 Gulf Coast El Tor 型菌株主要产生 CT1,而 O139 和多数的 El Tor 型主要产生 CT2。霍乱肠毒素由一个 A 亚单位和 5 个 B 亚单位组成聚合蛋白。A 亚单位(ctxA)分 A1 和 A2,由二硫键联结,具有肠毒素的生物活性;B 亚单位(ctxB)由 4～6 个多肽组成,具有结合功能,也是整个毒素主要的免疫原性位点。B 亚单位与小肠黏膜上皮细胞受体神经节苷脂(GM1)结合后,引起肠毒素的变构,使 A 亚单位穿过细胞膜,A1 和 A2 间的二硫键断裂,使 A1 活化。活化的 A1 具有酶的功能,能将 NAD 上的腺苷二磷酸核糖(ADPR)转移至刺激性 G 蛋白(Gs 蛋白),使 Gs 蛋白核糖基化成 ADPR-Gs 蛋白,具有持久活化腺苷环化酶,催化 ATP 生成 cAMP。cAMP 激活 cAMP 依赖的 A-蛋白激酶,导致蛋白磷酸化。隐窝细胞 A 蛋白激酶引起的蛋白磷酸化能促进 Cl^-、K^+ 分泌;绒毛细胞 A 蛋白激酶引起的蛋白磷酸化则能减少 NaCl 偶联吸收。结果均可抑制细胞对 Cl^-、K^+ 的吸收,促进细胞对 Cl^-、K^+ 的分泌,使水分不断进入肠腔,产生严重的上吐下泻(图 11-4)。

根据临床表现可分为典型(中、重型)、非典型霍乱(轻型)及中毒型(干性)霍乱。典型病例起病急,剧烈腹泻和呕吐,患者腹泻每日可达 10～20 次,为水样或"米泔水"样便。病情严重者,每小时可丧失 1 L 液体。患者由于大量丧失水分及电解质,可发生代谢性酸中毒、无尿、循环衰竭、休克而死亡。未经治疗的典型霍乱患者病死率为25～60%。非典型病例通常起病缓慢，腹泻每日不超过10次，为稀便或黄水样便，极少数伴呕吐，持续腹泻3～5天可恢复，无明显脱水表现。中毒型霍乱起病急，尚未见泻吐即已死于循环衰竭，故称"干性霍乱"。通常O1群古典生物型和O139群霍乱弧菌所致疾病较El Tor生物型严重。约50%的古典生物型和75%的El Tor生物型感染者不表现临床症状，18%的El Tor生物型感染者表现为非典型霍乱。

胃酸、黏液分泌及小肠的蠕动对霍乱弧菌的感染有一定的非特异性保护作用。霍乱弧菌引起的肠道局部黏膜免疫是保护性免疫的基础。在动物实验中，肠腔中出现特异性IgA抗体，类似抗体也出现在血清中，但仅维持几个月。抗体可防止细菌的再感染。抗毒素对控制感染有一定作用，但对再感染的免疫保护作用尚不清楚。虽IgA抗菌免疫时间较短以及抗毒素的保护程度并不十分清楚，但霍乱弧菌感染后，患者常获得至少3年的持久免疫力，少见有再次感染者。O1群和O139群的抗原差异显著，无交叉保护作用。

三、微生物学检查法

可用霍乱患者米泔水样粪便作直接涂片镜检，或作活菌悬滴法置暗视野显微镜观察，见细菌呈流星样穿梭运动。

标本应及时培养，或放入碱性蛋白胨水中保存或运输。碱性蛋白胨水可用做霍乱弧菌的增菌培养基。常用pH8.6的含有硫代硫酸钠、柠檬酸钠、胆酸钠和蔗糖的硫柠胆蔗（thiosulfate-citrate-bile-sucrose，TCBS)选择培养基分离细菌，培养18 h后挑选暗绿色培养基上典型黄色菌落作涂片染色和生化反应，霍乱弧菌氧化酶试验呈阳性。常用O1群和O139群抗血清作玻片凝集反应，以鉴定霍乱弧菌。古典型和El Tor型霍乱弧菌可用新鲜培养的细菌做鸡红细胞凝集试验、多黏菌素敏感试验及噬菌体敏感试验来鉴别。霍乱弧菌对O/129（二氨基二异丙基喋啶磷酸盐)敏感，可与气单胞菌属的细菌相区别。

四、防治原则

霍乱是烈性传染病，为我国的甲类法定传染病。对首例患者的病原学诊断应快速、准确，并及时作出疫情报告。

为防止霍乱的发生，必须加强水源管理，培养良好个人卫生习惯；不食生水和生贝壳类海产品等是预防霍乱感染和流行的重要措施。预防可接种霍乱死菌苗，但在免疫接种的人群中，有效保护作用约为60%，且免疫期较短，仅约6个月。口服疫苗是目前霍乱疫苗研制的方向。B亚单位全菌灭活口服疫苗、基因工程减毒活疫苗已开始进行人群试验，并评估其有效保护率和保护时间。O139群霍乱弧菌疫苗亦正在研究中。

大量失水是低血容量性休克和酸中毒的主要原因，故霍乱治疗主要是补充液体和电解质，同时使用抗生素清除细菌，减少外毒素的产生。用于霍乱的药物主要有复方磺胺甲噁唑、多西环素、呋喃唑酮、氯霉素及环丙沙星等。

第二节 副溶血弧菌

副溶血弧菌($V.\ parahaemolyticus$)为G⁻弧菌，常呈多形态，存在于海水、鱼和贝类中。副溶血弧菌在含3%～3.5% NaCl培养基、pH7.5～8.5的条件下生长最好，故又名致病性嗜盐菌。副溶血弧菌对酸敏感，不耐热，56℃加热30 min即可灭活细菌。在淡水中可生存2 d，海水中则可生存47 d以上。

副溶血弧菌根据O抗原不同，分13个血清群。可用神奈川现象（Kanagawa phenomenon，KP)区分致病和非致病性副溶血弧菌。致病菌能在Wagtsumaq平板上溶解人O型红细胞或兔红细胞，产生β溶血，称为神奈川阳性菌(KP⁺)。副溶血弧菌主要引起食物中毒，多见于日本、东南亚和美国，亦是我国沿海地区食物中毒中最为常见的病原菌。本菌所致食物中毒多发生于夏秋季，人食用未煮熟的海产品或污染的盐渍食物而感染。潜伏期为12～24 h，主要症状为腹痛、腹泻、呕吐和发热等。

多数患者表现为自限性腹泻，1～4 d后会自然恢复，严重的可能呈霍乱样腹泻。一般根据临床进行诊断，治疗可用庆大霉素等抗生素，严重病例则须输液和补充电解质。细菌培养可收集病人粪便、肛拭或剩余食物，直接接种于S-S琼脂平板或TCBS选择培养基，如出现可疑菌落，进一步做嗜盐性试验及生化反应。在血平板上生长的细菌,其氧化酶试验常为阳性。

(王玉燕　程训佳)

复习思考题

1. 简述霍乱弧菌的主要生物学性状与其致病性的关系。
2. 霍乱弧菌的血清群有哪些?如何区分 O1 群的血清型和生物型?
3. 简述霍乱肠毒素的致病机制。
4. 简述霍乱弧菌的微生物学检查方法。
5. 简述霍乱肠毒素与大肠埃希菌肠毒素的异同点。
6. 简述副溶血弧菌的生物学性状及致病特点。

第十二章 空肠弯曲菌和幽门螺杆菌

The genus *Campylobacter*, from the Greek word kampylos for curved, consists of comma-shaped, Gram-negative bacilli that are oxidase and catalase positive and motile by means of a polar flagellum. A total of 15 species and 6 subspecies are now recognized; 12 of the species are associated with human disease. Diseases caused by campylobacters are primarily gastroenteritis and septicemia. *C. jejuni* is the most common cause of bacterial gastroenteritis in the United States, and *C. coli* is responsible for 2% to 5% of the cases of campylobacter gastroenteritis. The latter is a more common cause of gastroenteritis in underdeveloped countries. A variety of other species are rare causes of gastroenteritis or systemic infections. Unlike other species, *C. fetus* is most commonly responsible for causing systemic infections such as bacteremia, septic thrombophlebitis, arthritis, septic abortion, and meningitis.

Helicobacter pylori is a spiral-shaped Gram-negative rod. *H. pylori* have now been associated with antral gastritis, duodenal (peptic) ulcer disease, gastric ulcers, and gastric carcinoma. Other helicobacter species that infect the gastric mucosa exist but are rare.

第一节 空肠弯曲菌

弯曲菌广泛分布于动物界,可引起腹泻和系统性疾病。弯曲菌属(*Campylobacter*)现有 15 个种和 6 个亚种,是一群革兰阴性、弧形、S 形或逗点状的细菌。与人类疾病关系较为密切的有空肠弯曲菌(*C. jejuni*)、结肠弯曲菌(*C. coli*)和胎儿弯曲菌(*C. fetus*)等,其中空肠弯曲菌与沙门菌和志贺菌相似,都是引起腹泻的常见病原菌。

一、主要生物学性状

空肠弯曲菌为革兰阴性细菌,形态细长,呈弧形、S 形及海鸥展翅状;无荚膜,也不形成芽胞。单鞭毛位于菌体一端或两端,故运动活泼,在陈旧培养物中菌体易变为球形,失去动力。

虽空肠弯曲菌的培养条件较为严格,培养特性是分离和鉴定该菌的重要标准。该菌营养要求较高,须用选择性培养基,其中头孢菌素能抑制胎儿弯曲菌等生长,万古霉素和多黏菌素 B 则能抑制其他细菌生长;空肠弯曲菌最适微需氧培养条件是 5% O_2 及 10% CO_2;在 37℃亦生长良好,但初次分离培养的最适生长温度为 42℃,可抑制多数肠道细菌的生长,从而简化细菌的分离鉴定。空肠弯曲菌生化反应不活泼,不发酵糖;氧化酶试验和过氧化氢酶试验均阳性。

二、致病性和免疫性

空肠弯曲菌是禽类肠道正常寄居菌,人类通过被污染的饮食或接触带菌动物以及直接接触患者而感染。各种年龄群均可感染,卫生条件较好地区感染者多为成人,且带菌者少见;贫困地区多为儿童感染,且无症状带菌者较多。空肠弯曲菌对胃酸敏感,约摄入 1×10^4 个活菌数才能感染。致病物质主要是内毒素,亦检测到细胞毒素,但毒素在人类感染中的作用尚不清楚。产生的不耐热肠毒素与大肠埃希菌 LT 和霍乱肠毒素有部分交叉抗原,可能是引起水样腹泻的原因。该菌具有侵袭力,在小肠中增殖后侵袭肠上皮细胞,引起肠炎,出现血便;偶尔也可通过肠黏膜入血,引起肠热症样临床表现。

空肠弯曲菌主要引起婴幼儿急性肠炎,表现为暴发性流行或集体食物中毒,病程多为自限性,一般为 5~8 d。起病较急,半数以上患者先有发热,发热后即出现水样腹泻,后转为黏液脓血便甚至黑粪。如侵入血循环,可发生肠热症样临床表现,严重者可并发腹膜炎、关节炎和脑膜炎。新生儿可经产道感染。亦有报道空肠弯曲菌与急性传染性多神经炎(Guillain-Barré 综合征)有关,主要由于神经节苷脂和空肠弯曲菌LPS的寡糖间有交叉抗原,从而引发自身免疫反应。

空肠弯曲菌感染后,体内产生的特异性抗体,能增强吞噬细胞的功能。

三、微生物学检查法

取新鲜粪便、肛拭子或食物样本,立即接种弯曲菌培养基,42℃微需氧培养24 h后观察菌落形态,菌落有两种类型:① 针尖状半透明单个菌落,圆形、凸起、湿润、边缘整齐。② 沿接种线蔓延生长的灰白菌落,扁平、湿润、边缘不整齐。样本可直接涂片或挑取生长的菌落涂片,做革兰染色镜检,根据弧形、S形或海鸥状的典型形态,结合生化反应鉴定。

四、防治原则

空肠弯曲菌肠炎有时不用抗生素治疗亦可自愈,但复发率达20%,且排菌期可从数日延长达7周。用红霉素、氯霉素、氨基糖苷类抗生素等治疗,症状能迅速缓解,粪便中细菌立即转阴,几乎没有疾病复发。

目前尚无疫苗以供预防,主要依靠治疗患者和病畜以防播散,注意饮水卫生和食品卫生。无症状带菌者在疾病传播中的作用尚不明确。

第二节 幽门螺杆菌

1982年,澳大利亚学者Marshall B和Warren JR从胃活检组织中分离出一种小的弯曲状细菌,证明与慢性活动性胃炎有关,命名为幽门螺杆菌(*Helicobacter pylori*)。两位科学家因此获2005年诺贝尔生理学或医学奖。幽门螺杆菌感染呈全球性分布,平均世界人口的50%被感染。发展中国家的感染率比发达国家高,有些地区感染率甚至达90%以上。人群感染率与社会经济发展水平呈负相关。除引起慢性活动性胃炎外,幽门螺杆菌感染与胃癌的发生密切相关。

一、主要生物学性状

幽门螺杆菌形态特征与弯曲菌类似,革兰阴性,呈螺形、S形或海鸥展翅状(图12-1);在胃黏液层中常呈鱼群样排列,传代培养后或在不利环境下可变成杆状或球形。菌体一端或两端可有多根鞭毛,运动活泼。

幽门螺杆菌微需氧。最适生长温度为35~37℃。营养要求高,需血液或血清,生长时还需要一定湿度。培养3 d可见细小、针尖状、半透明的菌落。生化反应不活泼,不分解糖类,氧化酶和过氧化氢酶均阳性,尿素酶丰富,比普通变形杆菌活性高100倍,快速尿素酶试验强阳性,是鉴定的主要依据之一。球形变的细菌,通常处于休眠状态,在体外难以传代培养,但在体内环境条件适宜时可转化成螺旋形细菌。

幽门螺杆菌基因组较小,约$1.67×10^6$ bp,其全序列已有报道。研究显示,菌株间随环境及感染人群的不同,表现出高度的基因多态性。与基因多态性相反,幽门螺杆菌的表型大多则相对保守。根据表型空泡毒素(vacuolating cytotoxin,

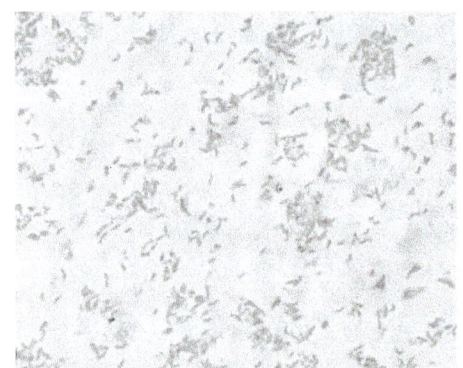

图12-1 幽门螺杆菌(×1 000)

VacA)和细胞毒相关基因编码蛋白(cytotoxin associated gene A,CagA)的差别,幽门螺杆菌可分为Ⅰ型和Ⅱ型两大类,即有CagA蛋白和空泡毒素表达的Ⅰ型菌株,无*cagA*基因且不表达CagA蛋白和空泡毒素的Ⅱ型菌株。Ⅰ型和Ⅱ型之间的差异主要是毒力的差异。

二、致病性和免疫性

(一) 致病物质

1. 鞭毛和尿素酶 幽门螺杆菌借助菌体螺旋状结构及鞭毛运动,穿过浓稠的黏液层,扩散至胃上皮细胞表面。尿素酶分解尿素,产生氨,中和菌体周围胃酸,有助于细菌定植。此外尿素酶分解尿素产生的氨可加重空泡样变。

2. 黏附素 幽门螺杆菌有许多不同功能的黏附素,使其能黏附到胃上皮细胞,此为致病所不可缺少的因素。由 $hpaA$、$alpA$、$alpB$、$babA$、$hopZ$ 等不同基因编码的多种蛋白质及 Lewis 抗原具有黏附素功能。

3. 脂多糖 促进幽门螺杆菌的黏附,在诱导宿主胃炎及细胞凋亡中起关键作用。

4. 毒素 目前研究最为清楚的有空泡毒素 VacA 和细胞毒素相关蛋白 CagA。VacA 在体外能诱导多种哺乳动物细胞胞质发生空泡变性,体内导致小鼠胃黏膜上皮细胞损伤和溃疡形成。约 50% 的菌株产生有活性的 VacA。CagA 无毒素活性,但与毒素的表达密切相关,大约存在于 60%～70% 的幽门螺杆菌菌株中。$cagA$ 位于毒力岛的一端与毒力岛中的 $picB$ 紧密相连,协同作用,诱导胃黏膜上皮细胞产生 IL-1β、IL-6、TNFa 及 IL-8 等,吸引炎症细胞,释放多种酶类,导致胃组织损伤。具有这两种毒素的 I 型菌毒性强,与较严重的胃十二指肠疾病相关。

幽门螺杆菌对胃酸很敏感,但仍能在胃上皮细胞表面黏附和定居,其机制是幽门螺杆菌产生的酸抑制性蛋白能阻止胃酸产生;尿素酶分解尿素产生的氨可中和胃酸;积聚的氨在细菌周围形成"氨云",同时产生 HCO_3^-,使细菌周围出现低氧和弱酸环境;蛋白酶裂解糖蛋白聚合物,破坏胃黏液;鞭毛运动使菌穿越黏液层,并借助血凝素等黏附分子,使细菌黏附于上皮细胞表面;产生的触酶等能阻止吞噬细胞的吞噬及氧化杀菌作用,均有利于细菌的生长繁殖。

(二) 所致疾病

幽门螺杆菌感染非常普遍,人是唯一肯定的传染源。传播途径尚未完全明确,推测经口-口、粪-口、胃-口及胃镜等医疗器具传播。儿童及接触幽门螺杆菌的医务工作者是感染的高危人群。

该菌为一高度适应只能生活于胃黏膜的细菌,其存在于覆盖胃黏膜的黏液内层,菌体周围微环境的 pH 为 7.0。胃窦为其定植的最佳部位。感染者大多无症状,少数人出现下列疾病。

1. 功能性消化不良 幽门螺杆菌被认为是功能性消化不良发生的一种危险因子,但对于二者之间的确切关系仍有很大争议。

2. 慢性胃炎 感染后经几天潜伏期,患者可出现急性胃酸缺乏性胃炎,同时伴有腹痛、恶心、胀气和呼吸不适等症状,持续约两周,但胃酸缺乏可持续一年。尽管产生显著的抗体反应,若治疗不彻底,感染和由感染引发的慢性胃炎、浅表性胃炎、弥漫性胃窦胃炎却可长期存在。几十年后可进展为多灶性、萎缩性胃炎,增加了导致胃癌的危险。特别是胃淋巴瘤,虽然少见,但与幽门螺杆菌的相关性却极为显著。

3. 消化性溃疡 有小部分人可发展为胃十二指肠溃疡。胃十二指肠溃疡是多因素引起的疾病,但幽门螺杆菌是最重要的致病因素,其感染是溃疡形成的先决条件,感染的清除可以使溃疡治愈,阻止复发。

4. 胃癌及胃淋巴瘤 幽门螺杆菌阳性的宿主常出现胃上皮细胞肠腺增生和异型增生,幽门螺杆菌感染时胃内亚硝胺、亚硝基化合物增多;一氧化氮的合成可致 DNA 亚硝化脱氨作用,从而有可能使细胞发生突变,诱发胃癌的发生。有报道 $cagA$ 基因阳性菌株感染的患者中,有 62% 出现萎缩性胃炎,2% 发展为胃癌,故认为 $cagA$ 基因与胃癌发生相关。在极少数情况下,致病不是发生在患者胃壁的体细胞,而是胃壁的免疫活性细胞,特别是淋巴细胞,引起淋巴性胃炎,开始为淋巴细胞浸润,继之淋巴组织增生,形成淋巴结和淋巴滤泡,构成黏膜相关淋巴组织(mucosa-associated lymphoid tissue, MALT),它的进一步恶化,导致形成 MALT 淋巴瘤。

5. 胃肠道外疾病 近年研究发现幽门螺杆菌感染与血管性疾病(如冠心病)、自身免疫性疾病(如自身免疫性甲状腺炎)、皮肤病(如血管神经性水肿、酒糟鼻)等的发生有一定的关系。

幽门螺杆菌致病的确切机制尚未完全阐明。其致病性除与其本身的致病因子有关外,还与免疫损伤有关。

(三) 免疫性

自然感染幽门螺杆菌后,在患者胃液中能检出特异性 SIgA 和 IgG。在血中可持续出现特异性的 IgG 和 IgA,且可持续半年至一年以上。但这些抗体只能作为感染或疾病的标志,对机体无保护作用。此外,还可产生多种细胞因子,但作用各不相同,有些可能对抗感染有利,而另外一些则可能与致病有关。

三、微生物学检查法

经胃镜取活检组织,同时进行尿素酶试验、组织学检查及细菌培养是诊断幽门螺杆菌感染的最可靠办法。幽门螺杆菌在胃内分布不均匀,窦部密度最大,体部次之,因此应尽量取胃窦部样本。样本直接作尿素酶试验,阳性可作幽门螺杆菌感染的初步诊断。Giemsa 或银染色亦可直接观察活检胃组织中的弯曲样细菌;同时作细菌分离,37℃微需氧培养 3~4 d,挑选可疑菌落做革兰染色,见革兰染色阴性、螺形、S 形或海鸥状细菌可初步鉴定。生化反应为氧化酶试验、过氧化氢酶试验、尿素酶试验均阳性,但马尿酸水解试验则为阴性。未作胃镜检查者,可通过尿素呼吸试验,粪便幽门螺杆菌抗原测定和血清学实验,检查幽门螺杆菌的感染。

四、防 治 原 则

目前尚无有效的预防措施,疫苗正在研究中,动物实验证实口服疫苗可预防感染,并具有根除已感染细菌的治疗作用。正在进行临床试验的疫苗有:幽门螺杆菌整菌疫苗、表达尿素酶的减毒伤寒沙门菌及重组尿素酶疫苗。迄今尚无单一药物能有效根除幽门螺杆菌,因而发展了将抗酸分泌剂或铋剂与两种抗生素联合的三联治疗法,使用的抗生素有四环素、阿莫西林、甲硝唑、替硝唑、克拉霉素等。幽门螺杆菌通过其自身染色体的突变,可对多种抗生素产生耐药,是导致幽门螺杆菌根除失败的主要原因之一。

五、幽门螺杆菌基因组

1997 年,Tomb JF 等顺利完成幽门螺杆菌 26695 菌株全基因组的测序工作。1999 年,Richard A,Alm 等人完成了 J99 菌株的测序工作。经对 26695 和 J99 基因组的比较,发现二者在基因组结构、基因顺序和编码蛋白组方面都具有极高的相似性,每一个菌株只有 6%~7% 的特异性基因,而且其中一半是聚簇在一段高变区。幽门螺杆菌基因组中具有 1 590 个左右的编码序列,通过与现有蛋白数据库的比较分析,可推测其中 1 091 个编码序列具有明确的生物学作用,所有编码基因平均长度为 945 bp,与其他原核生物相似。幽门螺杆菌基因组中包含有 36 种 tRNA,由 7 个基因簇和 12 个单拷贝基因组成。核糖体 RNA 基因由两套独立的 23S-5SrRNA 基因、两套独立的 16SrRNA 基因和一个 5S 基因组成。对幽门螺杆菌全基因组序列的分析有助于人们更深入了解幽门螺杆菌的致病性、耐酸性、抗原变异等特性。

(佘菲菲)

复习思考题

1. 简述幽门螺杆菌的传播途径及所致疾病。
2. 试述幽门螺杆菌的形态、染色和培养特点。
3. 简述空肠弯曲菌的致病性。

第十三章 厌氧性细菌

Anaerobic bacteria do not use oxygen for growth and metabolism but obtain their energy from fermentation reactions. These bacteria include *Clostridium* and nonspore-forming anaerobes. The clostridia are spore-forming anaerobic gram-positive bacilli that are found in the environment and in the gastrointestinal tracts of a large number of animals and humans. The Clostridia are commonly associated with skin and soft tissue infections, food poisoning, antibiotic-associated diarrhea and colitis. Their remarkable capacity for causing diseases is attributed to their ability to survive adverse environmental conditions through spore formation; their rapid growth in a nutritionally enriched, oxygen-deprived environment; and their production of numerous histolytic toxins, enterotoxins, and neurotoxins. The most important human pathogens are *C. tetani*, *C. perfringens*, *C. difficile*, and *C. botulinum*. Toxins produced by pathogenic clostridia are responsible for a variety of serious diseases including tetanus, gas gangrene, and botulism.

Nonspore-forming anaerobes at least include Gram-positive cocci and Gram-negative cocci and bacilli. They colonize in respiratory tract, gastrointestinal tract, and genitourinary tract of humans. Anaerobes are the predominant bacteria at each of these sites, outnumbering aerobic bacteria by 10-to 1 000-fold. The anaerobic species are also numerous, with as many as 50 different species of Gram-negative anaerobes present in these anatomical locations. Despite the abundance and diversity of these bacteria, most infections are caused by few genera such as *Bacterioides*, *Prevotella*, *Porphyromonas*, *Fusobacterium*, *Peptostreptococcus* and *Veillonella*. Among these pathogens, the most important one is *Bacteroides fragilis*, the prototypical endogenous anaerobic pathogen.

厌氧性细菌是必须在厌氧环境下才能生长繁殖的细菌,包括厌氧芽胞梭菌属和无芽胞厌氧菌。厌氧芽胞梭菌属(*Clostridium*)为革兰阳性杆菌,引起的疾病主要有皮肤、软组织感染,食物中毒,抗生素相关性腹泻及肠炎。厌氧芽胞梭菌属细菌的典型特征是:当外界环境不利的时候以休眠体芽胞的形式存在,当外界营养状况改善和厌氧条件形成之后,芽胞则出芽长成繁殖体,产生和释放细胞毒素、肠毒素、神经毒素和侵袭性酶。引起人类疾病的厌氧芽胞梭菌主要包括破伤风芽胞梭菌、产气荚膜梭菌、艰难梭菌和肉毒梭菌。

无芽胞厌氧菌包括多个属的球菌和杆菌,主要定居在人类的上呼吸道、胃肠道和泌尿生殖道。无芽胞厌氧菌大多为正常菌群的成员,与人类疾病相关的主要包括类杆菌属、普雷沃菌属、卟啉单胞菌属、梭杆菌属、消化链球菌属和韦荣球菌属。

第一节 破伤风梭菌

破伤风梭菌(*Clostridium tetani*)为创伤传染性细菌,大量存在于土壤、人和动物的肠道内,可引起破伤风。约有70%病例与急性损伤有关,23%与其他外伤相关,其余7%病例则无明显外伤史。由于免疫接种,破伤风发病率已明显下降,但值得注意的是老年人免疫力的逐渐下降、未进行免疫接种或接种不完全等都是患破伤风的危险因素。

一、生物学性状

破伤风梭菌是革兰阳性、中等细长杆菌,两端钝圆,周身有鞭毛,无荚膜,可形成芽胞。成熟的芽胞为正圆形,位于菌体顶端,芽胞大于菌体使细菌呈鼓槌状(图13-1)。严格厌氧,在琼脂平板上形成不规则

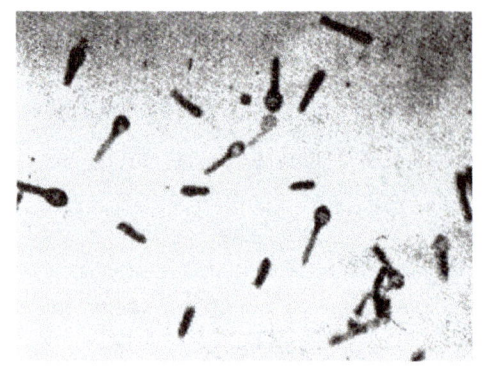

图 13-1 破伤风梭菌（×1 000 倍）

菌落，菌落周边疏松似羽毛，边缘不整齐，易在培养基表面呈迁徙生长。在庖肉培养基中，庖肉变色，腐臭味。培养时间较长或在形成芽胞后易转为革兰阴性。该菌生化反应不活泼，一般不分解糖类，也不分解蛋白质。繁殖体的抵抗力与普通细菌相似，一旦形成芽胞，则抵抗力非常强，可在土壤中生存几十年。

二、致病性和免疫性

破伤风梭菌芽胞广泛分布于自然界，可由伤口侵入人体。该菌感染的重要条件是局部厌氧微环境：深而窄的伤口，有异物或泥土污染；大面积创伤，坏死组织多，造成局部组织缺血缺氧；同时伴有需氧菌或兼性厌氧菌的混合感染，均有利于破伤风梭菌芽胞出芽繁殖。该菌的侵袭力不强，仅在伤口部位繁殖，其致病作用依赖于细菌产生的外毒素。破伤风梭菌产生破伤风痉挛毒素（tetanospasmin，TeNT）和破伤风溶血毒素（tetanolysin）两种外毒素。破伤风溶血毒素对氧敏感，功能和抗原性与链球菌溶血素 O 相似，其致病作用尚不清楚。破伤风痉挛毒素是引起破伤风的主要致病物质，毒性极强，极少量即可致人死亡。小鼠腹腔注射半数致死量（LD50）为 0.015 ng。破伤风痉挛毒素不耐热，65℃加热 30 min 即被破坏，也可被肠道中的蛋白酶所破坏。

破伤风痉挛毒素（TeNT）为神经毒素，由质粒编码，在破伤风梭菌繁殖体内首先合成分子量为 150 kDa 的毒素蛋白前体，在细菌蛋白酶的作用下切割为 50 kDa 的轻链（A 链）和 100 kDa 的重链（B 链），两条多肽链之间通过二硫键连接（图 13-2A）。轻链是毒素的毒性部分，为锌内肽酶（zinc endopeptidase）。

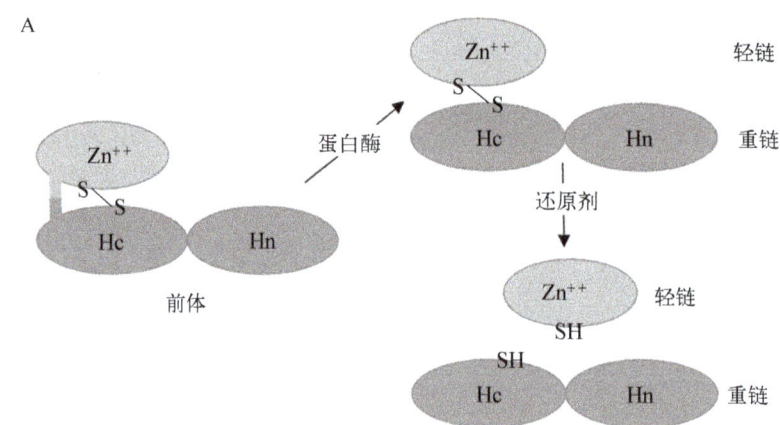

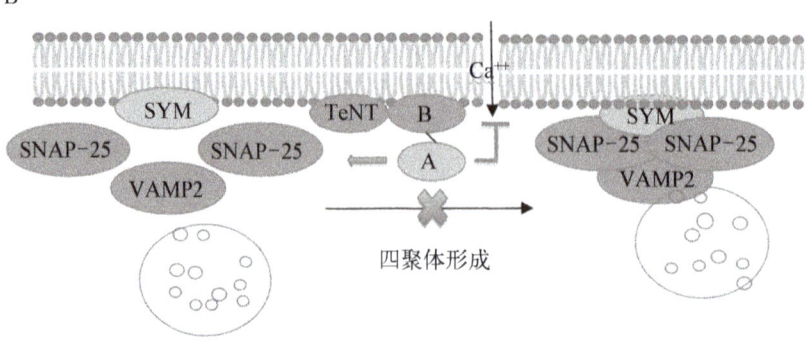

图 13-2　破伤风痉挛毒素及其作用

A. 破伤风痉挛毒素蛋白前体在细菌蛋白酶的作用下切割为轻链（L 链或 A 链）与重链（H 链或 B 链），两者通过二硫键连接。二硫键被还原后，锌内肽酶与重链分离

B. B 链通过 Hc 与神经肌接头处运动神经元细胞膜受体结合，然后内吞进入胞内，融合内体中酸性环境使 TeNT 分子变构后使 A 链也进入胞浆。具有锌内肽酶活性的 A 链（TeNT-A）可水解 SNAP-25，阻断四聚体的形成，导致抑制性中间神经元中突触小泡不能与突触前膜融合而释放抑制性神经介质

重链具有结合功能,分为 Hc 和 Hn 两部分。Hc 能与神经细胞表面受体特异性结合;Hn 有利于细胞的内化,使毒素进入神经细胞。实验证明,二硫键被还原后,锌内肽酶与重链分离,毒素毒性也随之消失,故重链与轻链必须同时存在才有毒性作用。

破伤风痉挛毒素对中枢神经系统,尤其是脑干神经和脊髓前角运动神经元有高度亲和力。毒素通过运动神经终板吸收,利用突触逆向运输进入脊髓前角细胞,上行达脑干细胞。毒素也可经淋巴吸收,通过血液到达中枢神经。在中枢神经系统,由于突触泡蛋白Ⅱ(synaptobrevinⅡ)的作用,使神经介质小泡锚于突触前膜,释放神经介质,引起正常的冲动反应(图 13-2B)。破伤风痉挛毒素的锌内肽酶能降解突触泡蛋白Ⅱ,阻断神经介质小泡的锚泊作用,从而阻止甘氨酸能中间神经元和γ氨基丁酸能神经元释放抑制性介质甘氨酸和γ氨基丁酸,致使屈肌、伸肌同时强烈收缩,造成骨骼肌强直性痉挛。

破伤风梭菌引起的疾病称为破伤风(tetanus),潜伏期为 4～5 天至几周。早期症状有流涎、出汗和激动等。典型体征是咀嚼肌痉挛造成的苦笑面容、牙关紧闭以及持续性背部肌肉痉挛引起的角弓反张。严重者因呼吸肌痉挛而窒息死亡。

由于毒性极强,极少量破伤风痉挛毒素即可致病,但尚不足以引起免疫应答;毒素与神经组织结合牢固、迅速,亦不能有效刺激免疫系统。因此,病后不会获得牢固免疫力。机体对破伤风的免疫主要是抗毒素的中和作用。抗毒素能结合游离毒素而阻断毒素入侵易感细胞,但对已与受体结合的毒素则无中和作用。注射破伤风类毒素进行人工主动免疫能有效刺激产生抗毒素。

三、微生物学检查

对破伤风的诊断主要依据病史和典型的临床症状。一般不作细菌培养,主要原因:① 即使对伤口样本做仔细的厌氧培养,结果亦常阴性。② 阳性培养并不提示细菌含有产毒质粒。③ 对有免疫力的疑似患者,细菌培养即使阳性亦未必发病。

四、防治原则

通过类毒素主动免疫和正确处理伤口可有效减少破伤风的发生。应用百白破三联疫苗(diphtheria-pertussis-tetanus,DPT)免疫儿童,可同时获得针对白喉、百日咳和破伤风三种疾病的免疫力。在中国,免疫程序为婴儿出生后 3、4、5、18 个月以 DPT 免疫 4 次,6 岁、16 岁时以白喉和破伤风疫苗(DT)各免疫 1 次。如有必要,可用破伤风类毒素加强免疫 1 次。

发生程度较严重的创伤,要及时进行清创、扩创处理,避免形成局部厌氧微环境,并注射 1 500～3 000 U 的破伤风抗毒素(tetanus antitoxin,TAT)进行人工被动免疫紧急预防。同时给予破伤风类毒素的主动免疫。抗菌治疗可采用青霉素、四环素或红霉素等。

已发病者应早期、足量应用 TAT 治疗,一般需用 $(10～20)\times10^4$ U。目前应用的 TAT 是破伤风类毒素多次免疫马得到的马血清纯化制剂,注射前应做皮肤试验以防发生超敏反应。人源破伤风免疫球蛋白(human tetanus immunoglobulin,HTIG)可避免超敏反应的发生。

第二节 产气荚膜梭菌

产气荚膜梭菌(*Clostridium. perfringens*)为人和动物肠道正常菌群,广泛分布于自然界,可引起多种疾病,也是创伤感染的重要病原菌。

一、生物学性状

产气荚膜梭菌是侵袭性很强的革兰阳性粗大杆菌,芽胞呈椭圆形,位于次级端,无鞭毛,在体内能形成明显荚膜。非严格厌氧,在有少量氧的环境中仍能生长。在 37～43℃ 培养时繁殖迅速,分裂一代仅需 8～10 min,血琼脂平板培养 24 h,菌落直径可达 2～4 mm,圆形、扁平、半透明、边缘整齐,偶见粗糙型菌落。多数菌株有双层溶血环,内环是由 θ 毒素引起的较窄的透明溶血环,外环是由 α 毒素引起的不完全溶血环(图 13-3)。在蛋黄琼脂平板上,菌落周围出现乳白色混浊圈,是由于 α 毒素分解蛋黄中卵磷脂所致;若加入 α 毒素的抗血清,可中和 α 毒素,不出现混浊,此现象称 Nagler 反应(图 13-4)。

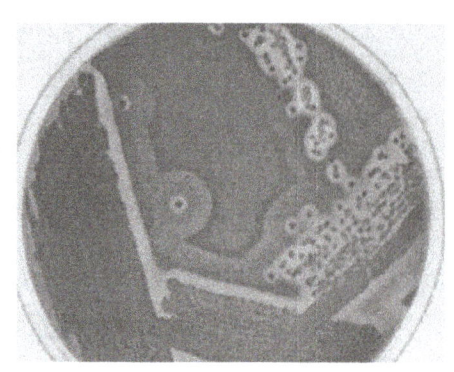
图 13-3 双层溶血现象

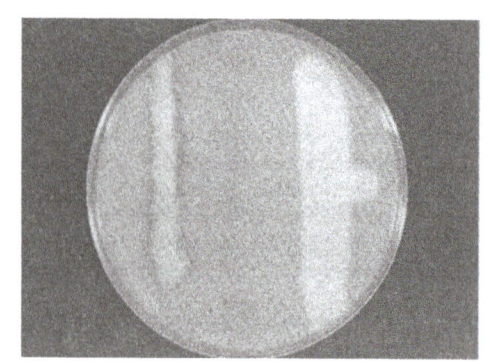
图 13-4 Nagler 反应

本菌能分解多种糖类,产酸产气。在庖肉培养基中,可分解肉渣中糖类并产生大量气体,肉渣呈淡红色。在牛乳培养基中可分解乳糖产酸,使牛奶中酪蛋白凝固,同时产生大量气体,冲散凝固的酪蛋白,并将封固液面的凡士林层上推,甚至冲掉试管口棉塞,气势凶猛,称"汹涌发酵(stormy fermentation)"。

二、致病性和免疫性

产气荚膜梭菌产生 12 种外毒素,根据对小鼠致死程度的不同,分主要毒素和次要毒素(表 13-1)。根据 4 种主要毒素(α、β、ε、ι)的抗原性不同,将本菌分为 A、B、C、D 和 E 5 个血清型。对人致病的主要为 A 和 C 型。A 型引起气性坏疽、食物中毒,C 型引起坏死性肠炎。

表 13-1 产气荚膜梭菌的毒素

毒 素	生 物 学 活 性	菌 株 型 别
主要毒素		
α 毒素	致死,卵磷脂酶,致死坏死,溶血	A～E
β 毒素	致死,坏死	B,C
ε 毒素	致死,通透酶	D
ι 毒素	致死,皮肤坏死,血管通透性增高	E
肠毒素		A,C,D
次要毒素		
δ 毒素	溶血素,致死	B,C
θ 毒素	溶血素,细胞溶素,致死	A～E
κ 毒素	胶原酶,明胶酶,坏死,致死	A～E
λ 毒素	蛋白酶	B,D,E
μ 毒素	透明质酸酶	A～E
ν 毒素	DNA 酶,杀白细胞素,溶血,坏死,致死	A～E
神经氨酸酶	N-乙酰神经氨酸,糖水解酶	A～E

α 毒素(alpha toxin)也称卵磷脂酶(lecithinase),5 个型别菌株均能产生,是气性坏疽最为重要的毒素。α 毒素能分解细胞膜上磷脂和蛋白质的复合物,破坏细胞膜,溶解红细胞、白细胞和血管内皮细胞,引起血管通透性增高。α 毒素可使血小板凝集而形成血栓。还可作用于心肌,使血压下降、心率减慢,导致休克。α 毒素注射动物体内可引起肌肉和脂肪变性、血栓性静脉炎等症状。β 毒素(beta toxin)由 B 型和 C 型细菌产生,是坏死性肠炎的致病物质。ε 毒素(epsilon toxin)由 B 型和 D 型细菌产生,引起致死性肠道疾病,并对皮肤有坏死性作用,其毒力仅次于肉毒毒素和破伤风毒素。ε 毒素前体分子经胰蛋白酶消化激活后,通过胃肠道大量吸收并随血液循环扩散到多种组织器官。ι 毒素(iota toxin)由 E 型细菌产生,有致死作用,能引起皮肤坏死和血管通透性增高。

肠毒素由 A、C 和 D 型菌株产生,肠毒素是产气荚膜梭菌芽胞的组成成分,调节肠毒素基因表达的转录因子同时控制芽胞形成基因,故肠毒素在芽胞形成过程中释放。胃肠道感染上 10^8 个产气荚膜梭菌在小肠形成芽胞过程中释放肠毒素的量可引起呕吐、腹泻和发热等症状。胰蛋白酶能促进肠毒素的活性。

在回肠和空肠,毒素插入细胞膜,改变细胞膜的通透性,影响离子的交换和水分吸收,使水和电解质大量进入肠腔,引起腹泻;亦可作为超抗原刺激淋巴细胞释放淋巴因子而致病。

感染产气荚膜梭菌后可引起多种疾病。

(一) 气性坏疽

气性坏疽(gas gangrene)以组织坏死、水气肿、全身中毒为特征。通常包括几种菌混合感染,最多见的是产气荚膜梭菌(60%~90%),其次是水肿杆菌(30%~40%)和败血杆菌(10%~60%)。此外还有溶组织梭菌、索氏梭菌和双发酵梭菌等。常见于战伤、大面积开放性骨折及软组织损伤,同时伴有创口的污染。局部缺血缺氧、组织坏死及坏死组织自溶产生的半胱氨酸和色氨酸均可刺激芽胞发芽及细菌的生长繁殖。感染8~48 h后,细菌产生大量毒素和酶类,分解肌肉组织中的糖类,产生大量气体,形成组织气肿,挤压软组织和血管,影响血液供应,引起肌肉坏死。由于血管通透性增高,导致扩散性水肿。水气夹杂在组织中,触摸有捻发音。大量组织坏死产生腐败性恶臭。毒素和组织坏死的毒性产物吸收入血,引起毒血症、休克,出现全身中毒症状,病死率高达40%~100%。

该菌也可由肠穿孔或子宫破裂进入腹腔或盆腔引起感染,还可由侵入部位转移至内脏,成为转移性气性坏疽,多见于产后感染。

(二) 食物中毒

食物中毒主要由产肠毒素的A型菌株引起。因食入被该菌大量污染的食物而发病,一般在食后6~18 h后突发腹痛、水样腹泻等症状,多为自限性感染,1~2 d自愈,严重者亦可致死。在欧洲,产气荚膜梭菌是食物中毒较常见的病原菌,发病率仅次于沙门菌食物中毒。在我国,产气荚膜梭菌食物中毒报道较少。

(三) 坏死性肠炎

坏死性肠炎是产气荚膜梭菌C型菌株所致,致病物质为β毒素。潜伏期约24 h,起病急,有剧烈腹痛、腹泻、肠黏膜出血性坏死伴有血粪。可并发肠梗阻和肠穿孔,病死率高达40%。以儿童为多见,常见于食入被该菌大量污染而烹调不当的猪肉引起。

三、微生物学检查

气性坏疽病情严重,发展迅速,须及早做出诊断,直接涂片染色对临床早期诊断有极大的价值。从疑似患者创口深部取材涂片染色镜检,见革兰阳性粗大杆菌,有荚膜,白细胞较少,伴有其他杂菌,是气性坏疽样本涂片的特点。早期正确诊断可使患者避免截肢及死亡。分离培养应取坏死组织制成悬液,接种于相应培养基作厌氧培养,观察生长状况,培养物涂片镜检,并根据生化反应鉴定。Nagler反应用于鉴定卵磷脂酶,血平板观察细菌是否有双层溶血现象。必要时做动物实验,取培养物作静脉注射,10 min后杀死,37℃放置5~8 h,如动物出现躯体膨胀,解剖见泡沫肝时,应取内脏涂片镜检并再次作细菌分离培养。

疑为产气荚膜梭菌食物中毒,应取剩余食物或粪便作细菌学检查。诊断标准为菌落形成单位(colony-forming unit, cfu)。粪便中 $>1\times10^5$ 个/g,或食物中 $>10^6$ 个/g。亦可使用ELISA等方法直接检出肠毒素。

四、防治原则

预防主要是伤口及时清创,避免形成局部的厌氧环境。患者需严格隔离,所用器材及敷料均需彻底灭菌。感染局部应尽早清除坏死组织,必要时截肢以防止病变扩散。早期可用多价抗毒素及大剂量青霉素治疗。高压氧舱法治疗,可提高血液和组织中的氧含量,抑制厌氧菌的生长和毒素的产生,控制病情发展。目前临床还没有可用的类毒素制剂。

第三节 肉毒梭菌

肉毒梭菌(*Clostridium botulinum*)主要存在于土壤中,产生毒性极强的外毒素,引起食物中毒、婴儿肉毒病和创伤肉毒中毒。

一、生物学性状

肉毒梭菌是革兰阳性粗短杆菌,单独或成双存在,可见短链状排列。有周身鞭毛,有芽胞,无荚膜。

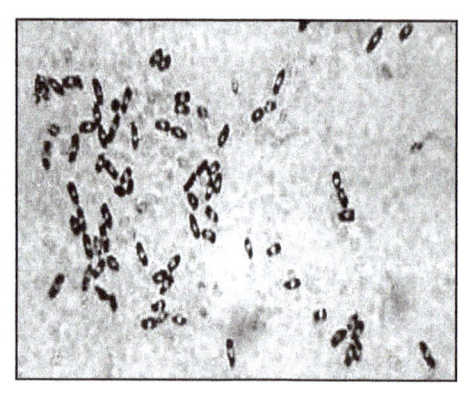

图 13-5 肉毒梭菌(×1 000)

芽胞椭圆形,大于菌体,位于次极端,使细菌呈汤匙状或网球拍状(图 13-5)。严格厌氧,血平板上长成 2~6 mm 不规则菌落,有乙型溶血。

二、致病性和免疫性

肉毒梭菌的致病物质是肉毒毒素,根据毒素的抗原性不同,将细菌分为 A、B、C、D、E、F、G 7 个型,各型毒素只能由同型抗毒素中和。A、B、E 型(偶见 F 型)与人类肉毒中毒有关,A 型和 B 型肉毒梭菌广泛存在于污染的各类肉食品中,而 E 型肉毒梭菌主要存在于污染的鱼制品中。C 型肉毒梭菌主要引起禽类的肉毒病,D 型肉毒梭菌主要引起哺乳动物的肉毒病。E 型和 F 型肉毒梭菌与婴儿肉毒病有关。C 型和 D 型毒素由噬菌体感染肉毒梭菌后经溶原性转换产生,G 型则由质粒基因编码产生,其余毒素均由细菌染色体 DNA 编码产生。肉毒毒素毒性最强,比氰化钾(KCN)强 1 万倍,对人致死量约 0.2 μg。小鼠经腹腔注射,LD_{50} 为 0.006 25 ng。

肉毒毒素分子质量为 150 kDa,一条重链(100 kDa)与一条轻链(100 kDa)通过二硫键相连接,重链为结合部分,轻链为毒性部分。在菌体内形成无毒的前体毒素,细菌死亡自溶后,前体毒素游离出来,经肠道胰蛋白酶或细菌产生的蛋白酶作用,解离出有毒性的肉毒毒素。前体毒素对酸和消化道酶均有较强的抵抗力,经胃液作用 24 h 也不被破坏,故可被胃肠吸收。100℃加热 20 min 可破坏肉毒毒素。

肉毒毒素是神经毒素,通过胃肠道吸收后,经血流作用于外周神经肌接头处,通过重链与突触前膜神经节苷脂结合,阻止胆碱能神经末梢释放乙酰胆碱,影响神经冲动的传递,导致肌肉弛缓性麻痹。肉毒中毒潜伏期短,为 18~24 h 从乏力、头痛等不典型症状逐渐发展为眼肌、咽部肌肉和膈肌麻痹,表现为复视、斜视、眼睑下垂、吞咽咀嚼困难、呼吸困难,少见肢体麻痹,重者死于呼吸衰竭。

肉毒梭菌引起的临床疾病主要包括以下几种。

(一) 食物中毒

食物在制作过程中污染了肉毒梭菌芽胞,在厌氧环境下细菌发芽繁殖,产生毒素,摄入后引起中毒。国外肉毒中毒以罐头、香肠、腊肉制品为主,国内多以发酵豆制品、发酵面制品为主。临床表现主要为运动神经末梢麻痹,很少见有胃肠症状。

(二) 婴儿肉毒症

多见于 1 岁以下幼儿,由于幼儿肠道内缺乏拮抗肉毒梭菌的正常菌群。食入被肉毒梭菌芽胞污染的蜂蜜等食品后,芽胞在肠内发芽繁殖,产生的毒素被吸收而中毒。表现为便秘、吮乳无力、吞咽困难、眼睑下垂、全身肌张力减退,病死率为 1%~2%。

(三) 创伤肉毒中毒

伤口污染肉毒梭菌芽胞,产生的毒素经吸收而出现中毒症状。多由 A、B 型所致,潜伏期较长,发病率低。肉毒梭菌感染后机体的免疫特点与破伤风梭菌相似。

三、微生物学检查与防治原则

将呕吐物、可疑食物、粪便等样本煮沸 1 h 杀死细菌繁殖体,进行厌氧分离培养并检测毒素。患儿粪便中检出细菌和毒素是婴儿肉毒症最可靠的诊断依据。应加强食品的卫生管理监督。尽早诊断,尽早使用 A、B 和 E 三价抗毒素治疗,同时应加强护理和对症治疗。

另外,微量的肉毒毒素可用于皮肤去皱和治疗肌张力亢进、难以治愈性疼痛病等。多次注射微量肉毒毒素,可以导致肌肉产生废用性萎缩和麻痹。纯化的肉毒毒素的毒力极强,是潜在的生物恐怖因子或生物战剂。肉毒毒素比较稳定,通过食物和水导致的消化道中毒不易早期发现。因此,提高公民防范意识和储备足量抗毒素有必要。

第四节 艰难梭菌

1935 年,Hall 等首先描述一种厌氧菌,因其分离培养十分困难而命名为艰难梭菌(*Clostridium difficile*)。

1977年在抗生素相关腹泻的粪便样本中发现该细菌产生的毒素,并证明该毒素与艰难梭菌感染有关。

一、生物学性状

艰难梭菌为革兰阳性粗大杆菌,无荚膜,有芽胞。芽胞为卵圆形,位于次极端。对氧极为敏感,在选择培养基经48 h培养后,菌落直径为4~6 mm,凸起透明或灰白色。艰难梭菌能发酵乳糖,水解七叶灵和液化明胶,卵磷脂酶和酯酶试验均阴性,不产生吲哚。

二、致病性与免疫性

艰难梭菌有毒素A、毒素B、透明质酸酶和黏附因子等多种毒力因子。毒素A为肠毒素,引起肠液分泌,损伤黏膜。毒素B为细胞毒素,使腺苷二磷酸核糖(ADPR)转移至Rho蛋白,核糖基化的Rho蛋白失去聚合功能,使F肌动蛋白解聚,引起黏膜损伤及假膜形成。约60%儿童和成人血清含有抗毒素。在复发性腹泻的儿童中,IgG抗毒素的水平较正常儿童为低,提示低水平IgG与疾病的复发有关。成人结肠分泌性IgA可阻止毒素与上皮细胞的结合,阻断艰难梭菌感染。

艰难梭菌感染可以是外源性感染(多见于医院内感染),亦可以是内源性感染(抗生素治疗后,产毒株过度生长)。抗生素相关腹泻(antibiotic-associated diarrhea, AAD)发生在抗生素使用后不久或几周后,轻者主要表现为轻度至中度腹泻,有时伴下腹痛。无假膜的结肠炎可表现为重度腹泻、腹痛和腹胀。假膜性结肠炎(pseudomembranous colitis)除腹痛外,腹部有触痛,伴严重的全身症状。临床治疗应停用相关抗生素,甲硝唑或万古霉素可阻止病情发展。

三、微生物学检查

艰难梭菌为严格厌氧菌,常规厌氧培养不易成功。其专用选择培养基CCFA中环丝氨酸和头孢西丁能抑制大多数肠杆菌科细菌、粪链球菌、葡萄球菌、厌氧无芽胞革兰阴性杆菌和某些梭菌的生长。典型菌落转种庖肉培养基进行纯培养,做进一步的鉴定试验和毒素测定。粪便标本和细菌培养上清过滤后,可进行细胞毒性试验、家兔肠袢试验及动物致死试验等检测艰难梭菌的肠毒素或细胞毒素。

第五节 无芽胞厌氧菌

在细菌感染中,约60%有厌氧菌参与,其中90%为无芽胞厌氧菌。该类细菌对氧环境极为敏感,多为内源性混合感染,对氨基糖苷类抗生素等药物不敏感,致使造成诊断和治疗上的困难。

无芽胞厌氧菌包括革兰阳性和革兰阴性球菌和杆菌,广泛分布于人体的皮肤、口腔、胃肠道和泌尿生殖道,是正常菌群的重要组成部分,是其他非厌氧菌的10~1 000倍。表13-2列举了人类的主要无芽胞厌氧菌群。

表13-2 主要无芽胞厌氧菌属及其分布

无芽胞厌氧菌	革兰染色	皮肤	口腔	胃肠道	泌尿生殖道
双歧杆菌属 Bifidobacterium	+	−	+	+	+
优杆菌属 Eubacterium	+	−	+	+	+
乳杆菌属 Lactobacillus	+	−	+	+	+
丙酸杆菌属 Propionibacterium	+	+	+	+	+
粪球菌属 Coprococcus	+	−	−	+	−
消化球菌属 Peptococcus	+	+	−	+	+
消化链球菌属 Peptostreptococcus	+	+	+	+	+
类杆菌属 Bacteroides	−	−	+	+	+
梭杆菌属 Fusobacterium	−	−	+	+	+
卟啉单胞菌属 Porphyromonas	−	−	+	+	+
普雷沃菌属 Prevotella	−	−	+	+	+
韦荣球菌属 Veillonella	−	−	+	+	−

一、生物学性状

无芽胞厌氧菌种类繁多,生物学性状各异,常见的无芽胞厌氧菌感染主要有脆弱类杆菌、产黑素普氏菌、卟啉单胞菌、具核梭杆菌和消化链球菌,约占临床厌氧菌感染的2/3。

(一) 脆弱类杆菌

脆弱类杆菌(Bacterioides fragilis)是革兰阴性脆弱类杆菌组的细菌,胆汁能刺激该组细菌生长。染色时,细菌两端圆而浓染,中间不染色或染色较浅,似有空泡。在血平板上培养,菌落圆形微凸,直径1～3 mm,表面光滑,边缘整齐。

脆弱类杆菌为肠道的正常菌群,其粪便中含量为$1×10^{11}$个/g,主要引起腹腔脓肿、败血症等,常与消化链球菌、厌氧芽胞梭菌、兼性厌氧菌等混合感染。

(二) 产黑素普氏菌

产黑素普氏菌(Prevotella melaninogenica)归类于普雷沃菌属,是一群分解糖产黑色素的革兰阴性球杆菌,20%胆盐能抑制该菌生长。细菌排列成双或成链,两端圆,中间似空泡。菌落直径为0.5～1 mm,圆形微凸,表面光滑,边缘整齐,开始为灰白色,以后逐渐呈黑色。在兔血平板上,容易出现乙型溶血。

产黑素普氏菌主要定居在口腔和肠道,是上呼吸道混合感染中最常见的分离菌株,也与脑脓肿、肺脓肿及盆腔炎症性疾病有关。

(三) 卟啉单胞菌属

卟啉单胞菌属(Porphyromonas)与人类有关的主要有三个菌种,为产色素不分解糖的革兰阴杆菌或球杆菌。在血平板上,菌落凸起,表面光滑,边缘整齐,产生棕色或黑色色素。在色素产生前,用波长366 nm的紫外线灯照射,可产生橘红色荧光,这是该菌产生原卟啉之故。

卟啉单胞菌主要定居于口腔和肠道,是牙周炎、牙脓肿的病原体,也常在乳房、腋窝、肛门和男性泌尿生殖道中检出。

(四) 具核梭杆菌

具核梭杆菌(Fusobacterium necleatum)归类于具梭杆菌属(Fusobacterium),为革兰阴性杆菌,菌体两端尖中间膨大,尖端对尖端呈双排列。菌落直径1～2 mm,扁平伴有不平整表面,或面包屑样菌落。核梭杆菌定居于口腔和肠道,在正常菌群引起的混合感染中,经常分离出该类细菌。

(五) 消化链球菌属

消化链球菌属(Peptostreptococcus)有13个菌种,革兰阳性球菌,短链或长链排列,亦有成堆分布。在血平板上形成圆形凸起菌落,边缘整齐,一般不溶血,是口腔、肠道和阴道的正常菌群。涉及全身各部位的混合感染,在女性泌尿系统感染中,约1%为单一的消化链球菌感染。

二、致病性

近年来,由于厌氧菌感染诊断技术的不断改进,无芽胞厌氧菌分离培养阳性率明显提高。无芽胞厌氧菌感染需要特定的致病条件,且其感染特征和感染类型亦不同于厌氧芽胞梭菌。

(一) 致病条件

无芽胞厌氧菌感染都为内源性感染,属机会致病菌(opportunistic pathogen)。

(1) 组织的损伤和坏死、局部的血供障碍或需氧菌感染造成局部缺氧,均有利于厌氧菌的生长繁殖,引起化脓性感染。

(2) 移位至无菌部位,引起深部脓肿、腹膜炎、脑膜炎和败血症等。细菌在定植部位不能过度生长,一旦进入其他部位,则成为优势菌。如脆弱类杆菌占结肠正常菌群比例小于1%,但移位至腹腔,则能迅速生长繁殖,引起化脓性炎症。

(3) 机体免疫功能低下或菌群失调。

(二) 感染特征

无芽胞厌氧菌感染多呈慢性过程。主要感染特征如下。

(1) 临床迹象预示无芽胞厌氧菌感染:① 脓液、分泌物有恶臭(厌氧菌代谢产生短链脂肪酸)。② 脓液等涂片染色镜检发现细菌,而常规培养未分离出病原菌。③ 感染组织中出现气体(CO_2和H_2)。④ 与组织坏死和深部脓肿相关的感染、血栓性静脉炎和心内膜炎等。

(2) 常规的氨基糖苷类抗生素治疗无效。

(3) 多种细菌的混合感染,包括需氧菌、兼性厌氧菌和厌氧菌的混合感染,少至2～3种,多则可达10种以上细菌。

(三) 感染类型

无芽胞厌氧菌感染无特定的临床表现,可累及全身各种器官和组织。

1. 呼吸道感染 感染可发生于呼吸道的任何部位,厌氧菌的肺部感染发生率仅次于肺炎链球菌性肺炎。常见的为普雷沃菌、卟啉单胞菌、梭杆菌和类杆菌。

2. 脑脓肿 脑厌氧菌感染与慢性鼻窦炎和中耳炎有关。多数细菌自鼻窦和中耳侵入脑组织。脑脓肿特征为多种细菌混合感染,常见的是普雷沃菌、卟啉单胞菌、梭杆菌、消化链球菌和需氧球菌。

3. 腹腔感染 仅有几种厌氧菌能引起腹腔感染,最常见的是脆弱类杆菌,其他较为重要的有其他类杆菌和产黑素普氏菌。

4. 女性生殖道感染 包括盆腔炎症或脓肿、子宫内膜炎、手术伤口感染等。上述感染中最重要的为普雷沃菌,而脆弱类杆菌经常参与脓肿的形成。

5. 败血症 近年来厌氧菌所致败血症的发病率有下降的趋势,可能归因于广谱抗生素的广泛应用。血培养中经常分离出的厌氧菌多为脆弱类杆菌和某些梭杆菌。

6. 其他 口腔感染主要由梭杆菌和普雷沃菌等引起。皮肤和软组织感染常与脆弱类杆菌有关。

有关无芽胞厌氧菌的免疫特性目前了解不多。脆弱类杆菌感染动物模型研究发现厌氧菌感染可产生非血清依赖的趋化因子吸引多核细胞聚集,而细菌的荚膜具有抑制相应抗体和补体调理的吞噬作用。抗体或T细胞被动转移可防止感染动物腹部脓肿的形成。

三、微生物学检查

疑为厌氧菌感染的样本直接涂片染色镜检,见有染色浅、不规则的多形态细菌,可做出初步推断。无芽胞厌氧菌分离培养的成功率取决于如下因素:① 无菌收取样本,避免杂菌污染。② 样本置运输培养基,避免氧气引起细菌死亡。③ 迅速送检、及时接种特殊培养基。④ 保证厌氧培养条件。⑤ 因多为混合感染,故使用选择培养基以分离有意义的细菌。

四、防治原则

外科清创引流和抗生素等综合治疗措施。对分离株进行抗生素敏感性试验,指导临床正确选用药物。万古霉素治疗革兰阳性厌氧菌感染。氯林可霉素和甲硝唑可治疗类杆菌和其他革兰阴性厌氧菌所致感染。

(叶荣 程训佳)

复习思考题

1. 专性厌氧菌有什么特点?
2. G^+需氧芽胞菌有哪些?
3. 哪些伤口最易发生厌氧芽胞菌感染?为什么?
4. 哪些厌氧菌可能导致非炎性腹泻?
5. 哪些是牙周脓肿最常见的病原菌?
6. 肉毒毒素的生物学特性有哪些?
7. 神经毒素有哪些?其生物学特性是什么?
8. 试述破伤风梭菌的致病条件、致病机制和破伤风的防治原则。
9. 什么是"汹涌发酵"和Nagler反应?
10. 试比较破伤风痉挛毒素与肉毒毒素的作用机制。

第十四章 棒状杆菌属

Many members of the genus *Corynebacterium* are members of the normal flora of skin and mucous membranes of humans. Other corynebacteria are found in animals and plants. *Corynebacterium diphtheriae* is the most important member of the group, as it can produce a powerful exotoxin that causes diphtheria in humans.

C. ulcerans and *C. pseudotuberculosis* are closely related to *C. diphtheriae* and may carry the diphtheria *tox* gene.

Other species in the nonlipophilic fermentative group include *C. xerosis*, *C. striatum*, *C. minutissimum*, and *C. amycolatum*.

棒状杆菌属(*Corynebacterium*)细菌是一群革兰阳性杆菌,种类多,广泛分布于动植物中,常寄生在人体皮肤、上呼吸道和泌尿生殖道黏膜等处;大多细菌为非致病菌或条件致病菌,与人类有关的主要有白喉棒状杆菌、假白喉棒状杆菌和微小棒状杆菌等。其中白喉棒状杆菌(*C. diphtheriae*)俗称白喉杆菌,是本菌属中唯一重要的人类致病菌,能产生强烈的外毒素,继而引起白喉病。

第一节 白喉棒状杆菌

一、生物学性状

(一) 形态与染色

菌体细长微弯曲,革兰染色阳性,但易于褪色,排列不规则,常排列成 V、Y 和 L 等字形。该菌典型特征为菌体一端或两端膨大呈棒状,用亚甲蓝染色,菌体着色不均匀,平均每个菌细胞内出现 2~3 个深染的颗粒,此点具有特征性。用 Neisser 或 Albert 染色法染色,颗粒的着色与菌体的着色明显不同,称为异染颗粒(metachromatic granule),主要成分是核糖核酸和多偏磷酸盐,在鉴定时有重要意义(图 14-1),但细菌衰老时因消耗而不明显。

(二) 培养特性

需氧或兼性厌氧。在含全血或含血清的培养基中,于 37℃ 生长良好。在 Loeffler 血清斜面培养基(一种选择性培养基)上生长快速,形态典型,异染颗粒明显。含有 0.03%~0.04% 亚碲酸钾($K_2TeO_2 \cdot 3H_2O$)血琼脂平板为白喉棒状杆菌的鉴别选择培养基,细菌生长后能吸收碲盐还原为元素碲,使菌落呈黑色。进一步可根据菌落的形态、大

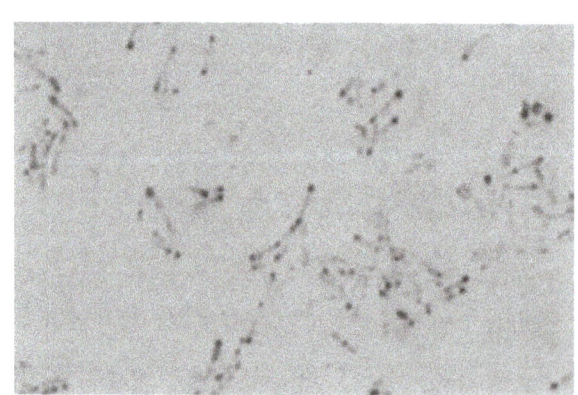

图 14-1 白喉棒状杆菌

Albert 法染色,可见异染颗粒(×1 200)

小及颜色将白喉棒状杆菌分成轻、中、重三个生物型,不同生物型的细菌在生长特征、生化反应及所致疾病的严重程度方面表现不同。此外,亚碲酸钾也能抑制样本中其他杂菌的生长。与棒状杆菌属其他细菌的鉴别主要依赖于糖发酵、过氧化氢酶、尿素酶等生化反应。

(三) 抵抗力

该菌对湿热抵抗力不强,一般 58℃ 10 min 或煮沸 1 min 即可被杀死,但对干燥、寒冷的抵抗力较其他无芽胞菌强,在衣服、床单、玩具上可存活数天或数周。对一般消毒剂敏感。对抗生素有不同的敏感

性,对青霉素、氯霉素、红霉素敏感;但对磺胺、卡那霉素、庆大霉素不敏感。

二、致病性与免疫性

(一) 致病因素

白喉棒状杆菌的主要致病物质是白喉外毒素,为β棒状噬菌体的 tox 基因所编码,白喉棒状杆菌本身的基因组中并不存在该毒素的编码基因。当β棒状噬菌体感染白喉棒状杆菌后使宿主菌发生溶原性转换,则无毒的白喉棒状杆菌获得产生白喉外毒素的能力而转变成有毒株。体外实验中发现该毒素的产生受铁离子浓度的影响。培养基中能使毒素产生的最适铁离子浓度为 0.14 μg/ml,若铁离子的浓度达到 0.5 μg/ml,则能抑制白喉外毒素的产生。体外其他影响毒素产生的因素还包括渗透压、氨基酸的浓度、pH,以及充足的碳源和氮源。机体内如何控制毒素产生的因素尚不清楚。

白喉外毒素是一种由 535 个氨基酸残基组成的 A-B 型毒素。用胰蛋白酶水解毒素分子后,因二硫键断裂,使 A、B 亚单位裂解成两个片段。B 片段本身无毒性,但能通过肽链上 C 端的受体结合区与易感细胞膜上的受体相结合,其 N 端的转位区嵌入细胞膜脂质双层形成管道促进 A 片段进入细胞内发挥毒性作用。机体多种细胞膜上具有白喉外毒素 B 片段的受体,如神经细胞、心肌细胞及腺体细胞等,因而这些组织部位易受毒素损伤。A 片段是毒素的毒性部分,具有酶活性。但单一的 A 片段不显示毒性,A 片段必须与 B 片段结合才能发挥毒性作用。A 片段能抑制真核细胞蛋白质合成过程中转位步骤所必需的肽链延长因子(elongation factor,EF)的活性。细胞蛋白质合成与 EF-1 和 EF-2 有关,EF-1 能使氨基酰-tRNA 与核糖体结合,EF-2 的作用在于转位,能不断地将肽基-tRNA 在核糖体上由受位转移至供位,使肽链不断延长至所需长度。白喉外毒素的 A 片段能将氧化型的烟酰胺腺嘌呤二核苷(NAD^+)水解为烟酰胺及腺嘌呤二磷酸核糖(ADPR)两部分,并可催化 EF-2 与 ADPR 共价结合,成为无活性的复合物,使 EF-2 失去转位活性,蛋白质合成过程因而中断,引起细胞病变。白喉外毒素对多种哺乳动物的细胞有致死毒性,如豚鼠、家兔、猴、人类等细胞均对白喉毒素敏感,皮内注射微量毒素便能出现明显的发红或坏死,致死量约为 0.1 μg/kg。随着对白喉外毒素研究的深入,现已将白喉外毒素试用于治疗某些疾病。如将白喉毒素或其 A 片段与抗肿瘤细胞的抗体结合,借助抗体的特异性将毒素带至肿瘤细胞处杀伤肿瘤细胞,被称为免疫毒素。

(二) 所致疾病

感染源是白喉患者或带菌者。白喉棒状杆菌可存在于假膜、鼻及鼻咽分泌物中,主要通过呼吸道传播,也可通过污染的物品如玩具等传播。

白喉棒状杆菌侵入易感者上呼吸道,在鼻咽部等处黏膜上局部繁殖,产生外毒素,引起感染的局部黏膜上皮细胞坏死、血管扩张、白细胞和纤维蛋白渗出、形成灰白色的假膜(图 14-2),导致白喉病。临床上常见有咽白喉、喉白喉,也可发生鼻白喉等。若假膜病变扩张至喉、气管内,或假膜脱落可致气管阻塞,导致呼吸困难甚至窒息。细菌多在局部繁殖,一般不侵入血流,但细菌产生的外毒素可吸收入血形成毒血症。毒素与心肌、肾上腺、外周神经如支配咽肌、腭肌的神经细胞结合,造成这些细胞损伤,导致心肌炎、软腭麻痹、声嘶、肾上腺功能障碍和血压下降等临床中毒症状。此外,白喉棒状杆菌还可侵犯眼结膜、外耳道损伤皮肤或阴道黏膜等。

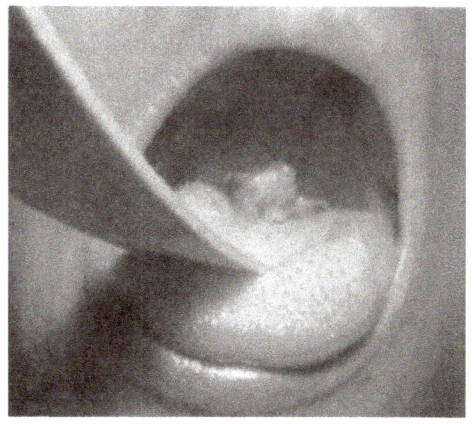

图 14-2 咽部白喉假膜(咽白喉)

(三) 免疫性

白喉的免疫力主要靠抗毒素中和外毒素的作用,从而阻止白喉毒素进入细胞。自然感染和人工预防接种均可使机体获得特异性免疫力。人群有无免疫力可用锡克试验(Schick test)测定。该试验以一定浓度的白喉外毒素(0.1 ml 内含 1/50 豚鼠最小致死量)注入受试者一侧前臂皮内,于 24~48 h 开始出现红肿,直径 1~3 cm,4~7 d 达高峰,为阳性反应,说明机体内无特异性抗毒素存在,该受试者对白喉无免疫力;若不出现反应,为阴性反应,说明体内有特异性抗毒素存在,受试者对白喉有免疫力。为鉴别由白喉毒素引起的超敏反应,通常在对侧前臂注入加热灭活的外毒素,于 6~18 h 出现红肿,1~2 d 消退。由于锡克试验仅用做检测体内有无白喉抗毒素的存在,且所需时间长,现已很少采用。为了更简便快速,目前有人应用白喉毒素致敏的红细胞作凝集试验来测定血清中的抗毒素水平。

三、微生物学检查法

白喉的微生物学检查包括细菌学检查和细菌毒力试验两个方面。因白喉是一种严重的急性传染病,对可疑的白喉患者,临床上应立即给予抗毒素、抗生素及其他紧急治疗,并同时进行实验室检查以确诊。

(一)细菌学检查

样本应在临床应用抗生素之前采取。用无菌棉拭子从鼻、咽、喉等可疑病变处的边缘部位取材,直接涂片,应用亚甲蓝等方法染色后镜检,根据白喉棒状杆菌的特殊形态可做出初步判断。由于样本直接涂片检查的阳性率有限,应同时将样本接种于 Loeffler 血清斜面(或鸡蛋斜面培养基)以及亚碲酸钾血琼脂平板进行培养。如样本不能及时接种,应将棉拭子保存于带血清的湿盒内送检。经培养 12～18 h 后,可取 Loeffler 血清斜面上的培养物作涂片染色,观察典型的白喉棒状杆菌;亚碲酸钾血琼脂培养基经培养 36～48 h 后,可见到黑色或灰黑色的菌落。

(二)毒力试验

经分离培养发现的白喉棒状杆菌应进行毒力试验,以鉴定分离出的细菌是否能产生外毒素。可采用下列方法之一进行。

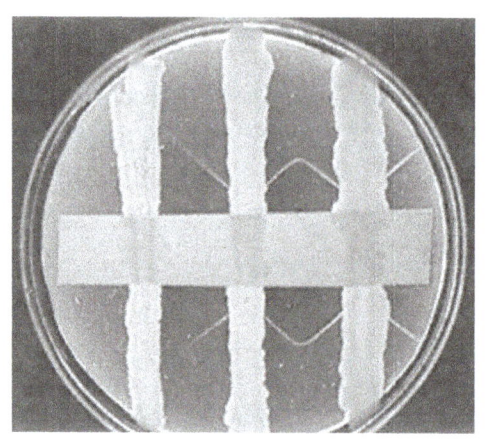

图 14-3 Elek 平板毒力试验法

1. **动物试验** 取体重 250 g 的豚鼠 2 只,其中一只于试验前 12 h 由腹腔注射白喉抗毒素 250 U 作为对照,然后 2 只豚鼠均皮下注射 4 ml 从 Loeffler 血清斜面上洗脱的待检菌培养物,若 2～3 d 后未注射抗毒素的豚鼠死亡,而对照组动物存活,则说明待检菌产生白喉外毒素。

2. **Elek 平板法** 在含血清的琼脂平板中央贴上一条浸有白喉抗毒素血清的滤纸条,将待检菌垂直划过滤纸条接种。培养 48 h 后,如待检菌产生外毒素,则毒素扩散与扩散至培养基中的抗毒素特异性结合形成白色的沉淀线(图 14-3)。

3. **协同凝集试验** 用吸附有白喉抗毒素的 SPA 试剂检测待检菌培养物上清,如有白喉外毒素存在,即可与 SPA-IgG 结合,出现可见的凝集反应。

四、防治原则

白喉的特异性预防有人工主动免疫及人工被动免疫两种。由于白喉主要为细菌产生的外毒素所致,因此注射白喉类毒素进行人工主动免疫是预防白喉的主要措施。目前国内外均应用有白喉类毒素、百日咳疫苗和破伤风类毒素三种成分混合制成的百白破三联疫苗(DPT triple vaccine)对儿童进行免疫接种。所有儿童均应接受初次和加强免疫接种,于出生后 3 月龄初种,4 月龄、5 月龄再各接种一次,2 岁时加强注射一次,以后每 5 年加强免疫一次。对成人的加强免疫仅用白喉和破伤风类毒素(Td toxoids)注射。对与患者密切接触的易感儿童,应立即注射白喉抗毒素 1 000～3 000 U 作紧急预防。

抗毒素是治疗白喉的主要手段,但需要在症状出现的 48 h 内,外毒素未进入心脏、肾脏等组织时才会有效。用抗毒素治疗的原则是早期、足量。若白喉外毒素已与细胞结合,抗毒素则不能中和毒素的毒性作用。一般用 20 000～100 000 U 抗毒素肌肉或静脉注射,注射前应做皮肤试验以防发生超敏反应,阳性者进行脱敏疗法。抗生素常用青霉素、红霉素等,以抑制局部细菌生长,避免继发感染和出现带菌者。

第二节　其他棒状杆菌

棒状杆菌属除白喉棒状杆菌外,还有一些形态类似白喉棒状杆菌的细菌,寄生于人或动物鼻腔、咽喉、外耳道、眼结膜、外阴和皮肤等处,统称为类白喉棒状杆菌。这类细菌种类多,菌体较粗短,着色较均匀,很少有异染颗粒,绝大多数不产生外毒素,多为条件致病菌。人体常见类白喉棒状杆菌的种类及所致疾病见表 14-1。此外，另有一种短小棒状杆菌（C. pavum）具有佐剂作用，可用做免疫增强剂。

表 14-1 人体常见的类白喉棒状杆菌及所致疾病

种　　类	存 在 部 位	所 致 疾 病
溃疡棒状杆菌 C. ulcerans	咽喉	急性咽炎、假膜形成
结膜干燥棒状杆菌 C. xerosis	眼结膜、皮肤	机会感染
痤疮棒状杆菌 C. acnes	皮肤	痤疮或粉刺
阴道棒状杆菌 C. vaginale	阴道、尿道	非特异性阴道炎、尿道炎
假白喉棒状杆菌 C. pseudodiphtheriticum	鼻咽腔	心内膜炎、机会感染
解脲棒状杆菌 C. urealyticum	泌尿道	尿道感染、附睾炎、肾结石
假结核棒状杆菌 C. pseudotuberculosis	皮肤	亚急性或慢性淋巴结炎
微小棒状杆菌 C. minutissimum	皮肤角质层	皮肤红斑
溶血棒状杆菌 C. haemolyticum	皮肤、口咽腔	咽炎、慢性皮肤溃疡

（王明丽）

复习思考题

1. 简述白喉棒状杆菌的形态、染色、致病物质及所致疾病。
2. 对一名疑为白喉患者应如何进行微生物学检测与鉴定？
3. 简述白喉的特异性防治方法。

第十五章 分枝杆菌属

The genus *Mycobacterium* consists of nonmotile, non-spore-forming, aerobic rods that are (0.2～0.6)～(1～10) μm in size. The bacilli occasionally form branched filaments, but these can be readily disrupted. The cell wall is rich in lipids, making the surface hydrophobic and the mycobacteria resistant to many disinfectants, as well as to common laboratory stains. Once stained with hot carbol fuchsin or other arylmethane dyes, the bacilli can not be decolorized with acide solutions; hence the name acid-fast bacteria. Because the mycobacterial cell wall is complex and this group of organisms is fastidious, most mycobacteria isolate slowly, and cultures require incubation for up to 8 weeks before growth is detected. The "rapidly growing" mycobacteria requires incubation for 3 days or more; the slow growing organisms (e.g. *Mycobacterium tuberculosis*, *M. avium-intracellulare*) require 3 to 8 weeks. *M. leprae*, the etiologic agent of leprosy, has never convincingly been grown *in vitro*.

More than 150 species of mycobacteria have been described, many of which are associated with human disease. Mycobateria are significant cause of morbidity and mortality, particularly in developing countries with limitied medical resources. *Mycobacterium tuberculosis* causes tuberculosis and is a very important pathogen of humans. *M. leprae* causes leprosy. *M. avium-intracellulare* (*M. avium* complex, or MAC) and other nontuberculosis mycobacteria (NTM) frequently infect patients with Acquired Immune Deficiency Syndrome (AIDS), are opportunistic pathogens in other immunocompromised persons, and occasionally cause disease in patients with normal immune systems.

分枝杆菌属(*Mycobacterium*)是一类细长或稍弯的杆菌,因有分枝生长的趋势而得名。此菌属的最显著的特性为:① 其胞壁中含有大量脂质,可达菌体干重的40%左右,故生长形成粗糙的疏水性菌落,而且也难以用一般染料染色,需用助染剂和加温使之着色,着色后又不易以含有3%盐酸的乙醇脱色。这种能抵抗盐酸乙醇脱色的细菌称为抗酸杆菌。② 分枝菌酸含有70～90个碳,基因组DNA中G+C含量高,介于61%～71%。③ 无鞭毛、无芽胞,也不产生内、外毒素。本菌属种类颇多,有致病性和非致病性两大类。引起人类疾病的主要有结核分枝杆菌、牛分枝杆菌、鸟-胞内分枝杆菌复合体和麻风分枝杆菌等。这些感染多为慢性感染过程,长期迁延,并有破坏性的组织病变。其中最重要的细菌是引起结核病的结核分枝杆菌。非结核分枝杆菌也可引起类似结核样病变,但较少见。

第一节 结核分枝杆菌

结核分枝杆菌(*Mycobacterium tuberculosis*,MTB)是人类结核病的病原体,人是结核分枝杆菌唯一的宿主。世界上大约1/3人口感染结核分枝杆菌,结核病是全球尤其是发展中国家危害最为严重的慢性传染病之一。该菌可侵犯全身多个组织器官如肺脏、肠道、脑、骨和关节及泌尿系统等,但以肺部感染最多见。随着抗结核药物的不断发展和卫生状况的改善,世界各国结核病的发病率和死亡率曾大幅度下降。但自20世纪90年代以后,由于结核分枝杆菌耐药菌株特别是多重耐药株的出现,艾滋病的流行使易感人群增加,社会快速发展中的人群流动性和环境污染增加而使病原体传播增加等原因,结核病的发病率不断上升。世界卫生组织(WHO)报告显示,2012年全球估计约有860万新病例发生,130万人(包括32万HIV阳性人群)死于结核病。结核病发病率高的地区主要包括撒哈拉以南的非洲地区、东南亚和东欧国家及地区等。我国是全球22个结核病流行严重的国家之一,肺结核的发病率和死亡人数在27种法定报告传染病中排第一位,每年死于结核病的人数约为25万。

一、生物学性状

(一) 形态与染色

结核分枝杆菌细长略弯曲,大小约(1～4)μm×0.4 μm,呈单个或分枝状排列,无鞭毛、无芽胞。在电镜下可看到菌体外有一层较厚的透明区,即荚膜。在陈旧的病灶和培养物中,结核分枝杆菌形态常不典型,可呈颗粒状、串珠状、短棒状、长丝形等。结核分枝杆菌一般常用齐-尼(Ziehl-Neelsen)抗酸性染色(以5%苯酚复红加温使细菌着色,然后用3%盐酸乙醇脱色,再用亚甲蓝复染),结核分枝杆菌可抵抗盐酸酒精的脱色作用而染成红色,而其他非抗酸性细菌及细胞被复染液染成蓝色。结核分枝杆菌的抗酸性与胞壁内所含结核菌酸残基和胞壁固有层的完整性有关。

(二) 培养特性

结核分枝杆菌为专性需氧菌。营养要求高,在含有蛋黄、马铃薯、甘油和天冬酰胺等的固体培养基(改良罗氏培养基)上才能生长。最适pH为6.5～6.8,最适温度为37℃,生长缓慢,12～24 h繁殖一代,接种后培养3～4周才出现肉眼可见的菌落。菌落为干燥、坚硬、表面呈颗粒状、乳酪色或黄色,形似菜花样。在液体培养基中呈粗糙皱纹状菌膜生长,若在液体培养基内加入水溶性脂肪酸,如Tween 80,可降低结核分枝杆菌表面的疏水性,则细菌呈均匀分散生长,有利于做药物敏感试验等。

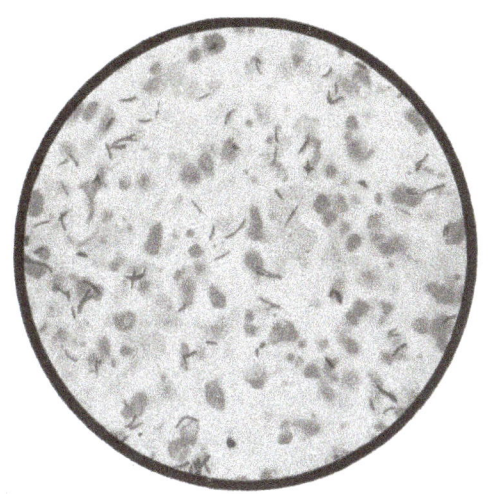

图15-1 结核分枝杆菌形态
(抗酸染色,×1 000)

(三) 生化反应

结核分枝杆菌不发酵糖类。与牛分枝杆菌的区别在于前者可合成烟酸和还原硝酸盐,而后者则不能。结核分枝杆菌热触媒试验阴性,非结核分枝杆菌则为阳性,此外还可用抗煮沸试验加以区别。

(四) 抵抗力

结核分枝杆菌含有较高的脂类,对某些理化因子的抵抗力较强。在干痰中可存活6～8个月,若黏附于尘埃上,可保持传染性8～10 d。在3% HCl、6% H_2SO_4或4% NaOH溶液中能耐受30 min,因而临床上常以酸碱处理严重污染的样本,杀死杂菌和消化黏稠物质,以提高检出率。但是其对湿热、紫外线、乙醇的抵抗力弱。在液体中加热62～63℃ 15 min或煮沸、直射日光下2～3 h,75%乙醇内数分钟即死亡。

(五) 变异性

结核分枝杆菌可发生形态、菌落、毒力、免疫原性及耐药性等变异。在一些抗生素、溶菌酶的作用下,结核分枝杆菌可失去细胞壁结构而变为L型细菌。1990年,首次暴发流行至少对两种主要一线抗结核药物——异烟肼、利福平耐药的耐多药结核(multidrug-resistant tuberculosis,MDR-TB)菌株,随后世界各地均报道出现了对异烟肼、利福平耐药外,还对任何氟喹诺酮类抗生素(氧氟沙星等)产生耐药,以及三种二线抗结核药物(卷曲霉素、卡那霉素、丁胺卡那霉素等)中的至少一种耐药的广泛耐多药结核(extensively drug-resistant tuberculosis,XDR-TB)菌株。

结核分枝杆菌在人工培养基上连续传代培养,其毒力可出现减退。1908年,法国科学家Calmette和Guérin将有毒的牛分枝杆菌培养于含胆汁、甘油、马铃薯的培养基中,经230次传代,历时13年,使其毒力发生变异,成为对人无致病性,而仍保持良好免疫原性的疫苗株,称为卡介苗(Bacille Calmette-Guérin,BCG)。

二、致病性

(一) 致病物质

结核分枝杆菌无内毒素,也不产生外毒素和侵袭性酶类,其致病作用主要靠菌体成分,特别是胞壁中所含的大量脂质,与抗酸性、抗消毒剂和抗生素、机体免疫反应等均有关。脂质含量与结核分枝杆菌的毒力呈平行关系,含量愈高毒力愈强。

1. 脂质 脂质(lipid)的含量与毒力有密切关系,结核分枝杆菌的脂质占菌体干重的20%~40%,占胞壁干重的60%,主要是磷脂、脂肪酸和蜡质D,它们大多与蛋白质或多糖结合成复合物存在。① 磷脂,能刺激单核细胞增生,并可抑制蛋白酶的分解作用,使病灶组织溶解不完全,形成结核结节和干酪样坏死。② 分枝菌酸,在脂质中比重较大,与分枝杆菌的抗酸性有关。其中6,6-双分枝菌酸海藻糖(6,6-dimycocyl-a,a′-D-trehalose)具有破坏细胞线粒体膜,毒害微粒体酶类,抑制中性粒细胞游走和吞噬作用,引起慢性肉芽肿。具有该物质的结核分枝杆菌毒株,在液体培养基中能紧密黏成索状,故称为索状因子(cord factor)。③ 蜡质D,为胞壁中的主要成分,是一种肽糖脂(peptidoglycolipid)与分枝菌酸(mycolic acid)复合物,能引起迟发型超敏反应,并具有佐剂作用。④ 硫酸脑苷脂(sulfatides)和硫酸多酰基化海藻糖(multiacylated trehalose sulfates),存在于结核分枝杆菌毒株细胞壁中,能抑制吞噬细胞中的吞噬体与溶酶体融合,使结核分枝杆菌在细胞内存活。这类糖脂能结合中性红染料产生中性红反应,借此可鉴定结核分枝杆菌有无毒力。

2. 蛋白质 结核分枝杆菌含有多种蛋白质,其中重要的蛋白质是结核菌素(tuberculin)。结核菌素与蜡质D结合,能引起较强的迟发型超敏反应。结核分枝杆菌的蛋白质可引起机体产生相应的抗体,因此结核菌素及其衍生物可用于皮肤试验诊断试剂。

3. 多糖 多糖(polysaccharide)常与脂质结合存在于胞壁中,主要有半乳糖、甘露醇、阿拉伯糖等。多糖可使中性粒细胞增多,引起局部病灶细胞浸润。而多糖抗原Ⅱ是阿拉伯甘露聚糖,是分枝杆菌发生凝聚反应的特异性表面抗原。

4. 核酸 结核分枝杆菌的核糖体核糖核酸(ribonucleic acid ribosome,rRNA)是本菌的免疫原之一,刺激机体产生特异性细胞免疫。结核分枝杆菌基因组系环状双链DNA,共有4 403 765碱基对,编码4 033个基因,是目前第二大微生物基因组。基因组特征包括G+C含量高,平均为65.6%,与脂肪酸代谢相关酶类有250种等。

5. 荚膜 结核分枝杆菌荚膜的主要成分为多糖,还含有脂质和蛋白质。荚膜在结核分枝杆菌感染中的作用主要有:① 荚膜能与吞噬细胞表面的补体受体3(CR3)结合,有助于结核分枝杆菌黏附与入侵宿主细胞。② 结核分枝杆菌入侵后,荚膜还可抑制吞噬体与溶酶体的融合。③ 荚膜中有多种酶可降解宿主组织中的大分子物质,供入侵的细菌繁殖所需的营养。④ 荚膜能防止宿主的有害物质进入结核分枝杆菌,包括小分子NaOH等。

(二) 致病作用

结核分枝杆菌为胞内寄生菌,可造成机体终生感染。大约5%的感染者在2年内发展为活动性结核病。值得指出的是,人体感染结核分枝杆菌后,发病与否取决于感染菌株的毒力、数量和机体的免疫状态,若机体免疫状态良好,感染菌株的毒力不强,数量有限,一般不发病,但可形成对该菌的带菌免疫,即细菌以"休眠"状态存在于体内,刺激感染免疫持续存在。若机体免疫功能低下,感染菌株的毒力强,并且数量较多,即可引起结核病的发生和发展。

结核分枝杆菌的致病作用可能与细菌在组织细胞内顽强增殖引起炎症反应,以及诱导机体迟发型超敏反应导致病理损伤有关。结核分枝杆菌可通过呼吸道、消化道和破损的皮肤黏膜进入机体,侵犯多种组织器官,引起相应器官的结核病,其中以肺结核最常见,常见的症状有发热、咳嗽、咳痰、体重减轻和盗汗等。结核病根据发病的部位不同,可呈现不同组织脏器损伤导致的相应临床症状。

1. 肺部感染

(1) 原发感染:原发感染指首次感染结核分枝杆菌,多见于儿童。结核分枝杆菌随飞沫和尘埃通过呼吸道进入肺泡,被巨噬细胞吞噬后,由于细菌细胞壁的硫酸脑苷脂和其他脂质成分抑制吞噬体与溶酶体结合,不能发挥杀菌溶菌作用,致使结核分枝杆菌在细胞内大量生长繁殖,最终导致细胞死亡崩解,释放出的结核分枝杆菌在细胞外繁殖或再被细胞吞噬,重复上述过程,如此反复引起渗出性炎症病灶,称为原发灶。原发灶内的结核分枝杆菌可经淋巴管扩散至肺门淋巴结,引起淋巴管炎和淋巴结肿大,X射线胸片显示哑铃状阴影,称为原发综合征。随着机体抗结核免疫力的建立,原发灶大多可纤维化和钙化而自愈。但原发灶内可长期潜伏少量结核分枝杆菌,不断刺激机体强化已建立的抗结核免疫力,也可作为以后内源性感染的来源。只有极少数免疫力低下者,结核分枝杆菌可经淋巴、血流扩散至全身,导致全身粟粒性结核或结核性脑膜炎。

(2) 继发感染:多见于成年人。大多为内源性感染,极少由外源性感染所致。由于机体已形成对结核分枝杆菌的特异性细胞免疫,对再次侵入的结核分枝杆菌有较强的局限能力,故继发性感染的特点是病灶局限,一般不累及邻近的淋巴结,主要表现为慢性肉芽肿性炎症,称为结核性肉芽肿(tuberculous granuloma),即结核结节(tubercle)。结核结节的中央为干酪样坏死,周围伴有增生的上皮样细胞和朗汉斯多核巨细胞(langhans multinucleate giant cell),并伴有淋巴细胞和成纤维细胞围绕。肉芽肿的形成阻止了结核分枝杆菌的进一步扩散。X线显示病变可以是增殖为主、浸润病变为主、干酪病变为主或空洞为主的多种改变,导致浸润型肺结核和慢性纤维空洞型肺结核。

2. 肺外感染 部分肺结核患者体内的结核分枝杆菌可经血液、淋巴液扩散侵入肺外组织器官,引起相应的脏器结核,如脑、肾、骨、关节、生殖器官等结核。艾滋病等免疫力极度低下者,严重时可造成全身播散性结核。痰菌被咽入消化道可引起肠结核、结核性腹膜炎等。通过破损皮肤感染结核分枝杆菌可导致皮肤结核。

三、免疫性与超敏反应

人类对结核分枝杆菌的感染率很高,但发病率却较低,这表明人体对结核分枝杆菌有较强的免疫力。机体感染结核分枝杆菌后,虽然产生多种抗体,但这类抗体无保护作用。感染结核分枝杆菌3~6周后,机体可建立针对细菌的细胞免疫,抑制细菌复制。结核分枝杆菌的免疫性与致病性均与结核分枝杆菌感染后诱发机体产生的两种免疫应答反应相关,即T淋巴细胞介导的细胞免疫和迟发型超敏反应。

(一) 免疫性

抗结核免疫力的持久性,依赖于结核分枝杆菌在机体内的存活,一旦体内结核分枝杆菌消亡,抗结核免疫力也随之消失,这种免疫称为有菌免疫或传染性免疫(infection immunity)。

抗结核免疫主要是细胞免疫,包括致敏的T细胞和被激活的巨噬细胞。致敏的T淋巴细胞可直接杀死感染结核分枝杆菌的靶细胞,同时释放多种细胞因子作用于巨噬细胞,激活后的巨噬细胞可分泌IL-12和TNF-α等细胞因子,提高局部炎症反应,将T细胞和NK细胞募集至感染的巨噬细胞,诱导T细胞向Th1型细胞分化,Th1细胞分泌IFN-γ刺激感染巨噬细胞,促进吞噬体和溶酶体融合,提高细胞内杀伤作用。此外,TNF-α刺激产生一氧化氮(NO)和相关的活性氮中间体(reactive nitrogen intermediates, RNI),也可提高细胞内杀伤作用。被激活的巨噬细胞极大地增强了对结核分枝杆菌的吞噬消化,抑制繁殖,阻止扩散,甚至清除的能力。若感染的菌株毒性强、数量多,而机体免疫功能低下,则使巨噬细胞聚集在病灶周围形成以单核细胞为主的增生性炎症。

(二) 超敏反应

机体获得对结核分枝杆菌免疫力的同时,结核分枝杆菌的蛋白质与蜡质D共同刺激T淋巴细胞,形成迟发型超敏反应状态。体内被致敏的T淋巴细胞再次遇到结核分枝杆菌时,即释放出淋巴因子,引起强烈的迟发型超敏反应,形成以单核细胞浸润为主的炎症反应,容易发生干酪样坏死,甚至液化形成空洞。

儿童结核病大多为初次感染,机体尚未建立免疫和超敏反应,可发生急性全身粟粒性结核和结核性脑膜炎。成年人结核大多为复发或再次感染,此时机体已建立了抗结核分枝杆菌的免疫和超敏反应性,病症常为慢性局限性结核,不引起全身粟粒性结核和结核性脑膜炎,但病症较重,形成结核结节,发生纤维化或干酪样坏死。

(三) 免疫与超敏反应的关系

在结核分枝杆菌感染时,细胞免疫与迟发型超敏反应同时存在,此可用郭霍现象(Koch's phenomenon)说明:① 在健康豚鼠皮下首次注射一定量结核分枝杆菌,10~14 d后注射部位缓慢地出现溃疡,深而不易愈合,邻近淋巴结肿大,细菌扩散至全身,此时结核菌素测试为阴性。② 用相同剂量的结核分枝杆菌注入曾感染已康复的豚鼠皮下,在1~2 d内即迅速发生溃疡,但溃疡浅而易愈合,邻近淋巴结不肿大,细菌也很少扩散,结核菌素测试为阳性。③ 在康复的豚鼠皮下注射大量结核分枝杆菌,则引起注射局部及全身严重的迟发型超敏反应,甚至导致动物死亡。上述三种现象表明,首次感染出现的炎症反应偏重于病理过程,说明机体尚未建立起抗结核免疫力;再次感染发生的炎症反应则偏重于免疫预防,溃疡浅而愈合,细菌不扩散,说明机体对结核分枝杆菌已具有一定的细胞免疫力,而溃疡迅速形成,则说明在产生免疫的同时有迟发型超敏反应发生,表现出对机体有利的一面;用过量的结核分枝杆菌进行再次感染,则引起剧烈的迟发型超敏反应,说明迟发型超敏反应对机体不利的一面。人类的原发性肺结核,继发性肺结核,严重而恶化的肺结核,相当于郭霍现象的三种情况。

近年来有实验研究证明,抗结核分枝杆菌细胞免疫与迟发型超敏反应是由不同的结核分枝杆菌抗原诱导产生,由不同的 T 淋巴细胞亚群介导,参与反应的淋巴因子也不同,是感染后产生的两种反应。① 目前结核分枝杆菌抗原研究中仅发现结核分枝杆菌的核糖体核糖核酸(rRNA)和少数分泌蛋白可刺激机体产生抗结核分枝杆菌的细胞免疫,而其他众多的结核分枝杆菌蛋白与蜡质 D 等脂质联合作用下,仅刺激机体产生针对结核分枝杆菌的迟发型超敏反应,而不产生抗结核分枝杆菌的细胞免疫。② 小鼠实验表明,结核分枝杆菌感染的细胞免疫应答为 $Lyt1^+2^-$ 和 $Lyt1^-2^-$ T 淋巴细胞,而迟发型超敏反应则为 $Lyt1^+2^+$ T 淋巴细胞。

(四) 结核菌素试验

1. 原理 人类感染结核分枝杆菌后,产生免疫力的同时发生迟发型超敏反应。结核菌素试验是通过测定机体对结核分枝杆菌有无超敏反应,判定受试者是否具有抗结核分枝杆菌的细胞免疫,以判断受试者是否感染该病原菌的一种方法。

2. 方法 结核菌素试剂有两种,一种为旧结核菌素(old tuberculin,OT),为含有结核分枝杆菌的甘油肉汤培养物加热过滤液,主要成分是细菌蛋白,也含有细菌生长过程中产生的其他代谢产物和培养基成分。另一种为纯蛋白衍生物(purified protein derivative,PPD),是 OT 经三氯醋酸沉淀后的纯化物;PPD 有两种,即 PPDC 和 BCGPPD,前者是由人结核分枝杆菌提取,后者由卡介苗制成,每 0.1 ml 含 5 单位。

目前多采用 PPD 法。试验方法是取 PPDC 和 BCGPPD 各 5 单位分别注入两前臂屈侧皮内(目前仍有沿用单侧注射 PPD 的方法),48～72 h 后,注射部位的红肿硬结直径小于 5 mm 者为阴性反应;超过 5 mm 者为阳性;≥15 mm 为强阳性。两侧注射部位的红肿,若 PPDC 侧大于 BCGPPD 侧时为感染,反之则可能为接种卡介苗所致。

3. 结果 阳性反应表明机体已感染过结核分枝杆菌或卡介苗接种成功,对结核分枝杆菌有迟发型超敏反应,有特异免疫力。强阳性反应则表明可能有活动性结核病,尤其是婴儿。阴性反应表明受试者可能未感染过结核分枝杆菌或未接种过卡介苗,但应注意若受试者处于原发感染早期,此时超敏反应尚未产生,或严重的结核病如全身粟粒性结核和结核性脑膜炎时机体无反应能力,或患有其他严重疾病致细胞免疫功能低下者(如艾滋病患者、肿瘤患者或使用免疫抑制剂者)也可能出现阴性反应。

4. 应用 结核菌素试验可用于:① 诊断婴幼儿的结核病;② 测定卡介苗接种效果;③ 在未接种卡介苗的人群中进行结核分枝杆菌感染的流行病学调查;④ 用于测定肿瘤患者的细胞免疫功能。

四、微生物学检查法

根据结核分枝杆菌感染的类型,应采取病灶部位的适当样本。如肺结核采取咳痰(最好取早晨第一次咳痰,挑取带血或脓液);肾或膀胱结核以无菌导尿或取中段尿液;肠结核采取粪便样本,结核性脑膜炎进行腰脊穿刺采取脑脊液;脓胸、胸膜炎、腹膜炎或骨髓结核等则穿刺取脓汁。

(一) 直接涂片染色

咳痰可直接涂片。用抗酸染色法染色,若镜检找到抗酸性杆菌,通常应报告:"查到抗酸性杆菌",因样本中可能混杂有非致病性抗酸杆菌,单凭形态染色不能确定是否为结核分枝杆菌,需进一步分离培养鉴定。如样本中结核分枝杆菌量少,而杂菌和杂质多时,直接涂片不易检出(一般需要每毫升痰液含有结核分枝杆菌 10 万个以上才能检出),应浓缩集菌后,再涂片染色镜检,以提高检出阳性率。

无菌采取的脑脊液、导尿或中段尿可直接用离心沉淀集菌。咳痰和粪便样本浓缩集菌因含杂菌多,需用 4% NaOH 或 3% HCl 或 6% H_2SO_4 处理,然后,用离心沉淀法将结核分枝杆菌浓缩聚集于管底,再取沉淀物涂片作抗酸染色检查、分离培养或动物试验。

(二) 分离培养

浓缩集菌的沉淀物以酸碱中和,接种于固体培养基上,37℃培养 4～6 周后检查结果。结核分枝杆菌生长缓慢,培养期长,应当以蜡封口防止干燥。如具有生长缓慢、菌落干燥、颗粒状、乳酪色像菜花状,菌体染色抗酸性强等特点,多数为结核分枝杆菌。如菌落、菌体染色都不典型,则可能为非典型结核分枝菌,应进一步做鉴别试验。

为了缩短培养时间,可采用液体快速玻片培养法。将浓缩集菌的沉淀物涂于玻片上,待干燥后将玻片置于结核分枝杆菌专用液体培养基,37℃培养一周,取出玻片样本,作抗酸染色镜检,必要时可取培养基做生化反应和动物试验进行鉴定。

(三) 动物试验

常用豚鼠或地鼠鉴别疑似结核分枝杆菌的分离培养物和进行毒力测定。取经浓缩集菌处理的样本1.0 ml注射于豚鼠或地鼠腹股沟皮下,经3～4周饲养观察,如出现局部淋巴结肿大,消瘦或结核菌素试验阳性,可及时剖检;若观察6～8周后,仍未见发病者,也要剖检。剖检时应注意观察淋巴结、肝、脾、肾、肺等脏器有无结核病变,经涂片染色镜检或分离培养。

(四) 核酸和抗体检测

目前一些分子生物学技术和免疫学技术已应用到分枝杆菌细胞学研究及临床实验室检查中。PCR检测结核分枝杆菌DNA可用于结核病的早期和快速诊断,由于该方法无须培养即可在1～2 d内获得结果,因此对因菌量少或细菌发生L型变异而不易分离培养成功的标本更有实用价值;选用合适的引物,每毫升检材中含有10～100个活菌即可检出,检出率较涂片法或培养法高30%～50%;PCR过程中应注意污染等问题,防止出现假阳性或假阴性结果。

目前也有选用结核分枝杆菌与卡介苗基因组差异区抗原,采用ELISA方法检测患者血清中特异性抗体进行辅助诊断的研究,研究比较深入的如6 kD早期分泌靶抗原蛋白(early secretary antigenic target 6 kD protein,ESAT-6)、10 kD培养滤液蛋白(culture filtrate protein,CFP-10)、脂阿拉伯甘露聚糖抗原、Ag85复合物、38 kD蛋白、A60抗原、16 kD蛋白、MPT64、MTB48等。这些抗原各具特点,但任何一种抗原都不能涵盖所有的结核分枝杆菌感染,一般采用融合抗原或多种抗原联用的方式以提高检出效率,但仍需进一步提高其敏感性和特异性。

(五) IFN-γ 释放试验

结核感染后,体内长期存在抗原特异性的记忆性T细胞,当再次遇到抗原刺激时,能迅速活化增殖,产生多种细胞因子,其中IFN-γ是关键的细胞因子。IFN-γ释放试验(interferon gamma release assay,IGRA)是一种用于分枝杆菌感染的体外免疫检测的新方法。英国Oxford Immunotec公司研制并生产的T-SPOT.TB检测试剂盒是IGRA最主要的方法之一。该试剂盒以结核分枝杆菌基因组差别区1(region of difference 1,RD1)编码的ESAT-6和CFP-10多肽刺激致敏T淋巴细胞分泌IFN-γ,通过酶联免疫斑点试验(enzyme linked immunospot assay,ELISPOT)进行检测,从而判断结核分枝杆菌感染状态,该试剂盒具有敏感度和特异度高的优点,而且1～2 d即可获得结果。T-SPOT.TB在鉴别活动性结核和潜伏结核感染、预测结核发病风险方面具有一定意义,但需要指出的是,该方法仅用两个结核抗原作为刺激抗原,其诱导的免疫应答反应具有局限性。此外,T-SPOT.TB试验技术操作要求高,试剂盒价格昂贵,也限制了其在经济水平不高的国家和地区的应用。

(六) 细菌培养快速检测

Bacter TB-460系统是针对结核分枝杆菌生长缓慢这一显著特征而设计的。原理是结核分枝杆菌专用培养基中加入含有^{14}C的棕榈酸底物,当被检物接种于该培养基内,如有结核分枝杆菌生长、繁殖,^{14}C棕榈酸产生带有放射性的$^{14}CO_2$,经仪器检测显示结果。该法敏感度较常规法高10%左右,检出时间短,为2～3周。

五、防 治 原 则

(一) 预防接种

广泛接种卡介苗能大大地降低结核病的发病率。根据统计调查未接种组的发病率比接种组高4～5倍,婴儿因免疫力低,为卡介苗接种的主要对象。我国规定新生儿出生后即接种卡介苗,7岁时复种,在农村12岁时再复种一次。一般在接种后6～8周如结核菌素试验转阳,则表示接种者已产生免疫力。试验阴性者应再行接种。皮内接种卡介苗后,结核菌素试验转阳率可达96%～99%,阳性反应可维持5年左右。

卡介苗是减毒活疫苗,因此剂型及疫苗内包含的活菌数直接影响免疫效果。由于卡介苗制备过程中丢失了部分与免疫记忆及保护性相关的基因,使其保护期变短,保护性免疫应答并不完善。此外,卡介苗不能防止隐性感染者发病,因此迫切需要研制出更有效的结核病疫苗。目前全世界正在研究的新型结核病疫苗有170多种,其中50%是亚单位疫苗,还有重组卡介苗或其他活载体疫苗、营养缺陷型活疫苗和

DNA疫苗等。

(二) 治疗

结核分枝杆菌的结构及其繁殖特性比较特殊,对大多数抗菌药物有抵抗作用,因此结核病的治疗不同于其他大多数细菌感染的治疗。通常采用异烟肼(INH)、乙胺丁醇(EMB)、吡嗪酰胺(PZA)、利福平(RFP)等一线杀菌药物治疗2个月,然后用异烟肼和利福平或其他药物的配伍继续治疗4~6个月。由于耐药结核病的诊断复杂,治疗困难,往往疗程很长,耐多药结核患者一般需要18~24个月,因此耐药结核病的治疗对个人、家庭及社会均造成巨大的经济压力,使结核病的控制更加困难。各种抗结核药物联用并延长治疗时间,可有效降低耐药性的产生。但结核分枝杆菌耐药产生机制极其复杂,有待更深入地研究。

第二节 麻风分枝杆菌

麻风分枝杆菌(Mycobacterium leprae)是麻风病的病原体。麻风病是一种慢性传染病,侵犯皮肤、黏膜和外周神经组织,晚期还可侵入深部组织和脏器,形成肉芽肿病变。在世界各地均有流行,1985年,全球有122个国家呈地方流行,病例超过500万。而到2003年已减少至10个国家,主要集中在非洲、亚洲和拉丁美洲。世界卫生组织(WHO)在2002年报道了620 672例新增病例。我国曾流行于广东、广西、四川、云南以及青海等地,但经大力开展防治工作后,近年来稳定在2 000例左右,新发病例已很少见。

一、生物学性状

麻风分枝杆菌在形态上酷似结核分枝杆菌,难以区别,亦表现明显的抗酸染色特性,常在患者破溃皮肤渗出液的细胞中发现,呈束状排列。麻风分枝杆菌是一种典型胞内寄生菌,患者渗出物标本涂片,细胞内可见大量束状排列的麻风分枝杆菌,细胞的胞浆呈泡沫状,称麻风细胞。这与结核分枝杆菌区别有重要意义。麻风分枝杆菌是至今唯一仍不能人工培养的细菌。以麻风分枝杆菌感染小鼠足垫或接种至犰狳可引起动物的进行性麻风感染,为研究麻风病的动物模型。

二、致病性与免疫性

自然状态下麻风分枝杆菌只侵害人,细菌由患者鼻分泌物及其他分泌物、精液或阴道分泌液中排出,主要通过呼吸道、破损的皮肤黏膜和密切接触等方式传播,以家庭内传播多见。流行地区的人群多为隐性感染,幼年最为敏感。潜伏期长,平均2~5年,长者可达数十年。发病缓慢,病程长,迁延不愈。根据临床表现、免疫病理变化、细菌检查结果等可将大部分患者分为瘤型麻风和结核样型麻风;介于两型之间的少数患者又可再分为两类,即界限类与未定类,两类可向两型转化。

(一) 瘤型麻风

为疾病的进行性和严重临床类型,而且传染性强。细菌主要侵犯皮肤、黏膜,严重时累及神经、眼及内脏,病理镜检可见大量麻风细胞和肉芽肿。常在皮肤或黏膜下见有红斑或结节形成,称为麻风结节(leproma),是由于机体产生的自身抗体与破损组织抗原形成的免疫复合物沉积所致。面部的结节可融合呈狮面容,是麻风的典型病征。本型麻风患者的T细胞免疫应答有所缺陷,表现为细胞免疫低下或免疫抑制,巨噬细胞活化功能低,超敏反应皮肤试验(麻风菌素试验)阴性,故麻风分枝杆菌能在体内持续繁殖,如不进行及时有效的治疗,患者往往发展至最终死亡。

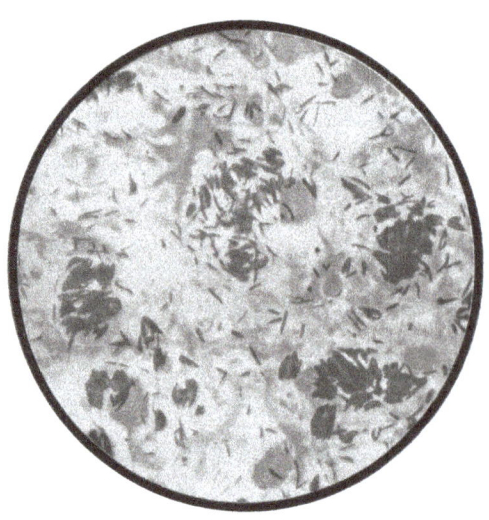

图15-2 麻风分枝杆菌形态(×1 000,抗酸染色)

(二) 结核样型麻风

此型麻风常为自限性疾病,较稳定,损害可自行消退。病变主要在皮肤,侵犯真皮浅层,早期病变为小血管周围淋巴细胞浸润,以后出现上皮样细胞和多核巨细胞浸润,也可累及神经,使受累处皮肤丧失感觉。患者体内不易检出麻风分枝杆菌，故传染性小。麻风菌素反应阳性，细胞免疫强。机体对麻风分枝杆菌感染的免疫主要是依靠细胞免疫，其特点与结核免疫相似。

三、微生物学检查法

麻风病的临床表现和类型众多，易与其他类似疾病相混淆，所以实验诊断有实际意义。

（一）涂片染色镜检

可采取麻风患者鼻黏膜或皮肤病变检材作涂片，以抗酸性染色法检查有无排列成束的抗酸性杆菌存在。也可以用金胺染色荧光显微镜检查，以提高阳性率。麻风病理活体组织切片检查也是较好的诊断方法。

（二）麻风菌素试验

麻风菌素试验的应用原理和结核菌素试验相同。因麻风分枝杆菌至今仍不能人工培养，麻风菌素抗原常由麻风结节病变组织制备。此试验无诊断上意义，因大多数正常人对其呈阳性反应，瘤型麻风患者则因有免疫抑制而呈阴性反应。

四、防治原则

预防主要依靠早期发现、早期隔离及早期治疗患者，特别是对密切接触者要作定期检查。目前尚无特异性的疫苗。因麻风分枝杆菌与结核分枝杆菌有共同抗原，在某些麻风病高发国家和地区用卡介苗来预防麻风病，具有一定效果。治疗药物主要是砜类，如氨苯砜、苯丙砜、醋氨苯砜等。利福平也有较强的抗麻风分枝杆菌作用。为防止耐药性产生，应采用多种药联合治疗。

第三节　其他分枝杆菌

一、牛分枝杆菌

牛分枝杆菌(*Mycobacterium bovis*)在生长特性、化学组成及毒力等方面与结核分枝杆菌极为相似。牛分枝杆菌分离自牛结核病(*Bovine tuberculosis*)，主要宿主为哺乳类动物，包括人、牛、鹿、猪、家猫、狐狸和啮齿类等，很少感染马和羊。人由于食入未经消毒或已污染了牛分枝杆菌的牛乳而被感染，也可通过呼吸道吸入发生与结核分枝杆菌完全相同的感染，两者难以区别。牛分枝杆菌主要引起髋关节、膝关节及脊椎骨髓病变及淋巴结感染。牛分枝杆菌还可通过痰、尿、粪便和脓汁传播，因此直接接触也可感染。因此，对已感染的牛（结核菌素试验阳性）予以控制及对牛奶严格消毒和管理，可有效防止人感染牛分枝杆菌。

二、非结核分枝杆菌

除上述结核分枝杆菌、麻风分枝杆菌、牛分枝杆菌以外的分枝杆菌群统称为非结核分枝杆菌(nontuberculosis mycobacteria, NTM)，亦称非典型分枝杆菌(atypical mycobacteria)。此类菌多存在于自然界、水及土壤等环境中，故亦称环境分枝杆菌。其中有些菌种可引起人类结核样病变、小儿淋巴腺炎和皮肤病等，是机会致病菌。

非结核分枝杆菌的形态染色特性与结核分枝杆菌相似，但其毒力较弱，生化反应各不相同，可用于鉴别。非结核分枝杆菌有无致病性可采用抗煮沸实验加以鉴别。非致病性菌株煮沸 1 min 即失去抗酸性，而致病菌株能耐 10 min，有的致病菌株高压灭菌亦不失去抗酸性。除热触酶试验外，烟酸试验、硝酸盐还原试验也可用于不同分枝杆菌的鉴别。实验动物中，豚鼠、家兔对非结核分枝杆菌不敏感，而对结核分枝杆菌比较敏感。

1959 年 Runyon 根据非结核分枝杆菌产生色素情况、生长速度和生化反应等特点，将其分为四组：① 光产色菌(photochromogen)：本组菌的特点是生长缓慢，菌落光滑，在暗处菌落呈奶油色，接触光线 1 小时后菌落呈橘黄色。其中堪萨斯分枝杆菌(*M. kansas*)可引起人类肺结核样病变；海分枝杆菌(*M. marinum*)在水中可通过擦伤的皮肤黏膜引起人的鼻黏膜及手指、脚趾等感染，呈结节及溃疡病变。② 暗产色菌(scotochromogen)：这类细菌培养菌落光滑，在暗处培养时菌落呈橘黄色，长时间曝光培养呈赤橙色。对人类致病菌有瘰疬分枝杆菌(*M. scrofulaceum*),常引起儿童的颈部淋巴结炎。③ 不产色菌(nonchromogen):通常不产生色素。其中对人类有致病性的是鸟-胞内分枝杆菌(*M. avium-intracellulare*)和堪萨斯分枝杆菌,可引起结核样病变,多见于肺和肾。鸟-胞内分枝杆菌还是艾滋病患者常见的机会致病菌,且易发生播散。④ 快速生长菌(rapid grower):25～42℃均可生长,生长迅速,分离培养5～7 d即可见到粗糙型菌落。对人致病的有偶发分枝杆菌(*M. fortuitum*)和龟分枝杆菌(*M. chelonei*),引起皮肤创伤后脓肿;溃疡分枝杆菌(*M. ulcerans*)由于能产生毒素,可引起人类皮肤无痛性坏死溃疡;耻垢分枝杆菌(*M. smegmatis*)不致病,常存在于阴部、查粪、尿标本中,检测结核分枝杆菌时应加以鉴别。

目前我国结核病患者中非结核分枝杆菌菌株的分离阳性率为5%～10%,包括鸟-胞内分枝杆菌、偶发分枝杆菌、瘰疬分枝杆菌、蟾蜍分枝杆菌和土分枝杆菌等。许多非结核分枝杆菌对常用的异烟肼、链霉素等耐药,但对利福平有一定敏感性。药物治疗采用利福平、异烟肼、乙胺丁醇联合用药以提高疗效。

(柏银兰　徐志凯)

复习思考题
1. 分枝杆菌属的主要特征包括哪些?
2. 结核分枝杆菌的菌体成分有哪些?其主要作用是什么?
3. 结核分枝杆菌感染后诱导机体的免疫应答有何特点?结核菌素试验的原理和应用?
4. 简述麻风分枝杆菌的致病性。

第十六章 微小杆菌

Organisms included in the genera *Haemophilus* and *Bordetella* are frequently referred to as the hemophilic bacteria, because they require fresh blood added to their growth medium. The major pathogen in each genus is characterized by its ability to cause respiratory or meningeal infections in young children but only rarely in adults. *Haemophilus influenzae* is the principal etiologic agent of meningitis in children younger than the age of 3 years, and *Bordetella pertussis* is the cause of whooping cough. *Legionella pneumophila* is unrelated to either *Haemophilus* or *Bordetella* but is included in this chapter because its portal of entry is also the respiratory tract, causing a systemic involvement as well as a respiratory illness.

第一节 嗜血杆菌属

嗜血杆菌属（*Haemophilus*）的细菌在人工培养时需加入新鲜的血液才能生长，故名嗜血杆菌。新鲜血液中含有该菌生长所必需的两种成分，即 X 和 V 因子。X 因子是存在于血红蛋白中的氧化高铁血红素（hematin），对热稳定，是细菌合成过氧化氢酶、过氧化物酶及细胞色素氧化酶的辅基；V 因子不耐热，为烟酰胺腺嘌呤二核苷酸（NAD），在细菌呼吸中起递氢作用。嗜血杆菌属的细菌是一类革兰阴性微小杆菌（parvobacteria），共包括 17 个种，其中少数为病原菌，其余多为正常菌群，寄生在人的口咽部，在机体抵抗力下降时，偶尔可致继发感染。在对人致病的嗜血杆菌中，以流感嗜血杆菌危害最大，已成为儿童化脓性脑膜炎、败血症、肺炎及成人呼吸道感染的重要病原菌。本节主要介绍流感嗜血杆菌，其他几种主要致病性嗜血杆菌及其致病性见表 16-1。

表 16-1 几种主要的嗜血杆菌及其致病性

菌　种	培养特性				致　病　性
	X因子	V因子	CO_2	溶血性	
流感嗜血杆菌（*H. influenzae*）	+	+	−	−	原发性化脓性感染及继发性感染
副流感嗜血杆菌（*H. parainfluenzae*）	−	+	−	−	口腔、咽、阴道正常菌群，偶可引起心内膜炎、尿道炎
溶血性嗜血杆菌（*H. haemolyticus*）	+	+	−	+	鼻咽部正常菌群
副溶血性嗜血杆菌（*H. parahaemolyticus*）	−	+	−	+	口腔、咽部正常菌群，偶可引起咽炎、化脓性口腔炎、心内膜炎
嗜沫嗜血杆菌（*H. aphrophylus*）	(+)	−	+	−	口腔、咽部正常菌群，龈缘菌斑中常见菌，偶致心内膜炎和脑脓肿
副嗜沫嗜血杆菌（*H. paraphrophylus*）	+	−	+	−	口腔、咽、阴道正常菌群，偶可引起亚急性细菌性心内膜炎、甲沟炎、脑脓肿
埃及嗜血杆菌（*H. aegyptius*）	+	+	−	−	急性、亚急性结膜炎，儿童巴西紫癜热
杜克雷嗜血杆菌（*H. ducregi*）	+	−	+	−	软性下疳

流感嗜血杆菌

1892～1893 年间流感世界大流行时，波兰细菌学家 Pfeiffer 从流感患者鼻咽部分离出一种革兰阴性短小杆菌，当时认为其为流感的病原菌，命名为流感嗜血杆菌。至 1933 年，Smith 等从流感患者鼻咽分泌物中成功分离出流感病毒后，才证实流感嗜血杆菌不是流感的病原体，但在流感发生时常引起继发性感染。

(一) 生物学性状

1. 形态与染色 为革兰阴性短小杆菌,但常呈球杆状、长杆状或丝状等多形态性。大小(0.3～0.5) μm×(1.0～1.5) μm,无芽胞、无鞭毛,有毒株在营养丰富的培养基上生长6～18 h 出现明显的荚膜,在陈旧的培养基上荚膜常消失(图16-1)。多数菌株有菌毛。

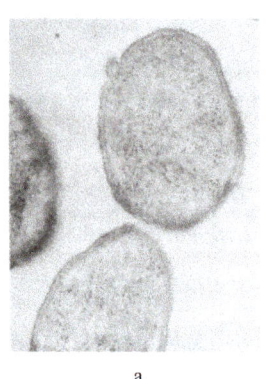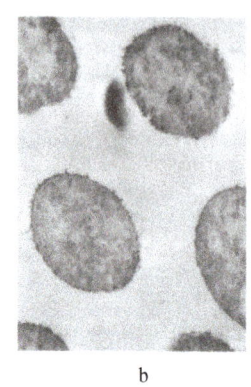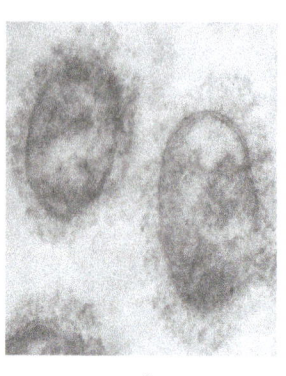

图16-1 流感嗜血杆菌电镜图

a. 细菌无荚膜(×38 000);b. 细菌有荚膜(×27 000);c. 加抗血清后形成的荚膜肿胀现象(×30 000)

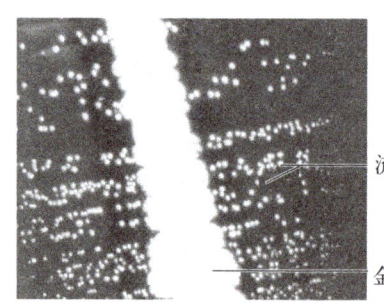

图16-2 卫星现象

中间为金黄色葡萄球菌,附近生长流感嗜血杆菌菌落

2. 培养特性 需氧或兼性厌氧,最适生长温度为33～37℃,营养要求较高,需X因子和V因子。由于血清中存在NAD酶等抑制物,使血液中的V因子通常处于被抑制状态,经加热80～90℃ 10 min破坏红细胞膜上的抑制物,可使V因子释放,故常用加热血琼脂平板,即巧克力血琼脂平板培养此菌。于35℃培养18～24 h可见直径0.5～1.0 mm、圆形、凸起、湿润、灰白色的菌落,不溶血。由于金黄色葡萄球菌在生长过程中能合成V因子,如将流感嗜血杆菌与金黄色葡萄球菌共同培养于血琼脂平板时,可出现典型的卫星现象(satellite phenomenon)(图16-2),此可作为鉴定流感嗜血杆菌的依据之一。

3. 抗原结构与分型 具有两种主要抗原,即荚膜多糖抗原和菌体抗原。根据荚膜多糖抗原的抗原性不同,应用特异性荚膜抗原的抗血清作荚膜肿胀试验,可将流感嗜血杆菌分为a～f 6个血清型,其中b型流感嗜血杆菌(Hib)对婴儿的致病力最强,最为多见,f型次之。b型荚膜多糖抗原是多聚核糖醇型磷酸盐(polyribosorbitol phosphate,PRP),是b型流感嗜血杆菌的主要致病因子。菌体抗原由外膜蛋白组成,其LPS成分与奈瑟菌属有共同抗原。

4. 抵抗力与变异性 抵抗力弱,50～55℃ 30 min可被杀死,对一般消毒剂及干燥敏感,在干燥痰中生存时间不超过48 h,对磺胺药、常用抗生素敏感,但青霉素无效。流感嗜血杆菌极易变异,人工培养一定时间后,其形态易由短杆菌变为长杆菌,或呈弯曲的丝状体。在形态改变的同时,可伴有菌落的S-R变异。近年来已发现流感嗜血杆菌对氨苄西林、四环素及丁胺卡那霉素产生耐药性变异,并有多重耐药性发生,其耐药性变异由可传递R质粒基因所控制。

(二) 致病性与免疫性

1. 致病性 不产生外毒素,其致病物质主要为具有抗吞噬作用的荚膜、具有黏附作用的菌毛,以及能水解分泌型IgA的IgA酶。荚膜是流感嗜血杆菌的主要致病因子,无荚膜菌株则通常为上呼吸道的正常菌群。

细菌经呼吸道进入机体,也可经中耳或窦道从局部扩散。在呼吸道局部,细菌首先破坏外周纤毛,然后吸附于上皮细胞并破坏黏膜层。细菌在局部增殖并侵入血流,随血流侵入其他器官导致疾病。流感嗜血杆菌引起的原发性感染主要由有荚膜的b型菌株感染所致,多见于5岁以下婴幼儿,以1周岁左右的婴儿发病率最高。临床上表现为急性化脓性感染,如急性鼻咽炎、喉炎、急性气管炎、肺炎、中耳炎、化脓性脑膜炎、败血症等。在引起儿童化脓性脑膜炎的病原菌中,以流感嗜血杆菌、脑膜炎球菌和肺炎链球菌3种细菌最为多见。其中,流感嗜血杆菌占75%,后两种分别为19%和6%,其他细菌少于1%。本菌引起的急性咽喉会厌炎是一种进行性咽喉和会厌的蜂窝组织炎,常因气道阻塞而有生命危险,需做气管切开和气管插管。在流感、麻疹、百日咳、肺结核等呼吸道疾病中也可有流感嗜血杆菌引起继发性感染,如支气管炎、鼻窦炎、中耳炎等,常由正常寄生于呼吸道的无荚膜菌株感染所致,多见于体质衰弱的成人或老年人。

2. 免疫性 以体液免疫为主。新生儿因从母体获得抗体故很少发生感染,3个月以后,随着体内抗体水平下降使易感性逐渐增加。儿童b型流感嗜血杆菌感染后所产生的抗-PRP抗体,在补体参与下具有杀菌及促进吞噬细胞的吞噬作用,但具有抗-PRP抗体的成人因流感嗜血杆菌的感染可发生肺炎或关节炎,其机制尚不清楚。

(三) 微生物学检查法

根据不同病情取鼻咽部分泌物、脓汁、血液和脑脊液等样本进行涂片和分离培养。脑脊液经离心沉淀后取沉渣,脓汁样本可直接涂片,革兰染色后镜检,综合临床表现可做出初步诊断。脑脊液中细菌数量多时,亦可直接用型特异性抗血清作荚膜肿胀试验或免疫荧光试验进行快速诊断。也可直接用型特异性抗体通过乳胶凝集试验、ELISA法等检测样本中流感嗜血杆菌的可溶性抗原。此外,可用PCR技术检测临床样本中的细菌核酸。

脑脊液沉淀物、痰、脓汁等样本可直接接种于含抗生素(万古霉素、杆菌肽)的巧克力血琼脂平板或含脑心浸液的血琼脂平板进行分离培养,亦可与金黄色葡萄球菌共同划于5%羊血琼脂平板上进行分离培养。对可疑菌落应根据形态、培养特性、卫星现象、生化反应、荚膜肿胀试验等予以鉴定。

(四) 防治原则

应用b型荚膜多糖或PRP制备的联合疫苗,对控制流感嗜血杆菌的感染和降低儿童化脓性脑膜炎的发病率具有良好的效果,一年内保护率可达90%以上。b型荚膜多糖亦可与白喉类毒素、破伤风类毒素或脑膜炎奈瑟菌外膜蛋白制成联合疫苗。在美国广泛应用这类疫苗预防接种,已极大地降低了儿童中b型流感嗜血杆菌所致脑膜炎的发病率。同时也降低了b型流感嗜血杆菌的带菌率。

治疗由本菌引起的化脓性感染可用氨苄西林、阿莫西林/克拉维酸、第二代/第三代头孢菌素、阿奇霉素等。氨苄西林作为首选药物起到了较好的治疗效果,但针对近年出现的β-内酰胺酶耐药株,第三代头孢菌素、阿莫西林/克拉维酸较敏感。

第二节 鲍特菌属

鲍特菌属(*Bordetella*)为一类革兰阴性短小杆菌。与人类有关的主要包括百日咳鲍特菌(*B. pertussis*)、副百日咳鲍特菌(*B. parapertussis*)和支气管败血症杆菌(*B. bronchiseptica*)三种,均可引起人类急性呼吸道感染。这三种鲍特菌在生物学特性上有所差异,但在遗传上密切相关,其DNA同源性达72%~94%,故有人认为它们是同一个种中的3个不同的亚种。本节主要介绍百日咳鲍特菌。

百日咳鲍特菌

百日咳鲍特菌(*B. pertussis*)简称百日咳杆菌,是引起百日咳的病原菌。其传染性强,易引起儿童严重的细菌性呼吸道传染病。尽管现在世界上绝大多数国家实施百日咳疫苗的免疫接种,使百日咳感染率和病死率大大下降,但据WHO统计报道,现在全世界每年仍有3 500万的百日咳患者,高达29.4万的儿童死于百日咳及其并发症,且90%的病例来自发展中国家。

(一) 生物学性状

1. 形态与染色 百日咳鲍特菌为革兰阴性、短小卵圆形球杆菌,大小(0.3~0.5)μm×(1.0~1.5)μm。在鼻咽分泌物中多单个分散存在,在液体培养基中可呈短链状排列(图16-3)。无芽胞、鞭毛,新分离的光滑型菌株有荚膜。用苯酚甲苯胺蓝染色具有两极浓染现象。

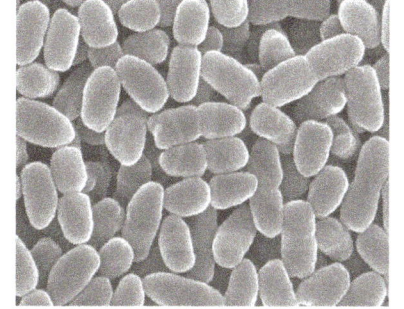

图16-3 百日咳鲍特菌电镜图 (×35 200)

2. 培养特性 百日咳鲍特菌专性需氧，营养要求较高，生长过程中不需要 X 因子和 V 因子，但需要添加血液或淀粉。初次分离培养常用含甘油、马铃薯、血液的鲍-金(Border-Gengou, B-G)培养基。在该培养基中培养 2~3 d 后可出现光滑、凸起、灰白色、不透明似露滴状的小菌落，周围可见不明显的溶血环。百日咳鲍特菌的生化反应极不活泼，不发酵任何糖类、不生成硫化氢、不产生吲哚，过氧化氢酶试验阳性。

3. 抗原结构与变异性 百日咳鲍特菌主要有耐热菌体抗原(O抗原)及不耐热的荚膜抗原(K抗原)。O 抗原为鲍特菌属的共同抗原，K 抗原具有型特异性，可将百日咳鲍特菌分成三个血清型。百日咳鲍特菌的菌落可分成 Ⅰ~Ⅳ 相。Ⅰ 相菌为光滑型菌落，Ⅳ 相菌为粗糙型菌落，在 Ⅰ 相和 Ⅳ 相之间尚有 Ⅱ、Ⅲ 相的过渡型。从患者新分离出的细菌为光滑型，其毒力和抗原性强；当人工培养传代以后，荚膜丧失，毒力和抗原性减弱，变异为粗糙型。这种变异是可逆的，初期与生长条件的改变有关，如生长温度从 28℃ 改变为 37℃，培养基中加入 $MgSO_4$ 等均可诱导相变，但随后可出现控制毒力的基因位点发生低频率突变。

4. 抵抗力 百日咳鲍特菌对理化因素的抵抗力弱，加热 55℃ 3 min 即可被杀死，对干燥极敏感，离开机体后仅能存活很短时间。对多种抗生素敏感，但青霉素无效，在分离培养基中加入青霉素可抑制其他杂菌的生长。

（二）致病性与免疫性

1. 致病因素 百日咳鲍特菌具有多种致病因素参与致病作用，除了菌毛的黏附作用和内毒素的毒性作用外，还有下列外毒素。

（1）百日咳外毒素(pertussis toxin, PT)：为 A-B 型毒素，其 B 亚单位可特异性与人呼吸道纤毛上皮细胞表面的受体相结合，促进 A 亚单位穿过细胞膜进入细胞内。A 亚单位可水解 NAD 成烟酰胺和 ADP-核糖，继而将后者与调控腺苷酸环化酶、磷脂酶 C 和离子通道有关的 G 蛋白 α 亚单位相连接，使其发生 ADP-核糖基化作用(ADP-ribosylation)，并激活腺苷酸环化酶，使 cAMP 浓度持续升高，导致蛋白激酶活化，从而引起调控细胞生长的蛋白磷酸化，使细胞结构受损。此外，PT 的作用还包括组胺致敏、胰岛素增加、淋巴细胞增多等多种生物学活性。

（2）胞质外腺苷酸环化酶(extracytoplasmic adenylate cyclase)：是一种耐热单体蛋白。进入真核细胞后被钙调蛋白激活，催化 cAMP 的生成，产生一系列生物学效应，如干扰嗜中性粒细胞的趋化性、抑制髓过氧化物酶依赖的 H_2O_2 和超氧化物的产生、影响淋巴细胞及单核细胞的活性等，从而干扰宿主的防御机制。

（3）丝状血凝素(filamentus hemagglutinin, FHA)：为细菌荚膜成分，可大量分泌到液体培养基的上清中。FHA 具有红细胞凝集活性，但本身对机体无毒性，其致病作用是能促进细菌对呼吸道上皮细胞的黏附与定居。经研究发现，百日咳杆菌对呼吸道纤毛上皮细胞的黏附作用需要有 FHA 与 PT 两种成分同时存在，任一种成分单独存在均不能使百日咳鲍特菌黏附于纤毛细胞表面，其机制尚不清楚，可能是这两种黏附素在细菌与纤毛上皮细胞的糖蛋白受体之间形成一个 2 价的分子桥。

（4）气管细胞毒素(tracheal cytotoxin, TCT)：是从百日咳杆菌培养物上清中分离出的一种小分子糖肽，由细菌细胞壁的肽聚糖水解衍生而成。经仓鼠气管上皮细胞组织培养研究，可见纤毛损伤，细胞核出现破裂与溶解，是百日咳鲍特菌唯一使纤毛细胞受损的毒素。

（5）皮肤坏死毒素(dermonecrotic toxin, DNT)：所有的鲍特菌属的细菌均可产生 DNT，将其注入实验动物(如豚鼠)皮下，可产生缺血性坏死作用。DNT 对人类疾病的作用机制尚不清楚，其抗原性弱，不能诱导机体产生抗体。

2. 所致疾病 人是百日咳鲍特菌的唯一自然宿主，感染源为早期患者和带菌者，通过飞沫传播。细菌侵入机体后，首先黏附定居于气管和支气管上皮细胞表面并快速增殖，细菌本身不侵入血流，仅于局部释放毒素，刺激呼吸道上皮细胞引起咳嗽。由于局部表皮细胞坏死、中性粒细胞和淋巴细胞浸润，导致外周支气管炎和间质性肺炎。金黄色葡萄球菌或流感嗜血杆菌的继发感染可引起细菌性肺炎。

临床上病程可分三期：① 卡他期，潜伏期 1~2 周，其后患者开始有轻微咳嗽及喷嚏，在这一阶段，症状较轻但传染性极强，患者呼出的飞沫中含有大量的病菌。② 痉挛期，约 1 周的卡他期后，患者出现阵发性痉挛性咳嗽，因呼吸道中有大量的黏稠分泌物不易排出，可发生呕吐、发绀及喉痉挛，临床上表现出特征性的鸡鸣样吸气吼声。③ 恢复期，4~6 周后进入恢复期，阵咳逐渐减轻减少，但持续时间长，完全恢复需数周至数月，故名百日咳。

3. 免疫性 病后可获得持久免疫力，再感染少见。自然感染后，除了血清和局部分泌性抗体的保护作用外，近年来的研究显示，细胞免疫在抗百日咳感染中也起重要作用。动物试验中观察到，注射 $CD4^+$

Th1 细胞的小鼠在 20 d 内可以清除肺内的百日咳菌,但此时血清中还测不到抗百日咳的特异性抗体。

(三) 微生物学检查法

因临床上非典型病例较常见,百日咳的微生物学检查法以分离百日咳杆菌为主。通常于卡他期取鼻咽拭子,或痉挛期采用"咳碟法"(cough plate)接种于 B-G 培养基分离培养,出现典型菌落时,经涂片染色镜检、生化反应或与Ⅰ相免疫血清作凝集试验、直接荧光抗体试验等方法进行鉴定。20 世纪 90 年代以来,逐渐采用 ELISA 法检测患者血清中抗百日咳杆菌、百日咳毒素和丝状血凝素的抗体用于百日咳的辅助诊断。鼻咽拭子也可应用 PCR 技术检测细菌的核酸,其扩增的引物需包括副百日咳鲍特菌。

(四) 防治原则

百日咳多流行于人口密集地区,好发于 5 岁以下儿童,对婴幼儿进行人工主动免疫为主要预防措施。我国选用Ⅰ相百日咳鲍特菌死疫苗,与白喉、破伤风类毒素混合制成"百白破"(DPT)三联疫苗进行预防接种,效果较好,对降低百日咳的发病率和死亡率、阻止百日咳的流行发挥了重要作用。但全细胞百日咳疫苗不但含有百日咳毒素、丝状血凝素等保护性抗原,还含有对人体有毒副作用的腺苷酸环化酶毒素、气管细胞毒素等物质,接种后局部可产生红晕、疼痛、硬结等异常反应。为了减轻全细胞百日咳疫苗的不良反应,国外从 20 世纪 70 年代,我国从 20 世纪 80 年代开始研制百日咳无细胞疫苗。通过提取纯化保留具有保护性作用的抗原成分制备的无细胞百日咳疫苗,其副反应发生率和严重程度均大大低于全细胞百日咳疫苗。因此,在发达国家,如美国、英国、日本等均已全部采用无细胞百日咳疫苗作为常规免疫用疫苗。

百日咳的治疗首选红霉素,早期用药可促进细菌排出,阻止疾病进一步发展。痉挛期的疗效则较差,吸氧和镇静可能有助于缓解缺氧对大脑的损伤。

第三节 军团菌属

军团菌属(Legionella)是自然生存于水源中的一类革兰阴性杆菌,有 39 个种,其中 18 种可引起人类疾病,主要致病菌为嗜肺军团菌(L. pneumophila)。

嗜肺军团菌

1976 年 7 月在美国费城召开全美退伍军人大会期间,爆发了一种不明原因的严重传染性肺炎,数十人患病,死亡 34 人。当时以会议名称命名为军团病,将稍后从死者肺组织中分离出的病菌称为军团菌,于 1978 年国际军团病会议上将军团菌命名为嗜肺军团菌。

(一) 生物学特性

1. 形态与染色 在自然采取的样本中(如痰、污染的水源),嗜肺军团菌呈短杆状或球杆状,人工培养后菌体变长,或呈长丝状(图 16-4)。革兰染色阴性,但不易着色。临床样本经染色后很难观察到细菌,通常用镀银染色或 Giemsa 染色,分别染成黑褐色或红色。有菌毛和鞭毛。无芽胞,有微荚膜。

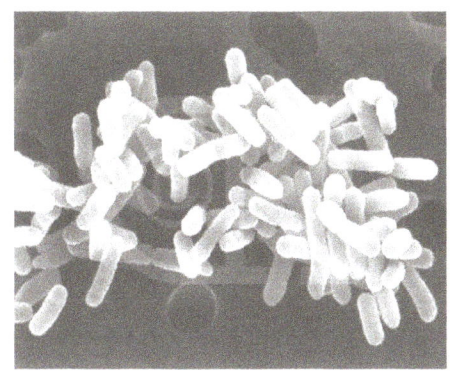

图 16-4 嗜肺军团菌电镜图(×22 810)

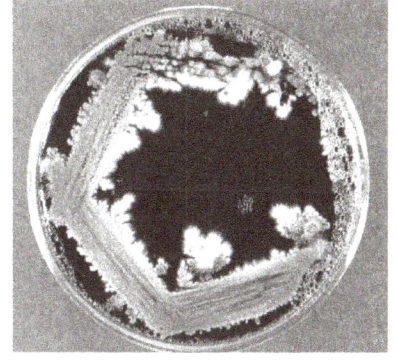

图 16-5 嗜肺军团菌在 BCYE 培养基上生长
(形成的雕花玻璃样菌落)

2. 培养特性 嗜肺军团菌是需氧菌,多数菌株在 2%～5% CO_2、90%湿度环境中生长良好,最适温度为 35～36℃。营养要求高,铁和半胱氨酸为必需生长因子,常用药用碳(活性碳)-酵母提取物琼脂

(buffered charcoal-yeast extract agar,BCYE)培养基进行培养。生长缓慢,通常培养3 d以上才能形成可见菌落(培养过夜后即长出的菌落则不是军团菌)。菌落半透明、圆形凸起或扁平,外观呈雕花玻璃样(图16-5),颜色变化较大,可为无色、彩虹色或蓝色。因多种菌均可在BCYE培养基中生长,培养物应通过革兰染色进行鉴别。在费-高(Feely-Garman)琼脂培养基中培养3～5 d,可见针尖大小的菌落,紫外线照射可发黄色荧光。不分解糖类,部分菌株液化明胶,分解马尿酸盐,氧化酶和过氧化氢酶阳性。

3. 抗原结构 嗜肺军团菌有两种主要抗原成分:① 型特异性抗原,为类脂-蛋白-糖复合物,含有支链脂肪酸,存在于菌体表面。根据型特异性抗原可将嗜肺军团菌分成15种以上血清型,引起1976年费城军团病的为嗜肺军团菌1型。迄今我国已从军团病患者及外环境水源中分离出嗜肺军团菌1型、5型、6型、8型、10型,其中以1型和6型为主。② 交叉抗原,主要为蛋白质,是军团菌属的共同抗原。抗嗜肺军团菌交叉抗原的抗血清甚至可与某些类杆菌属、鲍特菌属、假单胞菌属的细菌发生交叉反应。军团菌属细菌可产生14～17碳的支链脂肪酸,应用气液相色谱分析技术有助于鉴定军团菌的菌种。

4. 抵抗力 嗜肺军团菌在自然界分布广泛,生存力强。各种自然水源(如河水、湖水、天然温泉)及人工管道水源(如冷、热水供水系统)均可分离出此类细菌。此菌在50℃热水中可存活一定时间,蒸馏水中可存活139 d,自来水龙头中可存活369 d;当水温为31～36℃和水中含有丰富的有机物时,此菌可长期存活甚至定居。研究表明,嗜肺军团菌可被外环境中常见的活变形虫(如棘皮阿米巴)吞入细胞内,但并不被杀灭,反而能在其空泡中繁殖(图16-6),成为重要的感染源。此菌对紫外线、一般消毒剂敏感;耐酸,在pH2的盐酸中可存活30 min;对红霉素、利福平等抗生素敏感。

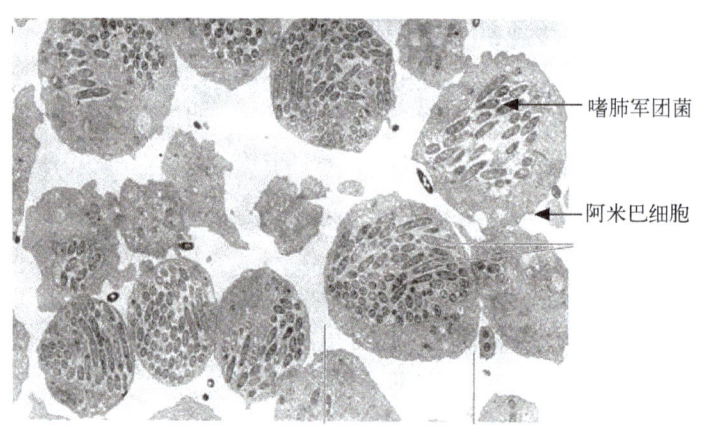

图16-6 棘皮阿米巴吞噬空泡内的嗜肺军团菌

(二) 致病性与免疫性

1. 致病因素 与嗜肺军团菌产生的微荚膜、菌毛、毒素和多种酶有关。菌毛能使细菌黏附到下呼吸道上皮细胞并定居增殖,产生多种酶(如蛋白酶、磷酸酶、酯酶、DNA酶、RNA酶等)引起组织损伤;微荚膜具有抗吞噬作用,能抑制吞噬溶酶体的形成,细菌被吞噬细胞吞噬后可在细胞内繁殖,导致细胞死亡裂解,故嗜肺军团菌是重要的胞内寄生菌。此外,军团菌可产生一种分泌型金属蛋白酶,体外具有溶血和细胞毒活性,但与疾病的关系尚不明确。其内毒素与一般革兰阴性菌的内毒素不同,缺乏与脂质A结合的羟基脂肪酸,故毒性较低。

2. 所致疾病 嗜肺军团菌通过空气传播,空调冷凝器、浴室、淋浴喷头等处污染的军团菌以气溶胶形式感染人,迄今尚无人与人之间传播的报道。55岁以上男性发病率最高,其相关高危因素包括吸烟、慢性支气管炎、肺气肿、甾族化合物或其他免疫抑制剂的使用、化疗、糖尿病等。好发于夏秋季,既可爆发流行也可散发。

临床表现可分为两种类型:① 军团病,又称肺炎型。经过2～6 d的潜伏期后,可发生高热、寒战、胸痛、干咳或有少量黏液性痰等呼吸系统症状。X射线胸片可见肺部点状和结节状浸润。患者可有腹泻,严重者可出现全身中毒症状,患者可因休克、呼吸衰竭、肾功能衰竭而死亡,病死率达16%。② 庞提亚克热(Pontiac fever),又称流感样型。症状较轻,有自限性。临床上可出现发热、不适、头痛,无肺部炎症表现,X射线胸片检查无异常,预后良好。

嗜肺军团菌亦是医院感染的病原菌之一。近年来,许多报道由中央空调冷却塔用水污染军团菌后,导致军团病医院内感染。

3. 免疫性 嗜肺军团菌为胞内寄生菌,其致病性依赖于胞内寄生能力。故机体的细胞免疫在抗感染中起重要作用。当细菌侵入体内后,一般先为中性粒细胞和巨噬细胞所吞噬,但不能将细菌杀死,反而有利于细菌扩散。7~10 d 后,随着细胞免疫的建立,可抑制胞内细菌繁殖,增强 NK 细胞杀伤靶细胞的活性。此外,特异性抗体通过调理作用以及激活补体等,可增强吞噬细胞的吞噬作用。

(三) 微生物学检查法

1. 样本 可采集支气管洗液、胸腔积液、肺活检组织或血液等。因正常菌群的影响,痰中军团菌很难被分离出来。其他解剖部位很少发现军团菌。

2. 涂片镜检 临床样本涂片作革兰染色意义不大,直接荧光素标记抗体染色镜检有诊断价值,但敏感性低于分离培养。组织样本也可用镀银染色镜检。

3. 分离培养 样本可直接接种含抗生素的 BCYE 琼脂培养基分离培养,分离出的可疑细菌可通过免疫荧光染色快速鉴定。

4. 血清学方法 应用 ELISA 法等免疫学方法检测患者尿中的军团菌抗原,或血清中特异性 IgM、IgG 等抗体,其特异性、敏感性高,简易快速。

(四) 防治原则

因军团菌以水源为自然栖息地,加强供水系统的管理是控制和预防军团病的主要措施。迄今尚无有效的预防疫苗。治疗首选红霉素,对治疗反应迟缓者可选用利福平及其他抗生素。

(任浩 刘先洲)

复习思考题

1. 简述流感嗜血杆菌的生物学特性、所致疾病及防治。
2. 简述百日咳鲍特菌的生物学特性、所致疾病及防治原则。
3. 简述嗜肺军团菌的传播途径及所致疾病。

第十七章 动物源性细菌

Diseases derived from animals, such as anthrax, brucellosis, plague, rabies, Q fever and leptospirosis are known as zoonoses. These diseases are spread by direct contact with the animal concerned or indirectly by such means as the ingestion of infected milk, contact with infected food products, etc.

Anthrax is an example of a zoonotic disease, primarily recognized in large domesticated animals, which infects man accidentally through contact with infected products. Bacillus anthracis, the causative organism, is of world-wide distribution and, although rare in the industrialized nations, evoking horrors of "germ warfare".

The genus *Brucella* consists of a group of Gram-negative bacilli that are essentially pathogens of goats, particularly cows, leads to abortion, and involvement of the mammary glands may cause the organisms to be excreted in milk for months or even years. Human infections arise through contact with infected animals, including handling of infected carcasses, or through consumption of infected milk or milk products. Brucellosis is a typical zoonosis, and infection does not spread from man to man.

Yersinia pestis, the plague bacillus, is essentially a parasite of rodents. In certain parts of the world, burrowing animals such as gerbils and voles act as reservoirs of infection that may be transmitted by fleas to susceptible animals such as bandicoots, marmots and squirrels. The animals suffer from outbreaks of plague, and their fleas may transmit the infection to man, giving rise to sporadic disease referred to as wild or sylvatic plague. Farmers or trappers who come into contact with infected animals are at risk. Serious infection often results, which in previous centuries produced pandemics of "black death" with millions of fatalities.

The taxonomy of the genus *Francisella* is complex. The best-known pathogenic species, F. tularensis, is the causative agent of tularemia. The name derives from Edward Francis, who studied these organisms in Tulare County, California, where tularemia was first observed. F. tularensis is widely found in animal reservoirs and is transmissible to humans by biting arthropods, direct contact with infected animal tissue, inhalation of aerosols, or ingestion of contaminated food or water.

动物源性细菌指以动物作为传染源,能引起动物和人类发生人兽共患病(zoonosis)的病原菌。人兽共患病专指由这些动物源性细菌引起,并可在人类和脊椎动物之间自然传播的疾病或感染症。这些病原菌的主要储存宿主是动物,通常在动物间传播;人类因接触病畜及污染物等途径感染而致病,本章主要包括国内外关注较多、研究较为深入的布鲁菌属、耶尔森菌属、芽胞杆菌属和土拉弗朗西斯菌属。

第一节 布 鲁 菌 属

布鲁菌属(*Brucella*)细菌是一类主要感染羊、牛、猪等家畜的致病菌,也可引起人类布鲁菌病(brucellosis),又称地中海弛张热、马尔他热或波浪热。19世纪末,马尔他岛流行一种称为马尔他热(Malta fever)的传染病,每年近千人患病,死亡数十人。1887年,英国军医David Bruce首先从4例死者的脾脏分离出致病菌,故得名。随后相继从患病的山羊、牛、绵羊、猪、犬、鼠等动物及分泌物中分离出相同的病菌,通称为布鲁菌属。目前已知布鲁菌属有六个生物种,包括羊布鲁菌(又称马尔他布鲁菌,*B. melitensis*)、牛布鲁菌(又称流产布鲁菌,*B. abortus*)、猪布鲁菌(*B. suis*)、犬布鲁菌(*B. canis*)、绵羊布鲁菌(*B. ovis*)、鼠布鲁菌(*B. neotomae*)。对人致病的主要是前四种,WHO报道世界范围内每年约50万人患布鲁菌病,其中多为羊布鲁菌感染所致。

一、生物学性状

(一) 形态与染色

布鲁菌属细菌为革兰阴性小球杆菌或短杆菌,大小 $(0.5\sim0.7)$ μm×$(0.8\sim1.5)$ μm(图17-1),无鞭毛与芽胞,光滑型菌株有微荚膜。

(二) 培养特性

布鲁菌专性需氧,牛布鲁菌初次分离时需5%~10% CO_2。营养要求高,在普通培养基中生长缓慢,如加入血清或肝浸液,或加入硫胺、烟酸和生长素等可促进生长,于37℃,2~5 d培养可形成圆凸、半透明、无色的细小菌落。经人工传代培养后可转变成粗糙型菌落,且在1%吖啶黄素(acriflavine)溶液中形成凝集。不发酵乳糖和葡萄糖,氧化酶阳性,大多能分解尿素和产生 H_2S。

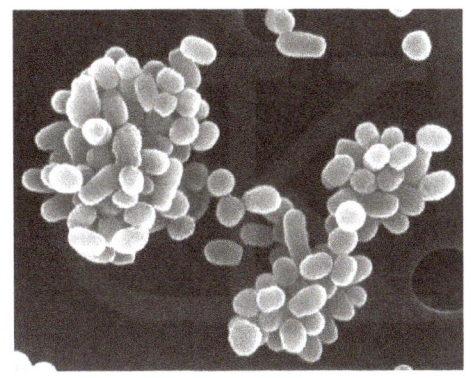

图17-1 布鲁菌电镜图(×29 650)

(三) 抗原结构与分型

所有布鲁菌均具有A(abortus)及M(melitensis)两种抗原,但两种抗原的含量比例在不同菌种间差异较大,如牛布鲁菌含A抗原多,其A:M为20:1;羊布鲁菌含M抗原多,其A:M为1:20;猪布鲁菌A:M为2:1。因此,用A与M两种因子血清进行凝集试验检测A与M抗原有助于布鲁菌种间的鉴别(表17-1)。三种主要的布鲁菌又可根据其培养、生化及血清学反应,进一步分为不同的生物型(biotype),其中牛布鲁菌分为9型,羊布鲁菌分为3型,猪布鲁菌分为5型。

表17-1 三种主要布鲁菌的特性与鉴别

菌 种	CO_2需要	H_2S产生	脲酶	含染料培养基中生长			凝集试验	
				复红 1:25 000	硫堇 1:50 000	甲紫 1:50 000	抗A因子	抗M因子
羊布鲁菌	−	−	不定	+	+	+	−	+
牛布鲁菌	+	+	慢+	+	−	+	+	−
猪布鲁菌	−	++	快+	−	+	+	+	−

(四) 抵抗力

布鲁菌在自然界抵抗力较强,在土壤、毛皮、畜肉、乳制品及动物分泌物、水中能存活数周至数月,牛奶中可存活18个月;但在湿热60℃ 10 min、日光直接照射下20 min可死亡;对常用消毒剂、广谱抗生素敏感。牛奶中的布鲁菌可用巴氏消毒法灭菌。

二、致病性与免疫性

(一) 致病物质

布鲁菌属细菌对人、畜具有一定的毒力,但不同种的细菌毒力强弱不同。该菌属不产生外毒素,致病物质主要是内毒素、微荚膜、外膜蛋白及触酶等多种毒力相关因子。因具有透明质酸酶等侵袭性物质,侵袭力强,能通过完整的皮肤、黏膜进入机体。布鲁菌是一种胞内寄生菌,被吞噬细胞吞噬后不被杀灭,反而能在吞噬细胞内寄生。实验表明,在相同条件下,人中性粒细胞可杀死90%的牛布鲁菌,但不能杀死羊布鲁菌,说明不同种的细菌对吞噬细胞杀菌作用的抗力不同,其差异与内毒素有关。此外,布鲁菌的过氧化氢酶、脲酶等10余种酶与其致病力也有一定关系。

(二) 所致疾病

牛、羊、猪是布鲁菌的自然宿主。牛、猪、羊的胎盘及胎膜上含有赤藓醇,是布鲁菌属的生长因子,感染后常引起母畜流产,病原体可随流产的胎畜和羊水排出,也可经乳汁、粪、尿等分泌物排出体外,污染环境。

人类因接触病畜及其分泌物,经皮肤、眼结膜、消化道、呼吸道等不同途径而感染。未经巴氏消毒的污染羊奶等奶制品是主要的感染源。布鲁菌从侵入部位进入人体后,首先被附近的中性粒细胞或巨噬细胞吞噬,但不能被杀灭反而在细胞内繁殖,并进入局部淋巴结,经淋巴管进入血流引起菌血症,导致发热、出汗、乏力、疼痛等全身症状。病菌经血流散布全身组织器官,在肝、脾、骨髓等处继续繁殖,不断释放入血,反复引发菌血症。临床可表现出每天下午体温上升,夜间下降伴出冷汗等特殊症状,因此有波浪热之称。布鲁菌感染易转为慢性,常反复发作,致肝脾肿大及心血管和神经系统损伤。但人类胎盘不含有赤藓醇,感染布鲁菌后不引起流产。

不同种的布鲁菌感染人所致的疾病表现可不同,牛布鲁菌引起病变较温和,无化脓性的并发症,不形成干酪样的肉芽肿;猪布鲁菌感染后常形成慢性化脓性炎症及干酪样的肉芽肿;羊布鲁菌多呈急性和严重感染。出现发热、肌痛等急性症状的患者对布鲁菌的内毒素比正常人更敏感,因此,对内毒素的敏感性可能是一个重要的致病因素。

布鲁菌的致病过程与该菌引起的1～4型超敏反应是引起慢性布鲁菌病病理改变的重要因素之一。

(三) 免疫性

机体感染布鲁菌后可产生免疫力,以细胞免疫为主。病后机体产生 IgM 和 IgG 类抗体,可发挥免疫调理作用。此外,感染者布鲁菌素皮肤试验常呈阳性反应,表明细胞免疫与 IV 型超敏反应可并存于机体内,故一般认为抗布鲁菌免疫为有菌免疫。但近年来认为,随着病程的延长使机体免疫力不断增强,病菌不断被清除,最终可变为无菌免疫。

三、微生物学检查法

布鲁菌病的临床症状较复杂,多数病例临床表现不典型,靠临床症状很难与流感、风湿热、伤寒、副伤寒等疾病相鉴别。因此,微生物学检查是确定诊断的重要依据。

(一) 标本的采集

根据临床表现,从患者或病畜的不同病期,分别采取血、尿、骨髓、脊髓液、关节液,病畜内脏、胎盘、子宫分泌物、羊水和流产胎儿等样本。一般于急性期采血,分离布鲁菌的阳性率可达90％,而慢性期仅为50％。慢性期可取骨髓标本进行分离培养。

(二) 分离培养

将待检材料接种双相肝浸液培养基(带有肝浸液的琼脂斜面),置37℃,10％ CO_2 环境下培养,一般4～7 d 长出菌落。但通常需持续观察至少3周仍无菌落生长者,才能报告为阴性。对可疑菌落则根据菌落特征,涂片镜检,生化反应,玻片凝集等方法进行鉴定。

(三) 血清学试验

通常布鲁菌感染者发病后一周内血清 IgM 抗体水平开始升高,3周左右达高峰,病程转慢性后仍可持续存在,少部分患者即使应用抗生素治疗,其高水平 IgM 抗体也可存在2年之久。发病3周后血清 IgG 抗体水平升高,6～8周达高峰,病程转慢性后仍可维持高水平。由于分离培养时间长,阳性率较低,因此诊断布鲁菌病仍多采用血清学方法。常用方法有:① 试管凝集试验,应用试管凝集法检测血清中凝集素,一般以1∶160～1∶320为诊断标准,若抗体效价降至正常水平后又再度升高,应考虑再次感染或复发。② 虎红平板凝集试验(rose bengal plate test,RBPT),在脱脂玻片上加0.03 ml 被检血清,再加入酸性的 RBPT 抗原0.03 ml,充分混匀,在5 min 内观察结果,出现凝集反应为阳性。③ 抗球蛋白试验(Coombs test),布鲁菌病患者常出现不完全抗体,需用 Coombs 试验检查,在病程中凝集效价出现增长者有诊断意义。④ 补体结合试验,特异性强,试验结果与布鲁菌病临床表现及病期有较好的一致性,因补体结合抗体主要为 IgG,体内维持时间长,故对慢性布鲁菌病的诊断有较大意义。抗体效价1∶10为阳性。

(四) 皮肤试验

用布鲁菌素(brucellin)或布鲁菌蛋白提取物0.1 ml 作皮内注射,24～48 h 后观察结果。局部红肿直径1～2 cm 者为弱阳性,大于2～3 cm 为阳性,大于3～6 cm 为强阳性,红肿在4～6 h 内消退者为假阳性。皮试阳性结果可作慢性或曾患过布鲁菌病的参考。

四、防治原则

控制和消灭家畜布鲁菌病,切断传播途径和预防接种为两项主要预防措施。预防接种应与疫区畜群为主要接种对象,同时也应对牧场、屠宰场工作人员、兽医及有关职业人员进行免疫。我国目前应用的疫苗为 104 M 株减毒活疫苗,采用皮上划痕接种,免疫期一年。急性期患者以抗生素治疗为主,WHO 推荐首选利福平与多西环素或四环素联合使用;有神经系统症状者选用四环素和链霉素合用。由于布鲁菌为胞内寄生菌,很难彻底根治,对慢性患者除用抗生素治疗外,尚需采用综合疗法。

第二节 耶尔森菌属

耶尔森菌属(Yersinia)是一类革兰阴性小杆菌,属于肠杆菌科。现已知有 13 个种和亚种,与人类疾病有关的主要有三种,即鼠疫耶尔森菌(Y. pestis)、小肠结肠炎耶尔森菌(Y. enterocolitica)和假结核耶尔森菌(Y. pseudotuberculosis)。

一、鼠疫耶尔森菌

鼠疫耶尔森菌是鼠疫的病原菌,俗称鼠疫杆菌。鼠疫是一种主要在野生啮齿类动物间传播的烈性传染病,偶尔通过鼠蚤叮咬而传给人,引起严重疾病,病死率 30%～100%,被《中华人民共和国传染病防治法》列为甲类传染病。历史上记载过三次鼠疫的世界性大流行,第一次发生在 6 世纪,几乎遍及全世界。第二次发生于 14 世纪,当时称为"黑死病",波及整个欧洲、亚洲和非洲北部。第三次发生于 1894 年,于 1900 年流传到 32 个国家。14 世纪大流行时波及我国,1793 年云南师道南所著《死鼠行》中描述当时"鼠死不几日,人死如坏堵",充分说明那时鼠疫在我国流行十分猖獗。自 1940 年后,较小范围的流行仍在世界上不断发生。鼠疫耶尔森菌在历史上也曾被用于生物战。1942 年日本侵略军"731 部队"在哈尔滨市郊制造细菌弹,在湖南、浙江等地空投大量染有疫蚤的谷物、棉絮等,造成当地鼠疫流行。中华人民共和国成立后,由于对疫区进行了广泛的防治工作,现我国国内人间鼠疫已基本消灭。但自然疫源地依然存在,世界上某些地区仍有鼠疫病例发生,且霸权主义者把鼠疫耶尔森菌列为生物战剂之一,故防治鼠疫对国防和建设事业仍有非常重要的意义。

(一) 生物学性状

1. 形态与染色 鼠疫耶尔森菌为卵圆形革兰阴性短杆菌,大小约 $(0.5～0.8)~\mu m \times (1～2)~\mu m$。一般单个散在,偶尔成双或呈短链状,有荚膜,无芽胞及鞭毛。在不同检材和培养条件下,其菌体大小与形态可有差异,如在陈旧培养物或含 3% NaCl 的培养基中培养后呈明显多形态性,可同时出现球形、杆形、棒形和哑铃状等各种形态,亦可见到着色极为浅淡的"菌影(ghost)"。用特殊染色可出现明显的两极浓染现象(图 17-2)。

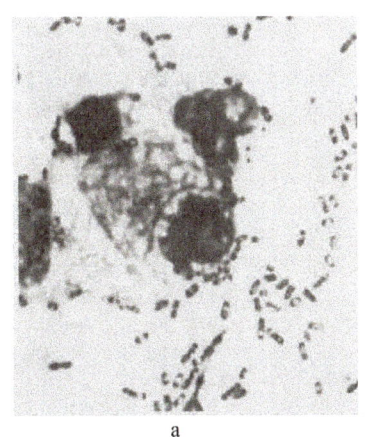
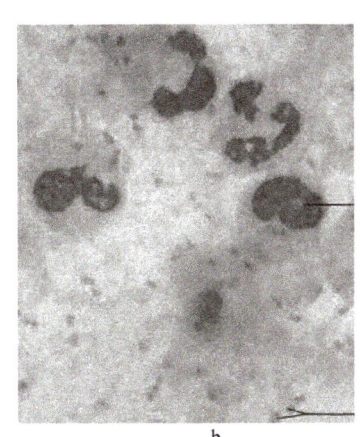

图 17-2 鼠疫耶尔森菌(×1 000)

a. 动物组织中的细菌;b. 血液中细菌

2. 培养特性 鼠疫耶尔森菌兼性厌氧,最适生长温度为 27～30℃,最适 pH 为 6.9～7.2。普通培养基上能生长,但生长缓慢,在含血或组织液的培养基中生产迅速,经 48 h 培养后,可形成无色透明、圆形、中央厚周围薄而不整齐的细小菌落。在肉汤培养基中生长后,肉汤表面形成菌膜,稍加摇动,菌膜即成"钟乳石"状下沉,此特征有一定鉴别意义。

3. 抗原结构 鼠疫耶尔森菌的抗原结构复杂,至少有 18 种抗原,其中与细菌致病有关的主要是荚膜抗原、菌体 V-W 抗原、外膜蛋白和鼠毒素。

4. 抵抗力与变异性 鼠疫耶尔森菌在低温及有机体内生存时间较长,在脓汁、痰液中存活 10~20 d,尸体内可活数周至数月,蚤粪和潮湿土壤中能存活 1 年左右;对理化因素抵抗力弱,对光、热、干燥及一般消毒剂均甚敏感。日光直射 4~5 h 即死,加热 55℃ 15 min、100℃ 1 min、5%苯酚、5%来苏儿、0.1%升汞、5%~10%氯胺均可杀死鼠疫耶尔森菌。

鼠疫耶尔森菌能通过突变或基因转移等方式,发生抗原性、生化特性、毒力、耐药性及菌落的变异。目前已完成鼠疫耶尔森菌的全基因组序列测定,揭示出鼠疫耶尔森菌不断通过质粒获取新 DNA 的特性。与多数细菌不同,鼠疫耶尔森菌有毒株的菌落为 R 型,经人工传代培养后的无毒株菌落逐渐变为 S 型,其毒力也随之减弱。

(二) 致病性和免疫性

1. 致病因素 鼠疫耶尔森菌的毒力很强,少数几个细菌即可致病。其致病因素主要与 F1 抗原、V 和 W 抗原、外膜蛋白、鼠毒素、内毒素以及与有黏附作用的菌毛有关。① F1(fraction 1)抗原,为荚膜抗原,是一种不耐热的糖蛋白,具有抗吞噬和活化补体的作用。其抗原性强,刺激机体产生的特异性抗体有免疫保护作用。② V 和 W 抗原,W 抗原位于菌体表面,是一种脂蛋白;V 抗原存在于细胞质中,为可溶性蛋白。两种抗原均由毒力质粒 DNA 编码,与细菌的侵袭力有关,亦有抗吞噬作用。③ 外膜蛋白,编码 V 和 W 抗原的毒力质粒亦可编码数种外膜蛋白,这些外膜蛋白在使细菌突破宿主的防御机制,导致机体发病等方面具有重要作用。④ 鼠毒素(murine toxin,MT),为可溶性蛋白,是一种外毒素,对鼠类有剧烈毒性,主要作用于血管系统引起不可逆的休克和死亡,但对人的致病机制尚不清楚。⑤ 内毒素,其性质与肠道杆菌产生的内毒素相似,可致机体发热、休克和 DIC 等。

2. 传播方式与所致疾病 鼠疫是自然疫源性疾病,世界各地存在许多自然疫源地,动物和人间鼠疫的传播主要以鼠蚤为媒介,一般先在鼠间流行,当大批病鼠死亡后,鼠蚤转向人类而引起人类鼠疫,即"鼠—蚤—人"是鼠疫的主要传播方式。人类鼠疫尚可通过人蚤或呼吸道在人群中传播(图 17-3)。

图 17-3 自然界鼠疫的传播方式示意图

人对鼠疫耶尔森菌普遍易感,病菌通过鼠蚤叮咬进入人体后,可被吞噬细胞吞噬,但不被杀灭仍可在细胞内生长繁殖,并沿淋巴管到达局部淋巴结,引起严重的淋巴结炎(多见于腹股沟淋巴结),称为腺鼠疫。经呼吸道感染或经腺鼠疫继发导致肺部病变,可引起肺鼠疫。患者有高热、咳嗽、胸痛、咯血、呼吸困难,病死率高。患者死亡后,皮肤常呈黑紫色,故称"黑死病"。重症腺型或肺型鼠疫的病菌侵入血流,大量繁殖,引起败血症型鼠疫,病情险恶,处理不及时可于数小时至 2~3 d 内发生休克而死亡。

3. 免疫性 鼠疫病后可获得持久免疫力。体内可出现多种抗体,发挥免疫作用。但病菌的彻底消灭还依赖于吞噬细胞吞噬功能的加强。

(三) 微生物学检查法

鼠疫为烈性传染病,其微生物学检查不能在一般的化验室或实验室中进行,须在有特定设备的实验室内严格按规程操作。

1. 样本 依不同病型采取淋巴结穿刺液、痰、血液等;动物或人的尸体,则取肝、脾、肺、肿大的淋巴结及心血等进行检查。

2. 直接涂片镜检 样本直接涂片或印片,用亚甲蓝单染色或革兰染色,镜检观察形态与染色性,脏器印片干燥后用乙醇乙醚混合液固定后再行染色镜检。也可用免疫荧光染色作快速诊断。

3. 分离培养与鉴定 将样本接种于血琼脂平板或0.025%亚硫酸钠琼脂平板,置28~30℃培养24~48 h,对可疑菌落根据细菌形态、生化反应和血清凝集试验等作进一步的鉴定。

4. 血清学试验 应用反向间接血凝试验、ELISA法、固相放射免疫试验、协同凝集试验等方法检测样本中的F1抗原或抗体,特异性和敏感性高,适宜大规模流行病学调查。

此外,可将样本接种豚鼠或小鼠的皮下或腹腔,取死亡动物的脏器或心血进行检查鉴定。近年来,国内外已将PCR技术用于鼠疫的诊断和监测。

(四)防治原则

灭鼠、灭蚤是消灭鼠疫病源的根本措施。加强国际入境检疫及疫情监测,对来自疫源地的外国船只、车辆、飞机等均应进行严格的国境卫生检疫,实施灭鼠、灭蚤消毒,对乘客进行隔离留检。发现疑似或确诊患者,应立即按紧急疫情上报,同时将患者严密隔离。

鼠间鼠疫开始流行时,对疫区及其周围的居民、进入疫区的工作人员,均应进行预防接种。我国目前选用的疫苗为EV无毒株干燥活菌苗。接种途径有皮下、皮内接种、皮肤划痕法或气雾等多种方法。以皮肤划痕法效果肯定,反应轻,一般2周后可获免疫。每年应接种一次,必要时6个月后再接种一次。进入疫区的医务人员,必须接种疫苗,两周后方能进入疫区。工作时必须着防护服、戴口罩、帽子、手套、眼镜、穿胶鞋及隔离衣。治疗可用磺胺类、氨基糖苷类、氯霉素等抗生素,必须早期足量、联合用药。

二、小肠结肠炎耶尔森菌

小肠结肠炎耶尔森菌(*Y. enterocolitica*)近年来受到世界各国普遍重视。该菌除引起肠炎外,还可引起急性阑尾炎、关节炎、结节性红斑、淋巴细胞白血病等多种临床类型疾病。多种动物肠道内有此菌存在,如猪、狗、猫、牛、啮齿类及鸟类等。带菌动物通过排泄物污染环境或食物,人因食入被污染的食物而患病。因此菌在4℃左右也能生长,由冷藏食品引发的小肠结肠炎耶尔森菌肠道感染正逐渐增加。

小肠结肠炎耶尔森菌与肠道杆菌有共同的生物学特性,为革兰阴性短小杆菌,有多形性倾向,偶有双极浓染。25℃培养时有周身鞭毛,37℃培养则很少或无鞭毛。营养要求不高,最适生长温度为20~28℃,但4℃也能生长。培养24 h后,形成扁平、半透明的细小菌落。生化反应不甚稳定,一般不分解乳糖,可分解葡萄糖、蔗糖、麦芽糖和甘露醇,产酸不产气。

根据小肠结肠炎耶尔森菌菌体O抗原可分为50多个血清型。从患者分离的血清型多为O3、O5、O8、O9和O27,我国以O3为主。有毒菌株大多具有V和W抗原,产生耐热性肠毒素。此外,某些菌株的O抗原与人体组织有共同抗原,可刺激机体产生自身免疫,引起自身免疫性疾病。

病菌通过粪-口途径或因接触染疫动物而感染,侵入机体后主要在肠黏膜内繁殖,引起炎症和溃疡,病变可扩展到肠系膜淋巴结。临床表现以发热、腹痛和腹泻(水样便或血便)为主。病程3~4 d,常呈自限性。有的患者以腹痛为主要症状,急性腹痛多见于青少年。急性期后1~3周可出现自身免疫并发症,如关节炎、结节性红斑等。少数患者感染小肠结肠炎耶尔森菌后,可表现为肺炎、脑膜炎、败血症等临床类型。

根据临床疾病采取样本,如粪便、血液和剩余食物等进行冷增菌,即将样本接种于pH7.6的磷酸盐缓冲液中,置4℃冰箱2~4周,耶尔森菌可增殖,其他细菌不增殖。然后再转种肠道鉴别选择培养基,25℃培养24~48 h,挑取可疑菌落进行生化反应和血清凝集试验鉴定。

三、假结核耶尔森菌

假结核耶尔森菌(*Y. pseudotuberculosis*)存在于多种动物的肠道中,主要对啮齿类动物致病,豚鼠最易感。患病动物的肝、脾、胃、淋巴等均可产生多发性的粟粒状结节,初以渗出为主,以后发展为干酪样坏死,故称为假结核耶尔森菌。

人类感染较少见,大多数病例出现肠道感染,有时可引起肠系膜淋巴结炎,症状似急性或亚急性阑尾炎,多发生于5~15岁儿童,易发展为败血症。少数表现为高热、紫癜、伴有肝脾大,类似肠伤寒的症状。

此菌的生物学特性与小肠结肠炎耶尔森菌相似,可通过生化反应和血清学试验加以区别。

第三节 芽胞杆菌属

芽胞杆菌属（*Bacillus*）细菌是一群需氧大芽胞杆菌，革兰染色阳性。大多为腐生菌，主要以芽胞形式存在于土壤、水等的自然环境中，对理化环境作用抵抗力强，一般不致病。其中，对人和动物致病的病原菌主要是炭疽芽胞杆菌。

一、炭疽芽胞杆菌

炭疽芽胞杆菌（*Bacillus anthracis*）是引起动物和人类炭疽的（anthrax）病原菌，主要感染牛、羊等草食动物，人可通过接触或食用患病动物及畜产品而感染。德国细菌学家郭霍于1877年首先从患病动物组织中获得纯培养。郭霍由炭疽芽胞杆菌的研究发展了著名的"郭霍法则"，指导病原性细菌的分离和鉴定，开创了现代医学微生物学。炭疽芽胞杆菌的芽胞对热、干燥、辐射、化学消毒剂等具有强大的抵抗力，Jacotot和Virat于1956年发现，由巴斯德在1888年制备的炭疽芽胞在68年后仍有活性。1964年Wilson和Russell报道，炭疽芽胞在干燥土壤中能存活60年之久。1942～1943年，含有炭疽芽胞的炸弹曾在远离苏格兰海岸的格雷纳岛上爆炸过，在40多年后，那里的土壤中仍存在严重的炭疽芽胞污染。由于炭疽芽胞杆菌的这种特性，加上培养生产这种细菌简单容易，因此它很可能被恐怖分子利用，制成冷冻干燥粉末，以邮件信函等各种方式来危害人类，使人感染皮肤炭疽或严重的经呼吸道吸入的肺炭疽。美国"9·11"事件之后，又接连发生带有炭疽芽胞杆菌的邮件恐吓事件，被称为"第二轮恐怖袭击"，引起了全球的广泛关注。

（一）生物学性状

1. 形态与结构 炭疽芽胞杆菌为致病菌中最大的细菌，大小为$(1～1.5)\mu m\times(4～8)\mu m$，菌体两端平截，经人工培养后常排列成长链状，形似竹节。革兰染色阳性。在传染性样本中常呈单个或短链状（图17-4）。芽胞在有氧条件下或人工培养基中形成，呈椭圆形，位于菌体中央，不大于菌体，在机体组织中不形成芽胞。无鞭毛，不能运动。有毒株在机体内或含血清的培养基中可形成荚膜。

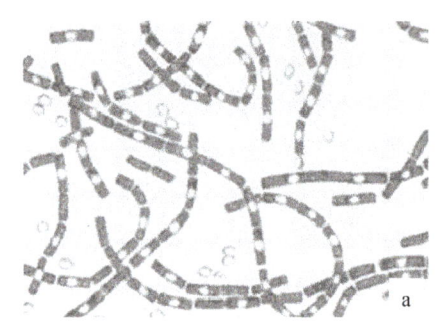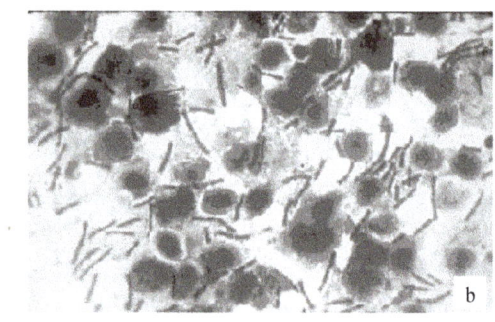

图17-4 炭疽芽胞杆菌
a. 人工培养后形态（×600）；b. 动物组织中的形态（×1 000）

炭疽芽胞杆菌的基因组由5.3 Mb的染色体与pXO1（182 kb）及pXO2（96 kb）两种质粒所组成。pXO1质粒为温敏型环形质粒，其显著特征是具有毒力岛结构（pathogenicity island，PAI）。在毒力岛两端有一对反向插入序列IS1627，毒力岛的结构基因中包含了三种炭疽毒素的基因（*pagA*、*lef*、*cya*）、毒素调控因子（*atxA*及*pagR*）、三个出芽基因和编码转座酶的基因等，丢失pXO1质粒的炭疽芽胞杆菌不仅不产生该三种毒素，而且芽胞发生率高。编码荚膜合成酶的基因（*capB*、*capC*、*capA*）和荚膜解聚基因（*dep*）位于pXO2质粒上，并受转录激活调节基因（*acpA*）的控制。两个质粒对于毒力因子的表达是必需的，失去任何一个质粒都能使毒力减弱或变为无毒株。pXO1和pXO2均为非自身传递性质粒，但可借芽胞杆菌属细菌的接合质粒在炭疽芽胞杆菌之间以及与炭疽芽胞杆菌密切相关的细菌之间进行传递。炭疽芽胞杆菌染色体基因上也存在一些毒力因子基因，如*gerS*、*S-layer*基因等。

2. 培养特性 炭疽芽胞杆菌需氧或兼性厌氧，营养要求不高，最适生长温度为35℃（生长温度范围为12～45℃）。普通琼脂培养基上生长后形成灰白色粗糙型菌落，低倍镜下观察可见卷发状边缘（图17-5），肉汤培养基中生长后形成长链而呈絮状沉淀。血琼脂平板上不溶血，有毒株生长后因形成荚膜而使菌落呈黏液性，用接种针挑取时可见丝状物。

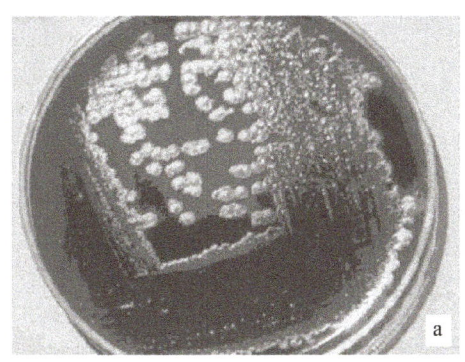
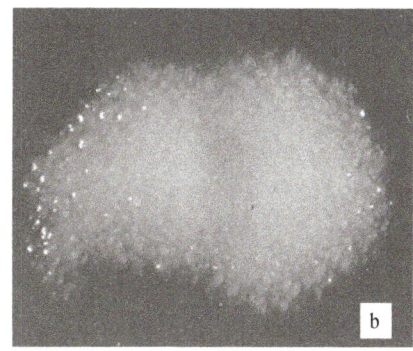

图17-5 炭疽芽胞杆菌菌落
a. 普通琼脂培养基上菌落；b. 血琼脂平板上菌落镜下观察

3. 抗原构造 炭疽芽胞杆菌只有一个血清型，具有三种主要的细胞抗原：① 菌体多糖抗原，由N-乙酰葡糖胺、D-半乳糖组成，与毒力无关，耐热，能与特异性抗体发生环状沉淀，称Ascoli反应。② 荚膜多肽抗原，是一种γ-D-谷氨酸的多聚体，具有抗吞噬作用，与细菌毒力有关。③ 毒素蛋白抗原，炭疽毒素是由三种蛋白质成分，即保护性抗原、致死因子和水肿因子构成的复合体，具有免疫原性和抗吞噬作用。

4. 抵抗力 炭疽芽胞杆菌的芽胞抵抗力强，煮沸10 min或干热140℃ 3 h才能杀灭，于室温干燥环境可存活20余年，牧场被污染后传染性可保持数十年；耐干燥、紫外线、γ射线及多种消毒剂，5%苯酚须5 d才可杀死。但对碘及氧化剂敏感，如1:2 500 碘液10 min，3% H_2O_2 1 h，4%高锰酸钾15 min，0.5%过氧乙酸10 min可杀死炭疽芽胞杆菌；繁殖体的抵抗力与其他细菌相似，对青霉素及其他广谱抗生素均敏感。

（二）致病性与免疫性

1. 致病物质 荚膜与炭疽毒素是炭疽芽胞杆菌的主要致病物质。荚膜具有抗吞噬功能，有利于病菌在体内繁殖与扩散，无荚膜菌株对实验动物无毒性，不能使动物出现炭疽病变。

炭疽毒素是由三种蛋白质成分，即保护性抗原（protective antigen, PA）、水肿因子（edema factor, EF）和致死因子（lethal factor, LF）构成的复合体。该复合体的化学结构类似于A-B型毒素，其PA发挥连接亚单位的作用，首先连接于吞噬细胞表面特异性的受体上，随后发生蛋白水解，使其形成膜通道，介导EF及LF进入细胞内。EF单独存在时是一种无活性的腺苷酸环化酶，能被真核细胞钙调素活化，使中粒细胞内cAMP浓度增高，抑制吞噬细胞正常的吞噬活性。LF可能是一种金属蛋白酶，其毒性强，将LF与PA一起注入实验动物体内能很快杀死感染动物。炭疽毒素的三种成分单独存在时均不能发挥毒性作用，只有当PA与EF或LF中任何一种成分结合，才能显示毒性作用。炭疽毒素的毒性作用主要表现为直接损伤微血管内皮细胞，导致血管通透性增加而形成水肿，使微循环障碍，是造成感染者致病或死亡的主要原因。

2. 所致疾病 炭疽芽胞杆菌主要感染草食动物，如羊、牛、马等，啮齿类动物（如野鼠）相对不易感，人则因接触患病动物或其尸体、皮毛以及吸入带菌气溶胶等而被感染。炭疽病在世界各国均有发生，四季均可流行。自然条件下，在草食动物中的传播途径主要是通过消化道。牧场被炭疽芽胞杆菌的芽胞污染后，牛、马等在食草时被感染。细菌芽胞进入机体在局部发芽成繁殖体，产生毒素，使局部发生黏液性水肿和充血。在易感动物体内，细菌能抵抗吞噬并很快经淋巴管进入血流，于动物死亡前后在血液和组织中大量增殖形成败血症，动物通常于2~3 d内死亡。刚死于炭疽的动物尸体常是最危险的感染源，但若尸体完整，则细菌可因腐败而被杀死，而一旦尸体被剖解，使炭疽芽胞杆菌暴露于空气中，其繁殖体很快形成芽胞，导致污染扩散。

根据传播途径不同，人类炭疽病可分成三型：① 皮肤炭疽，最多见，因接触患病动物及受染皮毛而感染。病菌从皮肤伤口进入体内并在局部引起炎症，出现水疱、脓疱，最后形成坏死、溃疡，中心有黑色坏死性焦痂，故名炭疽（图17-6）。② 肠炭疽，多由食入未煮熟的病畜肉而感染，以恶心、呕吐、厌食在先，继之发热、腹痛、

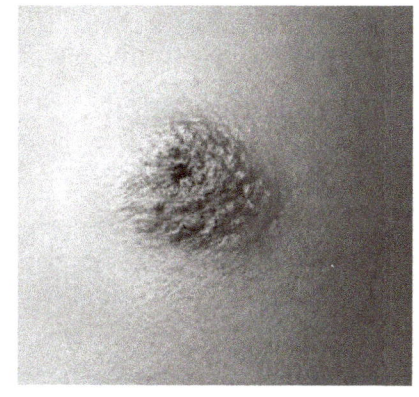

图17-6 皮肤炭疽

频繁腹泻及血便,发病后2~3 d可因毒血症而死亡,病死率达25%~60%。③ 肺炭疽,多因在处理病畜皮毛时吸入病菌芽胞,在肺组织局部发芽繁殖,引起呼吸道症状及原发性肺炎,并伴发全身中毒症状。初期为类似急性呼吸道疾病的前驱症状,随后快速出现组织缺氧、发绀、痰液黏稠带血、呼吸困难及高热,X射线胸片可见纵隔增宽和胸腔积液,重者发生肺毛细血管炭疽芽胞栓塞,直接导致呼吸衰竭死亡,病死率达90%。各型炭疽病均能并发败血症,以传染性休克为特征,心肺功能迅速衰竭而致死。败血症型炭疽亦可引起出血性脑膜炎,患者出现呕吐、惊厥、高热、昏迷和脑膜刺激征,脑脊液呈血性或脓性,继发多脏器衰竭,多在第2~4 d死亡,病死率100%。

3. 免疫性 病后可获持久性免疫力,主要与产生针对保护性抗原的抗体发挥体液免疫有关,同时也能增强吞噬细胞的吞噬功能。在有免疫力的动物体内,细菌侵入的局部可见大量的白细胞聚集,并使细菌的荚膜逐渐消失,细菌只能停留于局部而不能扩散。

(三) 微生物学检查法

1. 样本 根据炭疽病型不同采取不同样本,如焦痂处渗液、水疱液、血液、胸腹腔液、脑脊液、尿、粪便样本等。炭疽动物尸体严禁剖检,以防形成芽胞,一般在无菌条件下割取耳尖或舌尖送检。

2. 涂片镜检 取渗出物、脓液、痰、粪便等直接涂片,染色镜检,观察有无革兰阳性呈竹节状的大杆菌,或用特异性荧光染色镜检,结合临床症状做出初步诊断。

3. 分离培养与鉴定 样本接种血琼脂平板,经培养后观察典型菌落,并通过生化反应鉴定。也可利用串珠试验进行鉴定,该试验是将炭疽芽胞杆菌在含微量(0.05~0.5 U/ml)青霉素的培养基中培养后,细菌形态可发生变异而形成大而均匀的圆珠状,排列如串珠,此现象可用于鉴别炭疽芽胞杆菌与其他需氧芽胞杆菌。

4. 动物接种 将待检材料或培养物注射豚鼠或小鼠腹腔,若动物48 h内因败血症死亡,且于血液中发现典型细菌则可确诊。

5. 血清学试验 传统的血清学试验是用Ascoli沉淀反应检测待检物中的菌体多糖抗原,但其敏感性及特异性不高,现已很少应用。目前多应用ELISA法、蛋白印迹试验、荧光抗体试验等免疫学方法检测血清中的保护性抗体。

6. 其他 新的诊断技术主要为PCR法扩增炭疽芽胞杆菌的特异性核酸,该法能在短时间内快速检测出炭疽芽胞杆菌。

(四) 防治原则

炭疽的预防重点应放在家畜感染的防治及牧场的卫生防护上。病畜应严格隔离或处死深埋,死畜严禁剥皮或煮食,应焚烧或深埋2 m以下。对所有牲畜和人类病例都要调查,包括首发病例、传播途径、范围和发病原因。在高危人群(屠宰场工人、放牧者、兽医、皮革工人)中必须开展常规监测。对接触被芽胞污染的物品、邮件、食物的人员,接触感染动物或到炭疽流行区旅游的人员,以及对曾受到气溶胶、生物制剂攻击的人群或突然死于原因不明的健康人都应十分警惕,速报疾病控制和防疫机构追查、监测炭疽芽胞杆菌。

炭疽流行区易感人群及家畜应进行炭疽减毒活疫苗接种。首次免疫,需每隔2周进行3次疫苗的皮下注射。炭疽疫苗接种后,抗体产生率为93%,但并不具备长期保护作用,在6个月、12个月、18个月后需再行3次加强注射。以后必须每年作加强注射1次。

治疗首选青霉素,也可选用其他抗生素。抗生素能有效抑制炭疽芽胞杆菌感染,但必须在接触炭疽感染后48 h内使用才发挥作用。既往用青链霉素联合治疗就能治愈炭疽病,但最近有报道,对青霉素类药物已出现耐药株。目前认为,四环素、红霉素、第三代头孢、喹诺酮类均是炭疽病的有效治疗药。

二、蜡样芽胞杆菌

蜡样芽胞杆菌(B. cereus)为革兰阳性大杆菌,在普通琼脂平板上生长良好,菌落较大,灰白色,表面粗糙似融蜡状,芽胞多位于菌体中央或次极端。该菌广泛分布于土壤、水、空气粉尘、淀粉制品和乳制品等食品中,是仅次于炭疽芽胞杆菌的人类和动物的致病菌,可引起食源性疾病和机会性感染。

临床上,蜡样芽胞杆菌主要引起的食物中毒。常分为两种类型:① 呕吐型:由耐热的肠毒素引起,于进食后出现恶心、呕吐症状,严重者偶可出现爆发性肝衰竭。② 腹泻型:由不耐热肠毒素引起,进食后发生胃肠炎症状,主要为腹痛、腹泻和里急后重,偶有呕吐和发热。

此外,该菌也是外伤后眼部感染的常见病原菌,引起全眼球炎,治疗不及时易造成失明。在免疫功能低下或应用免疫抑制药的患者中还可引起心内膜炎、菌血症和脑膜炎等。该菌对红霉素、氯霉素和庆大霉素敏感;对青霉素、磺胺类耐药。

第四节 土拉弗朗西斯菌

土拉弗朗西斯菌(F. tularensis)属于弗朗西斯菌属(Francisella),是引起人和动物土拉菌病(tularemia)的病原体,因最先从美国加利福尼亚州Tulare地区的黄鼠中分离出该菌,故名。又因该病最常见于野兔中,也称野兔热。土拉弗朗西斯菌也是重要的生化武器,已被列入《国际禁止生物武器公约》致病微生物核查清单。

一、生物学性状

土拉弗朗西斯菌为革兰阴性球杆菌,大小0.2 μm×(0.2~0.7) μm。人工培养后,呈显著的多形性。无芽胞或鞭毛,在动物体内有荚膜形成。

土拉弗朗西斯菌专性需氧。营养要求较高,普通培养基上不易生长,需要半胱氨酸、胱氨酸和血液。在含血液的葡萄糖胱氨酸培养基上生长缓慢,3~4 d后形成光滑、细小菌落,如黏液状水滴,黏稠而不易磨匀。

土拉弗朗西斯菌具有三种主要抗原:① 多糖抗原,在患者康复后皮内注入该抗原,能迅速引起皮肤风团和红疹反应。② 细胞壁抗原,具有免疫原性和内毒素活性。③ 蛋白抗原,可引起机体迟发型超敏反应,与布鲁菌属细菌抗原有交叉反应。

根据毒力及分解甘油的能力不同,可将土拉弗朗西斯菌分成两个生物型:① Jellison A型或土拉生物型(F. tularensis biovar tularensis),能发酵甘油,具有瓜氨酸酰脲酶活性,毒力强,对兔有致死性,也可引起人类严重疾病。② Jellison B型或派拉替生物型(F. tularensis biovar palaearctica),毒力较弱,不发酵甘油,亦无瓜氨酸酰脲酶活性。其中A型主要见于北美洲,是该地区的主要土拉菌亚种,通过蜱咬或接触有传染性的动物传播,毒力强,死亡率曾高达5%~10%,皮下接种或吸入3~4个细菌即能发病,但一般不在人群之间传播;B型常见于北半球欧洲各国,主要是通过与动物直接接触,吸入气溶胶,摄入污染的食物、水或被节肢动物叮咬而感染。B型土拉弗氏菌病的症状较轻,一般不致死;而A型土拉弗氏菌病可导致横纹肌溶解和败血症休克等。

土拉弗朗西斯菌在自然界生存力强,耐低温,在气溶胶状态下存活率较高,可经空气引起实验室感染。对理化因素抵抗力不强,56℃ 5~10 min即死亡,对一般化学消毒剂敏感。

二、致病性与免疫性

土拉菌病是一种人、兽共患病,野兔、鼠类等多种野生动物以及猫、狗等家畜均可感染,野生啮齿类动物是主要感染源。动物之间主要通过蜱、螨、蚤、蚊等吸血昆虫的叮咬传播。人对土拉弗朗西斯菌也易感,其感染途径有:① 与患病动物直接接触。② 媒介昆虫叮咬。③ 污染的食物和水通过消化道传播。④ 染菌气溶胶经呼吸道传播。

土拉弗朗西斯菌侵袭力强,能穿过完整的皮肤和黏膜,人吸入50个细菌即可致病。其致病因素主要为荚膜和内毒素。

由于传播途径不同,土拉弗朗西斯菌感染后的临床类型多样。细菌经破损皮肤侵入机体,通常于2~6 d内,在局部形成丘疱疹、溃疡(图17-7),淋巴结肿大和坏死,发生腺型、溃疡腺型土拉菌病,病程可持续数周。若吸入传染性的气溶胶,可引起细支气管炎和局灶性肺炎。当感染的手指或飞沫接触眼结膜,可引起眼腺型土拉菌病。食入污染的食物和水,可引起胃肠型或伤寒样型土拉菌病。所有患者表现有发热、不适、头痛以及感染的局部和局部淋巴结疼痛。

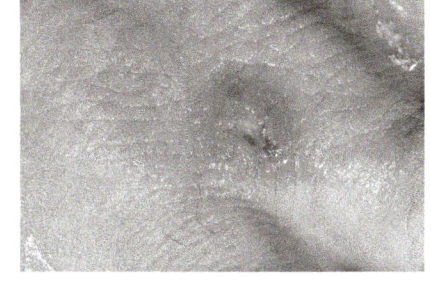

图17-7 手背土拉菌病所致皮肤溃疡

土拉弗朗西斯菌为兼性胞内菌，感染后的免疫以细胞免疫为主。初次感染 2~3 周后，体内出现 IgM 和 IgG 抗体，因可持续并存多年，故 IgM 类抗体存在不提示新近感染。体液中的特异性抗体具有一定的调理作用，但有高效价者仍可患病，因而体液免疫的保护作用有限。

三、微生物学检查法

诊断人和家畜土拉菌病主要用免疫学方法，但检查尸体、野生动物、媒介昆虫及外界物体时，宜进行细菌的分离培养与鉴定。因土拉弗朗西斯菌传染性强，分离和鉴定该菌的工作只能在专门实验室内进行，应警惕实验室感染。

从临床病理样本中分离细菌较困难。可接种于卵黄培养基或胱氨酸葡萄糖血琼脂培养基，37℃培养至少需 3 周，取培养物用特异性抗血清作玻片凝集试验或荧光抗体染色鉴定。血清学试验是土拉菌病微生物学检查法中最常用的方法，初期与恢复期的双份血清凝集效价呈 4 倍或以上升高，或单份血清效价达 1：160 者有诊断意义。由于与布鲁菌属细菌抗原有交叉反应，故阳性血清也应作布鲁菌凝集反应，以排除布鲁菌感染。

皮肤试验对诊断土拉菌病具有较高的特异性与敏感性，且阳性反应的时间早于血清凝集反应，常于感染后的第一周出现阳性结果。

四、防治原则

特异性预防可用减毒活疫苗经皮上划痕接种，治疗可选用广谱抗生素。

（王明丽　刘先洲）

复习思考题
1. 简述布鲁菌的形态、染色、种类和所致疾病。
2. 简述鼠疫耶尔森菌的形态、染色、致病物质和所致疾病。
3. 简述炭疽芽胞杆菌形态、染色、抵抗力、所致疾病和防治原则。

第十八章 其他重要细菌

This chapter describe briefly *Pseudomonas*, *Listeria*, *Actinomyces*, *Moraxella*, *Aeromonas*, and *Stenotrophomonas*. *Pseudomonas* bacteria are Gram-negative, motile, aerobic rods and some of which produce water-soluble pigments. Most of *Pseudomonas aeruginosa* isolated from clinical infections produce extracellular enzymes. Many strains of *P. aeruginosa* produce exotoxin A(PEA), a diphtheria-toxin-like exotoxin. Opportunistic infection caused by *P. aeruginosa* infection is a serious problem. *Listeria monocytogenes* is a potential pathogen for both humans and animals. Most human cases occur in patients with immunocompromised pationts or in prenatal or neonatal infants. Sepsis, meningitis, and disseminated abscesses occur in infected patients. Meat, vegetables, and various milk products are the most common sources of infection. Bacteria in *Acinetobacte*, *Moraxella*, *Aeromonas* and *Stenotrophomonas* are normal flora of human body and only cause diseases in immunocompromised patients, such as persons treated with radiotherapy, chemotherapy or immunosuppressive agents and AIDS patients. Recent years, *Acinetobacte*, *Moraxella*, *Aeromonas* and *Stenotrophomonas* bacteria highly attract human's eyes due to the reasons: First, clinical isolated rate increased gradually year by year; second they have been becoming important pathogens of hospital infection; and third most of clinically isolated strains of them are multidrug resistant and this results in that anti-infection therapy of those diseases caused by them became very difficult.

第一节 假单胞菌属

假单胞菌属（*Pseudomonas*）属于变形杆菌门（Proteobacteria phy. Nov.），γ-变形菌纲（Gammaproteobacteria），假单胞菌目（Pseudomonadales），假单胞菌科（Pseudomonadaceae）中的细菌。

假单胞菌属是一类革兰阴性、无芽胞、有荚膜和鞭毛的需氧杆菌，广泛分布于土壤、水、植物和动物中。目前属内有 180 多个种和 15 个亚种。临床分离种常见的有假单胞菌包括铜绿假单胞菌（*P. aeruginosa*）、荧光假单胞菌菌（*P. fluorescens*）、恶臭假单胞菌（*P. putida*）、斯氏假单胞菌（*P. stutzeri*）、门多萨假单胞菌（*P. mendocina*）、产碱假单胞菌（*P. alcaligenes*）、假产碱假单胞菌（*P. pseudoalcaliges*）、维罗纳假单胞菌（*P. veronii*）、蒙太利假单胞菌（*P. monteilii*）、摩西假单胞菌（*P. mosselii*）等。其中，引起人类致病的主要有铜绿假单胞菌、门多萨假单胞菌及荧光假单胞菌。虽然该属细菌种类繁多，但对人致病的主要是铜绿假单胞菌（*P. aeruginosa*）。由于该菌在生长过程中产生绿色水溶性色素，感染后使脓汁或敷料出现绿色，故俗称绿脓杆菌。

一、生物学性状

铜绿假单胞菌（*P. aeruginosa*）是一种需氧的革兰阴性杆菌，菌体直或微弯曲（图18-1），大小约为 0.6 μm×2 μm，无芽胞，有荚膜，单端有数根鞭毛，能运动（图18-2）。临床分离的菌株常有菌毛。

铜绿假单胞菌在普通培养基上生长良好。最适生长温度为 35℃，4℃ 不生长而在 42℃ 生长是铜绿假单胞菌的一个特点。菌落扁平湿润，边缘不齐，产生水溶性色素（青脓菌素与绿脓菌素）而使培养基呈绿色或黄绿色；菌落具有特殊的生姜气味，这些特征有鉴别意义。铜绿假单胞菌在血琼脂平板上产生透明的溶血环，在液体培养基中呈混浊生长，常在其表面形成菌膜。铜绿假单胞菌分解葡萄糖，产酸不产气，不分解甘露醇、麦芽糖、乳糖和蔗糖，分解尿素，氧化酶试验阳性，吲哚试验和硝酸盐还原试验为阴性。

从感染创面分离的铜绿假单胞菌 PAO1 菌株的基因组全长约 6.3 Mb，G+C 含量高达 60%，预测有 5 570 个开放阅读框。基因组中有大量基因参与分解代谢、转运、有机物外排系统以及四套趋化系统。这

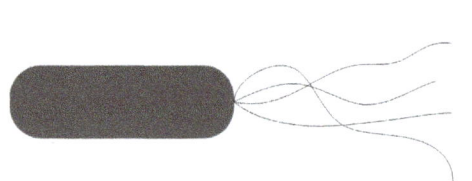

图 18-1　铜绿假单胞菌鞭毛染色图

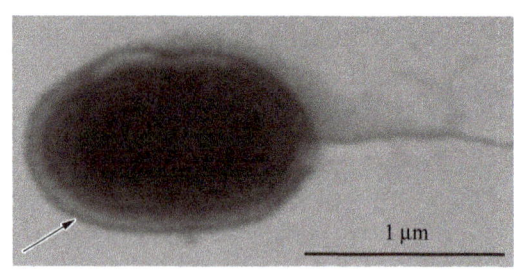

图 18-2　铜绿假单胞菌透射电镜图

示荚膜(↑)

些共同形成了铜绿假单胞菌具有环境适应多样性和对多种抗生素耐受能力的基础。其基因组的大小和复杂程度是进化适应能力的表现，与环境适应能力强和对多种抗生素有抗性密切相关。

铜绿假单胞菌有菌体 O 抗原和鞭毛 H 抗原。O 抗原包括两种成分，一种是脂多糖，另一成分为原内毒素蛋白(original endotoxin protein，OEP)。OEP 是一种保护性抗原，具有强免疫原性，其抗体不仅对同一血清型细菌有特异性保护作用，且对不同血清型的细菌也有共同保护作用。

二、致病性与免疫性

铜绿假单胞菌广泛存在于医院的潮湿环境里，是重要的医院感染病原菌。该菌可通过各种途径传播，主要为黏膜和皮肤受到直接组织损伤造成的接触传播，更多的是通过污染的医疗器具(如静脉或膀胱导管)及带菌医护人员引起的医源性感染。铜绿假单胞菌可经破损的黏膜进入机体。菌毛、外膜以及鞭毛成分在细菌黏附、定植中具有重要意义。定植后产生多种毒性物质引起组织大面积损伤并侵入血流广泛散播。

外毒素 A、胞外酶 S、弹性蛋白酶和碱性蛋白酶是铜绿假单胞菌最主要的毒力因子。铜绿假单胞菌外毒素 A(P. aeruginosa exotoxin A，PEA)由 613 个氨基酸残基组成，有三个主要结构域：① 结构域 Ia(氨基酸 1~252) 可与细胞结合。② 结构域 Ⅱ(氨基酸 253~364)与外毒素 A 的跨膜移位有关。③ 结构域 Ⅲ(氨基酸 400~613)具有 ADP-核糖基转移酶活性，可催化 NAD 上的 ADPR 转移到延长因子-2 上，使延长因子-2 失活，抑制蛋白质合成，引起细胞死亡。胞外酶 S(exoenzyme S)也是一种 ADP-核糖基转移酶，它使 GTP 结合蛋白核糖基化，在肺部感染中，可直接破坏肺组织，对细菌的传播起重要作用。本菌产生的磷脂酶 C(phospholipase C)和鼠李糖脂(rhamnolipid)两种溶血素可加速脂类和卵磷脂的分解。鼠李糖脂是一种生物表面活性剂，可以溶解肺表面的磷脂，使其更容易被磷脂酶 C 降解，导致肺膨胀不全。本菌产生的弹性蛋白酶(elastase) LasB、LasA 在铜绿假单胞菌急性感染期间起主要作用，可破坏肺组织的弹性蛋白引起肺部出血。LasB 是一种含锌的蛋白酶，可以降解弹性蛋白、纤维蛋白和胶原蛋白，可以使 IgG 和 IgA、气管溶菌酶、补体、α1-蛋白酶抑制剂和支气管黏液蛋白酶抑制剂等物质失活，它不仅破坏细胞组织而且干扰宿主的防御机制；LasA 是一种丝氨酸蛋白酶，可以断裂弹性蛋白的肽键，使之成为小分子蛋白质，易于被 LasB、碱性蛋白酶、嗜中性弹性蛋白酶等蛋白酶所降解。碱性蛋白酶(alkaline protease)能够破坏结构蛋白，使角膜坏死，在角膜感染中起重要作用。铜绿假单胞菌引起的临床感染可分为局部化脓性炎症和全身感染，常见的有皮炎、中耳炎、尿道炎和角膜炎，也可引起心内膜炎、胃肠炎、脓胸，甚至进入血流导致败血症。

中性粒细胞的吞噬作用在抗铜绿假单胞菌感染中起着重要的作用，但单独杀菌作用不强，需要抗体和补体的调理作用。感染后产生的特异性抗体，尤其分泌型 IgA 的黏膜表面免疫作用，具有干扰细菌与宿主细胞受体结合、增强吞噬细胞功能的作用。

三、微生物学检查法与防治原则

按疾病和检查目的，分别采取炎症分泌物、脓液、血液、脑脊液以及医院病区或手术室的物品、医疗器材等样本。在微生物诊断中，根据菌落特征、色素及生化反应等做出鉴定。血清学、绿脓菌素及噬菌体分型可供流行病学、医院内感染追踪调查等使用。

由于本菌在潮湿的环境中生长旺盛，应特别注意水槽、浴室、浴盆以及其他湿地。对医院感染应予以高度重视。

已研制出多种铜绿假单胞菌疫苗,其中OEP疫苗具有不受菌型限制,保护范围广,毒性低等优点。对高危(白血病、烧伤、囊性纤维化以及免疫抑制)患者选用适当类型的疫苗免疫,对于保护患者抵抗假单胞菌类的感染有一定意义。

铜绿假单胞菌引起的临床感染不能用单一药物治疗,因为本菌对单一用药能迅速产生抗性而降低治疗效率。治疗可选用青霉素类药物(磺唑氨苄西林、替卡西林、哌哌青霉素)与庆大霉素、妥布霉素或硫酸阿米卡星等联合用药。其他有效药物包括氨曲南、亚胺培南、环丙沙星、头孢菌素、头孢他啶、头孢哌酮等。

第二节 李斯特菌属

李斯特菌属(*Listeria*)属于厚壁菌门(Firmicutes),革兰阳性杆菌纲(Bacilli),革兰阳性杆菌目(Bacillales),李斯特菌科(Listeriaceae)中的细菌。李斯特菌属有8个种,其中只有单核细胞增生李斯特菌也称产单核细胞李斯特菌(*L. monocytogenes*),对人类致病。

产单核细胞李斯特菌为革兰阳性短杆菌,有鞭毛(图18-3),无芽胞,可产生荚膜。该菌在22℃时,为4根鞭毛的周毛菌,做翻滚运动;在37℃时只有一根鞭毛,运动缓慢,以此特征可作为初步鉴定。触酶试验阳性;能分解葡萄糖、鼠李糖、水杨苷,不分解蔗糖、木糖、甘露醇;吲哚、尿素酶和硝酸盐还原试验阴性。血琼脂培养有狭窄的β溶血环,在4℃下能生长。

产单核细胞李斯特菌广泛分布于自然界,在人群中的自然携带率为1%～5%,多在新生儿、高龄孕妇和免疫功能低下者中致病。产单核细胞李斯特菌是兼性胞内菌,即在胞内和胞外均可生长繁殖。本菌主要通过污染的食品经胃肠道进入人体,菌体表面的内化素(internalin)与上皮细胞受体E-钙黏连素相互作用,介导上皮细胞吞入本菌。在吞噬泡内细菌产生李斯特溶素O(listeriolysin O,LLO),破坏吞噬泡膜,使细菌逸入细胞质,在胞质内增殖。

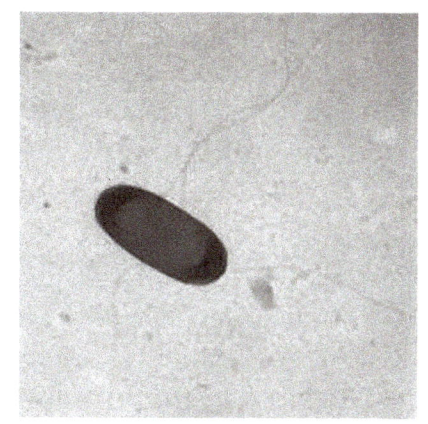

图18-3 产单核细胞李斯特菌透射电镜图(×20 000)

增殖的细菌可诱导宿主细胞肌动蛋白聚合,将细菌驱动至细胞膜,并使包膜向外延伸形成伪足,形成囊泡。后者可被邻近的上皮细胞、巨噬细胞以及肝细胞摄入,细菌在新的细胞中释放,再开始增殖循环。这样,产单核细胞李斯特菌可以在细胞间传播而不接触抗体、补体或白细胞。

本菌可致宫内感染,患儿在出生时或出生后短期内出现败血症,病死率极高。成人感染主要是引起李斯特菌脑膜炎等。

机体对产单核细胞李斯特菌以细胞免疫为主,故感染常在细胞免疫功能低下的人群如AIDS、白血病及器官移植者中发生。

微生物学检查可取血液、脑脊液,也可采集宫颈、阴道、鼻咽部分泌物、新生儿脐带残端、羊水样本,肠道感染者可取可疑食物、粪便和血液等。根据细菌形态学、培养特性及生化反应做出诊断。

治疗可用青霉素、氨苄西林、庆大霉素、红霉素等。

第三节 不动杆菌属与莫拉菌属

不动杆菌属(*Acinetobacter*)与莫拉菌属都属于变形杆菌门(Proteobacteria phy. nov.),γ-变形菌纲(Gammaproteobacteria),假单胞菌目(Pseudomonadales),莫拉菌科(Moraxellaceae)中的细菌。莫拉菌科包括了莫拉菌属(*Moraxella*)、嗜冷杆菌属(*Psychrobacter*)和不动杆菌属三个菌属。本节主要介绍莫拉菌属与不动杆菌属。这两个菌属的细菌都属机会致病菌,是医院感染中的重要病原菌。

一、不动杆菌属

不动杆菌属已记录有16个菌种,广泛分布于土壤和水中,易在潮湿环境中生存,如常在浴盆、肥皂盒等处生长,也存在于健康人体的皮肤、咽部、结膜、唾液、胃肠道及泌尿生殖道分泌物中,是机会致病菌。与医学有密切关系的有:醋酸钙不动杆菌(A. calcoaceticus)、鲁菲不动杆菌(A. lwoffi)、鲍曼不动杆菌(A. baumanii)、溶血不动杆菌(A. haemolytius)、琼氏不动杆菌(A. junii)、约翰逊不动杆菌(A. johnsonii)和抗辐射不动杆菌(A. radioresistance)等菌种。其中,最引人注意的是鲍曼不动杆菌。之所以鲍曼不动杆菌引人瞩目是因为:① 它是近年来导致医院感染的常见菌之一。② 近年来医院分离到的菌株常表现为多耐药菌株。有的多耐药菌株已达到无药可用的地步,一度被媒体称为"超级细菌"(super bug)的正是指的鲍曼不动杆菌。

(一) 生物学性状

不动杆菌属细菌为革兰阴性球杆菌,常见成对排列,可单个存在,有时形成丝状和链状,菌体大小为 1.5~2.5 μm(图 18-4)。黏液性型菌株有荚膜,无芽孢,无鞭毛。专性需氧,营养要求一般,普通培养基上生长良好,最适生长温度为 35℃,有些菌株可在 42℃生长。来自患者标本的细菌在多种培养基上生长良好,但在 SS 琼脂培养基上只有部分菌株能生长。氧化酶阴性,动力阴性,硝酸盐试验阴性,为该菌的"三阴"特征。

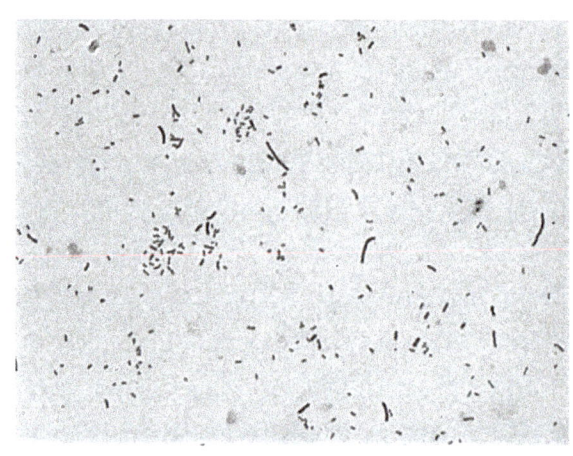

图 18-4 鲍曼不动杆菌光镜下形态

(二) 致病性与免疫性

不动杆菌黏附力极强,易在各类医用材料上黏附,成为储菌源。感染源可以是患者自身(内源性感染),亦可以是不动杆菌感染者或带菌者,尤其是双手带菌的医务人员。传播途径为接触传播或空气传播。在医院感染中,污染的医疗器械及医护人员的手是重要的传播媒介。不动杆菌是条件致病菌,易感者为老年患者、早产儿和新生儿、手术创伤、严重烧伤、气管切开或插管、使用人工呼吸机、行静脉导管和腹膜透析者以及广谱抗生素或免疫抑制剂使用者。作为革兰阴性菌,内毒素是其主要致病物质。荚膜在致病中亦有主要意义。所致感染包括呼吸道感染、败血症、脑膜炎、心内膜炎、伤口及皮肤感染、泌尿生殖道感染等。重症者可导致死亡。

(三) 微生物学检查法与防治原则

从病变部位,采取相应标本,依据不动杆菌的染色特性、形态特征和生化反应,微生物学诊断并不困难。

作为条件致病菌,目前并没有特异性疫苗可供使用。正常人体对不动杆菌有较强免疫力。疾病多发生在免疫力低下患者。发病后,抗感染和扶持机体免疫力是重要治疗措施。临床菌株中耐药率较高的是氨苄西林、头孢唑啉及氯霉素等;耐药率较低的有亚胺培南、头孢他啶、头孢哌酮、氨苄西林、哌拉西林及阿米卡星等。在经验用药阶段,往往首选头孢哌酮、亚胺培南,还可选用氨苄西林、替卡西林、阿米卡星、新一代氟喹诺酮类。对病情较重者,主张 β-内酰胺类与氨基糖苷类或氟喹诺酮类联合应用,然后,则根据药敏结果调整用药方案。

二、莫 拉 菌 属

莫拉菌属(Moraxella)与不动杆菌属同属于莫拉菌科,已记录有 15 个菌种。该属细菌是上呼吸道正常菌群成员。革兰染色为阴性,镜下呈小杆状、球杆状或球状。来自痰液标本中的卡他莫拉菌(M. catarrhalis)常呈肾形双球菌,存在于吞噬细胞内或外,酷似奈瑟脑膜炎球菌,仅凭形态难以区别。莫拉菌无芽孢、无鞭毛、无荚膜,不发酵乳糖,吲哚试验阴性,氧化酶阳性,触媒阳性。

莫拉菌属于机会致病菌,一般不致病。当机体免疫力低下时,可单独或与其他细菌共同引起卡他性炎症、急性咽喉炎、支气管炎、肺炎、急性中耳炎,或脑膜炎等,是引起医院内患者上呼吸道感染的常见病原菌。其致病物质主要为内毒素。在肿瘤化疗、放疗、艾滋病患者等免疫力严重低下情况下,即可引起败血症等全身性严重感染。该菌的 β-内酰胺酶阳性率高达 90% 以上,故临床治疗这类细菌所致感染时,应根据药物敏感试验结果选用抗生素。

第四节 气单胞菌属

气单胞菌属(Aeromonas)细菌尽管有"单胞菌"字样,但在分类学上与假单胞菌属细菌不是同一个目的细菌。气单胞菌属在分类学上属于变形杆菌门(Proteobacteria phy. nov.),γ-变形菌纲(Gammaproteobacteria),气单胞菌目(Aeromonadales),气单胞菌科(Aeromonadaceae)中的细菌。气单胞菌科中有三个菌属:气单胞菌属,海洋单胞菌属(Oceanomonas),甲苯单胞菌属(Tolumonas)。其中,气单胞菌属与人类疾病相关。

气单胞菌属已记录有28个菌种,它们是一类具有单端鞭毛,有荚膜的革兰阴性杆菌(见图18-5)。该菌属的细菌能利用D-葡萄糖作为唯一或主要碳源和能量来源。其中,嗜水气单胞菌嗜水亚种(A. hydrophila subsp. Hydrophila)和豚鼠气单胞菌(A. caviae)为人类致病菌,可引起人类胃肠炎、食物中毒、败血症及创伤感染等。目前在国外已将本菌纳入腹泻病原菌的常规检测范围,是食品卫生检验的对象。该菌在血平板上可产生β溶血圈;在麦康凯培养基上生长良好。在普通营养琼脂上,25℃培养48 h,菌落直径可达2~3 mm,表面光滑。在弧菌选择培养基TCBS或在6% NaCl中不生长,对弧菌抑制剂O/129不敏感,氧化酶阳性,多数不发酵乳糖。

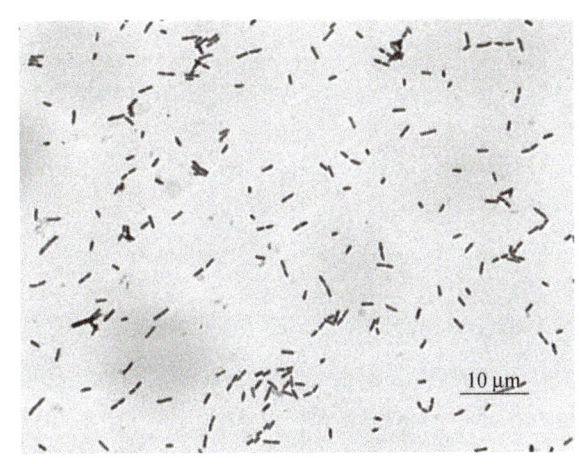

图18-5 嗜水气单胞菌光镜下形态

嗜水气单胞菌为水中的常居菌,进食了细菌污染的水和食物等可引起肠内感染性疾病,经伤口也可引起肠外感染。气单胞菌的毒力因子有三类:① 胞外产物如毒素、蛋白酶。② 黏附素,如Ⅳ型菌毛、外膜蛋白等;③ 铁载体。致腹泻的气单胞菌可产生肠毒素。胞外蛋白酶主要有耐热的金属蛋白酶及不耐热的丝氨酸蛋白酶两种。蛋白酶本身对组织可造成直接损伤,此外还能活化毒素前体,因此是最重要的毒力因子。嗜水气单胞菌产生一种称为气溶素(aerolysin)的毒素,具有溶血性、细胞毒性及肠致病性,属于穿孔毒素。编码该毒素的基因位于染色体。此外,某些气单胞菌还可产生一种类志贺毒素,由质粒编码。

根据不同的疾病分别采集粪便、肛拭子、脓液、血液、尿液和脑脊液等标本进行微生物学检查。可用血平板、麦康凯平板或胰蛋白胨大豆琼脂(TSA)平板等直接分离培养。分离细菌应注意与肠杆菌、弧菌和邻单胞菌的鉴别。分离株是否有致病性,则需检测胞外蛋白酶等毒力因子。治疗可用氨基糖苷类抗生素、四环素、氯霉素和喹诺酮类抗菌药物。

第五节 窄食单胞菌属

窄食单胞菌属(Stenotrophomonas)属于变形杆菌门(Proteobacteria phy. nov.),γ-变形菌纲(Gammaproteobacteria),黄单胞菌目(Xanthomonadales),黄单胞菌科(Xanthomonadaceae)内的细菌,亦有文献将该菌属称为"寡养单胞菌属"。窄食单胞菌属、假单胞菌属及气单胞菌属三者在分类学上是在"目"这一层面就分开的,故三者在生物学特性上是有很大差别的细菌。

窄食单胞菌属中已记录有5个菌种,而嗜麦芽窄食单胞菌(S. maltophilia)是最先发现的一个菌种,也是该菌属中唯一能引起人类致病的细菌。故下面针对嗜麦芽窄食单胞菌进行描述。

嗜麦芽窄食单胞菌是一种有鞭毛,无芽孢,无荚膜的专性需养非发酵型革兰阴性杆菌。其菌落直径0.5~1.0 mm,呈针尖状,中央突起。在营养琼脂培养基上菌落呈灰黄色或无色;在血平板上有β溶血,散发出刺鼻氨味。该菌营养谱不宽,生化反应不活跃,缓慢利用葡萄糖,但能快速分解麦芽糖产酸,并因此而得其名;能还原硝酸盐为亚硝酸盐,氧化酶阴性,DNA酶阳性,赖氨酸脱羧酶阳性,能水解明胶和七叶苷。

嗜麦芽窄食单胞菌广泛分布于各种水源、牛奶、冰冻食品、植物根系、人和动物体表及消化道中,而在医院环境和医务人员皮肤上该菌分离率更高。其临床分离率仅次于铜绿假单胞菌和鲍曼不动杆菌,居发酵菌第3位,是重要的人类机会致病菌和医院感染菌。该菌还对山羊、猪、鲶鱼、鳄鱼等动物以及水稻等植物致病。

人类嗜麦芽窄食单胞菌感染的易感因素包括年龄,老年人是高危易感者;基础性疾病包括肿瘤、慢性呼吸道疾病、糖尿病、尿毒症和艾滋病等;医源性因素包括长期使用抗菌药物、介入性医疗操作(如各种插管、人工瓣膜和引流管等)、放疗、化疗等。嗜麦芽窄食单胞菌可产生弹性蛋白酶、透明质酸、脂酶、黏多糖酶、溶血素和DNA酶等多种致病相关物质。它可引起的感染包括软组织及伤口感染、眼部感染、牙周炎、骨髓炎、纵隔炎、泌尿道及消化道感染、肺炎、心内膜炎、菌血症、败血症、腹膜炎、脑膜炎等疾病。大部分患者表现出发烧、寒战、腹胀、乏力和淡漠等临床症状,同时伴有中性粒细胞数量较少,病情危重,并发症包括休克、弥散性血管内凝血、多器官衰竭综合征等。致病后其死亡率达40%以上。死亡率如此之高的原因主要是病原菌往往具有多重耐药性,对于一些敏感药物在治疗过程中常常迅速产生抗药性,导致临床缺乏敏感药物可选,从而导致抗感染治疗失败。临床治疗首选磺胺类药物,依据药敏试验,选用敏感药物。

(胡福泉)

复习思考题

1. 为何近年来本章所描述的几个菌属越来越受到临床重视?
2. 在哪些情况下本章所描述的几个菌属中的细菌容易引起感染?
3. 本章所描述的几个菌属中的细菌分别都引起哪些临床感染?
4. 本章所述各菌所致感染的临床治疗应遵循哪些原则?

第十九章 螺旋体

Spirochetes are a large and heterogeneous group of spiral and motile microorganisms. The basic structures and biological characteristics of the microorganisms are similar to those of bacteria. For example, they have cell wall and propagate by binary fission and move vigorously by rotation and twisting of endoflagella. So the evolutional position of spirochetes in biology is intermediate between bacteria and protozoa. Therefore, all spirochetes belong to general bacteriological category in taxonomy.

Among spirochetes, three genera of spirochetes, *Treponema*, *Borrelia*, and *Leptospira*, are closely involved in human and animal diseases. *Treponema pallidum* subspecies *pallidum* is the causative agent of syphilis, a serious sexually transmitted disease (STD). Lyme disease and relapsing fever are the two major human diseases caused by infection with *Borrelia* species. *Borrelia burgdorferi* is the causative agent of Lyme disease while infection of *Borrelia recurrentis* results in relapsing fever. Pathogenic *Leptospira* are at least classified into seven species in which *Leptospira interrogans* is the most predominant species to cause leptospirosis in human and animals. Leptospirosis is a global important zoonosis.

Many questions about the pathogenic mechanism of the three pathogenic spirochetes remain unanswered. Humoral immunity plays a crucial role against spirochetes infection, but cellular immunity such as phagocytosis is also important to eliminate the spirochetes in patients.

螺旋体（spirochete）是一类细长、柔软、弯曲、运动活泼的原核细胞型微生物，生物学上的地位介于细菌与原虫之间。由于螺旋体的基本结构及生物学性状与细菌相似，例如有细胞壁、原始核质、二分裂方式繁殖和对抗生素敏感等，故分类学上将螺旋体列入广义的细菌学范畴。

大多数螺旋体广泛存在于自然界和动物体内，种类繁多，其中部分螺旋体可引起人类疾病（表 19-1）。分类的主要依据是其大小、螺旋数目、螺旋规则程度和螺旋间距。对人致病的螺旋体主要分布于 3 个属：钩端螺旋体属、密螺旋体属和疏螺旋体属。

表 19-1 螺旋体目的分类及致病性螺旋体种类

科	属	致病性种类	疾病	传播方式或媒介
螺旋体科	螺旋体			
	蛇形螺旋体			
	脊螺旋体			
	密螺旋体	苍白密螺旋体苍白亚种	梅毒	性传播
		苍白密螺旋体地方亚种	地方性梅毒	黏膜损伤
		苍白密螺旋体极细亚种	雅司病	皮肤损伤
		品他螺旋体	品他病	皮肤损伤
	疏螺旋体	伯氏疏螺旋体	莱姆病	硬蜱
		回归热螺旋体	流行性回归热	体虱
		赫姆疏螺旋体	地方性回归热	软蜱
		奋森疏螺旋体	多种口腔感染	条件致病
钩端螺旋体科	钩端螺旋体	问号钩端螺旋体	钩端螺旋体病	接触疫水
	细丝体			

钩端螺旋体属（*Leptospira*）：螺旋细密规则，一端或两端弯曲成钩状，故名钩端螺旋体，其中问号钩端螺旋体等致病性钩端螺旋体对人和动物致病。

密螺旋体属(*Treponema*)：螺旋较为细密规则，两端尖细，其中苍白密螺旋体苍白亚种、苍白密螺旋体极细亚种和品他螺旋体对人致病。

疏螺旋体属(*Borrelia*)：有3～10个稀疏不规则的螺旋，呈波纹状，其中伯氏疏螺旋体、回归热螺旋体、赫姆疏螺旋体和奋森疏螺旋体对人致病。

第一节　钩端螺旋体属

钩端螺旋体隶属于螺旋体目(Spirochaetales)，钩端螺旋体科(Leptospiraceae)，钩端螺旋体属(*Leptospira*)。钩端螺旋体属可分为以问号钩端螺旋体(*Leptospira interrogans*)为代表的致病性钩端螺旋体及以双曲钩端螺旋体(*Leptospira biflexa*)为代表的非致病性钩端螺旋体两大类。钩端螺旋体病(leptospirosis)是全球流行的人畜共患病(zoonosis)，我国除新疆、西藏、青海、宁夏和甘肃地区外，其余地区均有钩端螺旋体病的流行。

一、生物学性状

(一) 形态与染色

菌体纤细，长6～12 μm，宽0.1～0.2 μm，菌体一端或两端弯曲而使菌体呈钩状，常呈C、S形或问号状。钩端螺旋体的基本结构由外至内分别为外膜(outer envelope)、内鞭毛(endoflagellum)和细胞膜包绕的柱形原生质体(cytoplasmic cylinder)。内鞭毛由6种不同的蛋白质聚合而成，分别由菌体两端各伸出一根内鞭毛，位于内、外膜之间，紧缠于柱形原生质体表面，使钩端螺旋体呈现为特征性的沿菌体长轴旋转运动。革兰染色阴性，但不易着色。镀银染色着色较好，菌体被染成棕褐色(图19-1)。暗视野显微镜下可见钩端螺旋体呈活泼的旋转运动(图19-2)。

(二) 培养和生长特性

营养要求较高，常用含10%兔血清的Korthof或无血清的EMJH培养基，需氧，最适温度28～30℃，最适pH为7.2～7.5。生长缓慢，在液体培养基中分裂一次需8 h，28℃培养1周后呈半透明云雾状生长，但菌数仅为普通细菌的1/100～1/10。在固体培养基上，经28℃培养2周，可形成透明、不规则、直径小于2 mm的扁平菌落。

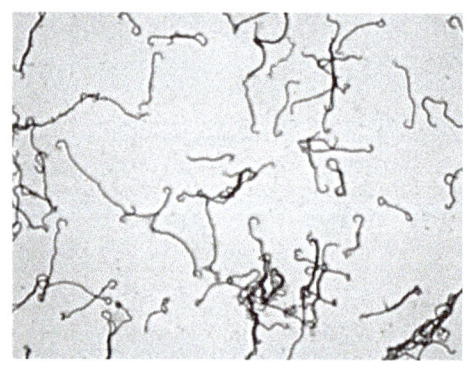

图19-1　镀银染色法染色的钩端螺旋体 (光学显微镜，×400)

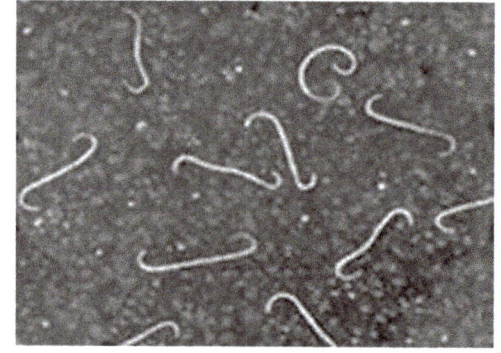

图19-2　暗视野显微镜下钩端螺旋体的形态(×1 000)

(三) 抗原构造和分型

钩端螺旋体主要有属特异性蛋白抗原(genus-specific protein antigen)、群特异性抗原(serogroup-specific antigen)和型特异性抗原(serovar-specific antigen)。属特异性抗原可能是糖蛋白或脂蛋白，用于钩端螺旋体病血清学诊断。群特异性抗原系菌体类脂多糖复合物，型特异性抗原为菌体表面的多糖与蛋白复合物。应用显微镜凝集试验(microscopic agglutination test, MAT)和凝集吸收试验(agglutination absorption test, AAT)可对钩端螺旋体属进行血清群和血清型的分类。目前国际上问号钩端螺旋体至少可分为25个血清群、273个血清型，其中我国至少存在19个血清群、74个血清型。近年国际上将致病性钩端螺旋体分为*L. interrogans*、*L. borgpetersenii*、*L. kirschneri*、*L. noguchii*、*L. weilii*、*L. santarosai*和

L. meyeri 七个基因种。血清学和基因种分类之间有一定差异,目前临床上仍采用血清学分类法。

(四) 抵抗力

钩端螺旋体抵抗力弱,60℃ 1 min 即死亡,0.2%来苏儿、1%石炭酸、1%漂白粉处理10～30 min 即被杀灭。对青霉素敏感。钩端螺旋体在酸碱度中性的湿土或水中可存活数月,这在传播上有重要意义。

(五) 基因组特点

至今公布了三株钩端螺旋体全基因组序列,其中问号钩端螺旋体黄疸出血群赖型赖株全基因组序列测定及诠释由我国科学家独立完成并首先发表于国际著名学术期刊 *Nature* 上。钩端螺旋体有大(4 332 241 bp)、小(358 943 bp)两条环状染色体,其基因组可编码较多与真核细胞微生物或原虫相似的蛋白质,表明钩端螺旋体生物学分类介于细菌与原虫之间。无典型外毒素基因,但有完善的 LPS 合成与装配系统基因,溶血素、鞭毛、二元信号转导系统、Ⅱ型和Ⅲ型分泌系统相关基因众多。缺乏己糖磷酸激酶基因,故不能利用糖作为碳源。

二、致 病 性

致病性钩端螺旋体自然宿主众多,我国已从50余种动物中检出致病性钩端螺旋体,黑线姬鼠及猪、牛为主要储存宿主。动物大多呈隐性或轻症感染,但可长期携带并持续从尿液中排出钩端螺旋体,直接或经土壤间接污染水源(疫水),人接触疫水被感染。钩端螺旋体病是自然疫源性传染病,不同国家或地区优势流行的致病性钩端螺旋体基因种或血清群、型可有明显差异,但以问号钩端螺旋体为主。我国仅发现问号钩端螺旋体引起人感染,以黄疸出血群最为常见,其次为流感伤寒、秋季、波摩那群、澳洲、秋季和七日热群。根据流行特征和传染源差异,钩端螺旋体病可分为稻田型、雨水型和洪水型,稻田型主要传染源为野生鼠类,雨水型主要是家畜,洪水型两者兼之,夏、秋季流行。

(一) 致病物质

问号钩端螺旋体能以菌体一端或两端粘附于细胞并诱导细胞凋亡及坏死(图19-3)。内毒素是问号钩端螺旋体主要致病物质。近年发现,溶血素、侵袭素和胶原酶也在钩端螺旋体致病过程中发挥重要作用。

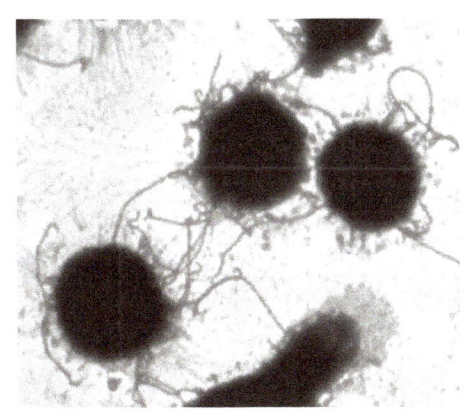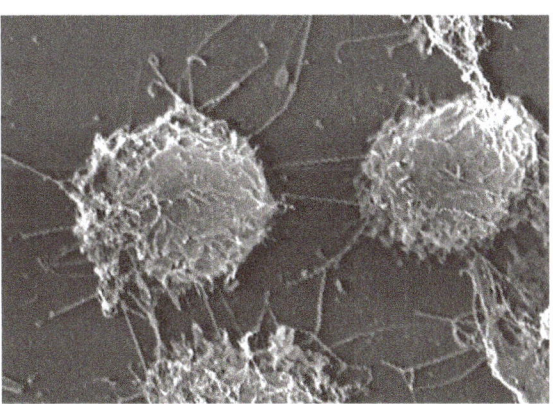

图19-3 黏附细胞的问号钩端螺旋体(左:光学显微镜,×1 000;右:扫描电镜×4 000)

(1) 内毒素(endotoxin):重症钩端螺旋体病患者和实验感染动物可出现与革兰阴性菌内毒素反应相似的临床症状和病理变化,表明内毒素是问号钩端螺旋体主要致病物质,但其内毒素中脂质 A 结构与细菌内毒素有所不同,故毒性较弱。

(2) 溶血素(hemolysin):不少问号钩端螺旋体血清群能产生溶血素,体外可溶解人、牛、羊和豚鼠红细胞,注入体内能引起贫血、出血、肝肿大、黄疸和血尿。问号钩端螺旋体黄疸出血群赖株基因组中有九个溶血素基因,其中 Sph2 溶血素是细胞膜成孔毒素(pore-forming toxin),另有四个溶血素通过 Toll 样受体(Toll like receptor,TLR)上调单核-巨噬细胞炎性细胞因子 TNFα、IL-1β 和 IL-6 的表达。

(3) 黏附素(adhensin)和侵袭素(invasin):黏附素有24或36 kDa 外膜蛋白以及钩端螺旋体免疫球蛋白样蛋白(leptospiral immunoglobulin-like protein,Lig),24 kDa 外膜蛋白的受体为细胞胞外基质(extracellular matrix,ECM)中的层粘连蛋白(laminin,LN),36 kDa 外膜蛋白和 Lig 蛋白受体为 ECM 中

的纤维连接蛋白(fibronectin,FN)。侵袭素有 Mce 外膜蛋白,能与靶细胞整合素(integrin)结合并介导钩端螺旋体侵入细胞。

(4) 胶原酶(collagenase):问号钩端螺旋体黄疸出血群赖株胶原酶 ColA 能水解 I、II、III、IV 型胶原, *colA* 基因被敲除后,其侵袭力和致病性均显著下降。

(二) 所致疾病

问号钩端螺旋体能迅速经皮肤、黏膜侵入人体,经淋巴系统或直接侵入血流引起钩端螺旋体血症。患者出现中毒性败血症症状,如发热、乏力、头痛、肌痛、眼结膜充血、浅表淋巴结肿大等。随后问号钩端螺旋体可侵入肝、脾、肾、肺、心、淋巴结和中枢神经系统等,引起相关脏器和组织的损害和体征。感染者临床表现差异很大,轻者似感冒,重者可有明显的肝、肾、中枢神经系统损害,出现黄疸、肺出血、休克,甚至死亡。部分患者退热后,发生眼血管膜炎、视网膜炎、脑膜炎、脑动脉炎等并发症,其机制与超敏反应有关。

三、免疫性

钩端螺旋体病的免疫主要依赖于特异性体液免疫。发病后 1～2 周,患者即可产生特异性抗体,且保护性抗体和凝集抗体相一致。特异性抗体有调理、凝集、溶解问号钩端螺旋体及增强单核-巨噬细胞吞噬的作用,迅速清除体内的问号钩端螺旋体。特导性抗体似乎对肾脏中的问号钩端螺旋体无明显作用,故部分钩端螺旋体病患者恢复期 1～2 周,感染动物尿中可长期甚至终身带菌并排菌。单核-巨噬细胞能吞噬问号钩端螺旋体,中性粒细胞则不能。特异性细胞免疫的抗问号钩端螺旋体感染作用有争论,但一般认为有一定的保护作用。

问号钩端螺旋体感染后,机体可获得对同型问号钩端螺旋体的持久免疫力,但各血清群、型间无明显的交叉保护作用。

四、微生物学检查法

(一) 病原体检查

发病 7～10 天内取血液,2 周后取尿液,有脑膜刺激症状者取脑脊液。

1. 直接镜检　将血、尿液标本差速离心集菌后作暗视野显微镜检查,或镀银染色后镜检。也可用免疫荧光法或免疫酶染色法检查。

2. 分离培养与鉴定　将标本接种至 Korthof 或 EMJH 培养基中,28℃培养 2 周,再用暗视野显微镜检查,培养阳性者可进一步用显微镜凝集试验和凝集吸收试验进行血清群、型的鉴定。

3. 动物试验　适用于有杂菌污染的标本。将标本接种于幼龄豚鼠或金地鼠腹腔,一周后取心血检查并作分离培养。

4. 分子生物学方法　PCR 或标记 DNA 探针可用于检测标本中问号钩端螺旋体 DNA 片段,较培养法快速、敏感。限制性核酸内切酶指纹图谱、脉冲场凝胶电泳可用于问号钩端螺旋体株的鉴定、分型、变异、溯源等研究。

(二) 血清学诊断

应采取病程早、晚期双份血清,一般在病初和发病后第 3～4 周各采一次。有脑膜刺激症状者可采取脑脊液。

1. 显微镜凝集试验　用我国问号钩端螺旋体参考标准株或当地常见的血清群、型的活钩端螺旋体作为抗原,与不同稀释度的患者血清混合后 37℃孵育 1 h,在暗视野显微镜下检查有无凝集现象。若血清中存在同型抗体,可见钩端螺旋体凝集成不规则的团块,或呈蜘蛛状。以 50% 钩端螺旋体被凝集的最高血清稀释度作为效价判断终点。单份血清标本的凝集效价 1:300 以上或双份血清标本效价增长 4 倍以上有诊断意义。本试验特异性和敏感性均较高,但不宜用于早期诊断。

2. TR/patoc I 属特异性抗原凝集试验　双曲钩端螺旋体 patoc I 株经加热处理后可作为属特异性抗原,能与所有感染不同血清群、型问号钩端螺旋体患者血清中的抗体发生凝集反应,常用的方法有玻片凝集试验。该抗体以 IgM 为主,故本法可用于早期诊断。

3. 间接凝集试验　将问号钩端螺旋体可溶性抗原吸附于乳胶或活性炭微粒等载体上,然后检测血清标本中有无相应凝集抗体。单份血清标本乳胶凝集效价>1:2、炭粒凝集效价>1:8 时可判为阳性,双份血清标本效价呈4倍以上增长则更有诊断价值。

五、防治原则

要做好防鼠、灭鼠工作,加强对家畜的管理,保护水源。夏季和早秋是钩端螺旋体病流行季节,应尽量避免或减少与疫水接触,强力霉素可用于口服紧急预防。对易感人群接种钩端螺旋体多价全菌死疫苗多价外膜疫苗,前者制备简便但副反应较大,后者由我国学者首创,且副反应小。

钩端螺旋体病的治疗首选青霉素,至今尚未发现问号钩端螺旋体对青霉素耐药。对青霉素过敏的患者,可选用庆大霉素、强力霉素等抗生素。部分患者青霉素注射后出现寒战高热及低血压,有的甚至出现抽搐、休克、呼吸和心跳暂停,称为赫氏反应。赫氏反应可能与钩端螺旋体被青霉素杀灭后所释放的大量毒性物质有关。

第二节 密螺旋体属

密螺旋体属(Treponema)的螺旋体分为致病性和非致病性两大类。致病性密螺旋体主要有苍白密螺旋体(T. pallidum)和品他密螺旋体(T. carateum)两个种。苍白密螺旋体又分为三个亚种:苍白密螺旋体苍白亚种(T. pallidum subsp. pallidum)、苍白密螺旋体地方亚种(T. pallidum subsp. endemicum)和苍白密螺旋体极细亚种(T. pallidum subsp. pertenue),分别引起梅毒、非性传播梅毒(又称地方性梅毒)和雅司病。

一、苍白密螺旋体苍白亚种

苍白密螺旋体苍白亚种俗称梅毒螺旋体,是引起人类梅毒的病原体。梅毒(syphilis)是一种危害较严重的人类性传播疾病(sexual transmitted disease,STD)。

(一)生物学性状

1. 形态与染色 菌体细长,宽约0.20 μm,长5～15 μm,有8～14个致密而规则的螺旋,两端尖直,运动活泼。菌体结构由外至内分别为外膜、内鞭毛和胞质膜。常用暗视野显微镜直接观察悬滴标本中梅毒螺旋体的形态(图19-4)以及通过移行、屈伸、滚动等多种方式活泼运动。梅毒螺旋体革兰染色呈阴性,但不易着色,用镀银染色法染成棕褐色(图19-5)。

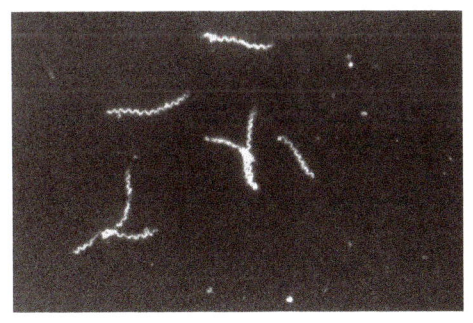
图19-4 梅毒螺旋体(暗视野显微镜,×1 000)

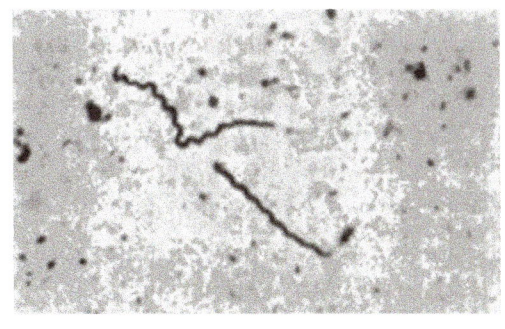
图19-5 梅毒螺旋体(镀银染色法,×1 000)

2. 培养和生长特性 不能在无生命的人工培养基上生长繁殖。Nichols有毒株对人和家兔有致病力,接种家兔睾丸或眼前房,能保持毒力,但繁殖缓慢。若将其转种至含多种氨基酸的兔睾丸组织碎片中,在厌氧条件下培养,虽能生长繁殖,但失去致病力,此种菌株称为Reiter株。Nichols株和Reiter株已广泛用作多种梅毒血清学的诊断抗原。采用棉尾兔(cotton tail rabbit)单层上皮细胞,在微需氧条件下(1.5%O_2、5%CO_2、93.5%N_2)33℃培养,梅毒螺旋体可生长繁殖并保持毒力。

3. 抗原结构 主要有分子质量为47 kDa、44 kDa、34 kDa、17 kDa、15 kDa等外膜蛋白,其中47 kDa外膜蛋白(TpN47)含量最高且抗原性较强,其次为TpN15和TpN17。鞭毛蛋白主要由33 kDa、33.5 kDa核心单位和37 kDa鞘亚单位组成,其中37 kDa鞘亚单位含量高且抗原性强。

4. 抵抗力 梅毒螺旋体的抵抗力极弱,对温度和干燥特别敏感。离体后干燥1～2 h或50℃加热

5 min即死亡。血液中4℃放置3 d可死亡,故血库4℃冰箱储存3 d以上的血液通常无传染梅毒的危险。对化学消毒剂亦敏感,1%~2%石炭酸内数分钟即死亡。对青霉素、四环素、红霉素或砷剂敏感。

(二) 致病性

1. 致病物质　　尚未证明其具有内毒素和外毒素,但有很强的侵袭力。

(1) 荚膜样物质(capsule-like substance):为菌体表面的黏多糖和唾液酸,可阻止抗体等大分子物质与菌体结合、抑制补体激活及其溶菌作用,干扰单核-巨噬细胞吞噬作用,从而有利于梅毒螺旋体在宿主内存活和扩散。梅毒患者常出现的免疫抑制现象也被认为与荚膜样物质有关。

(2) 黏附因子(adhesin):一些梅毒螺旋体外膜蛋白是黏附因子,其受体主要是靶细胞胞外基质(ECM)中的纤维连接蛋白(FN)和层粘连蛋白(LN)。

(3) 透明质酸酶(hyaluronidase):能分解结缔组织、细胞基质、血管基底膜中的透明质酸(hyaluronic acid),有利于梅毒螺旋体的侵袭和播散。

病理性体液和细胞免疫反应参与了梅毒螺旋体致病过程,如Ⅱ期梅毒患者血液中常出现梅毒螺旋体相关的免疫复合物、Ⅲ期梅毒患者出现的树胶肿等。

2. 所致疾病　　梅毒螺旋体只感染人类引起梅毒,梅毒病人是唯一的传染源。梅毒一般分为后天性(获得性)和先天性两种,前者通过性接触感染,称为性病梅毒,后者从母体通过胎盘传染给胎儿。输入梅毒螺旋体污染的血液或血制品,可引起输血后梅毒。

获得性梅毒临床上可分为三期,表现为发作、潜伏和再发现象。

(1) Ⅰ期梅毒:梅毒螺旋体经皮肤黏膜感染后2~10周,局部出现无痛性硬下疳(hard chancre),多见于外生殖器,也见于肛门、直肠和口腔,其溃疡渗出液中有大量梅毒螺旋体,传染性极强。此期持续约1个月,硬下疳常可自愈。进入血液中的梅毒螺旋体潜伏于体内,经2~3个月无症状的潜伏期后进入Ⅱ期。

(2) Ⅱ期梅毒:全身皮肤及黏膜常出现梅毒疹(syphilid),主要见于躯干以及四肢。全身淋巴结肿大,有时亦累及骨、关节、眼及中枢神经系统。在梅毒疹和淋巴结中有大量梅毒螺旋体,部分患者梅毒疹反复出现数次。若未经治疗,一般3周至3个月后体征也可消退,多数患者发展成Ⅲ期梅毒。从硬性下疳至梅毒疹消失后1年的Ⅰ、Ⅱ期梅素称早期梅毒,早期梅毒传染性强,但组织破坏性较小。

(3) Ⅲ期梅毒:又称晚期梅毒,多发生于初次感染2年后,但潜伏期也可长达10~15年。此期病变波及全身组织和器官,呈现为慢性炎性损伤,常见病变为慢性肉芽肿,局部组织可因动脉内膜炎所引起的缺血而坏死,以神经梅毒和心血管梅毒最为常见,皮肤、肝、脾和骨骼可被累及,导致出现动脉瘤、脊髓痨或全身麻痹等。此期病灶内梅毒螺旋体少、传染性小,但破坏性大、病程长,组织损害呈进展和消退交替出现,可危及生命。

先天性梅毒是梅毒孕妇患者的梅毒螺旋体通过胎盘进入胎儿体内引起的全身感染,可导致流产、早产或死胎,或新生儿出生后出现皮肤病变、马鞍鼻、锯齿形牙、间质性角膜炎、骨软骨炎、先天性耳聋等特殊体征,俗称梅毒儿。

(三) 免疫性

梅毒的免疫为传染性免疫或有菌性免疫,即梅毒螺旋体感染的个体对梅毒螺旋体的再感染有抵抗力,若梅毒螺旋体被清除,免疫力也随之消失。梅毒螺旋体侵入机体后,首先可被中性粒细胞和巨噬细胞吞噬,但不一定被杀死,只有特异性抗体在补体协同下,吞噬细胞可杀灭梅毒螺旋体。感染的机体可产生特异性细胞免疫和体液免疫,其中以迟发型超敏反应为主的细胞免疫在抗梅毒螺旋体感染的作用较强。

在梅毒螺旋体感染的所有阶段,患者可产生梅毒螺旋体抗体和心磷脂抗体。梅毒螺旋体抗体可在补体存在的条件下,杀死或溶解梅毒螺旋体,同时对吞噬细胞有调理作用。心磷脂抗体又称反应素(reagin),能与生物组织中的脂质发生反应,无保护作用,仅用于梅毒血清学诊断。此外,梅毒患者体内常发现有其他自身抗体,如抗淋巴细胞抗体、类风湿因子、冷凝集素等,提示可能存在自身免疫反应。

(四) 微生物学检查法

1. 病原学检查　　最适标本是硬下疳渗出液,其次是梅毒疹渗出液或局部淋巴结抽出液,可用暗视野显微镜观察活动的梅毒螺旋体,也可用直接免疫荧光或ELISA法检查。组织切片标本可用镀银染色后镜检。

2. 血清学试验　　有非梅毒螺旋体抗原试验和梅毒螺旋体抗原试验两类。

(1) 非螺旋体抗原试验:用正常牛心肌的心脂质(cardiolipin)作为抗原,测定患者血清中的反应素

(抗脂质抗体)。国内较常用 RPR(rapid plasma reagin)和 TRUST 试验(tolulized red unheated serum test),前者以碳颗粒作为载体,结果呈黑色,后者以甲苯胺红为载体,结果呈红色,均用于梅毒初筛。VDRL(vernereal disease reference laboratory)试验是神经性梅毒唯一的血清学诊断方法,也可用于梅毒初筛,但国内使用极少。因上述试验中的抗原为非特异性,故一些非梅毒疾病如红斑狼疮、类风湿关节炎、疟疾、麻风、麻疹等患者血清均可出现假阳性结果,必须结合临床资料进行判断和分析。

(2) 螺旋体抗原试验

采用梅毒螺旋体 Nichols 株或 Reiter 株作为抗原,检测病人血清中特异性抗体,特异性高,但操作烦琐。国内较常用梅毒螺旋体血凝试验(treponemal pallidum hemagglutination assay,TPHA)、梅毒螺旋体明胶凝集试验(treponemal pallidum particle agglutination assay,TPPA),此外有梅毒螺旋体抗体微量血凝试验(microhemagglutination assay for antibody to *Treponema pallidum*,MHA-TP)、荧光密螺旋体抗体吸收(fluorescent treponemal antibody-absorption,FTA-ABS)试验等。梅毒螺旋体制动(treponemal pallidum immobilizing,TPI)试验用于检测血清标本中是否存在能抑制梅毒螺旋体活动的特异性抗体,虽有较高特异性,但需使用大量的活梅毒螺旋体,现已少用。此外,近年来报道用单一或多种重组 TpN 蛋白为抗原建立的 ELISA 或梅毒螺旋体 IgG 抗体捕获 ELISA、免疫印记迹法等,也有较好的检测效果。

由于新生儿先天性梅毒易受到继免疫的抗体干扰,部分患儿不产生特异性 IgM,故诊断较为困难。当脐血特异性抗体明显高于母体、患儿有较高水平特异性抗体或抗体效价持续上升时才有辅助临床诊断价值。

5. 防治原则

梅毒是性病,加强性卫生教育和性卫生是减少梅毒发病率的有效措施。梅毒确诊后,应及早予以彻底治疗,现多采用青霉素类药物治疗 3 个月至 1 年,以血清抗体转阴为治愈指标,且治疗结束后需定期复查。目前尚无梅毒疫苗产品。

二、其他密螺旋体

(一) 苍白密螺旋体地方亚种

是非性病梅毒,又称地方性梅毒(endemic syphilis)的病原体。地方性梅毒主要发生于非洲,也可见于中东和东南亚等地区,主要通过污染的食具经黏膜传播。临床主要表现为有高度传染性的皮肤损害,晚期的内脏并发症少见。青霉素治疗有效。

(二) 苍白螺旋体极细亚种

是雅司病(Yaws)的病原体,主要通过与患者皮肤病损部位的直接接触而感染。原发损害主要是发生于四肢的杨梅状丘疹,在皮肤损伤处常形成疤痕,骨破坏性病变常见,内脏和神经系统的并发症少见。青霉素治疗有效。

(三) 品他密螺旋体

是品他病(Pinta)的病原体,主要通过与患者病损皮肤的直接接触而感染。原发损害是皮肤出现小的瘙痒性丘疹,遍及面、颈、胸、腹和四肢,继而扩大、融合、表面脱屑,月后丘疹变得扁平,色素加深。感染后 1~3 年,皮损部位色素减退,甚至消失呈白瓷色斑,最后皮肤结痂、变形。

第三节 疏螺旋体属

疏螺旋体属(*Borrelia*)的螺旋体有 3~10 个稀疏且不规则的螺旋。对人有致病性的主要有伯氏疏螺旋体(*B. burgdorferi*)和回归热螺旋体(*B. recurrentis*),分别引起莱姆病和回归热。

一、伯氏疏螺旋体

伯氏疏螺旋体是莱姆病(Lyme disease)的主要病原体。莱姆病最初发现于 1977 年在美国康涅狄格州的莱姆镇,5 年后由 Burgdorfer 从硬蜱及患者体内分离出伯氏疏螺旋体,并证实为莱姆病的病原体。莱姆病病原体存在着异质性,其分类也未统一,目前仍以伯氏疏螺旋体作为莱姆病病原体的统称。莱姆病以蜱为媒介进行传播,人和多种动物均可感染。目前我国已有 10 余个省和自治区证实有莱姆病存在。

(一) 生物学性状

1. 形态与染色 长10～40 μm,宽0.1～0.3 μm,两端稍尖(图19-6),有2～100根周质鞭毛。伯氏疏螺旋体运动活泼,有扭转、翻滚、抖动等多种运动方式。革兰染色阴性,但不易着色。常用Giemsa或Wright染色,其效果较好。

2. 培养特性 营养要求高,培养基需含有长链饱和及不饱和脂肪酸、葡萄糖、氨基酸和牛血清白蛋白等。微需氧或需氧,5%～10% CO_2 促进生长。适宜温度为35℃。生长缓慢,在液体培养基中一般需培养2～3周。在1%软琼脂固体培养基表面可形成边缘整齐、直径0.40～0.45 μm的菌落。

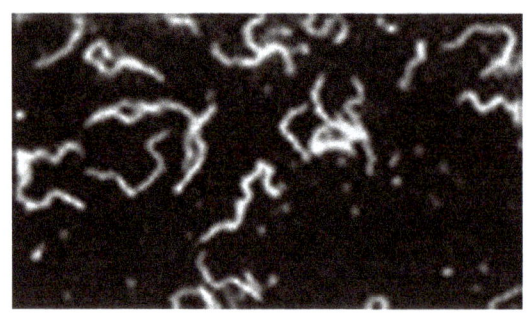

图19-6 伯氏疏螺旋体(暗视野显微镜,×1 000)

3. 抗原构造和分类 伯氏疏螺旋体有多种主要表面蛋白抗原,包括外膜蛋白OspA～F及外膜脂蛋白。外表蛋白A(outer superficial protein A,OspA)和外表蛋白B(OspB)为伯氏疏螺旋体主要表面抗原,有种特异性,其抗体有免疫保护作用。近年报道外表蛋白C(OspC)也有一定的免疫保护性。41 kDa鞭毛蛋白是优势抗原,可诱导特异性体液和细胞免疫。外膜脂蛋白和热休克蛋白(heat shock protein,HSP)无种特异性。用DNA同源性分析世界各地分离出的莱姆病菌株,发现引起莱姆病的疏螺旋体至少有3种:① 伯氏疏螺旋体,主要分布于美国和欧洲。② 伽氏疏螺旋体(*Borrelia garinii*),主要分布于欧洲和日本。③ 埃氏疏螺旋体(*Borrelia afelii*),主要分布于欧洲和日本。美国分离的伯氏疏螺旋体有OspA,欧洲分离的伯氏疏螺旋体OspA少见,我国分离的伯氏疏螺旋体与欧洲分离株较为接近。

(二) 致病性

莱姆病是自然疫源性传染病。储存宿主多为野生或驯养的哺乳动物,其中以鼠和鹿较为重要。主要传播媒介是硬蜱,已确定的有四种:美国的丹敏硬蜱、太平洋硬蜱,欧洲的蓖子硬蜱和亚洲的全沟硬蜱。伯氏疏螺旋体可在蜱的中肠生长繁殖,叮咬宿主时,通过肠内容物反流、唾液或粪便而使宿主感染。我国莱姆病的高发地区主要在东北和内蒙古林区。莱姆病有明显的季节性,初发于4月末,6月份达高峰,8月份以后仅见散在病例。

1. 致病物质 伯氏疏螺旋体的致病机制迄今尚无定论,其致病可能是某些致病物质以及病理性免疫反应等多因素作用的结果。

(1) 侵袭力:伯氏疏螺旋体能黏附、侵入成纤维细胞及人脐静脉内皮细胞,并在细胞浆中生存。此黏附可被多价特异免疫血清或外膜蛋白OspB的单克隆抗体所抑制,表明伯氏疏螺旋体表面存在黏附和侵袭因子。伯氏疏螺旋体黏附的受体是靶细胞胞外基质(ECM)中的纤维连接蛋白(FN)和核心蛋白多糖(decorin,DEN)。

(2) 抗吞噬作用:伯氏疏螺旋体的临床分离株对小鼠毒力较强,在人工培养基中传代多次后毒力明显下降,易被小鼠吞噬细胞所吞噬。与此同时,外膜蛋白OspA亦逐渐消失,故推测OspA与抗吞噬作用有关。

(3) 内毒素样物质:伯氏疏螺旋体细胞壁中的内毒素样物质(endotoxin-like substance,ELS)具有类似细菌内毒素的生物学活性。

2. 所致疾病 伯氏疏螺旋体是莱姆病的病原体。

莱姆病是一种慢性全身传染性疾病。病程可分为三期:早期局部性感染、早期播散性感染和晚期持续性感染。早期局部性感染表现为疫蜱叮咬后经过3～30 d的潜伏期,在叮咬部位出现一个或数个移行性红斑(erythema chuonicum migrans,ECM),伴有头痛、发热、肌肉和关节疼痛、局部淋巴结肿大等症状。ECM初为红色斑疹或丘疹,继而扩大为圆形皮损,直径5～50 cm,边缘鲜红,中央呈退行性变,多个ECM重叠在一起可形成枪靶形。早期播散性感染多表现为继发性红斑、面神经麻痹、脑膜炎等。未经治疗的莱姆病患者约80%可发展至晚期,主要表现为慢性关节炎、周围神经炎和慢性萎缩性肌皮炎。

(三) 免疫性

伯氏疏螺旋体感染后可产生特异性抗体,但抗体应答迟缓。抗伯氏疏螺旋体感染主要依赖于特异性体液免疫,如特异性抗体能增强吞噬细胞吞噬及杀灭伯氏疏螺旋体的作用,有助于清除伯氏疏螺旋体。特异性细胞免疫的保护作用尚有争议。

(四) 微生物学检查法

伯氏疏螺旋体在莱姆病的整个病程中数量较少,难以分离培养,主要取患者血清标本进行血清学检查。使用最广泛的是免疫荧光法和 ELISA 法。ELISA 法方法简便,特异性和敏感性较高,为多数实验室所采用。特异性 IgM 抗体在移行性红斑出现后 2~4 周形成,6~8 周达峰值,4~6 个月后恢复正常。IgG 抗体出现较迟,其峰值在发病后 4~6 个月,并持续至病程的晚期。鞭毛蛋白抗体主要是 IgM, Osp 抗体主要 IgG。若脑脊液中含有特异抗体,表示中枢神经系统已被累及。

ELISA 法检测阳性时,需用免疫印迹技术分析其特异性,有助于排除 ELISA 的假阳性反应。由于伯氏疏螺旋体与苍白密螺旋体等有共同抗原、莱姆病的病原体多样化、不同菌株携带靶抗原的差异及其变异,ELISA 法和免疫印迹的结果仍需结合临床资料判定。

近年来,PCR 也常用于莱姆病的诊断,可从皮肤、血液、脑脊液、关节液、尿等多种来源的临床标本中检测伯氏疏螺旋体 DNA。

(五) 防治原则

疫区工作人员要加强个人保护,避免硬蜱叮咬。

根据患者不同的临床表现及病程采用不同的抗生素及给药方式。早期莱姆病用强力霉素、羟氨苄青霉素或红霉素,口服即可。晚期莱姆病时存在多种深部组织损害,一般用青霉素联合头孢三嗪等静脉滴注。目前尚无疫苗产品。

二、回归热螺旋体

回归热(relapsing fever)是一种以周期性反复急起急退的高热为临床特征的急性传染病。多种疏螺旋体均可引起回归热。根据回归热病原体及其传播媒介昆虫的不同,可分为两类:一为虱传回归热,或称流行性回归热,其病原体为回归热疏螺旋体(Borrelia recurrentis),传播媒介是虱;另一为蜱传回归热,又称地方性回归热,其病原体为杜通疏螺旋体(B. duttonii)、赫姆斯疏螺旋体(B. hermsii)等,主要通过软蜱传播。蜱传回归热临床表现与虱传回归热相似,但症状较轻、病程较短。我国流行的回归热主要是虱传回归热。

(一) 生物学性状

1. 形态与染色　长 10~30 μm,宽约 0.3 μm,有 3~10 个不规则的螺旋,运动活泼,革兰染色阴性,Giemsa 染色呈紫红色,Wright 染色呈棕红色(图 19-7)。

2. 培养特性　微需氧,最适生长温度为 28~30℃,在含血液、血清或动物蛋白的液体培养基上能生长,但分裂繁殖一代约需 18 h,在体外传数代后,其致病性丧失。

3. 抗原结构　含有类属抗原和特异性抗原,但抗原性极易变异。在病程中可以从同一个患者体内分离出几种抗原结构不同的变异株。

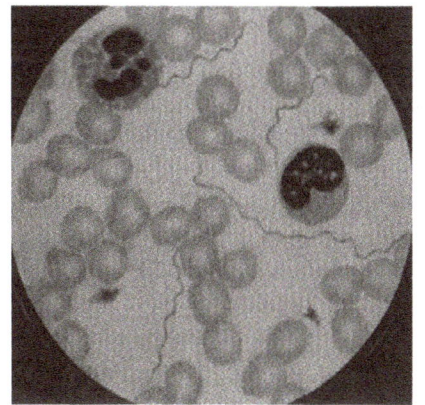

图 19-4　回归热螺旋体
(光学显微镜,×1 000)

(二) 致病性

回归热螺旋体储存宿主是啮齿类动物,虱或软蜱叮咬动物宿主后被感染,其体腔、唾液、粪便中均可含有回归热螺旋体。虱或软蜱叮咬人后,回归热螺旋体经伤口直接进入体内引起疾病。经 3~10 d 潜伏期后病人突发高热,持续 3 5 d 退热,约一周后又出现高热,如此反复发作达 3~10 次。急起急退的反复周期性高热、全身肌肉酸痛、肝脾肿大为回归热的临床特征,重症患者可出现黄疸和出血。

(三) 免疫性

感染后机体可以产生高浓度的抗体,与补体协同可裂解回归热螺旋体。但回归热螺旋体外膜蛋白极易发生变异,所形成的突变株可以逃避抗体的攻击,突变株繁殖到一定数量时则引起第 2 次高热。如此反复多次,直至机体产生的多种特异性抗体能对各种变异株发挥作用,回归热螺旋体方被清除。感染后免疫力维持时间短暂。

(四) 微生物学检查法

采集发热期的外周血标本,直接涂片后进行 Giemsa 染色,光镜下可见比红细胞长数倍、并且有疏松螺旋的螺旋体,但退热期血液中常无螺旋体。

(五) 防治原则

进入疫区人员应避免虱和蜱的叮咬。青霉素、四环素、红霉素治疗有效。目前尚无疫苗产品。

三、奋森疏螺旋体

奋森疏螺旋体($B.\ vincentii$)的形态与回归热疏螺旋体类似。正常情况下,与梭形梭杆菌($Fusobecteriurn\ fusiforme$)共同寄居于人类口腔牙龈部。当机体免疫功能下降,这两种菌大量繁殖,协同引起奋森咽峡炎、牙龈炎、口腔坏疽等。

微生物学检查可采取局部病变材料直接涂片,革兰染色镜检,可观察到奋森疏螺旋体和梭杆菌。

(严 杰)

复习思考题

1. 简述钩端螺旋体形态特点、常用染色方法、所致疾病、好发季节和防治原则。
2. 简述梅毒螺旋体形态特点、常用染色方法、所致疾病、各期梅毒病变特征及防治原则。
3. 简述伯氏疏螺旋体形态特点、常用染色方法、传播媒介、所致疾病、好发季节及皮损特征。

第二十章 衣原体

Chlamydia are small Gram-negative bacteria which are obligate intracellular parasites like viruses, but differ from them in that they have both RNA and DNA, ribosome, cell wall, and divided by binary fission. They differ from most true bacteria in that they have no peptidoglycan in their cell wall. *Chlamydia* cannot synthesize its own ATP and depend on the host cell for ATP. All *chlamydia* have a common reproductive cycle, exhibit similar morphologic features, and share some common antigens. *Chlamydia* that infect humans are divided into three species: *Chlamydia trachomatis*, *C. pneumonia*, and *C. psittaci*. The fourth species, *Chlamydia pecorum*, infects a variety of animals but is not known to infect humans.

Chlamydia are arranged according to their pathogenic potential, host range, antigenic differences, and other methods. The three species that infect humans are as follows:

a) *C. trachomatis*. It includes agents of human diseases such as trachoma, inclusion conjunctivitis, nongoncocal urethritis, salpingitis, cervicitis, pneumonitis of infants, and lymphogranuloma venereum.

b) *C. pneumoniae*. It causes acute respiratory tract infection in humans, including bronchitis, pharyngitis, pneumonia, sinusitis.

c) *C. psittatic*. It causes psittacosis, pneumonia, fever of unexpected origin.

第一节 概　　述

一、生物学性状

衣原体(*Chlamydia*)是一类严格真核细胞内寄生的具有独特发育周期能通过细菌滤器的原核型微生物。根据衣原体抗原结构、细胞内包涵体、对磺胺类药物敏感性及所产生的疾病,衣原体被分为四种:① 沙眼衣原体(*C. trachomatis*);② 鹦鹉热衣原体(*C. psittaci*);③ 肺炎衣原体(*C. pneumoniae*);④ 兽类衣原体(*C. pecorum*)。感染人的主要是前三种衣原体,其中以沙眼衣原体最多见。

衣原体的共性:① 严格的细胞内寄生,以二分裂方式增殖,有独特的发育周期。② 和细菌相似,既含有 RNA 又含有 DNA 两种类型的核酸。③ 含有核糖体和较复杂的酶类,但不能自身合成 ATP,必须依靠宿主细胞提供所有的能量来源。④ 对多种抗生素敏感。

(一) 发育周期与形态染色

衣原体为专性真核细胞内寄生和繁殖的一类微生物。它有以下两种发育型。

1. 感染型即原体(elementary body, EB)　小而具有坚固的细胞壁,呈球形,直径 $0.3~\mu m$,电镜下可见中央有致密的类核样结构,在宿主细胞外较为稳定,无繁殖能力,有传染性,Giemsa 染色呈紫色,Macchiavello 染色呈红色。当进入易感宿主细胞后,细胞膜围于原体外形成空泡,原体逐渐发育增大成始体。

2. 无感染型即始体(initial body)　外膜薄而脆弱呈网状,也叫网织体(reticulate body, RB),始体呈圆形或椭圆形,体积大,可达 $0.5 \sim 1~\mu m$,无细胞壁,代谢活跃,以二分裂方式繁殖,无传染性,Macchiavello 染色呈蓝色。

发育周期:从原体(EB)→中间体(MB)→网织体(RB)→原体。EB 通过吞饮作用,或吞噬作用或受体介导进入宿主细胞后,体积增大并不断分裂成 RB,外面由一个空泡膜包围,并不断扩增,泡膜区随之扩大,以二分裂方式分裂成 EB。此时在普通显微镜下可见到包涵体。包涵体是指在易感细胞内含繁殖的始体和子代原体的空泡。包涵体成熟后空泡膜就破裂,将有传染性的 EB 释放到细胞外,又开始感染新的宿主细胞,第二个生活周期又开始。如此周而复始地进行,一个周期约48 h(图20-1)。

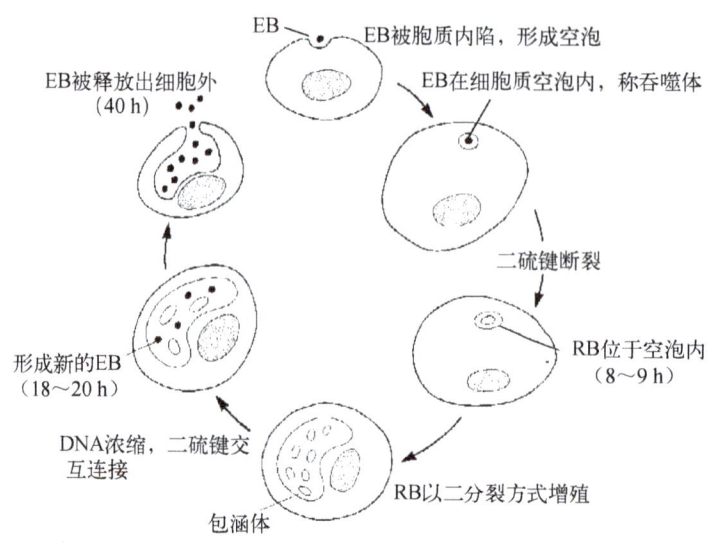

图20-1 衣原体生活周期

(二) 培养特性

衣原体为严格的细胞内寄生,能在鸡胚卵黄囊中生长繁殖。在卵黄包膜内能找到包涵体、原体和始体颗粒。鹦鹉热衣原体接种小鼠腹腔可感染,性病淋巴肉芽肿衣原体接种小鼠脑内引起感染。衣原体能在组织培养原代和传代细胞中生长,如HeLa-299、Hep-2、HL、McCoy等细胞。

(三) 抗原结构

根据国际命名委员会命名,衣原体分4种24个血清型;根据细胞壁的不同成分,可分为属、种、型特异抗原。

1. 属特异抗原 位于细胞壁,对热稳定,为脂多糖,能通过补体结合试验和免疫荧光抗体检测。

2. 种特异抗原 主要为外膜蛋白(major outer membrane protein, MOMP),种特异抗原能通过补体结合试验、中和试验、免疫荧光检测,可鉴定不同种衣原体。

3. 型特异抗原 根据MOMP将每种衣原体分成不同血清型和生物变种(biovar),采用单克隆抗体微量免疫荧光法检测。

(四) 抵抗力

衣原体对热和常用消毒剂敏感,56~60℃能存活5~10 min,75%乙醇1 min能杀灭,0.1%甲醛、0.5%苯酚可杀灭衣原体。-70℃低温冰箱和液氮中可保存,冷冻干燥可保存数年至数十年。衣原体对广谱抗生素敏感,一般选用阿奇霉素、红霉素和四环素,适用于衣原体并发球菌感染的治疗。红霉素用于儿童和孕妇,也适用于新生儿局部滴眼治疗。

二、致病性和免疫性

不同种的衣原体因MOMP不同,其致病性不同,有些只引起人类疾病,如沙眼衣原体中的沙眼亚种、性病淋巴肉芽肿亚种以及肺炎衣原体;有些只引起动物性疾病,如沙眼衣原体中的鼠亚型和鹦鹉热衣原体中大多数菌株;有些是人畜共患病,如鹦鹉热衣原体中部分菌株(表20-1)。性病淋巴肉芽肿衣原体通过皮肤创伤进入机体,沙眼衣原体通过黏膜扁平柱状上皮细胞感染。原体吸附于易感的柱状上皮细胞并在其中繁殖。细胞质围绕原体内陷形式空泡,称吞噬体。原体在空泡内发育成网织体,完成其繁殖过程。细胞内溶酶体如能与吞噬体融合,溶酶体内的水解酶则可将衣原体杀灭。衣原体外膜蛋白能阻止溶酶体和吞噬体融合,有利于衣原体在吞噬体内繁殖并破坏宿主细胞。

机体感染衣原体后,体内能产生型特异性的细胞免疫和体液免疫。特异性中和抗体可以抑制衣原体吸附到宿主细胞,参与抗衣原体感染的中和作用,但免疫力不强,并有逃避宿主防御作用的能力。易造成持续感染和再感染。其中MOMP活化T细胞分泌细胞因子,抑制衣原体包涵体的发育。

表 20-1 三种感染人类的衣原体特性比较

性　　状	沙眼衣原体	肺炎衣原体	鹦鹉热衣原体
自然宿主	人、小鼠	人	鸟、低等哺乳类
所致人类主要疾病	沙眼、性传播疾病、婴儿肺炎	肺炎、支气管炎	肺炎、不明原因发热
传播方式	人对人，母婴传播	空气中人对人传播	空气中鸟分泌物、排泄物感染人
血清型	18	1	不明确
与 TWAR 株 DNA 同源性	<5%	98%～100%	<10%
原体形态	圆、椭圆	梨形	圆、椭圆
主要外膜蛋白含有种特异抗原	有	无	有
包涵体糖原	＋	－	－
组织培养最适温度	35℃	37℃	37℃
对磺胺的敏感性	敏感	不敏感	不敏感
碘染色	阳性	阴性	阴性

第二节　主要致病性衣原体

一、沙眼衣原体

我国学者汤飞凡教授于 1955 年首先采用鸡胚卵黄囊接种，成功地分离培养出沙眼衣原体病毒，当时被称为"汤氏病毒"，是世界上发现最重要病原体的第一个中国人。人类是沙眼衣原体的自然宿主，根据致病力和某些生物学特性的差别，沙眼衣原体可分为三个变种，即沙眼生物变种(biovar trachoma)、性病淋巴肉芽肿变种(biovar lymphogranuloma venereum，LGV)和鼠变种(biovar mouse)。

(一)沙眼生物变种

1. 生物学特性　圆形或椭圆形，原体直径约 0.3 μm，中央有致密核质。Giemsa 染色呈紫色，网状体直径 0.5～1 μm，核质疏松。Giemsa 染色呈深蓝或暗紫色。利用微量免疫荧光法(MIF)可将沙眼衣原体分为 18 个血清型。

沙眼生物型变种包括 A、B、Ba、C、D、Da、E、F、G、H、I、Ia、J 和 K 共 14 个血清型。LGV 生物变种包括 L_1、L_2、L_{2a} 和 L_3 4 个血清型，还有采用编码 MOMP 的结构基因寡核苷酸测序，限切酶片段长度多态性(RFLP)方法分型。

2. 致病性和免疫性

(1)沙眼：沙眼生物变种主要寄生在人类，其中 A、B、Ba 和 C 血清型引起沙眼，通过眼→眼或眼→手→眼途径，直接或间接接触而传播。

沙眼衣原体感染眼结膜上皮细胞后，在其中增殖并在细胞质内形成包涵体，引起局部炎症。早期有黏液性分泌物，结膜充血及滤泡增生，后期出现结膜瘢痕，眼睑内翻，倒睫以及角膜血管翳形成，引起角膜损伤致盲，是目前致盲的第一位病因。

(2)包涵体结膜炎：由沙眼生物变种的 B、Ba、D、Da、F、F、G、H、I、Ia、J 和 K 血清型引起，分婴儿和成人两类，婴儿通过产道时感染，引起滤泡性结膜炎，分泌物内含大量衣原体。这种沙眼不出现角膜血管翳，不形成结膜瘢痕，数周或数月痊愈。

(3)泌尿生殖道感染：经性接触传播引起的非淋病性尿道炎(non gonococcal urethritis，NGU)，男性 NGU 的病因是沙眼衣原体。如不及时治疗易转成慢性或合并附睾炎、前列腺炎。无症状的男性中，约 10% 是隐性感染。文献报道女性无症状感染甚至可高达 50%～70%，女性患者感染后症状不典型，可以是衣原体的携带者，并可通过性接触使其性伴侣受感染。能引起尿道炎、子宫颈炎、子宫内膜炎及输卵管炎。这些人在社会上也是一种高危的潜在传染源。特别是衣原体阳性母亲产道出生的婴儿易造成衣原体感染，引起新生儿结膜炎、肺炎。

(4)沙眼衣原体肺炎：由 D、Da、E、F、G、H、I、Ia、J 和 K 血清型引起。近年来沙眼衣原体肺炎发病率在儿科有所上升。感染多见于新生儿及 1～6 个月小婴儿。感染可通过受感染的母亲经阴道垂直传播给胎儿和新生儿,也可通过呼吸道近距离传播。

机体感染沙眼衣原体后能产生型特异性免疫,包括细胞免疫和体液免疫。但免疫力不强,持续时间短,易造成持续感染,存在长期潜伏感染。

3. 微生物学检查 可取眼结膜刮片或穹隆部及眼结膜分泌物作涂片,泌尿生殖道拭子或宫颈刮片,尿离心涂片或其他病灶处活检样本。若要作衣原体分离培养,样本应及时接种到培养细胞中,阳性率高。样本应保存在蔗糖-磷酸盐-谷氨酸盐(SPG)培养基,放-70℃冰箱。样本在运送时应用含抗生素的蔗糖磷酸盐缓冲液,pH7.0～7.2加5%胎牛血清,抗生素(庆大霉素10 μg/ml,万古霉素100 μg/ml,两性霉素B 4 μg/ml)能抑制杂菌,不抑制衣原体。

(1) 直接涂片:采用Giemsa、碘液及荧光抗体染色,检查上皮细胞内包涵体,典型的胞质内包涵体。

(2) 分离培养:衣原体培养常用经放线菌酮处理的单核细胞、McCoy细胞、HeLa-229细胞或HEp-2细胞,接种样本1 800～3 000 g离心1 h。35℃培养48～72 h,用直接免疫荧光或酶联免疫法可以检测样本中的衣原体。

(3) 核酸检测:聚合酶链反应(PCR)、连接酶链反应(LCR)等核酸扩增技术检测衣原体,可得到高敏感性和特异性强达100%。

(二)性病淋巴肉芽肿生物变种

1. 生物学特性 LGV亚型大小、染色性和培养特性与沙眼衣原体相似。LGV有4个血清型(L_1、L_2、L_{2a}、L_3)。

2. 致病性和免疫性 主要通过两性接触在人类传播,人是性病淋巴肉芽肿衣原体的自然宿主,主要侵犯淋巴组织,在男性侵犯腹股沟淋巴结,引起化脓性淋巴结炎和慢性淋巴肉芽肿,易形成瘘管。在女性易侵犯会阴、肛门和直肠,可形成肠皮肤瘘管,严重的引起会阴-肛门-直肠狭窄和梗阻。LGV衣原体接种小鼠或猴脑内,能引发脑膜炎。

3. 微生物学检查法 采集淋巴结脓液、生殖器溃疡或直肠组织样本待检。接种物用氨基糖苷类抗生素处理,不用青霉素处理,血清学诊断可鉴定。

(三)防治原则

沙眼预防重在个人卫生,不使用公共毛巾、脸盆,避免直接或间接的接触传播,广泛宣传预防性病知识,提倡健康的性行为,积极治疗患者和带菌者。治疗药物选用磺胺、红霉素、诺氟沙星等。

二、肺 炎 衣 原 体

肺炎衣原体的代名为TWAR,为衣原体属的第三个种。TWAR来自从中国台湾儿童眼结膜中分离到的Taiwan-183(TW183)株和从美国一个患咽炎的大学生呼吸道分离到的AR-39株。血清学证据表明,只有TW-183与肺炎有关,故把二者联合命名为TWAR株,这是第一株肺炎衣原体分离株。

(一)生物学特性

TWAR有细胞壁,细胞内二分裂方式繁殖,表现两种不同形式即原体和始体,含有核质和核糖体。形成胞质内包涵体。原体呈梨形,平均大小为0.38 μm。Giemsa染色呈深染色,Macchiavello染色呈红色。碘染色阴性。TWAR只有一个血清型,种特异抗原为98 kDa蛋白,是肺炎衣原体外膜的独特蛋白。肺炎衣原体不能体外培养,只能在细胞内寄生。敏感的细胞株有HEp-2、H-292或人气管上皮细胞。

(二)致病性和免疫性

TWAR感染是经人与人之间飞沫或呼吸道分泌物传播,潜伏期30 d左右。引起急性呼吸道感染,散发流行,为青少年肺炎、支气管炎、鼻窦炎。肺炎衣原体也可引起呼吸道外的疾病,如诱发动脉粥样硬化和冠心病等,病理组织观察到在病灶内存在衣原体,动物模型的建立都说明肺炎衣原体与动脉粥样硬化有关。关于肺炎衣原体的自动免疫和有效性保护免疫了解很少。肺炎衣原体能长期潜伏感染,无症状携带者很普遍。治疗用阿奇霉素,具有用量少、长效、副反应小等优点。能预防动脉粥样硬化,有效率87%。

(三)微生物学检查

肺炎衣原体在高温下易失活,对快速冷冻和反复冻融敏感,为了保存其活性,样本应在冷冻之前先预冷1～4 h,pH<5或pH>8及NaCl低于80 mmol/L对肺炎衣原体均有害。

1. 分离培养 HEp-2细胞最敏感,但由于方法复杂,且敏感性不高,一般不用于临床诊断。

2. 血清学试验 特异性肺炎衣原体检测用微量免疫荧光检测血清中抗体，分别检测 IgM 和 IgG 抗体。（IgM 3 周后，IgG 一般 6 周后才出现）。急性感染的诊断：样本抗体效价呈 4 倍或以上增长，或 IgM 抗体效价≥1∶16 或 IgG 抗体效价≥1∶512。既往感染的标准是 IgG 抗体 1∶8～1∶256。用衣原体属特异性抗原进行补体结合试验检测，急性感染的诊断：样本双份血清抗体效价呈 4 倍升高或抗体效价≥1∶64。

3. 特异性核酸检测 采用扩增 DNA 的 PCR 法，能检出肺炎衣原体的特异核酸达到快速诊断。PCR 结果比血清更敏感、更特异，可以进行 TWAR 特异性核酸片段的检测。

（姚堃 丁传林）

复习思考题
1. 试述衣原体有哪些共性。
2. 试述衣原体的发育周期及特点。
3. 试述衣原体的形态、染色和培养特性。
4. 引起人类致病的衣原体有哪几种？其主要引起的疾病如何防预？
5. 对衣原体标本进行微生物学检查时应注意哪几点？

第二十一章 支原体

Mycoplasmas are the smallest prokaryotic organisms that can grow in cell-free culture media. They can be isolated from humans, animals, plants, insects, soil and sewage. The first recognized mycoplasma, *Mycoplasma mycoides* ssp. *mycoides*, was isolated 100 years ago from cattle with pleuropneumonia. Other pathogenic and saprophytic mycoplasmas were isolated from veterinary and human sources, and they became known as pleuropneumonia-like organisms (PPLO), a term now superseded by mycoplasmas. "Mycoplasma" (Greek: *mykes* = fungus; *plasma* = something moulded) refers to the filamentous (fungal-like) nature of some species of the organisms and to the plasticity of the outer membrane. Mycoplasmas are characterized by a) very small (125 nm to 250 nm in size) and pleomorphismic. b) resistant to penicilin because they lack cell wall. c) being able to grow in cell-free media. d) the colony embedded beneath the surface of agar medium. d) being affinity to mammalian cell membrane.

第一节 概 述

支原体没有细胞壁,在生物学分类上归属于柔膜体纲(Mollicutes)的支原体目(Mycoplasmatales),目下分 5 个科,即支原体科(Mycoplasmataceae),昆虫原体科(Entomoplasmataceae),螺旋原体科(Spiroplasmataceae),无胆甾原体科(Acholeplasmataceae)和厌氧支原体科(Anaeroplasmataceae)。支原体科又分为支原体属(*Mycoplasma*)和脲原体属(*Ureaplasma*)。现已知支原体属有 150 余个种,从人体中至少已分离出 16 种,其中大多为正常菌群,对人致病的主要有肺炎支原体(*M. pneumoniae*)、人型支原体(*M. hominis*)、生殖支原体(*M. genitalium*)、发酵支原体(*M. fermentans*)和穿透支原体(*M. penetrans*)等,脲原体属有 6 个种,与人类有关的仅有一种,即对人致病的解脲脲原体(*U. urealyticum*)。

支原体的多种生物学特性与细菌L型相似:① 高度多形性。② 能通过除菌滤器。③ 对青霉素不敏感,对低渗敏感。④ 在固体培养基中形成"油煎蛋状"菌落。不同的是细菌L型在自然界中很少存在,生长无需胆固醇,由于L型细菌的细胞壁缺失变异属于表型变异,故在无抗生素作用下易返祖为原菌;支原体则广泛分布于自然界,其细胞壁缺失变异属于基因型变异,故难以出现返祖成细菌的问题。

一、生物学特性

(一) 形态与结构

支原体具有高度多形性,主要有球形、棒状、哑铃状及长丝状(图 21-1)。细胞大小悬殊,球形体直径 0.1～0.8 μm,部分菌体可通过 0.45 μm 的除菌滤器,而丝状体长度可达 50～100 μm。革兰染色阴性,但不易着色,一般用 Giemsa 染色,呈淡紫色。

电镜观察支原体细胞缺乏细胞壁,有厚度为 7.5～10 nm 的三层膜结构(图 21-2)。其内外两层为蛋白质及多糖,中间层为富含胆固醇的脂质成分。支原体的细胞膜富含长链脂肪酸,联结与代谢有关的酶,是多种代谢反应的场所。细胞膜中的胆固醇或类胡萝卜素在抵抗外部渗透压、维持细胞完整性方面发挥类似细菌细胞壁的作用。因此凡能与胆固醇作用的物质,如皂素、洋地黄苷、两性霉素 B 等均可破坏细胞膜,使支原体死亡。几种支原体,如肺炎支原体、生殖支原体、穿透支原体等用电镜观察,可见特殊的顶端结构,似烧瓶状(图 21-3)。顶端结构中

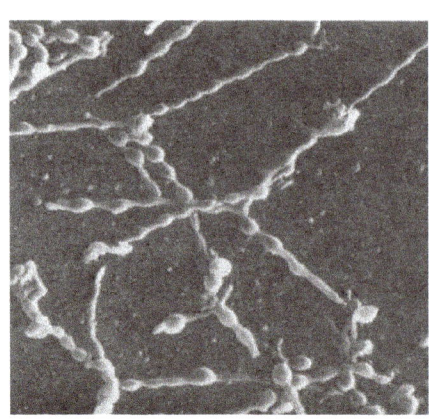

图 21-1 支原体扫描电镜图(×10 000)

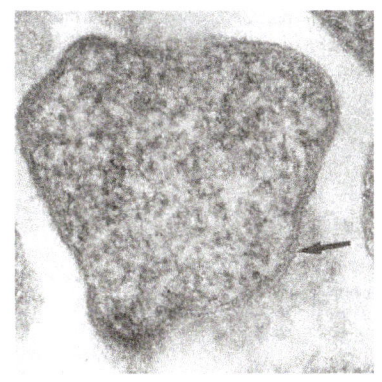 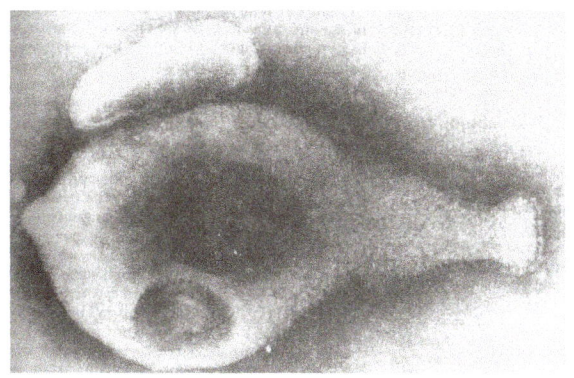

图21-2 支原体超薄切片电镜图　　　　图21-3 生殖支原体特殊的烧瓶状结构
箭头所示为三层膜结构(×75 000)　　　　　　　　　(×120 000)

含有能与呼吸道或泌尿生殖道上皮细胞表面神经氨酸受体结合的黏附素,故与支原体的致病性有关。

支原体基因组的大小约为大肠埃希菌的1/6,其生物合成及代谢能力有限。已完成全基因组测序的肺炎支原体基因组含有 816 394 bp 碱基,G+C 含量约 40%;生殖支原体基因组含有 580 074 bp 碱基,G+C 含量约 32%。可见虽同为支原体,但基因组大小及 G+C 含量差别很大。肺炎支原体基因组对密码子的使用具有明显偏嗜性,最常使用的编码 AUU(Ile,4.6%),AAA(Lys,4.6%),UUU(Phe,4.3%),GAA(Glu,4.2%)和 UUA(Leu,3.9%);最少使用的编码是 UGC(Cys,0.2%),CGA(Arg,0.29%),AGG(Arg,0.4%),UGU(Cys,0.55%)。全基因组测序结果表明肺炎支原体基因组大小已从其祖先的几百万个碱基对缩减到现在的几十万个,这可能是因为在进化过程中,肺炎支原体丢失了某些代谢途径(如氨基酸合成)以及一些复杂结构(如细胞壁)相关的编码基因;另外,参与 DNA 修复、重组、细胞分裂和蛋白分泌的基因数量也大大减少了;偶尔也在基因组中发现一些变小了的基因间区(intergenic region),但后者可能并非是导致肺炎支原体基因组整体规模减小的主要原因。

(二) 培养特性

支原体是能在无生命培养基中生长繁殖的最小原核细胞型微生物,但其营养要求高,需加入 10%~20% 人或动物血清,用于提供长链脂肪酸及胆固醇,并需添加酵母浸液、核酸提取物、组织浸液、辅酶等才能生长。一般支原体适宜的 pH 为 7.6~8.0,低于 7.0 易死亡,但解脲脲原体最适 pH 为 6.0~6.5,因其能分解尿素产生氨,使 pH 升高。对氧要求不严格,在 37℃ 含 5%CO_2 的微氧环境下生长较佳。常以二分裂方式进行繁殖,也可以出芽、分枝、断裂等方式增殖。由于菌体繁殖时,胞质分裂往往落后于基因组复制,易形成多核丝状体。丝状体的断裂是造成支原体多形性的原因之一。

支原体生长缓慢,3~4 h 繁殖一代,在低浓度琼脂含血清培养基中孵育 48~96 h 才能形成直径 20~500 μm 的菌落。典型的菌落中心部位较厚,向下伸入培养基,周边较薄透明,呈"油煎蛋状(fried egg shape)"(图 21-4)。解脲脲原体菌落因缺乏周边部分,菌落最小(直径 15~60 μm),曾称为"T"株(tiny strain)。由于支原体菌落小,需在低倍显微镜或解剖镜下观察,也可将带菌琼脂块置载玻片上,经处理后

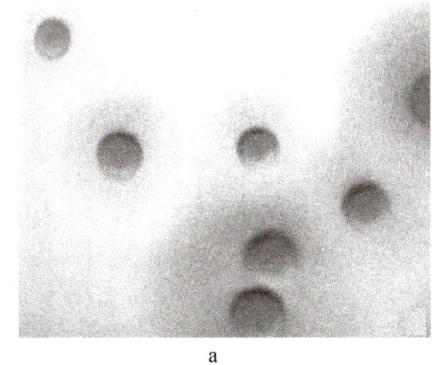

图21-4 支原体菌落

a. 培养 40 d 后的发酵支原体菌落,呈典型的油煎蛋状;b. 人型支原体与解脲脲原体菌落染色后显微镜下观察。人型支原体菌落呈油煎蛋状,解脲脲原体菌落细小(×195)

染色镜检。在液体培养基中支原体的生长量少,不呈现混浊生长,仅有小颗粒沉于管底或紧黏于管壁,常用颜色变化单位(color change units,CCU),即将支原体接种在一定量的鉴别培养基中,能分解底物并使指示剂变色的最小支原体的量表示支原体在液体培养基中的生长量。

(三)生化反应

大多数支原体可利用葡萄糖或精氨酸作为能量的主要来源,但只能分解其中一种成分,如肺炎支原体只分解葡萄糖,而人型支原体仅水解精氨酸。解脲脲原体对这两种底物均不能利用,但可水解尿素。实验室中可利用对葡萄糖、精氨酸及尿素的分解能力,对支原体的菌种进行初步鉴定(表21-1)。此外,肺炎支原体能还原亚甲蓝,在有氧条件下使无色的氯化三苯基四氮唑(TTC)还原为粉红色的甲䐶,能产生过氧化氢,溶解豚鼠及绵羊红细胞,这些特征常用作肺炎支原体的鉴定指标。

表21-1 部分人类支原体的生化与生物学特征

支 原 体	醋酸铊敏感性	还原四氮唑	分 解 底 物			红细胞吸附
			葡萄糖	精氨酸	尿 素	
发酵支原体 M. fermentans	−	−	+	+	−	−
生殖支原体 M. genitalium	+	+	+	−	−	+
人型支原体 M. hominis	−	−	−	+	−	+
口腔支原体 M. orale	−	−	−	+	−	+
穿透支原体 M. penetrans	−	?	+	+	−	+
梨支原体 M. pirum	?	?	+	+	−	?
肺炎支原体 M. pneumoniae	−	+	+	−	−	+
唾液支原体 M. salivarium	+	−	−	+	−	−
解脲脲原体 U. urealytium	+	−	−	−	+	+

(四)抗原结构

支原体细胞膜上类脂多糖成分具有型特异性,与膜蛋白结合形成完全抗原刺激机体产生的型特异性抗体,可通过补体结合试验、生长抑制试验(growth inhibition test,GIT)和代谢抑制试验(metabolism inhibition test,MIT)对支原体进行鉴定与分型,如此可将解脲脲原体分成14个血清型。

(五)抵抗力

支原体缺乏细胞壁,易被脂溶剂及常用消毒剂所杀灭。对紫外线、低渗、干燥及热敏感,加热55℃ 15 min能灭活污染血清中的支原体。对醋酸铊、甲紫和亚碲酸钾的抵抗力较细菌强,在培养基中加入一定浓度的醋酸铊可抑制杂菌的生长,但解脲脲原体对醋酸铊敏感。低温及冷冻干燥可长期保存支原体。因缺乏细胞壁而对青霉素不敏感。支原体胞质中具有70S的核糖体,故对作用于核糖体、抑制或影响蛋白质合成的抗生素,如四环素、红霉素、螺旋霉素等敏感。

二、致病性与免疫性

(一)致病性

支原体主要寄生于细胞外,很少侵入血流及组织细胞内。多数病原性支原体具有特殊的烧瓶状顶端结构,是一种富含脯氨酸的蛋白质,可特异性黏附于宿主呼吸道或泌尿生殖道的上皮细胞膜上,有利于支原体吸附于细胞表面(图21-5)。

黏膜细胞表面的唾液酸糖联结物(sialoglycoconjugates)和硫酸盐糖脂是这些黏附结构的受体,用特异性抗血清或神经氨酸酶处理宿主细胞,可使细胞失去受体功能。支原体在黏膜表面定居后,可进一步通过以下不同的机制引起细胞损伤:① 从细胞吸收养料、脂质及胆固醇,支原体紧密附着于细胞膜表面,将其核酸酶等酶类物质插入细胞并从细胞内获取这些酶的产物,如核苷酸。② 释

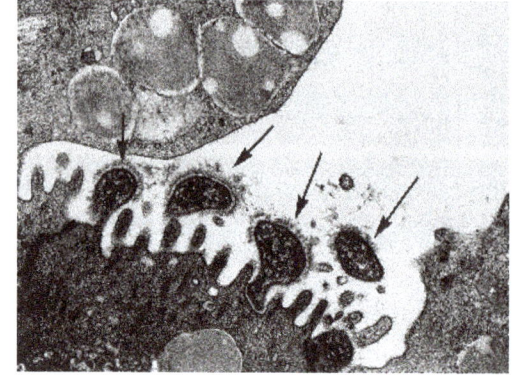

图21-5 肺炎支原体黏附于呼吸道纤毛上皮细胞表面

箭头所指为黏附的支原体

放毒性代谢产物,如产生 H_2O_2、NH_3 等。③ 产生外毒素,如小鼠溶神经支原体能产生一种毒性较强的神经毒素,可引起小鼠"滚动病"。④ 支原体膜上有磷脂酶 A 与 C,能分解宿主细胞膜上的卵磷脂,使细胞膜溶解。⑤ 蕈状支原体表面有半乳糖荚膜,具有内毒素样作用。

支原体感染后诱发机体的免疫应答可加重机体的病理过程,如肺炎支原体初次感染多见于婴幼儿,但出现临床症状则多见于儿童或青年。研究者认为,初次感染时使幼儿致敏,促使再次感染时发生较重的临床表现。支原体与机体某些组织细胞具有共同抗原,可诱发机体产生自身抗体,引起自身免疫性疾病,如人脑组织中发现有类似支原体糖脂成分的结构,可与抗支原体的抗体发生交叉反应,引起神经系统损伤。

(二) 免疫性

机体抗支原体感染的免疫机制较为复杂,有多种非特异性防御机制抵抗支原体的定居作用,如分泌物中的抑制物、补体及吞噬细胞。在感染早期,机体主要通过旁路途径或非特异性交叉反应的 IgM 激活补体发挥抗支原体的作用。用电镜观察到,在抗体缺乏时,中性粒细胞表面可有支原体的黏附,并能吞噬支原体,但吞噬泡中的支原体仍有活性。故在特异性免疫建立之前,中性粒细胞的保护作用有限,甚至可能有助于感染的扩散。体液免疫应答在抗支原体感染中发挥重要作用。用人型支原体试验性感染人或动物呼吸道,于血清中可检出特异性 IgG、IgM 和 IgA;在急性非淋球菌性尿道炎患者中,应用 ELISA 法或 GIT 试验可检出特异性解脲脲原体抗体水平增高。丙种球蛋白缺乏症患者感染人型支原体后,可从感染部位向体内播散,是导致败血症、关节炎、外科伤口感染以及腹膜炎的常见病因。

此外,在一组人型支原体感染的盆腔炎妇女中,应用淋巴细胞转化试验可证实机体对支原体感染具有细胞免疫应答。动物实验中也发现,细胞免疫缺陷小鼠对支原体易感,常发生弥散性疾病。

三、微生物学检查法

(一) 标本采集

根据感染部位采取不同的样本。通常取咽拭子、痰、炎性渗出物、呼吸道或泌尿生殖道分泌物等,取材后应尽快送检。

(二) 分离培养

支原体感染样本直接作染色镜检意义不大,需进行分离培养。常用支原体培养基的类型包括固体、半固体、液体和双相培养基(即固体斜面在底部,其上加液体培养基)。样本接种后,固体培养基可置 5% CO_2 环境,于 37℃ 培养 3~5 d,镜下观察有无典型的"油煎蛋状"菌落;液体培养基主要根据颜色改变情况,初步判断支原体是否生长及其种类,通常需转种固体培养基作进一步的鉴定。

(三) 血清学试验

应用补体结合试验、ELISA 法、间接血凝试验等方法检测患者血清中抗支原体的特异性抗体,如恢复期比急性期的效价升高 4 倍以上,则对肺炎支原体感染所致的肺炎有一定的诊断价值。

(四) PCR

由于支原体分离培养费时,近年有人应用 PCR 技术直接检测样本中支原体的核酸,方法敏感、快速、特异性高,适宜大量临床样本的检测。

四、防治原则

预防支原体感染尚无有效疫苗。治疗可选用红霉素、四环素等抗生素,但有报道某些解脲脲原体分离株对四环素耐药。

第二节 主要致病性支原体

一、肺炎支原体

肺炎支原体是下呼吸道重要的致病性支原体,呈短细丝状。电镜下肺炎支原体菌细胞丝状体尖端有一特殊顶端结构,P1蛋白即位于该结构的表面,与宿主细胞膜受体相结合。肺炎支原体初次分离时,培养基除需有足量的血清外,还须加入新鲜的酵母浸液。一般 10 d 左右长出菌落,多次传代后生长加快。

能发酵葡萄糖，不分解精氨酸和尿素，产生过氧化氢，产溶血素，可迅速溶解哺乳动物的红细胞。

肺炎支原体主要侵犯呼吸系统，通过飞沫在人群中传播，以 5～20 岁青少年发病率最高，秋冬季多见。肺炎支原体进入呼吸道后，借滑行运动穿过黏膜上皮细胞纤毛屏障进入细胞间隙，通过 P1 蛋白黏附于上皮细胞膜表面受体，靠吸取宿主细胞的养料进行生长繁殖，同时释放有毒代谢产物，导致支气管上皮细胞肿胀、坏死、脱落，微绒毛运动变慢、结构变形、停止摆动，继而淋巴细胞、浆细胞、单核细胞浸润。其病理变化主要为间质性肺炎及急性细支气管炎，称原发性非典型性肺炎（primary atypical pneumonia）。临床表现以咳嗽、发热、头痛、咽喉痛和肌肉痛为主。主要症状 5～10 d 消失，但肺部 X 射线改变可持续 4～6 周才消失。过去认为肺炎支原体是温和的病原体，现证实其也能引起严重的双侧肺炎和肺外并发症，如脑膜炎、脑干炎、脊髓炎、心肌炎、心包炎、免疫性溶血性贫血、肾炎等。

肺炎支原体感染后可作用于红细胞膜上的 I 型（individuality）血型抗原，使其抗原性改变而刺激机体产生自身抗体。该抗体能使患者自身红细胞或 O 型血红细胞在 4℃条件下发生凝集，故称为冷凝集素（cold agglutinin）。效价高于 1:500 以上时，在体内可引起免疫性贫血，是肺炎支原体感染后出现贫血的主要原因。冷凝集素出现早，发病 2～3 周达高峰，然后很快下降，4 个月后消失。效价在 1:64 以上时有参考诊断意义。

对肺炎支原体所致肺炎的微生物学检查法主要依赖于分离培养和血清学检查，但分离培养费时。目前普遍采用 ELISA 法作血清学诊断，或用 PCR 方法检查样本中的肺炎支原体核酸，简易快速，特异性及敏感性较高。

特异性预防肺炎支原体感染的报道不多，虽有应用杀死的肺炎支原体疫苗，试验性用于预防肺炎支原体感染，但这样的死疫苗应用后反可加重肺炎支原体感染所致的病理过程。

二、解脲脲原体

解脲脲原体首先从非淋球菌性尿道炎（nongonococcal urethritis，NGU）患者尿道分泌物中分离到，因培养形成的菌落小，曾称为支原体 T 株（tiny strain），现根据其能分解尿素的特征命名为解脲脲原体或溶脲脲原体。用相差显微镜观察，解脲脲原体呈单个或成双排列，直径 0.3～0.5 μm，丝状体少见。培养除需胆固醇外，还要求添加酵母浸液。固体培养基中菌落直径 15～50 μm。解脲脲原体具有尿素酶，能分解尿素产氨，不分解葡萄糖和精氨酸。用 MIT 等方法可将解脲脲原体分成 14 个血清型，其中 2 型和 5 型之间有共同抗原。各种血清型之间的致病性有所差异，以血清 4 型引起疾病的频率最高。

解脲脲原体寄居于人泌尿生殖道，偶可从呼吸道中分离出。解脲脲原体的携带人群与年龄、性别及社会经济状况有关。流行病学调查发现，40%～80%性成熟的女性子宫颈或阴道内正常携带有解脲脲原体，带菌母亲经产道生产的婴儿 38% 也携带该支原体，出生 3 个月后带菌率减少。男性尿道携带率较低，较大儿童及无性活动的成人带菌率低于 10%。现一般认为解脲脲原体是性传播疾病的重要病原体之一。据美国疾病预防控制中心报道，由解脲脲原体引起的性病占非细菌性尿道炎的 20%～40%，国内的报道更高达 60%。典型临床表现为尿道内痒，伴尿急和排尿不畅，或排尿不尽等自觉症状。尿痛较轻，偶可见尿中带白色黏液丝，部分患者出现稀薄的脓性分泌物。女性下生殖道寄生的解脲脲原体可上行至子宫内膜引起感染。孕妇感染可致绒毛羊膜炎、自然流产、死产，或妊娠期缩短，发生胎儿生长迟缓、早产及低体重儿。宫内或产道中感染可引起新生儿脑膜炎、先天性肺炎等，胎盘或羊水中分离出解脲脲原体是宫内感染的重要指标。有报道称，解脲脲原体可吸附于精子表面，影响精子的运动能力，使精子的代谢及功能受损，从而导致男性不育。此外，解脲脲原体的尿素酶能分解尿素产生二氧化硫和氨，形成磷酸盐结石，三分之一的外科手术取出的结石可分离出解脲脲原体。

三、人型支原体

形态和结构与解脲脲原体相似，能分解精氨酸，不分解尿素及葡萄糖。培养最适 pH 为 7.2～7.4，对 1:2 000 的醋酸铊不敏感，对红霉素敏感性差，对四环素及林可霉素敏感。在液体培养基中因分解精氨酸产氨使 pH 增至 7.8 以上而易于死亡。在固体培养基上，菌落较大，可达 100～200 μm，呈典型的"油煎蛋状"。

人型支原体主要寄居于生殖道，21%～53%的性成熟女性子宫颈或阴道内可分离出人型支原体，但男性尿道携带率低。通过性接触传播，也是性病的病原体之一，除引起人类的 NGU 外，还可引起盆腔炎、输卵管炎、慢性前列腺炎、肾盂肾炎等。孕妇生产时，或生殖道受创伤，还可侵入血流引起菌血症。5%～10%产后发热妇女血中可分离出人型支原体。此外，人型支原体也能引起新生儿感染，如脑膜炎、脑脓肿、硬脑膜下脓肿等。

四、生殖道支原体

1981年，Tully从两名男性NGU患者尿道样本中分离出生殖道支原体。在陈旧培养物中，生殖道支原体呈球状、杆状或丝状，有的菌体有空泡。电镜下观察，可见明显的颈部顶端结构，使菌体呈烧瓶状，生殖道支原体以这种特殊结构牢固地吸附于宿主细胞表面，发挥黏附素的作用。该黏附素具有抗原性，与肺炎支原体的P1蛋白在血清学上有明显的交叉反应，刺激机体产生的抗体有可能干扰肺炎支原体感染所致肺炎的血清学诊断结果。

生殖道支原体引起的泌尿生殖道感染主要通过性行为传播，除引起急性NGU外，还可引起前列腺炎、盆腔炎等疾病。微生物学检查方法与解脲脲原体相同，但该支原体在普通支原体培养基中不生长，可用不含醋酸铊的SP-4培养基分离培养，但生长十分缓慢，不适宜实验室常规使用。现多采用PCR方法扩增样本中的支原体特异性核酸，简易快速，敏感性高，适宜临床大批样本检测。

五、附红细胞体

附红细胞体(eperythrozoon)，简称附红体，是寄生于红细胞表面、血浆及骨髓中的一群微生物。附红体大小不一、形态多样，多为环形、球形、半月形或卵圆形，一般直径0.3～1.0 μm，最大可达1.5 μm，在红细胞表面单个或成团存在，链状或鳞片状。抵抗力较弱，一般消毒剂几分钟即可杀死，对低温抵抗力较强，在4℃的血液中可存活1个月。

附红体引起的附红细胞体病(eperythrozoonosis)是一种人畜共患传染病，主要在牲畜中流行。附红体可经接触、血液、昆虫媒介等途径传播，亦可垂直传播。人类患者多有与病畜接触史，临床表现多样，主要出现发热、乏力、出汗、嗜睡等症状，严重者可有贫血、黄疸和肝脾肿大、不同部位的淋巴结肿大等。

六、其他致病性支原体

近年随着培养技术不断提高，又相继发现和分离出一些能引起人类疾病的支原体，比较重要的有发酵支原体、穿透支原体和梨支原体。

1986年从22名AIDS患者体内分离出一种支原体，最初命名为无名支原体(*M. incognitus*)。经研究发现其生物学特性与发酵支原体类似，但难培养、生长缓慢、能分解葡萄糖、水解精氨酸。用该支原体制备的抗血清能与发酵支原体发生反应，而与其他支原体无交叉反应，故改名为发酵支原体incognitus株。1991年又从AIDS患者尿中分离出一种新支原体，命名为穿透支原体。此后又从AIDS患者淋巴细胞培养物及血清中分离出另一种新的支原体，命名为梨支原体。

研究发现，这三种支原体能促进无症状的HIV感染者发展成为有症状的AIDS，是HIV致病的协同因子。这些支原体具有特殊的黏附结构，能吸附人细胞表面并穿入细胞，在细胞内繁殖形成空泡，导致宿主细胞受损与死亡。以往认为支原体只是细胞表面寄生菌，这些支原体能侵入细胞内繁殖已受到人们的重视。此外，近年的许多研究结果表明，发酵支原体和穿透支原体在细胞培养中多次反复传代感染，可诱导细胞发生恶性转化，因此，支原体长期持续性的感染也可能是诱发恶性肿瘤的原因之一。

（饶贤才）

复习思考题

1. 何谓支原体？支原体有何生物学特征？
2. 支原体与L型细菌在生物学特性上有何异同？
3. 支原体可引起哪些疾病？试述其致病机制。
4. 支原体所致疾病的病原学检测与防治原则包括哪些？

第二十二章 立 克 次 体

Rickettsiae are small Gram-negative microorganism appearing either short rods (0.3~2 μm) or cocci (0.3 μm in diameter). They share some features with bacteria and viruses and they are characterized by a) having cell walls. b) containing both of DNA and RNA. c) being obligate intracellular parasites. d) multiplication by binary fission. e) having ribosome for protein synthesis. f) sensitive to antibiotics. Rickettsiae natively live in ticks, mites, fleas, and lice, and spread to humans by these bloodsucking insects. In the family of *Rickettsiaceae*, genera *Rickettsia*, *Orientia*, *Coxiella*, *Ehrlichia* and *Bartonella* are pathogenic to humans and they can cause respectively epidemic typhus, scrub typhus, spotted fever, rickettsial pox, Q fever, ehrlichiosis, cat scratch disease and so on. In human body, rickettsiae usually live inside the endothelium cells of small blood vessels, causing the blood vessels inflamed, blocked and bleeding. A rickettsial infection manifests fever, skin rash and malaise. Because the characteristic rashes often appear several days after onset of illness, an early diagnosis is difficult. Observation of the organism under microscope and serologic tests are helpful for disease diagnosis and rickettsial infection can be confirmed by pathogen isolation from blood or tissue specimens of patients. For the early treatment of rickettsial infection, chloramphenicol or tetracycline could be used.

立克次体(Rickettsiae)是一类微小的杆状或球杆状、革兰染色阴性、除少数外仅在细胞内繁殖的原核细胞型微生物。其生物学性状,如形态结构、化学组成、代谢方式、对抗生素敏感等与细菌类似,在活细胞内寄生的特性则又与病毒相似。立克次体是引起斑疹伤寒、恙虫病、Q热、埃立克体病等的病原体。1909年,美国医师 Howard-Taylor Ricketts(1881~1910)首先发现斑疹伤寒的病原体,并在研究此病过程中不幸感染而去世,1916年人们以他的名字命名这类微生物。

根据 Bergey 系统细菌学手册第二版(2004)的分类,立克次体目下分立克次体科和无形体科,其中对人有致病性的立克次体主要包括4个属,即立克次体科中的立克次体属(*Rickettsia*)和东方体属(*Orientia*),无形体科中的无形体属(*Anaplasma*)和埃利希体属(*Ehrlichia*)。立克次体属又分为斑疹伤寒(typhus)和斑点热(spotted fever)两个群。根据16S rRNA的基因序列不同,现将柯克斯体属(*Coxiella*)归属于军团菌目的柯克斯体科,将巴通体属(*Bartonella*)归于根瘤菌目的巴通体科。

第一节 概 述

一、生物学性状

(一) 形态结构

立克次体形态为球杆状或杆状,大小为 (0.3~0.6) μm×(0.8~1.2) μm (图 22-1)。革兰染色阴性,但不易着色,常用 Giménez 或 Giemsa 法染色,前者染色立克次体呈红色,后者呈紫红色。

立克次体具有细胞壁和细胞膜,结构与革兰阴性细菌相似。电镜下,立克次体的外层由黏稠样物质和微荚膜组成,内为细胞壁,含胞壁酸和二氨基庚二酸,不含磷壁酸。斑疹伤寒和斑点热群含有脂多糖,细胞壁中含一种分子质量为135 kDa的外膜蛋白和一种分子质量为17 kDa的脂蛋白。恙虫病立克次体则不含肽聚糖或脂多糖。

立克次体基因组仅为大肠埃希菌、枯草芽胞杆菌的1/4左右,最大者为立克次体属,达1 700~2 100 kb;柯克斯体属为1 600 kb;斑疹伤寒群和斑点热群立克次体基因组较小,多为1 100~1 300 kb。普氏立克次体基因组含有1 111 523 pb, G+C含量为29.1%,拥有834个ORF,阅读框平均长1 005 bp。

蛋白质编码区总长度占基因组总长度的 75.4%。在所有编码序列中，62.7% 有明确的生物学功能，12.6% 功能不明。根据 rRNA 序列分析，认为普氏立克次体与寄生在细胞内的线粒体可能来源于同一祖先，都是 α-变形菌纲的后代。

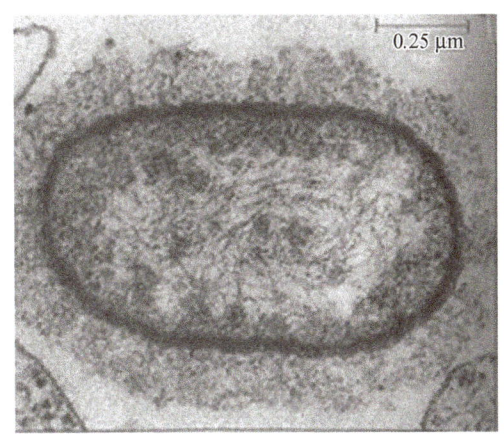

图 22-1　普氏立克次体的透射电镜照片

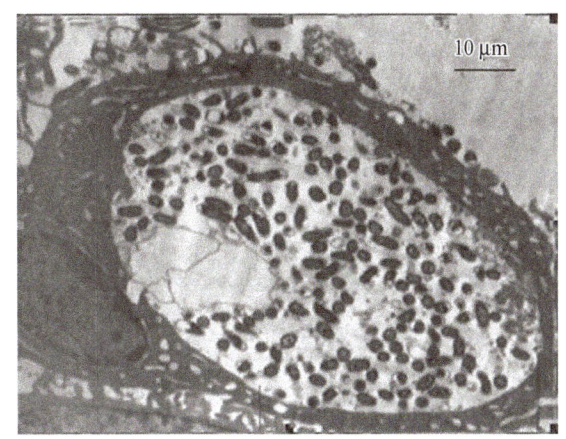

图 22-2　透射电镜观察吞噬溶酶体中繁殖的 Q 热柯克斯体（细胞核被挤向一边）

不同的立克次体在细胞内增殖和分布的位置不同，具有一定的鉴别意义。普氏立克次体在细胞质中分散存在；恙虫病立克次体多在细胞质近核处堆积；斑点热立克次体可在细胞质内和核内生长；Q 热柯克斯体在细胞质空泡（吞噬溶酶体）内繁殖（图 22-2）；而五日热巴通体却黏附于细胞外表面生长繁殖。

（二）培养特性

除巴通体属外，大多数立克次体只能在活细胞内生长，以二分裂方式繁殖，繁殖一代需时 8~10 h。谷氨酸是所有病原性立克次体重要的代谢底物，通过三羧酸循环氧化谷氨酸所产生的能量转化为高能磷酸键生成 ATP。除 Q 热柯克次体外，所有病原性立克次体都不能氧化葡萄糖获得能量。

立克次体的培养方法有动物接种、鸡胚接种和细胞培养，多种病原性立克次体能在豚鼠、小鼠、大鼠、家兔等实验动物体内不同程度繁殖。在豚鼠或家兔睾丸内保存立克次体，其致病力和抗原性不会改变。普氏、莫氏和恙虫病立克次体，经鼻腔滴入小鼠肺部，经增殖可获得大量病原体。立克次体在鸡胚卵黄囊中能大量繁殖，虽也可在绒毛尿包膜上生长，但数量不多。动物的组织块和多种单层细胞可培养立克次体。一般认为在宿主细胞的新陈代谢不太旺盛时更有利于立克次体的生长，因而接种了立克次体的鸡胚或培养细胞，孵育温度以 32~35℃ 最为适宜。

立克次体属和柯克斯体属内的病原体均需鸡胚或细胞培养才能生长，但它们对鸡胚和细胞培养的最适条件、繁殖高峰、空斑形成等有所不同。例如，斑疹伤寒群最适培养温度为 35℃，而斑点热群则为 32~34℃；前者感染鸡胚死亡后虽继续孵育，立克次体不再繁殖，而后者则不同，其繁殖高峰在鸡胚死后 24~72 h。埃立克体不能在鸡胚中培养。犬埃利希体和腺热埃利希体都能在原代犬单核细胞内增殖，感染细胞很少出现溶解，无空斑形成。汉赛巴通体接种于巧克力琼脂、脑心浸液或胰化大豆绵羊血琼脂等在 35℃ 5% CO_2 条件下培养 2 周左右长出白色、闪光、黏着的小菌落或呈菜花状。经多次传代后生长可加快。

（三）抗原构造

立克次体有两种主要抗原：① 可溶性抗原，与细胞壁表面的黏液层有关，具有群特异性。② 外膜抗原，具有种特异性。在斑疹伤寒群，可溶性群特异抗原在普氏、莫氏和加拿大三种立克次体中均存在，与其他群的立克次体很少或不交叉。但结合于菌细胞的种特异性抗原，上述三种立克次体间互不交叉。在斑点热群中情况类似，有共同的群特异可溶性抗原以及种特异结合抗原，后者在某些种间有一定的交叉。恙虫病立克次体的种特异可溶性抗原与斑疹伤寒及斑点热的群特异抗原相同，但恙虫病立克次体经充分洗涤后证实其不同株的种特异抗原并不一致。柯克斯体属的抗原性与其他属立克次体的抗原均不同，但其Ⅰ相脂多糖主要抗原却与光滑型的革兰阴性菌者有交叉反应。

斑疹伤寒等立克次体与变形杆菌某些 X 菌株菌体抗原（O）中的耐热性多糖有共同抗原（表 22-1），因而临床上常用特定的变形杆菌代替相应的立克次体抗原进行非特异性凝集反应，作为人类或动物血清中有关抗体的检查,这种交叉凝集实验称为外-斐反应(Weil-Felix reaction),作为立克次体病的辅助诊断。

表 22-1 立克次体与变形杆菌菌体抗原间交叉现象

立 克 次 体	变 形 杆 菌 菌 株		
	OX₁₉	OX₂	OXₖ
普氏立克次体	+++	+	−
莫氏立克次体	+++	+	−
恙虫病立克次体	−	−	+++
Q 热柯克斯体	−	−	−

(四)抵抗力

除 Q 热柯克斯体外,立克次体对理化因素的抵抗力与细菌繁殖体相似,56℃经 30 min 即死亡,水溶液中的立克次体在室温放置数小时或 4℃经 24 h 可失去活力。对低温及干燥的抗力较强,在干虱粪中能保持传染性半年左右,在 0.5% 的苯酚或来苏儿中 5 min 即被灭活。

Q 热柯克斯体的抵抗力较强,能耐热 70℃ 数分钟,巴氏消毒法常不能将之杀死,故对疑有污染的乳制品应延长消毒时间或提高消毒温度。在 1% 苯酚或甲醛溶液中,24 h 后才被灭活。在干燥蜱粪中,Q 热柯克斯体于室温下可存活一年半。立克次体对四环素和氯霉素敏感。磺胺类药物不仅不能抑制立克次体的生长,反而有促进其繁殖的作用。

二、致病性和免疫性

(一)致病物质

立克次体的致病物质主要有两种:内毒素和磷脂酶 A。此外立克次体的表面黏液层结构有利于黏附到宿主细胞表面并具有抗吞噬作用,增强其对易感细胞的侵袭力。

立克次体的内毒素由脂多糖组成,具有同肠道杆菌内毒素相似的多种生物学活性,如致热原性、损伤内皮细胞、致微循环障碍和中毒性休克等。在柯克斯体中,不同相的内毒素成分不一。Ⅰ 相菌的内毒素完整,毒性强;毒性较弱的 Ⅱ 相菌的内毒素结构不完整,如同肠道菌粗糙型菌体的脂多糖核心部分。磷脂酶 A 能溶解宿主细胞膜和细胞内吞噬体膜,利于立克次体穿入宿主细胞并在其中生长繁殖。

(二)致病机制

立克次体在进入细胞之前,先通过包膜上特殊受体与之结合,然后被吞噬入宿主细胞内。不同立克次体在细胞内有不同的增殖过程。处于吞噬体内的普氏立克次体通过其磷脂酶 A 溶解吞噬体膜的甘油磷酸而进入胞质,随后在细胞内分裂繁殖,导致细胞中毒、溶解破裂。立氏立克次体通过丝状伪足离开寄主细胞;恙虫病立克次体以出芽方式释放;柯克斯体则破胞而出。

立克次体自皮肤侵入后,先在局部淋巴组织或小血管内皮细胞中生长繁殖,并通过血流在全身各器官的毛细血管、小动脉、小静脉等小血管的内皮细胞内建立新感染灶。大量增殖后引起第 2 次菌血症和各种临床症状。病变包括受侵细胞肿胀破裂、血管腔不同程度阻塞、组织坏死、凝血功能障碍、DIC 等。立克次体产生的毒性物质随血循环波及全身,使患者呈现较严重的毒血症症状。

(三)所致疾病

立克次体病多数为人兽共患,呈世界性或地方性流行,人类多因节肢动物吸血时而受到感染。我国发现的立克次体病主要有斑疹伤寒、Q 热、恙虫病和埃利希体病等(表 22-2)。

表 22-2 立克次体和埃利希体疾病

属	种	代 表 菌 株	媒介	所致疾病
立克次体属	普氏立克次体(R. prowazekii)	ATCC VR 142	虱	流行性斑疹伤寒
斑疹伤寒群	斑疹伤寒立克次体(R. typhi)	ATCC VR 144	蚤	地方性斑疹伤寒
斑点热群	小蛛立克次体(R. akari)	ATCC VR 148	恙螨	立克次体痘

续 表

属	种	代表菌株	媒介	所致疾病
	立氏立克次体(R. rickettsii)	ATCC VR 149	蜱	洛矶山斑点热
	澳大利亚立克次体(R. australis)	NIAID Phillips 32	蜱	昆士兰热
	西伯利亚立克次体(R. sibirica)	ATCC VR 151	蜱	北亚蜱传斑点热
	康氏立克次体(R. conorii)	ATCC VR 613	蜱	纽扣热(马赛热)
东方体属	恙虫病立克次体(O. tsutsugamushi)	ATCC VR 150	恙螨	恙虫病
无形体属	嗜吞噬细胞无形体(A. phagocytophilum)	—	蜱	人粒细胞无形体病
埃利希体属	查菲埃利希体(E. chaffeensis)	ATCC CRL 10679	蜱	人单核细胞埃利希体病
	腺热埃利希体(E. sennetsu)	ATCC VR 367	蜱	粒细胞埃利希体病
柯克斯体属	贝氏柯克斯体(C. buenetii)	ATCC VR 615	蜱	Q热
巴通体属	汉赛巴通体(B. henselae)	ATCC 49882	—	猫抓病
	五日热巴通体(B. quintana)	ATCC VR 358	虱	五日热(战壕热)

(四)免疫性

立克次体是严格细胞内寄生性病原体,对其抗感染免疫以细胞免疫为主,体液免疫为辅。在体外细胞培养体系中,加入抗体不能阻止细胞内立克次体的生长,但当加入免疫动物的淋巴细胞时,立克次体不能增殖。患立克次体病康复后,一般获得较强的免疫性。但在斑疹伤寒和恙虫病患者中,亦发现有少数长期带菌,日后复发的。

三、微生物学检查法与防治原则

(一)微生物学检查法

1. 分离培养 在立克次体感染中,急性发热期血液中有较多的病原体。可采血液样本接种至易感动物腹腔进行病原体的分离。除恙虫病和立克次体痘样本接种小鼠外,其他均用雄性豚鼠分离。若接种后豚鼠体温>40℃,同时有阴囊红肿,表示有立克次体感染,宜进一步将分出的毒株适应鸡胚或细胞培养,用免疫荧光等加以鉴定。

2. 血清学试验 特异性试验有免疫荧光法及用立克次体抗原进行的凝集试验、补体结合试验等。某些立克次体感染小鼠后,用间接免疫荧光法从其腹膜渗出物涂片中能检测到立克次体。用可溶性抗原(群特异性)及洗涤过的颗粒性抗原进行的补体结合试验在立克次体病的血清学诊断中也常用。补体结合抗体能维持多年,可作流行病学追溯诊断。

非特异性试验采用外-斐反应。此反应不能区分斑疹伤寒群和斑点热群,对群内各种立克次体也无法鉴别。变形杆菌所致的尿路感染、钩体感染、严重肝病等可造成假阳性反应,故判定结果时应注意鉴别。

3. 分子生物学方法 PCR法在检测立克次体感染中也有一定应用。通过引物设计可辅助诊断斑疹伤寒、斑点热、Q热等不同群立克次体感染所致的疾病,与皮肤样本的免疫细胞学检测方法相比,PCR检测的敏感性约为70%。

(二)防治原则

近30年来,国内立克次体病特别是斑疹伤寒已基本控制,在大城市中极为少见,而恙虫病在东南沿海及Q热在西北地区仍时有发生。预防立克次体病重点应放在对节肢动物传播媒介、中间宿主及储存宿主的控制和消灭上。

氯霉素和四环素类药物对各种立克次体均有效,可使病程明显缩短,病死率大幅度下降。近年来见某些立克次体病的复发日益增多,这可能因抗生素仅能抑制立克次体的繁殖,而不能将其全部杀灭,病原体的彻底清除仍有赖于机体的免疫功能之故。

第二节 主要致病性立克次体

(一)普氏立克次体

普氏立克次体(R. prowazekii)是流行性斑疹伤寒(又称虱传斑疹伤寒)的病原体。患者是唯一感染源,体虱是主要传播媒介,传播方式为"虱—人—虱"(图22-3)。该病的流行多与生活条件的拥挤、不卫生有关,因此多发生于战争、饥荒及自然灾害时期。当虱叮咬受染患者后,立克次体进入虱肠管上皮细胞内繁殖,该受染虱再去叮咬健康人时,立克次体随粪便排泄于皮肤上,进而可从搔抓的皮肤破损处侵入机体内。此外,普氏立克次体在干虱粪中能保持传染性达2个月左右,可经呼吸道或眼结膜使人感染。人感染普氏立克次体后,经10～12 d潜伏期,突发高热、头痛、皮疹等症状,常伴有神经系统症状、心血管系统症状和器官实质性损害。病后有持久免疫力,消灭体虱是防止斑疹伤寒流行的有效措施。

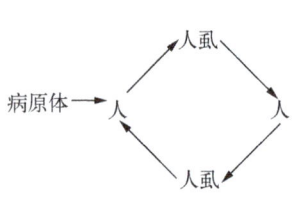

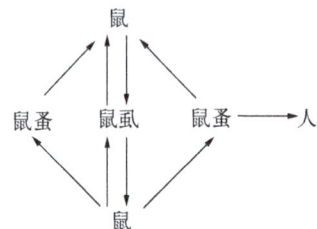

图22-3　流行性斑疹伤寒传播方式　　　　　图22-4　地方性斑疹伤寒传播方式

(二) 莫氏立克次体

莫氏立克次体或称斑疹伤寒立克次体(R. typhi)是地方性斑疹伤寒(又称鼠型斑疹伤寒)的病原体。鼠是主要储存宿主,传播媒介主要是鼠蚤或鼠虱,猫蚤亦可充当媒介。感染的自然周期是"鼠—蚤—鼠"(图22-4),跳蚤是其自然宿主。当鼠蚤叮吮人血时,可将立克次体感染给人。带有立克次体的干燥蚤粪有可能经口、鼻、眼结膜进入人体而致病。该病的临床症状与流行性斑疹伤寒相似,但发病缓慢、病情较轻,很少累及中枢神经系统、心肌及肾等。

(三) 恙虫病立克次体

恙虫病立克次体(O. tsutsugamushi)是恙虫病的病原体。主要流行于东南亚、西南太平洋岛屿,因此又称东方立克次体(R. orientalis)。国内主要见于东南和西南地区,如福建、中国台湾、广西、广东、江苏、浙江等。

恙虫病是一种自然免疫源性疾病,主要流行于啮齿动物。野鼠和家鼠感染后多无症状,但体内长期保留病原体,故为主要感染源。此外,兔类、鸟类等也能感染或携带恙螨而成为感染源。恙螨是传播媒介,又是储存宿主(图22-5)。恙虫病立克次体寄居在恙螨体内,可经卵传代。立克次体借助恙螨的叮咬而在鼠间传播。恙螨幼虫叮咬人时,立克次体侵入人体,叮咬处先出现红色丘疹,成水疱后破裂,溃疡处形成黑色焦痂,是恙虫病特征之一。入侵的立克次体在局部繁殖后经淋巴系统入血循环,产生立克次体血症。病原体释出的毒素,可引起发热、皮疹、全身淋巴结肿大及各内脏器官的病变。

图22-5　恙虫病的传播方式

(四) Q热柯克斯体

Q热柯克斯体(C. burnetii)是引起Q热(query fever,疑问热,指最初不明病因的发热)的病原体。其抗原存在相变异现象。从人、动物或蜱体内新分离的病原体属Ⅰ相,含完整的抗原组分,具光滑LPS(LPSⅠ),毒力强;若经人工传代后成为含粗糙LPS(LPSⅡ)的Ⅱ相弱毒株。

Q热的传播媒介为蜱,病原体在蜱体内可保存很久,且可经卵传代。Q热柯克斯体通过蜱叮咬传给绵羊、山羊、牛等家畜,然后再通过感染动物的尿、粪污染环境,经接触、呼吸道等途径感染人类。在乳牛中可引起慢性乳房炎,故未经消毒的乳制品亦可传播Q热。

Q热的临床症状主要有发热、头痛、腰痛等,以出现肺炎和肝炎为其临床特征,部分重症病例可并发心内膜炎。肺部病变多在第3日或第4日出现,但患者肺炎发病率各地差异很大。我国Q热患者经X射线证实有肺炎者占46%。

病后有一定免疫力,以细胞免疫为主。预防应着重防止家畜的感染,对乳制品严格消毒。对易感人群可接种用Ⅰ相菌株制成的灭活疫苗或减毒活疫苗,有一定预防效果。对牛、羊也可采用疫苗接种。

(五) 埃利希体

埃利希体(*Ehrlichia*)为一类感染白细胞的革兰阴性原核细胞型微生物,在吞噬泡内生长繁殖,桑葚体(morulae)成簇存在(图22-6)。引起人类埃利希体病的病原体主要有腺热埃利希体(*E. sennetsu*)、查菲埃利希体(*E. chaffeensis*)、伊氏埃利希体(*E. ewingii*)等。在美国,人埃利希体病的发病率约为15/10万,90%的病例出现在每年的4月~9月间,且80%患者为男性。人埃利希体病的主要临床症状主要有:发热、寒战、头痛、肌痛、恶心、呕吐、厌食、体重减轻等,这些症状与洛杉矶斑点热相似,但后者有皮疹。该病的诊断除用形态学方法观察血白细胞中桑椹状的病原体外,间接免疫荧光法检测血中特异性抗体也很常用,通常双份血清滴度有4倍以上改变即可做出诊断。埃利希体病的治疗首选多西环素,其次是利福霉素。

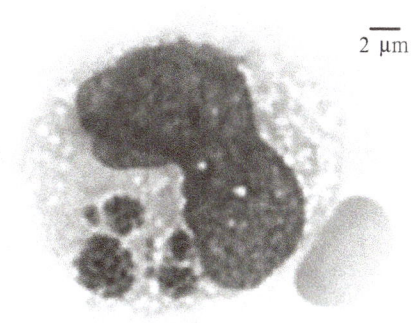

图22-6 人白细胞中桑椹状埃利希体

(六) 嗜吞噬细胞无形体

嗜吞噬细胞无形体(*A. phagocytophilum*)为人粒细胞无形体病(human granulocytic anaplasmosis,HGA)的病原体,革兰阴性,专性细胞内寄生。以蜱为传播媒介,野生动物、家畜动物和小型啮齿动物(白尾鹿、红鹿、牛、山羊、白足鼠等)是重要的储存宿主。病原体经蜱叮咬受染宿主动物后,再叮咬人,进入人体,侵染粒细胞。潜伏期7~12 d,起病急,主要症状为发热,体温在38.5~39.5℃,呈稽留热型,最高可达40℃以上。常见的症状为全身不适、乏力、头痛、肌肉酸痛,大部分伴恶心、呕吐、腹泻等消化道症状,少数伴有咳嗽、咽痛及呼吸窘迫综合征等。可有呼吸急促,心跳加快,表情淡漠,部分出现皮肤瘀点瘀斑,但浅表淋巴结肿大及皮疹较少见。重症病例可伴心、肝、肾等多脏器功能损害,出现肺水肿、急性呼吸窘迫综合征,皮肤、肺、消化道等出血,以及继发细菌、病毒以及真菌感染。少数患者可因救治不及时,最终因呼吸衰竭、感染性休克、急性肾衰竭等多脏器功能衰竭以及弥漫性血管内凝血(DIC)而死亡。

(七) 汉赛巴通体

汉赛巴通体(*B. henselae*)是猫抓病(cat scratch disease,CSD)的主要病原体,革兰阴性短杆菌,大小为1 μm×0.5 μm左右。感染源主要为猫,尤其是幼猫。90%以上的患者与猫或狗有接触史,75%的病例有被猫或狗抓伤、咬伤的历史,猫口腔、咽部的病原体经伤口或通过其污染的毛皮、脚爪侵入而传播,多发于学龄前儿童及青少年。病原体从抓伤处进入体内,局部皮肤出现丘疹或脓疱,继而发展为以局部淋巴结肿大为特征的临床综合征,出现发热、厌食、肌痛、脾肿大等。常见的临床并发症是结膜炎伴耳前淋巴结肿大(眼淋巴腺综合征),是猫抓病的重要特征之一。

汉赛巴通体和五日热巴通体(*B. quintana*)还可引起杆菌性紫癜(bacillary angiomatosis-bacillary peliosis,BAP)。BAP多发生于免疫功能受到严重损害者,如HIV感染者、肿瘤或器官移植患者,其主要表现为皮肤损害和内脏器官小血管增生。杆菌性血管瘤可发生在体内任何实质性器官,而杆菌性紫癜则多见于肝脏、脾脏。

汉赛巴通体感染性疾病的实验室检查可取病灶组织(淋巴结、皮肤、肉芽肿组织等)作超薄切片,进行组织病理学检查。此外,还可取新鲜组织样本进行培养和分离鉴定。预防方面尚无特异性措施。与猫、狗接触时避免被抓伤或咬伤,若被抓、咬伤后,可用碘酊局部涂抹。对感染猫进行杀灭。采用环丙沙星、红霉素、利福平等治疗感染猫或患者。

(饶贤才)

复习思考题

1. 立克次体具有哪些生物学特性?
2. 什么叫外-斐实验?它用于辅助诊断立克次体病的原理是什么?
3. 立克次体通过什么致病机制引起疾病?
4. 立克次体病有哪些?它们各由什么立克次体引起?

第二十三章 放线菌属与诺卡菌属

Both *Actinomycete* and *Nocardia* belong to the microorganisms in Actinomycetales. Actinomycetales bacteria are widespread existence in the natural world, especially in surface soil of the earth. Many of them can produce antibiotics and most of them are non-pathogenic. In this chapter, only *Actinomycete* and *Nocardia* are discussed.

Actinomycete bacteria are gram positive and branching filamentous prokaryotic microorganism. They multiply through asexual spores or fission. *Actinomyces* bacteria are normal flora in respiratory tract, alimentary tract and genitourinary tract. Therefore, actinomycosis are usually endogenous and always happen in immunodeficient patients. *Actinomyces* bacteria causing human diseases include *A. israelii*, *A. bovis*, *A. naeslundii*, *A. viscous* and *A. odontolyt*. Actinomycosis is a suppurative inflammation and often associated with multiple fistula formation. The yellowish sulfur granules can be observed macroscopically in actinomycosis pus. These particles contain mass of Gram-positive branched rod and hyphae. Treatment of actinomycosis includes both surgical and antibiotic treatments.

Nocardia are Gram-positive and sapropytic bacteria, and are often found in the soil. *Nocardia* bacteria enter human body usually via the respiratory tract or dermal wounds. In immunocompromised patients, *Nocardia* bacteria can produce a suppurative inflammation. Pulmonary diseases caused by *Nocardia* bacteria manifest the similar symptoms with pulmonary tuberculosis. In the tropical regions, they can produce mycetoma or madura foot. The anti-infective agents of choice are sulfonamides and cotrimoxazole, and treatments should be no less than six weeks.

放线菌是一类菌体呈分枝丝状,繁殖方式为裂殖或无性孢子繁殖的原核细胞型微生物。1877年因分离到放射状排列的菌丝而得名。放线菌的分类学地位属于原核生物界细菌域内的:

放线菌门(Actinobacteria phy. nov.)
 放线菌纲(Actinobacteria)
  放线菌亚纲(Actinobacteridae)
   放线菌目(Actinomycetales)
    放线菌亚目(Actinomycineae)
     放线菌科(Actinomycetaceae)
      放线菌属(*Actinomyces*)

而诺卡菌与放线菌属于同一个门、同一个纲、同一个目,但不同亚目的细菌,即:

棒状杆菌亚目(Corynebacterineae)
 诺卡菌科(Nocardiaceae)
  诺卡菌属(*Nocardia*)

放线菌目的细菌在自然界中种类繁多,分布广泛,主要存在于表层土壤中,是抗生素的主要产生菌。放线菌目内的细菌大多不致病,在医学上有重要意义的属有:放线菌属、链霉菌属、丙酸杆菌属、棒状杆菌属、分枝杆菌属和诺卡菌属等。其中,链霉菌属为抗生素产生菌,丙酸杆菌属为正常菌群,棒状杆菌属和分枝杆菌属在前面已有介绍,故本章主要介绍放线菌属和诺卡菌属。

一、放线菌属

放线菌属的细菌常寄居于人体口腔、上呼吸道、胃肠道和泌尿生殖道,致病的有衣氏放线菌(*A. israelii*)、牛放线菌(*A. bovis*)、内氏放线菌(*A. naeslundii*)、黏液放线菌(*A. viscous*)和龋齿放线菌

(*A. odontolyt*)等。引起人类放线菌病的主要为衣氏放线菌和内氏放线菌，牛放线菌引起牛或猪放线菌病。放线菌感染一般不在人与人或人与动物间传播。

（一）生物学性状

放线菌属为革兰染色阳性的兼性厌氧菌，直径 $0.5\sim 0.8\ \mu m$，有分枝，菌丝细长无隔膜，菌丝断裂后成链球或链杆状，不形成气生菌丝，有的形态上很像类白喉杆菌。放线菌培养比较困难，初次分离须加 5% CO_2 可促进其生长，图 23-1 为放线菌培养 24 h 后形成的菌落。放线菌在血琼脂平板上 37℃ 4~6 d 可长出灰白或淡黄色微小圆形菌落，不溶血，过氧化氢酶试验阴性。在含糖肉汤中长成球形小团。能分解葡萄糖，产酸不产气，不形成吲哚。

在患者病灶组织和瘘管流出的脓样物质中，可找到肉眼可见的 1 mm 大小的黄色颗粒，称为硫磺样颗粒（图 23-2a）。颗粒由巨噬细胞、组织细胞、纤维蛋白和细菌组成。将硫磺样颗粒制成压片或组织切片，在显微镜下可见颗粒呈菊花状（图 23-2b），核心部分由分枝的菌丝交织组成；周围部分细菌长丝排列成放线状，菌丝末端膨大成棒状，苏木精伊红染色后中央为紫色，末端呈红色。

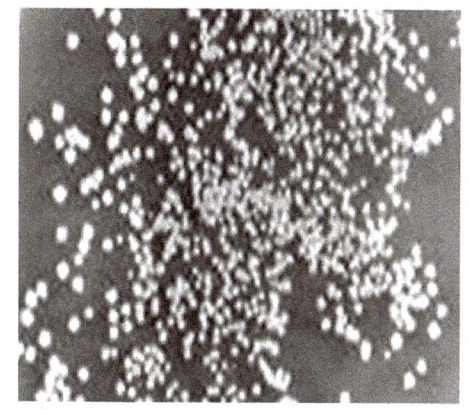

图 23-1 放线菌菌落形态

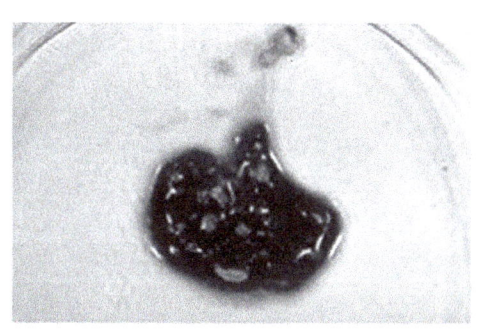 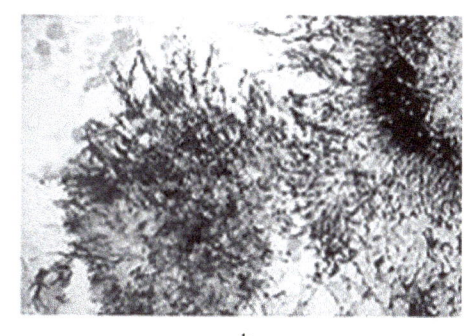

图 23-2 硫磺样颗粒的光镜下形态（a. 硫磺样颗粒；b. 压片，镜下呈菊花状）

（二）致病性与免疫性

放线菌大多寄生于人体开放腔道中，属正常菌群。在机体抵抗力减弱、口腔卫生不良、拔牙或外伤时引起内源性感染，导致软组织的化脓性炎症。若无继发感染，大多呈慢性无痛性过程，并常伴有多发性瘘管形成，排出硫磺样颗粒，称为放线菌病。

放线菌可感染面颈部、胸部、腹部、盆腔和中枢神经系统等，其中面颈部感染约占患者的 60%，大多有近期口腔炎、拔牙史，易形成多发性脓肿和瘘管。病原体可沿导管进入唾液腺和泪腺，或直接蔓延至眼眶和其他部位，若累及颅骨可引起脑膜炎和脑脓肿。中枢神经系统感染常继发于其他病灶。

胸部感染常有吸入史，也可由颈面部感染通过血行播散，开始在肺部形成病灶，症状和体征似肺结核。损害大多广泛，连续蔓延，可扩展到心包、心肌，并能穿破胸膜和胸壁，在体表形成多处瘘管，排出脓液。

腹部感染常由吞咽唾液或腹壁外伤、阑尾穿孔等引起，有大包块与腹壁黏连，便血、排便困难，切片见多个散在的硫磺样颗粒。盆腔感染大多继发于腹部感染，宫内组织可见脓性团块，内有硫磺样颗粒。

原发性皮肤放线菌病常由外伤或昆虫叮咬引起，先出现皮下结节，然后结节软化破溃形成瘘管。

放线菌可能与龋齿和牙周炎有关，将从人口腔分离出的内氏放线菌和黏液放线菌接种于无菌大鼠口腔内，可导致龋齿的发生。因这两种放线菌能产生一种黏性很强的多糖物质，使口腔中的其他细菌黏附在牙釉质上，形成菌斑、龋齿、齿龈炎和牙周炎。

放线菌病患者血清中有多种特异性抗体，但抗体无诊断价值。人类对放线菌多具有天然免疫力，故放线菌病多发生于免疫力有缺陷者。机体对放线菌的免疫主要靠细胞免疫。

（三）微生物学检查法与防治原则

最简单的方法是从脓或痰等病灶样本中寻找硫磺样颗粒。将可疑颗粒制成压片，在显微镜下检查是否有放线状排列菌丝，必要时厌氧培养于不含抗生素的沙保培养基及血平板上。放线菌生长缓慢，常需观察2周以上，检查菌落和涂片。亦可取活组织切片染色检查。

注意口腔卫生是预防的主要方法之一，患处的脓肿和瘘管等应及时进行外科清创处理。大剂量青霉素，甲氧苄氨嘧啶，磺胺甲基异恶唑（TMPSMZ）对放线菌病有较好疗效，也可用克林达霉素、红霉素或林可霉素等治疗。

二、诺卡菌属

诺卡菌属（Nocardia）广泛分布于土壤，可经呼吸道或皮肤创口感染人，属于外源性感染。对人致病的主要有三种：星形诺卡菌（N. asteroides）、豚鼠诺卡菌（N. caviae）和巴西诺卡菌（N. brasiliensis）。在我国最常见的为星形诺卡菌。

（一）生物学性状

诺卡菌属的形态与放线菌属相似，但菌丝末端不膨大（图23-3），革兰染色阳性。部分诺卡菌抗酸染色阳性，但延长脱色时间则变为阴性，此点能与结核分枝杆菌区别。诺卡菌属与放线菌属不同，为严格需氧菌，能形成气生菌丝，偶尔形成长短不一的孢子链（图23-4）。营养要求不高，在普通培养基上于室温或37℃均可生长，但繁殖速度慢，一般需1周以上始见菌落。菌落干燥呈蜡样，颜色黄、白不等。诺卡菌在液体培养基中形成菌膜，浮于液面，液体澄清。

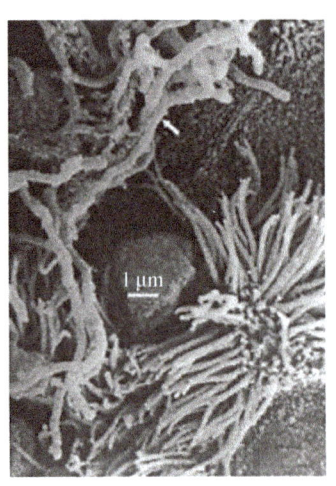

图23-3　星形诺卡菌菌丝形态
（↑）感染C57BL/6小鼠支气管上皮细胞

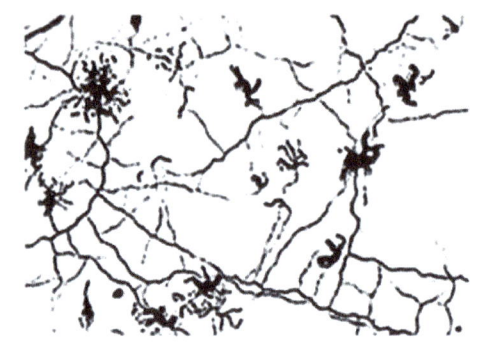

图23-4　星形诺卡菌菌丝及孢子链形态

（二）致病性与免疫性

诺卡菌感染为外源性感染，不传染，发病罕见。诺卡菌可经吸入进入肺部，或经创口侵入体内，在免疫力低下的感染者（如白血病、艾滋病患者及用免疫抑制剂治疗的器官移植患者）体内引起化脓性感染，感染多呈慢性过程。若经肺部侵入，主要引起化脓性炎症与坏死，症状与结核病相似。诺卡菌可通过血行播散，约1/3患者引起脑膜炎与脑脓肿。在热带地区，该菌经足部皮肤创伤感染（尤其是那些不穿鞋的人），可侵入皮下组织甚至肌肉和骨骼，引起慢性化脓性肉芽肿，易形成多发性瘘管。在病变组织或脓汁中可见黄、红、黑等色素颗粒，实为诺卡菌菌落。该病称足分枝菌病（mycetoma）或马杜拉足（madura foot）。

人类对诺卡菌普遍具有较强天然免疫力，一般不发病，仅在免疫力低下患者体内引起感染。

（三）微生物学检查与防治原则

取脓汁、痰液涂片或压片检查，可见革兰阳性和部分类似抗酸染色的分枝菌丝，应注意与结核分枝杆菌区别。诺卡菌的培养可用沙保培养基或心脑浸液琼脂平板，分离的菌株可进一步做生化鉴定。诺卡菌入侵肺部后可变为L型，常需反复检查才能证实。试验证明将豚鼠诺卡菌注入小鼠鼻腔能引起急性致死性肺炎，取死鼠肺组织样本接种心脑浸液琼脂平板，不能分离出病原菌，但用高渗培养基能分离出诺卡菌 L 型。

治疗应注意感染局部的手术清创,清除坏死组织。治疗感染可用磺胺类药物,有时还可加用环丝氨酸,治疗时间一般不少于 6 周。

(胡福泉)

复习思考题

1. 简述放线菌属细菌与诺卡菌属细菌的分类学地位。
2. 放线菌与诺卡菌的形态学特征有何异同?
3. 放线菌与诺卡菌各引起哪些疾病?
4. 怎样进行放线菌和诺卡菌的微生物学检查?
5. 放线菌病和诺卡菌病的防治原则有哪些?

第二篇

病毒学

第二十四章 病毒的形态与结构

How do we define a virus? Viruses were originally distinguished from other infectious agents because they are especially small and because they are obligatory intracellular parasites. Now we even further know viruses are entities that: a) Contain single type of nucleic acid, either DNA or RNA. b) Contain a protein coat (sometimes itself enclosed by an envelope of lipids, proteins, and carbohydrates) that surrounds the nucleic acid. c) Multiply inside living cells by using the synthesizing machinery of the cell. And d) Cause the synthesis of specialized structures that can transfer the viral nucleic acid to other cells.

The sizes of viruses were first estimated by filtration through membranes of known pore diameters. Viral sizes are determined today by ultracentrifugation and by electron microscopy. Viruses vary considerably in size, ranging from 20 to 300 nm in diameter. The entire infectious unit is termed a virion. The core of a virus contains only one kind of nucleic acid (DNA or RNA) as their genome, which is surrounded by a protein coat called the capsid. Each capsid is composed of protein subunit called capsomeres. In some viruses, the capsid is covered either by an envelope, which usually consists of some combination of lipids, proteins, and carbohydrates, or by spikes. Viruses may be classified into five morphological types on the basis of their shapes, and into three symmetries based on their capsid architectures.

病毒学是医学微生物学的组成部分,它主要研究病毒的结构与功能。人体抗病毒侵害的机制及从病毒与宿主相互关系中找出诊断、治疗、预防和控制病毒性疾病的措施。

第一节 概 论

病毒是比细菌更低等的非细胞型微生物(表24-1),自然界中的病毒包括侵犯人及脊椎动物的动物病毒(animal virus)、侵犯植物的植物病毒(plant virus)、侵犯细菌的病毒——噬菌体和侵犯真菌的真菌病毒(mycophage)等,总共约4 000多种。根据病毒的基因组核酸类型,可分为DNA病毒和RNA病毒。根据病毒的传播途径、侵害部位及所致疾病,临床上又分为呼吸道病毒、肠道病毒、疱疹病毒、虫媒病毒、出血热病毒和肝炎病毒等。各类病毒的基本性质概括起来主要有三个共同特点:

表24-1 病毒与细菌的比较

	细菌			病毒
	典型细菌	立克次体	衣原体	
细胞内寄生	-	+	+	+
细胞膜	+	+	+	-
二分裂法繁殖	+	+	+	-
可通过细菌滤器	-	-	+	+
兼有DNA和RNA	+	+	+	-
ATP能量代谢	+	+	-	-
核糖体	+	+	+	-
抗生素敏感性	+	+	+	-
干扰素敏感性	-	-	-	+

1. 体积微小 大多在普通显微镜下看不见,需用电子显微镜观察。

2. **结构简单** 不具细胞形态,只有核酸基因和蛋白质外壳。
3. **超级寄生** 在无生命的普通培养基中不生长,需在合适的活细胞内增殖。

第二节 病毒的大小与形态

(一)病毒的大小

测量病毒大小主要用电子显微镜法,病毒大小的计量单位是纳米(nanometer, nm, 1 nm=1×10^{-9}m)。测量病毒大小的标准是病毒体(virion)的直径,病毒体是指成熟的、具有感染性的病毒个体。

病毒体的大小可相差 10~20 倍,故分为大型病毒、中型病毒、小型病毒及微小型病毒等。大型病毒如痘病毒(300 nm×200 nm×100 nm)比支原体还大一些,在光学显微镜下勉强可见。微小型病毒如肠病毒及鼻病毒(直径约 20 nm),大小与某些蛋白质(如血蓝蛋白,hemocyanin)分子相近似。中型与小型病毒的直径多介于 50~150 nm 之间。

(二)病毒的形态特征

病毒虽小,但形态多样,主要有 5 种形态(图 24-1)。

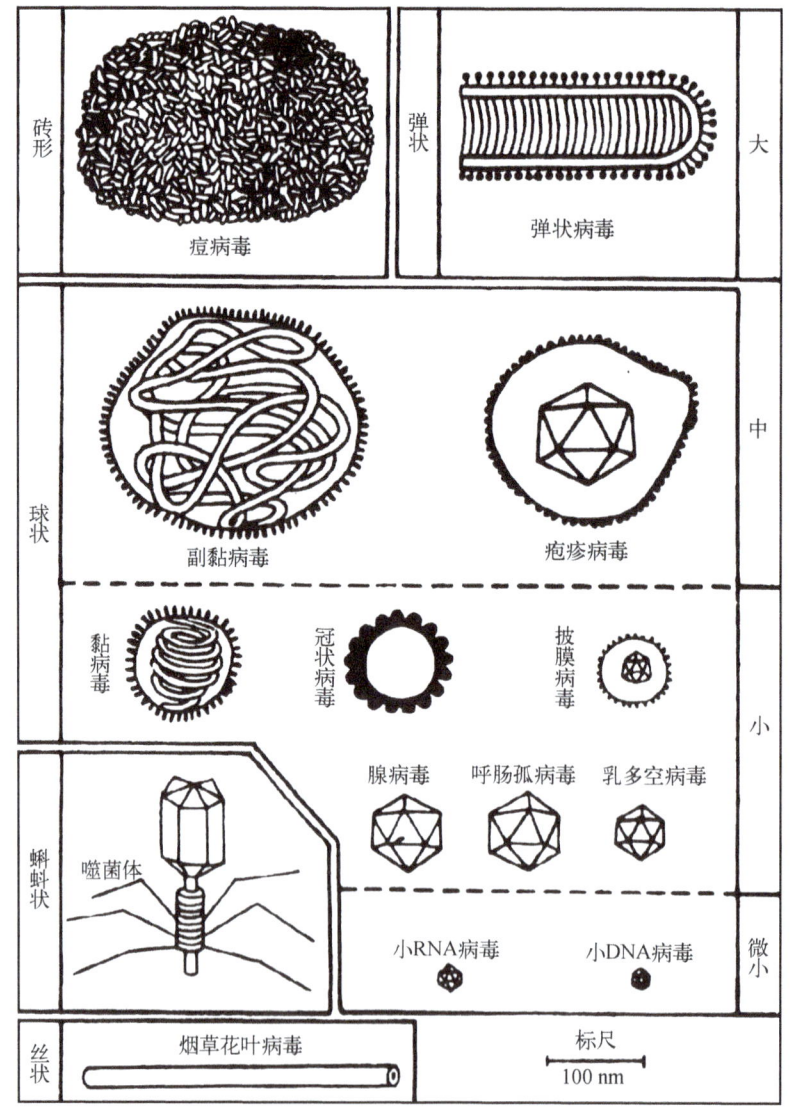

图 24-1 病毒的形态与大小比较模式图

1. 球状体(spherical form) 大多数人类和脊椎动物病毒的形态为球形,如疱疹病毒属、腺病毒属、乳头瘤病毒属、多瘤病毒属、呼肠病毒属、黏病毒属和肠道病毒属中的病毒,基本上都是球状体(图 24-2)。

2. 丝状体(filamentous form) 多见于植物病毒,在人或脊椎动物病毒中比较少见,但新分离的流感病毒(newly isolated influenza virus)可为丝状体。典型的丝状体宛如一条细长线(图24-3a),习惯上也常将丝状体归入杆状病毒类(图24-3b)。

3. 砖形体(brick-shaped) 形状似砖形(图24-4a)或宛如菠萝状(图24-4b)。痘病毒属(Poxviridae)中的天花病毒和牛痘病毒等大型病毒多为砖形。

4. 弹状体(bullet-shaped) 形如子弹状,一头整齐,另一头圆钝。多见于弹状病毒属如水泡性口炎病毒(图24-5)和狂犬病病毒等。

5. 蝌蚪状体(tadpole-shaped) 外形宛如蝌蚪状,有一个圆形或卵圆形的头部和一条细长的尾部(图24-6)。

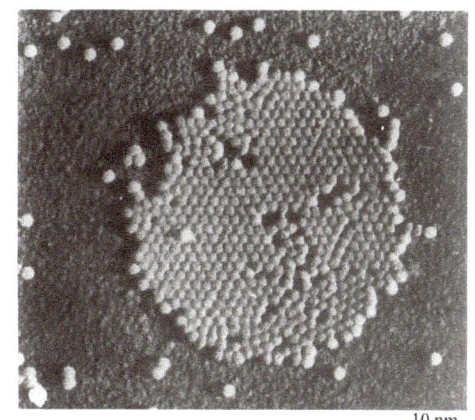

图24-2 球状病毒(脊髓灰质炎病毒)的电镜图(×1 000)

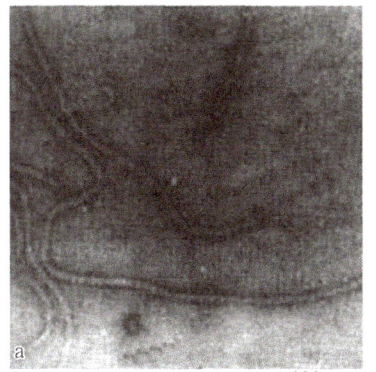 

图24-3 丝状体病毒的电镜图

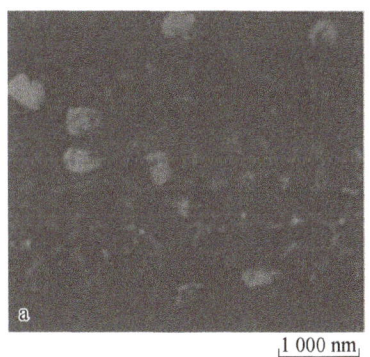 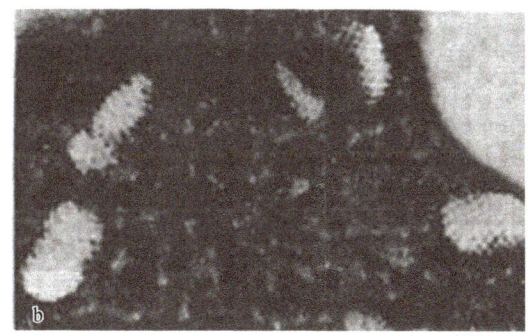

图24-4 砖形病毒的电镜图

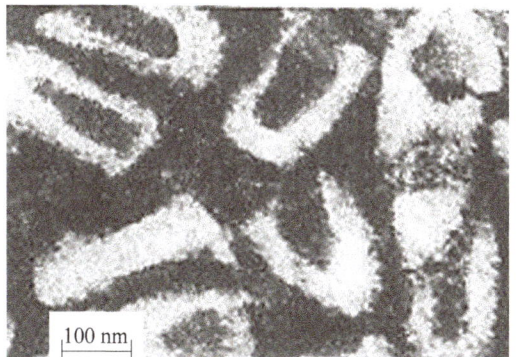 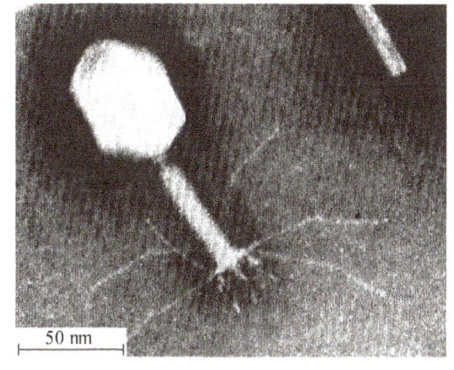

图24-5 弹状病毒(水泡性口炎病毒)的电镜图(×1 000)　　图24-6 蝌蚪状病毒(噬菌体)的电镜图(×1 000)

第三节 病毒的结构与功能

病毒的结构可分为基本结构和特殊结构。

一、基本结构及其功能

基本结构是指所有病毒都具有的结构,主要包括病毒的核酸基因组和蛋白质衣壳(capsid)。

1. 基因组(genome) 是位于病毒体内部的、编码病毒所有结构蛋白和非结构蛋白的核酸(nucleic acid,图24-7)。一种病毒体内的基因核酸只有一种类型:DNA或RNA,不会同时兼具两种,据此可将病毒分为DNA病毒和RNA病毒两大类。病毒核酸是病毒遗传基因的物质基础,具有编码病毒蛋白、控制病毒性状、决定病毒复制及增殖、侵害的功能。

2. 蛋白质衣壳(capsid) 是包裹或镶嵌在病毒核酸外面、由病毒基因组编码的结构蛋白质。病毒的蛋白质衣壳由一定数量的壳微粒(capsomere)组成,壳微粒亦称壳粒,是衣壳的形态学亚单位(图24-7)。每个壳微粒由一条或几条多肽链构成,因此,多肽分子是衣壳的化学亚单位。电镜下可以看到壳微粒呈特定的排列形式(图24-8)。

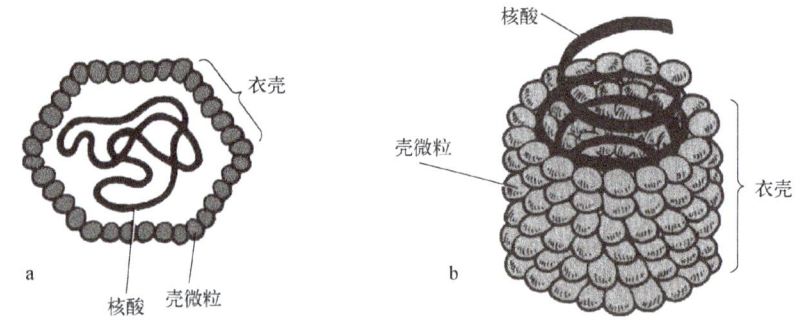

图24-7 病毒的基本结构模式图

a. 衣壳立体对称;b. 衣壳螺旋对称。内部的黑螺旋状为核酸,外为壳微粒组成的蛋白质衣壳

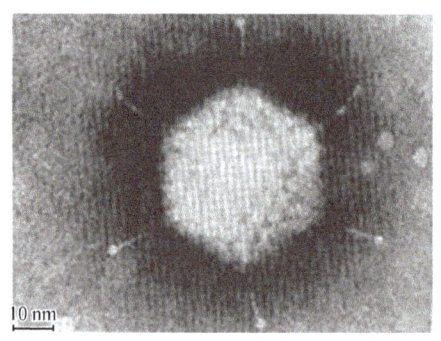

图24-8 病毒壳微粒的排列(腺病毒,20面体对称)

病毒蛋白衣壳的主要功能是保护病毒核酸免受外界环境因素(如核酸水解酶等)的影响,同时可表现病毒的生物学特性,如对宿主细胞的亲嗜性、致病性、毒力和抗原性等。

3. 核衣壳(nucleocapsid) 亦称核壳体,是病毒核酸与蛋白质衣壳的总称。

二、特殊结构及其功能

特殊结构是指仅部分病毒具有的结构,特殊结构中最重要的是病毒包膜和触须。

1. 包膜(envelope) 亦称囊膜,是包裹在某些病毒核衣壳外面的一层较为疏松、肥厚的膜状结构(图24-9a),主要由糖蛋白和脂质等组成。

(1)脂质的来源与作用:病毒包膜中的脂质,是病毒在宿主细胞内出芽成熟过程中从宿主细胞的核膜或胞质膜获得的(图24-9b)。包膜中的脂质具有对宿主细胞的亲嗜性,故可决定病毒特定的侵害部位。由于脂质对脂溶剂(如乙醚、氯仿和去氧胆酸钠等)敏感,故有包膜的病毒可被有机溶剂灭活。

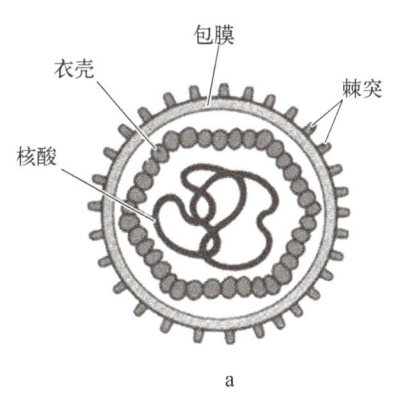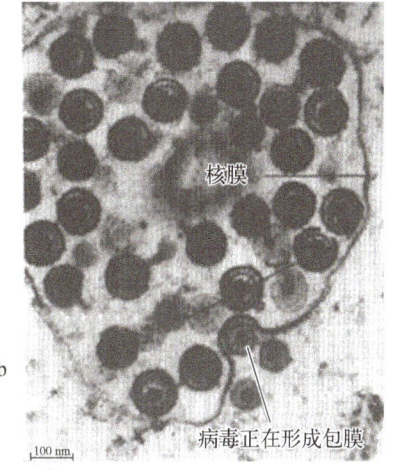

图 24-9 病毒的特殊结构——包膜（一）

a. 病毒包膜示意图；b. 疱疹病毒，显示病毒体穿出核膜，形成包膜

（2）糖蛋白的来源与作用：糖蛋白由蛋白质和糖组成。病毒包膜中的蛋白质是病毒自身基因编码的，而糖则是病毒在"出芽"成熟时获自宿主细胞膜。有些病毒糖蛋白突出包膜表面，在电镜下宛如大头针样嵌附在病毒包膜脂质中（图 24-10a），称为包膜微粒（peplomere）或刺突（spike）。

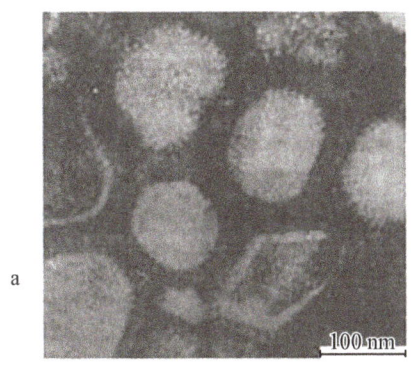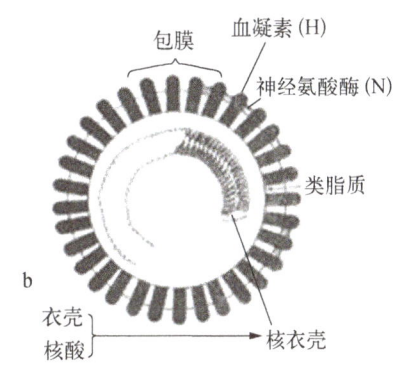

图 24-10 病毒特殊结构——包膜（二）

a. 最外一圈为包膜；b. 黏病毒包膜中血凝素分子示意图。H 系病毒血凝素糖蛋白，由两个单体（HA$_1$ 和 HA$_2$）组成，通过二硫键连接。N 为病毒神经氨酸酶

包膜微粒或刺突常赋予病毒某些特殊功能，如流感病毒包膜中有两种包膜微粒：一种为病毒血凝素（viral hemagglutinin，图 24-10b），可赋予病毒对宿主呼吸道上皮细胞的特殊亲和力，并能与某些动物（如鸡）或人红细胞结合产生病毒血凝现象（viral hemagglutination phenomenon）。另一种为病毒神经氨酸酶（viral neuraminidase），它能破坏宿主易感细胞表面受体，便于病毒从细胞内释放。根据病毒有无包膜，可将其分为有膜病毒和无膜病毒两大类。有膜病毒对乙醚等脂溶剂敏感，且个体间的大小变化较大。

2. 触须（antenna） 触须是病毒的特殊结构之一，常见于腺病毒。腺病毒没有包膜，衣壳为 20 面体对称。在其核衣壳的各个顶角上有细长的纤维样结构称为触须（图 24-11），形状宛如大头针（顶端膨大呈球状，直径约 4 nm）。触须可凝聚和毒害敏感的宿主细胞。

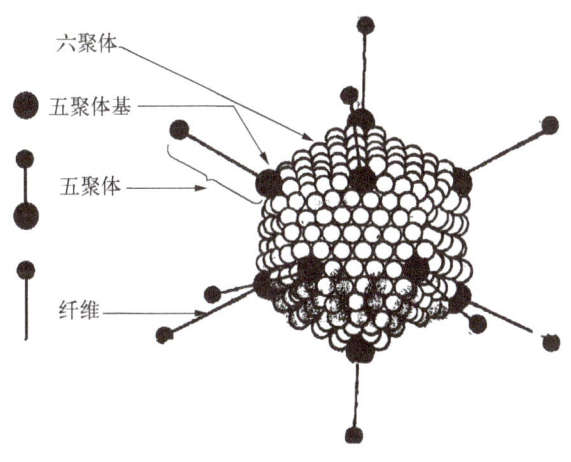

图 24-11 病毒（腺病毒）的特殊结构：触须

第四节　病毒衣壳的对称性

病毒衣壳在结构上的一个重要特点,就是其排列的对称性(symmetry),主要有立体对称型、螺旋对称型和复合对称型三种类型。

一、立 体 对 称

大多数球形病毒的衣壳都是立体对称(cubic symmetry)的。立体对称是指病毒衣壳上的壳微粒有规则地"包被"在核酸分子的外面,并排列组合成对称的多面体(图24-8)。

在立体对称的病毒中,大多数都是20面体(icosahedron)对称,即病毒的衣壳有20个面、12个顶角和30个棱边(20个面辐线、12个角辐线和30个棱辐线),其中的每个面都呈等边三角形。例如腺病毒衣壳由252个壳微粒构成,壳微粒的排列组合有规律性:五个相邻的壳微粒围绕着一个壳微粒组成五邻体(pentomer),位于病毒衣壳的顶角上;六个相邻的壳微粒围绕着一个壳微粒组成六邻体(hexomer),位于衣壳的面和棱上。病毒衣壳的对称性及壳微粒的数目是病毒分类与鉴定的重要指标之一。病毒衣壳的壳微粒数目在不同病毒中有多有少,但其总数多为12、32、72、162或252个。

二、螺 旋 对 称

大多数丝状病毒和弹状病毒的衣壳呈螺旋对称(helical symmetry)。螺旋对称是指构成病毒衣壳的壳微粒以病毒核酸分子为轴心旋转装配(图24-12),换言之,凡壳微粒紧紧包裹在核酸分子上,并以其为中心轴而旋转装配者,是螺旋对称的特点。水泡性口炎病毒(VSV)、狂犬病病毒(rabies virus)和流感病毒等的衣壳都是螺旋对称型。

三、复 合 对 称

病毒的衣壳中既有立体对称部分又有螺旋对称部分,称为复合对称(complex symmetry)。复合对称的病毒主要有T噬菌体及痘病毒科中的天花病毒、牛痘病毒等。如图24-13所示,T噬菌体的头部呈立体对称(20面体),而尾部则呈螺旋对称。

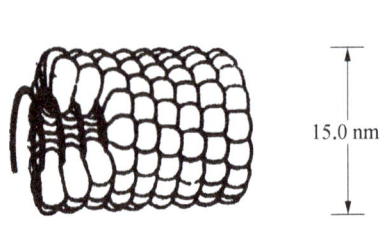

图24-12　病毒衣壳的螺旋对称示意图

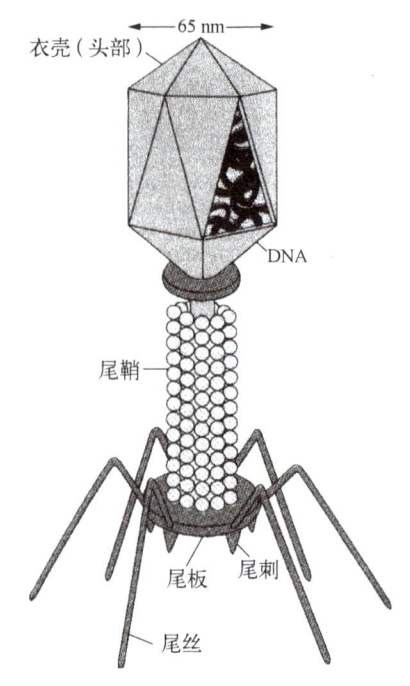

图24-13　病毒衣壳的复合对称模式图
(噬菌体头部为立体对称,尾部为螺旋对称)

第五节 病毒的分类

病毒的形态与结构特点是病毒分类的重要依据。根据电子显微镜下对病毒超薄切片标本的观察，可将大多数与人类疾病相关的病毒进行分类（表24-2）。

表24-2　医学相关病毒的科及其代表毒株

核酸类型	结构特点	病毒科名	代表毒株
DNA病毒	单链,无包膜	细小病毒科(*Parvoviridae*)	细小病毒B19
	双链,有包膜	疱疹病毒科(*Herpesviridae*)	疱疹病毒
		嗜肝DNA病毒科(*Hepadnaviridae*)	乙型肝炎病毒
		痘病毒科(*Poxviridae*)	天花病毒、痘苗病毒
	双链,无包膜	腺病毒科(*Adenoviridae*)	腺病毒
		乳多空病毒科(*Papovaviridae*)	多瘤病毒、乳头瘤病毒
RNA病毒	单正链,有包膜	逆转录病毒科(*Retroviridae*)	艾滋病毒、人T细胞白血病病毒
		冠状病毒科(*Coronaviridae*)	冠状病毒
		黄病毒科(*Flaviviridae*)	丙型肝炎病毒、登革病毒、黄热病病毒、乙型脑炎病毒
		披膜病毒科(*Togaviridae*)	风疹病毒、(部分)虫媒病毒
	单正链,无包膜	小RNA病毒科(*Picornaviridae*)	甲型肝炎病毒、鼻病毒、骨髓灰质炎病毒、埃可病毒、柯萨奇病毒
		杯状病毒科(*Caliciviridae*)	戊型肝炎病毒
		星状病毒科(*Astroviridae*)	星状病毒
	双链,无包膜	呼肠病毒科(*Reoviridae*)	呼肠病毒、轮状病毒
		博纳病毒科(*Bornaviridae*)	博纳病毒
	单负链,有包膜	正黏病毒科(*Orthomyxoviridae*)	甲、乙、丙型流感病毒
		副黏病毒科(*Paramyxoviridae*)	副流感病毒、腮腺炎病毒、麻疹病毒、呼吸道合胞病毒
		弹状病毒科(*Rhabdoviridae*)	狂犬病病毒
		丝状病毒科(*Filoviridae*)	马尔堡病毒、埃博拉病毒
		布尼亚病毒科(*Bunyaviridae*)	汉坦病毒
		沙粒病毒科(*Arenaviridae*)	拉沙病毒

1. 衣壳的对称性　球形病毒的衣壳多为立体对称,大部分丝状体和弹状病毒的衣壳多属于螺旋对称,而砖形病毒和蝌蚪形病毒的衣壳则多属于复合对称。

2. 衣壳的装配部位　DNA病毒的衣壳一般在细胞核内装配,而RNA病毒的衣壳则大多数在细胞质内装配。

3. 包膜的有无　包膜是病毒的特殊结构。呼吸道病毒多有包膜而肠道病毒则多无包膜。

4. 包膜形成的部位　疱疹病毒的包膜来自宿主细胞的核膜,而虫媒病毒和黏病毒的包膜是由胞质内膜或细胞质膜形成的。

5. 病毒体的大小　电镜可准确地测定病毒体的大小。无膜病毒的大小比较一致,有膜病毒常大小不一。

6. 核衣壳的螺旋直径　不同螺旋对称病毒的核衣壳,其直径各不相同,可供区别。

此外,诸如病毒体在细胞内的排列形式(立体对称病毒倾向于排列成晶格状)、壳微粒的数目及包膜表面的突起等形态特点,也可作为病毒分类鉴定的参考。

（咸中田）

复习思考题
1. 试述病毒体的概念和测量单位。
2. 简述病毒的基本结构及其功能。
3. 简述病毒的特殊结构及其功能。
4. 试述病毒蛋白质衣壳的对称性及在病毒分类中的应用。

第二十五章 病毒的复制与变异

Viruses multiply only in living cells. The process that a parental viral particle multiplies to produce a large number of identical progeny viruses inside the host cell directed by viral gene is called replication.

The first step of viral replication is attachment, interaction of a virion with a specific receptor on the surface of a cell. After binding, the virus particle is taken up into the cell. This step is referred to as penetration or engulfment. Uncoating occurs concomitantly with or shortly after penetration. Uncoating is the physical separation of the viral nucleic acid from the outer structural components of the virion such that it can function. The synthetic phase of the viral replicative cycle ensures after uncoating of the viral genome. Various classes of viruses use different pathways to synthesize the genomes, mRNAs, and proteins depending upon different types of the viral nucleic acid. Newly synthesized viral genomes and capsid polypeptides assemble together to form progeny viruses. The infected cells lyse and release the virus particles, while enveloped viruses mature by a budding process.

Genotype refers to the genetic constitution of an organism. Phenotype refers to the observable properties of an organism, which are produced by the genotype in cooperation with the environment. Wild type virus denotes the original virus from which mutants are derived and with which the mutants are compared. A mutation is a heritable change in the genotype. Conditional lethal mutants are mutants that are lethal under nonpermissive conditions, but that yield normal infectious progeny under permissive conditions. Temperature-sensitive mutants grow at low temperatures but not at high temperatures. Host range mutants are able to grow in one kind of cell, whereas abortive infection occurs in another type. A defective virus is one that lacks one or more functional genes required for viral replication. The interaction among viruses includes recombination, genetic reactivation (marker rescue and multiplicity reactivation), complementation, phenotypic mixing, and interference.

第一节 病毒的复制

一、病毒复制的过程

病毒为专性细胞内寄生的微生物,其结构简单,缺乏独立进行生物合成的酶系统以及细胞结构,只能利用宿主细胞的生物合成原料、能量以及场所才能增殖。此外,病毒进入宿主细胞还需要细胞表面有相应的受体。在易感活细胞内,以病毒核酸为模板进行病毒核酸和蛋白质合成,再装配为子代病毒,释放出细胞,这个过程称为病毒复制(replication)。病毒的复制过程又称为复制周期,可分为以下几个连续步骤。

(一) 吸附与穿入

吸附(adsorption)是指病毒附着于敏感细胞的表面,可分为两个阶段:首先是病毒通过随机碰撞、电荷作用等因素与细胞接触,这一阶段是非特异而可逆的;随后通过病毒的包膜蛋白或无包膜病毒的衣壳蛋白与细胞表面的相应受体结合而发生特异性吸附。各种病毒的受体不同,例如呼吸道上皮细胞及红细胞表面有糖蛋白,是流感病毒的受体;肠道上皮细胞表面的超家族免疫球蛋白,是脊髓灰质炎病毒的受体。如果用酶消化这些受体,或非易感细胞缺乏该受体,则病毒不能吸附于细胞表面。病毒表面的病毒吸附蛋白(virus attachment protein,VAP)与细胞表面受体的相互作用是决定病毒感染成功与否的关键环节。细胞表面的病毒受体具有种系和组织特异性,这是决定病毒宿主范围的重要因素。不同种属的病毒其细胞受体不同,有的甚至同种不同型的病毒以及同型不同株的病毒受体也不相同。但也有些不同种属的病毒可有相同的细胞受体。

病毒通过其表面成分与易感细胞的病毒受体相互作用后,即开始穿入(penetration)细胞。病毒穿入细胞主要有三种方式:① 胞饮(viropexis)或胞吞(endocytosis),病毒与易感细胞表面的受体结合以后,局部细胞膜与病毒一起内陷,从而使病毒被吞入胞内形成吞噬泡,是病毒穿入细胞的常见方式,如流感病毒、丙型肝炎病毒等。② 融合(fusion),在细胞膜表面病毒包膜与细胞膜融合,病毒核衣壳进入胞浆,如麻疹病毒、HIV等。③ 直接穿入,某些无包膜病毒通过衣壳蛋白与细胞膜上受体的蛋白作用后,直接穿过细胞膜进入胞内,有些无包膜病毒与受体接触后,衣壳蛋白多肽构象发生变化,病毒核酸可直接穿越细胞膜进入胞浆。

(二) 脱壳

脱壳(uncoating)是指病毒基因组从衣壳内释放出来的过程。有包膜病毒脱壳包括脱包膜和脱衣壳两个步骤,先通过膜融合方式与细胞膜或细胞内的内吞小体膜作用脱去包膜,无包膜病毒只需脱衣壳。大多数病毒在细胞溶酶体酶作用下脱去衣壳,少数病毒尚需病毒基因编码的脱壳酶的作用才能使病毒核酸完全释放出来,如痘病毒。有些病毒在脱壳前,病毒基因组就开始mRNA的转录。

(三) 生物合成

病毒核酸从衣壳中释放,并开始进入生物合成(biosynthesis)阶段。在此阶段,细胞内并不存在病毒颗粒,因此用电镜不能在细胞内观察到完整的病毒体,这个阶段称为隐蔽期(eclipse period)。病毒的生物合成包括核酸和蛋白质两个方面,其中蛋白质合成可分为早期蛋白质合成和晚期蛋白质合成两个阶段。通常早期蛋白主要为用于复制子代病毒基因组和合成结构蛋白以及控制宿主细胞代谢所需的酶类,而晚期蛋白通常为病毒的结构蛋白,如衣壳蛋白、包膜蛋白。

不同基因组类型病毒的生物合成过程所有不同。

1. 双链DNA病毒 大多数DNA病毒基因组是双链DNA(dsDNA)。除痘病毒外,双链DNA病毒都在细胞核内合成DNA,在细胞质内翻译出病毒蛋白。DNA病毒先利用宿主细胞核内的依赖DNA的RNA多聚酶转录出早期mRNA,再以mRNA为模板在细胞质内的核糖体上翻译成早期蛋白(主要是依赖DNA的DNA多聚酶等病毒功能蛋白),以合成大量子代DNA分子。再以子代DNA分子为模板,转录大量的晚期mRNA,在细胞质中翻译成大量晚期蛋白,主要为病毒衣壳蛋白和(或)包膜病毒结构蛋白;晚期合成的基因组和结构蛋白转运到胞质内装配成完整的病毒体(图25-1)。dsDNA病毒自身编码的酶在生物合成中起关键作用,是抗病毒药物设计的重要靶分子。

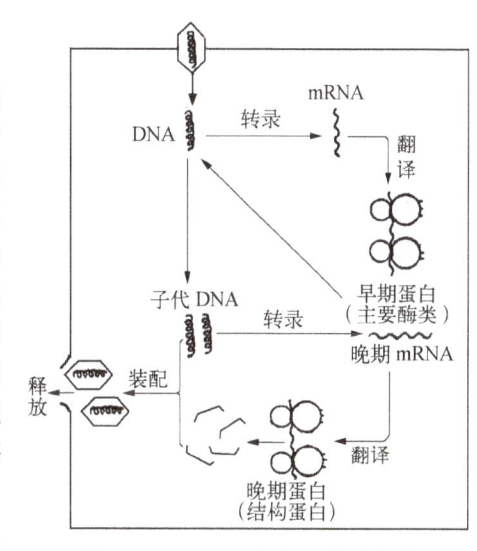

图25-1 DNA病毒复制示意图

2. 单链DNA病毒 单链DNA(ssDNA)病毒种类较少,其基因组可以是正链或负链。如单负链DNA病毒的复制过程是,以亲代ssDNA为模板,在DNA聚合酶的作用下,产生互补链,并与亲代DNA形成±dsDNA作为复制中间型,然后解链,由新合成的互补链为模板复制出子代ssDNA,作为模板转录mRNA和翻译合成病毒蛋白。

3. 单正链RNA病毒 病毒基因组为单正链RNA,本身具有mRNA的功能。病毒基因组被去衣壳而暴露后,可直接附着于宿主细胞的核糖体上,翻译出病毒结构蛋白和非结构蛋白。这种病毒的核酸具有感染性。例如脊髓灰质炎病毒脱壳之后,其基因组的单正链RNA可直然翻译出病毒蛋白(结构蛋白、RNA依赖的RNA多聚酶等),后由多聚酶先转录一条与病毒基因组互补的负链RNA,形成双链复制型,接着再转录与负链互补的新的子代病毒RNA(正链),后者与结构蛋白在胞质内装配,形成成熟的病毒体(图25-2)。

4. 单负链RNA病毒 病毒基因组为单负链RNA,病毒体本身含有依赖RNA的RNA多聚酶,基因组核酸单独没有感染性。病毒体内的多聚酶能从亲代负链RNA转

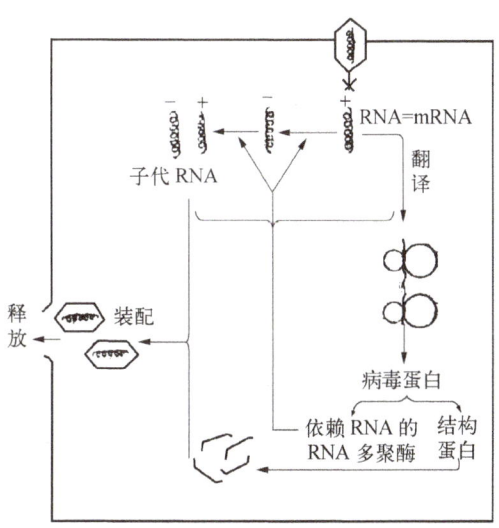

图25-2 正链RNA病毒复制示意图

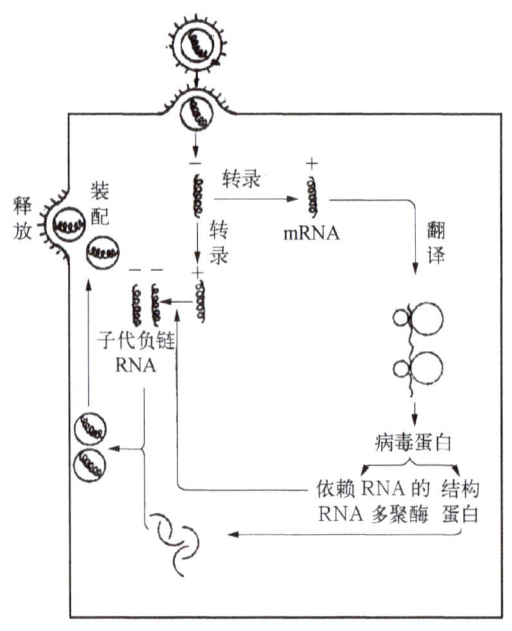

图 25-3 负链RNA病毒复制示意图

录出 mRNA,翻译出病毒特异的结构蛋白及酶蛋白。同时也能由亲代负链 RNA 合成互补的正链 RNA,然后以此为模板复制出新的子代负链 RNA 分子(即子代病毒核酸),后者与病毒结构蛋白装配成病毒体释放出细胞外(图 25-3)。

5. 双链 RNA 病毒 双链 RNA(dsRNA)病毒自身含有依赖 RNA 的 RNA 聚合酶,先由负链 RNA 作为模板复制子代正链 RNA,子代正链 RNA 既可以作为模板复制子代负链 RNA,又可以作为 mRNA 翻译出病毒蛋白。

6. 逆转录病毒 逆转录病毒基因组是两个相同的单正链 RNA 分子,但都不具有 mRNA 功能,只能作为逆转录的模板。这类病毒体带有逆转录酶,病毒亲代先以 RNA 为模板合成互补的 DNA 链,从而形成 RNA:DNA 复制中间体。中间体中的 RNA 链由病毒的 RNA 酶 H 水解去除,DNA 链则进入细胞核,在细胞的 DNA 多聚酶作用下,以 DNA 链为模板合成互补的另一条 DNA 链而成为双链 DNA 分子。这一双链 DNA 分子可整合到人细胞的染色体 DNA 中,成为前病毒(provirus),并可随宿主细胞的分裂而存在于子代细胞内。前病毒还可在细胞核内经细胞的 DNA 依赖的 RNA 多聚酶转录出子代病毒 RNA,后者可翻译出病毒蛋白质。逆转录病毒独特的生物合成过程使其成为第一个被确定的人类肿瘤病毒。人类 T 细胞白血病病毒(HTLV Ⅰ 及 HTLV Ⅱ)就是逆转录病毒。HIV 也是逆转录病毒,逆转录酶是抗 HIV 药物的重要作用靶点(图 25-4)。

7. 嗜肝 DNA 病毒 如乙型肝炎病毒,其基因组为有缺口的环状 dsDNA,复制过程中,以病毒前基因组 RNA 为模板进行逆转录,合成 -ssDNA,形成 RNA:DNA 中间体,RNA 水解后,以 -ssDNA 为模板合成部分互补 +ssDNA,从而形成不完全闭合环状子代 DNA。具体复制过程见第二十九章。

(四)装配与释放

装配(assembly)是指在宿主细胞内合成的病毒基因组、结构蛋白以及与核酸复制有关的酶类(如负链 RNA 病毒的 RNA 多聚酶、逆转录病毒的逆转录酶)组装成子代核衣壳的过程。病毒体离开宿主细胞的过程即为释放(release)。病毒在宿主细胞内复制生成病毒基因组核酸和病毒结构蛋白,进行基因组和衣壳的装配组合成核衣壳后开始释放。有包膜的病毒在释放时从细胞获得包膜,形成成熟的病毒体。成熟的病毒体常由宿主细胞以下述方式释放出细胞外。

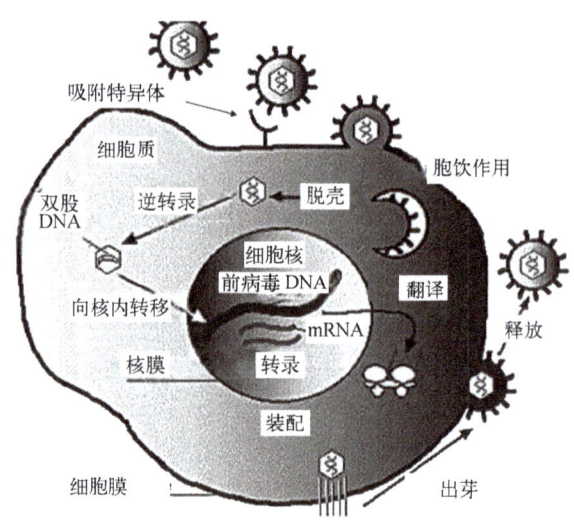

图 25-4 逆转录病毒复制示意图

1. 无包膜病毒破胞散出 其中 DNA 病毒(如腺病毒)的核酸与衣壳在细胞核内装配成熟,RNA 病毒(如脊髓灰质炎病毒)在细胞质装配成熟。装配的完整病毒体大量集聚在细胞内,将细胞破坏后病毒得以释放到于细胞外。

2. 有包膜病毒出芽(budding)释放 有的包膜病毒在细胞核内形成核衣壳,移至核膜处出芽获得细胞核膜成分构成包膜,然后进入细胞质中穿过胞膜释出。有些病毒在细胞核内装配成核衣壳后,通过胞核裂隙进入胞质,然后由细胞膜出芽释出,获得细胞质膜成分构成包膜。还有些病毒在胞质内装配成核衣壳,此时宿主细胞膜中已有病毒基因表达的糖蛋白,当病毒核衣壳通过细胞膜出芽时,获得宿主细胞膜成分及其中的病毒糖蛋白,组成包膜后将病毒体排出细胞外。

二、病毒的异常增殖

病毒进入宿主细胞后,可因病毒本身基因组不完整,以至不能在细胞内完成增殖的全过程,或因宿主细胞缺乏病毒复制所需的酶以及其他蛋白,也不能产生成熟的病毒体。

(一) 顿挫感染

病毒在宿主细胞中复制增殖的速度很快,平均不到 1 min 就可增殖一倍。但病毒体装配的速率并不高,约有半数以上的病毒成分未被用于装配,在某种细胞中有时甚至完全不能装配,这就产生了没有感染性的病毒体成分,这种情形称为顿挫感染(abortive infection)。如将这种病毒转入另一种合适的细胞(容纳细胞)中,则又能正常装配成熟,生成有感染性的病毒体。由此可见,发生顿挫感染的原因不在于病毒本身,而在于宿主细胞。

(二) 缺损病毒

指病毒核酸基因有遗传缺陷,这种病毒单独在宿主细胞内不能合成病毒所需的全部成分,故不能正常增殖成有感染性的病毒体,所以称为缺损病毒(defective virus)。但当它与某一种病毒(辅助病毒)共同感染同一细胞时,则其缺陷被弥补,可生成有感染性的病毒体。例如腺相关病毒(adenoassociated virus)是缺损病毒,它在细胞中不增殖,但如与腺病毒一同培养则能增殖。丁型肝炎病毒也是缺损病毒,当与乙型肝炎病毒(丁型肝炎病毒的辅助病毒)同时复制时,可获得 HBsAg 作为其包膜蛋白,从而组装成完整的病毒体。缺损病毒具有干扰同种病毒进入细胞的作用,故也称为缺陷干扰颗粒(defective interfering particle,DIP)。

(三) 病毒干扰

当两种病毒感染同一细胞时,可发生一种病毒的增殖抑制另一种病毒增殖,称为病毒的干扰现象(interference)。干扰现象不仅发生在异种病毒之间,也可发生在同种、同型以及同株病毒之间。干扰现象不仅发生在活病毒之间,也可发生在活病毒与灭活病毒之间。病毒干扰的原理可能是因为一种病毒感染诱导宿主细胞产生了干扰素,也可能是病毒之间竞争侵入受体或细胞内参与病毒复制的宿主因子。

第二节 病毒的遗传与变异

病毒基因组较小,且为单一核酸,增殖速度快,又由于病毒没有细胞结构,周围环境,尤其是宿主细胞内的环境因素容易对病毒基因组中的突变产生筛选作用,因此相对其他微生物而言,病毒更易发生变异。研究病毒的遗传与变异对于认识病毒感染与致病机制以及诊断技术、防治药物与疫苗具有重要意义。

一、病毒变异的现象

因 RNA 多聚酶缺乏 DNA 多聚酶的校正作用,所以一般情况下 RNA 病毒比 DNA 病毒更容易变异。同一种病毒因性状上的差异可用血清抗体或中和抗体进行识别而分为不同的病毒型别(type)。由于病毒易变异,同一种系甚至同一型的病毒若从不同人、不同地点分离的仍有一定差异,因此病毒学上把来自不同人和地点的同一种型的病毒称为不同的病毒株(viral strain)。从自然界或人及动物宿主分离的病毒株型或称野生型或野生株(wild type or strain),若野生株发生突变且已清楚其变异的遗传基础则称为突变株(mutant)。病毒突变株可用人工方法诱导而形成。在一个宿主体内,同一种、同一株的病毒在不断复制后可同时存在具有多种序列组成不同但却有很高同源性基因组的变异病毒群体,称为准种(quasispecies),这种现象多见于 RNA 病毒。

病毒的变异现象复杂多样,可表现为毒力变异、耐药性变异、抗原性变异、宿主依赖性变异等。在感染宿主的过程中,病毒常通过改变抗原性逃避宿主的免疫清除,这是病毒实现持续感染或反复感染的重要机制。抗原性的变异也可导致病毒的免疫学诊断出现漏检。耐药能力的产生也是病毒抵抗环境不利因素而保存自身的重要方式。因此了解病毒变异的现象和机制,对理解病毒病的致病机制和规律、病毒感染的微生物学诊断、药物治疗和疫苗研究等都有实际意义。

二、病毒变异的类型及机制

(一) 基因突变

基因突变可分为自发突变和诱发突变,是指病毒基因组中核苷酸序列发生改变,通常有置换突变、缺失突变和插入突变等类型。病毒的自然突变率为 $10^{-8} \sim 10^{-5}$,如果施以某些物理(如射线、温度等)或化学(如亚硝酸盐、羟胺等化学诱变剂等)因素,则病毒突变发生率可增高,此为诱发突变。

病毒突变的机制有点突变(site mutation)和缺失突变(deleted mutation)两种。点突变是指病毒基因组的个别核苷酸发生了改变,核苷酸的改变导致某个氨基酸的变化,一般由一个核苷酸的变化引起。

缺失突变是指病毒基因组的一部分被丢失,从而使病毒的特性发生改变。如果缺失的那部分核酸序列是无关紧要的,那么病毒的表型不会受到明显影响;如果是关键部分,则病毒将失去独立增殖的能力,甚至是致死性的。例如缺陷性干扰病毒颗粒。

突变株特性与原先的亲代病毒(野生型病毒)常有不同。当突变株能在相应的宿主或细胞中稳定传代时,则称为变异株(variant)。病毒突变株有下列几种主要类型。

1. 毒力改变突变株 可使毒力增强(强毒株)或使毒力减弱(弱毒株),后者可制成减毒活病毒疫苗,如脊髓灰质炎疫苗、麻疹疫苗等即是毒力减弱的弱毒株。

2. 条件致死突变株 指病毒突变后在特定条件下能生长,而在原来条件下不能增殖而致死。其中最主要的是 ts 突变株,病毒在 28～35℃能生长,但在 37～40℃ 则不能增殖而被灭活,这种突变株的亲代在这两种温度中都能生长。ts 突变株常具有降低毒力而保持者免疫原性的特点,常用于制备减毒活疫苗。

3. 宿主适应性突变株 对人致病的病毒,如长期在动物宿主中传代,可成为动物适应性突变株而丧失对人的致病性,成为宿主适应性突变株。例如狂犬病病毒宿主适应性突变株适应在兔脑内增殖,使狂犬病病毒的毒力由"街毒"变为"固定毒",从而制成了狂犬病疫苗。

4. 耐药突变株 临床长期用针对病毒核酸聚合酶或蛋白酶的药物治疗病毒感染可筛选出耐药毒株,常因病毒基因突变而降低了病毒酶与药物的亲和力。

(二) 基因重组与重配

基因重组(genetic recombination)指两种相关的不同病毒间核酸片段(或基因)相互交换后出现的变异,产生的子代病毒具有新的特性。这种重组可在两种(株)活病毒或灭活病毒之间发生。在自然条件下,通常会有两种或多种基因组结构相似的病毒同时感染同一生物体,新合成的病毒核酸分子间会发生交换而重组。核酸序列的重新排列发生在一个分子内,即分子内重组(图 25-5a),这种现象主要见于双链 DNA 病毒。分节段的 RNA 病毒,如流感病毒,通过交换 RNA 节段而进行的重组称为重配(reassortment)(图 25-5b)。

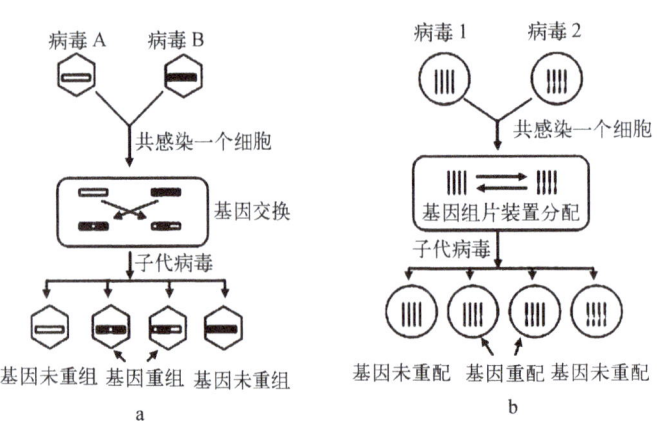

图 25-5 病毒基因组间的重组和重配
a. 基因重组;b. 节段 RNA 病毒基因重配

(三) 病毒基因产物的相互作用

当两种病毒感染同一细胞时,除了发生基因重组外,病毒基因产物也可相互作用。

两种病毒感染同一细胞时,产生的子代病毒可含有双方衣壳或包膜蛋白的成分,但其核酸仍未改变,只表现抗原特性及对宿主亲嗜性的改变。这种突变不稳定,传代后可恢复原来特性,称为表型混合(phenotypic mixing)。若只是一种病毒的衣壳或包膜包裹另一种病毒的基因组,则称为表型交换。若两种病毒的核酸混合装配在同一种病毒衣壳内,或两种病毒的核衣壳包在一个包膜内。两种病毒的核酸未发生基因重组,所以没有遗传性,称为基因型混合(genotypic mixing)。

某些病毒由于遗传缺陷,在细胞培养中不能产生子代病毒,当与其他病毒混合感染时,其他病毒产生的蛋白质产物(如酶、衣壳或包膜)弥补了缺陷病毒的不足,从而可产生感染性的子代病毒,称为互补作用(complementation)。例如辅助病毒与缺损病毒间、两个缺损病毒间、活病毒与死病毒间都可发生互补,互补后仍产生原来病毒的子代。

(赵平　戚中田)

复习思考题

1. 何谓病毒的复制? 试简述病毒复制的概念和基本步骤。
2. 简述双链 DNA 病毒、单正链 RNA 病毒和逆转录病毒生物合成的机制及特点。
3. 何谓顿挫感染、缺损病毒?
4. 何谓病毒的基因重组、基因重配、ts 株、表型混合、互补?

第二十六章 病毒感染与免疫

Viruses are obligatory intracellular parasitens that replicate only inside the living cells. They invade hosts through many different routes, and means of organelles, enzyme and energy in the host cells, causes damage and dysfunction of the tissue and organ of the host. Vird infection results in a variety of local and/or generalized diseases. The outcome of the infection depends upon two aspects: host and invaded virus. The invaded viruses might be killed if the immunity of the host is favorable, otherwise persistent viral infection, immunodeficiency and virus-induced tumor may occur.

Virus infection initially activates the innate immune response which is essential for the detection of invading viruses. The interferon (IFN) system is an extremely powerful antiviral response that is capable of controlling virus spread at an early stage of infection. IFNs are classified as type 1, type 2 and type 3. Type 1 IFN (mainly including IFN-α and IFN-β) can be produced by all cell types if appropriately stimulated. Type 2 (IFN-γ or "immune" interferon) can be part of either the innate and adaptive immune response because it is a product of both the innate NK cells and adaptive T lymphocytes if they are appropriately activated. Type 3 (IFN-λ) may also have indirect effects upon virus infection through many immunoregulatory functions.

Viral infection induces adaptive immune responses that have two main effector components, antibodies and effector lymphocytes. The hallmarks of adaptive immunity include antigen specificity and memory. During primary viral infection, the cellular immune response plays an important role in controlling and clearing the virus, while antibody is less important following clearance of a primary infection. The immune response provides protection against reinfection, mediated mainly by antibody while the cellular response is less significant.

T lymphocyte can be divided into $CD4^+$ and $CD8^+$ cells of two major categories. $CD4^+$ T cells can be further divided into Th1, Th2, Th17 and Treg cells. TH1 cells secrete large amounts of IFN-γ and IL2 and drive the clonal expansion of $CD8^+$ T cells. TH2 cells secrete large amounts of IL4, IL5 and IL21, and drive the clonal expansion of B cells. TL17-producing Th17 cells have been implicated in the pathogenesis of virus-induced chronic diseases. Treg cells are pivotal for preventing autoimmunity by suppressing of autoreactive T cells.

$CD8^+$ T lymphocytes are effector cells that mediate the cellular immune response by their ability to recognize foreign epitopes presented by class I molecules. $CD8^+$ T cells initiate a local response that includes two components, a lytic attack on target cells carrying a foreign epitope and the production of cytokines that can attract inflammatory cells to the local site, resulting in an in direct attack on the invading virus.

第一节 病毒感染的途径与类型

一、病毒感染途径

(一) 水平传播

病毒在人群中不同个体间的传播称水平传播(horizontal transmission)。黏膜表面传播：很多病毒通过呼吸道、消化道、泌尿生殖道的黏膜侵入机体，以黏膜表面上皮细胞为某些病毒最先增殖的部位，有些病毒可以局限于呼吸道或消化道黏膜；有的病毒可以扩散到其他组织和淋巴系统并进入血流，引起病毒血症(viremia),再经血流扩散到器官和组织,继续增殖后再度入血,引起第二次病毒血症,随血流再侵入至靶器官,引起隐性或显性感染,表现出临床典型或非典型疾病。

(二) 垂直传播

通过宫内、胎盘或产道,病毒直接由亲代传给子代的方式为垂直传播(vertical transmission),如人巨细胞病毒(HCMV)、风疹病毒、HIV、HBV等,可引起胎儿先天性畸形、早产或死胎。存在于孕妇产道的病毒,分娩时可感染新生儿,如人单纯疱疹病毒(HSV)、HCMV、人疱疹病毒6型(HHV-6)及HIV。

表 26-1 人类病毒的感染途径

侵入途径	产生局部感染为主的病毒	全身性感染并有器官嗜性的病毒
呼吸道	流感病毒A、B、C;副流感病毒1～4型、仙台病毒、呼吸道合胞病毒、人偏肺病毒;腺病毒多数型;EB病毒、单纯疱疹病毒;鼻病毒100多个型;冠状病毒	麻疹病毒、腮腺炎病毒、水痘-带状疱疹病毒、天花病毒、风疹病毒、禽流感病毒、SARS-CoV
消化道	腺病毒40、41、单纯疱疹病毒,轮状病毒,Reo病毒	HCMV,肠道病毒某些型,脊髓灰质炎病毒,HAV
注射或血液制品,器官移植		HBV,HCV,HIV,HTLV-1,HTLV-2,EBV,HCMV,HSV,HHV-6,HHV-7,HHV-8
破损皮肤、昆虫叮咬、鼠类	乳多空病毒,接触性传染性软疣病毒	狂犬病毒、东方马脑炎病毒、黄热病毒、出血热病毒
眼、泌尿生殖道	腺病毒,疱疹病毒,HPV	HIV,HPV(某些型),HSV,肠病毒某些型,腺病毒某些型
经胎盘或产道	HBV,HIV	风疹病毒、HIV,HCMV,HSV

二、病毒感染的类型

(一) 细胞水平的病毒感染

病毒是严格的细胞内寄生,以基因组复制方式进行增殖,病毒感染宿主细胞可出现三种感染方式:

1. 杀细胞感染(cytocidal infection) 又称溶细胞感染,多见于无包膜病毒,如脊髓灰质炎病毒、鼻病毒、腺病毒,感染后均属杀细胞感染。病毒在宿主细胞内复制成熟后在短期内一次释放大量病毒,此时细胞裂解死亡,释放的病毒又感染其他细胞,这样又开始一轮新的感染周期,直至所有易感细胞死亡,急性感染属于这类感染。

2. 稳定状态感染(steady state infection) 多见于有包膜病毒(如正黏病毒、副黏病毒等)。以出芽方式释放子代病毒、毒力较弱的病毒在敏感性较低的细胞培养中有可能形成稳定状态的感染,有较长时间的细胞和病毒共存。极少数受染细胞还可以增殖,病毒经增殖释放后,最终这些细胞死亡,而大多数细胞不受感染。

3. 整合感染(integrated infection) 病毒基因整合入宿主细胞有两种方式:某些RNA病毒基因组经反转录产生DNA或某些DNA病毒的全部或部分核酸整合于宿主细胞的染色体,成为细胞染色体的一部分。病毒基因随着细胞的分裂而能传给子代,长期存在于细胞中。整合了病毒基因的细胞,其遗传性会发生改变,在其表面出现新的抗原。有时病毒DNA以质粒的形式存在于细胞质内,成为病毒基因携带状态(viral genome carriage)。可采用核酸分子杂交技术,从细胞中检出病毒基因的存在。

(二) 整体水平的病毒感染

病毒对宿主的感染,可因病毒的种类、毒力及机体免疫力的不同而临床表现不同。根据临床症状的有无,分为隐性感染和显性感染;显性感染又可分为急性感染和持续性感染;持续性感染主要包括慢性感染、潜伏感染和慢发病毒感染。

1. 隐性感染 病毒进入机体后,不引起临床症状称隐性感染(inapparent infection)或称亚临床感染(subclinical infection)。病毒在体内不能大量增殖,对细胞和组织造成的损害不明显。隐性感染虽然不出现典型的临床症状,但仍可获得免疫力而清除病毒。大多数临床感染表现为隐性感染,部分隐性感染者可成为传染源,在流行病学上具有意义。

2. 显性感染 显性感染(apparent infection)指病毒进入机体感染靶细胞后,造成细胞结构和功能损害而出现临床症状的感染。根据感染后症状出现早晚和病毒在体内持续时间长短,又分为急性感染和持续性感染。

(1) 急性感染(acute infection)：是指病毒通过不同途径入侵机体后，在宿主细胞内大量复制增殖，引起细胞破坏、组织损伤。潜伏期一般较短、发病急，病程数日到数周。恢复期病毒被清除，机体获得适应性免疫。

(2) 持续性感染(persistent infection)：是指有些病毒感染机体后，可在受染细胞内长期存在或终生携带，且反复间断地向外界排出病毒，成为重要的传染源。持续性感染又可分为慢性感染、潜伏感染和慢发病毒感染三类。

1) 慢性感染(chronic infection)：病毒可持续存在于血液、组织液或器官内。病毒在整个持续感染过程中均可以被检出，病毒效价高，不断向体外排毒，或经输血、注射而传播。病程可长达数年或数十年之久。当免疫功能低下时发病。婴儿感染HBV常常变成持续性感染，大多为无症状携带。

2) 潜伏感染(latent infection)：经急性或隐性感染后，病毒基因仍存在一定组织或细胞内，但并不能产生有传染性病毒颗粒。在某些条件下病毒被激活而出现急性发作。如单纯疱疹病毒感染后，在三叉神经节中潜伏，此时机体不表现临床症状，也不排毒，当机体受到生理或环境因素影响，潜伏的病毒活化、增殖，沿感觉神经到达口唇皮肤或口腔黏膜，发生口唇疱疹，此时唾液腺内和唇疱疹内均会有病毒，并不断向外排毒。水痘病毒感染主要在儿童引起水痘。病愈后，病毒潜伏在脊髓后跟神经节或颅神经的感觉神经节细胞内，机体免疫功能低下时，病毒活化、增殖，沿神经干扩散到皮肤，发生带状疱疹。带状疱疹自愈后，病毒又潜伏回原处，所以带状疱疹可在同一部位反复发作。

3) 慢发病毒感染(slow viral infection)：病毒或致病因子感染后，经过很长的潜伏期，有时可长达数年或数十年之久，以后出现慢性进行性疾病，直至死亡。人类常规病毒引起的慢发病毒感染如进行性多灶性白质脑病(PML)。尸检见大脑半球和小脑多发性退行性病灶。多数患者脑组织中能分离到JC病毒，脑组织中100%能检测出高水平的JCV DNA，JC病毒侵入途径主要为呼吸道。亚急性硬化性全脑炎(SSPE)引起中枢神经退行性病变，是麻疹病毒所致的慢发感染，儿童期感染病毒，经过5~10年后表现为中枢神经系统疾病，在脑组织可以检出麻疹病毒。非常规病毒引起的慢发病毒病如Kuru病，即海绵状脑病。

3. 病毒感染与肿瘤 至少有100种以上病毒能引起动物恶性肿瘤，迄今已发现人类肿瘤中有20%由病毒感染而诱发成良性和恶性肿瘤。如EB病毒引发的Burkitt淋巴瘤和鼻咽癌。Burkitt淋巴瘤的染色体易位，从第8对染色体的部位易至第14、2、22号染色体上。由于染色体易位而激活了癌基因，使细胞增生。细胞周期蛋白(cyclin)是调控细胞周期的重要因素，一些病毒感染后能在宿主细胞内编码与宿主内源性细胞周期蛋白同源的类似物，为病毒编码的细胞周期蛋白(virus encoded cyclin, v-cyclin)，如HHV-8具有克服细胞分裂周期停止的作用，从而增加肿瘤形成的可能性。目前已证实HHV-8与卡波济肉瘤(Kaposi's sarcoma, KS)、原发性渗出性淋巴瘤等相关，病毒致癌的机制尚不十分清楚。几种病毒引起的良性和恶性肿瘤见表26-2。

表26-2 几种DNA和RNA病毒所致的良性细胞增生和恶性肿瘤举例

	病毒	良性增生	恶性肿瘤	相关协同因子
DNA病毒	EB病毒	舌毛样白斑 传染性单核细胞增多症	Burkitt淋巴瘤 鼻咽癌 恶性淋巴母细胞增多症	疟疾、饮食内含亚硝酸盐、鼻吸药含佛波醇酯(phorbolesters)、遗传因子、免疫抑制状态
	HHV8		卡波济肉瘤(KS)	HIV感染
	人乳头瘤病毒HPV16, 18 HPV6, 11, 31, 33, 35	子宫颈、阴茎上皮增生 妇女外阴尖锐湿疣	宫颈癌、皮肤癌、喉癌 阴户癌、外阴癌、龟头癌	日光(紫外线过强)、吸烟
	HBV	灶性肝细胞增生	原发性肝癌(肝细胞癌)	肝硬化、酒精中毒、食物污染黄曲霉素
RNA病毒	HCV		原发性肝癌(肝细胞癌)	肝硬化
	成人T细胞白血病病毒HTLV	潜在性白血病	急性T细胞白血病/淋巴瘤	不清楚

4. 病毒与畸胎 妊娠期感染病毒使母婴均受损害。多种病毒感染后，可引起细胞染色体易位、断裂。可能和致胎儿畸形有关。胎龄12周前为器官形成期，如感染了病毒，可破坏细胞，抑制细胞分裂和

增殖,导致发育异常和畸形,如风疹病毒,巨细胞病毒。器官形成期以后感染,可破坏组织器官构造,如单纯疱疹病毒、VZV,常造成脑炎、肺炎、肝脾肿大及畸形。有些病毒可形成持续感染,如风疹病毒和巨细胞病毒。围生期 HBV、HIV 可经胎盘及分娩期传播。

第二节 病毒感染的致病机制

病毒致病机制较复杂,病毒感染在致病不同阶段起不同作用。

病毒是严格的细胞内寄生、以基因组复制方式增殖的微生物。病毒感染细胞的特点具有明显的细胞和组织嗜性。病毒感染细胞是病毒蛋白与细胞受体相互作用的结果,这种相互作用是高度特异性的。病毒一旦进入细胞内,可通过复制来干扰细胞内蛋白质的合成,从而导致细胞的损伤甚至死亡。病毒在感染后也可不造成即刻的损伤,即所谓的"hit and run"(打击后逃跑),而是潜伏在宿主细胞内。耐受(tolerance)状态的病毒可作为自身抗原,导致自身免疫病。病毒基因组 DNA 还可以整合到细胞染色体 DNA 中。所以病毒感染可在多层次对宿主的免疫系统进行破坏和干扰,使机体免疫功能不能正常发挥效应。

一、阻止细胞大分子合成

多数杀细胞病毒编码早期蛋白具有关闭宿主细胞 RNA 和蛋白质合成。脊髓灰质炎病毒能抑制 mRNA5′端帽状结构形成,或产生大量病毒 mRNA 与细胞 mRNA 竞争核糖体,阻断细胞蛋白质合成。

二、改变细胞膜结构

某些有包膜病毒(如副黏病毒)和宿主细胞相互作用,可引发感染细胞发生融合,形成多核巨细胞,易于病毒在细胞间扩散。某些病毒感染可破坏宿主细胞正常周期,影响宿主细胞信号级联转导通路。病毒感染能减少宿主 mRNA 翻译,当病毒翻译达到高峰时,病毒能改变细胞蛋白(如细胞受体 MHC Ⅰ类分子)的表达。病毒感染后在细胞膜上可镶嵌病毒包膜抗原,这些新抗原可刺激机体引发免疫病理反应。

三、诱导细胞凋亡或坏死

细胞凋亡是机体细胞的一种生理性、程序性死亡过程。凋亡细胞具有特殊形态特征,如核染色质浓缩,染色体 DNA 断裂,细胞膜形成突起。病毒蛋白能在感染周期的不同时刻诱导凋亡发生,某些病毒蛋白直接诱导凋亡,而另一些通过宿主细胞蛋白中和效应间接地诱导或阻断凋亡。病毒感染后引起凋亡细胞有两种情况:① 由病毒本身或由病毒编码蛋白直接或间接地作为诱导因子引发细胞凋亡。了解这一种细胞凋亡机制,对研究如何阻断病毒致细胞死亡有重要意义。② 病毒对其依赖生存的宿主细胞凋亡进行控制。EB 病毒编码的 LMP1 蛋白可诱导细胞表达 Bcl-2 蛋白。Bcl-2 蛋白是细胞内与膜相关的多肽,可抑制许多类型细胞的凋亡。HPV16 编码的 E6 蛋白以一种与 $p53$ 无关的机制阻断 TNF 诱导的细胞凋亡。这些病毒产物可以发挥抗细胞凋亡的作用,从而使病毒感染靶细胞不受机体的清除,有利于病毒在细胞内复制和增殖,是病毒逃逸宿主免疫监视方式之一。

某些病毒蛋白能阻断凋亡途径,通过延长细胞生命来增加病毒子代量。Ebola 病毒引起严重的内皮细胞受损,继而损伤毛细血管壁,包膜糖蛋白是该病毒的毒性蛋白,能结合细胞受体及靶向性对内皮细胞和单核细胞的细胞毒效应。腺病毒的早期转录程序通过蛋白 EIA,EIA 可使宿主细胞进入 S 期,从而提供病毒复制的最佳环境;可建立抗宿主的防御系统;还可合成病毒 DNA 复制所需的基因产物;早期转录的 EIA 区是最重要的、与细胞凋亡相关的基因区。

四、干扰细胞因子的活性

很多病毒可拮抗细胞因子的活性,腺病毒至少有 4 种基因产物拮抗 TNF 活性。痘病毒家族可编码可溶性细胞因子受体,阻断 IFN-α、IFN-β、IFN-γ、TNF 和 IL-1 的活性。有些病毒可编码趋化因子样或趋化因子受体样分子,从而干扰趋化因子网络功能,介导病毒在体内的免疫逃逸。

五、病毒包涵体的形成

细胞被病毒感染后,在细胞浆或细胞核内出现大小、数目和染色特性不同的病毒包涵体(inclusion body),HE 染色后在光学显微镜下可见。病毒包涵体由病毒颗粒或未装配的病毒成分组成。包涵体破坏细胞正常结构和功能,有时引起细胞死亡。

六、染色体畸变

多种病毒感染细胞后可引起细胞的染色体变化,如断裂、异位,甚至粉碎等,这些改变与病毒的致畸、致突变和致瘤作用密切相关。

七、免疫病理损伤

病毒感染能刺激机体产生体液和细胞免疫,抵抗再感染。这是对机体有利的一面,与此同时,有许多病毒会产生免疫病理反应,如有些病毒抗原与抗体结合在血液中形成抗原抗体免疫复合物沉淀于毛细血管基底膜,激活补体造成组织损伤,引起Ⅲ型变态反应。如肾脏受损,临床上出现蛋白尿、血尿。有些病毒蛋白与宿主细胞蛋白之间存在共同抗原,能引起自身免疫应答,造成自身免疫性疾病。较多病毒感染后引起免疫抑制,如麻疹病毒感染的患者对结核菌素试验应答低下;HHV6 感染后病毒入侵 T 淋巴细胞和神经细胞等。使病毒难以清除,从而易造成持续性感染。

第三节 抗病毒免疫

人体的抗病毒免疫由固有性免疫和适应性免疫共同组成,固有性免疫主要由固有免疫细胞和固有免疫分子组成,包括 NK 细胞、树突状细胞以及干扰素、细胞因子等。固有免疫在抗病毒感染早期、适应性免疫应答产生之前起重要作用,是病毒入侵细胞后所遇到的第一道防线。病原体入侵机体后,通过病原体相关分子模式(PAMP)与细胞模式识别受体(PRR)结合,激活一系列的信号通路进而启动固有免疫应答。

一、固有免疫

(一)干扰素

干扰素(interferon,IFN)是由干扰素诱生剂(interferon inducer)诱发人或动物机体有关细胞所产生的一种或多种糖蛋白,它的产生和发挥作用都受细胞基因组的控制。它的活性表现为抑制病毒增殖、抑制肿瘤增长、对免疫反应起调节作用。根据干扰素的抗原特异性和分子结构将干扰素分成三个血清抗原型:Ⅰ型干扰素包括 IFN-α、IFN-β、IFN-ω 和 IFN-τ;Ⅱ型干扰素为 IFN-γ;Ⅲ型干扰素包括 λ1~3 干扰素(相应的也称 IL29、IL28A、IL28B)型。不同亚型的干扰素有不同生理功能。在特定干扰素型别内,由于氨基酸序列或组成方面的差异,又可分为若干亚型。基因工程生产的干扰素称重组干扰素(recombinant interferon,rIFN),它具有与天然干扰素相同的抗原性,目前已用于临床上治疗病毒性疾病和肿瘤。

干扰素发挥作用是要通过细胞受体信号传递、激活细胞另一组基因来实现的,IFN-α、IFN-β、IFN-ω 和 IFN-τ 具有共同受体,而 IFN-γ 比 IFN-α 和 IFN-β 更严格。IFN-α 和 IFN-β 由第 9 号染色体短臂上基因编码,IFN-α、IFN-β 基因组内无插入序列。IFN-γ 由第 12 号染色体长臂基因编码,IFN-γ 基因组内有插入序列。人干扰素作用细胞后,在第 21 号染色体调控下产生抗病毒蛋白。

近年来,在干扰素诱生作用机制方面有突破性发现,阐明了 Toll 样受体和 RIG1 样受体都具有干扰素诱生的作用。这两类受体其识别的对象是病毒核酸,包括单链和双链 RNA。细胞通过 TLR 和 RLR 对病毒核酸进行识别并进而激活一系列的下游信号转导蛋白,导致细胞转录因子的激活和干扰素效应蛋白的诱生。

由病原体所表达与宿主细胞活性分子所不同,并为细胞 TLR 和 RLR 所识别的特征分子,称病原体相关分子模式(pathogen-associated molecular pattern,PAMP)。干扰素的诱生就是一场由病毒核酸所引发的一种细胞自我保护反应。TLR 配体是很强的干扰素诱导剂,各种不同的 TLR 分别识别不同的

PAMP。与病毒感染及干扰素诱生有关的分别主要是 TLR3、TLR7、TLR8、TLR9。它们位于内体腔内负责识别病毒核酸,内体是一种动物细胞的细胞器,内体的结构是可以保证 TLR 只与外来核酸发生反应而不会识别自身的 DNA 或 RNA。RLR-1 是视黄酸诱导基因/RIG-1 样受体,主要位于细胞质内与双联 RNA 结合最强,与配体结合诱导大量的干扰素产生。因此,RIG-1 被认为是细胞质内双链 RNA 的特异性传感蛋白。

从基因水平了解干扰素抗病毒活性主要涉及下列几种抗病毒蛋白:

1. ISG15　　是 15 kDa 的干扰素刺激蛋白。迄今已经鉴定的 ISG 靶蛋白至少有 158 种,都有 I 型干扰素的重要效应作用。ISG15 大量分泌来调节细胞内免疫反应,ISG15 细胞外的功能机制尚不清楚。

2. MX 黏蛋白抗性蛋白 A　　① MX 蛋白具有 GTP 酶活性,而且这一活性是其抗病毒功能所必需的。② MXA 在胞质和细胞内膜(如内质网)中集聚,可识别流感病毒、布尼亚病毒的核壳样结构。③ 在病毒复制早期,MXA 和 MX1 与流感病毒多聚酶(PB2 和核衣壳蛋白)结合,阻断基因转录,是一种有效的抗病毒作用。能预防病毒突变来逃逸 MX 介导的抗病毒机制。

3. 2′-5′寡腺苷酸合成酶(2′-5′ oligoadenylate synthetase, OASI)　　OASI 以 ATP 为底物合成低分子质量的 2′-5′A 合成酶,它可使病毒的 RNA 降解。由于合成的 2′-5′A 只与 RNA 的复制复合物结合,从而限制了 2′-5′A 在病毒 RNA 复制的局部作用,而不对细胞有毒性作用。

4. 蛋白激酶 R(PKR)　　可使数种与核糖体相连的蛋白质磷酸化。其中分子质量为 35 kDa 的多肽为起始因子-2(eIF-2),磷酸化后失活,从而使病毒蛋白合成受阻。

5. 磷酸二酯酶　　这种酶为外切酶,能水解除去 tRNA 3′端的 CCA,从而抑制病毒肽链的延长和蛋白质的翻译。

干扰素诱导的抗病毒状态有下列的共同特点:有动物特异性而无病毒特异性,作用于细胞而非作用于病毒;有细胞间的传递性;作用的暂时性,一般体外建立抗病毒状态只能维持 24~72 h,所以干扰素可用来预防和治疗病毒性疾病。干扰素对 RNA 和 DNA 病毒都有广泛的抗病毒活性,但各种病毒对干扰素的敏感性差异甚大,举例如下:高度敏感的有水泡口腔炎病毒(VSV)、Sindbis 病毒、乙型脑炎病毒、鼻病毒等;中度敏感的有流感病毒、狂犬病毒、麻疹病毒、肝炎病毒等;低度敏感的有艾滋病毒、脊髓灰质炎病毒、柯萨奇病毒、腺病毒等。

(二) NK 细胞

NK 细胞(natural killer)表面表达 IgG Fc 受体(FcrR Ⅲ),不依赖抗原刺激,能自发地溶解多种肿瘤细胞和病毒感染细胞,也可借助 ADCC 作用杀伤靶细胞,称其为自然杀伤细胞。NK 细胞来源于骨髓淋巴样干细胞,其分化发育依赖于骨髓或胸腺微环境,主要分布于外周血和脾脏。NK 细胞不表达特异性抗原识别受体,属第三类淋巴细胞。细胞中含有嗜天青颗粒,也称大颗粒淋巴细胞(large granular lymphocyte, LGL)。NK 细胞表面有 CD2(即 E 受体)、CD16(FcrRIII)及 CD56 等标志。病毒感染可致 NK 激活。NK 细胞表面也有 IL2R 和 IFNR,可被 IFN-α/β、IL2、IL15、IL18 等细胞因子所激活。活化的 NK 细胞可以分泌 IFN-γ 和 TNF-α 等多种细胞因子。TNF 和 IFN-γ 相加则效果更好,通过不同途径引使 NK 细胞对靶细胞的杀伤。因此细胞因子是宿主抗病毒感染的重要因子。IFN 和 NK 细胞构成早期抗病毒固有免疫的重要免疫因素。

(三) 树突状细胞

树突状细胞(dendritic, DC)具有多种免疫调节作用,可通过分泌不同类型细胞因子(CK)影响适应性免疫应答。DC 有两个亚群:① 髓样 DC(mDC)可表达 TLR2、4、5,在病原体抗原刺激下能分泌 IL-2、IL-12 为主的 CK,诱导或促进 Th0 细胞分化为 Th1 细胞,发动和增强细胞免疫应答。② 浆细胞样 DC(pDC)可表达 TLR7、8、9,在病毒感染刺激下能产生以 IFN-α 为主的细胞因子,发挥抗病毒作用,在 IL-3 和 CD40L 联合刺激下辅助 B 细胞产生体液免疫应答。

研究发现 DC 诱导的免疫反应也与病毒感染量有关。受低水平流感病毒感染的 DC(MOI 为 0.02)无须 $CD4^+$ T 细胞协助就能诱导外周血 $CD8^+$ T 细胞发生特异性 CTL 反应,因为低水平 MOI 感染 DC 能促使 Th1 细胞产生 IL2、IL12 和 IFNγ;相反,高水平 MOI 感染时,DC 能促进 Th2 细胞产生 IL4、IL5、IL6 和 IL10 等细胞因子。

有些病毒通过抑制 DC 的功能来抑制免疫功能。麻疹病毒(MV)感染过程中可发现机体细胞免疫明显受抑制,包括 T 细胞减少,迟发型超敏反应和适应性免疫应答受抑制。因为感染 MV 的 DC 产生 IL2

能力大幅度下降,所以 MV 能抑制 DC 对 T 细胞激活作用。

二、适 应 性 免 疫

病毒感染后,能刺激机体产生特异性的体液和细胞免疫应答。无包膜病毒感染后以体液免疫为主,有包膜病毒感染后以细胞免疫为主。丙种球蛋白缺乏症即抗体缺陷的人,脊髓灰质炎和 ECHO11 病毒所致的中枢神经系统感染严重,排毒时间长,病死率高。相反当细胞免疫有缺陷,接种牛痘苗后常发生坏疽痘而死亡。有包膜病毒侵犯细胞后,病毒包膜抗原出现在受染细胞表面,此时感染细胞成为靶细胞,能被 T 细胞识别,亦能被 T 细胞攻击。靶细胞的破坏使病毒增殖基地被清除。

(一) 体液免疫

病毒感染或疫苗接种后机体能产生特异性抗体,可有效地防止机体对同种病原的再感染。病毒感染后最早出现的是 IgM 类抗体,一般在感染后 2~3 d 即可出现,血清中检测出 IgM 提示新近发生感染,可用于感染的早期诊断。在胚胎发育晚期的胎儿即能产生 IgM,故脐带血 IgM 升高提示胎儿有宫内感染(如风疹病毒或巨细胞病毒等感染)。特异性 IgM 的存在不仅在病毒感染初期控制病毒在体内的扩散,也可阻止病毒感染靶细胞,能控制严重的嗜神经病毒性疾病的发生。以后出现的是 IgG 类抗体,也是唯一能通过胎盘的抗体,在新生儿抗感染中起重要作用。特异性抗体能作用于感染早期体液中的病毒和从感染细胞裂解后释放的病毒,抗体能结合游离病毒,从而中和病毒使病毒失去感染性,这种抗体称为中和抗体(neutralizing antibody)。病毒和中和抗体结合形成免疫复合物易被巨噬细胞吞噬而清除。有许多病毒如正黏病毒、副黏病毒含有血凝素特异性抗原,能刺激机体产生相应的抗体,即血凝抑制抗体(hemagglutination inhibition antibody),这些抗体也能中和病毒的感染性。IgG 和 IgM 抗体可以结合补体,发挥调理吞噬作用,增强机体的免疫应答能力,这类抗体亦称为补体结合抗体(complement fixation antibody)。当再感染时,记忆性 B 细胞迅速激活后产生病毒特异性抗体和病毒结合,中和抗体起主要作用。抗体阳性能有效保护机体抗严重感染,包括麻疹病毒、甲肝病毒,有效期可维持终生免疫。SIgA 是分泌液中的主要抗体类别,主要存在于胃肠道和呼吸道分泌液中,参与黏膜局部免疫,也称局部抗体,是在局部抗感染中起重要作用的中和抗体。抗体不能进入细胞内,对潜伏感染的病毒及从对细胞直接传播的病毒无效。抗体在预防病毒感染(疫苗预防接种)及再感染中起重要作用。严重病毒感染(如脑炎)在抗体缺陷人群中发病率远高于正常人群,这种抗体缺乏的患者即使接受了 IgG 过继治疗仍无效。可能与 IgM 天然抗体有关。

(二) 细胞免疫

细胞免疫在病毒感染中起着极为重要的作用。T 细胞只能通过 T 细胞表面的特异性受体 TCR 识别与 MHC 分子结合并表达于细胞表面的抗原肽片段。MHC Ⅰ 类分子的主要作用是抗原多肽- MHC Ⅰ 类分子结合形成复合物,并提呈内源性抗原给 CD8$^+$ T 细胞,诱发特异性 CTL(cytotoxic T lymphocytes, CTL)。CD4$^+$ T 细胞可识别抗原提呈细胞上抗原肽与 MHC Ⅱ 类分子复合物,形成 TCR/抗原肽- MHC 分子三元体再递呈给 CD4$^+$ T 细胞。CTL 在体内最主要的功能就是发挥对病毒感染的免疫监视作用,如果患者体内的 CTL 缺失则会造成严重的感染。CTL 可通过两条途径:① CTL 必须与靶细胞直接接触,通过穿孔素、颗粒酶或 FasL/Fas 机制杀伤靶细胞。② 特异 CTL 释放细胞因子,以非杀伤方式清除病毒的感染,从而拓宽了人们对细胞免疫应答中抗病毒感染新的认识。已知 HBV 的清除需要依赖 HBV 特异的 CTL 的产生。在急性 HBV 感染的患者,95% 的患者在无肝损伤情况下彻底清除 HBV。细胞因子引起 mRNA 转录下调效应性 T 细胞,以一个非溶解模式清除胞内病毒 RNA 和蛋白,类似干扰素的效应。IFN-γ 的作用是靶向很多胞内信号途径达到清除病毒。在 LCMV 持续感染 HBV 转基因小鼠后。其肝内特异性 CTL 和巨噬细胞表达高水平的 IFN-α、IFN-β 和 TNF-α,HBV 的复制也被抑制。因此细胞因子在控制病毒感染中起主导作用。

在病毒感染之后,病毒特异性 CD8$^+$ CTL 效应细胞很快增值。在感染后 2~3 周达到高峰。约第 6 周 CTL 减少,比高峰期要下降 10~100 倍,但不是完全消灭。CD8$^+$ 减少通常和病毒被宿主清除程度相一致的。剩余的 CD8$^+$ T 细胞通常称为"记忆性 T 细胞",当宿主再次被感染具有迅速增值能力。记忆性 T 细胞和效应细胞 T 细胞通过表达各自表面标记和细胞内细胞因子可以区分。记忆性 CD8$^+$ 细胞在淋巴组织占优势,有时也称中枢记忆细胞(T_{CM})而在末梢组织占优势,以 IFN-γ 和 TNF-α 反应很强的上升。有时叫效应性记忆细胞(T_{EM})(表 26-3)。

表26-3 T、B细胞免疫反应的比较表

	B细胞效应	CD4⁺T细胞效应	CD8⁺T细胞效应
免疫类型	体液免疫	细胞免疫	细胞免疫
祖(记忆)细胞	B细胞	CD4⁺祖细胞	CD8⁺CTL
效应细胞	浆细胞	CD4⁺淋巴细胞	CD8⁺CTL
介导免疫分子	免疫球蛋白	细胞因子	穿孔素、颗粒酶、细胞因子
持续性效应	有	无	无
回忆(记忆)效应	有	有	有

体液免疫主要作用于游离病毒,而细胞免疫主要作用于病毒感染的靶细胞。在病毒原发感染中,细胞免疫反应在控制和清除病毒起了一个重要作用。此时抗体的作用小于细胞免疫。但原发感染后抗体能继续产生中等量,并能长时间维持以保护机体抗再感染;在再次感染早期,中和抗体发挥重要作用。细胞免疫作用小于体液免疫。究竟是何种模式,还要取决于感染的病毒类型和受染宿主细胞的固有性免疫和适应性免疫两方面决定(表26-4)。

表26-4 抗病毒因子在抗病毒中的作用及方式

免疫因子	主要作用方式
固有性:	
(1) 多种细胞因子(如IFN类,TNF类,集落刺激因子类,白细胞介素类)	不同细胞因子以不同方式作用于靶细胞,IFN使细胞产生三种抗病毒蛋白,抑制病毒增殖。
(2) NK细胞	ADCC,非特异杀伤靶细胞
(3) DC	增强MHC Ⅰ类分子递呈给CD8⁺T细胞,和MHC Ⅱ类分子递呈给CD4⁺T细胞
适应性免疫:	
(1) 抗体:IgG、IgM、IgA、SIgA	(1) 中和病毒,使病毒失去感染力 (2) 增强补体及补体和吞噬起协助作用;抗体和补体协同作用局部抗体抗黏膜表面感染
(2) 细胞免疫:CD4⁺T细胞、CD8⁺T细胞	以特异性杀伤方式,直接杀伤或以非特异性分泌细胞因子方式清除病毒

(姚堃)

复习思考题

1. 病毒感染为什么是严格的细胞内感染?
2. 病毒感染的类型有哪些?
3. 病毒持续性感染的类型有哪些?
4. 抗病毒的细胞免疫包括哪些有效因子?
5. 病毒感染的致病机制有哪些?
6. 试述干扰素的抗病毒机制。
7. 举例说明体液免疫和细胞免疫在抗病毒免疫中的作用。

第二十七章 病毒感染的诊断

The diagnosis of viral infections depends on the quality of specimens, and the choice of methods for laboratory confirmation of a viral infection depends on the stage of the illness (Table 27-1). Viruses are not detected by conventional techniques may be observed by immune electron microscopy (IEM), which is sometimes used to detect viruses that cause enteritis and diarrhea. Cell culture techniques are widely used for isolating viruses from clinical specimens. When viruses multiply in cell culture, they produce biologic effects (eg, cytopathic changes, viral interference, production of a hemagglutinin) that permit identification of the agent. Virus isolation or antigen detection is required a) when new epidemics occur, as with influenza. b) when serologic tests are not useful. c) when the same clinical illness may be caused by many different agents. Nucleic acid hybridization to detect viruses is highly sensitive and specific, and polymerase chain reaction as well as dot hybridization in particular is increasingly being used to detect viral nucleic acid sequences in tissue samples not only from patients with acute infection but also from those with chronic diseases from which virus is not readily isolated. The diagnostic methods based on nucleic acid amplification techniques are replacing some but not all virus culture approaches. However, the need for appropriate sample collection and test interpretation will not change.

Typically, a virus infection elicits immune responses directed against one or more viral antigens. Both cellular and humoral immune responses usually develop, and measurement of either may be used to diagnose a viral infection. Humoral immune responses are of major diagnostic importance in viral infections. Antibodies of the IgM class appear initially and are followed by IgG antibodies. The IgM antibodies disappear in several weeks, whereas the IgG antibodies persist for many years. Antibody tests require sample taken at appropriate intervals, and the methods used include the neutralization (Nt) test, the complement fixation (CF) test, the hemagglutination inhibition (HI) test, the immunofluorescence (IF) test, passive hemagglutination, immunodiffusion, and enzyme-linked immunosorbent assay (ELISA).

病毒感染后可在机体细胞内合成或复制自身成分,不断形成新的子代病毒,与此同时,机体针对病毒感染产生特异性免疫应答。所以,病毒感染的实验室诊断主要是检测病毒颗粒、检测病毒抗原和检测病毒抗体,这些都是病毒感染检测的标志物。

病毒感染检测方法的选择,除应考虑病程因素(表27-1)外,还应考虑检测方法的敏感性、特异性、准确性、重复性和实用性等。敏感性是指在真正阳性的群体中所检测到的阳性数的比例;特异性是指在真正阴性的群体中所检测到的阴性数的比例;准确性是检测准确数占检测总数的比例;重复性是指同一样本重复检测所得数据的稳定程度;实用性的指标较多,包括方法的成本、操作所需时间、技术复杂程度、是否需要特殊或贵重仪器设备及安全性(如放射性损害和致癌试剂)等。

表27-1 病程与病毒感染标志物的检测

病　　程	病毒成分	特异抗体
潜伏期	不常检出	无
前驱症状期	可能检出	无
发病时	多可检出	偶尔检出
急性期	可以检出	多可检出
恢复期	难以检出	可以检出
痊愈期	不能检出	可以检出

第一节 分 离 病 毒

分离培养主要是检测活的或有感染性的病毒,目前能够在实验室分离培养的病毒还不多,主要有甲肝病毒、艾滋病毒、肠道病毒以及流感病毒等呼吸道病毒。分离培养的成功,除要求有合适的敏感细胞(动物)外,还在很大程度上取决于样本的采集时间、预处理及运送过程有关。

(一)采集样本的时间和部位

分离病毒所用的样本应在发病早期,特别是在抗病毒治疗前采取。样本应真正来自感染部位,避免其他微生物污染。从无菌的部位如血液、脑脊液中分离到病毒,诊断意义通常较大;若从呼吸道、胃肠道、泌尿生殖道、创口或皮肤等处分离到可能的致病病毒,则必须结合临床资料综合分析,才能得到有意义的结果。

(二)样本的采集、处理和运输

无菌棉拭子是收集样本最方便的方法,常置于一定的样本收集液中送至实验室。样本应尽快接种,因多数病毒十分脆弱,离开感染部位短时间内就可能死亡。样本中一些容易生长繁殖的微生物在3~4 h内可大量繁殖,引起微生物数量比例变化而不利于病毒的分离。可对样本进行处理以选择性抑制、破坏或去除污染的微生物,在分离培养病毒前常使用抗细菌和抗真菌药物处理样本并在接种前离心以去除污染的细菌或真菌。

(三)分离培养

1. 细胞培养 细胞培养物是分离病毒的主要方法,也是最特异的病毒检测方法。根据细胞的组织来源,可分为人细胞、哺乳动物细胞、昆虫细胞和鸡胚细胞等;根据细胞的传代特性可分为原代细胞和传代细胞。原代细胞是指新鲜制备的细胞,而传代细胞指已建株的细胞。病毒在敏感的细胞内增殖后,可引起细胞形态学改变如细胞团缩、脱落、肿胀、融合,或形成包涵体等(图27-1),或产生细胞凝集和干扰现象,据此可对病毒分离物做出初步鉴定。对某些不导致细胞出现明显病变的病毒,可以先将病毒样本接种细胞,短期培养后即用特异抗体作免疫荧光或免疫酶染色,检测细胞内病毒颗粒上的抗原进行诊断。例如用细胞培养结合免疫荧光性或碱性磷酸酶免疫染色法,检测病毒分离中常见的脊髓灰质炎病毒、单纯疱疹病毒、巨细胞病毒等,可在3 d内简易而快速地做出病原学诊断,目前这一方法已被广泛采用。

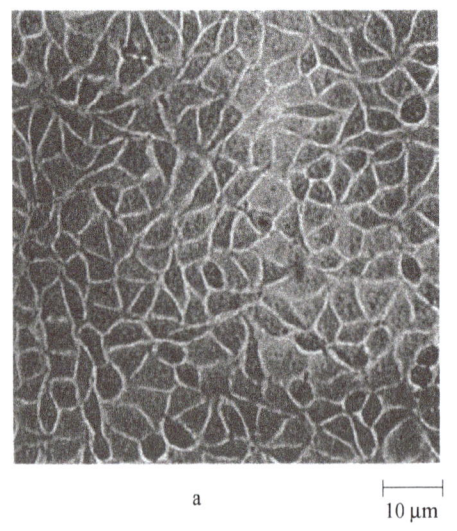 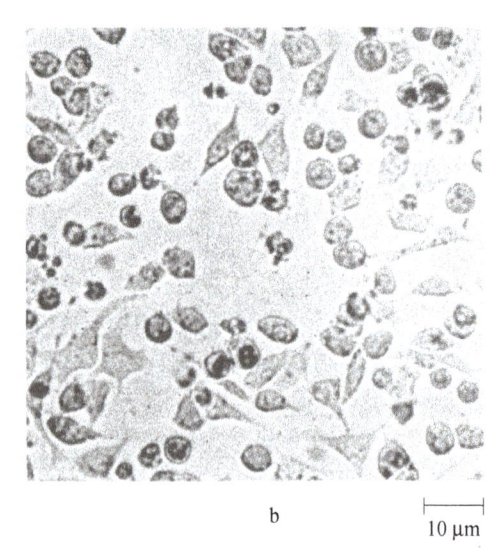

a   10 μm   b   10 μm

图 27-1 病毒对细胞的致病效应

a. 培养的正常细胞;b. 病毒感染后的病变细胞

2. 动物实验 有些难以在细胞培养中生长的病毒,可用敏感的实验动物进行分离,流行性乙型脑炎病毒及狂犬病病毒的分离,首选即为动物接种。但用这一方法可能受动物免疫系统的影响,而且实验动物中可能存在的病毒感染会因接种样本而激活,从而导致错误诊断。有些病毒缺乏敏感动物或某些珍稀动物价格昂贵,也是实验动物较少使用的原因。实验动物分离病毒多用于科研或对某些特殊病毒的鉴定。

3. 鸡胚接种 受精的鸡蛋在 37℃ 孵育数天后,可形成鸡胚。有些病毒如黏病毒、痘病毒和疱疹病毒等可用鸡胚分离。但除流感病毒外,目前已较少应用。

(四)鉴定

1. 病毒种类与型别鉴定 病毒的分离培养物可用形态学、血清学和理化方法进行鉴定,其中血清学鉴定最为特异和常用。使用已知特异性抗血清,通过玻片凝集、中和试验、补体结合试验或血凝抑制试验、免疫荧光技术(IFA)和 ELISA 等方法,可以对分离培养的病毒进行种型鉴定。

2. 病毒感染性测定 细胞病变是病毒感染测定的基础,病毒感染性的强弱以感染性效价(infectivity titer)表示。能引起可检出细胞致病作用的最小病毒量即为一个感染单位,常用的方法有以下两种。

(1)50%组织细胞感染量(tissue culture infective dose 50,$TCID_{50}$)测定:本法是测定病毒感染细胞后能引起 50%细胞病变的最小病毒量。方法是将待测病毒样本做 10 倍连续稀释,取不同稀释度病毒分别接种细胞培养物,连续数天观察细胞病变,并用统计学方法计算感染 50%细胞所对应的稀释度,即为 $TCID_{50}$。此法亦可用动物或鸡胚代替细胞,但均不能测定感染性病毒颗粒的多少。

(2)蚀斑测定(plaque assay):本法是测定病毒感染细胞后引起局灶性病变的数量,即蚀斑数。方法是将病毒悬液稀释后加入细胞培养,待病毒吸附至细胞后,覆盖一层融化的琼脂。病毒在细胞内增殖产生细胞病变,由于琼脂限制病毒的扩散作用,可形成肉眼可见的局限性病灶,即蚀斑。一个蚀斑是由一个感染性病毒颗粒增殖后形成的,称蚀斑形成单位(plaque forming unit,PFU),也称空斑形成单位,常以每毫升样本中蚀斑形成单位计算感染性病毒量。此法可测定感染性病毒颗粒的多少。如用中性红将活细胞着色,留下未染上颜色的蚀斑,则结果更易观察。

3. 形态学检查

(1)光学显微镜(光镜):某些病毒生长增殖时,可在光学显微镜观察到细胞病变,称为病毒的细胞致病效应(cytopathic effect,CPE)。有的则可在细胞内形成一种异常染色斑块称为包涵体(inclusion body)。包涵体多为圆形或卵圆形,位于胞质(如狂犬病病毒)、细胞核(如疱疹病毒)或细胞核内、细胞质内均存在(如麻疹病毒),用 Giemsa 染色呈嗜酸性或嗜碱性。巨细胞病毒感染时,还可在尿沉渣细胞或肺活检切片中观察到细胞核内嗜碱性包涵体。

(2)电子显微镜电镜:借助电子显微镜技术,可在感染细胞内观察到体积微小的病毒颗粒,根据颗粒大小及形态可初步判断病毒属哪一科。例如,可用电镜区别能引起皮肤水泡的疱疹病毒和痘病毒,还可对具有特殊形态的轮状病毒、乙肝病毒等做出诊断。电镜诊断虽然快速,但要求样本中病毒量高(达 1×10^8/mL 以上)。用特异性抗体先与待测样本作用,形成病毒-抗体复合物,可使检测敏感性提高约 100 倍,这一技术称为免疫电镜技术(immune electron microscopy)。用免疫电镜检测不仅需要有较高效价的特异性抗体,而且仅适用于对已知病毒的检测。电镜还可用于发现新病毒,某些致腹泻的病毒如 Norwalk 病毒等即是用电镜首次发现的。

第二节 检测病毒核酸

检出病毒可用于病毒感染的早期诊断,检测方法包括各种核酸分子杂交、聚合酶链反应(PCR)扩增、基因芯片及基因测序等,其中以 PCR 扩增和核酸分子杂交最为常用。

一、核酸分子杂交技术

核酸分子杂交技术是近年来迅速发展的一种新技术,已被广泛用于乙肝病毒、人乳头瘤病毒(HPV)及巨细胞病毒(CMV)等多种病毒核酸的检测。在进行临床标本检测前,必须先应用放射性核素(^{32}P、^{125}I、^3H 或 ^{35}S)标记病毒特异性核酸片段,制成特异高活性的探针。将标记探针与待测样本在一定条件下进行杂交,根据放射性核素测定结果,判断样本中是否存在互补的病毒核酸序列,从而进行诊断。目前临床上常用的方法是斑点印迹法,将待测标本直接或浓缩后滴于硝酸纤维素膜上,或以组织细胞等的粗提核酸滴膜,用 NaOH 处理使核酸变性解链,中和后 80℃ 处理 2 h,使核酸固定于膜上,即可与探针进行杂交。也可提取病毒核酸 DNA 做琼脂糖电泳,经 Southern 印迹转移,将凝胶中的 DNA 转移至硝酸纤维素膜上,与放射性核素标记的探针杂交后,根据病毒核酸相对分子质量大小,可做进一步诊断。特殊情况下,可自患者取出脱落的组织细胞或外周血细胞,用探针以原位分子杂交法检测细胞中的病毒核酸。

二、聚合酶链反应扩增

聚合酶链反应(polymerase chain reaction,PCR)是近年发展的一种体外 DNA 扩增法,可使标本中少量病毒核酸在数小时内大量扩增而被检出,因而是更敏感、有效的快速诊断法。本法仅适用于检测已知核苷酸序列的病毒,方法是先合成与待测核酸片段两端各 20~30 个碱基互补的一对引物,将待测核酸在高温下变性,加引物并退火处理后,引物与相应的待测核酸结合,在耐热 DNA 多聚酶的作用下延伸合成 DNA 链,如此经 20~40 个循环,可使 1 个拷贝的核酸扩增至 1×10^8 以上(如为 RNA 病毒,则需进行 RT-PCR,即先做逆转录再进行 PCR)。过去,PCR 扩增产物经琼脂糖电泳后,在紫外灯下肉眼观察溴化乙锭染色的核酸条带,或采用 ELISA 法检测 PCR 产物(即 PCR-ELISA)。目前,扩增产物的检测一般采用 TaqMan 探针技术,可直接自动检测荧光标记探针水解后的荧光信号,信号的强弱与标本中病毒核酸的含量呈正相关。PCR 法已广泛地用于 HBV、HIV、HCV 等多种病毒感染的基因检测诊断,目前已有多种商业化的病毒核酸检测实时荧光定量 PCR 试剂盒,不仅更加特异、灵敏,而且可以进行病毒核酸定量。

第三节 检测病毒抗原

病毒感染后,可在体内合成自身成分如病毒的各种结构蛋白或功能蛋白,包括病毒酶类如 DNA 多聚酶、反转录酶、RNA 依赖的 RNA 多聚酶、脱氧胸腺嘧啶核苷激酶(dTK)等。因此,用敏感的方法检测病毒的抗原成分,其辅助诊断价值能达到或超过病毒的分离培养。

一、酶联免疫吸附试验

酶联免疫吸附试验正被越来越多的实验室所采用。此法采用酶标记抗体,通过酶催化底物显色,抗原的量与显色深浅成正比,故不但可以定性,还可以进行半定量。ELISA 法是较为理想的快速诊断技术,它没有 RIA 的放射损害等缺点,敏感性又相当高。近年来出现许多改良方法,如在 ELISA 法中引入生物素和亲和素,用生物素标记特异性抗体,以抗生物素蛋白与酶相联结,利用生物素能与抗生物素蛋白特异结合以及一分子生物素可与四分子抗生物素蛋白结合的放大作用,进一步提高了 ELISA 法的敏感性,这种方法称 ABC 法。

二、免疫荧光检测和免疫组织化学检测

免疫荧光检测(IFA)是最为常用的快速诊断方法。特异性病毒抗体标记荧光素后,仍能与病毒抗原结合,使组织标本中的抗原被荧光抗体着色,在荧光显微镜下易于识别。直接免疫荧光技术是直接用荧光素标记特异性抗体来检测抗原,具有较高的特异性;间接免疫荧光技术,是先用特异性抗体与样本中的抗原结合,再用荧光素标记的第二抗体与特异性抗体结合从而识别抗原间接免疫荧光检测法既避免了直接法需标记各种特异性抗体的麻烦,又提高了检测的敏感性。

免疫组织化学检测(immunohistochemical staining)是用酶取代荧光素来标记抗体,通过酶催化底物形成有色产物,这种颗粒性有色物质沉积在抗原处,用肉眼观察,在光学显微镜下清晰易辨。用来标记抗体的酶以过氧化物酶(HRP)最为常用,故也称为免疫过氧化物酶检测技术(IPA)。

三、血凝试验与反向被动血凝试验

编码血凝素的病毒(如流感病毒、乙型脑炎病毒等)能凝集鸡、豚鼠或人的红细胞,出现肉眼可见的红细胞凝集,称为病毒血凝(viral hemagglutination)现象。血凝试验可检测病毒血凝素抗原。也可采用人 O 型红细胞作载体,经鞣酸等处理后包被已知抗体,用以检测相应的病毒抗原,称为反向被动血凝试验。

四、对流免疫电泳

对流免疫电泳(CIE)是在双向琼脂扩散的基础上,通过电泳加快抗原抗体的相对移动速度,可于

30~60 min 内出现可见的沉淀线。CIE 可用来检测血清中的 HBsAg 等，此法简单、快速、比较灵敏，但要求被测抗原带负电荷且抗原量较多，现不常用。

五、放射免疫测定法

放射免疫测定法（RIA）的原理是用放射性核素标记的已知抗原，然后与未标记的待测抗原竞争数量有限的特异性抗体，通过与标准效应比较得到未标记待测抗原的浓度。RIA 是目前检测抗原或抗体最为敏感的方法，其缺点是标记物半衰期短、需放射保护等。

六、时间分辨荧光测量技术

时间分辨荧光测量技术（time-resolved fluorometry，TrF）的检测步骤与固相 RIA 及 ELISA 法相似，但标记物为金属铕的螯合物。这种标记物在短时间（1 μs）光激发下，可发出半衰期较长（500 μs）的荧光；而非特异性的背景荧光半衰期很短（仅 1 μs）。因此，在光激发后 400 μs 进行检测可避免背景荧光干扰而检测到特异性荧光。TrF 可用于乙肝病毒、脑炎病毒、流感病毒、呼吸道合胞病毒、副黏病毒、风疹病毒、轮状病毒、出血热病毒、腺病毒和艾滋病毒等抗原或抗体的检测。

七、斑点-酶免疫及 Western 印迹试验

斑点-酶免疫（dot-EIA）技术的原理是利用硝酸纤维素膜作为固相载体，滴加病毒抗体并孵育，洗去多余的抗体后备用。检测时将待检样本滴于膜上，相应的病毒抗原可与膜上抗体结合，最后加入酶标第二抗体进行显色。可用于轮状病毒、腺病毒和 HIV 等的检测，与 ELISA 法的符合率近 100%。Western 印迹转移法 western blotting 是先将待测样本（抗原）电泳后，转移至硝酸纤维素膜上，将膜按泳道切成细条后分别浸于酶标抗体液中反应，洗涤后加底物显色，以膜上有无相应的反应条带，制定待测样本是否含有相应的抗原。此法不仅可检出相应抗原，还可根据相对分子质量确认抗原蛋白，如用于艾滋病的确证试验。

第四节　检测病毒抗体

体液免疫（抗体）反应的检测，主要用于判断机体对病毒感染的免疫反应、评定感染类型以及辅助诊断，临床上较常使用。抗体检测还特别适用于那些分离培养困难或不能进行病原学检查的病毒，如乙肝病毒等。

一、病毒抗体的种类

检测抗体需用已知抗原。病毒抗原的种类繁多，按抗原存在的部位，可分为表面抗原、包膜抗原、核心抗原等。按抗原在生长周期中出现的顺序可分早期抗原和晚期抗原等。不同抗原刺激机体产生的抗体，具有不同的诊断意义。病毒抗原刺激机体产生的抗体有 IgM、IgG、IgA 和 IgE 等类型及亚类，抗体的意义应结合临床进行分析。

二、检测抗体的方法

（一）中和试验

特异性的抗病毒免疫血清（中和抗体）与病毒作用，能够抑制病毒对敏感细胞的吸附、穿入，使其失去了感染力，从而阻止了病毒的增殖。中和试验就是测定具有中和病毒感染性的抗体，方法是用系列稀释的待测血清（可能含中和抗体）与等量的已知病毒悬液（$100TCID_{50}$ 或 $100ID_{50}$）混合，在室温下作用一定时间后，接种敏感细胞进行培养，以能保护半数细胞培养物不产生细胞致病效应的血清最高稀释度，作为中和抗体的终点效价。中和抗体水平在一定程度上反映机体抗病毒感染的免疫能力，中和抗体在病毒感染后的机体内存在时间较长，目前仍是一种鉴定病毒和抗体诊断的可靠方法。

（二）血凝抑制试验

病毒的血凝素抗原能与某些哺乳动物红细胞发生凝集反应，这是红细胞凝集或血凝现象。这种现象能被相应的病毒抗体抑制，称为病毒血凝抑制（viral hemagglutination inhibition）现象。血凝抑制试验可

检测病毒血凝素抗体，方法是在已知能凝集红细胞的病毒悬液中加入待测血清，如待测血清含有抗流感病毒血凝素抗体，并且抗体的量足以覆盖病毒表面的血凝素抗原，此时红细胞表面的受体就不能与病毒血凝素结合，血凝现象就被抑制。因此，血凝抑制法能测定血清中抗体的滴度，也可用标准血清做新分离病毒的鉴定和监测抗原的变异等。

(三) 间接血凝试验

间接血凝试验是以红细胞为载体，根据抗原抗体的特异性，用已知抗原或抗体检测未知抗体或抗原的一种微量、快速的血清学方法。抗体蛋白分子与特异性抗原相遇时，在一定条件下形成抗原-抗体复合物，这种复合物的分子团很少，不能形成肉眼可见的凝集，但如将抗原结合在比其体积大千万倍的红细胞表面，则只需少量的抗体，就可使红细胞通过抗原与抗体的结合而出现凝集现象，这样就提高了反应的敏感性。临床上以纯化的 HBsAg 致敏绵羊红细胞，检测待检血清中的抗 HBs，抗原与相应抗体的结合能使红细胞发生凝集，引起红细胞凝集的血清最高稀释度即为该标本中的抗 HBs 滴度。

(四) 补体结合试验

补体结合试验包括两个抗原-抗体系统，即病毒特异抗原-抗体系统和试验指示系统（羊红细胞-溶血素系统）。当病毒抗原与待测样本中的特异性抗体结合成抗原-抗体复合物之后，抗体分子上的补体结合位点暴露，能够结合补体，指示（溶血）系统便因无补体而不发生溶血，显示阳性结果。病毒感染机体后补体结合抗体出现早且持续时间短，检测人群中补体结合抗体水平，可了解病毒性传染病近期流行情况（流行病学调查），亦可用于疫苗血清学效果观察、临床病毒病回顾性诊断（用急性期和恢复期双份血清），以及某些病毒抗原的鉴定。

(五) 乳胶凝集试验

乳胶凝集试验是将苯乙烯等具有双链的单体，通过乳液聚合成高分子胶乳，作为抗原（或抗体）的载体。当待测抗体（或抗原）与乳胶结合后，乳胶颗粒就发生凝集反应，称乳胶凝集试验。此方法具有简便、快速、特异、敏感等优点，结果可用肉眼观察，可用于病毒性疾病，如肝炎病毒抗原、轮状病毒等检测，也是临床快速诊断和流行病学调查的一种有效方法。

此外，第三节中检测抗原的 ELISA 法、对流免疫电泳法、放射免疫测定法及时间分辨荧光测量法等，也适用于病毒抗体检测。

（戚中田）

复习思考题

1. 病毒感染的实验室诊断包括哪些内容？
2. 病毒标本采集的主要原则有哪些？
3. 如何进行病毒的分离培养？
4. 检测病毒核酸、病毒抗原与抗体的方法有哪些？各种方法的原理是什么？

第二十八章 病毒感染的治疗和预防

Because viruses are obligate intracellular parasites and rely on host cellular machinery for replication, antiviral agents must be capable of selectively inhibiting viral functions without damaging the host. Molecular virology studies are succeeding in identifying virus-specific functions that can serve as basis of antiviral therapy. The most amenable stages to target in viral infections include attachment of virus to host cells; uncoating of the viral genome; reverse transcription of certain viral genomes; regulation of viral transcription; replication of viral nucleic acid; translation of viral protein; and assembly, maturation, and release of progeny virus particles. Compounds that have been found valuable in treatment of some viral diseases are nucleoside analogs, nucleotide analogs, nonnucleoside reverse transcriptase inhibitors, protease inhibitors, and some synthetic amines. In reality, it has been very difficult to develop antivirals that can distinguish virus from host replicative processes. Future work is necessary to learn how to minimize the emergence of drug-resistant variant viruses and to design more specific anti-viral drugs based on molecular insights into the structure and replication of different classes of agents.

Vaccines are available for the prevention of several significant viral diseases. There are following major types of antiviral vaccines, inactivated vaccines, attenuated active vaccines, subunit vaccines, synthetic peptide vaccines, idiotype vaccines, and DNA vaccines.

第一节 病毒感染的治疗

病毒严格专性寄生于细胞内,设计制备抗病毒感染药物或制剂的策略主要针对病毒复制的各个环节,同时减少细胞的损伤。抗病毒药物和制剂包括传统化学药物、干扰素、细胞因子等生物制剂及中草药等,但许多药物的不良反应问题难以解决。近年来发展起一些新兴的抗病毒制剂和方法,如治疗性疫苗、治疗性单克隆抗体和基因治疗等。

一、抗病毒药物

（一）常用抗病毒药物

目前用于临床抗病毒药物,主要是针对人类免疫缺陷病毒(HIV)、肝炎病毒、流感病毒、人疱疹病毒等。其种类主要有以下几种。

1. 化学类药物

（1）核苷类：这类药物有① 无环鸟苷(acyclovir,ACV,或称阿昔洛韦),是目前最有效的抗病毒药物之一。② 2-脱氧-5-碘尿嘧啶核苷(idoxuridine,IDU,或称疱疹净),用于治疗疱疹性角膜炎。③ 双脱氧-3硫代胸嘧啶核苷(lamivudine,IDV,商品名为拉米夫定),主要用于治疗乙型肝炎。④ 阿糖腺苷(adenine arabinoside,Ara-A),可用于抗疱疹病毒和乙肝病毒感染。⑤ 3′-氮唑核苷(ribavirin,利巴韦林或称病毒唑),可抑制多种 DNA 和 RNA 病毒的复制。⑥ 叠氮脱氧胸腺嘧啶核苷(azidoth ymidine,或称 AZT),用于治疗 HIV 感染。

（2）非核苷类：主要包括① 甲酸磷霉素(phosphonoformic acid,PFA),用于抑制 HIV 和疱疹病毒感染。② 奈韦拉平(nevirapine)、地拉韦啶(delaviradine)、吡啶酮(pyridone)等逆转录酶抑制剂,用于治疗 AIDS。

（3）蛋白酶抑制剂：主要有沙奎那韦(saquinavir)、茚地那韦(indinavir)、利托那韦(ritonavir)等,均可用于 HIV 感染的治疗。

其他主要的化学抗病毒药物还有：① 金刚烷胺(amantadine)和甲基金刚烷胺等,可阻止病毒的穿入和脱壳,主要用于甲型流感的治疗。② 扎那米韦(zanamivir)、奥司米韦(oseltamivir,或称达菲),病毒神经氨酸酶抑制剂,可抑制甲型流感病毒的释放。③ 恩夫韦肽(enfuvirtide,或称 T20),病毒包膜融合抑制剂,用于 AIDS 的治疗。④ 治疗丙型肝炎的新药复方 ledipasvir/sofosbuvir,其中 ledipasvir(LDV)为病毒 NS5A 抑制剂,sofosbuvir(SOF)为核苷酸类似物,系病毒 RNA 聚合酶抑制剂。

2. 抗生素类 用于抗病毒感染的抗生素类是来自真菌、放线菌等微生物的代谢产物。例如新霉素 B(neomycin B)为氨基糖苷类抗生素,可干扰病毒 RNA 的合成;Chloropeptin 是从链霉菌提取的含氯多肽,可阻止 HIV 的吸附和穿入;siamycin I 和 siamycin II 为链霉菌的合成产物,可干扰病毒包膜与细胞膜的融合。

3. 干扰素及诱生剂 干扰素具有光谱抗病毒作用,临床应用广泛,其中 IFN-α 已成为病毒性肝炎的核心治疗药物,尤其是大分子聚乙二醇干扰素 PEG-IFN-α,注射后有效血药浓度可稳定维持一周,被称为"长效干扰素"。此外,一些干扰素诱生剂如细菌脂多糖、甘草酸、灵芝多糖、ampligen 等也具有抗病毒的作用。

4. 单克隆抗体 具有靶向作用的单克隆抗体用于治疗病毒性感染已有报道,如 2014 年西非埃博拉病毒肆虐,由美国生产的药物 ZMapp 成功治愈了部分埃博拉出血热患者。ZMapp 利用三种单克隆抗体混合制成,对人类的安全性尚未得到评估。

5. 中草药 具有抗病毒作用的中草药有 200 余种,例如板蓝根、黄芪、甘草、大青叶等可治疗病毒性呼吸道和肠道感染、病毒性肝炎等。

(二)抗病毒药物作用机制

不同的抗病毒药物作用于病毒复制的不同环节。

1. 抑制病毒吸附与穿入 人工合成肽可与病毒抗原竞争性结合靶细胞表面的特异性受体,以阻断病毒吸附。例如以基因工程方法表达的可溶性 CD4 分子及 ICAM-1 等,可阻断病毒与靶细胞结合,目前已用于 HIV 的试验治疗。恩夫韦肽可竞争结合 HIV gp41 的 HR1 域,阻止 HR1 和 HR2 的相互作用及 gp41 的构型改变,进而阻止病毒与宿主细胞融合。Chloropeptin 则抑制 HIV 包膜 gp120 与 T 细胞表面的 CD4 分子结合,从而阻止病毒的吸附和穿入。某些药物可改变病毒被内吞后形成的内体小泡双膜间隙环境,干扰病毒包膜蛋白与细胞膜受体再次相互作用,从而阻止病毒的穿入,如抗生素 siamycin 等。

2. 抑制病毒脱壳 金刚烷胺等可通过提高溶酶体的 pH,阻断病毒包膜与溶酶体的融合。

3. 抑制病毒基因复制和转录 核苷类药物可模拟核苷酸掺入子代病毒核酸链中,造成病毒基因组缺陷,无法正常进行复制和转录,如阿糖腺苷、无环鸟苷、拉米夫定等。

有的药物可阻止病毒调控因子与病毒基因组重要调控区域结合,或干扰反式作用蛋白(如 tat)的功能,从而抑制病毒核酸的复制,如新霉素 B 等。

聚合酶抑制剂通过抑制 DNA 或 RNA 聚合酶的活性阻止病毒复制,如病毒唑等。用于抗 HIV 感染的药物如苏拉明、甲酸磷霉素和叠氮脱氧胸腺嘧啶核苷、奈韦拉平等则对逆转录酶有抑制作用。

4. 抑制病毒蛋白质的合成 多种药物可抑制病毒蛋白质的合成。① 阻断 mRNA 5′端加"帽"(抑制鸟苷转移酶)及 3′端加"尾"(抑制多聚腺苷合成),如阿糖腺苷、病毒唑等。② 抑制病毒 mRNA 翻译成蛋白质,如干扰素通过激活 2′5′A 合成酶、激活 RNase L 或蛋白激酶以抑制病毒蛋白链延伸。③ 抑制病毒蛋白酶的活性,阻止前体蛋白切割修饰,从而阻止病毒复制。如沙奎那韦、茚地那韦等。

5. 抑制病毒的装配、成熟和释放 扎那米韦等可抑制神经氨酸酶的活性,阻止流感病毒的释放,从而限制病毒的扩散。

二、治 疗 性 疫 苗

以治疗疾病为目的的新型疫苗主要有 DNA 疫苗、抗原抗体复合物疫苗、基因工程蛋白疫苗、细胞疫苗等。中和抗体在传染性疾病的预防中具有重要的作用,然而对已侵入宿主细胞内复制增殖的病毒则依赖于细胞介导的免疫。DNA 疫苗可刺激机体的细胞免疫应答,产生特异性 CTL,发挥治疗与预防双重作用。治疗性疫苗主要对慢性病毒感染有疗效。目前,用于人乳头瘤状病毒、乙肝病毒、人类免疫缺陷病毒等的治疗性疫苗多处于临床实验阶段。

三、病毒感染的基因治疗

(一)小干扰 RNA

小干扰 RNA(small interfering RNA,siRNA)为 21~23nt 的短小双链 RNA,人工设计合成的 siRNA

可以高效、特异性地阻断体内相同序列基因的表达,促使同源 mRNA 降解,诱使细胞表现出特定基因缺失的表型,因此也称缄默 RNA。近年来,RNA 干扰技术作为一种新型基因治疗手段在抗病毒感染方面进行了大量的研究,可抑制呼吸道合胞病毒、肝炎病毒、疱疹病毒、脊髓灰质炎病毒、轮状病毒和人类免疫缺陷病毒的复制。

(二) 反义寡核苷酸

根据已知的病毒某基因序列而人工设计和合成的与该基因序列互补的寡核苷酸称为反义寡核苷酸(antisense oligonucleotide,asON)。包括反义 RNA 和反义 DNA。合成与病毒 mRNA 互补的反义 RNA 可在转录和翻译水平抑制病毒的表达与增殖,合成与病毒复制起始点互补的反义 DNA 可抑制病毒基因的复制,这种策略主要针对在细胞间传播而不易被抗体中和的病毒如 HIV 等。反义寡核苷酸类药物通过碱基配对与细胞内病毒核酸特异结合形成 DNA/RNA 杂交分子,可以激活 RNase H 导致靶 mRNA 降解;也可以通过空间位阻效应阻止核糖体结合来抑制病毒靶 mRNA 的翻译。

第二节 病毒感染的免疫预防

对于大多数病毒感染,目前尚缺乏特效药物,免疫预防则具有重要意义。应用病毒疫苗进行人工主动免疫预防,或以免疫介质(如免疫球蛋白、干扰素和转移因子等)进行人工被动免疫预防已成为特异性预防病毒性疾病的主要措施。

一、被动免疫预防

(一) 天然被动免疫

主要依靠能通过胎盘的 IgG 抗体及初乳中的 SIgA 抗体。在初乳所含的免疫球蛋白中,90% 是 SIgA。母源抗体的抗感染保护作用是免疫防治中非常重要的内容之一。

(二) 人工被动免疫

1. 人胎盘球蛋白或丙种球蛋白 由人胎盘中提取的胎盘球蛋白或健康成人血清提取的丙种球蛋白(主要是 IgG),内含抗多种病毒的抗体。适用于紧急预防麻疹、肝炎及脊髓灰质炎等,同时亦具有治疗作用。

2. 高效价免疫血清或恢复期病人血清 病毒性疾病痊愈后或接种病毒疫苗后的血清中含有高效价抗体,可用作被动免疫制剂。例如高效价抗乙肝免疫血清、抗狂犬病免疫血清等。此外,致敏的人淋巴细胞或转移因子对提高细胞免疫力也有一定效果。

人工被动免疫制剂使用前须经过严格鉴定,否则可能造成如肝炎、AIDS 等医源性感染。

二、人工主动免疫

(一) 天然主动免疫

多数人在患过某些病毒性疾病或隐性感染后,可获得对该病的免疫力。

(二) 人工主动免疫

1. 灭活疫苗 目前常用的灭活疫苗有流行性乙型脑炎疫苗、狂犬病疫苗、流感灭活疫苗等,系采用甲醛等灭活剂灭活病毒,使其失去感染性而不影响其抗原性。灭活疫苗相对稳定,安全性强,但需较大剂量。

2. 减毒活疫苗 减毒活疫苗系用自然或人工方法筛选的减毒或无毒的病毒变异株,常用的有牛痘苗、口服脊髓灰质炎活疫苗、麻疹活疫苗、流感疫苗、流行性腮腺炎疫苗、风疹疫苗、黄热病疫苗以及一些联合疫苗(如麻疹、腮腺炎、风疹联合疫苗)等。减毒活疫苗免疫原性强,免疫维持时间长;但相对不稳定,存在毒力恢复的风险,对贮存及运输的要求也较高。

3. 亚单位疫苗 亚单位疫苗指用化学试剂裂解病毒,除去核酸,提取包膜或衣壳的蛋白亚单位制成的疫苗。目前用于人的有流感病毒、腺病毒和乙肝病毒等亚单位疫苗。

4. 合成肽疫苗 合成肽疫苗(synthetic peptide vaccine)可根据病毒核苷酸排列推测氨基酸序列,继而合成肽段。合成肽疫苗已有 H_3 流感病毒血凝素、脊髓灰质炎病毒、乙肝病毒表面抗原、狂犬病病毒刺突糖蛋白等。合成肽疫苗可以诱生相应的中和抗体,但抗原性较弱,使用时须配用佐剂。

5. 基因工程疫苗 使用DNA重组技术,将病毒诱导保护性免疫应答的基因导入细菌、酵母或哺乳动物细胞中表达,表达产物经纯化制成疫苗。如酵母表达的乙肝病毒表面抗原亚单位疫苗等。近年来利用牛痘病毒表达系统,已成功构建可表达乙肝病毒表面抗原、单纯疱疹病毒糖蛋白D、流感病毒血凝素、狂犬病病毒糖蛋白和EB病毒膜抗原gp340的重组牛痘病毒。

6. 独特型疫苗 独特型疫苗(idiotypic vaccine)也称抗独特型抗体疫苗,是根据免疫网络学说设计的一种新型疫苗,适用于难以培养的病毒或直接用病毒制备疫苗有潜在危险的病毒以及免疫原性弱且不能用重组DNA技术生产的多糖类病毒抗原。目前乙肝病毒、单纯疱疹病毒、脊髓灰质炎病毒、狂犬病病毒以及呼肠病毒等的独特型疫苗,已在动物实验中获得了较满意的结果。

7. DNA疫苗 DNA疫苗又称核酸疫苗,克隆外源基因于真核表达载体后,将重组质粒直接注射于动物体内,使外源基因在活体内表达。这种全新疫苗已成为今后疫苗发展的方向之一,具有以下优点:① 激发机体全面的免疫应答,其保守抗原的保护性免疫应答对不同亚型的病毒有交叉抵御作用。② 表达的抗原接近天然构象,抗原性强。③ 制备简单,成本低廉,运输保存方便。④ 可将编码不同抗原的基因构建于同一个质粒或将不同抗原基因的多种质粒联合应用,制备多价DNA疫苗。⑤ DNA疫苗既有预防作用,也有治疗作用。目前尚无可用于人的病毒DNA疫苗。

(陈辉 安静)

复习思考题

1. 抗病毒药物作用机制有哪些?
2. 试述常用抗病毒药物的种类及临床应用。
3. 何谓小干扰RNA(siRNA)、反义寡核苷酸?何谓DNA疫苗和基因工程疫苗?
4. 何谓病毒感染的免疫预防?请列表概述主动免疫预防常用疫苗的类型及原理。

第二十九章 肝炎病毒

Hepatitis viruses cause viral hepatitis which is a systemic disease primarily involving the liver. There are five main hepatitis viruses: hepatitis A virus (HAV), hepatitis B virus (HBV), hepatitis C virus (HCV), hepatitis D virus (HDV), and hepatitis E virus (HEV). Although the target organ for each of these viruses is the liver, they differ greatly in their structure, mode of replication, transmission, prevention, and in the couse of the disease.

HAV is a distinct member of the picornavirus family, Hepatovirus. It is a spherical particle containing a linear single-stranded RNA genome with a size of 7.5 kb. Only one serotype is known. The virus is transmitted by the fecal-oral route. Outbreaks of hepatitis A virus infection have been associated with contaminated water, shellfish or other food. Sensitive serologic assays and (PCR) methods have made it possible to detect HAV in stools and other samples and to measure specific antibody in serum. There are no carriers of the virus. Inactivated and attenuated live hepatitis A vaccines have been developed.

HBV is classified as a *Hepadnaviridae* family, Orthohepadnavirus. It is a 42 nm spherical particle comprising the nucleocapsid with 27 nm in diameter surrounded by an outer envernlope. The viral genome consists of partially double-stranded circular DNA, 3.2 kb in length. There are four open reading frames that encode seven polypeptides. The S gene encodes the major HBsAg, as well as polypeptides containing in addition pre-S2 or pre-S1 and pre-S2 sequences. The C gene encodes HBcAg plus the HBe protein, which is processed to produce soluble HBeAg. The P gene encodes the viral polymerase. The X gene encodes X protein a small transcriptional transactivator. Four principal serologic subtypes of HBV are recognized: *adw, adr, ayw, and ayr*. HBV establishes chronic infections, especially in those infected as infants; it is a major factor in the eventual development of cirrhosis and hepatocellular carcinoma in those individuals. Markers of virus replication in serum include HBV DNA, HBsAg and HBeAg. The most useful detection methods are ELISA for HBV antigens and antibodies and PCR for viral DNA. A safe and effective genetically engineered vaccine for hepatitis B is available.

HCV is a small, enveloped RNA virus belonging to the *Flaviviridae* family, genus Hepacivirus. The viral genome is a single-stranded RNA molecule. The virus is spread by contact with the blood of an infected person. Most new infections with HCV are subclinical. The majority of HCV patients develop chronic hepatitis, and many are at risk of progressing to chronic active hepatitis and cirrhosis. Serologic assays are available for diagnosis of HCV infection. Nucleic acid-based assays (eg, RT-PCR) detect the presence of circulating HCV RNA and are useful for monitoring patients on antiviral therapy. There is no vaccine for the provention of HCV infection.

HDV is a defective virus that contains HDAg surrounded by an HBsAg envelope. The genome of HDV consists of RNA, 1.7 kb in size, which codes for hepatitis D antigen (HDAg). The virus replicates only in HBV-infected cells and aquires an HBsAg coat. Because HDV is dependent on a coexistent HBV infection, acute HDV infection will occur either as a simultaneous infection (coinfection) with HBV or as a superinfection of a person chronically infected with HBV. The primary routes of transmission are believed to be similar to those of HBV. Immunization against hepatitis B also protects infection with HDV.

HEV is a unenveloped, single-strand RNA virus, that causes acute (non-chronic) hepatitis. It is transmitted by the fecal-oral route, typically by contamination of water supplies. Clinically the disease resembles hepatitis A, with the exception of a high mortality rate in pregnant woman. Chronic liver disease does not occur, and there is no prolonged carrier state. Vaccines based on recombinant antigens have been developed.

Treatment of patients with hepatitis is supportive and directed at allowing hepatocellular damage to resolve and repair itself. Only HBV and HCV have specific treatments, and those are only partially effective. Recombinant interferon-α, pegylated interferon-α and nucleoside antiviral drugs are currently the therapy of proven benefit in the treatment of patients chronically infected with HBV or HCV.

肝炎病毒(hepatitis virus)是指一大类能引起病毒性肝炎的病原体,目前公认的人类肝炎病毒至少有5种类型,包括甲型肝炎病毒(HAV)、乙型肝炎病毒(HBV)、丙型肝炎病毒(HCV)、丁型肝炎病毒(HDV)和戊型肝炎病毒(HEV)。在病毒分类学上,这些病毒分别归属于不同的病毒科和属。它们的流行病学特征和致病特点也不相同,其中甲型肝炎病毒与戊型肝炎病毒主要经消化道传播,引起急性肝炎,不发展成慢性肝炎或慢性病毒携带者;乙型肝炎病毒与丙型肝炎病毒主要由胃肠道外传播,如输血与血制品传播、母婴传播或性接触及密切接触传播等,除引起急性肝炎外,可致慢性肝炎,并与肝硬化及肝癌相关;丁型肝炎病毒为一种缺损病毒,必须在与HBV共生时方能复制,故其传播途径与乙型肝炎病毒相同(表29-1)。

表29-1 人类肝炎病毒的主要特征

名称	分类	大小	基因组	传播途径	主要疾病	致癌性
HAV	小RNA病毒科 嗜肝病毒属	27 nm	+ssRNA 7.5 kb	粪—口	急性甲型肝炎	否
HBV	嗜肝DNA病毒科 正嗜肝DNA病毒属	42 nm	dsDNA 3.2 kb	胃肠道外	急、慢性乙型肝炎,重型肝炎,肝硬化	是
HCV	黄病毒科 丙型肝炎病毒属	60 nm	+ssRNA 9.5 kb	胃肠道外	急、慢性丙型肝炎,重型肝炎,肝硬化	是
HDV	未确定 丁型肝炎病毒属	35 nm	-ssRNA 1.7 kb	胃肠道外	急、慢性丁型肝炎,重症肝炎,肝硬化	是
HEV	肝炎病毒科 戊型肝炎病毒属	30~32 nm	+ssRNA 7.6 kb	粪—口	急性戊型肝炎	否

除上述5种肝炎病毒外,曾经在输血后肝炎患者的血清中发现过一些新病毒,如GBV-C(GB virus-C)和TT病毒(Torque Teno virus,TTV)等,但这些病毒对人类的致病性尚不确定。此外,还有一些病毒如巨细胞病毒、EB病毒、单纯疱疹病毒、黄热病病毒、风疹病毒和肠道病毒等也可引起肝脏炎症,但不列入肝炎病毒范畴。

第一节 甲型肝炎病毒

甲型肝炎病毒(hepatitis A virus,HAV)是甲型肝炎的病原体。1973年,Feinstone采用免疫电镜技术,首次在急性肝炎患者的粪便中发现HAV颗粒。1979年,Provost首次利用传代恒河猴肾细胞(FRhk6)成功培养出病毒,为HAV疫苗的研制奠定了基础。1983年,国际病毒分类命名委员会(International Committee on Taxonomy of Viruses,ICTV)将HAV归类于小RNA病毒科肠道病毒属72型。进一步的研究发现,HAV的大小和形态虽然与肠道病毒相似,但其基因组序列及生物学性状与肠道病毒明显不同,因此,1993年ICTV将其重新归类为小RNA病毒科(*Picornavirade*),嗜肝病毒属(Hepatovirus)。

一、生物学性状

(一) 形态与结构

HAV颗粒呈球形,直径27~32 nm,核衣壳为20面体立体对称,无包膜(图29-1)。电镜下HAV颗粒呈实心和空心两种类型,前者为成熟的完整病毒体,具感染性,后者为缺乏病毒核酸的空心衣壳。

HAV基因组为单正链RNA,长约7 500个核苷酸,由5'端非编码区(5'-noncoding region,5'NCR)、编码区和3'端非编码区(3'-noncoding region,3'NCR)组成。编码区只有一个开放读码框(ORF),分为P1、P2、P3功能区,P1区编码VP1、VP2、VP3及VP4四种多肽,其中VP1、VP2、VP3为病毒衣壳蛋白的主要成分,包围并保护核酸,具有抗原性,可诱导机体产生中和抗体。VP4含量很少,其作用和功能尚不清楚。P2和P3区编码病毒RNA多聚酶和蛋白酶等非结构蛋白,在病毒RNA复制和蛋白的加工过程中起作用。

从世界各地分离的HAV毒株抗原性稳定,仅有一个血清型。此外,根据基因组序列同源性的差异,可将HAV分为7个基因型。

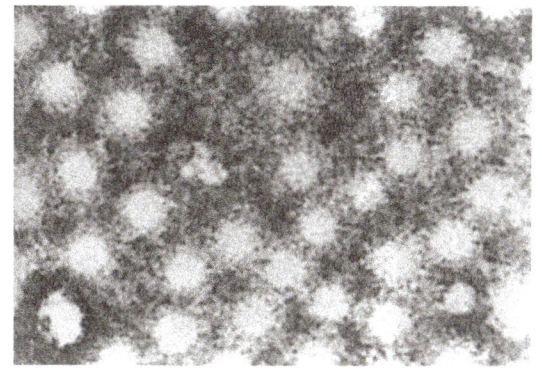

图29-1 甲型肝炎病毒免疫电镜图
(×222 000)(Jawetz,2013)

(二)抵抗力

HAV对理化因素有较强的抵抗力,可耐受乙醚、氯仿,在pH3的酸性环境中稳定,在60℃条件下可存活4 h,在淡水、海水、泥沙和毛蚶等水生贝类中可存活数天至数月。但100℃ 5 min可使之灭活,对紫外线、甲醛和氯敏感。

(三)动物模型与细胞培养

我国学者毛江森等最早建立了短尾猴HAV感染动物模型。黑猩猩、狨猴、猕猴及我国的红面猴等亦对HAV易感,经口或静脉注射途径感染HAV后均可发生肝炎,并可在粪便中检出病毒颗粒,血清中可出现特异性抗体。动物模型主要用于HAV的病原学研究、疫苗的免疫效果评价及药物筛选等。

HAV可在原代狨猴肝细胞、传代恒河猴胚肾细胞(FRhk4,FRhk6)、非洲绿猴肾细胞(Vero)、人胚肺二倍体细胞株(MRC5或KMB17)及人肝癌细胞株(PLC/PRF/S)等多种细胞中增殖,但增殖非常缓慢且不引起细胞病变,因此,从标本中分离HAV常需数周甚至数月,并很难获得大量病毒。应用免疫荧光染色法可检出培养细胞中的HAV抗原成分。

二、致病性与免疫性

(一)传染源与传播途径

HAV的传染源为病人和隐性感染者,主要由粪-口途径传播,通过污染水源、食物、海产品、食具等造成散发流行或暴发流行。1988年春季,上海市曾发生因食用HAV污染的毛蚶而致的甲型肝炎暴发流行,患者多达30余万,死亡47人,危害十分严重。甲型肝炎的潜伏期为15~50 d,平均30 d,在潜伏期末粪便就大量排出病毒,传染性强。发病2周以后,随着肠黏膜抗-HAV IgA及血清中抗-HAV IgM/IgG的出现,粪便中不再排出病毒。HAV主要侵犯儿童和青少年,感染后大多表现为隐性感染,不出现明显的症状和体征,但粪便中有病毒排出,是重要的传染源。

(二)致病与免疫机制

HAV经口侵入人体,首先在口咽部或唾液腺中初步增殖,然后到达肠黏膜与肠道淋巴组织中大量增殖,并侵入血流形成病毒血症,最终侵犯靶器官肝脏,在肝脏增殖后通过胆汁排入肠道并随粪便排出。病毒血症持续时间一般1~2周,在此期间存在经血液传播的可能性,但由于病毒血症持续时间较短,血中病毒滴度较低,临床上经血传播的甲型肝炎罕见。甲型肝炎病毒可引起明显的肝脏炎症和肝细胞损伤,临床上表现为疲乏、食欲减退、恶心、呕吐、黄疸、肝脾肿大、血清转氨酶升高等。HAV引起肝细胞损伤的机制尚不十分清楚,目前认为,HAV在肝细胞内增殖缓慢,一般不直接造成肝细胞的损害,其致病机制主要与免疫病理反应有关。在感染早期,主要是自然杀伤细胞起作用,引起受感染的肝细胞溶解。然后机体特异性细胞免疫被激活,杀伤性T细胞(CTL)在HLA的介导下杀伤肝细胞。干扰素在甲型肝炎病毒的感染和免疫损伤机制中也起重要作用,在感染的过程中,机体产生的高水平的IFN-γ可促进肝细胞表达HLA分子,从而增强了HLA介导的CTL对肝细胞的细胞毒作用。甲型肝炎一般为自限性疾病,预后良好,不发展成慢性肝炎和慢性携带者。

HAV 的显性感染或隐性感染均可诱导机体产生持久的免疫力。抗-HAV IgM 在感染早期即出现,发病后 1 周达高峰,维持 2 个月左右逐渐下降。抗-HAV IgG 在急性期后期或恢复期早期出现,并可维持多年,对 HAV 的再感染有免疫保护作用(图 29-2)。

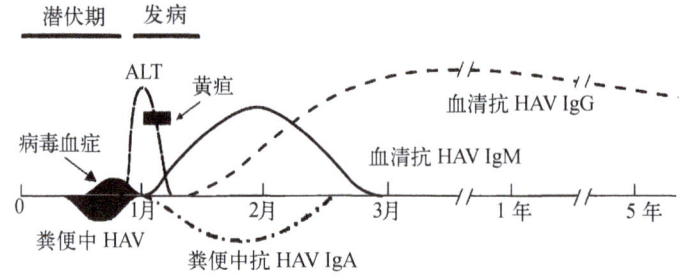

图 29-2 甲型肝炎病毒感染的临床与血清学过程

三、微生物学检查法

HAV 的实验室诊断以血清学检查和病原学检查为主,一般不作病原体的分离培养。血清学检查包括用 ELISA 法检测患者血清中的抗-HAV IgM 和 IgG。抗-HAV IgM 出现早,消失快,是甲型肝炎早期诊断最可靠的血清学指标。抗-HAV IgG 检测主要用于了解既往感染史或进行流行病学调查。病原学检查主要用于检测粪便标本,包括用 RT-PCR 法检测 HAV RNA,用 ELISA 法或 SPA 协同凝集试验检测 HAV 抗原,用免疫电镜法检测病毒颗粒等。

四、防治原则

HAV 的防治以预防为主,目前尚无有效的抗病毒药物用于甲型肝炎的治疗。

1. 一般性预防　HAV 主要通过粪-口途径传播,因此应采取以切断传播途径为主的综合性防控措施,如做好卫生宣传,加强食物、水源和粪便管理等。病人排泄物、食具、物品和床单衣物等要严格消毒处理。

2. 特异性预防　目前,已有减毒活疫苗和灭活疫苗用于甲型肝炎的特异性预防。1987 年我国率先研制成功的甲型肝炎病毒减毒活疫苗 H2 株和 L-A-1 株,是将从患者粪便中分离到的 HAV 经人胚肺二倍体细胞株连续传代减毒而成,具有良好的安全性和免疫效果,接种后可获得持久的免疫力。灭活疫苗已在国内外研制成功并广泛使用,也具有很好的安全性和免疫保护效果。基因工程亚单位疫苗和基因工程载体疫苗等新型疫苗正在研制中。

第二节　乙型肝炎病毒

乙型肝炎病毒(hepatitis B virus,HBV)在分类上归属于嗜肝 DNA 病毒科(*Hepadnaviridae*),正嗜肝 DNA 病毒属(Orthohepadnavirus),是乙型肝炎的病原体。1963 年 Blumberg 在研究人类血清蛋白多态性时,发现澳大利亚土著人血清中存在一种异常的抗原,称为澳大利亚抗原或肝炎相关抗原(hepatitis associated antigen,HAA),随后发现这种抗原是 HBV 的表面抗原。1970 年,Dane 证实了在患者血清中存在乙型肝炎病毒颗粒。HBV 感染是全球性的公共卫生问题,估计全世界 HBV 携带者高达 3.7 亿。我国是乙型肝炎的高流行区,目前人群 HBV 表面抗原携带率为 7%~8%。HBV 感染后临床表现呈多样性,可表现为重症肝炎、急性肝炎、慢性肝炎或无症状携带者,其中部分慢性肝炎可发展成肝硬化或肝细胞癌。

一、生物学性状

(一) 形态与结构

在 HBV 感染者的血清中可发现三种不同形态的病毒颗粒,即大球形颗粒、小球形颗粒和管形颗粒(图 29-3)。

1. 大球形颗粒 又称为 Dane 颗粒，是 1970 年 Dane 首先在乙型肝炎患者血清中发现的。Dane 颗粒是具有感染性的完整的 HBV 颗粒，电镜下呈球形，具有双层结构，直径 42 nm。外层相当于病毒的包膜，由脂质双层和病毒编码的包膜蛋白组成。包膜蛋白包括小蛋白（small protein，S 蛋白）、中蛋白（middle protein，M 蛋白）和大蛋白（large protein，L 蛋白）三种。S 蛋白为乙型肝炎病毒表面抗原（hepatitis B surface antigen，HBsAg）。M 蛋白含 HBsAg 及前 S2 抗原（PreS2 Ag）。L 蛋白含 HBsAg、PreS2Ag 和前 S1 抗原（PreS1 Ag）。内层为病毒的核心，相当于病毒的核衣壳，呈 20 面体立体对称，直径约 27 nm，核心表面的衣壳蛋白为乙型肝炎病毒核心抗原（hepatitis B core antigen，HBcAg），病毒核心内部含病毒的双链 DNA 和 DNA 多聚酶等。（图 29-4）

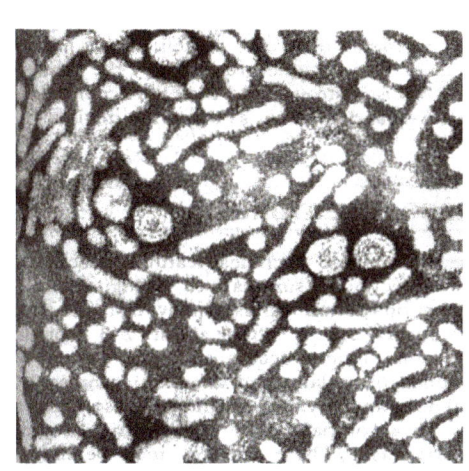

图 29-3 乙型肝炎病毒电镜图（开普敦大学 Keen. A 博士）

由患者血清纯化的 HBV 电镜形态，含有 Dane 颗粒、小球形颗粒及管形颗粒（×130 000）

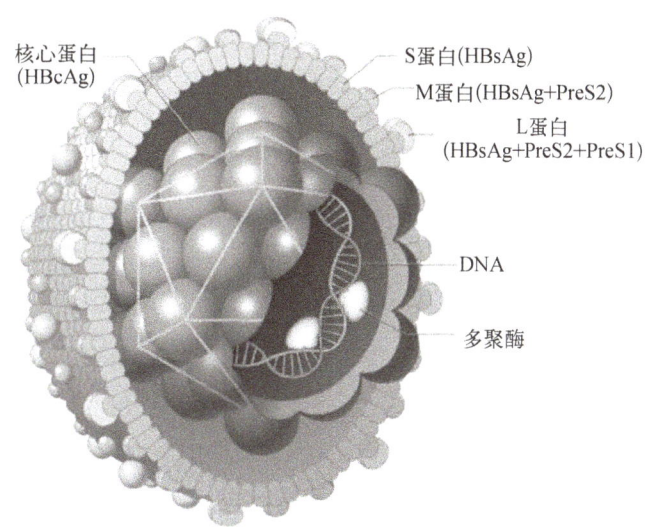

图 29-4 乙型肝炎病毒结构示意图

2. 小球形颗粒 为一种中空颗粒，直径为 22 nm，主要成分为 HBsAg，是由 HBV 在复制时产生过剩的 HBsAg 装配而成，不含病毒 DNA 及 DNA 聚合酶，因此无感染性。这种小球形颗粒大量存在于感染者的血液中。

3. 管形颗粒 由小球形颗粒聚合而成，颗粒长 100～500 nm，直径 22 nm，无感染性亦存在于感染者的血液中。

（二）基因结构与功能

HBV DNA 的结构特殊，为不完全双链环状 DNA，两条链的长度不一致，长链为负链，长度相对固定，约含 3 200 个核苷酸。短链为正链，长度不等，为负链的 50%～100%。两条 DNA 链的 5′端有长达 250～300 个互补的碱基，通过碱基配对构成环状 DNA 结构。黏性末端两侧各有由 11 个核苷酸（5′-TTCACCTCTGC）组成的直接重复序列（direct repeat，DR），称为 DR_1 和 DR_2 区。DR 区是病毒 DNA 成环和病毒复制的关键序列。在负链 DNA 的 5′端与病毒 DNA 聚合酶 N 端的末端蛋白（termind protein，TP）共价结合，TP 是引导负链 DNA 合成引物。正链的 5′端有一段短的核苷酸序列，是引导正链 DNA 合成的引物（图 29-5）。

HBV 负链 DNA 至少含有 4 个开放读码框（ORF），分别称为 S、C、P 和 X 区。各 ORF 相互重叠，

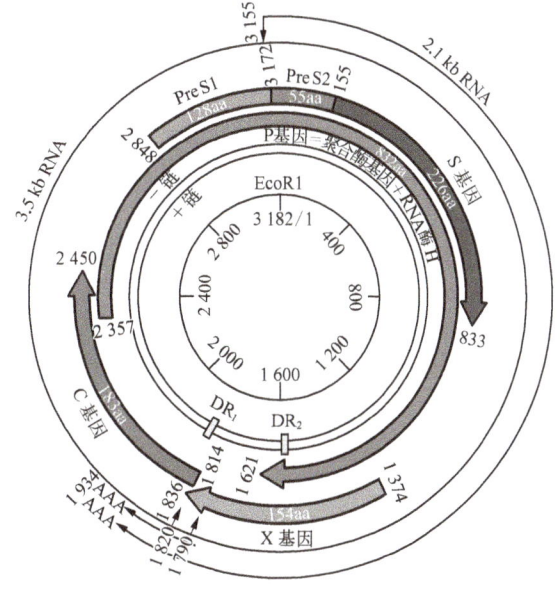

图 29-5 乙型肝炎病毒基因结构模式图

使基因组的利用率大大提高。S区由S基因、前S1(Pre S1)基因和前S2(Pre S2)基因组成,均有各自的起始密码子,S基因编码包膜S蛋白,即HBsAg;S和preS2基因编码包膜M蛋白,即HBsAg+PreS2Ag;S,preS2和preS1基因编码包膜L蛋白,即HBsAg+PreS2Ag+PreS1Ag。C区由前C(Pre-C)基因和C基因组成。Pre-C基因位于C基因上游,起始于1 814位核苷酸,与C基因共同编码Pre-C蛋白。Pre-C蛋白是HBeAg的前体蛋白,经切割加工后形成HBV的e抗原(HBeAg)并分泌到血循环中。HBeAg为非结构蛋白,一般不出现在HBV颗粒中。C基因起始于第1 901位核苷酸,编码核心抗原(HBcAg)。HBcAg是HBV的衣壳蛋白,存在于病毒颗粒中,也存在于感染的肝细胞核内、胞质内或胞膜上。P区最长,编码DNA多聚酶,该酶既具有DNA多聚酶的功能亦具有逆转录酶和RNA酶H的活性。X区编码的HBxAg,是一种多功能蛋白质,具有广泛的反式激活作用,可激活细胞内的原癌基因、HBV基因,并可干扰多条与细胞增殖、分化、凋亡相关的信号通路,从而影响病毒的复制及细胞周期等,因此,HBxAg与肝癌的发生发展密切相关。

(三) HBV 的复制

HBV的复制周期(图29-6)如下:

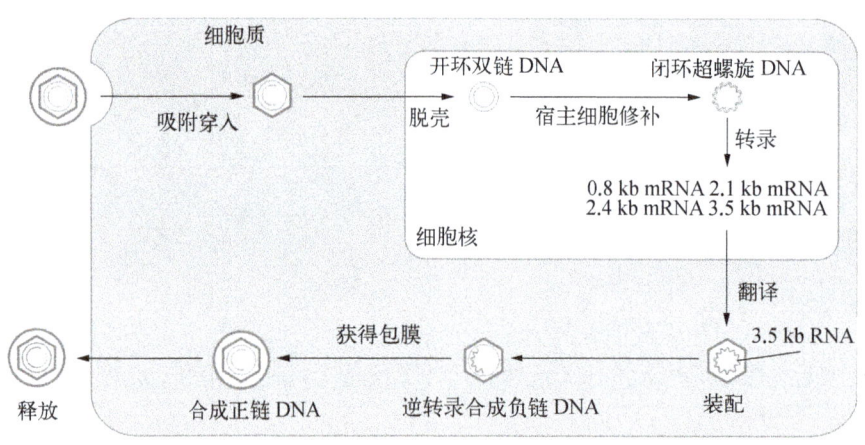

图29-6 乙型肝炎病毒的复制周期示意图

1) HBV通过Pre S1和Pre S2与肝细胞表面的特异性受体结合而吸附到肝细胞表面,继而进入肝细胞,在胞质中脱去衣壳。

2) 病毒DNA进入细胞核内,在HBV编码的DNA聚合酶的催化下,以负链DNA为模板,延长修补正链DNA缺口,形成共价闭合环状DNA(covakaently closed circular DNA,cccDNA)。

3) 在宿主细胞RNA聚合酶的作用下,以负链DNA为模板,转录成0.8 kb、2.1 kb、2.4 kb和3.5 kb的4种mRNA。0.8 kb mRNA编码HBxAg;2.1 kb mRNA编码包膜S蛋白和M蛋白;2.4 kb mRNA编码包膜L蛋白;3.5 kb mRNA除可编码DNA聚合酶、HBcAg和HBeAg前体蛋白外,还可作为病毒前基因组RNA(pregenome RNA,pgRNA)复制子代病毒DNA。

4) 病毒前基因组RNA、DNA聚合酶和HBcAg在胞浆中装配成病毒核心颗粒。

5) 在核心颗粒内,以前基因组RNA为模板,在病毒具有逆转录酶活性的多聚酶作用下,逆转录成HBV全长负链DNA,同时前基因组RNA模板被病毒RNA酶H降解。新合成的负链DNA作为模板合成子代正链DNA,通常不等正链合成完毕,核心颗粒即被包装到包膜中,因此子代病毒基因组常为不完整双链DNA。

6) 核心颗粒进入内质网和高尔基体中加工成熟并获得包膜成为完整的病毒颗粒,最后通过细胞分泌通路释放到细胞外。此外,不包含任何病毒DNA或RNA的空核衣壳也能被包膜蛋白包装被并释放到细胞外,形成中空病毒颗粒。

(四) 抗原组成

1. 表面抗原(HBsAg) HBsAg主要为糖基化蛋白,大约100个单体分子聚集即可形成22 nm的球形颗粒。HBsAg大量存在于感染者的血液中,是HBV感染的主要标志。HBsAg具B细胞表位和T细胞表位,可刺激机体产生保护性免疫应答,因此HBsAg是制备疫苗的最主要成分。HBsAg中有一段抗原性很强的序列,称为a抗原表位,此外还有二组互相排斥的抗原表位(d/y和w/r)。这些抗原表位按不同组合形式,构成 HBsAg 的 4 种主要血清型,即 adr、adw、ayr、ayw。HBsAg 血清型的分布有明显的地区差异,并与种族有关,我国汉族以 adr 多见,少数民族多为 ayw。因有共同的 a 抗原,故亚型间有交叉免疫保护作用。Pre S1 及 Pre S2 抗原性强,可刺激机体产生抗体,抗 Pre S2 出现于急性期患者的血清中,持续时间短,一般仅为 2~3 个月,抗 Pre S1 持续时间较长。Pre S1 及 Pre S2 抗原具有与肝细胞表面受体结合的表位,可介导 HBV 吸附于肝细胞表面,有利于病毒侵入,因此抗 Pre S2 及抗 Pre S1 能通过阻断 HBV 与肝细胞结合而起抗病毒作用。

2. 核心抗原(HBcAg) HBcAg 为衣壳蛋白,存在于 Dane 颗粒的核衣壳表面,其外被 HBsAg 所覆盖,一般不游离于血循环中,故不易从感染者的血中检出。HBcAg 抗原性强,能刺激机体产生抗 HBc,抗 HBc IgG 在血中持续时间较长,为非保护性抗体。HBcAg 还具有 T 细胞表位,其诱生的免疫应答在宿主清除 HBV 的过程中起作用。

3. e 抗原(HBeAg) HBeAg 是 Pre C 蛋白翻译加工后的产物,为可溶性蛋白质,游离存在于血循环中,其消长与病毒颗粒及病毒 DNA 多聚酶的消长基本一致,故可作为 HBV 复制及具有强传染性的指标之一。HBeAg 可刺激机体产生抗 HBe,该抗体能与受染肝细胞表面的 HBeAg 结合,通过补体介导的细胞毒作用破坏受染的肝细胞,对清除 HBV 有一定的作用。

(五) HBV 的基因型

根据不同毒株全基因序列之间的差异≥8%的原则,可将 HBV 分为 A~J 10 个基因型。在同一基因型内,又可根据全基因序列异质性≥4%而<8%分为基因亚型(subgenotype),其中 A 基因型可分为 1~55 个亚型,B 基因型可分为 1~88 个亚型,C 基因型可分为 1~99 个亚型,D 基因型可分为 1~77 个亚型。HBV 流行的基因型呈一定的地理区域分布,我国内地流行的 HBV 以 B、C 基因型为主,偶有 A 型、D 型报道。西藏、新疆等少数民族地区以 D 型多见。

(六) 动物模型与细胞培养

黑猩猩是对 HBV 最敏感的动物,常用来进行 HBV 的致病机制研究和疫苗效果及安全性评价。嗜肝 DNA 病毒科的其他成员如鸭乙型肝炎病毒、土拨鼠肝炎病毒及地松鼠肝炎病毒等可在其相应的天然宿主中造成类似人类乙型肝炎的感染,因此可用这些动物作为实验动物模型,其中鸭乙型肝炎病毒因动物宿主来源方便,已被国内外广泛用于筛选抗病毒药物及免疫耐受机制的研究。此外,HBV 转基因小鼠模型及树鼩模型等也被用于 HBV 的研究。HBV 具有严格的宿主特异性和组织特异性,限制了其体外细胞模型的建立,因此,HBV 的体外培养尚未完全成功。目前主要采用 HBV DNA 转染肝癌细胞系进行 HBV 扩增,在转染的细胞中,HBV 基因组与细胞 DNA 整合,可长期稳定表达 HBsAg、HBcAg 并分泌 HBeAg,有些细胞株还可持续产生 Dane 颗粒。

(七) 抵抗力

HBV 对外界环境的抵抗力较强,对低温、干燥、紫外线均有耐受性。不被 70% 乙醇灭活,因此乙醇消毒这一常用的方法对 HBV 的消毒并不适用。高压蒸汽灭菌法、100℃加热 10 min 可灭活 HBV,0.5% 过氧乙酸、5% 次氯酸钠和环氧乙烷等常用于 HBV 的消毒。然而,HBV 的传染性和 HBsAg 的抗原性并不一致,上述消毒手段仅能使 HBV 失去传染性,但仍可保留 HBsAg 的抗原性。

二、致病性与免疫性

(一) 传染源

主要传染源为乙型肝炎患者或无症状 HBV 携带者。潜伏期为 30~160 d。不论在潜伏期、急性期或慢性活动期,患者血清都有传染性。HBV 携带者因无症状,不易被察觉,其作为传染源的危害性更大。

(二) 传播途径

1. 血液和血制品传播 HBV 在血循环中大量存在,而人又对其极易感,故只需极微量的污染血进入人体即可导致感染。所以,血液和血制品、注射、外科或牙科手术、针刺(文身)、共用剃刀或牙刷、皮肤黏膜的微小损伤等均可造成传播。医院内污染的器械(如内镜、牙科或妇产科器械等)可致医院内传播。

2. 母婴传播 多发生于胎儿期和围生期,HBsAg 和 HBeAg 双阳性的母亲,胎内传播率约为 10%,新生儿出生时已呈 HBsAg 阳性。围生期感染即分娩时新生儿经产道时被感染,HBsAg 和 HBeAg

双阳性的母亲所生的婴儿一年内 HBsAg 阳转率为 64%,说明围生期感染率也较高。此外,HBV 也可通过哺乳传播。

3. 性传播及密切接触传播 精液和阴道分泌物含有乙肝病毒,且已被证实具有传染性。不安全的性行为、同性性行为(男)是感染乙肝的高危因素。在我国,性传播不是 HBV 的主要传播方式,但在低流行区,HBV 感染主要发生在性乱者和静脉药瘾者中,所以西方国家将乙型肝炎列为性传播疾病。

(三) 致病与免疫机制

HBV 感染的临床表现呈多样性,可表现为无症状 HBV 携带者、急性肝炎、慢性肝炎及重症肝炎,并与肝硬化及肝细胞癌的发生密切相关。HBV 的致病机制迄今尚未完全清楚,大量的研究结果表明,免疫病理反应以及病毒与宿主细胞间的相互作用是肝细胞损伤的主要原因。HBV 侵入机体后,首先感染以肝细胞为主的多种细胞,在细胞内复制产生完整的病毒颗粒并分泌 HBsAg 和 HBeAg 等抗原成分。在血液或肝细胞膜上的病毒抗原成分可诱导机体产生特异性的 T 细胞应答和 B 细胞应答,其中有效激活的 $CD4^+$ 和 $CD8^+$ T 细胞反应在清除 HBV 过程中起重要作用,而 B 细胞所产生的特异性中和抗体则可抑制病毒的吸附和入胞。机体对 HBV 的免疫效应具有双重性:既可清除病毒,也可造成肝细胞的损伤。因此,免疫应答的强弱与临床过程的轻重及转归有密切关系。当机体的免疫功能正常时,感染后可获得特异性的免疫保护,很快将病毒局限化,受累的肝细胞不多,可通过彻底清除病毒而痊愈,临床上表现为急性肝炎。相反,若被感染的肝细胞较多,机体出现强烈的免疫应答导致大量的肝细胞坏死,则可表现为重症肝炎。当机体免疫功能低下、免疫耐受或由于病毒变异而发生免疫逃逸时,机体免疫系统不能有效清除病毒,病毒持续存在并不断复制,表现为慢性肝炎。慢性肝炎造成的肝细胞慢性病变过程可促进成纤维细胞增生导致肝硬化。

1. 细胞免疫及其介导的免疫病理反应 病毒抗原致敏的 $CD8^+$ 细胞毒性 T 细胞(Cytotoxiclymphocyte,CTL)是彻底清除 HBV 的最重要环节。细胞免疫清除 HBV 的机制包括:① 特异性 CTL 的直接杀伤作用,活化的 CTL 通过识别肝细胞膜上的 HLA-I 类分子和病毒抗原肽而活化,继而分泌穿孔素(perforin)和颗粒酶(granzyme)等直接杀伤靶细胞;② 特异性 T 细胞产生和分泌多种细胞因子如 TNF-α 及 IL-6 等而发挥的抗病毒效应,其中有些细胞因子可活化非特异性淋巴细胞和单核-巨噬细胞,从而扩大了细胞毒效应,另一些细胞因子如 IL-2、TNF-α、IFN-γ 等可通过抑制 HBV 基因表达和病毒复制等非靶细胞损伤机制来清除病毒;③ CTL 诱导的肝细胞凋亡作用,HBV 感染的肝细胞表面可表达高水平的 Fas 抗原,CTL 通过识别肝细胞膜上的 Fas 抗原并与之结合而诱导肝细胞凋亡。然而,特异性 CTL 介导的细胞免疫效应在清除病毒的同时又可导致肝细胞损伤,过度的细胞免疫反应可引起大面积的肝细胞破坏,导致重症肝炎。若特异性细胞免疫功能低下则不能有效清除病毒,病毒在体内持续存在而形成慢性肝炎。

2. 体液免疫及其介导的免疫病理反应 HBV 感染可诱导机体产生 HBsAb、Pre S1-Ab 和 Pre S2-Ab 等特异性抗体,这些保护性中和抗体可直接清除血循环中游离的病毒,并可阻断病毒对肝细胞的吸附,因此在抗病毒免疫和清除病毒过程中具有重要作用。然而,HBsAg 及 HBsAb 可形成免疫复合物,并随血循环沉积于肾小球基底膜、关节滑液囊等处,激活补体,导致Ⅲ型超敏反应,故乙型肝炎患者可伴有肾小球肾炎、关节炎等肝外损害。如果免疫复合物大量沉积于肝内,可使肝毛细管栓塞,导致急性肝坏死,临床上表现为重症肝炎。

3. 自身免疫反应引起的病理损害 HBV 感染肝细胞后,细胞膜上除含有病毒特异性抗原外,还会引起肝细胞表面自身抗原发生改变,暴露出肝特异性脂蛋白抗原(liver specific protein, LSP)。LSP 可作为自身抗原诱导机体产生自身抗体,通过 ADCC 作用、CTL 的杀伤作用或释放淋巴因子等直接或间接作用,导致肝细胞损伤。在慢性肝炎患者血清中常可测及 LSP 抗体、抗核抗体或抗平滑肌抗体等自身抗体。

4. 免疫耐受与慢性肝炎 机体对 HBV 的免疫耐受常常是导致 HBV 持续性感染的重要原因。当 HBV 感染者特异性细胞免疫和体液免疫应答处于较低水平或完全缺乏时,机体既不能有效地清除病毒,也不能产生有效的免疫应答杀伤靶细胞,病毒与宿主之间"和平共处",形成免疫耐受,临床上表现为无症状 HBV 携带者或慢性持续性肝炎。对 HBV 的免疫耐受可发生在母婴垂直感染和成人感染过程中,当发生 HBV 宫内感染时,胎儿胸腺淋巴细胞与抗原相遇,导致 HBV 特异性淋巴细胞克隆被排除,而发生免疫耐受；幼龄感染 HBV 后，因免疫系统尚未发育成熟，也可对病毒形成免疫耐受；成人 HBV 感染后，如果病毒的感染量大，导致特异性 T 细胞被耗竭，或由于大量细胞凋亡而使特异性 T 细胞消耗过多时，机体也可形成免疫耐受。此外，HBV 感染后，若机体免疫应答能力低下，干扰素产生不足，可导致靶细胞的 HLA-Ⅰ类抗原表达低下，由于 CTL 杀伤靶细胞需要 HLA-Ⅰ类抗原的参与，如果靶细胞 HLA-Ⅰ抗原表达低下，则 CTL 作用减弱，不能有效地清除病毒。

5. 病毒变异与免疫逃逸 HBV DNA 的 4 个 ORF 区均可发生变异，其中 S 基因、Pre S 基因、Pre C 基因及 C 基因的变异较为重要，这些变异可导致病毒的抗原性和机体特异性免疫应答改变，从而影响疾病的进程及结局。S 基因编码的"a"抗原表位基因可发生点突变或插入突变，使其抗原性改变或抗原位点丢失。"a"抗原变异导致抗 HBs 不能与之结合或亲和力降低，从而使 HBV 逃避体液免疫的监视与中和作用。此外，"a"抗原变异亦可导致现有的诊断方法不能检出 HBsAg，临床上虽有 HBV 感染，但 HBsAg 却呈阴性结果，出现所谓的"诊断逃逸"。Pre C 基因的变异常发生在 1 896 位核苷酸，使之由鸟嘌呤(G)变为腺嘌呤(A)，导致 Pre C 区的第 28 位密码子由 TGG 变为终止密码子 TAG，使 Pre C 基因不能与 C 基因共同转译出完整的 HBeAg，导致病毒逃避机体的免疫清除作用。C 基因编码的 HBcAg 是特异性 CTL 的靶抗原，C 基因的突变导致 HBcAg 抗原位点的改变，从而影响 CTL 对 HBcAg 的识别，形成所谓"CTL 逃逸突变株"。病毒基因突变导致的免疫逃避作用在 HBV 感染慢性化过程中具有重要意义。

6. HBV 与原发性肝细胞癌 目前已有大量的证据表明，HBV 感染与原发性肝细胞癌 (hepatocellular carcinoma，HCC)有密切关系。研究发现，初生时即感染土拨鼠肝炎病毒(WHV)的土拨鼠，经 3 年饲养后 100% 发生肝癌，而未感染 WHV 的土拨鼠无一发生肝癌；人群流行病学研究显示，我国 90% 以上的原发性肝细胞癌患者感染过 HBV，HBsAg 携带者发生原发性肝癌的危险性比正常人高 200 倍以上；肝癌细胞染色体中有 HBV DNA 的整合，而整合的 HBV 基因片段有 50% 左右为负链 DNA 5' 端片段，即 X 基因片段。HBV 的致癌机制尚未完全阐明，研究提示可能与 HBV 基因的整合和 HBxAg 有关，病毒基因的整合可造成宿主 DNA 的缺失、重排与转位，最终引起染色体畸变或结构异常，HBxAg 具有广泛的反式激活作用，可能作为致癌的启动因子而导致肝癌的发生。

三、微生物学检查法

(一) HBV 抗原、抗体检测

用 ELISA 法检测患者血清中 HBV 抗原和抗体是目前临床上诊断乙型肝炎最常用的检测方法。主要检测 HBsAg、抗 HBs、HBeAg、抗 HBe 及抗 HBc（俗称"两对半"），必要时也可检测 Pre S1 和 Pre S2 的抗原和抗体。HBV 抗原、抗体的血清学标志与临床关系较为复杂，必须对几项指标同时分析，方能做出正确的诊断。结果分析见表 29-2 及图 29-7。

表 29-2 HBV 抗原、抗体检测结果的临床分析

HBsAg	HBeAg	抗 HBs	抗 HBe	抗 HBc IgM	抗 HBc IgG	结　果　分　析
+	−	−	−	−	−	HBV 感染者或无症状携带者
+	+	−	−	+	−	急性或慢性乙型肝炎（传染性强，俗称"大三阳"）
+	−	−	+	−	+	急性感染趋向恢复（俗称"小三阳"）
+	+	−	−	+	+	急性或慢性乙型肝炎，或无症状携带者
−	−	+	+	−	+	乙型肝炎恢复期
−	−	−	−	−	+	既往感染
−	−	+	−	−	−	既往感染或接种过疫苗

1. HBsAg 和抗-HBs HBsAg 是机体感染 HBV 后最先出现的血清学指标，HBsAg 阳性见于急性肝炎、慢性肝炎或无症状携带者，是 HBV 感染的指标之一，也是筛选献血员的必检指标。急性肝炎恢复后，HBsAg 一般在 1～4 个月内消失，若持续 6 个月以上则认为已向慢性肝炎转化。无症状 HBV 携带者的血清 ALT 水平可在正常范围，但可长期 HBsAg 阳性。HBsAg 阴性并不能完全排除 HBV 感染，因为

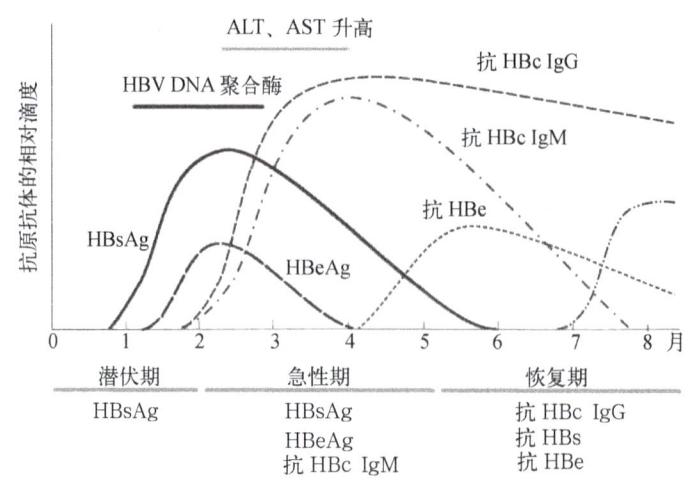

图 29-7 乙型肝炎病毒感染的临床与血清学过程

S基因突变或低水平的表达可使常规检查方法难于检出。因此,对高度疑似患者应进行 HBV DNA 检测。抗 HBs 是 HBV 特异性中和抗体,见于乙型肝炎恢复期、既往 HBV 感染者或接种 HBV 疫苗后。抗-HBs 的出现表示机体对乙型肝炎具有免疫力。

2. HBcAg 和抗 HBc　　HBcAg 阳性表示病毒颗粒存在,具有传染性,但由于其仅存在于肝细胞内,不易在血清中检出,故不用于常规检测。抗 HBc 产生早,滴度高,持续时间长,几乎所有急性期病例均可检出。抗 HBc IgM 阳性提示 HBV 处于复制状态,具有强的传染性。抗 HBc IgG 在血中持续时间较长,是感染过 HBV 的标志,检出低滴度的抗 HBc IgG 提示既往感染,滴度高提示急性感染。

3. HBeAg 和抗－HBe　　HBV DNA 聚合酶的消长基本一致,因此 HBeAg 阳性提示 HBV 在体内复制,有较强的传染性,如转为阴性,表示病毒停止复制。若持续阳性则提示有发展成慢性肝炎的可能。抗 HBe 阳性表示机体已获得一定的免疫力,HBV 复制能力减弱,传染性降低。但在 Pre C 基因发生变异时,由于变异株的免疫逃逸作用,即使抗 HBe 阳性,病毒仍大量增殖,因此,对抗 HBe 阳性的患者也应注意检测其血中的 HBV DNA,以全面了解病毒的复制情况。

4. Pre S1 和 Pre S2　　Pre S1 抗原和 Pre S2 抗原均与病毒的活动性复制有关,且含量的变化与血中 HBV DNA 的含量成正比,因此这些抗原的检出可作为病毒复制的指标。抗 Pre S1 及抗 Pre S2 常见于急性乙型肝炎恢复期的早期,其检出提示病毒正在或已经被清除,预后良好。

(二) 血清 HBV DNA 检测

应用核酸杂交技术、常规 PCR 技术或荧光定量 PCR 技术可以直接检测 HBV DNA,这些方法具有特异性强,敏感性高的特点,可测出极微量的病毒。检出 HBV DNA 是病毒存在和复制的最可靠的指标,因此已被广泛应用于临床诊断和药物效果评价。

四、防治原则

乙型肝炎的一般性预防包括严格管理传染源和切断传播途径,如加强对供血员的筛选,对病人及 HBV 携带者的血液、分泌物、用具及医疗器械等严格消毒和管理等。特异性预防包括疫苗接种和暴露后的被动免疫。

1. 主动免疫　　接种乙型肝炎疫苗是预防 HBV 感染的最有效方法。目前世界各国广泛使用的疫苗为基因工程疫苗,是将编码 HBsAg 的基因在酵母或哺乳动物细胞中高效表达并纯化而成,具有免疫效果好、安全性高,可以大量制备等优点。我国计划免疫所使用的 HBV 疫苗就是基因工程重组疫苗。

其他的新型的乙型肝炎疫苗,如 HBsAg 多肽疫苗及 HBV DNA 核酸疫苗等目前尚在研究中。

2. 被动免疫　　含高效价抗 HBs 的人血清免疫球蛋白(HBIG)可用于紧急预防。在紧急情况下,立刻注射 HBIG 0.08 mg/kg,在 8 d 之内均有预防效果,两个月后需再重复注射一次。此外,HBV 疫苗与 HBIG 联合使用可有效预防 HBV 感染的母婴传播。

3. 抗病毒治疗　　近年来,对乙型肝炎的抗病毒治疗已取得很大进展,目前被批准并应用于临床治疗的抗 HBV 药物有干扰素和核苷(酸)类似物两大类。常用的干扰素制剂有 IFN-α 和聚乙二醇干扰素(PEG-IFN)α。核苷(酸)类药物主要为逆转录酶抑制剂或 DNA 酶抑制剂,包括拉米夫啶(lamivudie)、阿德福韦酯(adefovir dipivoxil)、恩替卡韦(entacavir)、替比夫定(telbivudine)及替诺福韦酯(tenofovir disoproxil fumarate)。此外,清热解毒、活血化瘀的中药或中药制剂等对 HBV 感染有一定的疗效。

第三节 丙型肝炎病毒

丙型肝炎病毒(hepatitis C virus,HCV)引起的丙型肝炎以前曾被称为肠道外传播的非甲非乙型肝炎(parenterally transmitted nonA,nonB hepatitis,PT-NANB)。1989 年,美国学者 Choo 等应用分子克隆技术在实验感染 PT-NANB 的黑猩猩血浆中首次获得了病毒的 cDNA 克隆,测定了约 70% 的 HCV 基因序列,并利用这些基因表达的蛋白质为抗原,检测到 PT-NANB 患者血清中的特异性抗体。此后,又获得了来自 PT-NANB 患者血清的病毒全基因组序列,从而确认了 PT-NANB 的病原体,并将其命名为丙型肝炎病毒。1991 年,国际病毒命名委员会将其归类为黄病毒科(*Flaviviridae*),丙型肝炎病毒属。

HCV 感染呈全球性分布,主要经血或血制品传播。HCV 感染的重要特征是感染易于慢性化,急性期后易于发展成慢性肝炎,部分患者可进一步发展为肝硬化或肝癌。

一、生物学特性

HCV 呈球形,有包膜,直径约 60 nm,主要在肝细胞内复制。人类是 HCV 的天然宿主,黑猩猩为敏感动物,体外培养至今仍很困难。HCV 对乙醚、氯仿等脂溶剂敏感,煮沸、紫外线、甲醛等可使之灭活。

HCV 基因组为单正链线状 RNA,长度约 9.5 kb,由 5′端非编码区、编码区和 3′端非编码区组成(图 29-8)。5′端非编码区是 HCV 基因组中最保守的序列,是设计诊断用 PCR 引物的首选部位,该区还存在一个内部核糖体进入位点,对 HCV 基因的表达起调控作用。编码区仅含一个长的开放读码框(ORF),编码一个大分子的多聚蛋白前体,该前体蛋白在病毒蛋白酶和宿主信号肽酶的作用下切割产生病毒的结构蛋白和非结构蛋白。病毒的结构蛋白包括核心蛋白 C、包膜蛋白 E1 和 E2 及小分子膜相关蛋白 p7。核心蛋白 C 组成病毒的核衣壳,其抗原性强,含有多个 CTL 识别位点,可诱导细胞免疫反应。包膜蛋白 E1 和 E2 是两种高度糖基化的蛋白,编码这两种蛋白的基因具有高度变异性,导致包膜蛋白的抗原性发生快速变异。这种变异引起的免疫逃逸作用是病毒在体内持续存在,感染易于慢性化的主要原因,也是 HCV 疫苗研制的一大障碍。p7 蛋白为小分子膜相关蛋白,其确切功能尚不清楚,可能在病毒的装配和释放过程中起作用。非结构蛋白包括 NS2、NS3、NS4a、NS4b、NS5a 和 NS5b,其中 NS3 蛋白具有解旋酶和蛋白酶活性,NS5 蛋白具有依赖 RNA 的 RNA 多聚酶活性,这两种非结构蛋白在病毒的复制过程中起重要作用。3′端非编码区的功能尚不清楚,可能与病毒复制有一定关系。

图 29-8 HCV 基因结构示意图

根据 HCV NS5 区基因序列的同源性,可将 HCV 分为 6 个基因型,11 个亚型,即 1a、1b、1c、2a、2b、2c、3a、3b、4a、5a、6a。其中欧美流行株多为 1a、1b、2a、2b 和 3a;中东地区 4a 为主;亚洲和我国以 1b、2a、2b 分离株多见。一般认为 2 型 HCV 的致病性较强,复制快,血流中病毒量多,故症状较重。

二、致病性与免疫性

HCV 主要经输血或血制品传播,同性恋者、静脉注射吸毒者及接受血液透析的患者为高危人群。HCV 感染的临床过程轻重不一,可表现为急性肝炎、慢性肝炎或无症状携带者。HCV 感染极易慢性化,

40%~50%的丙肝患者可转变成慢性肝炎。多数慢性肝炎患者的临床表现不明显，发病时已呈慢性过程。约20%慢性肝炎可发展成肝硬化。HCV感染与肝癌的发生有密切关系，在意大利、希腊、日本等国家的肝癌患者血中，50%~70%抗HCV阳性，我国肝癌患者血中约10%存在抗HCV。用RT-PCR技术可从约10%的肝癌组织中检出HCV RNA。

目前认为，HCV的致病机制与病毒的直接致病作用、免疫病理反应及细胞凋亡有关。HCV通过包膜蛋白E2与肝细胞表面的相应受体$CD81^+$分子结合，介导病毒进入肝细胞。病毒在肝细胞内复制，使肝细胞结构和功能改变或干扰蛋白质合成，直接导致肝细胞损伤；HCV诱导的免疫病理反应是HCV致病的另一重要机制，特异性CTL的直接杀伤作用、免疫活性细胞释放炎症细胞因子和自身免疫反应均可造成肝细胞损伤；此外，HCV可诱导肝细胞大量表达Fas抗原，同时被激活的CTL大量表达Fas配体(FasL)，CTL与肝细胞膜上表达的Fas抗原结合，诱导肝细胞凋亡。

HCV感染易于慢性化，其可能机制除与HCV基因组易于变异，从而逃避免疫清除作用有关外，还可能与HCV在体内呈低水平复制，病毒血症水平较低，不易诱导高水平的免疫应答、HCV可存在于肝外组织如外周血单核细胞中，使病毒不易被清除等因素有关。

HCV感染后不能诱导有效的免疫保护反应。机体感染HCV后，虽然可产生特异性IgM和IgG型抗体，但由于病毒易于变异，不断出现免疫逃逸突变株，因此，抗体的免疫保护作用不强。HCV感染后可诱生细胞免疫反应，但其主要作用可能是参与肝细胞损伤，而不能提供有效的免疫保护。

三、微生物学检查法

(一) 检测病毒RNA

HCV RNA的检测是判断HCV复制的可靠指标。目前用于检测HCV-RNA的方法主要有两类，一类是常规RT-PCR或套式RT-PCR法，后者比前者敏感，可检出患者血清中极微量的HCV-RNA；另一类为定量PCR技术，如荧光定量PCR技术等，此法不但可以定性，还可对HCV-DNA进行定量检测。

(二) 检测抗体

HCV感染后机体可产生针对其结构蛋白和非结构蛋白抗体，用基因重组HCV蛋白或合成肽，如核心蛋白C22及NS3、NS4、NS5等非结构蛋白为抗原，用ELISA法和Western blot法检测感染者血中特异性HCV抗体是一种简便、快速、可靠的检测手段，可用于丙型肝炎的诊断、筛选献血员和流行病学调查。

四、防治原则

目前尚无有效疫苗用于丙型肝炎的特异性预防，因此，严格筛选献血员、加强血制品管理是控制HCV感染的最主要的预防措施。近年来，HCV的抗病毒治疗研究已取得重要进展，目前已有一批具有良好疗效的抗病毒药物用于临床，如IFNα、聚乙二醇干扰素(PEG-IFN)α、利巴韦林(ribavirin，RBV)、博赛匹韦(boceprevir)、特拉匹韦(telaprevir)和最近上市的Sofosbuvir(商品名Sovaldi)。RBV为核苷(酸)类广谱抗病毒药，可竞争性抑制肌苷单磷酸脱氢酶活性，从而抑制病毒RNA和蛋白质的合成。特拉匹韦和博赛匹韦为NS3/4A蛋白酶抑制剂，可有效抑制病毒的复制。目前临床上采用PEG-IFN-α+RBV的二联疗法或PEG-IFN-α+RBV+telaprevir的三联疗法均获得良好的疗效。

第四节　丁型肝炎病毒

1977年，意大利学者Rizzetto在用免疫荧光法检测乙型肝炎患者的肝组织切片时，发现肝细胞内除HBsAg外，还有一种新的抗原，当时称其为δ抗原或δ因子。通过黑猩猩实验证实这是一种不能独立复制的缺损病毒(defective virus)，必须在HBV或其他嗜肝DNA病毒的辅助下才能复制。1983年被正式命名为丁型肝炎病毒(hepatitis D virus，HDV)。目前HDV的病毒分类学地位尚未最终确定。

一、生物学特性

HDV为球形，直径35~37 nm，有包膜，包膜蛋白为HBsAg，该蛋白并非HDV的基因产物，是由同时感染的 HBV 编码产生的,可保护 HDV RNA 不被水解,在 HDV 致病中起重要作用。病毒颗粒内部由 HDV RNA 和与之结合的丁型肝炎病毒抗原(HDAg)组成(图 29-9)。HDV RNA 为单负链环状 RNA,长度约 1.7 kb,是已知动物病毒中最小的基因组。

HDV RNA 仅编码一种蛋白质,即 HDAg。HDAg 有 P24 和 P27 两种多肽形式,主要参与病毒的复制过程。若 HDAg 单独被 HBsAg 包装,可形成不含 HDV RNA 的"空壳颗粒"。HDAg 主要存在于肝细胞内,也可出现在血循环中,但其在血中出现早,维持时间短,故不易检测到。HDAg 可刺激机体产生抗体,可自感染者血清中检出抗 HD。应用抗 HD 还可检测肝组织中的 HDAg。

黑猩猩、土拨鼠和北京鸭对 HDV 敏感,可作为 HDV 研究的动物模型。

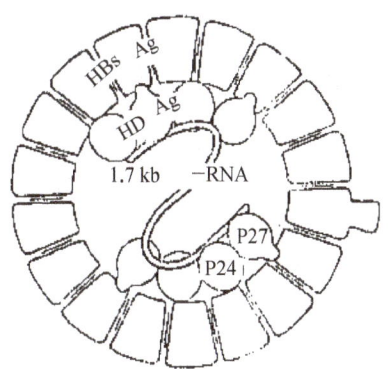

图 29-9 丁型肝炎病毒形态与结构示意图

二、致病性与免疫性

HDV 传播途径与 HBV 相同,主要经血传播。感染后可表现为急性肝炎、慢性肝炎或无症状携带者。由于 HDV 为缺陷病毒,必须在有 HBV 存在的条件下才能造成感染,因此临床上 HDV 感染有联合感染(coinfection)和重叠感染(superinfection)两种类型。联合感染是指从未感染过 HBV 的正常人同时发生 HBV 和 HDV 的感染;重叠感染是指已受 HBV 感染的乙型肝炎患者或无症状的 HBsAg 携带者再发生 HDV 感染。重叠感染常可导致原有的乙型肝炎病情加重与恶化,故在发现重症肝炎时,应注意是否存在 HBV 与 HDV 的重叠感染。在感染早期,HDAg 主要存在于肝细胞核内,随后短暂出现在血循环中。目前认为 HDV 的致病机制可能与病毒对肝细胞的直接损伤作用和机体的免疫病理反应有关。HDAg 可刺激机体产生特异性 IgM 和 IgG 型抗体,但这些抗体不是中和抗体,不能清除病毒。

HDV 感染呈世界性分布,全球约 1 500 万人感染,意大利和中东地区为 HDV 感染的高发区,我国以四川等西南地区较多见,全国各地报道的 HBsAg 阳性者中,HDV 的感染率为 0%～10%。

HDV 与 HBV 有相同的传播途径,预防乙型肝炎的措施同样适用于丁型肝炎。由于 HDV 是缺损病毒,如果抑制了 HBV 的增殖,则 HDV 亦不能复制。

三、微生物学检查法

(一)抗原抗体检测

HDAg 检测是诊断 HDV 感染的直接证据,但 HDAg 在血清中持续时间短,平均仅 21 d 左右,因此标本采集时间是决定 HDAg 检出率的主要因素。部分患者可有较长时间的抗原血症,但 HDAg 滴度较低,故不易检出。肝细胞内 HDAg 的检出是 HDV 感染的可靠证据,并且是 HDV 感染活动的指标,但活检标本不易获得,故不常用。用 RIA 或 ELISA 法检测血清中 HDV 抗体是目前诊断 HDV 感染的常规方法,抗 HD IgM 在感染后 2 周出现,4～5 周达高峰,随之迅速下降,因此,检出抗 HD IgM 有早期诊断价值。抗 HD IgG 产生较迟,到恢复期才出现。如 HDV 抗体持续高效价,可作为慢性 HDV 感染的指标。

(二) HDV RNA 检测

在患者血清或肝组织内检出 HDV RNA 是诊断 HDV 感染可靠指标。常用的检测法有斑点杂交、RT-PCR 或荧光定量 PCR 等技术。

第五节 戊型肝炎病毒

戊型肝炎病毒(hepatitis E virus, HEV)是戊型肝炎的病原体。1989 年,美国学者 Reyes 等成功地克隆了戊型肝炎病毒基因组。印度次大陆、埃及和我国是戊型肝炎流行的高发区。1986 年,我国新疆南部发生戊型肝炎大流行,约 12 万人发病,死亡 700 余人,是迄今世界上最大的一次流行。

一、生物学特性

HEV 呈球状,平均直径为 32～34 nm,无包膜。病毒颗粒表面有锯齿状刻缺和突起,形似杯状,曾归类于杯状病毒科(Caliciviridae),目前将其重新归类为肝炎病毒科(Hepeviridae)戊型肝炎病毒属。

食蟹猴、非洲绿猴、猕猴、黑猩猩及乳猪等对HEV易感,是常用的HDV动物模型。HEV虽可在猕猴原代肝细胞或HepG2细胞中获得传代,但目前大量培养仍很困难。

HEV的抵抗力不强,对高盐、氯化铯、氯仿等敏感。在4～8℃条件下3～5 d可裂解。可耐受56℃ 30 min,但在高于70℃的温度下可灭活,煮沸是最简单和可靠的消毒方法。

HEV基因组为单正链RNA,全长约7.5 kb,具有poly A尾,共有3个ORF,ORF1编码病毒复制所需的依赖RNA的RNA多聚酶等非结构蛋白,ORF2编码病毒的衣壳蛋白,ORF3与ORF1和ORF2有部分重叠,其编码的多肽可能具有型特异性抗原表位(图29-10)。

HEV有4个基因型,但只有一个血清型。基因Ⅰ型和基因Ⅱ型分别以缅甸株(HEV-B)和墨西哥株(HEV-M)为代表,基因型Ⅰ型至少存在8个亚型。目前我国流行的HEV以为基因Ⅳ型为主(占76%),其次是基因Ⅰ型(占24%)。

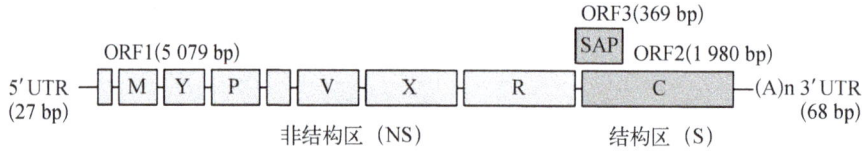

图29-10 戊型肝炎病毒的基因结构示意图

M:甲基转移酶;Y:Y区;P:木瓜蛋白样酶;V:脯氨酸富集铰链区;X:X区;
R:RNA多聚酶;C:衣壳蛋白;SAP:细胞骨架相关的磷酸化蛋白

二、致病性与免疫性

HEV主要经粪-口途径传播,潜伏期为10～60 d,平均为40 d。病毒经胃肠道进入血流,在肝细胞内复制,然后释放到血液和胆汁中,经粪便排出体外。人感染后可表现为临床型和亚临床型,成人中以临床型多见。随粪便排出的病毒污染水源、食物和周围环境而造成传播。潜伏期末和急性期初的患者粪便排毒量最大,传染性最强,是本病的主要传染源。HEV通过对肝细胞的直接损伤和免疫病理作用引起肝细胞的炎症或坏死。临床上表现为急性戊型肝炎(包括急性黄疸型和无黄疸型)、重症肝炎以及胆汁淤滞性肝炎。多数患者于发病后6周左右即好转并痊愈,不发展为慢性肝炎或病毒携带者。妊娠期感染HEV后病情常较严重,常导致重症肝炎、流产或死胎,妊娠6～9个月的重症肝炎孕妇病死率可高达25%。

HEV感染后可获得一定的免疫力,但免疫力不持久,在儿童期曾感染过HEV者,到青壮年后仍可再次感染。

三、微生物学检查法

临床上常用的检查法是用ELISA法检查血清中的抗HEV IgM或IgG,抗HEV IgM出现早,消失快,可作为早期现症病人的诊断依据。抗-HEV IgG在血中存在时间可达数月至数年,抗HEV IgG阳性则不能排除既往感染。此外亦可用RT-PCR法检测粪便或胆汁中的HEV RNA或用电镜或免疫电镜技术检测患者粪便中的HEV颗粒。

四、防 治 原 则

HEV的传播途径与HAV相似,主要经粪-口途径传播,因此其一般性预防原则与甲型肝炎相同,主要是保护水源,做好粪便管理,加强食品卫生管理,注意个人和环境卫生等。HEV疫苗研究已取得重大进展,2012年,世界首支戊型肝炎疫苗在我国研制成功并已投入使用。

(江丽芳)

复习思考题

1. 试比较HAV、HBV、HCV、HDV和HEV五种肝炎病毒的核酸类型、培养特性及传播途径的异同。

2. 试述 HBV 复制过程及 cccDNA 的临床意义。
3. 试述 HBV 抗原抗体系统检测的内容及其临床意义。
4. 试述 HBV 和 HCV 慢性化的机制及其各自的传播途径及防治方法。
5. 试述 HDV 联合感染与重叠感染机制与临床意义。
6. 试述 HEV 的生物学特性与基因组特点。

第三十章 呼吸道病毒

The acute respiratory infections, the most frequent diseases, especially in children and the elderly, ranged 90% to 95%, are caused by respiratory viruses. These viruses are most commonly transmitted by airborne droplets or nasal secretions. Most viral respiratory infections are fairly mild, self-limiting and confined to the upper respiratory tract (URT). However, URT infections may spread downwards and cause more severe infections and even death in infants and children. Respiratory viruses include *Orthomyxoviridae* (influenza A, B and C viruses), *Paramyxoviridae* (parainfluenza virus, measles virus, mumps virus, respiratory syncytial virus, human metapneumovirus), coronavirus, and others (rhinovirus, rubella virus, adenovirus).

The human respiratory viruses and the causative diseases are summarized in table 30-1.

Table 30-1 Human respiratory viruses and caused diseases

Viruses	Diseases
Influenza	Influenza
Parainfluenza virus	Upper respiratory tract infection, Laryngopharyngitis, bronchiolitis, pneumonia
Respiratory syncytial virus	Bronchiolitis, pneumonia
hMPV	Bronchiolitis, pneumonia
Measles virus	Measles
Mumps virus	Mumps, encephalitis, orchiolitis, ovaritis
Rhino virus	Common cold
Corona virus	Common cold
SARS-CoV	SARS
Adeno virus	Pharyngitis, laryngo bronchitis
	Pneumonia, keratoconjunctivitis
Rubella virus	Rubella, congential rubella syndrome

Coronaviruses can infect people and animals and cause mild to moderate upper-respiratory illness. But SARS coronavirus, referred to as SARS-CoV, is the virus that causes severe acute respiratory syndrome (SARS).

The highly pathogenic avian influenza (HPAI) A virus - referred to as HPAI H5N1 - is a virus that occurs mainly in birds, continues to spread and pose a major challenge to animal and human health. Since pandemic influenza virus has its origins in avian influenza virus, HPAI H5N1 virus has to be considered a potentially serious pandemic threat.

第一节 正黏病毒

正黏病毒(*Orthomyxoviridae*)是指对人或某些动物细胞表面的黏蛋白(mucin)有特殊的亲和性,具有分节段 RNA 基因组的一类有包膜病毒,包膜上嵌有血凝素蛋白(hemagglutinin protein,HA)和神经氨酸酶(neuraminidase protein,NA)两种棘突,病毒通过 HA 与宿主细胞表面的唾液酸半乳糖苷键受体结合。正黏病毒只有流行性感冒病毒(influenza virus,简称流感病毒)一种,但包括人的流感病毒和动物的流感病毒(猪、马和禽类)。

一、流行性感冒病毒

流行性感冒病毒是引起流感的病原体,按流感病毒核衣壳蛋白(nucleocapsid protein,NP)和基质蛋白(matrix protein,M)不同,分成甲(A),乙(B),丙(C)三个型。

(一) 生物学性状

1. 形态和结构 病毒呈球形,椭圆或丝状。球形直径 80～120 nm。甲型和乙型流感病毒无形态差异,包膜上有两种不同的糖蛋白突起,即血凝素(hemagglutinin,HA)和神经氨酸酶(neuraminidase,NA);丙型流感病毒只有一种 HA 糖蛋白突起。流感病毒为单负链分节段的 RNA 病毒,核衣壳呈螺旋对称,有包膜。结构由内向外分两层(图 30-1)。

(1) 核心:位于病毒的最内层,是单负链 RNA,与每个 RNA 片段结合的有核蛋白(nucleoprotein,NP)及三种与核酸复制和转录有关的依赖 RNA 的 RNA 聚合酶(PA、PB1、PB2)。RNA 和 NP 称核糖核蛋白(ribonucleoprotein,RNP),即核衣壳,病毒核蛋白为可溶性抗原,抗原性稳定,具有型特异性。流感病毒 RNA 为负链 RNA,分 7～8 个节段,其中甲型、乙型流感病毒有 8 个节段,每个 RNA 节段编码 1～2 个多肽。RNA1 节段编码 PB2 蛋白;RNA2 编码 PB1 蛋白;RNA3 编码 PA 蛋白;RNA4 编码 HA;RNA5 编码 NP;RNA6 编码 NA;RNA7 编码基质蛋白 M1 和 M2;RNA8 编码非结构蛋白 NS1 和 NS2;丙型流感病毒有 7 个 RNA 节段,缺少编码 NA 的 RNA6 的节段。膜蛋白(M)是基质

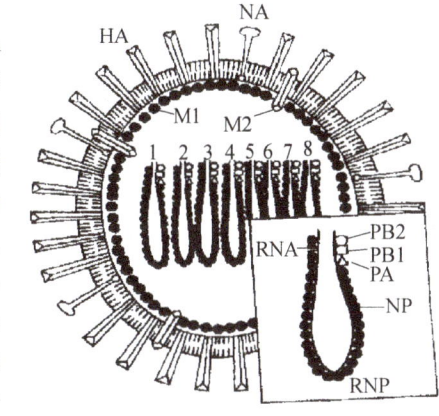

图 30-1 流感病毒结构示意图

蛋白,分为 M1 和 M2,M1 蛋白包裹病毒核心,介于病毒核心和包膜之间,具有稳定功能。

(2) 包膜:流感病毒包膜有两层结构,内层为病毒基因编码的基质蛋白 M1 外层,来自宿主细胞的脂质双层膜。病毒成熟释放时包在病毒外层。包膜上嵌有三种突起,即 HA、NA 和 M2,在流感病毒生物学特性和致病性等方面起重要作用。

1) 血凝素(HA):呈三棱柱形的糖蛋白。流感病毒 HA 可以凝集多种动物和人的红细胞。流感病毒的 HA 命名来源于能和红细胞表面的 N-乙酰神经氨酸(唾液酸)糖蛋白受体结合,而具有凝集红细胞的能力。在 4℃时结合稳定,而 37℃时由于 NA 破坏而使病毒迅速自红细胞表面释放。流感病毒 HA 蛋白呈柱状形,以三聚体(trimer)的形式存在于双层类脂膜上。HA 的合成是首先在细胞内质网合成前体蛋白 HA0,随后 HA0 分子水解成 HA1 和 HA2 两个多肽,以二硫键连接二个亚单位来决定病毒的传染性。HA 是流感病毒的主要表面抗原,可以刺激机体产生中和抗体。

2) 神经氨酸酶(NA):是流感病毒表面的另一重要表面抗原,由病毒基因组 RNA6 节段编码,分子质量为 44 kDa,甲型流感病毒 NA 有 9 个亚型。采用 X 射线晶体衍射技术证实,NA 是四聚体结构,即由 4 个单体结合而成,NA 呈蘑菇状,NA 和 HA 一样插入病毒双层磷脂膜上。HA 属Ⅰ型膜蛋白,NA 属Ⅱ型膜蛋白。NA 蛋白可水解细胞膜上各种多糖受体末端的 N-乙酰神经氨酸,促使病毒释放。NA 蛋白可刺激机体产生抗体,可抑制病毒在体内的扩散。

3) M2 基质蛋白:M2 基质蛋白是流感病毒表面的第三种膜蛋白。M2 是由二硫键相连的四聚体,具有离子通道的作用。M2 蛋白的功能改变或丢失会影响病毒的复制。

2. 病毒的复制 流感病毒 RNA 的转录和复制是在受感染的细胞核中进行的。病毒表面的 HA 和宿主细胞表面糖蛋白受体 N-乙酰神经氨酸结合,经胞饮作用将病毒吞入,形成内体。进入内体的蛋白质在酸性环境中 pH 下降到 5.0 左右,附着于内体膜上的蛋白酶水解为多肽片段。病毒膜上 M2 蛋白的离子通道,通过 HA2 和 M2 的酸化作用,使血凝素的构型发生改变,导致病毒包膜和内体膜融合,病毒内部的核衣壳释放到细胞质中,核衣壳可由此进入细胞核中,在病毒聚合酶作用下转录 mRNA。病毒 RNA 是负链,并具有转录酶(PA、PB1、PB2),可转录病毒 RNA 节段,形成病毒的 mRNA 的帽状结构,并连在 mRNA 的 5′端。这种帽状结构可作为转录引物而产生病毒 mRNA。所有基因组片段都被转录成 5′端带有帽、3′端带有 poly(A)尾的 mRNA,并进入胞质中,翻译成病毒蛋白质。HA 和 NA 蛋白进一步在内质网和高尔基体中糖基化,然后被运送到细胞膜表面。在核内每个基因片段复制出正链 RNA,以此

为模板,再复制出子代负链RNA,进入胞质与聚合酶和NP结合形成RNP。RNP再与含有M2及NA的胞质膜上M1结合,最后病毒从细胞膜以出芽方式释放。约在感染后8h左右释放出成熟病毒颗粒,再感染其他正常细胞。

3. 分类和命名 根据NP和M蛋白抗原性不同可将流感病毒分为甲、乙、丙三型,三型无交叉。甲型可根据HA和NA抗原不同,再区分若干亚型,甲型流感病毒包括人和动物流感病毒,乙型流感病毒只感染人,丙型流感病毒感染人和猪。流感病毒抗原变异是表面抗原HA和NA。到目前为止已从鸟、动物或人中发现HA有16个亚型(H1~H16),NA有9个亚型(N1~N9)。

一个新分离株完整的命名应包括:型别/宿主(人可省略)/分离地点/病毒株/分离年代。例如,A/鹅/广东/1/96(H5N1标准株);A/香港/156/97(H5N1);A/香港/1/68/(H3N2)。

4. 抗原的变异 流感病毒抗原变异主要指HA和NA发生变异,尤其HA变得更快(表30-2)。流感病毒抗原变异有两种形式:抗原漂移(antigenic drift)和抗原转换(antigenic shift)。

表30-2 甲型流感病毒表面HA和N的变化

流行年代		亚型,型别
1890	人	H3N2
1900	人	H3N8
1918	人	H1N1(亚甲型)及猪型H1N1
1957	人	H2N2(亚洲甲型)
1968	人	H3N2(香港甲型)
1977	人(新)	H1N1和H3N2(两者同时流行)
1977至今	人	H1N1和H3N2
1997	人	H5N1禽感染人,局部爆发
2004	人	H5N1禽流感感染人,亚洲局部爆发
2009	人	H1N1(新1亚甲型),传播力强
2013	人	H7N9禽流感病毒感染人,中国长江三角洲暴发流行

(1) 抗原漂移:主要由于编码病毒HA基因发生系列点突变,累计后导致了氨基酸序列的改变,从而改变了HA蛋白分子上的抗原位点。抗原漂移引起的变异幅度小,属量变,这种变异常引起甲型流感周期性的局部中小流行。

(2) 抗原转换:病毒抗原性突然的改变,可能由于基因重配的结果,主要见于分节段基因组病毒。变异幅度大,属质变,如1918年亚甲型H1N1到1957年的亚洲甲型H2N2,导致新亚型的出现,由于人群对抗原转换后出现新亚型病毒缺乏免疫力,所以引起大的流行。

抗原转换机制尚不清楚,有以下几种学说:① 基因重配学说:认为导致大流行毒株是由人与禽类或动物病毒通过基因重配而来,如1957年出现的H2N2亚型毒株基因分析,其中3个基因片段HA、NA、PB1来自禽的流感病毒,而其余5个基因片段来自人的H1N1亚型毒株。通过基因重配产生新的毒株,而引起大流行。2009年在北美开始流行的"猪流感病毒"与2000年在泰国猪中出现的毒株有类似的重配。2013年初在中国首次检测出感染人的甲型H7N9禽流感病毒(A/shanghai/1/2013),其8个基因片段由3株不同病毒重配而成。② 动物源学说:1976年美国新泽西州新兵营中发生的一起流感暴发,是由猪(H1N1)流感病毒引起。1918年的世界性流感大流行(猪型H1N1),是鸭H1N1流感病毒直接传入的。1997年由H5N1禽流感病毒引起香港大流行,当时在香港市场活鸡粪便中检出H5N1毒株,每株H5N1毒株均可导致实验感染鸡死亡。香港及时杀死所有活鸡,控制了此次流感的扩散蔓延。

(二) 致病性和免疫性

1. 致病性

流感病毒是流行性感冒的病原体,传染源为急性期患者和隐性感染者,流行和季节有关,又称季节性流感,北方以冬季为主,南方一年四季均有,以夏季为高峰。病毒经飞沫传播,侵入易感者呼吸道黏膜的柱状纤毛上皮细胞,引起上皮细胞变性、坏死和脱落,黏膜充血水肿,是一种局部的表面感染,潜伏期短,为1~4d,和病毒感染量及宿主免疫状态有关。局部症状明显以鼻塞、流涕和咳嗽等呼吸道症状,发病早期鼻分泌物中病毒排出量高,传染性强,流感病毒一般不入血,无病毒血症,但其代谢产物有类似毒素样物质,可引起全身肌肉酸痛,疲倦无力,厌食,小儿易发生惊厥,一般3~5d症状好转,多在一周痊愈,少数发生病毒性肺炎。

2. 免疫性

1. 固有免疫　流感病毒感染后刺激机体产生干扰素,而干扰素是一种广谱的抗病毒蛋白,在恢复早期对抑制病毒增殖、控制病毒扩散。病毒诱发的 α/β 干扰素可激活 NK 细胞,从而杀伤病毒感染的靶细胞。

2. 适应性免疫

(1) 体液免疫：流感病毒有四种抗体：①HA 抗体：此抗体与病毒表面的 HA 结合后能中和病毒使它失去感染性,血凝抑制抗体是主要的保护性抗体,在防止再感染上起主导作用。②NA 抗体：主要作用是抑制病毒从细胞表面释放。③核蛋白抗体：核蛋白是可溶性抗原,热稳定,可刺激机体产生型特异性抗体,没有保护作用,可用来鉴别新分离病毒的型别。④局部抗体：在呼吸道局部形成第一道防线,此抗体的合成和分泌部位主要在呼吸道、唾液腺、肠道等上皮细胞。是由血清中 2 个 IgA 单体形成二聚体和分泌片(secretary piece,SP)以非共价形式结合,并一起被分泌到黏膜表面称 SIgA,能中和病毒和抑制病毒复制。血清抗体可持续几个月到几年,局部抗体持续时间短,通常几个月。

(2) 细胞免疫：$CD4^+$ 细胞通过释放 TNF、IFN-γ 而参与巨噬细胞的募集和活化,并进一步促进 $CD8^+$ T 细胞增殖分化；$CD8^+$ T 细胞(CTL)能溶解流感病毒感染的靶细胞,还释放效应分子阻止病毒复制,$CD8^+$ T 细胞可产生广泛亚型间交叉免疫,有助于抵抗不同亚型流感病毒的感染。$CD4^+$ 和 $CD8^+$ T 细胞介导的细胞免疫在抵抗流感感染中发挥重要作用。

(三) 微生物学检查法

1. 病毒分离鉴定　取患者急性期咽嗽液或鼻咽拭子浸液样本经抗生素处理后,放冰瓶内送实验室,将样本接种 9 d 胚龄鸡胚羊膜腔,35℃孵育 72 h,然后取羊水及尿囊液做血凝试验。血凝阳性者可与免疫血清进行血凝抑制试验以鉴定型别。组织培养法：原代人胚肾及猴肾细胞分离培养,狗肾传代细胞(MDCK)效果更好,有取代鸡胚之势。血细胞吸附(hemadsorption,HD)试验,可用来检测培养细胞中病毒的存在。当鸡胚分离和细胞 HD 阴性,则盲传三代后再弃去。

2. 血清学诊断　取患者发病 5 d(急性期)和发病后 10~14 d(恢复期)双份血清,进行血凝抑制试验、中和试验、补体结合试验,如果恢复期血清中血凝抑制抗体比急性期效价增加 4 倍或以上则有诊断意义。

3. 快速诊断

(1) 用免疫荧光或 ELISA 法直接从患者呼吸道分泌物的脱落细胞中检测病毒抗原。

(2) 用核酸杂交、PCR 或序列分析检测病毒核酸和进行分型测定,用于临床快速诊断。

(四) 防治原则

流感病毒传染性强,传播速度快,感染源主要为患者,其次是隐性感染者。流行期间尽量避免人群聚集。疫苗接种可降低发病率。目前我国用的疫苗适合各年龄组,使用三联流感病毒的灭活疫苗,即包括两个 A 型和一个 B 型。疫苗株选代表可能下一个季节性流行的毒株。有效保护可达 75%~90%,疫苗保护效果的差异,主要取决于制备疫苗的流感病毒株的抗原性与实际流行株抗原匹配的程度。其次,用包括 A 型和 B 型多价纯化或裂解的亚单位疫苗,接种方法采用皮下接种可产生有效的 IgG 抗体。在流感流行前 1~2 个月接种流感疫苗可有效发挥保护作用。

二、禽流感病毒

禽流感病毒属正黏病毒科中的甲型流感病毒。1955 年正式命名为禽流感病毒(avian influenza virus,AIV)。禽流感被国际兽医局列为烈性传染病。临床分三型：不发病、轻型和急性死亡型,后者也称高致病性禽流感,引起禽类 70%~100% 死亡。1997 香港暴发人禽流感,H5N1 亚型直接感染人造成 18 人发病 6 人死亡,首次证明其病原体为禽流感病毒(A/Hongkong/156/97)。

高致病性禽流感病毒感染已经成为严重威胁人类健康的新发传染病,是一种禽、畜、人共患病。感染人的禽流感病毒有 H1N1、H2N2、H3N2、H5N1、H7N7、H9N2、H7N2、H7N3 和 H7N9 亚型毒株；感染猪的有 H1N1、H4N6 和 H9N2；主要禽流感病毒与哺乳类流感病毒基因发生重组,如人流感病毒和禽流感病毒可在猪体内重组,并已经很稳定在猪中生存。猪的上皮细胞中存在人和禽流感病毒受体,因此猪可作为人和禽的中间宿主。禽类是甲型流感病毒的"贮存库"。目前已发现的所有人流感病毒均可在禽中分离出,它们对禽类不致病。禽流感病毒 HA 亚型(H1～H16)和 NA 亚型(N1～N9)都在鸟类中获得确证。

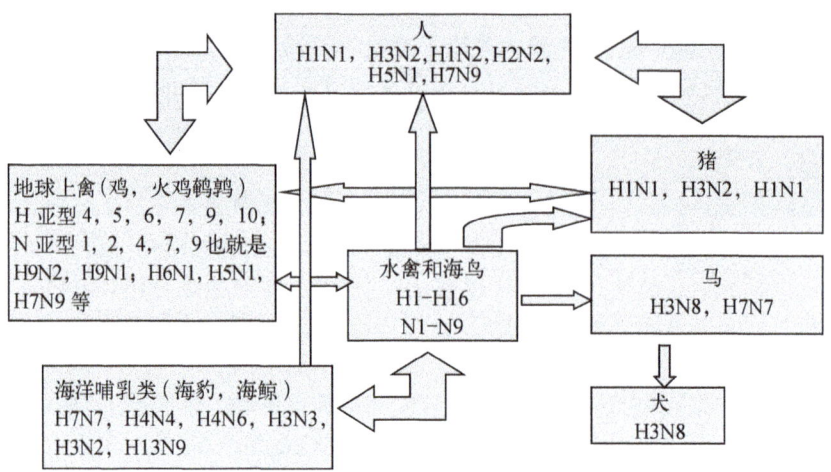

图 30-2 甲型流感病毒种间相互传播

(引自 Peiris, 2007)

(一) 致病性与免疫性

人们对病毒和宿主因子限性方面了解的还不多。高致病性禽流感(highly pathogenic avian influenza，HPAI)病毒如 H5N1，主要经呼吸道和消化道感染，引起暴发性的急性呼吸衰竭，很快进展为 ARDS，病死率高；H7N7 主要引起眼角膜结膜炎。H9N2 引起严重的呼吸道感染。近年来禽流感病毒在全球循环引起局部性暴发流行，并能传到人，可能主要与下列因素有关。

（1）研究发现 HPAI 病毒如 H5N1 HA 切割位点的上游序列含有多个碱性氨基酸(multi-basic amino acid)插入。碱性氨基酸能增强病毒对机体组织的广泛嗜性，其结果 HPAI 病毒迅速突破器官屏障而造成全身性感染。所以碱性氨基酸序列的结构特点是决定其毒力的分子生物学基础。

（2）在复制过程中，氨基酸位点替换。病毒 PB2 是决定宿主范围的重要因子。禽流感病毒在 PB2 基因有典型的 Glu(谷氨酸)627，而人流感病毒有 Lys(赖氨酸)627。但在青海湖感染 HPAI 病毒 H5N1 感染后 PB2 为 Lys627。2003 年从荷兰 HPAI 病毒分离到的 H7N7 主要引起角膜炎，有三例未接触过病禽，但都引起角膜炎，显示 H7N7 存在人与人之间传播的可能。1 例是兽医在对病鸡进行检查时而感染 H7N7，引起严重肺炎而死亡。可能这些病毒对宿主已适应。

（3）病毒与宿主细胞受体结合是病毒致病的决定因素。人与禽流感病毒在 HA 三维结构上差别主要在受体结合部位，HA 与唾液酸的多聚末端半乳糖受体的结合是病毒侵入宿主的第一步。人流感病毒 HA 主要识别和结合受体是唾液酸的半乳糖 SA α2-6 结构，而禽流感病毒识别唾液酸的半乳糖 SA α2-3 结构。人流感病毒受体结合部位 226 氨基酸为 Leu，而禽流感为 Glu。流感病毒 HA 与唾液酸 SA α2-3 或 SA α2-6 结合的变化可能是突破种族屏障和适应新宿主的关键。体外试验培养人器官上皮细胞含有 SA α2-3 和 α2-6 受体，在下呼吸道、肺部含有大量 SA α2-6 受体和少量 SA α2-3 受体。① H1N1 季节性流感病毒以结合上呼吸道 SA α2-6 受体为主，因此主要表现为上呼吸道感染。② HPAI-H5N1 在人的肺部以 SA α2-3 受体结合为主，能解释人被 H5N1 感染后，病毒在下呼吸道复制造成暴发性 ARDS。在人的肠上皮细胞也有 SA α2-3 受体，因此病人有消化道症状。③ HPAI-H7N9 型禽流感病毒能同时结合 SA α2-6 和 SA α2-3 受体。既能与人鼻咽部上呼吸道上皮细胞 SA α2-6 结合，更能大量与下呼吸道尤其肺部细胞的 SA α2-3 受体结合。H7N9 病毒 HA 结合的受体位点和人流感病毒 HA 结合位点一样都为 Leu226。H7N9 禽流感病毒直接由禽感染人的事例，感染后出现严重的肺炎和 ARDS，病死率高(图 30-3)。

（4）HPAI 病毒 H5N1 和 H7N9 患者血液中有很高水平的促炎症因子和趋化因子。1997 年香港暴发流行的患者血清可检出中 IL6、TNF-α 和可溶性 IL-2R。HPAI 病毒 H5N1 引起的细胞因子和趋化因子在种类和量上远超过人流感病毒。随着疾病恢复，这些因子明显降低，死亡者比恢复期患者体内因子高。细胞因子和趋化因子是 H5N1 感染者致死性的重要因素，引起 ARDS 和多器官衰竭，也是急性呼吸衰竭的重要原因。

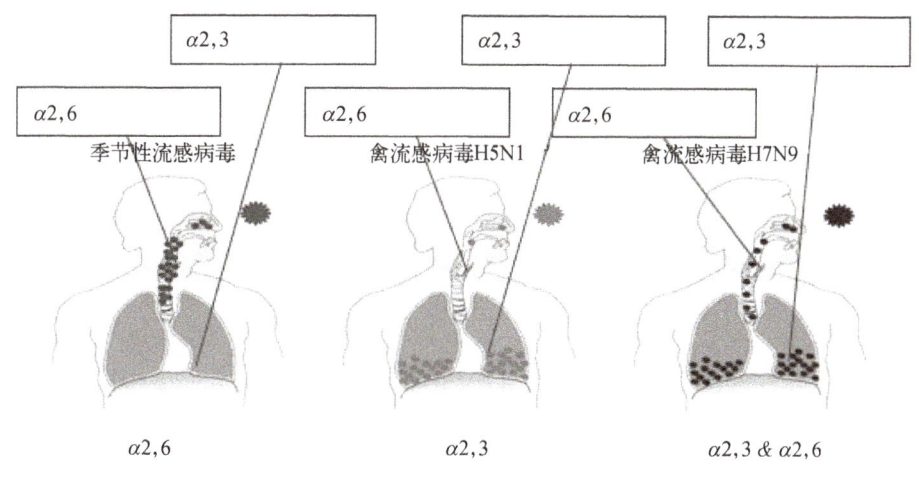

图 30-3　不同型别的流感病毒在人呼吸道不同部位的复制
(施一学术报告,2014)

固有性免疫对 H5N1 是重要的。包括巨噬细胞、NK 细胞、干扰素在抗感染中起重要作用。细胞因子是一把双刃剑,既可发挥免疫调节作用,在一定条件下也可参与疾病的发生发展。在 H5N1 感染中作为炎症因子引起炎症反应,是病毒致病的重要原因。

(二) 临床表现

H5N1 经呼吸道、消化道感染,在咽喉部及呼吸道上皮细胞中复制,比在鼻咽部要高。潜伏期为 8～17 d,比人流感要长。大部分患者开始的症状有高热,典型的体温高于 38℃,有呼吸道流感样症状。水性腹泻、腹痛、呕吐。胸膜疼痛和鼻腔黏膜出血。下呼吸道症状严重,有一例在疾病开始 5 d 后呼吸困难呼吸急促,吸入性胸膜炎发生率也很高。所有患者 X 射线表现肺炎、斑块炎症、间质炎症或小叶实变,呼吸衰竭进行性炎症向两侧扩散,出现急性呼吸窘迫综合征。实验室发现白细胞减少,尤其淋巴细胞和血小板减少,肝转氨酶出现轻中度增高,肌酸激酶增高。血糖、血中蛋白质减少,通常 CD4/CD8 比例倒置。

在鼻黏膜复制的病毒比人的流感低,而下呼吸道病毒复制率高。大多数患者粪便标本对病毒 RNA 检测阳性率高,已在 1 例尸体解剖中得到证实病毒能在消化道中复制,内有巨噬细胞的炎症,及大量的趋化因子。

(三) 微生物学检查

1. 病毒分离鉴定　取 HPAI 病毒暴发流行期间患者鼻拭子,鼻咽喉拭子,鼻咽吸出液(NPA)和气管分泌物、痰、粪便、脑脊液、眼结膜拭子,经抗生素处理后,加运输培养基,放冰瓶送实验室,-70℃保存待分离用,通过鸡胚或 MDCK 接种,各种病毒鉴定必须在 BSL-3 实验室进行。

2. 抗原检测　直接免疫荧光和 EIA(酶联免疫分析)已广泛用来诊断。此方法比病毒分离敏感性高 1 000 倍。RT-PCR 是用来研究人 H5N1 诊断。RT-PCR 试验需要靶基因(也就是基质蛋白基因)检测加特异 H5、H3 和 H1 亚型,能排除 H5N1 病毒诊断的假阴性结果。

3. 抗体检测　对流感病毒的诊断抗体检测是基础,且需要双份血清。血清学检测是 H5N1 感染的主要确诊依据。血凝抑制试验(HI)需用马红细胞,H5 特异性的抗体中和试验比 HI 更敏感。1997 年香港暴发流感检测的比较,H5N1 抗体在感染开始到 14 d 或更长的时间,中和抗体是最好的检测 HPAI 病毒 H5N1 的感染方法。

(四) 预防和治疗

1997 年,H5N1 在香港暴发期间,病毒对干扰素、金刚烷胺和神经氨酸酶抑制剂是敏感的。加拿大,荷兰用奥塞米韦和 Eanamivir 在 H7N7 及 H3N3 病毒流行时有治疗效果。其他抗病毒药物报道不一致,对人禽抗病毒主要是预防。

(1) 预防禽流感蔓延首先要控制病毒在鸡群中的流行(农场和家庭严格的卫生措施,如鸡、鸭、鹌鹑和猪必须分笼饲养)以降低人群暴露于 H5N1 的机会,给鸡接种 H5 的重组鸡瘟病毒疫苗,已经投放市场。

(2) 给接触禽类的人群接种人用的流感疫苗,减少流感病毒和禽流感病毒合并感染的可能性。严格隔离治疗患者和疑似患者。

(3) 建立病原生物监控系统,提高监测和兽医对早期 HPAI 病毒检测的能力,对突发事件快速反应的计划,把禽类传播减到最小范围。

(4) 加强国际空间卫生监督。

第二节 副黏病毒

副黏病毒(Paramyxovizidae)为有包膜病毒,病毒直径 150 nm 或更大,核衣壳呈螺旋对称,与正黏病毒相比,在生物学性状上有很多相似,但有不同之处。病毒基因组为单负链 RNA,不分节段,即病毒核酸为负链 RNA,变异频率较低。包膜表面含有血凝素 HA 和神经氨酸酶 NA 及融合性 F 蛋白。副黏病毒致病性比正黏病毒弱,主要感染对象为婴幼儿和儿童。副黏病毒科各属病毒特征和所致疾病见表 30-3。

表 30-3 副黏病毒科各属病毒特征和所致疾病

病毒科	副黏病毒亚科				肺炎病毒亚科	
病毒属	呼吸道病毒属	腮腺炎病毒属	麻疹病毒属	亨尼帕病毒属	肺炎病毒属	偏肺病毒属
人类病毒	副流感1,3	腮腺炎,副流感2,4a,4b	麻疹	亨德拉、尼帕病毒	呼吸道合胞病毒(RSV)	人偏肺病毒(HMPV)
血清型	各1	各1	1	?	2	?
核衣壳直径(nm)	18	18	18	18	13	13
F 蛋白	+	+	+	+	+	+
溶血素	+	+	+	?	0	0
血凝素	+	+	+	0	0	0
血吸附	+	+	+	0	0	0
神经氨酸酶	+	+	0	0	0	0
包涵体	胞质内	胞质内	胞质内、核内	胞质内	胞质内	?
所致人类疾病	哮吼病、喉炎、细支气管炎、肺炎	上呼吸道感染、支气管炎、肺炎、腮腺炎、可并发睾丸炎、卵巢炎、脑膜炎	麻疹、肺炎、亚急性硬化性全脑炎(SSPE)	脑炎	婴幼儿毛细支气管炎、肺炎、上呼吸道感染、中耳炎、结膜炎	小儿毛细支气管炎、肺炎、哮喘

注:亨德拉病毒(Hendra)和尼帕病毒(Nipah)是在 1995 年新发现的两种病毒,能使人和动物感染,导致严重的呼吸道和神经系统疾病,人主要通过动物传播而导致致死性感染,对人主要引起脑炎(引自:JAWETZ,2013)。

一、副流感病毒

副流感病毒(parainfluenza virus,PIV)是引起婴幼儿和儿童上呼吸道感染和严重下呼吸道感染的重要病原,有 5 个血清型,即 P1、2、3、4 和仙台病毒。PIV1 是与哮吼相关最突出的致病因子,6 个月至 3 岁为好发年龄,引起小儿咽喉、气管、支气管炎、毛细血管炎、肺炎以哮吼为主。PIV3 主要引起 1 岁以内的婴幼儿毛细支气管炎和肺炎,发病率仅次于呼吸道合胞病毒(RSV)占第二位。病毒能在猴肾细胞中增殖,血细胞吸附阳性(表 30-3)。

PIV 感染后鼻黏膜充血水肿,淋巴细胞浸润引起咽炎、喉炎、声门和气管表面炎症,造成声门狭窄,引起哮吼症状。PIV 感染后获得免疫力,抵抗再感染,以干扰素和局部抗体为主要保护因子。PIV 引起呼吸道上皮细胞的表面感染,获得的免疫力不持久,免疫缺陷的儿童感染 PIV 后长期排毒,易发生严重的全身合并症。

二、呼吸道合胞病毒

呼吸道合胞病毒(respiratory syncytial virus,RSV)在世界各地可引起爆发流行,是婴幼儿毛细支气管炎和支气管肺炎的主要致病因子。再次感染在儿童和成年人引起上呼吸道感染。

(一) 生物学性状

为有包膜 RNA 病毒,120~300 nm,包膜外有 F 和 G 糖蛋白的刺突,基因组呈螺旋对称结构。缺乏 NA 和 HA,不能在鸡胚上生长。RSV 主要有两种形态:球形和丝状。对多种动物能引起实验室感染及能在多种人和动物的原代和传代细胞上增殖,产生明显的细胞病变,如 HEp-2、HeLa、KB、WI38 传代细胞上引起典型的细胞病变和融合体形成。对 pH3.0 敏感,56℃ 30 min 能够灭活,pH7.5 稳定。

(二) 致病性和免疫性

RSV 通过鼻咽表面黏膜接触感染,病毒在呼吸道黏膜上皮细胞中复制,无病毒血症。易感者为 3 岁以内的婴幼儿,6 周到 6 个月以内的婴幼儿感染后 25%～40% 发展成严重的下呼吸道疾病,毛细支气管炎占 50%～90%。值得注意的是出生后 1～3 周的新生儿,可突发性发作典型的毛细支气管炎症状,易误诊,病死率很高。小于 6 个月的婴幼儿免疫保护主要依靠从母体获得的 IgG 型抗体,出生后 3～4 个月降到最低水平,母体高水平抗体在防止疾病及减轻疾病的严重性上起了重要的保护作用。动物模型(如鼠)显示,血清抗 RSV IgG 抗体能预防 RSV 的下呼吸道感染,中和抗体是重要的。婴幼儿期原发感染后产生特异免疫力不高也不持久。第二次感染后免疫增强,抵抗 RSV 再感染。SIgA 和细胞免疫在儿童和成人抵抗 RSV 感染中起重要作用。病毒刺激 IgE 抗体产生和毛细支气管炎发生有相关性。

(三) 微生物学检查法

1. 直接检查法 直接检查病毒抗原或病毒核酸进行早期诊断。

(1) 免疫荧光:采用单抗和多克隆高效价免疫血清,直接或间接免疫荧光检查鼻咽分泌物中 RSV 抗原。

(2) ELISA 法:用于快速诊断。

(3) PCR 法:提高了 RSV RNA 检测的敏感性。

2. 病毒分离鉴定

(1) 样本采集与保存:采发病早期鼻咽拭子或鼻咽洗液,床边接种,样本如不及时接种应加 20% 脱脂牛奶冻存在 -70℃ 冰箱中。

(2) 病毒分离鉴定:RSV 能在 HeLa 和 HEp-2 细胞上产生巨细胞融合特征,猴肾和人纤维细胞也可用做首次分离。血凝、血吸附阴性,在鸡胚上不生长,则 RSV 的可能性很大,再结合血清学进一步鉴定。

三、人类偏肺病毒

人类偏肺病毒(human metapneumo virus,hMPV)是 2001 年荷兰 Vanden Hoogen 等从一名呼吸道感染住院患儿的鼻咽部分泌物标本中分离出。hMPV 属于副黏病毒科肺病毒亚科偏肺病毒属的单负链有包膜 RNA 病毒。基因组全长为 13 kb,含 8 个基因,编码 9 个蛋白质,分别是核衣壳、蛋白 N、磷蛋白 P、基质蛋白 M、融合蛋白 F、转录延伸因子 M2、RNA 调节因子 M2-2、小疏水性蛋白 SH、黏附性糖蛋白 G、大的多聚酶亚单位 L。病毒 RNA 没有感染性,没有血凝素和神经氨酸酶,包膜上 F、G、SH 为三个蛋白,是主要的保护性抗原,能刺激机体产生中和抗体。

病毒形态为多形性颗粒,双层脂质,衣壳蛋白有突起,直径为 13～17 nm,病毒颗粒为中等大小,约 200 nm。香港 Peiris 等报道 hMPV 感染占住院儿童肺炎的 36%,哮喘急性发作的 23%,毛细支气管炎的 10%。感染 hMPV 的患儿常见的诊断是支气管肺炎和毛细支气管炎,也有少数患儿仅出现腹泻和高热,不伴有呼吸道症状。hMPV 易感人群以 2 岁以下儿童多见,尤其 12 个月以内的患儿多见。一般症状比 RSV 稍轻,但对免疫缺陷的患者可发生重症性肺炎而死亡。

病毒分离培养较困难。在传代的 Vero 细胞上细胞病变可以重复,培养 1～2 d 后出现 CPE。在分离 hMPV 时,HEp-2 优于恒河猴肾上皮细胞(LLC-MK2)。

目前诊断 hMPV,一般用 PCR 方法检测 hMPV 有着重要价值。根据 F、N、M、L 等不同基因序列设计引物的 RT-PCR 方法被用于检测 hMPV。实时荧光定量 RT-PCR 具有特异性,敏感度更高。用这种方法检测患者标本中 hMPV 的 RNA,很大程度降低 PCR 污染,是较为可靠的 hMPV 鉴定方法。

严重 hMPV 感染的患者治疗用利巴韦林,静脉用免疫球蛋白或 hMPV 特异性血清。目前尚无有效活疫苗。

四、麻 疹 病 毒

麻疹是儿童中严重的急性传染病,由麻疹病毒(measles virus,MV)引起。近 30 年来全球广泛接种麻疹减毒活疫苗,麻疹的发病率大幅度下降,WHO已将麻疹列为即将被消灭的传染病。近年来发现不典型麻疹散在流行,麻疹抗原性有变异。核苷酸序列分析表明,麻疹病毒存在基因漂移。全球仍有4 500万麻疹病例,导致100万婴幼儿和儿童死亡,主要发生在发展中国家。

(一) 生物学性状

MV中等大小,球形,为单负链RNA病毒,有包膜,包膜上有刺突,具有红细胞凝集素(HA)和溶血素(HL)的活性,能凝集猴红细胞并使之裂解,无神经氨酸酶。MV在人胚肾、猴肾和人羊膜细胞、淋巴细胞中增殖。由于病毒F蛋白的作用,可引起细胞融合,形成多核巨细胞病变,在其胞质和核内有嗜酸性包涵体。麻疹病毒可以在单层细胞培养上形成空斑,空斑的形态可以作为区别强毒株和弱毒株的一个指标。

(二) 致病性和免疫性

易感人群接触MV后,99%患麻疹,人是麻疹病毒唯一天然宿主。通过呼吸道或眼结膜而感染,从潜伏期到出疹前后2 d传染性最强。病毒存在于泪水、鼻和呼吸道分泌物、尿及血中。从血中能分离到病毒。病毒先在呼吸道上皮细胞中增殖,形成包涵体巨细胞,出现第一次病毒血症。然后病毒又随血流到达网状内皮系统增殖,产生第2次病毒血症,此时病毒量大。再随血流到达机体表面的上皮细胞,包括皮肤、黏膜、眼结膜、口腔、胃、呼吸道。临床出现前驱症状,少数病例(大约1‰)病毒可侵入中枢神经系统发生脑炎,细胞免疫缺陷的患者可发生进展性麻疹包涵体脑炎。这种死亡病例脑内存在病毒。麻疹患者的临床主要表现为发热、咳嗽、流涕、流泪、眼结膜充血、发疹。在前驱期后期可见口腔颊黏膜上出现灰白小点,周围有红晕,称柯氏斑(Koplik斑),具有早期诊断意义。一般发热第4天发疹自耳后开始,自上向下蔓延,最后到四肢,为玫瑰色斑丘疹。皮疹出齐后,若无并发症,开始进入恢复期。皮疹是由于病毒在毛细血管周围增殖损伤血管内皮,毛细血管通透性增高,血浆及细胞渗出物所致。

麻疹病毒仅一个血清型,刺激机体产生的IgM、IgG、IgA抗体可持续终生。细胞免疫是限制病毒建立持续感染的主要因素。如果体液免疫有缺陷的患者,能从麻疹中恢复和抵抗再感染。相反当细胞免疫有缺陷时,感染MV后较难恢复,易造成持续性感染。MV感染致淋巴细胞和DC损伤,下调IL-2合成,改变干扰素信号通路等原因,使MV结构蛋白变异,引起机体免疫抑制。MV感染宿主细胞,首先通过其对应受体。长期以来发现CD46是麻疹病毒感染的受体,到目前为止已鉴定出了MV感染细胞相关受体有三种。已知MV Edmonston株以人有核细胞CD46分子作为受体而感染。而大部分临床分离MV经检查不通过CD46感染细胞。如EBV转化狨猴B细胞系B95a中分离的MV株,仅感染若干灵长类DC、B、T淋巴细胞系,表明特定淋巴细胞表面的某种受体参与了该MV株入侵细胞的过程。其中SLAM(signalling lymphocyte-activation molecule,CDw 150)可支持MV对非MV敏感细胞的结合,入侵胞内复制和产生CPE。所以MV Edmonston株则以SLAM或CD46作为其细胞受体。近年来又鉴定出一种黏附分子-4,Nectin-4证实是介导MV入侵易感细胞和启动感染的受体,Nectin-4是一种跨膜蛋白,帮助MV穿过上皮细胞,在MV进入呼吸道上皮细胞起关键作用。

由MV直接引起的并发症包括巨细胞肺炎和亚急性硬化性全脑炎(subacute sclerosing panencephalitis,SSPE),都发生在免疫缺陷患者,SSPE和麻疹病毒感染有关。这种并发症极少,约1/30万至1/10万病例,患者多数在童年期感染过麻疹,MV基因突变病毒在脑组织内持续存在。SSPE患者脑脊液和血清中有高效价麻疹抗体,应用免疫荧光检查证明脑组织中有麻疹病毒抗原。病毒分离较难。

(三) 微生物学检查法

1. 病毒分离 在症状出现前2~3 d或出疹后1 d采用鼻咽拭子或血样本,此时排毒量最大,猴肾细胞或人羊膜细胞或HEp-2细胞为分离麻疹病毒的最佳细胞。麻疹病毒生长较慢,典型CPE要7~10 d形成巨核细胞及核内和浆内包涵体。

2. 血清学试验 急性期和恢复期双份血清,效价有4倍或以上增高时有诊断意义。早期特异性IgM抗体、ELISA法、HI和NT试验,都可以用来检测麻疹抗体。

(四) 防治原则

麻疹疫苗可对麻疹有效的预防,目前采用去除鸡白血病病毒的鸡胚新减毒活疫苗,效果很好。其次接种麻疹病毒、腮腺炎病毒、风疹病毒(MMR)三联活疫苗,接种后可产生有效的细胞免疫和体液免疫。血清学阳转率为95%~100%。首次接种年龄为8~15个月,此年龄母亲抗体中和的风险已无。第2次

MMR 接种在入小学时,对大学生入学后需再接种两次,因疫苗接种有效保护期是 18 年或终生,在 18 岁后再接种两次较好。

五、腮腺炎病毒

腮腺炎是急性、非化脓性的一侧或两侧腮腺肿大传染性疾病,感染后可以有临床或亚临床表现,原发感染在童年期,流行高峰在 5~15 岁的年龄组。腮腺炎病毒(mumps virus)只有一个血清型,人是唯一宿主。

(一) 生物学性状

腮腺炎病毒为有包膜的病毒,包膜表面有小的刺突,具有血凝素和神经氨酸酶功能。F 蛋白是刺突上的第二种糖蛋白,由 F0 裂解为 F1 和 F2 两个亚基,该蛋白和溶血素有关,对病毒在体内和细胞间扩散起主要作用,腮腺炎病毒易于在鸡胚、猴肾细胞中生长。

(二) 致病性和免疫性

易感人群通过呼吸道感染,在表皮细胞中复制,形成第一次病毒血症,病毒很快感染肾脏,大多数患者尿中可检出病毒。病毒再向组织扩散。包括腮腺、睾丸、卵巢、胰腺及中枢神经系统等。病毒在靶器官复制增殖后形成第二次病毒血症。潜伏期 7~25 d,从症状出现前 1 周和 6 周后都能从唾液中分离到病毒。约有 1/3 感染者不表现症状,但散播病毒,因此对控制腮腺炎较困难。95% 患者都有涎腺肿大。青春期感染者,20% 男性易合并睾丸炎,女性易合并卵巢炎。腮腺炎病毒仅一个抗原型,抗原相对稳定,不易变异。感染早期产生 IgM 特异性抗体,持续数月。IgG 抗体维持时间久。细胞介导的免疫在恢复期起重要作用。

(三) 微生物学检查法

1. 病毒分离 收集发病早期的唾液、脑脊液、尿液样本作病毒分离。在猴肾细胞中能形成多核巨细胞,其次腮腺炎病毒能在鸡胚及细胞上生长,常用豚鼠红细胞进行血细胞吸附试验。

2. 血清学试验 采用 ELISA 法或 HI 试验,确定腮腺炎病毒特异性抗体,急性期和恢复期血清效价有 4 倍或以上增高有助于诊断腮腺炎病毒感染。采用免疫荧光检测腮腺炎病毒抗原。也可采用 RT-PCR 方法检测腮腺炎病毒基因。

(四) 防治原则

全球推荐接种腮腺炎单价减毒活疫苗是最有效的预防措施;另一种是接种 MMR 混合疫苗,抗体可维持 20 年之久。

第三节 冠状病毒

一、冠状病毒

(一) 生物学特征

1. 冠状病毒及其分组 冠状病毒是一个很大的 RNA 病毒家族,1965 年从普通感冒患者鼻洗液中分离出。随后用人胚肾细胞分离到类似病毒,代表株被命名为 229E 株。1967 年用人胚气管培养的方法从感冒患者中分离到 OC43 株。1968 年,Almeida 等对这些病毒进行形态学研究,电子显微镜观察发现这些病毒的包膜上有形状类似日冕的棘突,故命名冠状病毒。1975 年国际病毒命名委员会正式命名冠状病毒科(Coronaviridae)。

根据血清学特点和核苷酸序列的差异,冠状病毒科分为冠状病毒和环曲病毒两个属。冠状病毒属的成员可分为三组:第一组包括人类冠状病毒 229E 株及猪、犬、猫冠状病毒等。第二组包括人类冠状病毒 OC43 株及鼠、牛冠状病毒等。第三组有鸡、火鸡冠状病毒等。2002~2003 年引起人类严重急性呼吸道综合征(SARS)的冠状病毒与冠状病毒属中其他已知的成员都不同,是一种新型冠状病毒(SARS-CoV),属于第四组冠状病毒。2012 年 9 月在沙特阿拉伯又发现一种不同于 SARS-CoV 的新型冠状病毒,WHO 2013 年将此病毒命名为中东呼吸综合征冠状病毒(Middle East Respiratory Syndrome Coronavirus,MERS-CoV),简称默斯冠状病毒或玛斯冠状病毒。

2. 冠状病毒的结构 冠状病毒的颗粒呈球状,但具有多形性,有包膜,病毒直径120~160 nm,核

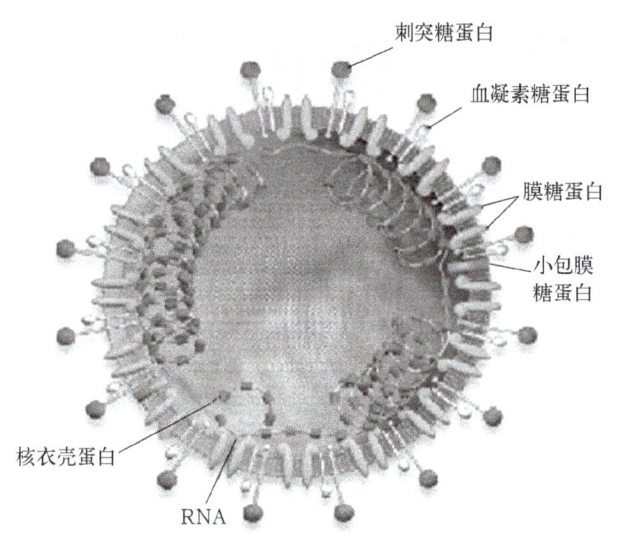

图 30-4 冠状病毒结构模式图

衣壳呈螺旋对称，基因组为非节段、单正链的 RNA，大小 27~32 kb。在冠状病毒成熟的病毒颗粒中没有病毒复制、转录所需的病毒 RNA 聚合酶（viral RNA polymerase）存在，RNA 聚合酶是在病毒侵入宿主细胞之后才合成的，并不参与病毒颗粒的组装。另外冠状病毒基因组 RNA 本身就包括有 5'-帽结构和 3'-poly(A)尾巴，因此基因组 RNA 本身就可以发挥 mRNA 样的功能，参与病毒蛋白质的合成。冠状病毒包膜上主要有三种糖蛋白（S 蛋白、E 蛋白和 M 蛋白），呈花瓣状突起。有的毒株（如 HCV-OC43 等）的包膜上还有一种糖蛋白，称为血凝素-酯酶（haemagglutinin-esterase, HE）(图 30-4)。

S 蛋白（spike protein）构成杆状刺突，每个刺突由三个 S 蛋白通过非共价连接而成。S 蛋白三聚体刺突是冠状病毒感染细胞过程中的关键蛋白，负责与敏感细胞的受体结合，诱导包膜和细胞膜的融合，刺激机体产生中和抗体和介导细胞免疫反应。S 蛋白由约 1 400 个氨基酸残基组成，含四个结构域。S 蛋白前体在宿主的细胞质中合成以后会被切成两个包膜外域（domain）：S1 和 S2。S1 的序列变异性较大序列中存在有数个超变区，这些区域常发生大片段缺失或者插入。S1 变异通常可导致病毒抗原性和毒力变异，除去 S1 的病毒粒子往往会失去传染性。E 蛋白（small membrane protein）较小，为包膜相关的蛋白质。M 蛋白（membrane protein）与病毒的出芽和包膜形成有关。HE 蛋白是由 HE 二聚体构成病毒包膜的短突起，与病毒早期吸附细胞有关。在病毒的核心有 N 蛋白（nucleoprotein），N 蛋白在宿主细胞质中合成后迅速产生磷酸化，并与病毒基因组 RNA 结合形成核衣壳，与病毒复制有关。N 蛋白分子质量为 50~60 kDa，具有 3 个结构域，其中央区与基因组 RNA 结合，形成卷曲的核衣壳螺旋。N 蛋白还与 M 糖蛋白 C 端相互作用，可使病毒出芽成熟。血凝素酯酶（HE）在第 2 组冠状病毒还有 HE，它类似 C 型流感病毒。

（二）冠状病毒致病性和防治

人冠状病毒通过呼吸道分泌物的飞沫传播，主要引起呼吸道感染。病毒在上呼吸道的上皮细胞内增殖。人冠状病毒分别属于 HCoV-OC43 和 HCoV-229E 两个抗原型。还有冠状病毒 HCoV-NC63（2004）和 HCoV-HKW1 香港（2005）主要引起成人普通感冒或胃肠不适，人一生中可以重复多次感染。2002~2003 年出现的 SARS-CoV 和 2012 年在沙特阿拉伯首次发现 MERS-CoV，能够导致人类和动物感染发病，该病毒早期主要引起呼吸道感染，然后发展成严重急性呼吸综合征（SARS）伴多器官受损、肾衰，死亡率高。

预防：无疫苗，预防可试用重组干扰素。

二、新型冠状病毒

（一）人类严重急性呼吸道综合征病毒（SARS-CoV）

严重急性呼吸道综合征（severe acute respiratory syndrome, SARS）是一种传染性极强的呼吸系统疾病。2002 年 11 月，在我国广东佛山报道首例 SARS 患者，截至 2003 年 6 月 12 日，SARS 已经波及了世界 32 个国家和地区，总发病 8 445 例，死亡 790 例，引起了全世界的高度关注。在 SARS 出现和流行以后，世界上不同国家和实验室的科学家紧密协作，在很短的时间内就确定了 SARS 的病原体是冠状病毒科中冠状病毒属的一个新种——SARS 冠状病毒（SARS coronavirus, SARS-CoV），并进行了序列测定和分析，为最终战胜 SARS 奠定了基础。

1. SARS 病毒的基因组学研究　加拿大科学家完成的 SARS 相关冠状病毒 Tor2 分离株的基因长度为 29 751 碱基，基因组组成有典型的冠状病毒特征（5'-复制酶、S 蛋白、E 蛋白、M 蛋白、N 蛋白-3'），两端有非编码区。依赖 RNA 的 RNA 多聚酶约占 SARS 病毒基因组的 2/3，变异性不大。S 蛋白质和 M 蛋白质具有较大的变异性。基因序列分析表明新病毒基因序列与过去的人和动物冠状病毒大小不同,而且无任何人的冠状病毒与新病毒相似,只有最近在中国猪呼吸道疾病中分离的冠状病毒与之相似。

2. SARS病毒的抵抗力 SARS病毒在粪便和尿液里至少能存活12 d,在腹泻病人的粪便中(它的pH比正常粪便高)能存活到4 d以上,在塑料的表面可以存活24 h。常用的消毒剂如75%的乙醇5 min就能使SARS病毒失去感染活力。使用含氯消毒剂和过氧乙酸,在几分钟内可以杀死粪便和尿液中的SARS病毒。应用紫外线照射的方法,在距离为80～90 cm、强度大于90 μW/cm² 条件下,30 min可杀灭病毒。模拟5月份北京地区上午10点晴天的自然条件,紫外线强度为4～5 μW/cm²,3 h可杀灭体外SARS病毒。

3. 致病性和免疫性 目前对于SARS的流行病学特征尚未完全清楚,但可以确定其传播途径以近距离飞沫传播为主,同时可以通过手接触呼吸道分泌物经口、鼻、眼传播,还存在粪-口传播的可能。该病在密闭的环境中易于传播,在家庭和医院中具有明显的聚集现象。

SARS病毒感染的潜伏期一般为2～7 d。SARS-CoV在感染者第一周时病毒会在上呼吸道大量复制。到第2周,患者通常有高热(>38℃),咳嗽,伴有寒战、头痛、倦怠和肌痛。少数有水样腹泻。3～7 d以后,病程进入下呼吸道期,患者出现无痰干咳,呼吸困难,甚至低氧血症(呼吸困难,发绀,缺氧早期心动过速,血压升高,严重时出现心动过缓,血压下降,甚至休克),通常都需要气管插管或者呼吸机维持。临床上可以发现免疫系统发生过强反应,约有20%的患者导致非常严重的病情。根据香港医疗组资料来看,过度的免疫反应是导致SARS患者死亡的原因。患者的T细胞总数及CD4⁺T细胞、CD8⁺T细胞的绝对计数均显著降低,恢复期的CD4 T细胞和CD8 T细胞恢复至正常,表明SARS病毒严重破坏患者的T细胞功能。多数患者在病程第10～14天病情最严重,两周以后病情逐渐好转,其病情变化与不同阶段CD4⁺和CD8⁺ T细胞的变化规律一致,提示T细胞在SARS患者病情演变过程中可能具有重要意义。胸部X线检查表现为弥漫的斑片状间质性渗出,肺泡弥漫性损害,形态学改变有支气管上皮脱落,纤毛丧失,晚期有肺实变,尸检可见脾脏白髓萎缩。

机体感染SARS病毒后可产生针对病毒的抗体,有的患者恢复期抗体效价增高50倍以上,这种抗体对疾病的诊断和治疗均有意义,SARS康复病人的血清有中和病毒、具有促进疾病好转的治疗作用。

SARS病毒感染可诱导T细胞活化,产生大量细胞因子,有些细胞因子如IL-1、IL-6、IL-8、TNF-α、单核细胞趋化蛋白(MCP),可介导机体局部和全身的炎症反应,引起细胞凋亡、炎性细胞的聚集,并释放过量的蛋白酶,促进组织的损伤,这被认为是SARS病人急性肺损伤的可能机制之一。

4. 微生物学检查法

(1) 病毒的分离培养:将SARS患者的样本(如呼吸道分泌物、血液或者粪便)接种Vero E6细胞,一般在接种后5 d出现CPE。CPE呈灶性,感染的细胞变圆,很快细胞脱落,在随后的24～48 h内,CPE扩散到整个单层细胞。

(2) 免疫学方法:应用间接免疫荧光和ELISA法,检测患者或疑似患者血液中的抗体。一般在发病后7 d左右出现IgM抗体,10 d达到高峰,15 d左右下降。IgG抗体在10 d后产生,20 d左右达到高峰。

(3) 分子生物学检查:RT-PCR可以检测出在各种样本(血液、粪便、呼吸道分泌物、组织切片)中的SARS病毒RNA。目前所用的PCR检测主要是实时定量荧光PCR或巢式RT-PCR。

5. 防治原则 隔离与防护包括通风、戴口罩、戴手套、洗手、穿隔离衣、戴眼罩等,是目前防护SARS传播的最好措施。由于大多数患者的大、小便和鼻咽分泌物中都有SARS病毒,并可较长时间存活,因此应特别注意水、排泄物和分泌物的消毒和防污染。

目前对SARS的治疗包括干扰素等抗病毒治疗、用激素降低对肺的损伤、用抗生素治疗潜在的细菌感染、中西医结合治疗、呼吸机的应用以及其他对症支持治疗。SARS疫苗正在研制中,包括亚单位疫苗,病毒S基因的DNA疫苗及病毒载体疫苗。

(二) 中东呼吸综合征冠状病毒(MERS-CoV)

2012年在沙特阿拉伯首次分离到,2013年WHO将其命名为中东呼吸综合征冠状病毒,能感染人和动物。人感染后开始表现为一般呼吸道疾病,很快进展到严重肺炎或急性呼吸综合征,多器官受损、肾衰,病死率高。2012年6月以来,已有近30个国家发生MERS-CoV感染病例。虽然SARS和MERS都是由冠状病毒引起,临床症状相类似,但它们在基因上有明显差异,感染的受体也不同。SARS的特点是有效的人与人传播,病死率相对低;而MERS则高病死率。

1. 致病性　　MERS-CoV 感染的第一个死亡病例是一名男子,因发热、咳嗽和气短入院,住院时已发热 7 d,第 11 天因进展性呼吸困难和肾衰而死亡,标本送荷兰鹿特丹伊拉斯姆斯大学医学中心检测证实。现知 MERS-CoV 的细胞受体是 DPP4(即 CD26 分子)。

MERS-CoV 感染后有一个非特异的前驱症状:如不适、肌肉酸痛和低热等。7~10 d 出现典型症状,包括:发热、咳嗽(干咳)、气短、呼吸困难,检查中可发现肺炎,少数有腹泻等胃肠炎症状,重症导致急性呼吸综合征,部分严重病例出现肾衰和感染性休克而死亡。

2. 流行病学　　MERS-CoV 的传染源目前不清楚,传播模式限于与患者密切接触,如家庭成员及医护人员和病人之间的接触可以传播。MERS-CoV 感染年龄最小的 24 岁,最大的 94 岁,平均年龄 59 岁,以男性为主。

较多报道蝙蝠是冠状病毒的储存库,从种系发生分析,MERS-CoV 属于蝙蝠相关的 β-冠状病毒 2C 进化枝。从蝙蝠中分离出的冠状病毒基因片段与从沙特阿拉伯患者体内分离的 MERS-CoV 相关联,因此这一论点认为蝙蝠可能是 MERS-CoV 储存的原始祖先。

有文献报道,1992 年以来 MERS-CoV 就在单峰骆驼(dromedary camels)中传播,中东骆驼中有 MERS-CoV 抗体,提出骆驼在种间交叉传播,骆驼作为"中间宿主"。MERS-CoV 从骆驼传到人。MERS-CoV 在温度 20℃、湿度 40% 可存活 48 h;温度 30℃、湿度 30% 可存活 24 h。

MERS-CoV 可能通过多种途径传播,主要是与患者密切接触以及通过空气传播。

3. 微生物学检查

(1) 标本:取患者鼻咽部和气管拭子、血、尿、痰标本(有规律连续采集数天),直肠附近拭子,气管吸出物。标本储存于 −80℃。

(2) 快速诊断:RT-PCR 检测 MERS-CoV *UPE* 基因。

4. 预防和治疗

(1) 可借鉴 SARS 防治原则。注意个人卫生,戴口罩,勤洗手,避免与患者接触。

(2) 患者排泄物和各种分泌物要严格消毒处理,防止污染环境和水源。

(3) 避免接触骆驼或食骆驼肉、生饮骆驼奶或其他奶水。

(4) 治疗用 α 干扰素加病毒唑,或干扰素加雷酚酸(mycophenolic acid)。

第四节　其他呼吸道病毒

一、鼻病毒

鼻病毒(rhinovirus)是小 RNA 病毒科成员之一,有 100 多个血清型,病毒形态呈球形,直径 15~30 nm,为单正链 RNA 病毒。核衣壳呈 20 面体立体对称,无包膜,能在人胚肾、肺、气管、皮肤肌肉成纤维细胞及猴肾细胞中增殖,引起多形态的细胞病变。大多数鼻病毒感染的细胞,其表面的 ICAM-1 作为黏附受体,但也有小部分鼻病毒使用其他受体。鼻病毒对乙醚有耐受,对 pH3.0 敏感,最适温度 33℃,根据这些特点与其他肠道小 RNA 病毒易区分。

鼻病毒是引起成人和儿童普通感冒最多见的病原,成人每年平均 1~2 次。手是最主要的传播媒介,其次是飞沫传播。病毒经鼻、口、眼入侵,主要在鼻咽部黏膜纤毛上皮细胞复制,鼻病毒优选低温复制,33~35℃,以将其限制在上呼吸道。由于病毒型号多,免疫不持久,彼此无交叉保护,再感染很常见。临床主要表现是引起鼻咽局部黏膜上皮细胞炎症、水肿、充血、黏膜渗出、流清鼻涕、打喷嚏等症状。一般不发热或轻热。2~3 d 恢复,局部抗体对防止再感染有保护作用。同源型特异性抗体保护持续 1 年,这与血清 IgA、IgG 和 SIgA 的抗体水平有关。

治疗可用干扰素滴鼻,对预防和治疗效果很好。

二、腺病毒

人腺病毒(human adenovirus,HAdV)于 1953 年首次分离自呼吸道感染的婴儿扁桃体腺,是引起人呼吸道感染的重要病原体之一。对婴幼期危害较大,成人也有发病,尤其在新兵或新生中暴发,以 3、7 和 55 等型别感染多见。

（一）生物学性状

人腺病毒（HAdV）属于腺病毒科（Adenoviridae）的哺乳动物腺病毒属，以腺病毒纤维蛋白对各种红细胞凝集能力作为判断标准，可分为 A～G 七个组，51 个血清型（以血清学方法确定），从 52～68 型腺病毒是基于全基因组测序和生物信息学分析被发现和划分的。这些新型腺病毒大部分是由同亚属的某两个或几个血清型同源重组而成，例如：HAdV-B 的新亚型 HAdV55 是 HAdV11 和 HAdV14 在六邻体蛋白 hexon 基因发生重组。作为载体的腺病毒是否会与自然感染的腺病毒发生重组而致病，值得研究。

腺病毒主要引起呼吸道、消化道、泌尿道和眼角膜结膜炎等疾病。腺病毒呈 20 面体对称，直径为 70～100 nm。病毒颗粒具有 252 个壳粒，位于 20 面体 12 个顶角的五邻体（penton）蛋白上各有一个长为 10～30 nm 的纤维蛋白（fiber）突起。纤维蛋白的抗原表位，决定了种和亚属特异性。其余 240 个壳粒为六邻体（hexon）。

（二）致病性和免疫性

腺病毒感染和复制在呼吸道、眼、消化道、泌尿道和肝脏的上皮细胞中。C 组病毒在腺样组织中增殖，可持续作为潜伏感染很长时间。感染后粪便可持续排毒数日。大部分人的腺病毒复制主要在肠上皮细胞，产生亚临床感染要比显性感染多。腺病毒传播方式主要通过呼吸道和粪-口传播，初次感染可通过呼吸道，引起呼吸道疾病，典型症状是咳嗽、鼻充血、打喷嚏、畏寒、发热、头痛、不适，近年来在集训部队的新兵中常有暴发，引起人类的相关疾病（表 30-4）。

表 30-4　腺病毒引起人类的相关疾病

疾病	组	主要型别
急性呼吸道疾病	B、E	3、4、7、14、21、55
肺炎	B、C	1～4、7、55
急性发热性咽炎	B、C	1～3、5、7
角膜炎	B、D	8、11、19、37
流行性角结膜炎（Epidemic kerotoconjunctivitis，EKC）	C	53、54、56、64
胃肠炎	F	40、41
急性肠炎	D	65、67
肝炎	C	1、2、5
脑膜脑炎	A、B、D	7、12、32
急性出血性膀胱炎	B	11、21
免疫功能抑制者易感	D	58、59、60、62

参考资料：黄国虹．新型腺病毒型别参考．病毒学报 2013，29(3)．

腺病毒能编码产生几种早期蛋白以逃避宿主的防御机制。型特异中和抗体，可减轻疾病症状，但不能预防再感染。母亲抗体常能保护婴儿抵抗严重的呼吸道感染。目前腺病毒感染尚无理想的预防疫苗。

三、风疹病毒

风疹病毒（rubella virus，RUV）在分类学上属披膜病毒科（Togaviridae），引起的风疹又名德国麻疹。主要表现为发热、出疹、淋巴结肿大，原发感染在 5～10 岁为多，人是 RUV 的唯一自然宿主。病毒很少发生变异。

（一）生物学特性

风疹病毒为球形颗粒，直径 50～70 nm。病毒的核壳呈 20 面体，为单正链 RNA 有包膜病毒。该病毒能在兔肾传代细胞株 RK-B 及猴肾传代细胞株 Vero 中增殖，产生细胞病变。对乙醚、氯仿、胰酶和去氧胆酸钠敏感。甲醛、环氧乙烷和紫外线均能灭活病毒。4℃不稳定，易失去传染性。具有血凝和血溶活性，能凝集多种动物和人的红细胞，pH5.8～6.6 时最佳。

（二）致病性和免疫性

病毒经呼吸道感染后 2～3 天潜伏期在局部黏膜及淋巴结增殖。然后进入血流产生病毒血症，再进入组织，到达皮肤引起皮疹。风疹病毒感染最严重的问题是：孕妇感染后，病毒能通过胎盘感染胎儿，导致器官缺损和畸形。尤其在妊娠前4个月感染后,引起胎儿严重畸形或死胎及先天性风疹综合征如黄疸性肝炎、肺炎、脑炎等多见。急性感染后,特异性IgM抗体出现,维持时间短,持续6周。IgG抗体可维持终生。

(三) 特异性防治

风疹减毒活疫苗接种是预防风疹的有效措施,接种疫苗可诱导终身免疫。我国研制的减毒疫苗BRDII已正式投产,免疫原性良好,也可和麻疹、腮腺炎组合成三联疫苗(MMR)使用。接种方式:对学龄前男女儿童都要接种,目的是阻断风疹病毒的传播。对青春期女性再接种一次或者婚前女性再接种一次,以增强对风疹感染的免疫力。

(姚堃　冯东举)

复习思考题

1. 引起急性呼吸道感染的主要病毒有哪些?
2. 为什么说呼吸道固有免疫和局部免疫在抗呼吸道病毒感染中具有重要的作用?
3. 试述流感病毒和人禽流感病毒的生物学特性、致病性和免疫性。
4. 试述SARS-CoV的致病性和免疫性。
5. 试述MERS-CoV的致病性和预防。
6. 麻疹病毒疫苗已在儿童中广泛接种,为什么全球每年散发性麻疹还很多?
7. 试述人类腺病毒的分组与分型。
8. 试述风疹病毒的生物学特性及致病性。

第三十一章 肠道病毒

Enteroviruses constitute a major subgroup of small RNA viruses (picornaviruses) that readily infect the intestinal tract. The enteroviruses of humans and animals are ubiquitous and have been found worldwide. Their name is derived from their ability to infect intestinal tract epithelial and lymphoid tissues and to be shed into the feces. Enteroviruses of human origin include the following: a) polioviruses, types 1~3. b) coxsackieviruses of group A, types 1~22 and 24. c) coxsackieviruses of group B, types 1~6. d) echoviruses, types 1~33 (no types 10, 22, 23, and 28). e) enteroviruses, types 68~71. Since 1969, new enterovirus types have been assigned enterovirus type numbers rather than being subclassified as coxsackieviruses or echoviruses. The vernacular names of the previously identified enteroviruses have been retained.

第一节 脊髓灰质炎病毒

肠道病毒(enterovirus)属于小RNA病毒科,肠道病毒属,经消化道感染和传播。肠道病毒包括脊髓灰质炎病毒(poliovirus)、柯萨奇病毒、埃可病毒,以及1969年以后相继分离出的新型肠道病毒68~71型。这些病毒具有以下共性:① 病毒体直径22~30 nm,呈球形,衣壳20面体立体对称,无包膜。② 基因组为单股正链RNA。③ 对理化因素抵抗力强,耐乙醚、耐酸(pH3~5)、耐胆汁。④ 均能在肠道细胞胞质中增殖,通过粪便排出体外,但多不引起肠道症状,主要是侵入血流产生病毒血症,导致肠道外的多种疾病。

脊髓灰质炎(poliomyelitis)是由脊髓灰质炎病毒侵犯中枢神经系统所致的一种急性传染病,多见于儿童。因脊髓前角运动神经受损而导致肌肉弛缓性麻痹,故又称为小儿麻痹症。该病流行于全世界,曾严重威胁人类健康。1954年和1956年灭活疫苗及减毒活疫苗相继研制成功,为预防和最终消灭脊髓灰质炎奠定了坚实的基础。1988年,世界卫生大会通过全球2000年消灭脊髓灰质炎的目标,是全球继天花以后第二种被要求消灭的病种。2001年10月,世界卫生组织西太平洋地区消灭脊髓灰质炎证实委员会在日本京都召开会议,全面审查了西太平洋地区37个国家和地区有关无脊髓灰质炎的证实报告,作出了曾导致成千上万儿童瘫痪的脊髓灰质炎,已在包括中国在内的西太平洋地区被消灭的结论,从而使这个地区继美洲地区之后成为世界上第2个无脊髓灰质炎的地区。但应看到,西太平洋地区虽然实现了无脊髓灰质炎的目标,而与西太平洋地区接壤的一些国家仍然存在脊髓灰质炎野病毒的传播,随时有传入该地区的危险,因此仍不能放松儿童脊髓灰质炎疫苗免疫和脊髓灰质炎野病毒的监测工作。

一、生物学性状

(一) 形态与结构

脊髓灰质炎病毒具有肠道病毒的典型形态与结构特征。该病毒颗粒直径27~30 nm,呈球形,无包膜,衣壳呈20面体立体对称(图31-1)。

脊髓灰质炎病毒基因组为单正链RNA,长约7.4 kb。基因组RNA的5′端有一共价结合的小分子碱性蛋白VPg,为病毒RNA的引物,与病毒RNA的合成及基因组装配有关;3′端有poly(A)序列。在基因组RNA两端各有一段保守的非编码区(NTR),中间为一个连续开放阅读框(open reading fram, ORF),由3个基因编码区P1、P2、P3构成,编码全部的病毒蛋白。病毒的结构蛋白由P1区基因编码,P2和P3区编码蛋白

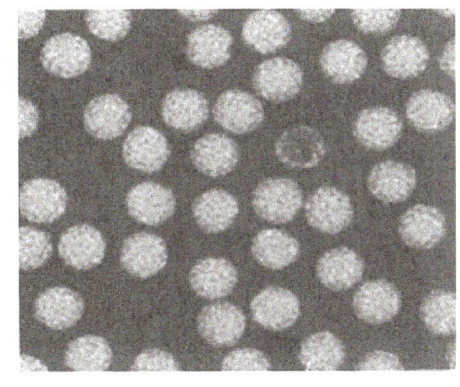

图31-1 脊髓灰质炎病毒电镜图(×290 000)

酶、VPg(3B)、RNA 聚合酶等非结构蛋白。病毒复制时，基因组翻译出一个约 2 200 个氨基酸的多聚蛋白（polyprotein），经蛋白酶裂解形成病毒的结构蛋白和非结构蛋白（图 31-2）。

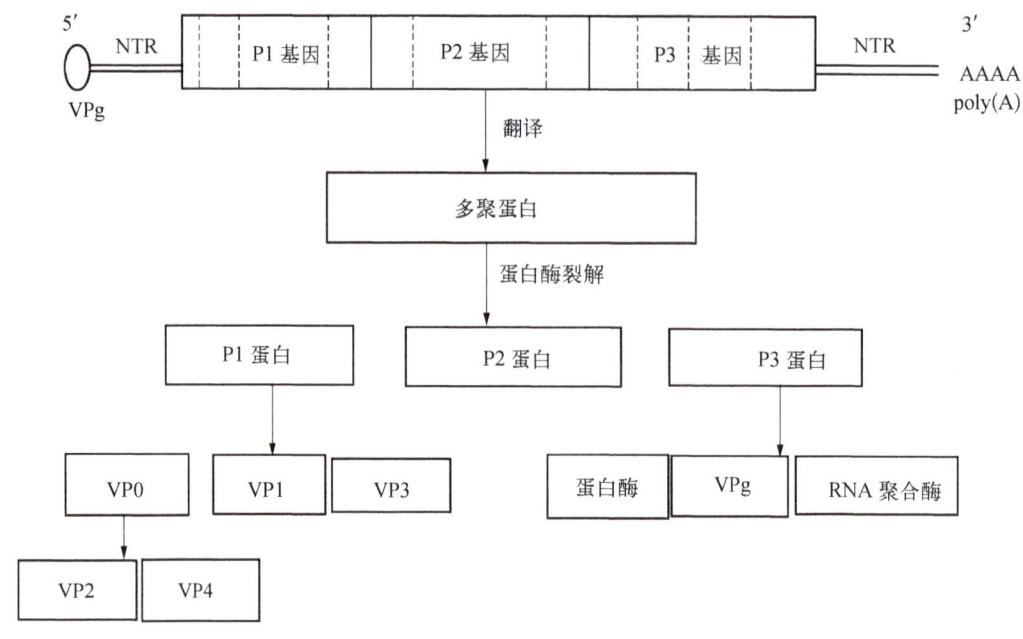

图 31-2 脊髓灰质炎病毒基因结构及病毒蛋白

脊髓灰质炎病毒衣壳由 VP1、VP2、VP3 和 VP4 四种多肽组成，暴露于病毒衣壳表面的主要是 VP1，其次是 VP2 和 VP3，VP4 在内部与 RNA 相连接。VP1 是与宿主细胞受体相结合的部位，亦是中和抗体的主要结合点。VP4 在维持病毒构型中起重要作用，但与中和试验无关。

（二）培养特性

脊髓灰质炎病毒仅能在灵长类动物细胞中增殖，常用猴肾、人胚肾及人羊膜细胞等进行培养。病毒在胞质内增殖后出现典型的溶细胞型病变，出现细胞变圆、坏死、脱落，病毒从溶解破坏的细胞中大量释放。非灵长类动物细胞膜表面由于缺乏脊髓灰质炎病毒的受体，因而对脊髓灰质炎病毒不易感。如果应用人工合成的脂质体将病毒导入细胞后，则脊髓灰质炎病毒可在细胞内正常复制。将该病毒受体基因导入非易感细胞后，也可使其转化成易感细胞。目前已成功建立了对脊髓灰质炎病毒易感的带有灵长动物受体基因的转基因鼠。

（三）抗原性

用中和试验可将脊髓灰质炎病毒分为三个血清型，各型间没有交叉免疫反应。

（四）抵抗力

脊髓灰质炎病毒对外界抵抗力强，在污水和粪便中可存活数日，−70℃中可存活数年；对乙醚和去污剂不敏感；对 pH3～9 稳定，能耐受胃酸、蛋白酶和胆汁的作用。对湿热敏感，加热 56℃可迅速灭活病毒，但 1 mol/L $MgCl_2$ 和其他二价阳离子，能显著提高病毒对热的抵抗力。

二、致病性与免疫性

（一）致病性

患者、无症状带毒者及隐性感染者是脊髓灰质炎病毒的感染源，主要经粪-口途径传播。病毒侵入机体后先在咽喉部、扁桃体、肠黏膜及肠系膜淋巴结中增殖。多数人不出现症状，或仅有轻微发热、咽痛、腹部不适等，是为隐性或亚临床感染。少数感染者因机体抵抗力弱，在肠道局部淋巴结内增殖的病毒可侵入血流形成第一次病毒血症，随血流扩散至具有特异受体的靶组织。该受体为免疫球蛋白超家族的细胞黏附分子 CD155，体内能表达这类受体的细胞仅限于脊髓前角细胞、背根神经节细胞、运动神经细胞、骨骼肌细胞和淋巴细胞等，因而限制了病毒的感染范围。病毒在靶细胞中再次增殖后，大量病毒再度侵入血流，形成第二次病毒血症，引起临床症状。多数患者表现为顿挫型（流产型）脊髓灰质炎，病毒不侵入中枢神经系统，仅在神经外组织中增殖，患者只有轻微发热、头疼、咽喉痛或伴有恶心呕吐等症状,于数天内可完全恢复。少数(1%～2%)感染者可表现为无菌性脑膜炎(非瘫痪型脊髓灰质炎),病毒侵入神经系统和脑膜,初始症状与顿挫型相似,随后可出现背痛,项强等脑膜刺激征,出现神经系统症状,但神经系统损伤可逐渐恢复,不发生麻痹。极少数(0.1%～2%)患者可发展为瘫痪型脊髓灰质炎,由于下运动神经元受损而出现肌肉弛缓性麻痹,四肢无力、瘫痪,下肢尤甚,恢复极缓慢,大多可留下跛行的后遗症。

(二) 免疫性

脊髓灰质炎病毒显性或隐性感染后可获得对同型病毒的牢固免疫力,肠道局部可出现特异性SIgA,阻止病毒进入血流,并从肠道清除病毒。血清中 IgG、IgM 等中和抗体可中止病毒血症,阻止病毒进入中枢神经系统。中和抗体在体内维持时间长,不仅对同型病毒具有牢固免疫力,对异型病毒也有交叉免疫现象。血清 IgG 可通过胎盘由母体传给胎儿,出生后维持数月才逐渐消失,故6个月内婴儿较少发病。

三、微生物学检查

(一) 病毒分离

早期可取患者咽漱液、粪便等样本加抗生素处理后,接种于人胚肾或猴肾细胞培养,出现细胞病变(CPE)者表明有可疑病毒,需用中和试验做进一步鉴定。近年应用转脊髓灰质炎受体基因的小鼠 La 细胞做病毒分离,因对其他肠道病毒不敏感,适用于混有多种肠道病毒的分离,可减少病毒定型的复杂性。

(二) 血清学诊断

取患者发病早期及恢复期双份血清应用中和试验、补体结合试验、ELISA 法等方法检测血清中特异性抗体。血清抗体水平有4倍或以上增高者具有诊断意义。

(三) 核酸杂交及 PCR 技术检测病毒核酸

近年根据脊髓灰质炎病毒基因组序列保守区及可变区的核苷酸序列差异,设计出相应的核酸探针或引物,通过核酸杂交或 PCR 技术检测脊髓灰质炎病毒的疫苗株或野毒株。

四、防治原则

脊髓灰质炎的消灭主要依赖于人工主动免疫,目前使用的疫苗有两种:一种是灭活脊髓灰质炎疫苗(inactivated polio vaccine,IPV),又称 Salk 疫苗;另一种为脊髓灰质炎减毒活疫苗(oral polio vaccine,OPV),也称 Sabin 疫苗。

IPV 是将三型脊髓灰质炎病毒经甲醛灭活后混合制成,肌肉注射后可诱生血清中和抗体发挥抗病毒作用,但不能在咽部及肠道产生局部免疫,且接种量大。其优点是稳定,易保存及运输,不存在毒力返祖的危险,还可与其他疫苗如 DPT 联合接种。

OPV 是将脊髓灰质炎病毒低温连续快速在猴和人二倍体细胞株中传代获得的减毒变异株,我国将此疫苗制成糖丸型便于幼儿口服。疫苗病毒能在肠道细胞中增殖,类似于自然感染,但不产生病毒血症,其既可诱导产生血清中和抗体,又可刺激肠道产生分泌性 IgA 发挥抗感染作用。此外,OPV 可在咽部保存1～2周,从粪便中排出数周,可在周围人群形成疫苗病毒的传播,使接触者形成间接免疫,扩大了免疫接种效果。世界上多数国家应用 OPV 作为控制和消灭脊髓灰质炎的手段。但 OPV 热稳定性差,保存及运输需要一定条件,具有毒力返祖的危险。就在 OPV 上市后不久,已经发现使用 OPV 会导致极少数疫苗相关麻痹型脊髓灰质炎(VAPP)的发生。1973～1984 年,美国曾发生 VAPP 病例;至 2005 年底,已有六起因传播性 OPV 造成的脊髓灰质炎暴发。因此,在消除本土脊髓灰质炎野病毒之后,结合全球消灭脊髓灰质炎的进展,一些接种率较高的国家开始在儿童常规免疫中使用 IPV,并建议最终停止使用 OPV。我国已研制成功由 OPV 疫苗毒株灭活制成的 IPV。

第二节 柯萨奇病毒与埃可病毒

柯萨奇病毒(coxsackievirus)和埃可病毒(echovirus)的生物学形状以及感染与致病过程与脊髓灰质炎病毒相似。

柯萨奇病毒除对灵长类动物细胞易感外,对新生乳鼠也具有致病性。根据对乳鼠的组织病理变化及致病特点,可将柯萨奇病毒分成A、B两组,利用中和试验和交叉保护试验进一步将A组分成23个血清型(A1~A22、A24),埃可病毒分为29个血清型(1~9、11~21、24~27、29~33)。埃可病毒无易感动物,对乳鼠不致病,只能在人及灵长类动物组织细胞中增殖。

柯萨奇病毒、埃可病毒主要通过粪—口途径传播,但也可经呼吸道和眼部黏膜感染。柯萨奇病毒、埃可病毒识别的受体在组织和细胞中分布广泛,包括中枢神经系统、心、肺、黏膜、皮肤等组织,因此导致临床表现多样化。其致病特点是同一型病毒可引起不同的疾病,同一疾病又可由不同型的病毒所引起。

柯萨奇病毒、埃可病毒所致的主要疾病有:

1. 无菌性脑膜炎、脑炎 表现为发热、头痛和脑膜刺激等症状,除伴有脑炎或感染1岁以下的婴儿外,通常无明显危害。埃可病毒3、11、18、19型所致的脑膜炎曾爆发流行。

2. 疱疹性咽峡炎 主要由柯萨奇病毒A组某些血清型引起,发病者多为1~7岁儿童,典型症状是软腭、悬雍垂周围出现水疱性溃疡。

3. 手足口病(hand-foot-mouth disease, HFMD) 主要由柯萨奇病毒A16和新型肠道病毒EV71型(EV71)引起,EV71曾引起多次大流行,重症率和病死率高于柯萨奇病毒A16所致的HFMD。该病特点为手足部皮肤口舌黏膜水疱性损伤,患者以5岁以下儿童多见。

4. 流行性胸痛 通常由柯萨奇B组病毒引起,症状为突发性发热和单侧胸痛。

5. 心肌炎和心包炎 通常由柯萨奇B组病毒引起,散发流行于成人和儿童,新生儿患病病死率高。病毒通过直接作用和免疫病理机制引起心肌细胞损伤。

6. 眼病 柯萨奇病毒A24型引起急性结膜炎。

此外,柯萨奇病毒感染还与1型糖尿病等有关。

人感染柯萨奇病毒、埃可病毒后,机体可产生型特异性中和抗体,对同型病毒有持久免疫力。

除柯萨奇病毒A组病毒少数型别必须在乳鼠中增殖外,其他病毒均可在易感细胞,如猴肾原代和传代细胞,某些人源性传代细胞中增殖,产生典型的细胞。可用中和试验进一步鉴定其型别。标本包括患者血液、咽拭子、粪便、脑脊液等。此外,用RT-PCR技术检测病毒核酸也是目前常用的鉴定方法。

目前尚无柯萨奇病毒、埃可病毒疫苗。

第三节 新型肠道病毒

1969年以来,随肠道病毒型别增多和研究的深入,发现许多新型别的病毒不能再采用柯萨奇病毒和埃可病毒的分类标准,1976年国际病毒分类委员会决定,所有新发现的肠道病毒统一按发现序号命名,因当时已有67个型的肠道病毒,遂将随后发现的4种新肠道病毒,称为肠道病毒68~71型(enterovirus 68-71, EV68-71),均符合肠道病毒的理化特性。除EV69外,其余3种新病毒均与人类疾病相关。EV68主要引起儿童毛细支气管炎及肺炎;EV70是急性出血性结膜炎的主要病原体;EV71是近期最引人注意的手足口病的主要病原体。甲型肝炎病毒曾分类为肠道病毒72型,但因其生物学特性与肠道病毒有着明显的差异,现已将其分为小RNA病毒科肝病毒属。

EV70主要引起急性出血性结膜炎,曾在世界范围内发生多次大流行,传染数百万人。游泳池水被病毒污染后传染性强,1967~1971年,非洲、东南亚、日本、印度及我国发生多次急性出血性结膜炎流行,均分离出EV70。该病毒不具有肠道细胞亲嗜性,而存在于眼结膜部位,通过直接或间接接触传播。临床表现为潜伏期短(约1d),发病急,眼结膜下严重出血,眼睑水肿,眼球疼痛,一般8~10d可自愈。传染性强,在人群拥挤或卫生条件差的地区传播极迅速,尚无有效的治疗方法。

EV71是1969年首次从美国加利福尼亚一名患有中枢神经系统疾病婴儿的粪便标本中分离出来的一种新型肠道病毒。根据病毒衣壳蛋白VP1核苷酸序列的差异,可将EV71分为A、B、C三个基因型,A型只有一个成员;B型和C型均包含有5个亚型:B1~B5和C1~C5。我国南部地区流行的EV71基因型以C型为主。目前已经鉴定出EV71的4种受体分子:SCARB2(scavenger receptor B2)、PSGL-1(P-selectin glycoprotein ligand-1, CD162)、DC-SIGN(dendritic-cell-specific intercellular adhesion-molecule-3-grabbing non-integrin, CD209)和唾液酸多糖(sialic acid-linked glycan, SA-linked glycan)。SCARB2又称人类清道夫受体B2,是首先(2009年)发现的EV71受体,广泛分布于胎盘、肝脏、脾脏等网状内皮系统以及脑组织细胞的溶酶体和内体,与 EV71 的系统性感染有关;PSGL-1(CD162)又称 P 选择素糖蛋白配体 1,可介导 EV71 进入淋巴细胞;DC-SIGN(CD209)由树突状细胞和巨噬细胞表达;唾液酸多糖分子则在呼吸道和肠道上皮细胞表达丰富。

据报道,EV71 在世界范围内已引起 10 余次大规模的暴发与流行,感染后主要引起患者手足口病,少数患者可引起心肌炎、肺水肿、无菌性脑膜脑炎、疱疹性咽峡炎等并发症。1998 年,我国台湾地区 EV71 大爆发,引起了 12 万多例幼儿患手足口病。截至 2008 年 5 月,在我国安徽、广东、浙江等省市多个地区流行的 EV71 已发生 25 000 多名儿童感染手足口病,导致 34 名患儿死亡。2008 年 5 月我国将手足口病列入法定丙类传染病。

除 EV71 外,手足口病还可由柯萨奇病毒、埃可病毒等多种肠道病毒所引起,其中以 EV71 和柯萨奇病毒 A16 最为常见。人是 EV71 的唯一宿主,患者和隐性感染者均为本病的传染源,主要经粪-口和(或)呼吸道飞沫传播,亦可经接触患者皮肤、黏膜疱疹液而感染。发病前数天,感染者咽部与粪便就可检出病毒,通常以发病后 1 周内传染性最强。

手足口病无明显的地区性,四季均可发病,以夏秋季高发。人群普遍易感,成人大多经隐性感染获得相应抗体,故手足口病的患者主要为学龄前儿童,尤以≤3 岁年龄组发病率最高。手足口病是一种肠道病毒病,具有肠道病毒感染的共同特征。从最常见的无症状或仅有轻度不适,至严重的并发症甚至死亡均可发生。潜伏期为 3~5 d。一般症状为发热、咽喉疼痛、皮肤疱疹。初发病时表现为轻度发热、食欲减退、消化不良、咽喉疼痛,有时还出现流涕、腹泻、呕吐、虚脱无力,1~2 d 后口腔疼痛加剧,口腔内舌、齿龈和颊内侧出现小红斑、水疱乃至溃疡,同时手掌或手背、足底或足背及臀部出现或平或凸的红色斑疹和水泡,皮疹不痒,整个病程持续 7~10 d。有时,手足口病的症状也仅仅表现为皮疹或口腔溃疡。

目前 EV71 感染的实验室诊断方法主要包括病毒分离培养、中和抗体测定以及免疫组织化学检测法。分离培养可采用 RD 细胞(人横纹肌瘤细胞)或 Hep-2 细胞(人喉癌上皮细胞)。EV71 接种 RD 细胞可引起特殊的 CPE,表现为细胞圆缩、分散、胞质内颗粒增加,最后细胞自管壁脱落。患儿的脑脊液、血液、疱疹液等临床标本中分离出 EV71 有诊断价值,但单从咽拭子或粪便中分离到该病毒尚不能确诊。患者急性期血清与恢复期血清中和抗体效价可用微量板法测定,若 4 倍或 4 倍以上增高表明为 EV71 感染。此外,RT-PCR 技术也是目前 EV71 快速诊断的重要手段。

EV71 感染患者的治疗主要以对症治疗为主,目前缺乏特异、高效的抗病毒药物。做好儿童个人、家庭和托幼机构的卫生是预防本病感染的关键。我国研制的 EV71 灭活疫苗目前已完成Ⅲ期临床试验,初步证明能有效预防 EV71 感染。

(赵平)

复习思考题

1. 肠道病毒有哪些共同特性?
2. 如何用常规方法对脊髓灰质炎病毒进行微生物学检查?
3. 试述脊髓灰质炎的传染源、传播途径及致病性。
4. 脊髓灰质炎 Salk 疫苗与 Sabin 疫苗的来源及优缺点是什么?
5. 柯萨奇病毒和 ECHO 病毒能导致哪些疾病?
6. 新型肠道病毒有哪些?能导致哪些疾病?

第三十二章 急性胃肠炎病毒

Gastroenteritis means inflammation of the stomach and small and large intestines. Viral gastroenteritis is an infection caused by a variety of viruses that results in vomiting or diarrhea. It is often called the "stomach flu," although it is not caused by the influenza viruses. Many different viruses can cause gastroenteritis, including rotaviruses, noroviruses, sapoviruses, adenoviruses type 40 or 41, and astroviruses. Viral gastroenteritis is not caused by bacteria (such as *Salmonella* or *Escherichia coli*) or parasites (such as *Giardia*), or by medications or other medical conditions, although the symptoms may be similar. Acute gastroenteritis viruses cause enteric disease with symptoms characterized by diarrhea, vomiting, abdominal discomfort, and fever. In general, the symptoms begin 1 to 2 days following infection with a virus that causes gastroenteritis and may last for 1 to 10 days, depending on which virus causes the illness.

引起急性胃肠炎的病毒主要包括呼肠病毒科（*Reoviridae*）的人轮状病毒（human rotavirus,HRV），杯状病毒科（*Caliciviridae*）的诺如病毒（norovirus）和沙波病毒（sapovirus），腺病毒科（*Adenoviridae*）的肠道腺病毒（enteric adenovirus）40 和 41 型及星状病毒科（*Astroviridae*）的星状病毒（astrovirus）。这些病毒所致的胃肠炎临床表现相似，主要为腹泻与呕吐，但流行方式却明显分为两种：五岁以下的小儿腹泻，或与年龄无关的爆发流行。

第一节 人轮状病毒

人轮状病毒是引起人和动物腹泻的重要病原体。1973 年，人轮状病毒由澳大利亚学者 Bishop 等在急性非细菌性胃肠炎儿童的十二指肠黏膜超薄切片中首次发现的，因镜下呈车轮状而命名。1983 年，我国病毒学家洪涛发现了成人腹泻轮状病毒。

一、生物学性状

人轮状病毒呈圆球形（图 32-1），病毒颗粒直径为 70～75 nm，无包膜，有 20 面体立体对称的双层衣壳（图 32-2）。外衣壳呈蜂窝状，其孔径与内衣壳孔径相通。内衣壳呈放射状伸向外衣壳，形如车轮辐条，完整的病毒颗粒表面光滑，为光滑型颗粒，具有感染性。如外衣壳在自然条件或经化学处理后脱落，暴露出的单层衣壳核心为粗糙型颗粒，直径 50～60 nm。单层衣壳颗粒核心内含有病毒内核结构，直径为 33～40 nm。内核含病毒酶、dsRNA 等。在患者粪便中，三种颗粒均存在。但不完整的病毒颗粒无感染性。

人轮状病毒基因组长度为 18.5 kb，由 11 个不连续节段的 dsRNA 组成。每个节段含一个开放阅读框（ORF），分别编码 6 个结构蛋白（VP1～VP4，VP6，VP7）和 5 个非结构蛋白（NSP1～NSP5）（图 32-2）。VP1 为 RNA 依赖的 RNA 聚合酶；VP2 位于内衣壳，可刺激病毒 RNA 的复制；VP3 为鸟苷酸转移酶；VP4 为病毒的表面蛋白，可裂解为 VP5 和 VP8。VP6 位于内衣壳，为组和亚组特异性抗原。根据 VP6 的抗原性，人轮状病毒可分为七个组（A～G）。仅 A、B、C 三个组引起人类腹泻；其中，A 组轮状病毒又分为Ⅰ、Ⅰ+Ⅱ、非Ⅰ和非Ⅱ四个亚组。另外，A 组以 VP7 型特异性抗原不同分为 14 个血清型，VP7 为糖蛋白，按 VP7 分的血清型又称 G 型，常见的 1、2、

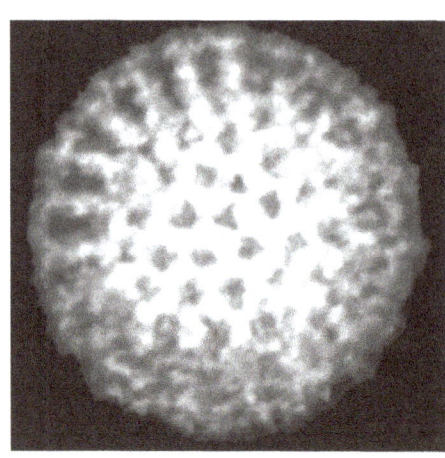

图 32-1 轮状病毒电镜图

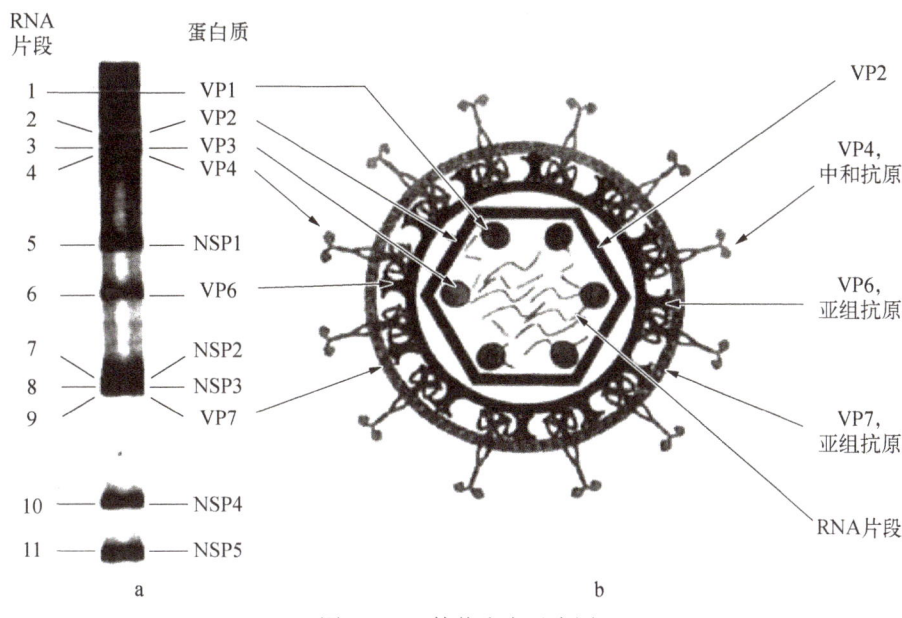

图 32-2 轮状病毒示意图
a. 轮状病毒 RNA 片段与编码蛋白；b. 轮状病毒结构示意图

3、4 四个 G 型可引起婴幼儿腹泻；VP4 为非糖基化蛋白，以 VP4 不同的分型称 P 型，共有 19 个 P 血清型，其中 1A、1B、2A、3、5 等可引起婴幼儿腹泻。非结构蛋白在轮状病毒复制和致病性中发挥作用：NSP1 是 RNA 结合蛋白，与病毒抗宿主免疫有关；NSP2 与病毒基因组复制相关；NSP3 参与病毒基因组的翻译并抑制宿主蛋白的表达；NSP4 具有肠毒素样功能，可引起腹泻；NSP5 和 NSP6 参与调控病毒复制和组装。

人轮状病毒的细胞培养条件较为苛刻，可在非洲绿猴肾细胞 MA-104 株中增殖，但接种病毒前须在细胞维持液中加入少量胰蛋白酶，以增强病毒的感染性。

人轮状病毒在肠道细胞内增殖，从粪便排出，粪便中可存活数天到数周。病毒耐乙醚、酸、碱和反复冻融，55℃ 30min 可灭活病毒。

二、致病性与免疫性

人轮状病毒 A～C 群能引起人类和动物腹泻，D～G 群只引起动物腹泻。A 组轮状病毒最为常见，占病毒性胃肠炎的 80% 以上，是引起婴幼儿严重肠炎的主要病原体，为发展中国家婴幼儿死亡的主要原因之一。B 组轮状病毒感染多为自限性，病死率较低，可在年长儿童和成人中爆发流行，如 1982～1983 年，该组病毒在我国东北、西北矿区青壮年工人中引发大规模霍乱样腹泻流行，患者达数十万。C 组轮状病毒对人的致病性类似 A 群，但发病率很低。

在我国，人轮状病毒感染主要发生在秋冬季，尤以 11 月至 4 月多发，因此被称为"秋季腹泻"。患者及无症状携带者为人轮状病毒传染源，病毒经粪口途径传播，侵入人体后在小肠黏膜绒毛细胞内增殖，受损细胞脱落至肠腔并释放大量病毒，随粪便排出。受感染的小肠细胞因转运机制与绒毛结构的破坏而出现肠腔对盐类、葡萄糖、水分的吸收障碍，同时由于小肠细胞的过度分泌，从而引起腹泻。人轮状病毒感染的潜伏期约 2 d，起病急，主要症状为发热、呕吐、腹痛和水样腹泻，属自限性疾病，轻者病程 3～5 d 后可完全康复。严重者出现脱水或酸中毒，可导致死亡。

人轮状病毒感染后机体可获得不完全免疫，产生型特异性 IgM 和 IgG 抗体，对同型病毒再感染有一定保护作用。再次感染后症状较轻，肠道局部出现的 SIgA，可中和病毒。

三、微生物学检查法与防治原则

人轮状病毒感染的诊断：① 电镜或免疫电镜检查粪便中的病毒颗粒。② ELISA 法检查粪便中的特异性病毒抗原或血清中的抗体。③ 从患者粪便中提取人轮状病毒 RNA，电泳图分析 11 个核酸片段，既可诊断病毒感染，又可辅助病毒分组。

对人轮状病毒感染的预防主要是控制水源污染和接触感染，对可能污染的物品严格消毒。目前，在全球应用较多的轮状病毒疫苗有三种,即比利时的单价疫苗、美国的多价疫苗和中国的口服轮状病毒疫苗(LLR),LLR疫苗用轮状病毒减毒株 LLR 在新生小牛肾细胞中培养制成,免疫对象为两月龄~三岁儿童。

针对人轮状病毒感染,目前尚无特异性治疗手段,对症治疗措施包括及时输液防止脱水,纠正电解质失调等,以降低病死率。

第二节 杯状病毒

杯状病毒科病毒为圆球形、无包膜的 RNA 病毒,包括四个病毒属,其中诺如病毒属(Norovirus)和沙波病毒属(Sapovirus)引起人类急性胃肠炎,Lagovirus 和 Vesivirus 引起兔出血性疾病和猪猫等动物水泡疹。

(一)诺如病毒

诺如病毒颗粒为球形无包膜的 20 面体立体对称型,直径 27~38 nm。诺如病毒以往称为小圆形结构病毒(small round structured virus,SRSV),其原型病毒为诺沃克病毒(Norwalk virus)。诺沃克病毒为 1972 年在美国俄亥俄州诺沃克(Norwalk)市的一次急性胃肠炎爆发的患者粪便中发现的病原体(图 32 - 3a)。病毒基因组为+ssRNA,约 7.6 kb,根据其基因组序列可将其分为三个基因型组。

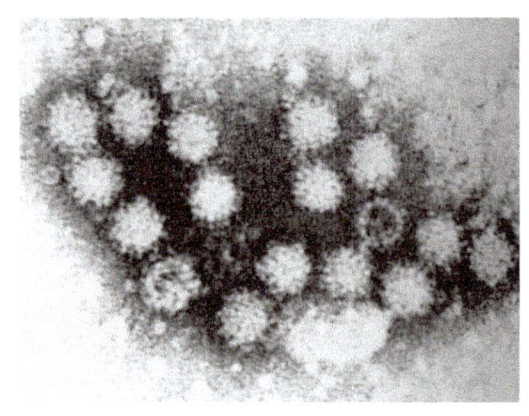 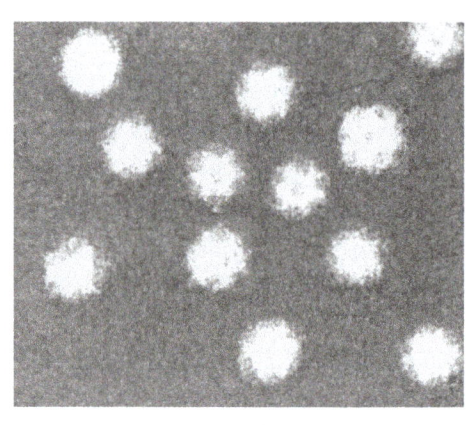

图 32 - 3 病毒电镜图

a. 诺沃克病毒;b. 沙波病毒

诺如病毒不能经体外细胞培养增殖,也无合适的动物模型。对热、紫外线、酚、次氯酸和乙醛等敏感,对乙醚、氯仿和碘制剂有较强抵抗力。

诺如病毒是人类急性病毒性胃肠炎大规模流行最主要的病原体之一。秋冬季为高发季节,患者、隐性感染者及健康带毒者为传染源,诺如病毒传染性强,主要通过污染的水源、食物经粪口途径传播,各年龄组均可发生,常引起爆发流行。病毒在肠道上皮细胞内复制,引起小肠绒毛轻度萎缩和黏膜上皮细胞的破坏。感染潜伏期约 24 h,发病突然,临床表现为发热、恶心、呕吐、腹痛和腹泻等急性胃肠炎症状,呈自限性,与地域无关。感染后可产生特异性 IgG、IgA 和 IgM 抗体,预后良好。

(二)沙波病毒

沙波病毒为无包膜、20 面体立体对称型病毒,病毒基因组为+ssRNA,约 7.2 kb,仅一个独立的基因型。病毒颗粒表面存在 32 个特征性的杯状凹陷(图 32 - 3b),因此曾被称为典型杯状病毒。沙波病毒在 1997 年日本札幌地区一家孤儿院腹泻患者中发现,亦称札幌病毒。

沙波病毒以粪—口途径传播,与食物、水源污染造成的急性胃肠炎爆发密切相关,春夏交替季节容易发生,主要引起五岁以下儿童腹泻,临床表现为恶心、呕吐、腹痛和腹泻等,但症状较轮状病毒感染轻。感染后产生的抗体对病毒无保护性作用,但有助于疾病的辅助诊断。

(三)杯状病毒感染的诊断与防治

目前杯状病毒感染的微生物学诊断,主要是通过免疫电镜检测患者粪便中的病毒颗粒。近年来,应用重组表达的诺沃克病毒衣壳抗原建立的 ELISA 法,已用于检测患者血清抗体。

对于诺如病毒感染，目前尚无疫苗和特定的抗病毒药。控制传染源、切断传播途径为重要预防措施。

第三节　星状病毒与肠道腺病毒

（一）星状病毒

星状病毒科（Astroviridae）包括哺乳动物星状病毒属（Mamastrovirus）和禽星状病毒属（Avastrovirus），分别引起哺乳动物和鸟类腹泻。人星状病毒于1975年从腹泻婴儿的粪便中分离得到，为球形无包膜的+ssRNA病毒，基因组约7.0 kb，病毒体直径约30 nm。电镜下病毒形态呈星形，有5～6个角（图32-4）。该病毒经粪-口传播，易感染婴幼儿。病毒侵犯十二指肠黏膜细胞，并在其中大量增殖，造成细胞死亡，引起发热、头痛、恶心、腹泻等症状，但较轮状病毒感染轻。病毒释放于肠腔，粪便中病毒量多，是造成医院内感染的主要病原体之一。感染后可产生保护性抗体，免疫力较牢固持久。目前无有效疫苗。

（二）肠道腺病毒

人类腺病毒至少有51个血清型，可根据血凝特性归为A～G 7个组，F群的40、41型又称为肠道腺病毒（enteric adenovirus, EAd），能部分凝集大鼠红细胞，可引起婴幼儿病毒性腹泻。此外，以全基因组序列和生物信息学分析新发现的新型腺病毒中，60、61、62、65及67型腺病毒亦可引起急性胃肠炎。

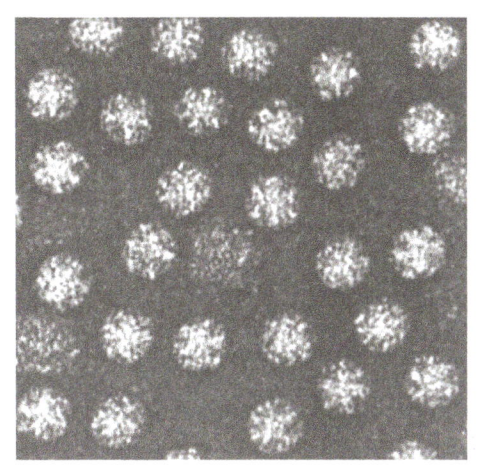

图32-4　星状病毒电镜图

肠道腺病毒呈球形，无包膜，衣壳为20面立体对称，直径70～80 nm，基因组为dsDNA。病毒形态结构、基因组成、复制特点等与其他腺病毒基本一致。肠道腺病毒经粪—口途径传播，在肠道细胞中增殖，随粪便大量排出，四季均可发病，以夏季多见，主要侵犯五岁以下儿童，临床表现以水样腹泻为主。微生物学诊断主要通过电镜检查患者粪便中的病毒颗粒，ELISA法、间接免疫荧光法及免疫斑点技术检测粪便中的抗原可以确诊。可用腺病毒5型DNA转染的人胚肾293细胞培养肠道腺病毒。目前尚无特异性疫苗及治疗手段，主要采取对症治疗。

（陈辉　安静）

复习思考题

1. 病毒性胃肠炎主要由哪些病毒引起，各具有什么特点？
2. 临床上如何区分细菌性胃肠炎和病毒性胃肠炎？
3. 如何预防和治疗由病毒引起的急性病毒胃肠炎？

第三十三章 疱疹病毒

The herpesvirus family contains several of the most important human pathogens. Viruses of this family have envelopes and contain DNA as their genetic material. Viral multiplication takes place in cell nucleus, and the envelope is acquired as the virus buds through the nuclear membrane. All herpesviruses are characterized by their ability to remain in a latent state and establish life long persistent infection in their hosts and also to undergo periodic reactivation, resulting in recurrent infection.

Some members of this viral family infect human beings. They are herpes simplex virus(HSV) types 1 and 2, varicella-zoster virus (VZV), cytomegalovirus (CMV), Epstein-Barr virus (EBV), human herpesviruse(HHV) type 6, type 7 and type 8.

HSV-1、HSV-2 and VZV infect epithelial cells. HSV-1 is classically associated with oropharyngeal lesions and causes recurrent attacks of "fever blisters". HSV-2 mainly infects the genital mucosa and is frequently responsible for genital herpes. Both viruses are able to establish latent infections in neurons and also cause neurologic disease, for example, sporadic encephalitis which is often fatal. On primary infection, VZV causes varicella in infants, and then incubates in neurons. In adults, the virus causes zoster upon reactivation.

Cytomegalovirus replicates in epithelial cells of the respiratory tract, salivary glands and kidneys and persists in lymphocytes. The infection of newborns with CMV causes cytomegalic inclusion disease. The virus is an important cause of congenital defects and mental retardation.

EBV, HHV-6, HHV-7 and HHV-8 infect lymphocytes. EBV replicates also in epithelial cells of the oropharynx and parotid gland and establishes latent infections in B lymphocytes. It causes infectious mononuleosis and is associated with Burkitt's lymphoma and nasopharyngeal carcinoma. HHV-8 also infects B lymphocytes and is associated with Kaposi's sarcoma and some kinds of lymphomas. Because of the correlation between HHV-8 and Kaposi's sarcoma, the virus was named Kaposi's sarcoma associated herpesvirus (KSHV). HHV-6 and HHV-7 infect T lymphocytes. HHV-6 is the cause of exanthem subitum. HHV-7 has not yet been linked to any specific disease.

第一节 概 述

疱疹病毒科(*Herpesviridae*)为有包膜的双链 DNA 病毒,包括 110 多种,能感染多种动物和人,与人类感染相关的疱疹病毒称为人疱疹病毒(human herpes virus,HHV),其中一些是很重要的人类病原因子。

一、结构与组成

电镜下,有包膜的疱疹病毒直径为 150~200 nm,无包膜的裸病毒直径为 125 nm。病毒核心约为 75 nm,含线性双链 DNA 分子,125~240 kb。核心外依次为病毒衣壳、内膜和包膜。病毒衣壳为 20 面体立体对称,由 162 个衣壳子粒(或称壳微粒)组成。内膜中填充着多种蛋白质,包绕着病毒衣壳,又称皮层。包膜是病毒体最外层的双层脂质膜结构,来自宿主细胞的核膜,是病毒核衣壳通过细胞核膜时所获得,其表面有许多病毒糖蛋白构成的包膜突起。

疱疹病毒的基因组较大,至少编码 100 种以上的不同蛋白质,其中参与组成病毒结构的在 35 种以上;其他还有许多是病毒特异的、参与病毒核酸代谢和基因表达的酶,如 DNA 合成酶、胸苷激酶(thymidine kinase,TK)、蛋白激酶、转录因子等。

二、分类

疱疹病毒科的成员数量十分庞大,分类复杂,根据国际病毒命名委员会疱疹病毒研究小组 1992 年的报告,通常分为3个亚科,即α、β、γ疱疹病毒亚科。三种亚科的病毒具有不同的生物学特性见表33-1、图33-1。

表33-1 人类疱疹病毒分类及各类特点与所致疾病[*]

亚科	种类			生物学特征			所致疾病
	正式命名	通用名	宿主范围	复制周期	细胞病变	潜伏部位	
α	人疱疹病毒1型(HHV-1)	单纯疱疹病毒1型(HSV-1)	广,多种上皮细胞、成纤维细胞	生长迅速,复制周期短	明显,溶细胞性感染	三叉神经和颈上神经节神经细胞	唇疱疹(原发或潜伏再发感染)龈口炎(原发感染)角膜炎(原发或潜伏再发感染)脑炎/脑膜脑炎(原发或潜伏再发感染)
	人疱疹病毒2型(HHV-2)	单纯疱疹病毒2型(HSV-2)	广,上皮细胞、成纤维细胞	生长迅速,复制周期短	明显,溶细胞性感染	骶神经节神经细胞	生殖器疱疹(原发或潜伏再发感染)新生儿疱疹(围产期感染)
	人疱疹病毒3型(HHV-3)	水痘-带状疱疹病毒(VZV)	较窄,人的少数上皮细胞和成纤维细胞	生长较缓慢,复制周期稍长	明显,溶细胞性感染	脊髓后根神经节或颅神经感觉神经节	水痘(原发感染)带状疱疹(潜伏再发感染)
β	人疱疹病毒5型(HHV-5)	人巨细胞病毒(HCMV)	窄,白细胞、少数上皮细胞和成纤维细胞	生长缓慢,复制周期长	巨细胞病变,形成多核巨细胞	分泌性腺体,肾脏	巨细胞包涵体病(先天性感染)间质性肺炎(原发及潜伏感染活化)巨细胞病毒性肝炎(原发及潜伏感染活化)脑炎/脑膜炎(潜伏感染活化)输血后单核细胞增多症
	人疱疹病毒6型(HHV-6)	人疱疹病毒6型(HHV-6)	窄,主要感染淋巴细胞	长期潜伏,增殖性感染时复制周期较长	增殖性感染时出现气球样病变	淋巴组织,唾液腺	婴幼儿急疹
	人疱疹病毒7型(HHV-7)	人疱疹病毒7型(HHV-7)	很窄,只感染T细胞	长期潜伏,增殖性感染时复制周期长	增殖性感染时出现气球样病变	淋巴组织,唾液腺	幼儿急疹
γ	人疱疹病毒4型(HHV-4)	EB病毒(EBV)	很窄,主要感染B细胞	长期潜伏,增殖性感染时复制周期长	很少出现明显的细胞病变,能转化B细胞	淋巴组织,B细胞	传染性单核细胞增多症(原发感染)Burkitt淋巴瘤(原发感染)鼻咽癌
	人疱疹病毒8型(HHV-8)	卡波济肉瘤相关疱疹病毒(KSHV)	很窄,主要感染B细胞	长期潜伏,增殖性感染时复制周期长	很少出现明显细胞病变,致肿瘤性?	B细胞,唾液腺?前列腺?	卡波济肉瘤

[*] 参考国际病毒命名委员会疱疹病毒研究小组1992年报告

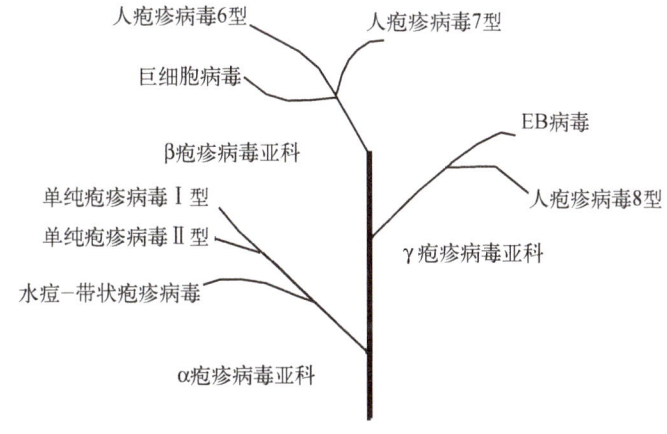

图33-1 人类疱疹病毒在疱疹病毒家族中的分布

(三)感染与复制

疱疹病毒主要通过病毒包膜与宿主细胞膜的融合感染宿主细胞。病毒包膜糖蛋白(glycoproteins,

gp)中的成分可与宿主细胞膜上相应受体结合,发生膜融合,病毒核衣壳进入细胞内,并进而进入细胞核内脱去衣壳蛋白、释放出病毒 DNA。细胞内的感染性病毒颗粒还可通过感染细胞与邻近未感染细胞融合,也可通过细胞间桥直接扩散,感染与其接触的邻近细胞。病毒感染宿主细胞后根据其与宿主细胞的相互作用,可表现为增殖性感染、潜伏感染和整合感染三种形式。增殖性感染时病毒在感染细胞核内装配新的子代病毒的核衣壳,并通过细胞核膜以出芽的方式进入细胞质中,再经细胞质内网腔进一步输送至细胞表面释出,同时导致感染细胞大分子生物合成受抑,出现嗜酸性核内包涵体(acidophilic intranuclear inclusion body)和多核巨细胞(multinucleated giant cell)形成等细胞病变效应,最终细胞死亡、崩解。潜伏感染时病毒不增殖,病毒 DNA 稳定地持续存在于细胞核内,在一定条件下受到刺激后可被激活,转为增殖性感染。而形成潜伏感染是疱疹病毒的重要特征。整合感染是指病毒基因组的一部分整合于宿主细胞的 DNA 中,导致细胞的转化,见于少数人类疱疹病毒,如 EB 病毒,与其致癌作用有关。

(四)致病特点

疱疹病毒侵入人体后有两种不同的临床表现形式,多数表现为隐性感染,其细胞学基础主要是潜伏感染,某些疱疹病毒可在长期潜伏感染的基础上发生整合感染;也有少数发生显性感染,既可见于原发感染、也可见于潜伏感染急性发作,病毒增殖可涉及不同的部位。人疱疹病毒引起的人类疾病是多种多样的。有些动物疱疹病毒也能感染人,如猴的 B 型疱疹病毒。人疱疹病毒的临床致病特点如下。

单纯疱疹病毒 1 型和 2 型感染上皮细胞,并在神经细胞建立潜伏感染。单纯疱疹病毒 1 型引起反复发作的唇疱疹;2 型病毒原发感染部位主要在生殖道黏膜,引起生殖器疱疹。两型病毒都可引起神经系统疾病,往往导致严重后果。其中,单纯疱疹病毒 1 型是引起疱疹性脑脊髓炎的主要原因。

水痘-带状疱疹病毒原发感染常见于幼儿,引起水痘;病毒也可潜伏于神经细胞。成年后,潜伏病毒被激活时引起带状疱疹。成人的原发感染多十分严重,易发展成严重的病毒性肺炎。

巨细胞病毒在呼吸道上皮细胞、唾液腺和肾脏中复制,并在淋巴细胞中建立持续感染。该病毒可引起传染性单核细胞增多症。在新生儿,其感染可引起巨细胞包涵体病。该病毒是引起先天性缺陷和精神神经发育障碍的重要原因。

人疱疹病毒 6 型感染 T 细胞,主要引起婴幼儿急疹。人疱疹病毒 7 型也感染 T 细胞,但尚未证实与人类何种疾病相关联,被怀疑与 6 个月以上的较大婴幼儿的急性发热性皮疹有关。

EB 病毒在口咽黏膜和腮腺上皮细胞中增殖,在淋巴细胞中建立潜伏感染,可引起传染性单核细胞增多症,也是引起人类淋巴系增生性疾病的重要原因,在免疫缺陷患者尤其如此。人疱疹病毒 8 型感染与常发生于艾滋患者的卡波济肉瘤相关。

临床上常见的人类疱疹病毒性疾病见表 33-1。

第二节 单纯疱疹病毒

一、生物学性状

(一)病毒的结构

单纯疱疹病毒(herpes simplex virus,HSV)的衣壳,依其成熟度不同而有 3 种形态:A 型衣壳为空衣壳;B 型衣壳含有特殊的衣壳蛋白 VP22a,很少或不含有 DNA;C 型衣壳为成熟的病毒核衣壳,内有病毒 DNA,不含 VP22a。病毒内膜含有 4 种蛋白质,其功能在于激活病毒 DNA、启动病毒基因转录、抑制宿主细胞的蛋白合成。

HSV 包膜糖蛋白至少有 11 种糖蛋白,分别命名为 gB、gC、gD、gE、gG、gH、gI、gJ、gL、gK 和 gM。其中,gB 和 gD 具有吸附和辅助病毒穿入细胞的功能,与病毒的感染相关,都是中和抗原,又以 gD 的免疫原性最强;gH 有融合作用,辅助病毒的入胞和出胞过程;gC 为补体 C3 的受体,具有免疫逃避功能;gE/gI 复合物是 IgG Fc 受体,能阻止抗体的抗病毒作用;gG 为型特异性抗原,其单抗可用于区分 HSV-1 和 HSV-2。

(二)宿主范围与生长特性

HSV 宿主范围较广,可以感染多种胚胎和新生期来源的动物或人类上皮细胞、成纤维细胞。培养时常用的有原代乳兔肾、人胚肺、人胚肾细胞或地鼠肾传代细胞。对其他传代细胞如 HeLa、HEp-2、Vero

等细胞也十分敏感。HSV 增殖迅速，致细胞病变效应明显，表现为细胞肿胀变大、变圆。合胞体形成（syncytia formation），出现嗜酸性核内包涵体，最终细胞脱落、死亡、崩解。

HSV 对动物的感染范围也相当广泛，家兔、小鼠、豚鼠是最常用的易感动物。采用不同的接种途径可产生不同的感染结果，如角膜接种引起疱疹性角膜炎、脑内或腹腔内接种引起疱疹性脑炎；阴道接种则引起生殖器疱疹。

(三) 分型

HSV 有两种血清型，即 HSV-1(gG-1)、HSV-2(gG-2)，两型病毒基因间有很高的同源性。常用分型方法为采用 gG 的型特异性单抗结合试验。另外还可根据病毒 DNA 的限制性内切酶酶切图谱、基于型特异性引物的 PCR 或型特异性探针的 DNA 杂交等实验结果分型。

二、致病性及免疫性

人群中 HSV 感染非常普遍，感染源包括患者和健康带毒者。HSV-1 和 HSV-2 传播途径不同，前者通过接触，尤其是通过有传染性的飞沫传染，而后者主要通过性途径感染，或通过生殖道感染新生儿。这导致两型病毒感染的不同临床特点。

(一) 原发感染

HSV-1 原发感染多发生于 6 个月至 2 岁的婴幼儿。病毒经直接密切接触，亦可经飞沫感染，通过口腔、呼吸道黏膜、眼结膜及皮肤的破损处侵入人体。大多数表现隐性感染，无明显症状。部分感染者表现疱疹性龈口炎（herpetic gingivostomatitis）、疱疹性咽炎（herpetic pharyngitis）、疱疹性角膜炎（herpetic keratitis）、皮肤疱疹性湿疹（eczema herpeticum）等，严重者可发生疱疹性脑炎。

HSV-2 原发感染多发生于性交后，主要引起生殖器疱疹（genital herpes），属性传播性疾病（STD）。原发性生殖器疱疹 80% 由 HSV-2 引起，仅少数由 HSV-1 引起。处于发作期的生殖器疱疹孕妇可经产道将 HSV-2 传给新生儿而致新生儿疱疹，病灶常位于暴露部位如头皮，严重时可累及重要脏器，引起肺炎、脑炎、肝炎等，病死率高达 50% 以上。

(二) 潜伏与复发感染

HSV 原发感染后，大多数机体可在 2 周内出现血清中和抗体，并于 3~4 周达到滴度高峰，形成免疫力，清除外周组织细胞中发生增殖性感染的病毒而使机体康复。这类抗体可持续多年。尽管这种抗体能中和游离病毒、阻止病毒在体内扩散，但却不能清除潜伏于神经节中的病毒。

HSV-1 可长期潜伏于三叉神经节和颈上神经节，HSV-2 则可长期潜伏于骶神经节。处于潜伏状态的病毒仅有很少的部分基因表达，没有完整病毒的复制；与病毒潜伏相关的基因转录出一种微小 mRNA，起防止细胞死亡，维持潜伏感染的作用。病毒处于潜伏状态时不引起临床症状。当机体受到各种因素刺激如精神心理压力、发热、细菌或病毒感染时，或因使用肾上腺皮质激素及其他免疫抑制剂等引起机体免疫力下降时，潜伏的病毒被激活，转为增殖性感染。此时病毒可从潜伏部位沿感觉神经纤维轴索下行到末梢而感染黏膜或皮肤上皮细胞。HSV-1 常引起口唇疱疹（oral fever blisters）或其他局部复发性疱疹，HSV-2 主要引起生殖器疱疹复发。HSV 复发感染往往是同一部位。在免疫功能显著降低者，潜伏的 HSV 活化后可发生播散性疱疹感染，常表现为疱疹性脑炎、疱疹性间质性肺炎等，此类患者病死率在 80% 以上。

妊娠期妇女体内潜伏的 HSV-1 如被激活，导致复发增殖性感染，病毒可经胎盘感染胎儿，诱发流产、早产、死胎或先天性畸形。

潜伏的 HSV 复发增殖性感染后，血清中的中和抗体又会迅速回升，发挥中和游离病毒、阻止病毒扩散的作用。故再发感染在免疫力正常人体内大多仅维持 4~7 d 左右即痊愈。但神经节中的潜伏病毒依然存在，当以后再次出现刺激因素时又会引起再发。潜伏病毒的持续存在往往是终生的。

三、微生物学检查法

(一) 病毒分离与鉴定

可采集水疱液、角膜刮取物、脑脊液、阴道拭子等样本，必要时经抗生素处理后，接种于敏感细胞，经 7~10 d 培养后可出现典型的细胞病变。在此基础上可用特异性抗体通过中和试验或免疫荧光、酶免疫实验等进行鉴定，也可用特异性探针做 DNA 杂交进行鉴定；同时应进一步鉴定型别。

（二）快速诊断

1. 细胞内病毒抗原检测　刮取病灶基底部材料、或水疱液涂片、或脑脊液离心沉淀物涂片，用荧光素或酶标记的单克隆抗体进行染色，检查细胞内的病毒抗原。

2. 病毒特异性 DNA 片段检测　用特异性探针的核酸杂交或基于特异性引物的 PCR 检测样本中的特异性病毒 DNA 片段。

四、防治原则

目前尚无预防 HSV 感染的特异性免疫方法。但抗疱疹病毒化疗药物具有相当好的疗效。其缺点是仍不能清除潜伏病毒，不能彻底防止潜伏感染的再发。常用的药物有：

（1）无环鸟苷即阿昔洛韦（Acyclovir，ACV）和丙氧鸟苷即更昔洛韦（Ganciclovir，GCV）：可局部用于治疗生殖器疱疹、疱疹性角膜炎，缩短排毒时间、促进病灶愈合；也可静脉给药治疗全身疱疹或疱疹性脑炎，疗效相当好。丙氧鸟苷与无环鸟苷比较，抑制病毒 DNA 聚合酶的活性大大增高，毒性显著降低。但 ACV 和 GCV 的药效作用均依赖病毒的 TK 激酶，在病毒 TK 激酶的作用下 ACV/GCV 转化为单磷酸盐后才可进一步转化为药效作用形式即三磷酸 ACV/GCV。如病毒 TK 激酶突变形成突变株（TK⁻），则导致对 ACV/GCV 的耐药性。

（2）阿糖腺苷（Vidarabine，Ara-A）：可用于局部治疗疱疹性角膜炎，防止角膜的严重病变。也可采用静脉注射途径给药治疗全身性疱疹和 HSV 脑炎。Ara-A 的药效作用不依赖病毒的 TK 激酶，故 TK⁻ 的 ACV 耐药株病毒感染可采用 Ara-A 治疗。　干扰素也可用于疱疹的治疗。

第三节　水痘-带状疱疹病毒

一、生物学性状

水痘-带状疱疹病毒（varicella-zoster virus，VZV）的基本特性与 HSV 相似，只有一个血清型。与 HSV 比较，该病毒生长较为缓慢，宿主范围窄。VZV 对一般实验动物及鸡胚均不感染，人是其唯一的自然宿主。该病毒只在人胚成纤维细胞中增殖并缓慢地产生局灶性细胞病变，出现核内包涵体和多核巨细胞。

二、致病性与免疫性

VZV 经呼吸道或接触而感染人体，传染源主要是患者。水痘（varicella）患者水疱内容物及上呼吸道分泌物、带状疱疹患者水疱内容物均含有病毒。原发感染多发生于 3~9 岁的幼儿和儿童，经约 2 周的潜伏而发生水痘，表现为全身皮肤出现斑丘疹、水疱疹，常伴有发热。皮肤上皮细胞是发生病毒增殖性感染的主要靶细胞。病毒在入侵门户口咽部局部淋巴结增殖 2~3 d 后进入血液，形成病毒血症，到达网状内皮系统内大量增殖；10~14 d 后病毒大量入血，形成第二次病毒血症，再经血液散布到全身皮肤上皮细胞引起症状。病毒刺激机体产生 IgG、IgM、IgA 中和抗体和特异性细胞免疫，阻止病毒扩散和清除上皮细胞中的病毒。出现症状 5~10 d 后水痘痊愈。原发或继发免疫缺陷者可出现重症水痘，常危及生命。成人原发感染发生水痘时，20%~30% 并发肺炎，一般病情较重。孕妇患水痘可引起胎儿畸形、流产或死胎。水痘性肺炎在健康幼儿是很少见的，但在新生儿和成人原发感染，以及免疫缺陷患者却是最常见的严重并发症，病死率较高。免疫缺陷患者并发水痘的风险大大增加。

带状疱疹（zoster）仅发生于过去患过水痘的人，是由潜伏在体内的 VZV 被激活所致。儿童期患水痘后，体内形成的免疫力只能清除上皮细胞中增殖性感染的病毒。少数病毒可进入中枢神经系统，潜伏于脊髓后根神经节或颅神经的感觉神经节中。这些潜伏状态的病毒并不能被机体的免疫力所清除。成年以后，当各种原因导致机体免疫力下降，同时存在激活病毒的刺激因素，潜伏的病毒活化，沿神经轴突到达所支配的皮肤细胞内发生增殖性感染，形成沿神经走向分布的皮肤疱疹，故名带状疱疹。好发部位为胸、腹、面部，常偏于躯体的一侧。偶有引发脑炎者。当病毒侵犯内脏，尤其是引起肺炎时，病死率较高。这种情况也主要发生于免疫缺陷患者。

三、微生物学检查法

水痘或带状疱疹临床表现典型,多不需要微生物学检查辅助诊断。必要时可取水痘液涂片或病灶基底部细胞涂片,HE 染色后查找嗜酸性核内包涵体或多核巨细胞;还可用特异性荧光抗体染色检查病毒抗原,亦可提取病毒 DNA,以核酸探针杂交或以特异性引物进行 PCR,检测病毒基因 DNA 片段。

四、防治原则

对未患过水痘的 1 岁以上儿童及成人,可接种 VZV 减毒活疫苗,有助于防止或限制 VZV 感染与流行。对患水痘或带状疱疹的高危人群如免疫力低下者,可注射 VZV 特异性免疫球蛋白,能降低感染及并发症发生率。ACV、Ara-A 及 IFN 具有一定的治疗作用,可促进对皮肤细胞内病毒的限制与清除,减轻症状、缩短病程。

第四节 巨细胞病毒

一、生物学性状

人巨细胞病毒(human cytomegalovirus,HCMV)的形态与 HSV 相似。但其宿主范围和易感细胞范围均相当狭窄,种属特异性高,HCMV 只感染人。HCMV 在体内可感染成纤维细胞、上皮细胞、内皮细胞、白细胞、神经细胞精子细胞,在体外只能在人胚肺成纤维细胞上发生增殖性感染。病毒复制周期长,从初分离到出现细胞病变常需要经 2~6 周的细胞培养,即使多次传代适应后也要培养 7~12 d 才会出现特征性的细胞病变。细胞培养中极少有游离病毒释放出来,病毒主要通过受染细胞与相邻细胞的直接接触在细胞间播散。感染细胞病变特点为细胞肿大、核变大、形成巨细胞,核内有致密的嗜酸性包涵体。

二、致病性与免疫性

HCMV 感染极为普遍。感染途径和机会也相当多。感染主要通过唾液、乳汁、尿液、宫颈分泌物、精液及输血传染而发生。原发感染多发生于 2 岁以前,对免疫功能正常者,不具明显致病力,常为隐性感染。感染后虽有抗体产生,但多数可长期带病毒,形成潜伏感染。病毒潜伏部位主要在唾液腺、乳腺、肾脏及血白细胞内,也可潜伏于其他腺体中。潜伏病毒被激活后形成增殖性感染,可导致临床症状的出现,病毒从唾液、乳汁、尿液、精液或宫颈分泌物中排出,通过胃肠道、呼吸道以及接触感染;也可经胎盘垂直传播,或经输血传播。HCMV 感染的临床类型主要有以下几种。

(一)先天性感染

孕妇发生增殖性感染(原发或复发)时病毒可通过胎盘感染胎儿,引起宫内感染,发病率为 0.5%~2.5%。多数为隐性感染,出现临床症状者占 8%~10%。患儿表现肝脾肿大、黄疸、血小板减少性紫癜、溶血性贫血、脉络膜视网膜炎和肝炎等,并可出现神经系统损害如小脑畸形、视神经萎缩、听力障碍及智力低下,病死率为 11%~20%。严重者造成死胎、流产、胎儿畸形。病死患儿的病变组织中常可查见巨细胞包涵体,故称其为先天性巨细胞包涵体病(cytomegalic inclusion disease)。孕妇原发感染造成胎儿感染的危险性要比复发感染高、病情也较重。我国大多数病例继发于潜伏病毒的再活化。

(二)围生期感染

HCMV 经母亲感染给胎儿有三条途径:胎盘、产道及母乳。少数经胎盘感染者为先天性垂直传播。多数经产道或母乳传播,为围生期感染(perinatal infection),一般呈慢性过程,多无明显临床症状,但感染者可向体外排出病毒,少数可出现间质性肺炎、颈部和腹股沟淋巴结肿大、肝脾轻度肿大等。

(三)输血感染

主要因输入大量含病毒的新鲜血液而引起,表现为单核细胞增多症(因异嗜性抗体阴性而可与异嗜性抗体阳性的 EB 病毒所致传染性单核细胞增多症相区别)、肝炎。

(四)免疫缺陷宿主的感染

常发生于器官移植、白血病、艾滋病、恶性肿瘤及长期应用免疫抑制剂的自身免疫病患者,由体内潜伏病毒在免疫力明显降低的条件下活化,形成增殖性感染所致,常表现为肺炎、肝炎、视网膜炎及脑膜脑炎等，病死率相当高。

机体的免疫系统对感染所产生的免疫应答，能形成具有中和作用的特异性抗体，包括 IgG、IgM 及 IgA，可维持终生，虽能减轻病毒感染的扩散，但在体内的保护作用并不强，导致出现病毒血症与中和抗体同时存在的现象。母亲体内的中和抗体不能阻止宫内或围生期的胎儿或新生儿获得性感染，但可使病情减轻，提高中和抗体滴度具有一定的保护作用。在限制病毒扩散和潜伏病毒活化中起关键作用的是细胞免疫机制，主要与 MHC-Ⅰ类分子限制性的 $CD8^+$ 细胞毒性 T 细胞（CTL）的作用有关。特异性 CTL 可以防御 HCMV 感染，可用于移植后 HCMV 感染的治疗。

三、微生物学检查法

（一）细胞检查

用病变组织样本或尿液离心沉渣涂片经 Geimsa 染色后，观察多核巨细胞及核内包涵体。应用 HCMV 特异性单克隆抗体标记细胞中的 HCMV 抗原，以免疫组织化学方法进行鉴定。

（二）病毒分离

常用患者的尿、唾液、宫颈分泌物或血液白细胞等样本，接种于人胚肺成纤维细胞，培养 2～4 周，出现典型的 CPE。也可在培养 2～4 d 后，采用免疫荧光或免疫酶技术检测细胞中的病毒抗原，可较早获得诊断。

（三）病毒抗体检测

采用 ELISA 法可从患者血清中检出 HCMV 特异性抗体。IgM 抗体有助于诊断 HCMV 的近期活动性感染，可作为原发、复发或先天性感染中病毒复制的标志；新生儿血清中检出 IgM 抗体表示胎儿宫内感染。IgA 抗体可在原发感染、复发感染或再发感染中出现，有与 IgM 类似的辅助活动性感染诊断的意义。如采用双份血清检测，IgG 抗体出现显著增高也有帮助临床诊断的意义。

（四）病毒抗原检测

应用特异性抗体以 ELISA、RIA 或 IFA 法检测临床样本中病毒抗原，可用于 HCMV 活动性感染的早期快速诊断。

（五）病毒 DNA 检测

应用特异性核酸探针或引物以核酸杂交或 PCR 法检测临床样本中病毒 DNA，是一种高敏感性、高特异性的 HCMV 感染快速诊断方法。潜伏感染者亦可获阳性结果。

四、防治原则

应用丙氧鸟苷即更昔洛韦（GCV）与磷甲酸治疗免疫抑制患者如组织/器官移植受者、艾滋患者等发生的严重 HCMV 感染有一定效果。已有 HCMV 减毒活疫苗研制成功，但尚需排除其潜在致癌性和潜伏感染等远期安全性问题。

第五节 EB 病毒

一、生物学性状

EB 病毒（Epstain-Barr virus）的形态结构与其他疱疹病毒相似。EB 病毒的基因组全长为 172 kb，有 100 多个开放阅读框（ORF），其编码产生的重要抗原有三大类。

（一）潜伏期抗原

潜伏期抗原由处于潜伏感染状态的病毒编码、受染细胞表达。包括潜伏期核抗原和潜伏期膜抗原。

1. EBV 核抗原 EBV 核抗原（EBV nuclear antigen，EBNA）即潜伏期核抗原，出现于 EBV 潜伏感染的 B 细胞胞核内，为 DNA 结合蛋白，包括有 EBNA 1～6 六种。其中 EBNA-1 与维持病毒的持续性潜伏感染有关；EBNA-2 是一转录激活因子，与病毒对细胞的转化功能密切相关。

2. 潜伏期膜蛋白 潜伏期膜蛋白（latent membrane protein，LMP）出现在 EBV 潜伏感染的 B 细胞膜上，分 LMP1 和 LMP2 两种，LMP2 又分 LMP2A、LMP2B 两种亚型。LMP1 与病毒的细胞转化功能有密切关系,是诱导 B 细胞转化的主要因子,是目前肯定了的具有致瘤作用的病毒蛋白。LMP2 是细胞酪氨酸激酶的底物,确切功能有待进一步研究来确定,已经发现 LMP2A 具有阻止潜伏感染转变为再激活感染,以维持潜伏感染的作用。

(二) 早期抗原

EBV 早期抗原(early antigen,EA)是病毒增殖早期诱导的非结构蛋白,是病毒感染细胞进入溶解性周期的标志,显示 EBV 进入活跃的增殖期。

(三) 晚期抗原

1. EBV 衣壳抗原　　EBV 衣壳抗原(viral capsid antigen,VCA)是病毒增殖晚期出现的病毒结构蛋白,存在于病毒衣壳及感染细胞的胞质与胞核中。

2. EBV 膜抗原　　EBV 膜抗原(membrane antigen,MA)为包膜糖蛋白,也是病毒增殖晚期的病毒结构蛋白,存在于病毒包膜和感染细胞膜表面。其中重要成员之一是 gp320/220,在病毒包膜糖蛋白中含量最多。病毒通过 gp320/220 识别宿主 B 细胞上的 EB 病毒受体即 CR_2(CD21)。

EB 病毒与宿主细胞间的相互作用有以下特点。

EBV 为嗜 B 细胞性,主要侵犯 B 细胞。原因之一在于 B 细胞上存在 EBV 的受体即 CD21 分子。在体内,EBV 也能感染鼻咽部、腮腺管以及宫颈的某些上皮细胞。一般采用人脐血淋巴细胞或外周血 B 细胞培养 EBV。EBV 对 B 细胞的感染也有增殖性感染与潜伏感染两种形式,符合疱疹病毒的共同特点。感染淋巴细胞时,病毒直接进入潜伏状态,而不经过完整病毒的复制过程。同时,EBV 感染造成 B 细胞转化或永生化(immortalization),使 B 细胞获得类似肿瘤细胞的在体外培养中持续增殖的能力。而且 EBV 对 B 细胞的转化效率相当高。由于 B 细胞对 EBV 而言并非完全允许性细胞,只有少数特定的病毒基因表达,故被病毒转化的 B 细胞并不或极少产生子代感染性病毒颗粒。但受染的 B 细胞迅速活化,进入细胞周期。潜伏感染可由于受到各种刺激如化学物质、抗体在细胞表面结合形成交联等而中断,病毒基因被激活而进入增殖性复制周期。受 EBV 感染和转化的 B 细胞在不断分裂与增殖过程中,受到某些辅助因子的作用,可发生染色体易位等异常改变,最终形成恶性肿瘤细胞。这一过程称为恶性转化(malignant transformation)。

二、致病性与免疫性

EBV 主要通过唾液传染,原发感染部位在口咽黏膜。病毒侵入后在咽部及唾液腺上皮细胞、黏膜中 B 细胞中增殖,并通过感染的 B 细胞播散到体内其他部位。

(一) 原发感染

幼儿期的原发感染大多为亚临床型,但在年龄较大的青少年期发生大剂量 EBV 原发感染时常发生传染性单核细胞增多症(infectious mononucleosis)。

传染性单核细胞增多症临床表现有发热、咽炎、淋巴结及肝脾肿大、肝功能紊乱及血单核细胞和异型淋巴细胞显著增多,是一种良性淋巴细胞增生性疾病。大量增多的异型淋巴细胞主要是多克隆活化的 T 细胞,是 EBV 抗原反应性 T 细胞,包括 $CD4^+$ 的 Th 细胞和 $CD8^+$ 的 T 细胞。其作用在于限制 EBV 的扩散、杀伤受感染的 B 细胞,促进疾病的恢复。而 EBV 感染的 B 细胞活化后合成 Ig,产生自身抗体,异嗜性抗体就是其典型代表。

(二) 与 EBV 感染相关的恶性肿瘤

1. 淋巴系恶性增生性疾病

(1) Burkitt 淋巴瘤:Burkitt 淋巴瘤(Burkitt's lymphoma)是多发于非洲儿童的单克隆性 B 细胞恶性淋巴瘤,分化程度较低。好发年龄为 4～12 岁,儿童于发病前受到 EBV 的重度感染。瘤组织中含有 EBV DNA 和 EBNA。EBV 编码蛋白 LMP1、EBNA1、EBNA2 等在癌变中起作用。现在发现,EBV 不仅能刺激 B 细胞生长和抑制细胞凋亡,使细胞永生化;还能表达 IL-10 类似物(vIL-10),抑制 Th1 细胞、阻止 IFN-γ 释放和细胞免疫应答清除病毒,促进 B 细胞的生长和 IgG 合成,在其他因子的协同下诱发淋巴瘤。Burkitt 淋巴瘤中病毒转化的 B 细胞可发生染色体易位,使 c-myc 原癌基因表达增多,进一步发生恶性转化。

(2) 其他淋巴增生性疾病:AIDS 等免疫缺陷患者对 EBV 诱导的淋巴增生病敏感。进行器官或骨髓移植的患者,由于免疫抑制剂的使用抑制了细胞免疫功能,使转化的 B 细胞逃脱机体的免疫监视作用而大量增殖,故易发生 B 细胞增生性疾病如淋巴瘤,包括霍奇金病(Hodgkin's disease)和非霍奇金淋巴瘤,其瘤细胞中常含有 EBV DNA 和 EBNA、LMP。如超过 50% 的霍奇金淋巴瘤肿瘤细胞中含有 EBV DNA,许多还能检测出 EBNA 和 LMP。中枢神经系统非霍奇金淋巴瘤几乎都与 EBV 相关,而全身性淋巴瘤不到 50% 的病例 EBV 阳性。

2. 鼻咽癌　　在我国,鼻咽癌(nasopharyngeal carcinoma)好发于广东、广西和湖南地区的年轻人及 45 岁左右年龄段人群。世界各地几乎所有鼻咽癌均与 EBV 感染有关,均能在癌组织中检出 EBV DNA、EBNA-1 和 LMP-1,患者体内均可检出 EBV 高滴度抗体。而经治疗病情好转后这些抗体的滴度则显著降低。遗传和环境因素在鼻咽癌的发生发展中起重要作用。

(三) 潜伏感染的再活化

大多数 EBV 潜伏感染的再活化为亚临床型,没有明显的特殊症状,但在唾液中的病毒水平显著增高。免疫抑制是引起 EBV 潜伏感染的再活化的主要原因,有些情况下会造成严重后果。

(四) EBV 感染的免疫性

机体感染 EBV 后可产生特异性中和抗体和特异性细胞免疫,能限制病毒的扩散和受感染的 B 细胞的扩增,清除外周增殖性感染的病毒,促进疾病的恢复,也能防止外源性的再次感染。其中特异性细胞免疫的作用特别重要。而 EBV 病毒则能抑制特异性细胞免疫。感染后的结局与机体特异性细胞免疫功能状态密切相关。但即使是特异性细胞免疫也不能清除细胞内潜伏的病毒,潜伏感染状态可持续终生。在潜伏感染期,病毒的潜伏及低度增殖与机体的免疫应答处于相对平衡状态。任何因素导致机体免疫力,尤其是细胞免疫力下降,则可引起 EBV 增殖性感染增加、B 细胞感染和转化增多及 B 细胞瘤的形成。

三、微生物学检查法

EBV 的分离培养困难,一般采用血清学方法检测抗体或抗原或采用分子生物学方法检测病毒 DNA 来辅助临床诊断。

(一) 异嗜性抗体的检测

异嗜性抗体检测主要用于辅助诊断传染性单核细胞增多症。在发病早期,患者血清中可出现一种 IgM 型抗体,能引起绵羊红细胞、牛红细胞的凝集。该抗体在发病 3~4 周内达到高峰,在恢复期则迅速下降至消失,故有诊断价值。患者体内异嗜性凝集抗体的滴度均在 1:80 以上。

(二) EBV 抗体检测

EBV 抗体的检测有助于 EBV 感染及其所致疾病的诊断,各项 EBV 抗体检出(效价 >1:10)的临床意义见表 33-2。

表 33-2　EBV 感染及其相关疾病的抗体检出及临床意义

EBV 感染及其相关疾病	异嗜性抗体	EBV 特异性抗体		
		VCA 抗体	EA 抗体	EBNA 抗体
未感染	−	−	−	−
急性原发感染	+	IgM$^+$,IgG$^+$	±	−
慢性原发感染	−	IgG$^+$	+	−
复发性感染	−	IgG$^+$	+	+
过去感染	−	IgG$^+$	−	+
Burkitt 淋巴瘤	−	IgG$^+$	+	+
鼻咽癌	−	IgA$^+$,IgG$^+$	+/抗 EA-IgA$^+$	+

(三) 病毒抗原检测

可用免疫荧光法或酶免疫法检测细胞中的 EBNA。鼻咽癌细胞、EBV 相关的淋巴瘤细胞中可查到 EBNA 和 LMP。

(四) 病毒基因组 DNA 片段检测

可采用核酸探针杂交或 PCR 法检测组织细胞样本中病毒特异性 DNA。

四、防治原则

应用 EBV 亚单位疫苗预防传染性单核细胞增多症、非洲儿童恶性淋巴瘤的研究正在进行中。对鼻咽癌,目前主要研究采用针对 MA 的亚单位疫苗,如 gp320/220 包膜糖蛋白亚单位疫苗、表达 EBV MA 的基因工程疫苗等方法,此类疫苗能诱导机体产生中和抗体,具有一定的保护作用。近来,许多学者以 LMP2 作为靶抗原制备治疗性 DNA 或多肽疫苗,已被证实能诱导特异性细胞免疫应答,尤其是激活特异性 CTL 细胞,其保护效果正在进一步研究之中。

第六节 新型人疱疹病毒

一、人疱疹病毒 6 型

人疱疹病毒 6 型(human herpes virus-6,HHV-6)是由美国 Salahuddin 和 Joseph 等 1986 年自淋巴增生性疾病和艾滋病患者淋巴细胞中分离获得的一种新的人类疱疹病毒。该病毒具有典型的疱疹病毒的形态学特征。HHV-6 为嗜人 T、B 淋巴细胞病毒。HHV-6 可分 A、B 两组,抗原性密切相关,但各有组特异性。HHV-6 除与 HHV-7 有一定抗原交叉外与其他已知的人类疱疹病毒没有抗原相关性。HHV-6 主要感染 $CD4^+$ T、$CD8^+$ T 细胞和 NK 细胞,人 CD46 分子是 HHV-6A 进入细胞的受体,CD134 分子是 HHV-6B 进入细胞的受体。受染细胞可形成明显的细胞病变,使细胞变圆变大,呈气球样病变(balloon degeneration),最终导致细胞溶解,释出具有感染性的子代病毒。

人群中 HHV-6 感染比较常见。5~7 个月婴儿即可发生初次感染,1 岁以上儿童及成人 90% 以上病毒 DNA 或抗体阳性。少数婴幼儿原发感染后出现幼儿玫瑰疹(roseola)或称急疹(exanthema subitum),传播途径为口腔飞沫传染,病毒主要为 HHV-6B,主要症状是发热、皮疹,3~5 d 内痊愈,原发感染过后病毒进入潜伏感染状态,并可维持终身。当机体的免疫力受到抑制时潜伏的 HHV-6 可被激活,例如骨髓移植患者 60% 可在外周血白细胞中查出 HHV-6 DNA。潜伏 HHV-6 被激活后形成急性感染,可引起间质性肺炎、脑炎/脑膜炎、肝炎及多器官衰竭等。HHV-6 的活化可进一步加重机体的免疫抑制和骨髓抑制。在艾滋病患者体内分离获得的主要是 6 A。人类免疫缺陷病毒(HIV)1 型的 Tat 蛋白可激活 HHV-6 而增强其复制能力。反过来,HHV-6 A 组反式激活(transactivation)方式刺激 HIV 复制,加速 HIV 对 $CD4^+$ T 细胞的破坏。HHV-6 和 HIV 均感染 $CD4^+$ T 细胞并可在同一细胞中复制,被疑为是 HIV 引起艾滋病的协同因子。

HHV-6 检测方法有采用新生儿脐血单个核细胞或 $CD4^+$ T 细胞系共培养进行分离培养、采用原位杂交或 PCR 法检测病毒 DNA 以及采用病毒抗原检测患者血清中病毒 IgM、IgG 抗体等。

二、人疱疹病毒 7 型

人疱疹病毒 7 型(HHV-7)是 1990 年自健康成人 $CD4^+$ T 细胞分离培养获得的新型疱疹病毒,具有典型的疱疹病毒形态学特征,其基因与 HHV-6 具有一定的同源性。HHV-7 只感染 $CD4^+$ T 细胞,感染 HHV-7 的 T 细胞培养 9~14 d 后可出现细胞融合、气球样巨细胞等细胞病变,并可在体内建立持续性感染。人群中 HHV-7 感染也相当普遍,主要经唾液传染。感染后病毒可在体内持续存在,主要潜伏在唾液腺中,成人唾液中的检出率可达 50%~75%。HHV-7 感染和 HNV6B 一样,主要引起婴幼儿急病和慢性疲劳综合征等。

三、人疱疹病毒 8 型

人疱疹病毒 8 型(HHV-8)是 1994 年发现的又一新型人类疱疹病毒,其 DNA 序列与 EBV 基因组有很高的同源性,同属 γ 疱疹病毒亚科。1996 年以后相继建立了应用 B 细胞培养的方法,电镜下从病变细胞中观察到典型的 110 nm 的核内疱疹病毒核壳体和完整的胞质内病毒颗粒,细胞培养上清液提取物的电镜负染照片则显示 120~150 nm 有包膜的病毒颗粒存在。

HHV-8 曾被发现存在于 Kaposi 肉瘤组织中,目前认为是发生卡波济肉瘤的重要原因之一,故称为卡波济肉瘤相关疱疹病毒(Kaposi sarcoma associated herpesvirus,KSHV)。卡波济肉瘤是一种混合细胞性的血管肿瘤,常见于艾滋病患者。HHV-8还参与艾滋病患者的体腔渗出性淋巴瘤的发生发展,在此类患者的淋巴瘤组织中也能查到病毒的存在。现也已证实,HHV-8感染与原发性渗出性淋巴瘤(一种B细胞淋巴瘤)的发生相关。

HHV-8的感染致病机制尚不清楚。不同地域的人群其感染率不同。在非洲,普通人群感染相当普遍(50%以上),且发生于生命早期,可能是通过接触口腔分泌物感染,唾液—黏膜途径被认为是病毒的入侵方式。病毒感染人体后能特异地入侵$CD19^+$ B细胞,尤其是存在于病灶内的淋巴母细胞。研究发现,口腔唾液中的病毒其实来自扁桃腺体中的B细胞。这与HHV-8参与引起B细胞类的淋巴瘤是一致的。另外,已经发现HHV-8也确能感染内皮细胞,这与病毒参与引起卡波济肉瘤也是相一致的。但HHV-8的体内感染主要是潜伏感染,具体的潜伏部位尚不确定,主要怀疑B细胞。目前对病毒的致瘤机制亦不清楚。HHV-8基因组能编码产生一系列细胞因子及其受体类似物,可能与病毒致癌机制有关;病毒感染B和B母细胞,引起细胞过度活化、增殖并表达细胞因子,可能参与引起B细胞、血管内皮细胞的过度增生;病毒感染内皮细胞,也可能直接激活内皮细胞过度活化、增殖并表达相关因子,使内皮细胞发生转化。

艾滋病患者中较多发生与HHV-8感染相关的卡波济肉瘤和渗出性B淋巴瘤,提示HHV-8感染与HIV感染有一定的内在联系。已经发现HIV *tat* 基因产物以及HIV感染后诱生的某些细胞因子能促进HHV-8基因的表达、促进潜伏状态的HHV-8的活化和复制。

(季晓辉　姚堃)

复习思考题

1. 人类致病性疱疹病毒有哪些?简述其主要致病性。
2. 疱疹病毒感染致病的共同特点有哪些?
3. 哪些疱疹病毒感染与人类肿瘤的发生有关?
4. 围产期或先天性疱疹病毒感染的主要危害是什么?
5. 免疫缺陷者的疱疹病毒感染有何重要病理意义?
6. 巨细胞病毒和EB病毒引起的传染性单核细胞增多症有哪些不同?
7. 哪些药物可用于疱疹病毒感染治疗?各有何特点?

第三十四章 逆转录病毒

Retroviruses contain a RNA genome and a RNA-directed DNA polymerase (reverse transcriptase). The viruses are spherical particles, 100 nm in diameter, made up of an external lipid bilayer/glycoprotein envelope covering an internal protein core. The core contains several copies of reverse transcriptase (the enzyme that transcribes RNA to DNA) bound to two identical single-stranded RNA molecules. The RNA codes for internal core proteins (gag), external envelope proteins (env), reverse transcriptase (polymerase) (pol), and regulatory proteins. The lengths of virus genomes are about 9.0 kilobases. Human immunodeficiency virus (HIV) is horizontally-transmitted exogenous retrovirus and is associated with acquired immune deficiency syndrome (AIDS), characterized by progressive immune deficiency resulting from killing of CD4 cells and functional impairment of viable CD4 cells accompanied by a wide range of opportunistic infections, neoplasms, and neurologic abnormalities. Human T-cell leukemia viruses are horizonatally transmitted from human-to-human and are associated with development of adult T-cell leukemia (ATL) and tropical spastic paraparesis.

逆转录病毒科(*Retroviridae*)也称反转录病毒，其成员是一类含逆转录酶(reverse transcriptase)的RNA病毒。早期曾被分为3个亚科，即肿瘤病毒亚科(*Oncovirinae*)、泡沫病毒亚科(*Spumavirinae*)和慢病毒亚科(*Lentivirinae*)，现分为7个属(表34-1)。其中3个属的成员能感染人类，分别为人免疫缺陷病毒、人嗜T细胞病毒及人泡沫病毒，其中人免疫缺陷病毒感染引起艾滋病，是对人类危害最大的一种病毒感染。

表 34-1 逆转录病毒科病毒的分类

属 名	成 员 代 表
哺乳动物 B 型肿瘤病毒属	小鼠乳腺瘤病毒
哺乳动物 C 型逆转录病毒属	鼠白血病病毒
D 型逆转录病毒属	Mason-Pfizer 猴病毒
禽 C 型逆转录病毒属	禽白血病病毒
泡沫病毒属(Spumavirus)	人泡沫病毒
人嗜 T 淋巴细胞病毒-牛白血病病毒属	人嗜 T 淋巴细胞病毒 I 型
慢病毒属(Lentivirus)	人免疫缺损病毒

逆转录病毒具有以下共同特性：① 球形包膜病毒，直径80～120 nm。② 病毒核心中含有依赖RNA 的 DNA 多聚酶。③ 基因组含两条相同的 RNA。④ 复制过程中以 RNA 为模板合成 DNA 并整合于细胞染色体中形成前病毒(provirus)。⑤ 病毒出芽增殖。⑥ 一般不杀死感染细胞，多数成员能引起肿瘤。

第一节 人免疫缺陷病毒

1983年，法国巴斯德研究所的病毒学家弗朗索瓦丝·巴尔-西诺西(Françoise Barré-Sinoussi)和吕克·蒙塔尼(Luc Montagnier)等首次从一例慢性淋巴腺病患者的淋巴结中分离到艾滋病(AIDS)的病原体：一株新逆转录病毒，称为淋巴腺病相关病毒(lymphadenopathy associated virus, LAV)，这两位科学家与人乳头状瘤病毒(HPV)致瘤作用的发现者德国病毒学家哈拉尔德·楚尔·豪森(Harald zur

Hause)一起获得 2008 年诺贝尔生理学或医学奖。1984 年,Gallo、Levy 等先后分离到相同的病毒,分别称之为人嗜 T 细胞病毒Ⅲ型(human T-cell lymphotropic virus type Ⅲ,HTLV-Ⅲ)和获得性免疫缺陷综合征(acquired immunodeficiency syndrome,AIDS)相关病毒(AIDS-related virus,ARV)。此类病毒感染人体较长时间后(平均 10 年左右),引起以机会性感染和肿瘤为特征的获得性免疫缺陷综合征,即艾滋病。1986 年,国际病毒分类委员会将它们统一命名为人免疫缺陷病毒(human immunodeficiency virus,HIV)。

一、生物学性状

(一) 形态与结构

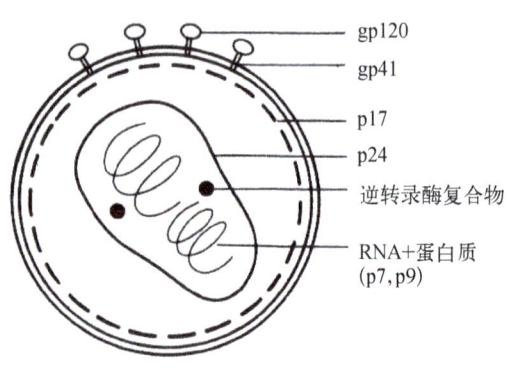

图 34-1 HIV 颗粒的结构图

HIV 病毒体呈球形,直径 100~120 nm(图 34-1)。病毒体外层为脂蛋白包膜,其中嵌有 gp120(SU)和 gp41(TM)两种病毒特异性糖蛋白。前者构成包膜表面刺突,后者为跨膜蛋白。豆蔻酸化的基质蛋白(P17,matrix,MA)衬在包膜内侧。病毒体内部有一致密的子弹头状的病毒核心,其外层由衣壳蛋白(P24,capsid,CA)组成,核心内含有两个完全一样的病毒 RNA、逆转录酶(reverse transcriptase,RT)、整合酶(integrase,IN)和核衣壳蛋白(P7,nucleocapsid,NC)。在病毒颗粒中还包裹着一些其他病毒蛋白如蛋白酶(protease,PR)、P6、Nef、Vpr 等。

(二) 基因组组成

HIV 颗粒内含两条完全相同的 RNA 分子,这种情况目前只在逆转录病毒中发现。HIV-1 基因组全长约 9.7 kb,HIV-2 基因组全长约 10.4 kb,每个 RNA 基因组 5′端通过氢键连接形成二聚体。在前病毒基因组 5′端和 3′端有一段相同的核苷酸序列,称为长末端重复序列(long terminal repeat,LTR)。LTR 含三个功能单位,即 SP1 结合位点、TATA 序列的核心单位和与病毒反式激活因子(transactivator,Tat)结合的 TAR(transactivating responsive element,TAR),它们对病毒基因组转录及病毒复制的调控起关键作用。

病毒基因组含三个所有逆转录病毒所共有的结构基因,即:*gag*、*pol* 和 *env*;两个调节基因:*tat*(trans-activator of transcription)和 *rev*(regulator of virion protein expression);附属基因:*vif*(virion infectivity factor)、*nef*(negative regulatory factor)、*vpr*(viral protein R)、*vpu*(viral protein U)/*vpx*(viral protein X),其中 *vpu* 为 HIV-1 所特有,*vpx* 为 HIV-2 所特有(图 34-2)。

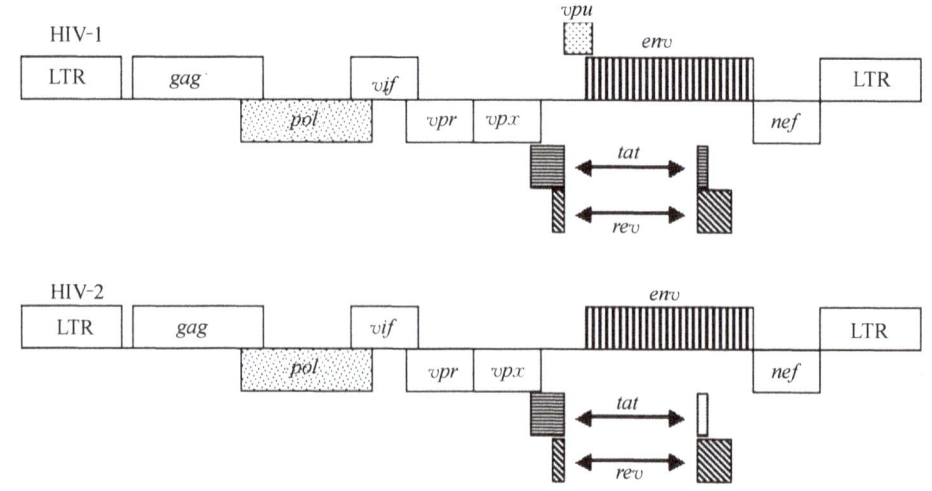

图 34-2 HIV-1 和 HIV-2 的基因组结构示意图

HIV 编码多种蛋白质,表 34-2 列举各种结构蛋白和调节蛋白的大小、功能及在病毒或细胞中的分布。

表 34-2 HIV 所编码的蛋白质及其功能

基因	蛋白质	分子量(kD)	功能	位置
gag	MA	17	与包膜结合,引导装配出芽;部分磷酸化的 MA 引导 PIC 入核	病毒包膜内
	CA	24	形成六聚体或五聚体组成病毒核心的壳鞘	病毒核心壳鞘
	NC	7	将 HIV RNA 导入病毒;促进 RNA 二聚体"成熟";促进 tRNA 与 HIV RNA 的结合;在逆转录中起 RNA 分子伴侣作用	病毒核心内
	P6	6	影响病毒的出芽;与 Vpr 结合并引导 Vpr 入病毒	病毒包膜内
pol	PR	10	裂解 Gag 和 Gag-Pol 融合蛋白,促使病毒颗粒成熟	病毒包膜内
	RT	66/51	催化逆转录,同时具有 RDDP、DDDP 和 RNA 酶 H 功能	病毒核心内
	IN	32	催化 HIV DNA 整合入宿主 DNA 中	病毒核心内
env	SU(gp120)	120	结合位于靶细胞表面的 CD4 和 CXCR4/CCR5 受体,决定病毒亲嗜性,诱导宿主产生中和抗体	病毒包膜表面
	TM(gp41)	41	跨膜糖蛋白,促进病毒包膜与细胞膜的融合,与 gp120 聚合为三聚体,形成刺突	跨病毒包膜
tat	Tat	14	与 TAR 结合,刺激 HIV RNA 的转录	细胞核内
rev	Rev	19	与 RRE 结合,转运 HIV RNA 出核	细胞核/细胞浆
vif	Vif	23	影响病毒核心的形态和逆转录,作用于病毒的装配	细胞浆内
vpr	Vpr	15	促进 PIC 入核;阻断细胞周期在 G2 期	细胞浆/细胞核/病毒核心内
vpu	Vpu	16	影响病毒的出芽;促进 CD4 内吞	细胞膜
nef	Nef	27	激活 CD4 淋巴细胞;促进 MHC 和 CD4 内吞;增加病毒颗粒的感染性;防止受感染细胞的凋亡	细胞浆/细胞膜/病毒核心内
vpx	Vpx	15	促进 PIC 入核	细胞浆/细胞膜/病毒核心内

(三)分类及型别

HIV 是逆转录病毒科慢病毒属成员(表 34-1)。感染人类的 HIV 有 HIV-1 和 HIV-2,两型病毒的核苷酸序列相差可超过 40%。世界各地主要流行的是 HIV-1,该型病毒被分为三组：M(main)、O(outlier)和 N(new)3 个组 13 个亚型(clade),其中 M 组包括当今绝大部分流行于世界各地的病毒株。M 组包括 11 个亚型(A1,A2,B,C,D,F1,F2,G,H,J 和 K),美国、欧洲和澳大利亚 B 亚型多见,亚洲 C、E 和 B 亚型多见。O 和 N 组各 1 个亚型。HIV-2 则分别为 A~H 8 个组,主要流行在非洲西部地区。

(四)病毒的复制

HIV 复制与其他逆转录病毒类似,感染的第一步是靶细胞表面的特异性受体结合。HIV 感染需要结合两种受体,一是 CD4 分子,主要表达于 T 细胞、单核-巨噬细胞、树突状细胞等;二是趋化因子的天然受体 CXCR4(嗜胸腺细胞性,thymocyte-tropic,T-tropic)或 CCR5(嗜巨噬细胞性,macrophage-tropic,M-tropic),见于淋巴细胞、巨噬细胞、胸腺细胞、神经元等,该类受体又称为共受体(coreceptor)。该过程中,gp120 与趋化因子受体的结合更为重要,一些趋化因子受体先天缺陷的人群能抵抗 HIV 的感染。一般在 HIV 感染早期,血液中占优势的是与 CCR5 结合的亲巨噬细胞病毒株(R5 毒株);随着疾病的进展,可出现既可与 CXCR4 又可与 CCR5 结合的双亲嗜性的病毒株;至感染晚期,与 CXCR4 结合的亲 T 细胞病毒株(X4 毒株)成为优势毒株。具体复制过程如下：

(1)病毒包膜蛋白 gp120 与靶细胞膜上的特异受体 CD4 分子结合,gp120 发生构象改变,进一步与其共受体 CCR5 或 CXCR4 结合并进一步改变构象,使被 gp120 掩蔽的 gp41 得以暴露,介导病毒包膜与细胞膜发生融合。

(2)病毒核心进入细胞质,病毒 RNA 释放。

(3)病毒核心内的逆转录酶以病毒 RNA 为模板,以宿主细胞的 tRNA 为引物,逆转录产生互补的负链 DNA,形成 RNA:DNA 中间体。

(4)RNA 酶 H 降解亲代 RNA,再以负链 DNA 为模板产生正链 DNA。该 DNA、IN、NC、Vpr 及磷酸化的 MA 等形成了整合前复合物(pre-integration complex, PIC), 穿过核膜上的核孔进入细胞核。在病毒整合酶的作用下, 病毒双链 DNA 整合入细胞染色体中, 被称为前病毒(provirus)。当细胞内的活化信号分子(如 NFκB 等)被激活后, 可与前病毒的 LTR 中的调节单位作用, 开始转录病毒 RNA。当这一过程开启后, Tat 是最先产生的病毒蛋白, 入核后与 LTR 中的 TAR 作用, 进一步促进病毒 RNA 产生, 是病毒复制的重要激活分子。

(5) 在细胞 RNA 聚合酶的催化下, 启动前病毒 DNA 转录过程。HIV 只转录一种全长病毒 RNA, 该 RNA 有两种命运：① 部分 RNA 通过 RRE(Rev-responding element)与 Rev 蛋白结合, 被直接转运出核。被转运出的全长病毒 RNA, 一是用作病毒基因组 RNA, 成为逆转录的模板；② 用作翻译 Gag 和 Gag/Pol 蛋白。首先翻译的 Gag 蛋白为分子质量约 55 kDa 的前体蛋白(P55), 经病毒蛋白酶裂解而形成病毒的 MA(P17)、CA(P24) 和 NC(P7)；病毒采用阅读框漂移的方式精确地调控 Gag 与 Pol 的比例。大约有 1/20 的核糖体在 gag 基因翻译到末端时, 作了一个 -1 位的阅读框漂移继续进行 Pol 蛋白的翻译, 合成出 Gag/Pol 蛋白, 经病毒蛋白酶裂解, 加工成 Gag 蛋白产物、逆转录酶(P66/P51)、蛋白酶和整合酶。上述蛋白质连同基因组 RNA 即在原位进行病毒核心颗粒的组装。另一部分 RNA 被剪接成除 Gag 和 Gag/Pol 外的各种病毒蛋白 mRNA, 用于合成 Env 蛋白及调节蛋白。Env 蛋白在宿主的蛋白酶作用下形成 gp120 和 gp41, 并被转运、集结于细胞膜。

(6) 在 MA 的引导下, 病毒核心颗粒在 gp120 和 gp41 集结处的细胞膜部位出芽, 脱离细胞成为成熟的病毒颗粒(图 34-3)。

(五) 病毒的变异

HIV RT 酶所介导的核酸合成有着很高的突变率, 达 1×10^{-4} 核苷酸, 所产生的突变包括替代、缺失和插入等。如此高的突变率是病毒快速进化的基础, 使得病毒产生了多种型、组、亚型、株。当某株病毒感染人体一段时间后, 因为变异形成了序列相近但又不完全相同的病毒群体, 该群体中的每个病毒称为准株(quasispecies)。此外, 不同亚型病毒同时感染可发生重组, 形成重组亚型。以此, 病毒能逃避机体的免疫压力, 形成持续感染, 也给疫苗研制及抗病毒药物治疗造成困难。

(六) 培养特性

体外, HIV 仅能感染 $CD4^+$ 的 T 细胞和巨噬细胞。实验室中常用新鲜分离的正常人 T 细胞或用患者自身 T 细胞培养病毒。HIV 亦可在某些建株的 T 细胞株(H9、CEM)中增殖, 感染后细胞出现不同程度的病变, 在培养液中可测到逆转录酶活性, 在培养细胞中可查到病毒的抗原。

恒河猴及黑猩猩可作为 HIV 感染的动物模型, 但其感染过程与产生的症状与人类不同, 给疫苗的评介和致病的研究造成困难。

(七) 抵抗力

HIV 对理化因素的抵抗力较弱, 含病毒的液体或血清 56℃ 加热 10 min 病毒即可被灭活, 但冻干的血制品需 68℃ 加热 72 h 才能保证污染病毒的灭活。0.2% 次氯酸钠、0.1% 漂白粉、1% NP40、35% 异丙醇、70% 乙醇、0.3% H_2O_2 或 0.5% 来苏儿处理 10 min, 对病毒均有灭活作用。病毒在室温(20~22℃)也可保存活力达 7 d。

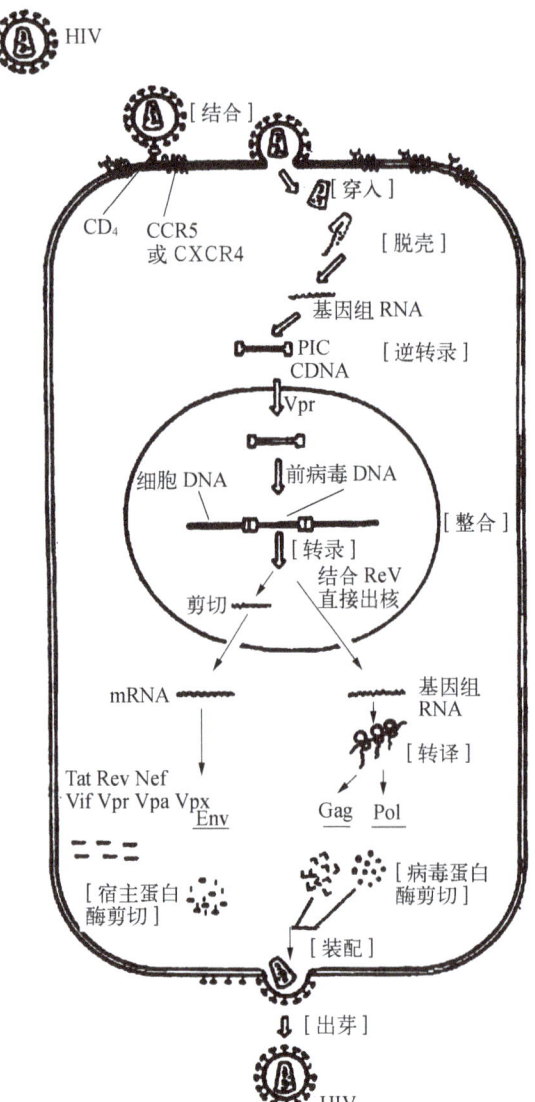

图 34-3 HIV 的复制周期

二、致病性与免疫性

(一)感染源与传播途径

艾滋病的传染源是 HIV 无症状携带者和艾滋病患者,其血液、精液、阴道分泌物、乳汁、唾液、脑脊髓液等样本中均含病毒。截至 2013 年 9 月 30 日,我国共报告现存活艾滋病病毒感染者和艾滋病患者约 43.4 万例。2013 年 1~9 月新发现艾滋病病毒感染者约 7.0 万例。

HIV 主要传播方式有三种:① 性接触传播。② 血液传播,包括输血、共用注射器、器官或组织移植。③ 垂直传播,包括经胎盘、产道或哺乳等途径。目前,在西方国家,性接触传播是最主要的传播途径。在我国,原先以静脉药物依赖共用污染的注射器、血液的交叉污染和血制品为主的传播模式正向以性接触为主的传播模式转变。2013 年 1~9 月新发现的艾滋病病毒感染者和患者中经性传播比例为 89.9%(其中经异性传播比例为 69.1%、经同性传播为 20.8%),经静脉注射吸毒传播和经母婴传播的比例分别为 7.6% 和 0.9%。

(二)HIV 的感染过程

HIV 感染是一种慢发病毒感染(slow virus infection),主要侵犯 $CD4^+$ T 细胞和表达 CD4 分子的单核-巨噬细胞、树突状细胞和神经胶质细胞等。一旦感染则终生携带病毒,如未经治疗,一般从感染到发病要 10 年以上的时间。然而,HIV 感染者病程进展的个体差异很大,约 10% 的人在感染后 2~3 年就可发展成艾滋病;约 80% 的感染者在 10 年以上显示病情恶化的征象,其中 50% 最终发展成艾滋病;另有 10%~17% 的感染者十几年后病情没有很大发展,被称为长期病情不恶化者(long-term non-progresser,LTNP)。典型的病程演变分为三期:急性期、无症状期和发病期(图 34-4)。

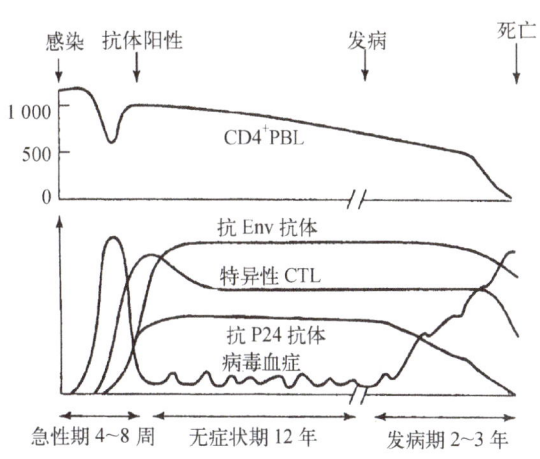

图 34-4 未治疗者 HIV 感染的病情进展过程

1. 急性期 指从接触 HIV 到产生抗体这段时间,一般持续 2~3 周内,感染者可表现出类似单核细胞增多症的症状,如发热、头痛、咽炎、淋巴结肿大、腹泻、皮疹,甚至脑炎。病毒在体内不受免疫系统的抑制而大量复制,并扩散到全身各个部位,病毒颗粒在血液中可高达 $(1×10^7 ~ 1×10^8 \text{copies})$/mL。$CD4^+$ 细胞也会出现一过性的减少。病毒的复制诱发了机体的体液免疫和细胞免疫,2~4 周起抗 HIV 抗体及 CTL 的出现对病毒的复制形成抑制,病毒血症减轻,各种症状也减轻和消失。急性期,病毒变异较小,主要为亲巨噬细胞的 R5 毒株。病毒除了在激活的 $CD4^+$ 细胞中剧烈增殖引起症状外,还可在巨噬细胞中呈低度增殖而不引起细胞病变,并播散至全身各脏器组织中,成为日后难以清除的储存库(reservoirs)。

2. 无症状期或潜伏期 经过 3~4 个月后,机体对 HIV 的免疫已充分形成,但又不能彻底清除病毒,病毒维持在 $(1×10^3 ~ 1×10^5 \text{copies})$/mL 的相对低水平。通常持续 5~15 年,平均 10 年左右。感染者一般无症状或症状轻微,HIV 持续复制,突出的特征是随着时间的推移,血液中的 $CD4^+$ 细胞以每年 60 个/mL 的速度下降。此期是病毒与免疫系统相对恃的阶段,病毒株较为混杂,既有 R5 毒株,又有 X4 毒株,其核苷酸序列也具多样化,尤以 gp120 为甚,表明病毒在不断进化已突破机体的免疫压力,并同时对免疫系统不断进行破坏。

3. 发病期或艾滋病期 $CD4^+$ 细胞下降到 500~600 个/μl 后,HIV 特异的 CTL 明显下降,到后期 B 细胞的功能亦受影响,抗 HIV 抗体滴度下降,机体的免疫力已被彻底击溃。此时患者血液中病毒的数量大幅增加,抗感染能力显著下降,一些对正常人无明显致病作用的病毒(如巨细胞病毒)、细菌(如鸟型-胞内分枝杆菌)、真菌(如白假丝酵母菌)和卡氏肺孢子菌,常可造成致死性感染。部分患者还可并发 Kaposi 肉瘤(与 HHV8 感染有关)和恶性淋巴瘤等恶性肿瘤。神经系统疾病包括无菌性脑膜炎、肌肉萎缩、运动失调以及艾滋病痴呆综合征(AIDS dementia complex)。在艾滋病脑部感染中,巨噬细胞的感染起了主要作用,但具体的致病机制尚不明确。在发病期,血液中的 HIV 又趋向单一,通常是能引起合胞体、呈淋巴细胞嗜性的 X4 病毒,这一现象可能是该病毒在突破免疫系统阻遏后取得复制优势所致。

(三)HIV 感染所致免疫损害

HIV 感染对机体最重要的损害是免疫系统,尤其是细胞免疫系统的进行性破坏。在感染的急性期,这一破坏是暂时的，并能很快得到恢复；在无症状期和发病期，免疫系统遭到的进行性破坏则是机体的修复能力与病毒的复制和突变能力长期较量的结果。CD4$^+$ T 细胞（主要是辅助性 T 细胞）是 HIV 在体内侵犯的主要靶细胞，从患者分离出的 CD4$^+$ T 细胞不仅数量少，而且功能异常，表现在：体外生长不易形成集落；IL-2 分泌减少及 IL-2 受体表达减少；对抗原刺激的反应能力下降；记忆性的 CD4$^+$ T 细胞被选择性破坏。HIV 感染常常伴有 B 细胞的激活和 B 细胞功能障碍，表现为：多克隆 B 细胞的激活；儿童感染中常有高丙种球蛋白血症；对不依赖 T 细胞抗原的反应下降；自身抗体的产生。此外，巨噬细胞、NK 细胞及树突状细胞也表现出各自的功能异常。

（四）HIV 损伤 CD4$^+$ T 细胞的机制

HIV 感染最重要的特征就是破坏 CD4$^+$ T 细胞，其标志就是血液中 CD4$^+$ T 细胞计数不断下降。其可能的机制如下。

1. 病毒复制的直接杀伤作用　大量病毒出芽时对细胞膜的破坏；介导细胞间的融合；未整合 DNA 在胞内大量聚集；抑制细胞膜脂质合成；干扰细胞 mRNA 的功能；降解细胞 RNA 和抑制蛋白合成。

2. 病毒感染所致的间接损伤　病毒感染诱生毒性细胞因子；免疫系统的杀伤作用，包括 CTL 及抗体诱导的杀伤作用，即 gp120 可从感染细胞及成熟病毒体中游离出来结合未感染细胞的 CD4 分子，使该细胞被免疫杀伤，并可诱导机体产生与 MHC Ⅱ 有交叉反应的抗体对细胞形成损伤；HIV 对正常细胞生长因子的竞争性有抑制作用。

3. 抑制 CD4$^+$ T 细胞的产生　病毒感染直接导致胸腺细胞的死亡和胸腺组织的萎缩使 CD4$^+$ T 细胞产生受阻；HIV 直接感染骨髓中的淋巴干细胞（CD34$^+$）和基质细胞。

近年来，细胞凋亡引起 CD4$^+$ T 细胞损伤机制受到很大的关注：gp120 可从细胞外诱导细胞凋亡；gp41 通过增加细胞膜的通透性诱发凋亡；Vpr 可使细胞周期停止在 G$_2$ 期，激活一系列蛋白激酶引起凋亡，以及增加线粒体膜通透性，诱发细胞色素 C 外漏导致凋亡；Tat 也有诱导凋亡的功能。

（五）HIV 感染的免疫应答

1. 体液免疫　HIV 感染后，机体可产生高滴度的抗 HIV 多种蛋白的抗体。对病毒有抑制作用的是中和抗体，该类抗体主要是针对 gp120 和 gp41 的膜外段。病毒通过变异和遮蔽中和抗原表位的方式来逃避该类免疫。中和抗体的滴度往往很低，能中和血清中的病毒，或作用于表达病毒抗原的感染细胞，但对整合于细胞内的前病毒无效。机体对 P24 壳蛋白产生大量的抗体，在发病期后期，伴随着 CD4$^+$ T 细胞迅速下降，该抗体不断下降，甚至可在血液中消失，P24 抗原则转为阳性，这一过程与艾滋病症状的出现及病情的恶化相关联，但该抗体是否对机体有保护作用有待证实。

2. 细胞免疫　HIV 感染可激活 CD8$^+$ 和 CD4$^+$ T 细胞，细胞免疫反应是机体清除细胞内 HIV 的主要机制。机体能产生针对所有 HIV 编码蛋白的细胞毒 T 细胞（CTL），出现最高的是包膜蛋白特异性 CTL，几乎在所有感染者中产生，其次是 Gag 和 Pol 特异性 CTL，仅 19%～37% 的感染者产生 Tat 和 Rev 特异性 CTL。在感染晚期，特异性 CTL 明显下降，对病毒复制的抑制作用也明显减弱。

3. 其他　干扰素及其他一些细胞因子也对 HIV 的感染有抑制作用。此外，趋化因子能通过竞争性的抑制 HIV 与共受体的结合，形成对病毒复制的抵抗，如趋化因子 SDF 对 X4 病毒有抑制作用，RANTES、MIP-1α、MIP-1β 对 R5 毒株有抑制作用，其在血液中的浓度与 HIV 的浓度呈负相关。

干扰或逃避免疫作用。一些抗体能阻断中和抗体与病毒的结合被称为干扰抗体（interfering antibody，IA），另有一种抗体能帮助病毒感染 CD4$^-$，但 Fc 受体阳性的细胞被称为增强抗体。HIV 还采用潜伏感染的策略抵抗机体细胞免疫，即阻止病毒蛋白在感染细胞的表面的表达；另外，Nef 蛋白能使细胞表面的 CD4 分子及 MHC 分子下降，破坏 CTL 的识别；对于处于病毒及细胞表面的包膜蛋白，则利用糖基化及特殊的构象变化来掩藏其免疫识别位点。

三、微生物学检查法

HIV 感染的微生物学检查法方法有两大类：一类是测定抗体，是目前最常应用的方法；另一类是测定病毒及其组分。

（一）检测抗体

主要的方法有 ELISA 法、蛋白质印迹试验（WB）、放射免疫试验（RIA）。ELISA 法用于 HIV 感染的常规初筛检测及献血员筛选。该方法是将 HIV 抗原包被在固相材料上，与被测血清进行反应，最后用酶标的抗人 IgG 进行显色反应。该法的不足之处在于：存在窗口期，即病毒感染到抗体产生至可被检测水平的时间，通常为 1~2 个月，新研发的抗原、抗体联合筛查试剂盒可部分地克服这一缺陷；敏感性不足，HIV 的变异是原因之一；有假阳性反应。因此，该法阳性者必须再用蛋白质印迹法或 RIA 法作确证试验。

蛋白质印迹试验能分别检测出针对各种 HIV 抗原的抗体，敏感性和特异性均较 ELISA 法高，是 HIV 血清学检测中最常用的确证性试验。RIA 是用放射性核素标记 HIV 蛋白检测抗 HIV 抗体，其敏感性和特异性最高，也用做确证性试验。

（二）检测病毒及其组分

1. 分离病毒 取新鲜分离的正常外周血单个核细胞（PBMC），用 PHA 刺激并在 IL-2 存在条件下培养 3~4 d 后，接种患者的血浆、血液单个核细胞等样本共培养。初始分离的病毒毒株生长比较缓慢，需 7~14 d 才出现不同程度的细胞病变，并可见由细胞融合而产生的多核巨细胞。细胞病变出现后，可用间接免疫荧光法检测培养细胞中的病毒抗原以确定 HIV 的存在。通常检测培养上清中的逆转录酶活性和 P24 抗原对 HIV 定量。HIV 分离培养必须在生物安全三级（BSL-3）实验室进行。

2. 测定病毒抗原 常用 ELISA 夹心法检测 HIV 的核心蛋白 P24，这种抗原通常出现于病毒的急性感染期。在无症状期中常为阴性，待发病期时，该抗原又可重新被检出并伴抗 P24 抗体的消失。

3. 测定病毒核酸 常用核酸杂交、聚合酶链扩增反应（PCR）检测细胞中的前病毒 DNA，RT-PCR 和实时荧光定量 Realtime-PCR 方法检测血浆标本中的 HIV RNA，用于监测 HIV 慢性感染者的病情发展、评价抗 HIV 药物治疗效果。

四、HIV 感染的治疗、预防与控制

（一）抗病毒药物治疗

目前已有多种抗 HIV 的药物被开发出来，这些药物作用的靶位点是逆转录酶 RT 和蛋白酶（PR）。针对 RT 的药物有两类：一是核苷类似物抗 RT 药物（nucleoside reverse transcriptase inhibitors，NRTI），如叠氮胸苷（azidothymidine，AZT）、拉米呋啶（lamivudine，3TC）、2',3'-双脱氧肌苷（didanosine，ddI）、2',3'-双脱氧胞苷（zalcitabine，ddC）和司他夫定（stavudine，d4T）；一是非苷类似物抗 RT 药（non-nucleoside reverse transcriptase inhibitors，NNRTI），如耐维拉平（nevaripine，NVP）、德拉维丁（delavirdine，DLV）、依曲韦林（etravirine，ETR）和依法韦仑（efavirenz，EFV）。这些化合物与 RT 牢固结合而使之失活，阻断 HIV 的复制。针对 PR 的药物包括赛科纳瓦（saquinavir，SQV）、瑞托纳瓦（ritonavir，RTV）、英迪纳瓦（indinavir，IDV）和耐非纳瓦（nelfinavir，NFV）等，它们都是由短肽衍变出来的肽模拟物（peptdomimetics），能与 PR 的底物结合而使之失活，阻断 HIV 的复制。使用单一抗 HIV 的药物往往不能取得较好的治疗效果，并容易促使病毒耐药株的产生。联合使用一种抗 PR 药物加两种抗 RT 药物的确能有效地抑制病毒的复制，使得血浆中的病毒颗粒浓度能在短期内（2~3 周）急剧地下降 100 倍以上，而且能大大延长病毒产生耐药性的时间，从而使长期缓解成为可能。这一治疗方案被称为高效抗逆转录病毒治疗（highly active anti-retroviral therapy，HAART）。整合酶抑制剂（雷特格韦，Raltegravir，RGV）、膜融抑制剂（恩夫韦地，Enfuvirtide，ENF）等新化疗药物的研发和上市，将使疗效进一步提高。

（二）HIV 疫苗

几乎所有疫苗研制的方案均在 HIV 中试验过。VaxGen 公司以 gp120 为代表的诱发体液免疫为主的和 Merck 公司以 Ad5 Vacine 为代表的诱发细胞免疫为主的多种疫苗在人体试验中均告失败，研发有效的 HIV 疫苗仍在艰苦的探索之中。HIV 独特的生物学特性尤其是病毒的多样性和易变性构成了疫苗研发的最大障碍。进一步弄清 HIV 逃避机体免疫的根本规律和机制、设计和寻找新的免疫原、提高评价疫苗免疫反应的检测技术和指标及寻找和研制新的有效动物模型，是 HIV 疫苗研发成功的重要基础。

（三）HIV 感染的控制措施

迄今尚无法用药物和疫苗有效控制 HIV 的感染，公众健康教育和对感染者的有效监控是目前预防艾滋病的关键。

1. 进行公众健康教育的关键点是 ① 在任何性生活中使用安全套（抗 HIV 抗体阴性的一夫一妻制的性伙伴除外）。② 不能共用任何针头和注射器。③ 所有可能接触 HIV 的妇女必须在怀孕前进行 HIV 抗体检测，如阳性，则应尽可能避免怀孕。④ 艾滋病感染的母亲应避免母乳喂养。

2. 对 HIV 感染者应采取必要的控制措施包括 ① 告知其该病毒感染是终身感染，并最后会致

病。② 虽然尚无症状，但可传染给别人，应作定期随访。③ 应禁止捐献血液、血浆、器官、精子及其他组织。④ 应持续并正确使用安全套，避免性传播。⑤ 应禁止共用针头、牙签、剃须刀等血污染的物品。⑥ 应告知其子女是获得性 AIDS 的高危人群，应避免怀孕及生育。⑦ 偶发事故引起出血所污染的物品应用新鲜的 1∶10 稀释的家用漂白粉清洗。⑧ 所用过的穿刺针头、牙科器具等应高压灭菌，或安全丢弃。⑨ 在求治其他疾病时，应主动告知有关医疗工作者以便采取适当措施防止传播。

第二节　人嗜 T 细胞病毒

人嗜 T 细胞病毒(human T-cell leukemia viruses，HTLV)是逆转录病毒科人嗜 T 细胞病毒-牛白血病病毒属成员，与 HIV 一样感染人类 CD4+T 淋巴细胞，可引起成人 T 细胞白血病(adult T-cell leukemia，ATL)，与毛细胞白血病(hairy-cell leukemia)、皮肤 T 淋巴瘤白血病(cutaneous T-cell lymphoma-leukemia)有关。

(一) 生物学性状

大多数 HTLV 为球形颗粒，直径约 100 nm。病毒体的蛋白核心，由 *gag* 基因产物加工形成的衣壳蛋白 P24、核衣壳蛋白 P15 和基质蛋白 P19 构成；核心内包裹着几个拷贝的逆转录酶分子和两个相同单链 RNA 分子，组成核衣壳。在核衣壳的外面是病毒包膜，膜表面嵌有 *env* 基因编码的 gp46 糖蛋白和 P21 跨膜蛋白，介导与细胞表面受体结合。病毒基因组结构与 HIV 相似，两端均为 LTR，其 5′端至 3′端由依次排列的 *gag*、*pol*、*env* 3 个结构基因和 *tax*、*rex* 2 个调节基因。*gag*、*pol*、*env* 基因产物的功能与 HIV 相似，*tax* 基因产物的功能类似 HIV 的 Tat，*rex* 基因产物的功能与 HIV 的 Rev 相似。

现已发现有 3 种型别 HTLV，分别为 HTLV-1、HTLV-2 和 HTLV-5。HTLV-1 感染主要引起成人 T 细胞白血病，HTLV-2 感染与毛细胞白血病有关，HTLV-1 与 HTLV-2 基因组的同源性接近 60%。HTLV-5 感染所致疾病尚不明确。

(二) 致病性

HTLV 感染可致成人 T 细胞白血病、热带下肢痉挛、B 细胞淋巴瘤、毛细胞白血病以及免疫缺陷等病症。HTLV 感染的致瘤机制与其他逆转录致瘤病毒完全不同，病毒基因组不含有已知的病毒癌基因(V-*onc*)，也不是其原病毒在宿主细胞染色体的整合激活相邻的细胞原癌基因(c-*onc*)所致。现在认为，HTLV 感染的致瘤与其基因产物 Tax 有关，Tax 能激活宿主细胞产生细胞转录因子，这些转录因子不仅激活病毒启动子，而且激活宿主细胞 IL-2 受体基因和 IL-2 基因的异常高表达，从而引起细胞增殖。

HTLV 感染还能引起免疫抑制，主要表现为：Th 细胞的增殖及功能障碍、非特异性多克隆 B 细胞激活、CTL 功能下降及 MHC 抗原异常表达。此外，HTLV 感染还可通过引起自身免疫或其他不明机制引起中枢神经系统的损害。

HTLV 感染以 HTLV-1 为主，主要通过性交、输入污染的血和血制品以及共用注射器等方式传播，哺乳也是母亲将病毒传给婴儿的主要途径。成人 T 细胞白血病呈现出明显的地方性流行的特征，主要分布在日本西南部、加勒比海地区、南美洲东北部和非洲一些地区。我国福建省的东部沿海地区也发现有 HTLV-1 感染流行。

(三) 微生物学检查法与防治原则

HTLV 感染的诊断主要是检测患者血液中的抗-HTLV 抗体，用 ELISA 法做初步检测，阳性结果用直接放射免疫沉淀法或蛋白质印迹法确认。PCR 法可用来检测病毒的核酸，该法不仅能检测出抗体阴性的 HTLV 感染，而且能区分 HTLV-1 和 HTLV-2 感染。

目前尚没有抗 HTLV 的特效药物和疫苗。对血液及血制品的抗 HTLV 筛检，对感染人群和高危人群进行阻断传播途径的教育是有效的预防措施。

(任浩　潘卫)

复习思考题
1. 简述逆转录病毒的生物学特点。
2. 简述 HIV 复制过程。
3. 简述 HIV 的流行特征与控制措施。
4. 简述 HIV 的致病机制。
5. 简述 AIDS 的临床特点。

第三十五章 虫 媒 病 毒

Arbovirus refers to a large group of viruses, which is transmitted by arthropods (mostly insects), and causes diseases in vertebrates and human, such as encephalitis, fever, skin rashes, joint pains, and hemorrhagic fever, etc. Biologically, medical important arbovirus includes family members from *Flaviridae*, *Togaviridae*, and *Bunyaviridae*, etc.

Flavivirus particle is 40~50 nm in diameter, and composed of lipid monolayer with envelope glycoprotein spikes on the surface and an icosahedron nucleocapsid in the core. The viral genome is a positive, single-stranded RNA of about 11 kb in length. Flanked by 5' and 3' non-coding regions, the central ORF is directly translated into a poly-protein precursor, late dissected by proteases, and thus several structural proteins (C, M, and E) and non-structural proteins (NS1-NS5) are formed. The envelope E glycoprotein is the site to bind susceptible cell receptors, and exhibits pH-dependent hemagglutination activity. In addition, E glycoprotein possesses neutralization epitopes, and the corresponding antibodies elicited confer lasting immunoprotection in human. Flaviviruses replicate in hemophagous arthropods (like mosquitoes and ticks) without injuries to themselves, transmit among vulnerable vertebrates, and thus maintain a persistent transmission cycle in the nature. If bitten by virus-bearing vectors, human may also get infected and diseased.

Japanese encephalitis virus (JEV) causes Japanese encephalitis (JE) in humans via mosquito bites that severe cases are lethal and survivors are frequently left with various CNS sequela. It has been established that pigs and birds are the principal reserve hosts, and that *Culex tritaeniorhynchus* is largely responsible for virus transmission between these vertebrates and to humans. No specific treatment for JE is available but good supportive care is essential. An attenuated live vaccine SA14-14-2 has been administrated widely in China with satisfactory immunoprotection.

Dengue virus (DENV), causing dengue fever (DF) and dengue hemorrhagic fever/dengue shock syndrome (DHF/DSS), also belongs to genus Flavivirus, and therefore is similar to JEV in aspects of morphology, culture, genome traits, and serological diagnosis. However, obvious differences do exist: a) DENV has four serotypes. b) Primates are susceptible to DENV infection as well as mice. c) Transmission vectors are primarily *A. albopictus* and *A. aegypti* mosquitos. d) DENV pandemic areas lie in tropical proximity. e) High-titer viremia in patients continues around a week before and after the onset and result in an interpersonal transmission. f) Most DENV infection is asymptomatic, while few cases manifest the self-limited DF with symptoms of fever, headache, rashes, muscle and joint pains, and the other complication, DHF/DSS, which develops from DF but rapidly proceeds to bleeding, leading to hemorrhagic shock and death. DHF/DSS frequently follows in secondary infections different from the first infected serotypes of DENV, and the mechanism is thought to be associated with antibody-dependent enhancement (ADE). g) No specific antiviral therapy and vaccines are available.

Forest encephalitis virus belongs to genus Flavivirus and cause forest encephalitis. Bats and rodents in forests are virus reservoir, and ticks are transmitting vectors. Forest encephalitis is epidemic in Russia, eastern and northern Europe, and northeastern China. Virus virulence varies amongst strains from different sources, but antigenicity is relatively stable. Mouse is the most vulnerable animal model, and inactivated vaccine is available.

West Nile virus (WNV) belongs to genus Flavivirus and infects human and many other animals such as birds, horses, and pigs. Birds are the principal source, and *Aedes* and *Culex* mosquitoes are transmission vectors. WNV causes mild West Nile fever and severe West Nile encephalitis in Africa, western and southern Asia, Australia, Europe and the north America. WNV is classified in a single serotype and induce prolonged cross immunoprotection amongst other flaviviruses. Serological test is required for diagnosis, and there is no specific antiviral therapy or vaccine available at present. No WNV infection case is reported in China so far.

Severe fever with thrombocytopenia syndrome bunyavirus (SFTSV) is a newly identified Phlebovirus in family *Bunyaviridae* in 2009, and causes severe fever with thrombocytopenia syndrome (SFTS) that may result in death due to multiple organ failures. The natural hosts are not clear, but ticks are considered to be the transmission vectors. Most SFTS cases were sporadic in the central and northeastern rural areas of China in spring and summer. Human is susceptible to SFTSV infection, and activities in fields are risky factors. Diagnosis is made by methods of cell culture, PCR, or ELISA. Though no specific medication or vaccine is available, most SFTSV sufferers have a good prognosis.

虫媒病毒(arbovirus)泛指一大类由吸血节肢动物叮咬易感动物而传播的病毒。节肢动物叮咬有病毒血症的易感动物后而感染,并可经卵传代,病毒的增殖不引起节肢动物的损伤和疾病,因此节肢动物既是病毒的传播媒介又是储存宿主。同时,虫媒病毒在自然界中存在着节肢动物—鸟/哺乳动物—节肢动物的持久循环,具有自然疫源性疾病的特征。人若被带毒节肢动物叮咬,则亦可引起感染,因此,大多数虫媒病毒病既是自然疫源性疾病,也是人兽共患病。传播媒介主要是蚊和蜱,也包括蠓、白蛉、蚋、虱、螨、臭虫等。由于节肢动物的分布、消长和活动与自然环境和季节密切相关,因此,虫媒病毒病具有明显的地方性和季节性。

虫媒病毒是一个按照传播途径归纳在一起的生态学名词,在病毒学分类上包括了不同病毒科的不同病毒属,如黄病毒属(黄病毒科)、甲病毒属(披膜病毒科)、白蛉病毒属(布尼亚病毒科)等病毒属的成员,可引起人类脑炎、发热、皮疹、出血热等多种疾病,其中脑炎、出血热等严重威胁人类健康。某些可感染人类的脑炎病毒,如东方马脑炎病毒、西方马脑炎病毒感染人后的病死率特别高,可超过80%。

第一节 日本脑炎病毒

日本脑炎病毒引起日本脑炎。早在1871年,日本学者就注意到了本病的存在,并在1924年大流行时确认本病为一种传染病。1935年首次从死亡患者的脑组织中分离出病毒,其抗原性与圣路易脑炎不同,遂确定为本病的病原。在随后的两年里,证实了蚊子是本病的传播媒介。我国在1921年就发现有本病的记载,并于1938～1940年间用血清学和病毒分离的方法确认了日本脑炎病例并分离到病毒。为了与20世纪初曾流行于欧洲的昏睡性脑炎(lethargic encephalitis,又称甲型脑炎)相区别,解放后我国卫生部定名为流行性乙型脑炎,简称乙脑,但国际上仍称为日本脑炎。新中国建立后,我国在乙脑流行病学和预防方面进行了大量研究,明确了三带喙库蚊(*Culex tritaeniorhynchus*)是主要的传播媒介,猪是扩散宿主。研制成功了地鼠肾灭活疫苗和减毒活疫苗,并广泛推行免疫接种,收到了明显的预防效果。在治疗方面,我国医务工作者坚持采用中西医结合的综合措施治疗乙脑,取得了不少经验,大幅提高了治愈率。

一、生 物 学 性 状

(一) 形态与结构

日本脑炎病毒(Japanese encephalitis virus,JEV)为黄病毒科(*Flaviviridae*)黄病毒属(Flavivirus)成员,病毒颗粒呈球形,直径45～50 nm,相对分子质量4.2×10^6 Da,沉降系数44S。核衣壳直径30 nm,为20面体对称,由核衣壳包绕病毒基因组RNA形成病毒核心,外层包裹着源自宿主细胞的脂质双层膜。包膜(envelope)表面有穗状糖蛋白突起(即刺突,spike),称为E蛋白。E蛋白具有血凝特性,能凝集鹅、鸽、雏鸡红细胞(血凝现象,hemagglutination phenomenon),是病毒的血凝素。这种凝集在pH6.2～6.4条件下滴度最高,且不可逆,但病毒与红细胞形成的复合物仍有传染性。病毒中加入特异性抗体可抑制这种血凝现象(血凝抑制,hemagglutination inhibition,HI),因此E蛋白也是一种中和抗原,与病毒吸附易感细胞受体有关。

病毒核酸为单股正链 RNA,核酸本身就具有传染性。基因组 RNA 序列已经明确：全长 10 976 个碱基,5′端有一个 I 型帽状结构(M7GpppAmp),3′端无 poly(A)尾。5′端和 3′端各有一段长短不一的非编码区(NCR),中间是编码区,构成唯一的开放读框(ORF),编码 3 432 个氨基酸残基组成的多聚蛋白前体,此蛋白前体在病毒和宿主细胞蛋白酶作用下水解成各种结构蛋白和非结构蛋白。基因组结构为：5′-cap-NCR-C-PrM-E-NS1-NS2A-NS2A-NS3-NS4A-NS4B-NS5-NCR-3′(cap：帽状结构,NCR：非编码区,C：衣壳蛋白,PrM：前膜蛋白,E：包膜蛋白,NS：非结构蛋白)。

JEV 抗原性稳定,在同一地区不同年代分离的毒株之间未发现明显的抗原变异,不同地区不同时间分离的病毒株之间也无明显差异。迄今 JEV 只发现一个血清型,但应用单克隆抗体分析表明,不同毒株之间仍存在着一些抗原差异：用单克隆抗体做交叉血凝抑制试验证实 E 蛋白上有与黄病毒属其他成员广泛交叉的属特异性抗原,也有仅与圣路易脑炎病毒、墨累溪谷脑炎病毒和西尼罗病毒交叉的亚组特异性抗原,以及 JEV 独有的种特异性抗原。E 蛋白是病毒的主要抗原成分,可以诱发机体产生具有保护性的中和抗体和血凝抑制抗体。M 和 C 蛋白也有抗原性,但相应抗体没有保护性。由于广泛的免疫预防接种或隐性感染,人群中都有一定水平的抗 JEV IgG 抗体,除急性期较恢复期抗体滴度有 4 倍以上增高外,一般无诊断价值。

(二) 培养特性

小鼠和乳鼠是最常用的敏感动物,病毒对皮下感染途径的易感性随鼠龄增长而降低,但对脑内接种的易感性则影响不大。乳鼠脑内接种病毒后 3～4 d 发病,出现拒乳、神经系统兴奋性增高、肢体痉挛、麻痹等症状,1 周左右死亡。感染乳鼠脑组织内含大量病毒,制成 10% 悬液－20℃保存可继续接种、传代,是分离病毒、大量制备病毒抗原的可靠方法。

此外,JEV 还能感染多种原代和传代细胞,在细胞培养上清中含有大量具有传染性的病毒,胞质内及细胞膜上也可检出病毒特异性抗原。细胞培养方法简便易行,目前已取代动物实验用于疫苗制备、诊断抗原制备以及研究病毒复制机制、筛选药物等。常用的细胞有鸡胚成纤维细胞、白纹伊蚊细胞(C6/36)、幼地鼠肾细胞(BHK-21)和非洲绿猴肾细胞(Vero)等。病毒在一些细胞内连续传代毒力会下降,我国学者研制的减毒活疫苗就是通过此方法获得的。但病毒在乳鼠脑内传代则毒力可增强。

细胞感染病毒后在第 3～5 d 出现典型的细胞病变(CPE),特点是单层细胞圆缩、颗粒增多、细胞脱落及破裂等,若是 C6/36 细胞还可看到细胞融合形成的空泡。单层细胞在琼脂或甲基纤维素覆盖下发生病变,经染色后可形成肉眼可见的空斑,而一个空斑是由一个活病毒感染、增殖后产生的病变所致,所以可用空斑形成单位(plaque forming unit,PFU)对活病毒进行计数。

(三) 抵抗力

JEV 含有包膜,所以对乙醚、氯仿、胆汁和去氧胆酸钠等都很敏感。病毒颗粒经蛋白酶处理,不仅被灭活,而且包膜表面突起也全部消失。对热抵抗力弱,56℃ 30 min,100℃ 2 min 便可彻底杀死病毒,37℃ 48 h 也可使病毒失去活性,故应在低温条件下保存毒株。真空冷冻干燥后－70℃能长期保存,－20℃保存数月仍有较强的毒力,但常温放置或经反复冻融后感染性很快下降。另外,本病毒对紫外线、甲醛溶液等也比较敏感。

二、流行病学特点

主要感染源是家畜,如猪、牛、马等,多呈隐性感染,偶尔因脑炎而死亡,怀孕家畜可发生流产。一般在感染后 3～5 d 内有病毒血症,能使蚊受感染。在流行区内,本病每年在动物中有广泛传播,尤其是当年新生仔猪可全部受染,构成猪—蚊—猪的持久传播循环,是本病最重要的感染源。

在热带和亚热带地区,蚊终年存在,是本病的主要传播媒介。蚊种因地而异,在我国大部分地区,三带喙库蚊最为常见。带毒蚊终生均有传染性,而且能携带病毒越冬或经卵传代,在下一年继续感染动物和人,所以既是传播媒介又是储存宿主。值得注意的是,从其他节肢动物如台湾蠛蠓、库蠓甚至蝙蝠体内也都分离出了病毒。在温带,鸟类是自然界中的重要储存宿主。病毒每年通过候鸟的迁徙而传入,或者在流行地区存活过冬。

日本脑炎的流行在热带地区无明显季节性,全年均可流行或散发,而在温带和亚热带地区则有严格的季节性,这和蚊子的繁殖、活动有关。在我国,除新疆、西藏、青海外,全国各地均有病例发生,其中 90% 的病例集中在 7～9 月份中。我国人群的发病率目前已连续多年降至十万分之 0.1 左右,患者大多是少年儿童,也有少部分为抵抗力较低的老年人,病死率5%～10%,15%～30%的患者留有不同程度的后遗症。

三、致病性与免疫性

(一) 致病性

JEV的致病机制目前尚不完全清楚。一般认为病毒感染蚊子后,首先在肠细胞中复制,形成病毒血症后再侵犯唾液腺和神经组织,并在其中大量复制,成为带毒蚊。当带毒雌蚊叮咬人时,病毒随蚊子唾液传入人体皮下,先在毛细血管内皮细胞及局部淋巴结等处的细胞中增殖,随后有少量病毒进入血流形成短暂的第一次病毒血症,此时病毒随血循环散布到肝、脾等处的细胞中继续增殖,一般不出现明显的症状,或只发生轻微的前驱症状。经4～7d潜伏期后,在体内增殖的大量病毒再次侵入血流形成第二次病毒血症,引起发热、寒战及全身不适等症状。若不再继续发展即成为顿挫感染(abortive infection),由于不能形成传染性病毒颗粒而致感染过程中断,数日后可自愈。但少数感染者(约0.1%)体内的病毒可通过血脑屏障进入脑组织内增殖,引起脑组织炎症,造成神经细胞变性、坏死、毛细血管栓塞、淋巴细胞浸润,严重者甚至出现局灶性坏死和脑组织软化,若累及脑膜可发生脑膜刺激症状,临床上表现为高烧、意识障碍、抽搐、颅内压升高以及脑膜刺激征。重症患者可因呼吸、循环衰竭而死亡。部分患者病后遗留失语、强直性痉挛、瘫痪、精神失常等后遗症。

近年证实,机体细胞免疫和部分体液免疫也参与了发病过程。

(二) 免疫性

人群对JEV普遍易感,但感染后大多数表现为隐性感染及顿挫感染,显性发病与隐性感染的比例为1:2000～1:1000,仅有少数发展成脑炎,这和病毒的毒力、侵入体内的数量及被感染者的免疫力有关。流行区成人大多具有一定的免疫力,多由隐性感染而获得,10岁以下儿童及非流行区成人缺乏免疫力,感染后易发病。

患者感染病毒后3～5d可检测到特异性IgM抗体,在体内持续存在6～8周后消失。特异性IgM抗体的检出,表明近期有感染,在临床上有早期诊断的价值。特异性IgG抗体(中和抗体)约在急性发作后1周开始出现,可在数年内维持高水平,甚至维持终生。流行区人群每年不断受到带毒蚊的叮咬,免疫力逐渐增强,抗体阳性率常随年龄而增高,例如北京市20岁以上成年人90%血清中含有中和抗体。因此本病多见于10岁以下的儿童,但近些年来发病年龄有增高趋势,值得重视。

四、微生物学检查法

典型的日本脑炎根据临床表现、流行病学资料、外周血象(白细胞总数和中性粒细胞比例明显增高)以及脑脊液生化和细胞计数做出临床诊断并不困难,但要确诊还需进行实验室检查。实验室检查主要包括病原学检查和血清学检查两大类。

(一) 病原学检查

指病毒的分离、培养和鉴定,包括病毒样本的采集、保存、送检,病毒接种易感动物或活细胞,经过一定时间增殖,动物或细胞出现病毒特有的症状和病变,即可证实样本中病毒的存在,再行血凝、血凝抑制试验等进一步鉴定。以上方法通常用于新毒株的分离和流行病学调查,一般不作为常规实验室检查。

(二) 血清学检查

指检查患者血液中是否含有病毒抗原和(或)针对病毒的特异性抗体。由于日本脑炎患者病毒血症期短,直接检出病毒抗原困难,病毒分离阳性率低,故较少用于诊断试验。特异性抗体检查包括检测IgM和IgG。

JEV感染发病早期即可产生特异性IgM,病后2～3周达到高峰,故发病时采单份血清或脑脊液做IgM ELISA捕捉法可用于早期诊断。而常规血清学试验(包括血凝抑制试验、补体结合试验、中和试验等)需取急性期和恢复期双份血清,同时做对比试验,只有当恢复期血清抗体滴度较急性期滴度高4倍或以上时才有辅助诊断意义,多用于临床回顾性诊断、流行病学调查和病毒分离时的鉴定,不作为实验室常规检测方法。

五、防治原则

加强卫生宣传教育,认真执行疫情报告制度,以便及早发现患者,早期隔离于有防蚊设施的场所,避免蚊虫叮咬,减少感染。另外,要搞好环境卫生,消灭蚊子孳生的场所,并做好个人防护。对易感人群和动物可接种疫苗以提高免疫力。目前使用的疫苗有灭活疫苗和减毒活疫苗两种,灭活疫苗需要每年接种一次,免疫后血清抗体阳转率50%~80%,保护率60%~90%。我国研制的减毒活疫苗SA14-14-2接种后中和抗体阳转率高,保护效果好,初次免疫只需皮下注射0.5 mL,次年加强免疫一针即可,目前已列入计划免疫。此外,对牲畜(主要是猪)进行主动免疫,也可使人群发病率明显降低。

关于日本脑炎的治疗,我国多年来一直采用的是针对"退热,止惊,抗呼吸衰竭"这三个重要环节进行中西医结合的综合性治疗措施,病死率明显下降,治愈率提高。此外,胸腺素、转移因子、免疫核糖核酸等非特异性免疫增强剂对提高细胞免疫可有一定疗效,但对于特异性免疫增强剂的使用仍有不同意见。

第二节 登革病毒

登革病毒(Dengue virus, DENV)可引起登革热(dengue fever, DF)和登革出血热/休克综合征(dengue hemorrhagic fever/dengue shock syndrome, DHF/DSS)这两种不同临床类型的急性传染病,主要通过蚊传播。该病主要流行于热带、亚热带地区,特别是东南亚、西太平洋及中南美洲。1978年以来,我国广东、广西、海南、福建和中国台湾等地发生过多次登革热和登革出血热的暴发流行。

一、病原学和流行病学

DENV属于黄病毒科、黄病毒属,病毒颗粒呈球形,直径37~50 nm,有包膜。病毒核酸为单股正链RNA,其编码蛋白包括3种结构蛋白和7种非结构蛋白。3种结构蛋白分别是核衣壳蛋白、膜蛋白和包膜蛋白。膜蛋白和包膜蛋白能刺激产生中和抗体。非结构蛋白中的NS1含有群特异性和型特异性的抗原位点,也可刺激机体产生高滴度的保护性抗体。DENV有4个血清型,各型病毒间抗原性有一定交叉。DENV主要经埃及伊蚊或白纹伊蚊传播,丛林中的灵长类动物是维持病毒在自然界循环的动物宿主。患者和隐性感染者是主要的感染源,感染者在发病前1 d至发病后5 d内处于病毒血症期,传染性最强。流行地区全年均有病例发生,其高峰期与雨季一致。

DENV能在蚊体内以及白纹伊蚊(C6/36)细胞、Vero细胞、BHK-21等传代细胞中增殖,并产生明显CPE。DENV对实验动物的感染范围很窄,只有小鼠乳鼠具有一定敏感性。一些灵长类动物皮下接种后,只能引起病毒血症和隐性感染。抵抗力不强,常用消毒剂、脂溶剂、56℃加热30 min以及多种蛋白酶均可灭活病毒。

二、致病性与免疫性

人类对DENV普遍易感。潜伏期3~15 d。病毒随蚊叮咬进入人体,先在具有Fc受体的靶细胞(如单核吞噬细胞系)中复制、增殖,达到一定数量后进入血循环(第一次病毒血症),继而再侵入上述细胞、组织中,增殖后再释放入血(第二次病毒血症)。病毒可抑制骨髓粒细胞和血小板系统,导致末梢血白细胞和血小板减少。患者肝、肾、心和脑有退行性变,各器官有不同程度的出血、血管周围水肿及单核细胞浸润等。

在临床上,登革热以高热、头痛、肌肉和关节痛为主,可伴有皮疹、淋巴腺肿和白细胞减少,此类型传播迅速,可引起较大规模流行,但病死率很低,可自愈。登革出血热则以高热、出血和(或)休克为特征,病死率很高,其中伴有休克的称为登革出血热/登革休克综合征(DHF/DSS)。

绝大多数登革出血热(DHF/DSS)发生在异型DENV的二次感染者中,其发病机制尚未完全阐明,目前普遍认为是病毒二次感染过程中的抗体依赖性增强作用(antibody dependent enhancement, ADE)所致,即首次感染诱发的非中和性抗体与再次感染的异型病毒形成复合物,通过与带有Fc受体的单核细胞等结合,促进了更多病毒进入靶细胞并大量增殖。另外,受染巨噬细胞膜表面的病毒抗原还可被致敏的T细胞所识别,在清除病毒的过程中,受染巨噬细胞释放出多种蛋白酶和促凝血物质,从而启动补体系统和凝血系统的一系列连锁反应,引起严重的症状。在此过程中,血管渗透性因子对引起休克也起一定作用。

患者感染后2~3 d出现特异性IgM抗体,4~5 d出现血凝抑制抗体,8~10 d出现中和抗体,低效价的抗体可维持5~15年。感染后只对同型病毒有免疫力,对异型病毒无免疫力,因而可再次感染。

三、微生物学检查法与防治原则

根据患者情况,可采取血清、血浆、白细胞以及死亡患者的肝、脾、淋巴结等标本,接种C6/36、Vero等细胞,其中以C6/36细胞最敏感。观察细胞病变,并用间接免疫荧光法和中和试验对病毒进行鉴定和分型。采用ELISA等方法检出标本中的DENV抗原或特异性IgM抗体,可确定诊断。若采用血凝抑制试验或中和试验分别检测相应抗体,双份血清抗体效价4倍或以上增高才有诊断价值。

早期发现登革热患者并及时隔离非常重要。防蚊、灭蚊是预防本病的一项根本措施。目前尚无可特异性治疗方法,疫苗尚在研制过程中。

第三节 森林脑炎病毒

森林脑炎病毒(forest encephalitis virus)由蜱传播,故又称为蜱传脑炎病毒(tick-borne encephalitis virus,TBEV)。本病最早在1934年发现于苏联远东地区,随后病毒被分离。由于发病在春夏季节,故又称俄罗斯春夏脑炎,是一种自然疫源性疾病。除俄罗斯外,东欧、北欧和我国东北森林地带也曾有流行。本病主要侵犯中枢神经系统,临床上以发热、中枢神经系统症状为特征,有时出现瘫痪后遗症。

森林脑炎病毒为典型的黄病毒,形态与结构、细胞培养特性以及抵抗力均类似JEV,但嗜神经性更强。接种成年小鼠腹腔、地鼠或豚鼠脑内,易发生脑炎致死。接种猴脑内可致四肢麻痹。山羊、绵羊或奶牛感染病毒后可出现病毒血症,并可将病毒分泌到乳汁中,进而感染人类。森林脑炎病毒也能凝集鹅和雏鸡的红细胞。

本病毒的储存宿主主要是蝙蝠及其他一些森林中的哺乳动物(如刺猬、松鼠、野兔等),这些野生动物受染后为轻症感染或隐性感染,但病毒血症期有长有短,如刺猬约23 d,红雀约15 d。蜱是森林脑炎病毒的传播媒介,又是长期储存宿主,其中森林硬蜱的带病毒率最高。当蜱叮咬感染的野生动物,吸血后病毒侵入蜱体内增殖,在其生活周期的各阶段(包括幼虫、稚虫、成虫及卵)都能携带本病毒,并可经卵传代。牛、马、狗、羊等动物在自然疫源地受蜱叮咬而感染,并可把蜱带至居民点,成为人的感染源。

本病毒的致病性与JEV相似,非疫区人群被带毒蜱叮咬后易感染、发病。另外,因喝生奶而被感染者,经8~14 d潜伏期后发生脑炎,出现发热、剧烈头痛、畏光、颈项强直、恶心及呕吐,中枢或外周神经麻痹而致肌肉瘫痪、萎缩,甚至因昏迷而死亡。恢复期可长达数月,一些患者还伴有持续性震颤、精神或情绪不稳。少数痊愈者也常遗留肌肉麻痹。病毒感染后,机体会产生中和抗体、补体结合抗体及血凝抑制抗体,免疫力持久、牢固。居住在森林疫区的人,因受少量病毒的隐性感染,血中持续存在中和抗体,对病毒有一定免疫力。

实验室检查可见白细胞减少,血沉加快,脑脊液中葡萄糖正常、蛋白质增加,单核细胞增多。明确诊断要依靠病毒分离或血清学试验。当出现临床症状时,病毒血症通常已经过去,故分离难以成功,但从尸检脑组织中还可以分离出病毒。在疫区做流行病学调查时,可将小鼠、小鸡、地鼠或猴关在笼内,置于森林中,引诱蜱来叮咬。动物感染后虽可能不发病,但可根据血中有无特异性抗体而加以验证。血凝抑制试验、补体结合试验和中和试验等血清学方法与日本脑炎病毒相同。如果病程中抗体滴度有4倍或以上的增高也支持本病的诊断。

本病治疗采用全身对症支持疗法。预防此病,可给去森林疫区的人接种疫苗。目前用于蜱传脑炎病毒脑炎预防的有从鸡胚细胞和地鼠肾细胞制备的甲醛灭活疫苗,但需多次接种加强免疫才能获得可靠的保护作用。在感染早期注射大量丙种球蛋白或免疫血清可能防止本病发生,或者可以减轻症状。此外,要注意个人防护,穿着长衣、长裤、长靴,扎紧袖口、裤管,头面部和皮肤涂擦邻苯二甲酸酯等驱避剂,以防被蜱叮咬。

第四节 西尼罗病毒和发热伴血小板减少综合征病毒

一、西尼罗病毒

西尼罗病毒(West Nile virus,WNV)因1937年从东非乌干达西尼罗地区发热患者体内最先分离出来而得名,亦属黄病毒科、黄病毒属成员。人和多种动物(如鸟类、马、犬、猫等)对 WNV 易感,其中燕雀类是主要传染源和储存宿主,伊蚊和库蚊是主要传播媒介。蚊子唾液腺及神经细胞中存在大量病毒,可终生带毒。此外,病鸟口腔和泄殖腔的分泌物中也含有大量病毒,因此,直接接触是鸟-鸟间传播的另一个途径。

WNV 感染流行于非洲、欧洲、中东、南亚、澳大利亚以及北美的热带和温带地区;我国尚未发现 WNV 的流行。

人感染 WNV 后大多数(80% 以上)为隐性感染,有症状者可分为西尼罗热和西尼罗脑炎两类:前者潜伏期 2~15 d,以发热、头痛、多汗、乏力、皮疹为主要特征,可伴有肌痛、恶心、呕吐、腹泻、食欲不振以及淋巴结肿大等,预后良好,但恢复期较长,需要 2~3 个月;西尼罗脑炎比例约为 1%,多见于抵抗力低下者。起病急,高热(39℃以上)、头痛、恶心、呕吐、嗜睡,同时伴有颈项强直、病理性反射阳性及迟缓性麻痹等脑炎/脑膜炎的症状和体征,病变部位涉及基底核、丘脑、小脑和脑干,重者昏迷,可因呼吸、循环衰竭而死亡。抗原性稳定,只有一个血清型,与 JEV、DENV 等黄病毒属成员有共同抗原,可诱导交叉免疫保护作用,病后免疫力持久。

微生物学诊断同其他黄病毒,以血清学试验为主。目前尚无特异疗法和疫苗。

二、发热伴血小板减少综合征病毒

发热伴血小板减少综合征病毒(severe fever with thrombocytopenia syndrome virus,SFTSV)是我国在 2009 年首先从发热伴血小板减少患者体内分离到的一种新病毒,现已归入布尼亚病毒科(*Bunyaviridae*)的白蛉病毒属(Phlebovirus)。

动物宿主主要有猫、鼠、刺猬和黄鼬等,蜱可能是 SFTSV 的传播媒介。人群对 SFTSV 普遍易感,从事野外作业和户外活动的人群感染风险较高。SFTSV 感染引起发热伴血小板减少综合征,临床主要表现为发热、呕吐、腹泻、血小板减少、白细胞减少和多器官功能损害等,严重者可因多器官衰竭而死亡,病死率 12%~30%。急性期患者血液及血性分泌物具有传染性。发热伴血小板减少综合征流行于春夏季,多呈散发;主要流行于我国河南、湖北、山东、安徽、辽宁、江苏等 10 余个省市;2012 年以来,日本和韩国也有病例报道。

微生物学诊断是用 ELISA 检查感染者血清中有无 SFTSV 特异性 IgM 或 IgG 抗体,或用 PCR 方法检测标本中有无 SFTSV 核酸。确认新毒株需用 Vero 等敏感细胞分离病毒。目前无特异性治疗手段,临床主要采取对症支持疗法。

(丁天兵　徐志凯)

复习思考题

1. 什么是虫媒病毒?主要包括哪些病毒?
2. 日本脑炎的流行病学特点有哪些?
3. 如何诊断、预防并治疗日本脑炎?
4. 登革病毒与日本脑炎病毒在生物学特性、致病性与免疫性等方面有哪些异同?
5. 何谓抗体依赖性增强作用(ADE)?

第三十六章 出血热病毒

Hemorrhagic fever is a joint name of some diseases which are characterized by fever, hemorrhagic manifestations and damage of certain tissues or organs. Many viruses may induce hemorrhagic fever. These viruses are classified into different families and genera, including mainly families *Bunyaviridae*, *Flaviviridae*, *Togaviridae*, *Arenaviridae* and *Filoviridae*, each of them has certain animals as reservoirs and certain arthropods or rodents as transmitters.

In China, the viruses associated with hemorrhagic fever are hantavirus, Crimean-Congo hemorrhagic fever virus, which are classified into family *Bunyaviridae*, and dengue virus which classified into family *Flaviviridae*. Hantavirus can cause two distinct illnesses in humans: hemorrhagic fever with renal syndrome(HFRS) or hantavirus pulmonary syndrome (HPS). HFRS is primarily caused by Hantaan virus (HTNV), Seoul virus (SEOV), Puumala virus (PUUV) and Dobrava virus (DOBV). Sin Nombre virus (SNV) and Andes virus (ANDV) cause the HPS. Some rodents are reservoirs of hantavirus and transmit the virus to humans through their aerosolized excreta, such as urine, saliva and feces. HFRS is a serious infectious disease, which is characterized by fever, manifestations and renal failure, with the lethality rate between 5% and 10%, and is a major public health problem in many countries in the world, especially in Asia and Europe.

出血热(hemorrhagic fever)不是一种疾病的名称,而是一类疾病的统称。这些疾病是以发热、皮肤和黏膜出现瘀点或瘀斑、不同脏器的损害和出血,以及可能伴有低血压和休克等为特征。引起出血热的病毒种类较多,它们分属于不同的病毒科(表36-1),目前在我国已发现的主要有汉坦病毒、克里米亚-刚果出血热病毒和登革病毒。

表36-1 人类出血热病毒及其所致疾病

病毒类属	病毒	主要媒介	所致疾病	主要分布
布尼亚病毒科	汉坦病毒	啮齿动物	肾综合征出血热	亚洲、欧洲、非洲、美洲
			汉坦病毒肺综合征	美洲、欧洲
	克里米亚-刚果出血热病毒	蜱	克里米亚-刚果出血热	非洲、中亚、中国
	Rift 山谷热病毒	蚊	Rift 山谷热	非洲
黄病毒科	登革病毒	蚊	登革热	亚洲、南美
	黄热病病毒	蚊	黄热病	非洲、南美
	Kyasanur 森林热病毒	蜱	Kyasanur 森林热	印度
	鄂目斯克出血热病毒	蜱	鄂目斯克出血热	俄罗斯
披膜病毒科	基孔肯雅病毒	蚊	基孔肯雅热	亚洲、非洲
沙粒病毒科	Junin 病毒	啮齿动物	阿根廷出血热	南美
	马丘波病毒	啮齿动物	玻利维亚出血热	南美
	Lassa 病毒	啮齿动物	Lassa 热	非洲
丝状病毒科	埃博拉病毒	未确定	埃博拉出血热	非洲
	马尔堡病毒	未确定	马尔堡出血热	非洲

第一节 汉坦病毒

汉坦病毒属(Hantavirus)是布尼亚病毒科(*Bunyaviridae*)的一个新属。该病毒名称来自汉坦病毒属的原型病毒——汉滩病毒(Hantaan virus),为避免在区分属及型的名称时发生混乱,故在译名用字上加以区别。根据汉坦病毒的抗原性和基因结构特征的不同,目前至少可将其分为20多个不同的型别(表36-2)。其中汉滩病毒、多布拉伐-贝尔格莱德病毒、汉城病毒、普马拉病毒等主要引起以发热、出血、肾功能损害和免疫功能紊乱为突出表现的肾综合征出血热(hemorrhagic fever with renal syndrome, HFRS);辛诺柏病毒则主要引起以肺浸润及肺间质水肿,迅速发展为呼吸窘迫、衰竭为特征的汉坦病毒肺综合征(hantavirus pulmonary syndrome, HPS);而希望山病毒对人的致病性目前尚不清楚。

表36-2 汉坦病毒的型别

病毒型(英文简称)	原始宿主	所致疾病	主要分布
汉滩病毒(HTNV)	黑线姬鼠	HFRS	中国、俄罗斯、韩国、朝鲜、日本
汉城病毒(SEOV)	褐家鼠	HFRS	世界分布
多布拉伐病毒(DOBV)	黄喉姬鼠	HFRS	巴尔干
普马拉病毒(PUUV)	棕背鼠	HFRS	欧洲、俄罗斯、斯堪的纳维亚
泰国病毒(THAIV)	板齿鼠	HFRS	泰国
希望山病毒(PHV)	草原田鼠	不详	美国、加拿大
哈巴罗夫斯克病毒(KHB)	东方田鼠	不详	俄罗斯
索塔帕拉雅病毒(TPMV)	臭鼩	不详	印度
图拉病毒(TULV)	普通田鼠	不详	欧洲
辛诺柏病毒(SNV)	鹿鼠	HPS	美国、加拿大
纽约病毒(NYV)	白足鼠	HPS	美国
黑港渠病毒(BCCV)	棉鼠	HPS	美国
长沼病毒(BAYV)	米鼠	HPS	美国
安第斯病毒(ANDV)	长尾米鼠	HPS	阿根廷
El Moro Canyon(ELMCV)	西方巢鼠	不详	美国、墨西哥
Topgrafov(TOPV)	西伯利亚旅鼠	不详	西伯利亚
岛景病毒(ISLAV)	加州田鼠	不详	美国
Bloodland Lake(BLLV)	橙腹田鼠	不详	美国
Muleshoe(MULV)	棉鼠	不详	美国
Rio Segundo(RIOSV)	墨西哥巢鼠	不详	哥斯达黎加
Rio Mamore(RIOM)	小耳米鼠	不详	玻利维亚

中国是世界上HFRS疫情最严重的国家,流行范围广、发病人数多、病死率较高。迄今我国尚未见HPS的病例报道。因此,本节主要介绍引起HFRS的汉坦病毒。

一、生物学性状

(一) 形态结构

汉坦病毒颗粒具有多形性,多数呈圆形或卵圆形,大小也不尽一致,直径在75～210 nm之间,平均直径为122 nm。核酸类型为单股负链RNA,分为L、M、S三个片段,分别编码病毒的RNA聚合酶(L)、包膜糖蛋白(Gn和Gc)和核衣壳蛋白(NP)。病毒颗粒表面有双层脂质包膜,包膜表面有由Gn和Gc糖蛋白组成的突起。汉坦病毒的NP具有极强的免疫原性,可刺激机体的体液免疫和细胞免疫应答;Gn和Gc糖蛋白上均有中和抗原位点和血凝活性位点。病毒在pH5.6～6.4时可凝集鹅红细胞。

成熟的汉坦病毒颗粒绝大部分位于细胞间隙,在感染细胞内很少有成熟(完整)的病毒颗粒,但可见到为数较多、形态不一(丝状、颗粒状、颗粒丝状、小泡状等)的包涵体,主要由病毒的NP构成。

(二) 培养特性

多种传代、原代及二倍体细胞均对汉坦病毒敏感。实验室常用非洲绿猴肾细胞(Vero E6)来分离培养该病毒。病毒在细胞内增殖一般不引起可见的细胞病变,通常需采用免疫学方法来检测证实。此外,多种正常动物细胞,包括人胚肺二倍体细胞、大鼠肺原代细胞、地鼠肾原代细胞、长爪沙鼠肾原代细胞、长爪沙鼠肺原代细胞、鸡胚成纤维细胞等均对汉坦病毒敏感。汉坦病毒在培养的细胞中生长较为缓慢,病毒滴度一般在接种病毒后的7~14 d后才达高峰。不同型别及不同毒株的病毒在细胞中的生长速率有一定的差别,这种差别主要与病毒在培养系统中的适应性有关,与病毒致病性的强弱可能也有一定关系。

汉坦病毒的易感动物有多种,如黑线姬鼠、长爪沙鼠、小鼠及大鼠等,但除了小鼠乳鼠感染后可发病及致死外,其余均无明显症状。

(三) 抵抗力

汉坦病毒抵抗力不强。对酸和脂溶剂(如乙醚、氯仿、丙酮、苯等)敏感;一般消毒剂如来苏儿、苯扎溴铵等能灭活病毒;56~60℃ 1 h,紫外线照射(50 cm,1 h)以及^{60}Co照射也可灭活病毒。

二、流行病学特征

(一) 传染源

HFRS是一种多宿主性的自然疫源性疾病,其疫源地遍及世界五大洲。迄今世界上已报道包括哺乳纲、鸟纲、爬行纲和两栖纲在内的近200种或亚种动物可以感染汉坦病毒,但经研究证实其主要宿主动物和感染源均为啮齿动物,在啮齿动物中又主要是鼠科中的姬鼠属、家鼠属和仓鼠科中的林䶄属、白足鼠属等。

(二) 传播途径

HFRS的传播途径尚未完全确定,目前认为可能的途径有三类五种,即动物源性传播(包括通过呼吸道、消化道和伤口途径)、垂直(胎盘)传播和虫媒(螨媒)传播。其中动物源性传播是主要的传播途径,即携带病毒的动物通过唾液、尿、粪等排出病毒污染环境,人或动物通过呼吸道、消化道摄入病毒或直接接触感染动物受到感染。感染病毒的孕妇有可能经胎盘将汉坦病毒传给胎儿;带毒孕鼠亦可将病毒传给胎鼠。在动物实验中有证据表明革螨和恙螨可通过吸血传播汉坦病毒,但这种传播方式对人类感染的作用还有待证实。另外,虽然能够从HFRS患者的血、尿中分离到病毒,但尚未见HFRS在人—人之间水平传播的报道,只是最近在阿根廷爆发的HPS中才证明存在有人—人之间的水平传播。

(三) HFRS的流行地区和季节

HFRS的发生和流行具有明显的地区性和季节性,这种地区性和季节性与宿主动物(鼠类)的分布与活动密切相关。在我国,汉坦病毒的主要宿主动物和感染源是黑线姬鼠和褐家鼠,主要存在着姬鼠型疫区、家鼠型疫区和混合型疫区。姬鼠型疫区的HFRS流行高峰主要在11~12月间(6~7月间还有一小高峰),家鼠型疫区的流行高峰在3~5月间,而混合型疫区在冬、春季均可出现流行高峰。

三、致病性与免疫性

(一) 致病性

HFRS的潜伏期一般为两周左右,起病急,发展快。典型的病例具有三大主症,即发热、出血和肾脏损害;其典型的临床经过可分为发热期、低血压(休克)期、少尿期、多尿期和恢复期,其中对患者生命威胁最大的是低血压(休克)期和少尿(急性肾功能衰竭)期。在发病初期,患者眼结膜、咽部、软腭等处充血,软腭、腋下、前胸等处有出血点,常伴有"三痛"(头痛、眼眶痛、腰痛)和"三红"(面、颈、上胸部潮红)的症状和体征;几天后病情加重,可表现为多脏器出血、低血压、肾功能不全甚至衰竭等。我国HFRS的病死率依据感染病毒型别的不同而差别较大,姬鼠型高,家鼠型低,从1%~10%不等。

HFRS的发病机制及病理变化很复杂,有些环节尚未完全搞清。目前一般认为,病毒作为发病的始动因素,一方面可直接导致感染细胞和脏器的结构与功能损害,另一方面可激发机体的免疫应答,并进而导致免疫病理损伤。

1. 病毒的直接损伤作用　汉坦病毒具有泛嗜性,可感染体内的多种组织细胞,如血管内皮细胞、淋巴细胞、单核巨噬细胞、血小板等,但主要的靶细胞是血管内皮细胞。病毒在血管内皮细胞内增殖,引起细胞肿胀、细胞间隙形成和通透性增加;感染的单核细胞可携带病毒向其他组织扩散。

2. 免疫病理损伤　汉坦病毒诱导的机体免疫具有双重作用,既参与机体对病毒的清除,又可介导对机体的免疫损伤,参与病毒的致病过程。

(1) 体液免疫应答:HFRS患者体液免疫功能亢进,早期血清中IgE和组胺水平明显增高,毛细血管周围有肥大细胞浸润,嗜碱粒细胞脱颗粒试验呈阳性反应,促使毛细血管扩张和通透性进一步增加,导致皮肤和黏膜充血与水肿,提示Ⅰ型超敏反应参与了HFRS的发病;在HFRS病程早期患者血中即产生大量特异性抗体,并迅速形成循环免疫复合物,沉积到小血管、毛细血管、红细胞、血小板、肾小球、肾小管基膜等处,随之激活补体,促使肥大细胞以及受损血小板释放血管活性物质、凝血因子等参与血管扩张和通透性增加的作用,引起血管和各组织的免疫病理损伤,产生低血压、休克和肾脏功能障碍;大量血小板聚集、破坏并发生功能障碍等,是引起广泛出血的原因之一,以上均表明Ⅲ型超敏反应参与了发病。

（2）细胞免疫应答：HFRS患者急性期外周血中的特异性 $CD8^+$ T 细胞、NK 细胞活性增强,抑制性 T 细胞功能低下,CTL 细胞功能相对增高;患者血清中 IFN、TNF、sIL-2 受体水平明显增高,IL-2 水平下降,提示细胞免疫（包括细胞因子）一方面参与对病毒的清除作用,另一方面也参与发病过程。

（二）免疫性

人类对汉坦病毒普遍易感,但多呈隐性感染,仅少数人发病。感染后抗体出现早,发病第 2 d 即可检测出特异性 IgM 抗体,第 7~10 d 达高峰;第 3~4 d 可检测出 IgG 抗体,第 14~20 d 达高峰,可持续多年甚至终生。近年来的研究表明,在不同的免疫成分中,对机体起免疫保护作用的主要是由病毒包膜糖蛋白刺激产生的中和抗体,而由病毒 NP 刺激产生的特异性抗体以及细胞免疫在免疫保护中也起重要作用。HFRS病后可获稳定而持久的免疫力,二次发病者极为罕见。

四、微生物学检查法

（一）病毒分离

病毒分离只用于极少数情况下,如某一地区第一例 HFRS 患者的确定或怀疑感染新的病毒亚型等。取患者急性期血液接种于 Vero E6 细胞,培养 7~14 d 后,用免疫荧光染色检查细胞内是否有病毒抗原,胞质内出现黄绿色颗粒状荧光为阳性。也可取材通过脑内接种小鼠乳鼠,逐日观察动物有无发病或死亡,并定期取动物脑、肺等组织,用免疫荧光法或 ELISA 法检查是否有病毒抗原。用细胞或动物分离培养阴性者应继续盲传,连续三代阴性者方能肯定为阴性。

（二）血清学检查

1. 检测特异性 IgM 抗体 特异性 IgM 抗体在发病后 1~2 d 即可检出,早期阳性率可达 95% 以上,不典型病例或轻型病例亦是如此,因此检测出此抗体具有早期诊断价值。检测方法有间接免疫荧光法和 ELISA 法,后者又可分为 IgM 捕捉法和间接法,其中以 IgM 捕捉法的敏感性和特异性为最好。

2. 检测特异性 IgG 抗体 病后特异性 IgG 抗体出现也较早,且维持时间很长,因此需检测双份血清（间隔至少一周）,第二份血清抗体滴度升高 4 倍或以上方可确诊。常用检测方法为间接免疫荧光法和 ELISA 法。此两种方法检测 IgG 抗体还可用于 HFRS 的血清流行病学调查。

3. 检测血凝抑制抗体 采用血凝抑制试验检测患者血清中的特异性血凝抑制抗体,在辅助诊断和流行病学调查中也较常用。

五、防治原则

（一）预防

一般预防主要采取灭鼠、防鼠、灭虫、消毒和个人防护措施。迄今为止国内已研制成功三类 HFRS 疫苗,即纯化乳鼠脑灭活疫苗（汉滩型）、细胞培养灭活单价疫苗（汉滩型、汉城型）和细胞培养灭活双价疫苗（汉滩型和汉城型）。这三类灭活疫苗在接种人体后均可刺激产生特异性抗体,大规模接种观察也表明其对预防 HFRS 有较好效果。

（二）治疗

对于 HFRS 的早期患者,一般均采用卧床休息,以及以"液体疗法"（输液调节水与电解质平衡）为主的综合对症治疗措施,利巴韦林治疗具有一定疗效。

国内研制的"注射用抗肾综合征出血热病毒单克隆抗体"已完成Ⅲ期临床试验,结果表明其安全性好,疗效确切,优于常规治疗药物。

第二节 克里米亚-刚果出血热病毒

1965 年,我国新疆部分地区发生了一种以急性发热伴严重出血为特征的急性传染病,该病与国内其他地区流行的出血热不同,故定名为新疆出血热。从患者的血液、尸体内脏及疫区捕获的硬蜱中分离出了病毒。后来经形态学和血清学等研究证实,该病毒与已知的克里米亚-刚果出血热病毒(Crimean-Congo hemorrhagic fever virus)相同。因此,新疆出血热实际上是克里米亚-刚果出血热在新疆地区的流行。

一、病原学和流行病学

克里米亚-刚果出血热病毒属于布尼亚病毒科内罗病毒属(Nairovirus)。该病毒的形态、结构、培养特性和抵抗力等与汉坦病毒相似,但抗原性、传播方式、致病性以及部分储存宿主却不相同。

克里米亚-刚果出血热是一种自然疫源性疾病。除野生啮齿类动物外,牛、羊、马、骆驼等家畜及野兔、刺猬和狐狸等也是病毒的主要储存宿主。硬蜱特别是亚洲璃眼蜱(*Hyalomma asiaticum*)既是该病毒的传播媒介,也因病毒在蜱体内可经卵传代而成为储存宿主。通过蜱的叮咬,病毒传播于人与动物间;通过破损的皮肤接触带有病毒的动物血液或脏器以及患者血液等也可造成感染。克里米亚-刚果出血热的发生有明显的地区性和季节性。我国主要见于新疆,云南亦有自然疫源地;每年4~5月为流行高峰,与蜱在自然界的消长情况及牧区活动的繁忙季节相一致。

二、致病性与免疫性

人群普遍易感,但患者多为青壮年。本病的潜伏期为7 d左右,临床表现为发热、全身疼痛、中毒症状和出血。轻者多为皮肤黏膜的点状出血,重者可有鼻出血、呕血、血尿、便血甚至低血压休克等,但患者一般无明显的肾功能损害。本病的发病机制尚不清楚,可能与HFRS相似,即病毒的直接损害和通过抗体介导的免疫损伤均起作用。

发病后一周左右血清中出现中和抗体,两周左右达高峰,并可持续多年。病后免疫力持久。

三、微生物学检查法和防治原则

采取急性期患者的血清或血液经脑内途径接种小鼠乳鼠分离病毒,阳性率可达90%以上。亦可采用尸检样本或动物、蜱的样本分离病毒。可采用不同方法分别检测患者血清中的病毒抗原、特异性IgM抗体、补体结合抗体或血凝抑制抗体等,其中前两者的准确性较高。

主要预防措施为防止被硬蜱叮咬;皮肤破损处避免与患者血液或动物血液或脏器直接接触。

第三节 埃博拉病毒

埃博拉病毒(Ebola virus)以首先发现患者的地点(扎伊尔北部的埃博拉河流域)而得名,可引起高致死性的出血热。该病主要流行于非洲,自1976年以来已在非洲暴发数次,致死率为50%~90%,是人类迄今为止所发现的死亡率最高的一种病毒。据WHO报告,自2013年12月开始,几内亚、利比里亚、塞拉利昂和尼日利亚等西非国家相继发生埃博拉出血热的再次暴发流行,截至2014年10月23日,西非共报告10 141人确诊感染埃博拉病毒,其中4 922人死亡,是有史以来规模最大的一起埃博拉出血热疫情。

一、病原学和流行病学

埃博拉病毒属于丝状病毒科(*Filoviridae*),丝状病毒属(Filovirus)。病毒颗粒为多形性的细长丝状,长度约14 μm,直径约80 nm。病毒核酸为单股负链RNA,具有螺旋对称的核衣壳,病毒表面有包膜,包膜上具有来源于病毒基因编码的刺突,病毒以出芽方式从细胞质膜释放。根据病毒抗原和首次分离地域的不同,可将埃博拉病毒分为五个型别:① 扎伊尔型:对人致病性最强,曾多次引起暴发流行,2014年西非国家暴发流行的亦为此型。② 苏丹型:对人致病性次于扎伊尔型,也曾多次引起暴发流行。③ 本迪布焦型:对人致病性更次,曾引起过两次暴发流行。④ 塔伊森林型:也称科特迪瓦型,对人致病性较弱。⑤ 莱斯顿型:对黑猩猩和猴类致病性强,至今尚无引起人类疾病的相关报道。

埃博拉病毒可在人、猴、豚鼠等哺乳类动物细胞中增殖,并产生明显的细胞病变。埃博拉病毒接种猕猴后可产生与人类疾病相似的症状体征并引起死亡。在仓鼠与豚鼠中,需传代多次才能引起死亡。埃博拉病毒在室温下较稳定,60℃ 60 min可被灭活,对紫外线、γ射线、脂溶剂和酚类消毒剂均敏感。

目前对埃博拉病毒的自然储存宿主还不十分清楚,狐蝠科的果蝠可能是其中之一,其在自然界的循环方式尚不清楚;终末宿主是人类和非人灵长类动物,如大猩猩、黑猩猩、猴子等。埃博拉病毒可经感染的人和非人灵长类传播。接触传播是其最主要的传播途径,接触患者的血液、排泄物和其他污染物可造成感染;另外,飞沫、注射和性传播等也可造成感染。

二、致病性与免疫性

人类对埃博拉病毒普遍易感,感染后可发生埃博拉出血热,潜伏期2~21 d,一般为5~12 d。临床表现为突起发热、头痛、咽喉痛和肌肉痛、极度乏力;随后出现恶心、呕吐、腹痛、腹泻、黏液便或血便;重症患者可出现神志改变,并出现不同程度的出血症状,包括皮肤、鼻、口腔、结膜、胃肠道、阴道出血或咯血、血尿等;可出现低血压、休克等,并可并发心肌炎、肺炎和其他多脏器损害;病死率约为50%~90%。

患者在症状出现7~10 d后出现特异性IgM、IgG抗体,IgM抗体可维持3个月,IgG抗体可维持很长时间;但也有重症患者至死也未能检出抗体。

三、微生物学检查法与防治原则

由于埃博拉病毒高度危险,因此,与活病毒相关的实验必须在生物安全四级(BSL-4)实验室进行。

采用ELISA法等方法检出样本中的埃博拉病毒抗原或血清特异性IgM抗体,或者从患者标本中检出埃博拉病毒RNA,或者从患者标本中分离到埃博拉病毒,可确定诊断。恢复期血清特异性IgG抗体效价比急性期有4倍或以上增高才有诊断价值。

目前埃博拉出血热尚没有疫苗可以预防,也无有效的治疗方法,主要采用支持疗法。控制传染源是预防和控制埃博拉出血热最重要的措施。一旦发现可疑病例,即需采取严格的隔离措施并及时作出诊断;对患者的排泄物及相关物品要严格消毒;对密切接触者要进行追踪和观察;加强医护人员的防护,加强院内感染的控制。

(张芳琳 徐志凯)

复习思考题

1. 引起出血热的病毒有哪些?在我国流行的主要是哪些?
2. 汉坦病毒的主要生物学特征是什么?
3. 肾综合征出血热的主要流行特点是什么?
4. 简述汉坦病毒的致病性和免疫性。
5. 克里米亚-刚果出血热病毒是怎样传播的?
6. 埃博拉病毒的特点有哪些?

第三十七章 其他重要病毒

This chapter considers rabies virus, human papillomaviruses, parvovirus B19, variola virus, and prion. Rabies virus is a bullet-shaped, single-stranded, negative-sense enveloped RNA virus. The virus is usually transmitted to human from the bite of a rabid animal. Rabies virus causes acute infection of the central nervous system. Tumor viruses are agents that can produce tumors when they infect appropriate animals.

The DNA viruses associated with cancers are referred as oncogenic DNA viruses. The oncogenic DNA viruses which have been strongly associated with human cancers include human papillomaviruses, Epstein-Barr virus, and hepatitis B virus.

The only known human pathogenic parvovirus, B19, has a tropism for erythroid progenitor cells. The viruses are nonenveloped, icosahedral particles. The DNA is positive sense and single-stranded. The virus replicates in committed erythroid precursor cells in the bone marrow, leading to erthroid aplasia.

Variola virus is the etiologic agent of smallpox that had most affected humans throughout recorded history. Smallpox was officially declared eliminated in 1979. Variola viruses appear to be ellipsoid particles and have a complex internal structure including a double-stranded DNA genome and associated enzymes. Genome replication and gene expression in variola viruses are almost independent of cellular mechanisms (except for the requirement for host cell ribosomes).

The single-stranded RNA Borna disease virus (BDV), is an emerging neurotropic virus. It infects central nervous system (CNS) which causes fatal central nervous system diseases, resulting in behavioral and psychological symptoms in a wide range of warm-blooded animals.

Prion, the causative agent of transmissible spongiform encephalopathies, is a group of conformational isoform of the cellular prion protein(PrP^C). The PrP^C, composed of 253 amino acid residues, is a normal host protein that occurs in most organs, but most abundantly in the brain. Changes in prion protein(PrP) folding are associated with fatal neurodegenerative disorders. A striking feature of prions is their extraordinary resistance to conventional sterilization procedures. Prion diseases are so far unique conformational diseases, because they are transmissible by misfolded protein, not only under experimental conditions but also naturally, predominantly by ingestion.

第一节 狂犬病病毒

狂犬病病毒(rabies virus)是狂犬病的病原体,属于弹状病毒科(*Rhabdoviridae*),狂犬病病毒属(Lyssavirus)。弹状病毒科包括100多种单负链非节段病毒,使人致病的主要是狂犬病病毒属和水疱性口炎病毒属(Vesiculovirus)可引起中枢神经系统损伤的急性传染病。

一、生物学性状

狂犬病病毒形态呈棒状或弹状(图37-1a),是有包膜的单负链RNA病毒,直径65~80 nm,长130~240 nm,由螺旋对称的核衣壳和包膜组成,基因组约12 kb,主要编码5种蛋白(图37-1b):转录酶(transcriptase)、核蛋白(nucleoprotein)、转录酶相关蛋白(transcriptase-associated protein)、基质蛋白(matrix protein)和糖蛋白(glycoprotein)。糖蛋白形成包膜表面的刺突,与病毒的感染性和毒力有关。

狂犬病病毒在鸡胚、鸭胚、地鼠肾细胞、人二倍体成纤维细胞中均能增殖,一般不引起细胞病变,须用荧光抗体染色法显示病毒的存在。在易感动物或人的中枢神经细胞中增殖时,可在细胞质内形成嗜酸

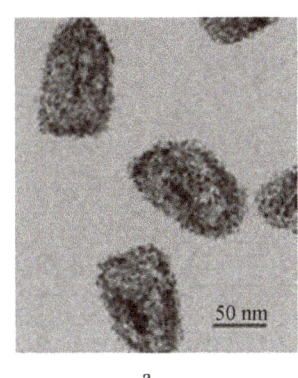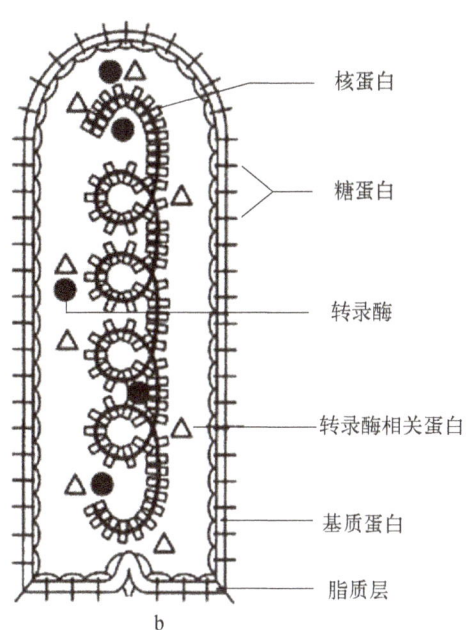

图 37-1 狂犬病病毒
a. 电镜图；b. 结构示意图

性、圆形或椭圆形包涵体,称内基小体(Negri body),有诊断价值。

狂犬病病毒只有一个血清型。从自然感染的动物或患者分离的狂犬病病毒称为街毒(street virus),侵袭力强,由脑外途径(如皮下、肌肉、腹腔或鼻腔)进入人或动物体内,能侵犯中枢神经,在脑细胞质内形成嗜酸性包涵体,并由脑进入唾液腺随唾液排出。若将街毒注入家兔脑内连续传代,其潜伏期逐渐从最初的2~4周缩短为4~6 d,在继续传50代后,潜伏期不再缩短,这时病毒已改变原有的致病力,由脑外接种不能进入脑内侵害,不能在脑细胞内形成包涵体,也不能移行至唾液腺内,这种狂犬病病毒称为固定毒(fixed virus),可用来制备疫苗。

狂犬病病毒对热、紫外线、日光、干燥抵抗力弱,加热60℃ 30 min可被灭活。对强酸、强碱、甲醛、碘、乙醇、肥皂水、离子型和非离子型去污剂等敏感。对酚有较强抵抗力。病毒在冻干或-70℃状态下可存活5年以上,脑组织内的病毒置50%中性甘油中于4℃至少可保存半年。

二、致病性与免疫性

狂犬病病毒能引起多种家畜和野生动物的自然感染,如犬、猫、猪、牛、羊、狼、狐狸、松鼠、蝙蝠、臭鼬、浣熊等。人狂犬病主要是被患病动物咬伤、抓伤和密切接触感染,亦可因皮肤黏膜破损处接触到含病毒材料而致感染,在特定条件下亦可通过呼吸道气溶胶感染。在发展中国家传染源主要是患病或带毒的犬,其次是猫和狼,而在发达国家则以野生动物为主。

狂犬病病毒是一种嗜神经性病毒,病毒自伤口部位侵入后,可在周围的横纹肌细胞内缓慢增殖,4~6 d后进入附近的神经末梢,沿神经轴向心性扩散到达神经节。病毒在神经节内大量繁殖,然后侵入脊髓,并迅速扩散到中枢神经系统,侵犯脑干及小脑等处的神经元,使神经细胞肿胀、变性。病毒自中枢神经系统向周围神经离心性扩散至泪腺、视网膜、角膜、鼻黏膜、味蕾、皮脂腺、毛囊、心肌、骨骼肌、肺、肝和肾上腺等组织器官。患者发病时神经兴奋性增高,并伴有恐水、呼吸和吞咽困难等症状,随后患者转入麻痹期,出现全身弛缓性瘫痪,并因呼吸和循环衰竭而死亡。

本病的潜伏期为10 d至10余年,一般30~90 d。潜伏期的长短与年龄、入侵病毒的数量及毒力等因素有关,咬伤部位距头部愈近、伤口愈深、伤者年龄愈小,则潜伏期愈短。机体感染狂犬病病毒后能产生细胞免疫和中和抗体。但当病毒已进入中枢神经内增殖,则不能阻断发病。

三、微生物学检查法

狂犬病的微生物学检查法主要包括分离狂犬病病毒,检查抗原和病毒RNA。

（一）镜检包涵体或免疫荧光镜检病毒抗原

以死者脑组织或咬人动物脑组织作病理切片或压片，用 Giemsa 及直接荧光法检查内基小体。对狂犬病患者的生前诊断可取唾液沉渣涂片、发病后做皮肤活检，用免疫荧光抗体法检查病毒抗原。

（二）RT-PCR 检测病毒 RNA

狂犬病病毒 RNA 可在唾液、脑脊液、泪液、皮肤活检样本和尿等样本中检出。由于病毒排出的间歇性，应对液体样本连续检测。现多用 RT-PCR 法检测样品中狂犬病病毒核蛋白序列。

（三）动物接种试验

将唾液或 10% 脑组织悬液接种 1～2 d 龄乳鼠脑内，阳性鼠于 6～8 d 内出现震颤、竖毛、尾强直、麻痹等现象，10～15 d 内死亡。病鼠脑内可发现内基小体。

四、防治原则

（一）感染源管理

捕杀野犬，对饲养的猎犬、警犬、实验用犬和家犬进行登记，做好人及动物的预防接种，是预防狂犬病的主要措施。咬过人的猫、犬应设法捕获，并隔离观察 10 d，未发病可解除隔离；若发病则处死动物，取其脑组织检查病毒抗原和内基小体。

（二）伤口处理

人被动物咬伤后，立即用 20% 肥皂水、0.1% 苯扎溴铵或清水反复冲洗伤口，再用 70% 乙醇及碘酒涂擦。注射高效价抗狂犬病病毒血清于伤口周围与底部，如与狂犬病疫苗联合应用效果更佳。已在第 0 天和第 3 天接受疫苗肌肉注射的暴露人群不需要注射抗狂犬病病毒血清。

（三）疫苗接种

狂犬病的潜伏期一般较长，人被咬伤后如及早接种疫苗，可以预防发病。我国目前用原代地鼠肾细胞组织制备灭活病毒疫苗，免疫效果好，副作用少。被犬咬伤后最佳的接种疫苗时间是在 24 h 内，不要超过 72 h，原则是宜早不宜迟。常用狂犬病病毒灭活疫苗分别于第 0、3、7、14 和 28 d 进行肌肉注射，成人宜在肱三角肌，幼儿可在大腿前侧肌肉接种。全程免疫后可在 7～10 d 产生中和抗体，并保持免疫力 1 年左右。一些有接触病毒危险的人员，如兽医、动物管理员和野外工作者等，应接种疫苗预防感染，可分别在第 0、7、21 或 28 d 接种狂犬病疫苗 3 次。

（四）治疗

目前还没有针对狂犬病症状出现后的特定治疗方案，主要采用支持疗法，如镇静、机械通气、营养支持等。即使受到良好的重症监护，几乎所有的患者在症状出现的几周内会死于疾病及其并发症，病死率几乎 100%。

第二节　人乳头瘤病毒

人乳头瘤病毒（human papillomavirus，HPV）属乳多空病毒科中的乳头瘤病毒属，乳多空病毒科（Papovaviridae）的英文名源自乳头瘤病毒（papillomavirus）、多瘤病毒（polyomavirus）和猴空泡病毒（simian vacuolating virus）。该病毒科包括乳头瘤病毒属（Papillomavirus）和多瘤病毒属（Polyomavirus），均为致瘤 DNA 病毒。1977 年，德国学者 Harald zur Hausen 等从宫颈癌标本中发现了人乳头瘤病毒，确立了人乳头瘤病毒与宫颈癌的关系，2008 年获诺贝尔生理学或医学奖。

（一）生物学性状

人乳头瘤病毒为球形无包膜的双链 DNA 病毒，直径为 52～55 nm（图 37-2）。病毒基因组为双链环状 DNA，7.8～8.0 kb，分为早期区、晚期区和调节区。早期区编码与病毒复制、转录调控、翻译和细胞转化有关的蛋白，如 E1 和 E2 是病毒复制的基础，与转录调控有关，E1 的失活导致病毒插入宿主染色体的任何部位，E5、E6、E7 是转化基因，编码的蛋白质可与 p53、pRB 蛋白结合，引起细胞转化。晚期区编码主要衣壳蛋白 L1 和次要衣壳蛋白 L2。基因工程表达的 L1 和 L1+L2 蛋白具有自我组装的特性，在真核细胞内可组装成病毒样颗粒（virus-like particle，VLP），VLP 虽不含病毒核酸，但空间构象和抗原性与天然 HPV 颗粒相似，可诱发机体产生中和抗体。调节区含有 HPV DNA 的复制起点和基因表达所必需的调控元件。

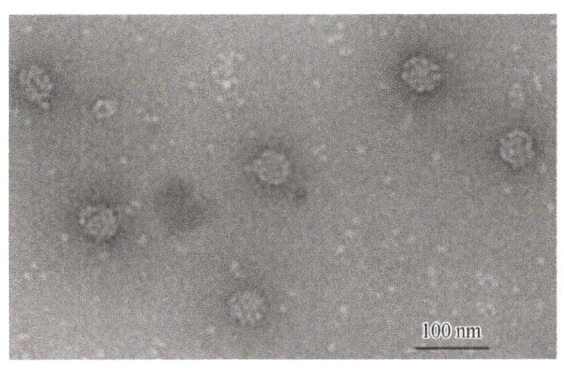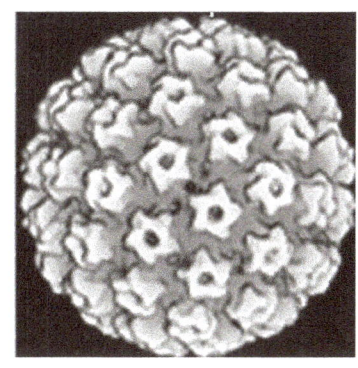

图 37-2 人乳头瘤病毒

本病毒不能在体外培养,有 100 多个型,型间 DNA 的同源性低于 50%。HPV 对皮肤和黏膜上皮细胞有高度亲嗜性,核酸原位杂交方法在皮肤基底层细胞可以检测到病毒早期基因,晚期基因仅在分化的角质细胞中检测到。病毒复制能诱导上皮增殖,表皮变厚,伴有棘层增生和某些程度表皮角化,在颗粒层常出现嗜碱性核内包涵体。上皮增殖形成乳头状瘤,也称为疣。病毒 DNA 的一段游离基因常能插入宿主染色体的任意位置,导致细胞转化。

(二) 致病性与免疫性

HPV 主要通过接触感染部位或污染的物品传播,生殖器感染主要由性交传播,新生儿可在产道感染。病毒感染是局部的,不经血流扩散。不同型的 HPV 可引起不同部位的乳头瘤(表 37-1)。皮肤疣一般是良性的,HPV 的 DNA 是游离的,有些疣能自行消退。高危型的人乳头瘤病毒与生殖道癌前病变及恶性肿瘤密切相关,HPV 的 DNA 往往整合在宿主细胞的染色体上。

HPV 造成的损伤受免疫因素的影响,细胞介导的免疫较为重要。HPV 感染后出现皮肤疣,持续较长时间后会自行消退;而对免疫抑制患者疣及宫颈癌的发生率会增加。

表 37-1 HPV 型别与人类疾病的关系

HPV 型别	相关疾病	潜在致瘤性
1,4	跖疣	良性
2,4,26,27,29	寻常疣	良性
3,10,28,41	扁平疣	恶性罕见
5,8	疣状表皮增生异常	30%发展成恶性
6,11	生殖器湿疣,喉乳头瘤,上皮内瘤	低
7	手疣	良性
9,12,14,15,17,19~25,36,46,47	疣状表皮增生	有些会发展成癌(如 HPV-17、HPV-20)
13,32	口腔灶性上皮增生	可能发展成癌
16,18,30,31,33,35,39,45,51,52,56	生殖器癌变,喉癌,食道癌	与生殖器和口腔癌高度相关,尤其是宫颈癌
34,40,42~44,53~55,58,59,61,62,64,66~69	上皮肉瘤(生殖器,其他黏膜部位)	有些会发展成癌
75,77	器官移植患者寻常疣	?
37	角质棘状疣	良性

(三) 微生物学检查法与防治原则

一般通过临床表现可对 HPV 感染做出诊断,但亚临床感染或临床表现不典型时可采用免疫组化方法检测病变组织中的 HPV 抗原,用核酸杂交法和 PCR 法检测 HPV 的 DNA 序列。基因检测法既可对 HPV 感染进行确诊,又能对 HPV 进行分型。HPV 引起的疣可用冷冻、电灼、激光及药物等方法治疗。2006 年 6 月,世界上首个由 HPV6、11、16 和 18 型 VLP 组成的四价 HPV 基因工程疫苗,即 Gardasil 疫苗已获批准在美国上市,可用于预防 HPV6、11、16 和 18 型所引起的生殖器疣、癌前病变及宫颈癌。

第三节 小 DNA 病毒

细小病毒 B19(Parvovirus B19)是 1975 年 Cossar 等在常规检测献血员血清时,偶然在标号为 19 的献血员中发现的一种单链 DNA 病毒,属于细小病毒科(Parvoviridae)、细小病毒亚科(Parvovirinae)、红病毒属(Erythrovirus)。本病毒是传染性红斑的病原体,并与骨髓功能障碍、宫内感染、关节病、肝脏损害、心肌或心包炎、血管炎综合征等多种疾病相关。

一、生物学性状

细小病毒 B19 为无包膜的单正链 DNA 病毒,核衣壳呈 20 面体对称,病毒体呈球形(图 37-3),直径 18~26 nm,基因组约 5.6 kb。

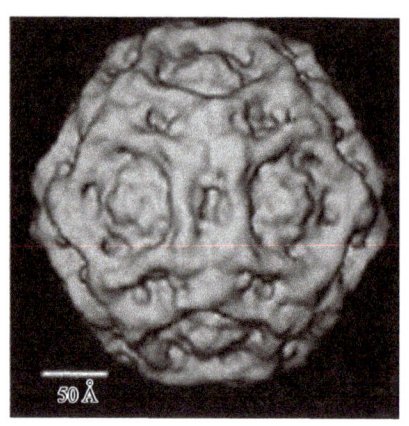

图 37-3 细小病毒 B19

细小病毒 B19 可分为 4 个基因型(Ⅰ~Ⅳ),其中Ⅲ型又分为Ⅲa、Ⅲb 亚型。本病毒可在人骨髓细胞、人胎肝细胞培养中复制,其繁殖有赖于红细胞及特异的红细胞生成素的存在。体外培养系统仅用于研究病毒的特性,不能用于标本的分离,也未找到敏感动物。细小病毒 B19 对热稳定,60℃可存活 12 h。

二、致病性与免疫性

细小病毒 B19 可经呼吸道、输血或注射血制品以及母-婴传播。本病毒的靶细胞主要是人骨髓中分裂旺盛的红系细胞(erythroid cell)、成熟红细胞、红系祖细胞(erythroid progenitor)、巨核细胞、内皮细胞、胎盘以及胎肝和心肌细胞上表达的 P 抗原可能是细小病毒 B19 的受体。P 抗原即红细胞糖苷脂(globside,Gb4),是一种中性糖鞘脂类(golcosphingolipid,GSL)物质。细小病毒 B19 结合 Gb4 进入细胞,主要在细胞核内复制,形成核内包涵体(嗜酸性或嗜碱性)。由于病毒的直接杀伤和所介导的免疫作用,使感染细胞溶解,引起疾病。一般人群多表现急性感染,病毒血症发生后,机体迅速产生特异性 IgM 和 IgG 抗体,使感染康复。机体免疫缺陷或病毒 DNA 整合到宿主细胞染色体,可导致慢性持续性感染。

细小病毒 B19 所致疾病潜伏期长短不一,短者 4~6 d,长者约 20 d。所致疾病主要有以下几种

(一) 传染性红斑

传染性红斑(erythema infectiosum)又称 5 号病(the fifth disease),是细小病毒 B19 感染引起的最常见的轻型疾病,主要发生在儿童。起病急、潜伏期 1~2 周,以突发性面颊部红晕状皮疹及四肢网状或花边状皮疹为特点。出疹前 1 周左右可有发热、轻微呼吸道症状和全身不适,部分患者可有淋巴结肿大和关节肿痛。

(二) 一过性再生障碍性贫血危象

细小病毒 B19 对骨髓红系祖细胞具有亲嗜性,可致红细胞生成障碍。细胞发育常停止于原红细胞期,形成巨原红细胞。在正常人这种自限性贫血一般不表现临床症状,但在慢性溶血性贫血(如镰状贫血、遗传性球形红细胞增生症、地中海贫血和自身免疫性溶血性贫血)、失血性贫血患者中,细小病毒 B19 感染能诱发一过性再生障碍性贫血危象(transient aplastic crisis,TAC)。

(三) 宫内感染

孕妇被细小病毒 B19 感染,在病毒血症期可经胎盘传给胎儿,病毒扩散至胎儿全身器官,引起广泛

感染,尤其对胎儿快速分裂的细胞(如骨髓红细胞生成系统)影响最大,可致胎儿贫血、缺氧、心力衰竭,形成水肿型胎儿,发生流产或死胎。

(四) 关节病

急性关节炎、关节痛是细小病毒 B19 感染的常见临床症状,常以对称性多关节肿胀、疼痛和活动受限为特征,累及全身各关节。症状多在 2 周内自行恢复,仅少数患者病程迁延或复发,成为慢性关节炎。

白血病免疫缺陷患者常需多次输血,因此也最可能受感染,而免疫缺陷又有利于感染持续,从而造成慢性红细胞生成障碍,引起慢性严重贫血。

三、微生物学检查法与防治原则

实验室最敏感的方法是检测血清、血细胞、组织、呼吸道分泌物中的细小病毒 B19 DNA,可以用血清或组织提取物做斑点杂交,用组织切片做原位杂交,也可用 PCR 检测细小病毒 B19 DNA。

对细小病毒 B19 感染的预防,关键应及时采取呼吸道隔离措施,并对血液制品进行细小病毒 B19 筛查。目前还没有针对人细小病毒 B19 感染的预防疫苗。

包括传染性红斑在内的大多数 B19 细胞病毒疾病不需要接受任何治疗。对持续感染的患者可用含有细小病毒 B19 中和抗体的免疫球蛋白制品治疗,有一定的改善作用。当一过性再生障碍性贫血危象患者血红蛋白降至 40 g/L 以下,需输血治疗,一般可在 7～10 d 内恢复。

第四节 天花病毒

天花病毒(variola virus)是天花(smallpox)的病原体,属于痘病毒科(*Poxviridae*)、脊椎动物痘病毒亚科(*Chordopoxvirinae*)、正痘病毒属(Orthopoxvirus)。痘病毒是已知病毒中最大、最复杂的一类病毒。

WHO 于 1980 年 5 月 8 日宣布天花在世界范围内被消灭,成为人类消灭的第一种也是唯一一种传染病。天花能够根除的有利因素有:人是天花唯一的宿主,没有其他动物宿主;天花仅有一个血清型,临床亚型罕见;天花疫苗可提供有效的免疫保护,并终生免疫;世界各国政府积极参与。目前有两个机构尚保留天花病毒,一处是美国亚特兰大疾病预防和控制中心,另一处是莫斯科病毒研究所。天花的灭绝是指存在于自然环境中可致病病毒的灭绝,天花病毒仍可能是今后需要防范的生物战剂之一。

一、生物学性状

天花病毒为砖形有包膜的双链 DNA 病毒,体积约 300 nm×200 nm×100 nm(图 37-4a)。从细胞中分离的病毒称为细胞内成熟病毒颗粒(intracellular mature virion,IMV),病毒外膜由管形脂蛋白亚单位构成(图 37-4b),这些亚单位排列不规则,具有病毒特异性,它不含宿主细胞膜成分;核衣壳上的壳微粒呈不典型的立体对称和螺旋对称(属于复合对称),排列呈栅状。病毒体内部有一哑铃形核心,又称拟核(nucleoid),由紧紧压缩的核蛋白和缠绕其上的双链 DNA 基因组组成。核衣壳与外膜之间有两个"侧体(lateral bodies)"(图 37-4c)。从组织培养的培养基中分离的病毒是以出芽方式分泌到细胞外的,称为细胞外被膜病毒颗粒(extracellular enveloped virions,EEV),即在病毒颗粒外还有一层来源于细胞膜的脂蛋白被膜。

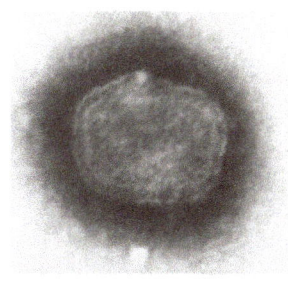
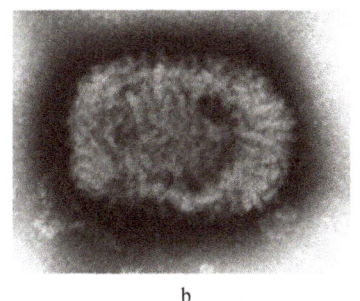
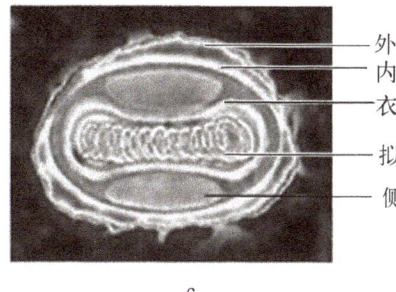

图 37-4 天花病毒

a. 成熟的天花病毒(×200 000);b. 负染病毒颗粒示管形脂蛋白亚单位(×310 000);c. 病毒截面示意图

天花病毒基因组约186 kb，编码多种酶进行DNA代谢、病毒基因转录以及mRNA的转录后修饰，基因复制和表达几乎不依赖细胞酶系。天花病毒接种在鸡胚绒毛尿囊膜上易生长，产生的痘疱小，边缘齐整。接种鸡胚成纤维细胞、猴肾细胞、人胚肌皮成纤维细胞、HeLa细胞及其他各种细胞培养都能生长，引起细胞病变，并能在细胞质内产生嗜酸性包涵体。天花病毒只有一种型别，抗原性稳定，没有动物宿主，一旦从人群中根除，自然界就不再存在该病毒的储存场所。

天花病毒对干燥及热抵抗力较强，痘痂中的病毒在室温中能存活数月，但湿热60℃ 10 min可灭活。对紫外线照射、低pH、70%乙醇、0.01%高锰酸钾或0.2%甲醛敏感。

二、致病性与免疫性

天花病毒主要由呼吸道传播，穿过黏膜进入局部淋巴组织内繁殖，继而侵入血流发生第一次病毒血症。病毒随血液循环到达脾、骨髓、淋巴结，并在此增殖，此时无临床症状。经7～16 d潜伏期，病毒大量增殖，发生第二次病毒血症，患者出现前驱症状（头痛、背痛、高热、寒战、疲乏等），病毒随血行散布到全身，在皮肤及黏膜细胞中增殖侵害，3～4 d后全身发出痘疹，进入出疹期。痘疹起初为斑丘疹，逐渐转成水泡疹，而后成为脓疱，在痘疹的表皮下层含有大量病毒。口腔、上呼吸道因缺少角质层，痘疹较易破溃，以致散出病毒混入唾液及鼻咽分泌物中，随飞沫排出，散播感染，此时患者最具传染性。发病后10 d左右，体内逐渐产生免疫力，热度渐退，脓疱开始干缩和结痂。随后痂屑脱落，飞扬于空气中仍可散播感染。患者康复后，痂脱落形成瘢痕，由于脸部丰富的皮脂腺被破坏，并发生纤维化，故脸上的瘢痕最明显，俗称"麻子"。

天花病型的轻重取决于病毒的毒力和机体的免疫力。严重者为暴发性出血性天花（发病率＜1%），病死率高。机体产生的抗体不能阻止痘疹病损的发展，而细胞免疫可阻止病毒在细胞间的扩散侵害。天花病后产生持久免疫力，可终身不再感染。

三、微生物学检查法

典型病例在临床上不难确诊，但偶发的病例在初期须与水痘鉴别。

(一) 直接染色镜检

刮取痘疹内容物及底层组织，涂片，用碱性甲紫液（1%甲紫、2%碳酸钠）加温染色5 min后镜检，查见有着色的大量病毒颗粒者即可能是天花病毒。水痘-带状疱疹及单纯疱疹内容物中也能查见类似的颗粒，但数量少，不着色，不易查见。此法简易快速。

(二) 电镜检查

待检样本用磷钨酸钾负染后，以电子显微镜查看，如见有砖形病毒体即可能是天花病毒。水痘-带状疱疹病毒及单纯疱疹病毒皆呈球形。

(三) 免疫荧光检查

待检标本涂片，经脱脂固定后，用特异荧光抗体做直接或间接免疫荧光染色，荧光显微镜查见有显著荧光的颗粒或团块即可断定。

(四) 病毒分离培养

待检标本接种家兔角膜、鸡胚绒毛尿囊膜，或人、猴、鸡胚细胞培养物。天花病毒能使角膜出疹，呈白色小点；在鸡胚绒毛尿囊膜上产生痘疱斑点；在细胞培养中出现细胞病变，产生细胞质内嗜酸性包涵体。单纯疱疹病毒也能生长，但所致的斑块不同。水痘-带状疱疹病毒不生长。

(五) 血清学检验

取恢复期血清（最好是取病初及病后双份血清）与病毒做血凝抑制试验、中和试验、补体结合试验及沉淀试验。

四、防治原则

接种天花疫苗是预防天花最有效的方法。我国很早就发明了预防天花的人痘接种法，1796年，Jenner证明接种了牛痘的人对天花有完全的抵抗力。20世纪50年代，许多国家开始大规模使用痘苗病毒（vaccinia virus）进行预防接种。

天花疫苗是天花病毒或牛痘病毒人工适应变异的痘苗病毒弱毒株，与天花病毒基因组的同源性超过90%。曾在我国广泛接种的天花疫苗毒株是痘苗病毒天坛株,这是20世纪70年代我国科学家从我国患者带脓液的痘痂中分离,经猴、兔、牛体交替传代获得的。接种天花疫苗产生的免疫力能维持3~5年。甲红硫脲对预防天花有一定效果,但对天花患者无治疗效果。发生种痘并发症者,可用抗痘苗病毒的免疫球蛋白及甲红硫脲治疗。天花疫苗对同属的牛痘病毒(cowpox virus)和猴痘病毒(monkeypox virus)感染可起到预防或减轻症状的作用。

第五节 博纳病病毒

博纳病(Borna Disease,BD)的病原体为一种新发神经系统感染病毒——博纳病病毒(Borna disease virus,BDV),是20世纪80年代发现的新现病原微生物,属单负链病毒目(Mononegavirales)、博纳病病毒科(*Bornaviridae*)、博纳病病毒属(Bonavirus)。

一、生物学性状

BDV颗粒呈球形,有包膜,大小介于85~125 nm之间(图37-5)。基因组为单股负链RNA,约8.9 kb,含有6个开放阅读框,分别编码磷蛋白(phosphoprotein,P)、核蛋白(nucleoprotein,N)、糖蛋白(glycoprotein,G)、基质蛋白(matrix protein,M)、X蛋白(X)和RNA依赖的RNA聚合酶(L)。

BDV最适pH范围是5~12,加热56℃ 30 min失去活性,对脂溶剂如醚、氯仿或丙酮、紫外线照射等均十分敏感。

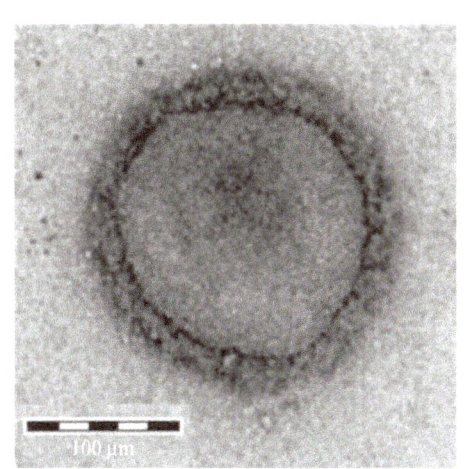

图37-5 博纳病病毒颗粒电镜照片

二、致病性与免疫性

BD呈全球性分布,包括德国、瑞士、澳大利亚、美国、日本和中国等都有发现。在自然感染中,BDV一般通过马、羊、牛和猫等多种家畜动物的唾液和鼻腔分泌物等进行传播,实验室已建立了大鼠、沙鼠和灵长类等多种动物模型。

BDV具有严格的嗜神经性,BD是一种以行为异常、脑实质和脑膜的炎性细胞浸润,以及疾病特异性的抗原在边缘系统神经元中积聚为特征的、主要由免疫介导的神经综合征。根据动物或人感染BDV后的病理变化和临床表现,一般将BD分为脑炎型博纳疾病(EBD)和行为型的博纳疾病(BBD)两个型。前者病理变化主要以脑膜非特异性炎症为主,后者神经系统损害不明显,以行为异常为主,表现为慢性持续性感染。

通常认为博纳脑炎是一种免疫介导性疾病。主要是细胞免疫,体液免疫发挥次要的作用,产生中和抗体的滴度很低。只有一个血清型。

三、微生物学检查法与防治原则

BDV磷蛋白和核蛋白基因比较保守,可通过对其检测判断是否存在病毒感染。运用间接免疫荧光法等进行检测在不同实验室间结果有差异,主要原因是患者抗体检测滴度较低。

目前尚未有成熟的BD治疗方案,但是有少数药物常被用于治疗,如金刚烷胺。

第六节 朊病毒

朊病毒(prion)亦译为朊粒、朊毒子、传染性蛋白粒子等,是1982年由美国学者Prusiner命名的一组引起中枢神经系统慢性退行性病变的病原体。朊粒可在人和哺乳动物中引起以传染性海绵状脑病(transmissible spongiform encephalopathies,TSE)为特征的致死性中枢神经系统慢性进行性疾患(图37-6)。

一、生物学性状

朊病毒不具有寻常病毒体结构,未检出基因组核酸,其化学本质是构象异常的朊蛋白(prion protein,

PrP)。构象正常的朊蛋白由宿主细胞基因组编码,称为细胞朊蛋白(celluar prion protein,PrP^C),人 PrP^C 基因位于第 20 对染色体短臂(20p12),编码 253 个氨基酸残基,α-螺旋占优势,β-片层极少,常被甘油磷脂酰肌醇(glycosylphosphatidylinositol,GPI)锚定(anchor)在神经细胞表面(图 37-7),与神经细胞突触功能有关,对蛋白酶 K 敏感。而朊病毒的分子构象以 β-片层为主,α-螺旋减少,对蛋白酶 K 有抗性。

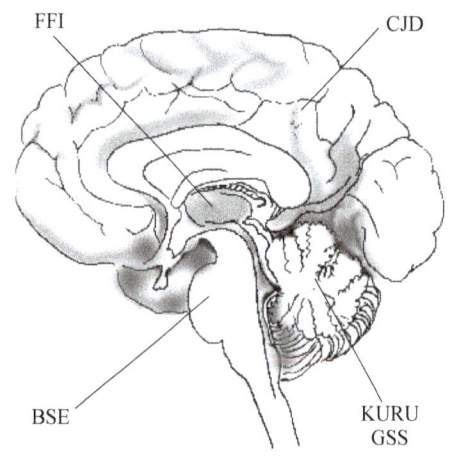

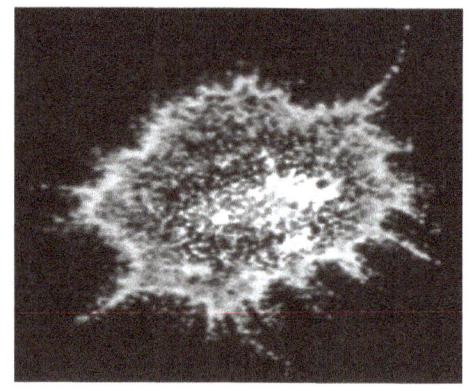

图 37-6 朊病毒侵犯脑不同部位所致疾病　　　　图 37-7 聚集在细胞表面的 PrP^C

正常情况下,PrP^C 通过内质网成熟并表达在细胞膜上。如果 PrP^C 在细胞内质网成熟时发生错误折叠,这些构象改变的朊蛋白就不能运至细胞膜而逆向转运至细胞质溶胶(cytosol),由蛋白酶消化降解。如果 PrP 分子发生突变或者 PrP 代谢紊乱,错误折叠的 PrP 就会积聚在细胞质溶胶中,形成不可溶性的、对蛋白酶 K 有抗性的 PrP,即 PrP^{Sc}。PrP^{Sc}(scrapie PrP)也称羊瘙疫朊蛋白,在一级结构上与正常宿主蛋白 PrP^C 没有差异,但是一种构象永久改变的错误折叠的 PrP^C,具有传染性。神经细胞和非神经细胞都能产生 PrP^{Sc},因此在外周(非神经细胞)出现的 PrP^{Sc} 也可能最终会大量聚集并沉积于中枢神经系统的神经元中。PrP^{Sc} 还可通过干扰 PrP 的正常折叠和运输,最终引发传染性朊病毒病。

朊病毒在细胞外主要以 PrP^{Sc} 构象出现,因而对各种理化作用具有很强的抵抗力。对煮沸、冷冻、乙醇、过氧化氢、高锰酸盐、碘、去垢剂、有机溶剂、甲醛、蛋白酶、γ 射线、紫外线和常规高压灭菌的抵抗力强。使用≥134℃高压蒸汽灭菌至少 2 h,或用 5.25% 次氯酸钠、氢氧化钠(2M 或更高浓度)以及硫氰酸胍(4M)才可有效降低朊病毒的感染性。

二、致病性与免疫性

根据朊病毒的来源不同,人类朊病毒可以分为传染性、遗传性和散发性三种类型。朊病毒可经食物从消化道感染,摄入的朊病毒通过 M 细胞穿过肠壁进入派尔集合淋巴结(Peyer's patch,小肠黏膜下淋巴组织),在淋巴结、脾和扁桃腺等淋巴器官复制。这些淋巴器官受神经支配,朊病毒侵入神经,沿轴突上行到脊髓,最后进入中枢神经系统引起疾病。朊粒也可经医源性感染,如角膜移植、硬脑脊膜移植、使用污染的医疗器械,注射从脑垂体提取的生长激素与促性腺激素等。遗传性朊病毒与宿主本身的 PrP 基因突变有关,如家族性克雅病。散发性朊病毒的机制尚不明确,如散发性克雅病可能与 PrP^c 自发性异常折叠有关。

朊病毒病通常有较长时间的潜伏期(数月至十几年),发病后出现慢性进行性神经系统病变,患者表现为丧失自主控制、消瘦、痴呆、麻痹并最终死亡。病理表现为大脑皮质和小脑出现空泡变性、淀粉样斑块和星形胶质细胞增生。患者无明显的炎症反应,也没有体液免疫或细胞免疫反应,不诱导产生干扰素,也不受干扰素作用的影响。

已知的人朊病毒病主要有以下几种。

1. 克雅病　克雅病(Creutzfeld-Jacob Disease,CJD)由 Creutzfeldt 和 Jakob 两位神经病理学家分别于 1920 年和 1921 年报道,潜伏期可达十几年,发病后多在 1 年内死亡。临床症状包括肌阵挛(myoclonus)、共济失调(ataxia)、脑功能障碍与痴呆。

2. 格斯特曼综合征　格斯特曼综合征(Gerstmann-Straussler-Scheinker syndrome,GSS)潜伏期

40～50年，主要表现为进行性小脑共济失调，较晚出现痴呆。病理特征为小脑出现大量PrP阳性的淀粉样斑块。

3. 致死性家族失眠症 致死性家族失眠症（fatal familial Insomnia，FFI）表现为进行性失眠，不自主的（多汗、心动过速）神经和运动失调（共济失调、肌阵挛），知觉障碍等。病理特征为丘脑严重萎缩，神经胶质增生。

4. 库鲁病 库鲁病（Kuru）是一种发生于巴布亚新几内亚的进行性小脑退行性疾病，该病的发生与噬尸的原始宗教习俗有关。潜伏期5～30年，一旦发病，患者就出现小脑型共济失调、震颤，并发展成语言障碍、失语、运动失能，多在1年内死亡。病理特征为星形胶质细胞（astrocyte）显著增生，灰质海绵状变性，神经元广泛退化。

5. 克雅病变种 克雅病变种（variant CJD，vCJD）可能是人食物链中含有疯牛病的致病因子所致。症状为进行性小脑功能紊乱、痴呆、肌阵挛并最终死亡。病理特征为小脑空泡变性、神经元丢失、星形胶质细胞增生（astrogliosis）和淀粉样斑块（amyloid plaques）等。

6. Alpers综合征 Alpers综合征（Alpers syndrome）特指婴儿朊病毒病。

动物朊病毒病主要有以下几种。

1. 瘙痒病 瘙痒病（scrapie）宿主范围包括绵羊、山羊和鼠。羊瘙痒病是第一个被发现的朊病毒病（1939年）。感染的羊表现消瘦、进行性共济失调、震颤、倚靠围栏反复摩擦身体等瘙痒症状，病死率极高。病理特征为中枢神经细胞空泡变性，大量神经元丢失，神经胶质增多，淀粉样斑块形成等。

2. 牛海绵状脑病 病牛表现为体重减轻、步态蹒跚、震颤、感觉过敏、恐惧甚至狂乱，俗称疯牛病。1985年牛海绵状脑病（bovine spongiform encephalopathy，BSE）在英国开始流行，随后陆续在不同国家和地区都有报道，2003年在美国也发现了疯牛病。食用病牛肉或其制品能使人患病，即克雅病变种。

3. 传染性貂脑病 传染性貂脑病（transmissible mink encephalopathy，TME）是一种发生于饲养貂中的进行性神经系统疾病，表现为行为和清洁习惯改变及饮食和吞咽困难，感觉过敏，病貂常将尾巴拱在后背上，失去方向性与协调性。

4. 慢性消耗性疾病 慢性消耗性疾病（chronic wasting disease，CWD）是发生在麋鹿、骡鹿中的可传染性海绵状脑病。表现为行为改变、慢性体重减轻直至死亡。

5. 猫海绵状脑病 猫科动物也对朊病毒易感，患猫可发生海绵状脑病（feline spongiform encephalopathy，FSE）。

三、微生物学检查法与防治原则

免疫组化技术是目前诊断朊病毒感染最可靠的方法，取脑组织或非神经组织切片，用单克隆抗体或多克隆抗体检测PrP^{Sc}。蛋白印迹（Western blotting）检测PrP^{Sc}是一种简单而敏感的诊断方法。也可从患者外周血白细胞中提取DNA，对朊病毒基因进行分子遗传学分析，以确定PrP基因及其是否发生突变，协助诊断遗传性朊病毒病。

朊病毒病是进行性疾病，目前还未见病愈康复者，尚缺乏有效药物治疗。朊病毒病的预防应放在重要位置，患病的脑组织、血液、体液及脏器等要严格处理，污染的器械敷料和其他物品要焚毁。另外，应禁止向动物饲料中添加牛、羊等骨肉粉，以避免朊病毒进入食物链。禁止从有朊病毒感染的国家和地区进口牛肉及其制品等，对怀疑有朊病毒污染的动物或制品必须进行严格的检疫。

（赵卫　咸中田）

复习思考题
1. 简述狂犬病病毒的生物学性状、致病性和防治原则。
2. 试述人乳头瘤病毒的分型及致病性。
3. 5号病的病原体是什么，有什么特征？
4. 人类消灭天花的有利因素有哪些？
5. 博纳病病毒的传播途径有哪些？
6. 朊病毒的生物学性状有哪些？如何致病？

第三篇

真菌学

第三十八章 真菌学概论

All fungi are eukaryotic microorganisms and each fungal cell has at least one nucleus, nuclear membrane, endoplasmic reticulum, mitochondria, and secretion apparatus. Up till now, an least 100,000 species of fungi have been identified, but only a few of them can cause human diseases.

Fungi can be classified into two groups: yeasts and molds. Yeasts are single cell organisms which propagate by asexual manner such as budding. Molds are multiple cell organisms with many different-shaped filaments (hypha). Molds propagate by production of spores in large numbers, asexual cell division and / or sexual cell-fusion reproduction. Most fungi exist in nature and grow in simple sources of nitrogen and carbohydrates. Sabouraud's agar is the commonly used medium for fungal cultivation in laboratory.

During the past decade, the incidence of mycotic infectious diseases has been persistently increasing. Pathogenic fungi are able to cause exogenous fungal infection, opportunistic fungal infection, fungal allergies, and mycotoxicosis. In addition, some mycotoxins have been confirmed as the causative agents of some certain tumors. The molecular mechanism of fungal pathogenicity remains poorly understood. The antibiotics used to treat bacterial infectious diseases have no effects to fungal infectious diseases. The drugs that used to treat fungal infectious diseases in clinic usually damage or destroy ergosterol in fungal cell membranes.

真菌(fungus)是一类具有细胞壁、典型细胞核结构和完善细胞器、能进行无性或有性繁殖的真核细胞型微生物,广泛分布于自然界中。目前已发现的真菌有10万余种,不少真菌已广泛应用于医药工业、食品、化工和农业生产,有重要的经济价值。一些真菌可使食品、衣物、农副产品霉变或引起植物、动物疾病。少数真菌能引起人类疾病,包括致病性真菌、条件致病性真菌、产毒性真菌和致癌性真菌。

第一节 真菌的生物学性状

一、形态与结构

真菌比细菌大几倍至几十倍,用普通光学显微镜放大数百倍即可观察到。真菌细胞结构与高等植物细胞基本相同,有典型的核结构和较多细胞器。与细菌的细胞壁不同,真菌细胞壁无肽聚糖,其坚韧性主要依赖于壳多糖(chitin)与β-葡聚糖(β-glycan)组成的微细纤维骨架和不定型多糖基质构建的致密结构。真菌细胞膜含有固醇(sterol),细菌细胞膜无此类成分。麦角固醇是真菌细胞膜的重要组成成分,也是真菌特有的脂质,具有维持真菌细胞膜正常生理功能的重要作用。

真菌分单细胞和多细胞两大类。最简单的单细胞真菌是呈圆形或卵圆形,如酵母菌(yeast)。多细胞真菌在生长时形成菌丝(chyphe)与孢子(spore),并交织成团,称丝状菌(filamentous fungus)或霉菌(mold)。但有些真菌在不同的环境条件下(营养、温度等),可发生单细胞真菌与多细胞真菌两种形态的可逆转换,称为双相性或二相性真菌(dimorphic fungus)。真菌分类以及各种真菌结构和功能、生长和繁殖方式参见表38-1。

(一) 单细胞真菌

形态较为简单,呈圆形或卵圆形,包括酵母型真菌和类酵母型真菌。酵母型真菌以出芽方式繁殖,芽生孢子成熟后脱落成独立个体,不产生菌丝,形成酵母型菌落。类酵母型真菌与酵母型真菌的区别在于其延长的芽体不与母细胞脱落而形成假菌丝,假菌丝可伸入培养基内,形成类酵母型菌落。对人致病的真菌主要有新生隐球菌和白假丝酵母菌。

表 38-1 真菌分类以及各种真菌结构和功能、生长和繁殖方式

真菌分类			
单细胞真菌		多细胞真菌	
酵母型真菌	类酵母型真菌	菌丝	孢子
出芽方式繁殖，不产生菌丝，形成酵母型菌落	延长的芽体不与母细胞脱离而形成伸入培养基内的假菌丝，形成类酵母菌落	营养菌丝体 气生菌丝体 生殖菌丝体	有性孢子：卵孢子、接合孢子、子囊孢子、担孢子 无性孢子：分生孢子（大分生孢子、小分生孢子）、孢子囊孢子（孢子在孢子囊内）、叶状孢子（芽生孢子、厚壁孢子、关节孢子）

（二）多细胞真菌

形态较复杂，有菌丝并可分枝，有的菌丝上长出孢子，形成丝状菌落(filamentous colony)。不同多细胞真菌的菌丝和孢子形态可有差异，可用于鉴别一些多细胞真菌。

1. 菌丝 在适宜环境下，多细胞真菌孢子在基质上萌发产生芽管，芽管进一步延长后呈丝状，称菌丝。菌丝继续生长和分枝，交织成团形成菌丝体(mycelium)，按其功能可分为：① 营养菌丝体(vegetative mycelium)：伸入培养基或寄生组织中汲取营养物质的菌丝体。② 气生菌丝体(aerial mycelium)：向空气中生长的菌丝体。③ 生殖菌丝体(reproductive mycelium)：气生菌丝体中可产生孢子的菌丝。

根据菌丝的结构可分为：① 有隔菌丝(septate hypha)：菌丝间隔一定距离由隔膜(septum)将其分隔成多个细胞，每一个细胞含有一个至数个核。隔膜中有小孔，可允许胞质流通；多数致病性真菌均产生该菌丝膜。② 无隔菌丝(nonseptate hypha)：菌丝中无隔膜将其分段，有多个细胞核，一条菌丝就是一个多核单细胞。

此外，菌丝还可按其形态进行分类，如螺旋状、球拍状、结节状、鹿角状和梳状等。不同种类的真菌可有不同形态的菌丝（图38-1），有助于鉴别某些多细胞真菌。

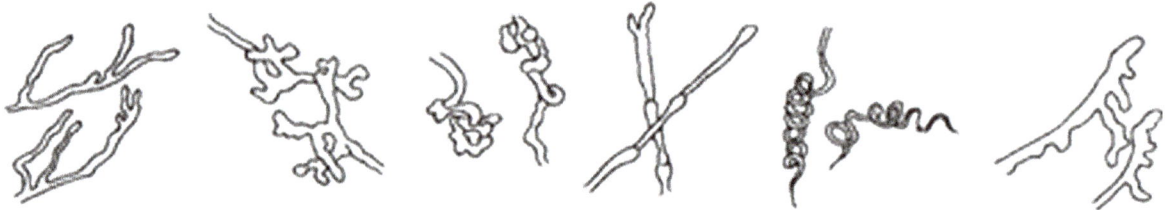

图 38-1 各种真菌菌丝的形态

2. 孢子 由生殖菌丝产生的一种繁殖体，一条生殖菌丝可形成多个孢子，孢子能发芽并发育成菌丝体，故孢子是真菌的繁殖结构。不同真菌孢子形态常有差异，是真菌分类和鉴定的重要依据之一。真菌孢子与细菌芽胞的生物学特性不同，主要区别见表38-2。

表 38-2 真菌孢子和细菌芽胞的区别

真菌孢子	细菌芽胞
抵抗力不强，加热60～70℃短时间即可死亡	抵抗力强，较长时间煮沸也不死亡
一个真菌的一条生殖菌丝真菌可形成多个孢子	一个细菌只能形成一个芽胞
是真菌的繁殖结构	是细菌的休眠状态

真菌的孢子分有性孢子(sexual spore)和无性孢子(asexual spore)两类。有性孢子由同一菌体或不同菌体上的两个细胞或性器官融合后经减数分裂形成，主要有卵孢子(oospore)、接合孢子(zygospore)、子囊孢子(ascospore)和担孢子(basidiospore)。无性孢子由真菌细胞直接出芽生成，不发生细胞融合。多数真菌既能形成有性孢子，又能形成无性孢子。医学上有重要意义的真菌大多仅产生无性孢子，根据其形态可分成三种（图38-2）。

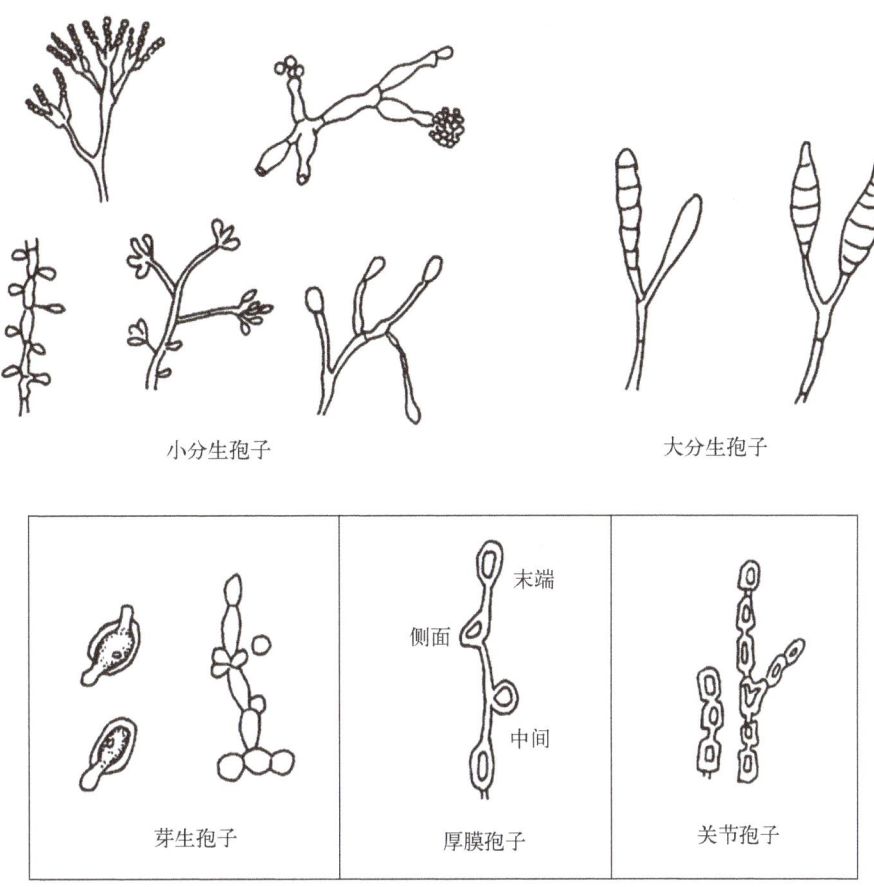

图 38-2 真菌的无性孢子

（1）分生孢子（conidium）：由生殖菌丝末端及其分枝分裂或浓缩形成的单个、成簇或链状的孢子，是最常见的无性孢子。按其形态和结构又可分为：① 小分生孢子（microconidium）：较小，一个孢子即为一个细胞，常呈球形、卵形和梨形，因多细胞真菌都能产生小分生孢子，故其用于鉴别真菌的价值不大。② 大分生孢子（macroconidium）：较大，由多个细胞组成，常呈梭状、棍棒状或梨状，其大小、细胞数和颜色可用于真菌鉴定。

（2）孢子囊孢子（sporangiospore）：菌丝末端膨大成孢子囊，内含许多孢子，孢子成熟后破囊而出。

（3）叶状孢子（thallospore）：由生殖菌丝内细胞直接形成，有以下三种类型：① 芽生孢子（blastospore）：生殖菌丝体细胞出芽形成的圆形或卵圆形的孢子，生长至一定大小即与母体脱离，若不脱离则形成假菌丝，常见于酵母型及类酵母型真菌。② 厚膜孢子（clamydospore）：生殖菌丝顶端或中间部分变圆、细胞质浓缩、胞壁增厚所形成的孢子，大多数真菌在不利环境中均能形成厚膜孢子，其代谢降低，抵抗力增强，环境有利时厚膜孢子又可出芽繁。③ 关节孢子（arthrospore）：陈旧培养物中生殖菌丝细胞壁增厚，出现许多隔膜，然后从隔膜处断裂，形成长方形节段状及链状排列的孢子；关节孢子容易脱落并随空气传播。

二、真菌的繁殖与培养

（一）真菌的繁殖方式

真菌的繁殖方式多样，可归纳为有性繁殖和无性繁殖两种。

1. 有性繁殖 指两个异性细胞融合而形成新个体的繁殖方式，以细胞核的结合为特征，可通过能动或不能动的配子、配偶囊、菌体之间的结合而实现细胞核的结合。

2. 无性繁殖 指不需要两个异性细胞融合即能形成新个体的繁殖方式，是真菌的主要繁殖方式。与医学有关的真菌大多数为无性繁殖方式，主要形式有下列四种。

（1）出芽（budding）：先由真菌细胞或菌丝出芽，逐渐生长至一定大小后与母体脱离，出芽是真菌较常见的繁殖方式。

(2) 裂殖(binary fission)：即真菌细胞以二分裂法直接形成两个子细胞，较少见。

(3) 隔殖(septa)：先在分生孢子梗某一段落形成一隔膜，然后原生质浓缩形成一个新的孢子。

(4) 菌丝断裂(hyphal breakage)：真菌菌丝断裂成许多小片段，每一片段在适宜的环境条件下又发育形成新的菌丝体。

(二) 真菌的培养

真菌的营养要求不高。实验室培养真菌常用沙保培养基(Sabouraud medium)，此培养基成分简单，主要含有1%蛋白胨、4%葡萄糖和2%琼脂。培养真菌的最适pH为4.0~6.0，浅部感染真菌的最适生长温度为22~28℃，而多数深部感染真菌在37℃生长更好。培养真菌需较高的湿度与氧。由于真菌在不同的培养基上形成的菌落形态差别很大，故在鉴定真菌时均以沙保培养基上形成的菌落形态为准。

真菌生长缓慢，常需培养1~4周才能形成菌落。真菌容易发生变异，在培养基上人工传代或培养时间过久，其形态、培养特性甚至毒力都可发生改变。在沙保培养基上，真菌可形成以下三种类型的菌落。

1. 酵母型菌落(yeast colony) 是单细胞真菌的菌落形式。其形状与细菌菌落有些相似，但更大更厚，不透明，一般为圆形，表面光滑，湿润呈蜡状，柔软而致密，多为乳白色或红色。隐球菌菌落即属此型。

2. 类酵母型菌落(yeast-like colony) 也是单细胞真菌的菌落形式。其形状与酵母型菌落相似，但其芽生孢子未与母细胞脱离而形成的假菌丝(pseudohypha)可伸入培养基中，故称为类酵母型菌落。白假丝酵母菌菌落即属此型。

3. 丝状菌落(filamentous colony) 是多细胞真菌的菌落形式，由许多疏松的菌丝体构成。菌落成棉絮状、绒毛或粉末状，菌落正背两面呈现不同的颜色。丝状菌落的形态、结构和颜色常可作为鉴定多细胞真菌的参考指标。

三、抵抗力

真菌对热的抵抗力不强，60℃1 h即可被杀死。对干燥、阳光、紫外线及一般消毒剂有较强的抵抗力。真菌对临床上使用的抗细菌抗生素均不敏感。灰黄霉素、制霉菌素、两性霉素B、克霉唑等抗真菌抗生素对部分真菌有抑制作用。近年开发并使用的酮康唑、氟康唑和伏立康唑等抗真菌抗生素对大多数真菌有较强的抑制作用。

第二节 真菌的致病性与免疫性

一、致病性

不同种类的真菌有不同的致病形式，主要有以下五种类型。

(一) 致病性真菌感染

主要为外源性真菌引起皮肤、皮下和全身性感染。浅部真菌中的皮肤癣菌有嗜角质性，能产生角蛋白酶水解角蛋白，在皮肤局部大量繁殖后通过机械刺激和代谢产物的作用，引起局部炎症和组织病变；深部真菌中的组织胞浆菌感染机体后，能在吞噬细胞中生存、繁殖，引起慢性肉芽肿和坏死。

(二) 条件致病性真菌感染

主要为内源性真菌感染，如白假丝酵母菌、曲霉菌、毛霉菌等，是人体的正常菌群，在机体免疫力降低或菌群失调时引起感染。

(三) 真菌超敏反应性疾病

一些真菌菌丝或孢子经呼吸道、消化道、泌尿生殖道进入过敏体质患者体内或与皮肤、黏膜接触，引起各种类型的超敏反应。如曲霉菌、青霉菌等引起荨麻疹、变应性皮炎、哮喘等超敏反应。

(四) 真菌性中毒症

有些真菌能在粮食或饲料中生长，人、畜食后可导致急性或慢性中毒，称为真菌中毒症(mycotoxicosis)。引起中毒的原因是摄入了真菌产生的毒素或真菌本身。

(五) 真菌毒素与肿瘤的关系

已证实一些真菌的毒素有致癌作用，其中较为肯定的是黄曲霉毒素。黄曲霉毒素(aflatoxin，AFT)是黄曲霉菌、寄生曲霉菌、黑曲霉菌、赤曲霉菌、温特曲霉菌等产生的双呋喃氧杂萘邻酮衍化物。这些霉菌污染范围很广,以花生、玉米、高粱、大米和小米较多。AFT 在实验动物中可诱发肝癌、肾腺瘤、胃和结肠的腺癌等。此外,杂色曲霉毒素可诱发胃癌,串珠镰刀菌毒素可诱发食道癌和肝癌,展青霉素可引起局部肉瘤等。

表 38-3 列举了主要的真菌感染性疾病类型。

表 38-3　主要病原性真菌及真菌病

真菌病类型	真菌	真菌病
表面真菌感染	秕糠状鳞斑癣菌	糠疹
	Hortaea werneckii	黑癣
	毛孢子菌属	白色毛孢子菌病
	何德毛结节菌	黑色毛孢子菌病
皮肤真菌感染	小孢子癣菌、毛癣菌、皮肤癣菌	皮肤真菌病
皮下组织真菌感染	假丝酵母菌	皮肤、黏膜和指甲假丝酵母菌病
	申克孢子丝菌	申克孢子丝菌病
	着色真菌	着色真菌病
机会真菌感染	假丝酵母菌	系统性假丝酵母菌病
	新生隐球菌	新生隐球菌病
	曲霉	曲霉病
	毛霉	毛霉病
地方流行性真菌感染	厌酷球孢子菌	厌酷球孢子菌病
	荚膜组织胞浆菌	组织胞浆菌病
	皮炎芽生菌	芽生菌病
	巴西副球孢子菌	副球孢子菌病

二、免 疫 性

(一) 固有免疫

包括皮肤黏膜的屏障作用、正常菌群的拮抗作用和吞噬细胞的吞噬作用。皮肤的皮脂腺分泌的不饱和脂肪酸有杀真菌作用。学龄前儿童皮脂腺发育不完善,头皮分泌的不饱和脂肪酸较成人少,因而易感染头癣。成人的趾间和足底无皮脂腺,故这些部位易发生足癣。白假丝酵母菌是口腔、肠道、阴道的正常菌群成员,正常情况下与其他菌群间互相拮抗而不能大量繁殖。长期应用广谱抗生素可抑制或杀灭拮抗菌群,白假丝酵母菌大量繁殖而引起感染。真菌进入机体后,易被单核吞噬细胞及中性粒细胞吞噬,但被吞噬的真菌不易被杀死,甚至在细胞内繁殖,并刺激组织增生,引起炎性细胞浸润,形成肉芽肿。

(二) 适应性免疫

感染真菌的清除主要依赖细胞免疫,细胞免疫缺损的疾病如肿瘤、白血病等患者,发生白假丝酵母菌和其他真菌感染的概率显著增高。特异性抗体也有一定的抗真菌作用。

第三节　真菌感染的诊断与防治

一、微生物学检查法

浅部真菌感染可取皮屑、毛发、指(趾)甲屑等样本;深部感染可取脑脊液、血清等样本。

(一) 直接镜检

皮屑、毛发、指(趾)甲屑等样本置于玻片上,加 10% KOH 后用盖玻片覆盖,在火焰上微微加温使组织中的角质软化。轻压该玻片使样本变薄、变透明,然后用低倍镜或高倍镜检查,若见菌丝和孢子,即可初步诊断真菌癣。皮肤癣样本一般不需染色,白假丝酵母菌涂片则需进行革兰染色,然后镜检。隐球菌取脑脊液样本离心沉淀后作墨汁负染镜检。

（二）血清学试验

系统性真菌病取血清或脑脊液检测血清抗体，如抗体效价呈现有意义升高可作诊断。球孢子真菌病、组织胞浆菌病、芽生菌病可用胶乳凝集试验、琼脂扩散试验和补体结合试验。一般补体结合试验的抗体效价≥1：32为阳性，但低效价抗体不能排除感染。隐球菌感染时，可取脑脊液用胶乳凝集试验检测新生隐球菌荚膜多糖抗原。

（三）分离培养

样本先用70%乙醇浸泡2～3 min以杀死细菌，再经生理盐水洗涤后接种沙保培养基。培养1～2周后观察菌落形态和颜色，并作涂片染色镜检。

（四）DNA杂交和PCR

一些表面局部真菌感染性病灶样本以及所有系统性真菌感染样本，均可用DNA探针以及近年开始普遍使用的PCR进行检测。

二、防治原则

目前尚无特异性预防方法。皮肤癣菌的预防主要是注意皮肤卫生，避免直接或间接与患者接触。预防足癣要保持鞋袜干燥，透气性好，防止真菌孳生。治疗主要是局部使用咪康唑霜等抗真菌药物。严重癣症患者也可考虑口服灰黄霉素、酮康唑等药物，但这些药物对肝、肾等脏器都有一定损伤作用。

引起深部感染的真菌，绝大多数是白假丝酵母菌等条件致病菌。预防着重在提高机体的免疫力与严格掌握免疫抑制剂、皮质激素以及广谱抗生素等药物的应用、剂量和疗程。两性霉素B是最为有效的抗深部真菌感染药物，但对肾、肝、神经系统有较大毒性。氟胞嘧啶毒性较低，但抗真菌谱较窄，易产生耐药性，常与两性霉素B联合应用。酮康唑氟康唑和伏立康唑等吡咯类抗真菌药抗菌谱较广，抗真菌作用较强且毒副反应较小。此外还有阿尼芬净、卡泊芬净、米卡芬净、制霉菌素、氟胞嘧啶、泊沙康唑、伊曲康唑等可供选用。

（严杰　程训佳）

复习思考题

1. 试述真菌及其分类、形态结构、培养特性及致病性。
2. 试述真菌与细菌结构、真菌孢子和细菌芽胞功能的区别。
3. 试述真菌菌落分类、多细胞真菌菌丝分类及其功能差异。
4. 试述真菌感染性疾病的主要类型。

第三十九章 病原性真菌

A few of fungal species are able to cause human diseases. According to the difference of infection positions, all fungal diseases can be classfied into four groups: superficial mycoses cutaneous mycoses, subcutaneous mycoses and systemic mycoses.

Superficial mycoses are the fungal infections limited to the outermost layers of skin and hair. Cutaneous mycoses indicate the fungal infections extended into epidermis as well as invaded into hair and nail that specially named as tinea. Subcutaneous mycoses are the fungal infections involving dermis, subcutaneous tissues, muscle and fascia. Systemic mycoses indicate the fungal infections that primarily occur in lungs and then spread into internal organs or tissues.

Besides of infectious diseases, some of pathogenic fungi can cause hypersensitivity diseases and mycotoxicosis as well as induce tumors in human. Pathogenesis of the hypersensitivity diseases is referring to allergic reactions against fungal hyphae and spores. Mycotoxicosis is a kind of poisoning diseases by uptake of mycotoxin-contaminated foods. In particular, some mycotoxins play roles in tumorigenesis. For instance, aflatoxin, a common fungal toxin, has been confirmed to induce generation of liver cancer in human and experimental animals.

第一节 浅部感染真菌

引起人体浅部感染的真菌可分为表面感染真菌和皮肤感染真菌，所引起的疾病主要为各种癣病（tinea）。人类感染多因接触患者或患畜，亦可因接触染菌物体而被感染。

一、表面感染真菌

这类真菌的感染大多发生在热带地区，病变部位主要是毛发及皮肤表面，引起表层真菌病（superficial mycoses）。秕糠状鳞斑癣菌寄居于人体皮肤的最表层，因其不接触组织细胞，很少引起宿主细胞反应，但可引起人的花斑癣，皮肤出现黄褐色的花斑，如汗渍斑点，俗称汗斑。其他较常见的表面感染真菌还有何德毛结节菌（*Piedraia houtai*）和白色毛结节菌（*Trichosporon beigelii*）等。

二、皮肤癣真菌

皮肤癣真菌是最常见的一类皮肤感染真菌，引起的皮肤感染通常被称作皮肤癣病或癣，包括手足癣、甲癣、头癣、体癣、股癣、叠瓦癣等，其中以手足癣最为常见。引起癣的真菌又称癣菌（ringworm fungus）。癣菌有嗜角质蛋白的特性，其侵犯部位只限于角化的表皮、毛发和指（趾）甲，病理变化是由真菌的增殖及其代谢产物刺激所引起的宿主炎症反应。皮肤癣真菌分三个属，即表皮癣菌属（*Epidermophyton*）、小孢子菌属（*Microsporum*）和毛癣菌属（*Trichophyton*），共有40余种。一种皮肤癣真菌可引起多种癣病，多种皮肤癣真菌可引起同一种癣病。癣病好发于夏秋季，入冬后癣菌生长繁殖减慢，发病率降低或临床症状减轻。

皮肤癣真菌在沙保培养基上可形成丝状菌落，产生大、小分生孢子及厚膜孢子。可根据菌落特征、孢子及菌丝形态，对不同的皮肤癣真菌作出初步鉴定（表39-1）。

皮肤癣菌病的微生物学检查，可通过光学显微镜直接镜检10%～20% KOH处理后的病变皮屑、毛发和指（趾）甲屑中的菌丝和孢子。治疗则可局部用软膏及口服药。

表 39-1　皮肤癣真菌种类、侵犯部位及形态特征

属名	侵犯部位			肉眼菌落外观		镜检			
	皮肤	指甲	毛发	性状	颜色	大分生孢子	小分生孢子	厚膜孢子	菌丝
毛癣菌	+	+	+	绒絮状 粉粒状 或蜡样	灰、红 紫、黄 橙、棕	细长棒状 壁较薄 数目少	呈葡萄状 梨状、棒状 较多见	有时可见	螺旋状 球拍状 鹿角状
表皮癣菌	+	+	−	绒絮状 粉粒状	黄绿 不定	卵圆形或粗 棒状、壁薄	无	数目较多	球拍状
小孢子菌	+	−	+	绒絮状 粉粒状 石膏样	灰白 橘红 棕黄	纺锤状 壁较厚 数目不一	卵形或棒状 不呈葡萄状	比较常见	结节状 梳状 球拍状

第二节　深部感染真菌

深部感染的真菌又称侵袭性真菌（invasive fungi），可分为皮下组织感染真菌、机会感染真菌和地方流行性感染真菌。

（一）皮下组织感染真菌

引起皮下组织感染的真菌主要为着色真菌与孢子丝菌。

1. 着色真菌　着色真菌为腐生性真菌，分布广泛，种类较多，因引起的疾病症状相似，均以病变皮肤变黑为特征，故统称为着色真菌，所致疾病称着色真菌病（chromomycosis），包括皮肤着色芽生菌病和暗色丝孢霉病。

皮肤着色芽生菌病感染皮肤多在暴露部位，早期为丘疹，后增大成结节，结节融合成疣状或菜花状。病程可长达数年至数十年，老病灶结疤愈合，周围又产生新病灶，日久可影响淋巴回流，形成肢体象皮肿。全身免疫功能低下者可经血流或淋巴扩散至淋巴结、肝、肾、中枢神经等。棕色厚膜孢子为组织中着色真菌的主要形态。我国皮肤着色芽生菌病的较常见病原菌为裴氏与卡氏着色真菌，只感染皮肤和皮下组织。

暗色丝孢霉病由暗色孢科真菌感染所致，主要侵犯皮肤和皮下组织，常为孤立的皮下或肌肉脓肿，有时表现为皮下囊肿，称暗色真菌囊肿。若血行播散，可引起系统性暗色丝孢霉病，累及肺、心内膜、脑膜和脑等组织，多为预后不良。

微生物学检查法主要是采集脓液、皮屑或脑脊液沉淀等样本直接镜检，主要观察是否有单个或成群的厚壁孢子。必要时进行分离培养，并观察棕褐色菌落以及树枝型、剑顶型、花瓶型的小分生孢子的排列特征。

2. 申克孢子丝菌　申克孢子丝菌广泛存在于土壤、尘埃中。该真菌可经创口侵入皮肤，然后分布于淋巴管周围，引起亚急性或慢性肉芽肿，使淋巴管出现链状硬结，称为孢子丝菌下疳。也可经呼吸道侵入，通过血流播散至内脏。本菌为二相性真菌，在脓液、痰液的吞噬细胞中可呈梭形或卵圆形小体，偶见菌丝。在沙保培养基上37℃培养3～5 d，可生成白色黏稠小菌落，后变为黑褐色皱褶薄膜状菌落，在玻片培养中可见菌丝两侧伸出细长分生孢子柄，末端长出成群梨状小分生孢子。

（二）机会感染真菌

1. 白假丝酵母菌　假丝酵母菌属（*Candida*）有270余种，其中白假丝酵母菌（*C. albicans*）、热带假丝酵母菌（*C. tropicalis*）、近平滑假丝酵母菌（*C. parapsilosis*）、克柔假丝酵母菌（*C. krusei*）、都柏林假丝酵母菌（*C. dubliniensis*）等10种对人致病。其中以白假丝酵母菌致病力最强，是临床最常见的深部感染真菌，主要引起原发或继发性的皮肤、黏膜及内脏和中枢神经系统急性、慢性炎症，好发于免疫力低下患者。

（1）生物学特性：圆形或卵圆形，直径3～6 μm。革兰染色阳性，但着色不均匀。以出芽方式繁殖，形成芽生孢子。孢子伸长成芽管，不与母体脱离形成较长的假菌丝。在1%吐温－80℃玉米粉琼脂培养基上，白假丝酵母菌常在假菌丝中间或其末端形成厚膜孢子（图39-1）。

(2) 培养特性：需氧，在沙保培养基上生长良好。37℃或室温培养2~3 d后，出现灰白色或奶油色、表面光滑并带有浓厚酵母气味的典型类酵母菌落。在玉米琼脂培养基上，可产生厚膜孢子。白假丝酵母菌菌落无气生菌丝，有大量向下生长的营养假菌丝，白假丝酵母菌在42℃也生长良好，而都柏林假丝酵母菌生长差或不生长。

(3) 生化反应：分解葡萄糖、麦芽糖产酸产气，微弱发酵半乳糖，不发酵乳糖。

(4) 致病性：白假丝酵母菌是人体口腔、上呼吸道、胃肠道和阴道黏膜中正常菌群成员，在一定条件下，可引起各种念珠菌病(candidiasis)。假丝酵母菌通过其细胞壁糖蛋白的黏附作用、芽管及假菌丝的直接插入作用、代谢产物抑制机体免疫活性细胞的趋化作用及产生的各种毒性酶类等因素致病。该菌可引起人体皮肤、黏膜及内脏和中枢神经系统等方面的各种疾病，侵入血液后也可引起全身性念珠菌病。

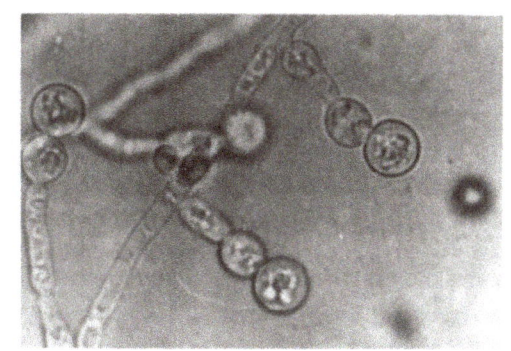

图39-1 白假丝酵母菌（普通光学显微镜，×1 000)

1) 皮肤、黏膜感染：白假丝酵母菌引起的皮肤感染好发于皮肤或黏膜潮湿及皱褶处，如腋窝、乳房下、腹股沟、肛门周围、会阴部以及指(趾)间等，形成有分泌物的糜烂病灶。白假丝酵母菌引起的黏膜感染，有鹅口疮(thrush)、口角糜烂、外阴炎与阴道炎等，其中以鹅口疮最常见。鹅口疮多发生于体质虚弱的初生婴儿，有很多白色小斑点覆盖在舌、唇、牙龈、腭及颊的表面，严重时可蔓延到气管或食管。糖尿病、抗生素治疗、口服避孕药、怀孕等因素易诱发阴道念珠菌病，可通过性行为传播给男性并引发阴茎龟头炎、包皮炎等。

2) 内脏感染：内脏念珠菌病有肺炎、支气管炎、食管炎、肠炎、膀胱炎、肾盂肾炎、关节炎和心内膜炎等。白假丝酵母菌进入血液也可引起败血症，目前已成为临床上败血症的常见病原体之一。

3) 中枢神经感染：中枢神经系统的念珠菌病多由其他原发病灶转移而来，可引起脑膜炎、脑膜脑炎、脑脓肿等。

4) 过敏性疾病：对白假丝酵母菌过敏的个体，可发生皮肤、呼吸道、消化道等过敏症，表现为类似皮肤癣菌疹或湿疹样的皮疹、哮喘及胃肠炎等症状。

(5) 微生物学检查：痰液、脓液、离心沉淀后的脑脊液标本可直接涂片，革兰染色后镜检；患处皮屑或甲屑用10%KOH消化后镜检。镜下可见革兰阳性、圆形或卵圆形菌体、芽生孢子以及假菌丝。在沙保培养基上25℃培养1~4 d，可形成乳白色类酵母型菌落，镜检可见假菌丝及成群的卵圆形芽生孢子。

(6) 防治原则：目前对白假丝酵母菌所致的念珠菌病尚无有效的预防措施。皮肤病变可局部用药，如辛酸纳、龙胆紫、制霉菌素、霉抗唑等。酮康唑、两性霉素B、5-氟胞嘧啶可用来治疗全身性念珠菌病。

2. 新生隐球菌 新生隐球菌(*Cryptococcus neoformans*)是隐球菌属(*Cryptococcus*)的主要菌种。新生隐球菌分布广泛，人体体表、口腔、粪便中也可分离到。该菌通过呼吸道进入人体，免疫低下者易感。主要引起肺、脑急性、亚急性或慢性感染。肺部感染后可扩散至皮肤、黏膜、骨骼和内脏等。近年来屡有隐球菌性脑膜炎病例报告及局部流行的报道。

(1) 生物学特性：圆形，直径4~12 μm，外周有一层肥厚的胶质样荚膜，可比菌体大1~3倍。本菌以出芽方式繁殖。用墨汁作负染后镜检，在黑色的背景中可见圆形或卵圆形的透亮菌体，内有1个较大与数个小的反光颗粒，为双壁细胞，外包有一层透明的荚膜。菌体常见有出芽，但不生成假菌丝(图39-2)。

(2) 培养特性：在沙保培养基上，25℃或37℃皆良好生长。3~5 d后形成酵母型菌落，菌落表面黏稠、光滑，初为乳白色后逐渐转变为橘黄色、棕褐色。非致病性隐球菌37℃不能生长，25℃生长也不形成荚膜。

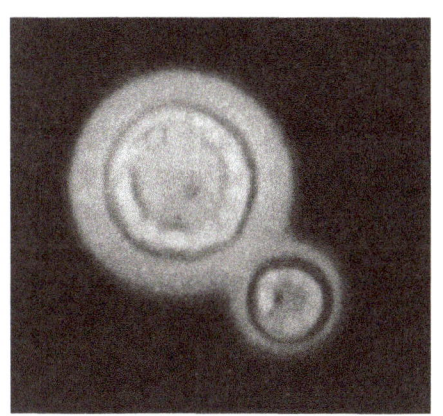

图39-2 新生隐球菌（墨汁负染法，×1 000)

(3) 生化反应：分解葡萄糖、麦芽糖、蔗糖产酸不产气，因分解尿素可与假丝酵母菌区别。

(4) 抗原构造：新生隐球菌荚膜多糖由 α-1,3 聚甘露糖骨架和 β-木糖及葡萄糖醛酸侧链组成。根据荚膜多糖抗原性不同可分为 A、B、C、D 和 AD 5 个血清型，我国 A 型常见。

(5) 致病性：隐球菌病(cryptococcosis)是由新生隐球菌感染引起的全身性真菌病，荚膜是其主要致病物质。新生隐球菌多为外源性感染，感染源主要是鸽粪。隐球菌经呼吸道吸入后可引起肺部轻度炎症。当机体免疫力下降时，可从肺部播散至其他部位，如骨、心脏、皮肤等，但最易侵犯的是中枢神经系统，引起慢性脑膜炎，临床表现为剧烈头痛、发热、呕吐等脑膜刺激症状。病程进展缓慢，若不早期诊断与治疗，预后较差。此外，新生隐球菌也是人体正常菌群成员，机体抵抗力降低时亦可引起内源性感染。

(6) 微生物学检查：可取脑脊液或其离心沉渣、痰或脓液等样本，墨汁负染后镜检，若见出芽菌体外围宽厚荚膜，即可做出诊断，必要时作分离培养与(或)动物试验。血清学诊断有高度特异性与敏感性，应用 ELISA 试验与乳胶凝集试验测定脑脊液或血清中的隐球菌荚膜多糖抗原，若抗原效价持续升高，提示新生隐球菌繁殖、预后差，反之则预后好。

(7) 防治原则：控制传染源，包括规范养鸽和用碱处理鸽粪等。治疗可用两性霉素 B 或伊曲康唑等。

3. 肺孢子菌属 肺孢子菌属(*Pneumocystis*)中有伊氏肺孢子菌(*P. jiroveci*)和卡氏肺孢子菌(*P. carinii*)两个种。因肺孢子菌有类似原生动物的生活史及虫体样形态，曾将肺孢子菌称为肺孢子虫而归属为原虫，后根据形态、超微结构和分子生物学特征等证实其应归属为真菌的子囊亚门。肺孢子菌广泛分布于自然界及多种哺乳类呼吸道，偶尔引起亚临床感染。在免疫缺陷或免疫抑制个体中，卡氏肺孢子菌可引起卡氏肺孢子菌肺炎(*Pneumocystis carinii* pneumonia, PCP)。艾滋病患者卡氏肺孢子菌感染率很高，PCP 是艾滋病患者主要致死原因之一。

(1) 生物学特性：兼有原虫和酵母菌特点的单细胞真菌，其发育经历小滋养体、大滋养体、囊前期(未成熟包囊)和孢子囊四个阶段。小滋养体为孢子囊释放的孢子，直径 1~2 μm，内含一个核。小滋养体发育后形成直径 2~5 μm 的大滋养体，也仅含一个核。大滋养体经二分裂、出芽和接合等方式繁殖，其中接合生殖的大滋养体细胞膜增厚形成囊壁进入囊前期，直径 3~5 μm。大滋养体囊壁继续增厚形成直径 4~8 μm 的孢子囊，囊内进行减数分裂形成 4~8 个孢子。

(2) 致病性：肺孢子菌经呼吸道感染，多无临床症状。当机体抵抗力降低时，肺孢子菌大量繁殖引起 PCP。PCP 属于间质性肺炎，但病情发展迅速，重症患者可在发病后 2~6 周内死于窒息。此外，肺孢子菌还可引起中耳炎、肝炎和结肠炎等疾病。

(3) 微生物学检查：取患者痰液、支气管灌洗液，革兰染色或美兰染色后镜检，若发现滋养体或孢子囊即可作出诊断。一些血清学方法可用于检测患者血清中肺孢子菌特异性抗体，但由于不少个体可有肺孢子菌阴性感染史，其结果仅能作为辅助诊断。近年有人尝试用 PCR 和 DNA 探针进行分子生物学诊断，虽有较高敏感性和特异性，但尚未形成统一的临床诊断标准。

(4) 防治原则：对多种抗真菌药物不敏感，治疗时首选复方新诺明(TMP-SMZ)，也可联合应用克林霉素等抗生素，局部可使用戊烷脒吸入疗法。

4. 曲霉 曲霉(*Aspergillus*)分布广泛，种类较多，对人致病的主要是烟曲霉、黄曲霉等，近年来曲霉菌病发病率逐年增长。曲霉生长快，形成丝状菌落，初为白色，后转黄绿色。典型光滑分生孢子柄，倒立烧瓶状顶囊，顶囊上长出密集小梗与圆形小分生孢子。曲霉菌感染可引起曲霉病，以肺部曲霉病多见，临床主要表现为慢性气喘，在肺组织中形成肉芽肿样的真菌体，须与肺结核、肿瘤相鉴别。曲霉菌偶可侵犯脑血管，形成血栓或脓肿，重症感染可导致死亡。

5. 毛霉 毛霉(*Mucor*)广泛分布于自然界。生长快，沙保培养基上形成羊毛状丝状菌落。毛霉易侵袭机体抵抗力显著降低的患者，如糖尿病酸中毒、大面积严重烧伤、白血病等患者，常从呼吸道侵入至肺部，引起肺毛霉病，也可侵入脑部，引起脑膜炎。

(三) 地方流行性真菌

与机会感染真菌不同，地方流行性真菌是另一类真正致病性真菌，引起地方流行性真菌病(endermic mycoses)。地方流行性真菌病表现为原发系统性感染，多见于美洲，我国少见。病原体主要来自组织胞浆菌属(*Histoplasma*)、球孢子菌属(*Coccidioides*)、副球孢子菌属(*Paracoccidioides*)和芽生菌属(*Blastomyces*)等。感染多经呼吸道侵入，临床表现不明显，有自愈倾向，少数进展为慢性感染甚至播散至其他脏器。

1. 荚膜组织胞浆菌 荚膜组织胞浆菌（*Histoplasma capsulatum*）引起组织胞浆菌病。该菌寄生于网状内皮细胞的胞质内，为酵母样形态。在体外培养时生成丝状菌落。该菌分生孢子被吸入肺后引起急性或亚急性感染，可导致肺纤维化或钙化，与肺结核的病灶极为相似。

2. 厌酷球孢子菌 厌酷球孢子菌（*Coccidioides immitis*）为球孢子菌病的病原体。该菌为分隔丝状真菌，有厚膜孢子，成熟菌丝易断裂，释放出孢子，人吸入孢子后引起肺部慢性进行性及弥散性感染。

3. 皮炎芽生菌和巴西副球孢子菌 均为酵母型细胞，以出芽繁殖。皮炎芽生菌（*Blastomyces dermatitides*）每个细胞上仅出一个芽，巴西副球孢子菌（*Paracoccidioides brasilensis*）细胞上有多个芽。

（严杰）

复习思考题
1. 试述皮肤癣真菌常见种类、主要感染部位、所致疾病及其致病特点。
2. 试述白假丝酵母菌生物学性状、致病性、主要疾病类型及微生物学检查法。
3. 试述新生隐球菌生物学性状、致病性、主要疾病类型及微生物学检查法。
4. 试述卡氏肺孢子菌易感人群及其所致主要疾病。

主要参考文献

白雪帆，徐志凯. 2013. 肾综合征出血热. 北京：人民卫生出版社.
李凡，徐志凯等. 2012. 医学微生物学. 第八版. 北京：人民卫生出版社.
倪语星，尚红等. 2013. 临床微生物学检验. 第五版. 北京：人民卫生出版社.
戚中田等. 2009. 医学微生物学. 第二版. 北京：科学出版社.
闻玉梅. 1999. 现代医学微生物学. 上海：上海医科大学出版社.
徐志凯，郭晓奎. 2014. 医学微生物学. 北京：人民卫生出版社.
严杰，戴保民，于恩庶等. 2006. 钩端螺旋体病学. 第三版. 北京：人民卫生出版社.
周德庆. 2011. 微生物学教程. 第三版. 北京：高等教育出版社.
Alcamo IE. 1997. Fundamentals of Microbiology. 5th ed. California：Addison.
Brooks GF, Butel JS, Morse SA. 2004. Medical Microbiology. 22th ed. Boston：McGraw-Hill Publication House.
Brook GF, Carroll KC, Butel JS, Morse SA. 2007. Jawetz, Melnick & Adelberg's Medical Microbiology. 24th ed. New York：McGrwa-Hill.
Collier L, Balows A, Sussman M. 1998. Topley & Wilson's Microbiology and Microbial Infections. 9th ed. London：Arnold, Vol. 1～6.
Kayser FH, Kurt A. Bienz, Johannes Eckert, Rolf M. Zinkernagel. 2005. Medical Microbiology. Cambridge：Cambridge University Press.
Geo F. Brooks et al. 2013. Jawetz, Melnick, and Adelberg's Medical Microbiology. 26th ed. New York：The McGraw-Hill Companies, Inc.
WHO. 2013. Global tuberculosis report 2013. http://www.who.int/tb/publications/global_report/en/.
Greenwood D, Slack R, Peutherer J. 1997. Medical Microbiology. 15th ed. London：Churchill Livingstone.
Guarro J. 2012. Taxonomy and biology of fungi causing human infection. Enferm Infect Microbiol Clin, 30：33-39.
Holt JG, Krieg NR, Sneath PHA et al. 1994. Bergey's Manual of Determinative Bacteriology. 9th ed. Baltimore：Williams & Wilkins.
Madigan MT, Martinko JM, Parker J. 1997. Brock Biology of Microorganisms. 8th ed. Prentice Hall Inc.
Mins C, Dockrell HM, Goering RV, Roitt I, Wakelin D, Zuckerman M. 2004. Medical Microbiology. 3th ed. Elsevier Mosby Publication House.
Morrissey CO. 2013. Advancing the Field：Evidence for new management strategies in invasive fungal infections. Curr Fungal Infect Rep, 7：51-58.
Murray PR, Rosenthal KS, Kobayashi GS et al. 2012. Medical Microbiology, 3th ed. Louis：Mosby.
Prescott LM, Harley JP, Klein DA. 1999. Microbiology. 4th ed. Boston：McGraw-Hill.
Reischl U. 1998. Molecular Diagnosis of Infectious Diseases. Totowa：Humana Press.
Talaro KP, Talaro A. 1999. Foundations in Microbiology. 3th ed. Boston：McGraw-Hill.
Talaro KP, 2005. Foundations in Microbiology. 5th ed. New York：McGraw-Hill.
Warren Levinson. 2008. Review of Medical Microbiology and Immunology. 10th ed. New York：McGraw-Hill.
Zuckerman AJ, Thomas HC. 1998. Viral Hepatitis. 2nd ed. London：Churchill Livingstone.

索 引

(以汉语拼音排序)

10 kD 培养滤液蛋白(culture filtrate protein, CFP-10) 151
20 面体(icosahedron) 218
50%组织细胞感染量(tissue culture infective dose 50, TCID$_{50}$) 235
6 kD 早期分泌靶抗原蛋白(early secretary antigenic target 6 kD protein, ESAT-6) 151
6,6-双分枝菌酸海藻糖(6,6-dimycocyl-a,a'-D-trehalose) 148
α 毒素(alpha toxin) 136
β-内酰胺类(β-lactams) 94
β-葡聚糖(β-glycan) 327
γ-变形菌纲(Gammaproteobacteria) 173
ε 毒素(epsilon toxin) 136
ι 毒素(iota toxin) 136

A

Alpers 综合征(Alpers syndrome) 323
ASO 试验(antistreptolysin O test, ASO test) 108
ATP 结合型载体(ATP binding cassette type carrier) 25
阿德福韦酯(adefovir dipivoxil) 253
埃博拉病毒(Ebola virus) 312
埃可病毒(echovirus) 275
埃利希体(Ehrlichia) 205
埃氏疏螺旋体(Borrelia afelii) 186
埃希菌属(Escherichia) 114
艾滋病痴呆综合征(AIDS dementia complex) 297
氨苄西林(ampicillin) 112
氨苄西林耐药流感嗜血杆菌(ampicillin resistant Haemophilus influenzae, ARHI) 96
氨基糖苷类(aminoglycoside) 94
暗产色菌(scotochromogen) 153

B

Burkitt 淋巴瘤(Burkitt's lymphoma) 289
八叠球菌(sarcina) 14
巴氏消毒法(pasteurization) 40
巴西副球孢子菌(Paracoccidioides brasilensis) 337
巴西诺卡菌(N. brasiliensis) 208
白喉棒状杆菌(C. diphtheriae) 142
白假丝酵母菌(C. albicans) 334
白色毛结节菌(Trichosporon beigelii) 333
百白破三联疫苗(diphtheria-pertussis-tetanus, DPT) 135
百日咳鲍特菌(B. pertussis) 157
百日咳外毒素(pertussis toxin, PT) 158
败血症(septicemia) 74
半保留(semiconservative) 47
棒状杆菌亚目(Corynebacterineae) 206
棒状杆菌属(Corynebacterium) 142
包涵体(inclusion body) 235
包膜(envelope) 216
包膜微粒(peplomere) 217
孢子(spore) 327
孢子囊孢子(sporangiospore) 329
胞内菌(intracellular bacteria) 81
胞吞(endocytosis) 221
胞外菌(extracellular bacteria) 80
胞外酶 S(exoenzyme S) 174
胞饮(viropexis) 221
胞质颗粒(cytoplasmic granule) 18
胞质外腺甘酸环化酶(extracytoplasmic adenylate cyclase) 158
保护性抗原(protective antigen, PA) 169
鲍曼不动杆菌(A. baumanii) 176
鲍氏志贺菌(S. boydii) 118
杯状病毒科(Caliciviridae) 256
被膜菌(biofilm bacteria) 96
鼻病毒(rhinovirus) 270
鼻咽癌(nasopharyngeal carcinoma) 290
比较基因组学(comparative genomics) 48
吡啶二羧酸(dipicolinic acid, DPA) 20

壁磷壁酸(wall teichoic acid)　16
鞭毛(flagellum)　19
变形杆菌门(Proteobacteria)　173
变形杆菌属(*Proteus*)　114
变异(variation)　47
变异株(variant)　224
变种(varieties)　37
标准株(standard strain)　37
表层真菌病(superficial mycoses)　333
表皮剥脱毒素(exfoliative toxin, exfoliatin)　103
表皮葡萄球菌(*S. epidermidis*)　102
表皮溶解毒素(epidermolytic toxin)　103
表皮癣菌属(*Epidermophyton*)　333
表型(phenotype)　47
表型变异(phenotypic variation)　47
表型混合(phenotypic mixing)　224
丙酸杆菌属(*Propionibacterium*)　139
丙型副伤寒沙门菌(*S. paratyphi C*)　120
丙型肝炎病毒(hepatitis C virus, HCV)　253
病毒RNA聚合酶(viral RNA polymerase)　268
病毒编码的细胞周期蛋白(virus encoded cyclin, v-cyclin)　227
病毒基因携带状态(viral genome carriage)　226
病毒前基因组RNA(pregenome RNA, pgRNA)　248
病毒神经氨酸酶(viral neuraminidase)　217
病毒体(virion)　214
病毒吸附蛋白(virus attachment protein, VAP)　220
病毒血凝(viral hemagglutination)　236
病毒血凝素(viral hemagglutinin)　217
病毒血凝现象(viral hemagglutination phenomenon)　217
病原体相关分子模式(pathogen-associated molecular pattern, PAMP)　77
病原性球菌(pathogenic coccus)　101
伯氏疏螺旋体(*B. burgdorferi*)　185
博纳病(Borna Disease, BD)　321
博纳病病毒(Borna disease virus, BDV)　321
博纳病病毒科(*Bornaviridae*)　321
博纳病病毒属(*Bonavirus*)　321
博赛匹韦(boceprevir)　254
卟啉单胞菌属(*Porphyromonas*)　139
补体(complement)　78
补体结合抗体(complement fixation antibody)　231
哺乳动物星状病毒属(*Mamastrovirus*)　281
不产色菌(nonchromogen)　154

不动杆菌属(*Acinetobacter*)　175
不完全吞噬(incomplete phagocytosis)　67
不相容性(incompatibility)　48
布鲁菌病(brucellosis)　162
布鲁菌素(brucellin)　164
布鲁菌属(*Brucella*)　162
布尼亚病毒科(*Bunyaviridae*)　308

C

clustered regularly interspaced short palindromic repeat, CRISPR　29
Col质粒(colicinogenic plasmid)　48
CTL(cytotoxic T lymphocytes, CTL)　231
C反应蛋白(C reaction protein, CRP)　109
苍白密螺旋体(*T. pallidum*)　183
苍白密螺旋体苍白亚种(*T. pallidum* subsp. *pallidum*)　183
苍白密螺旋体地方亚种(*T. pallidum* subsp. *endemicum*)　183
苍白密螺旋体极细亚种(*T. pallidum* subsp. *pertenue*)　183
操纵基因(operator gene)　57
操纵子(operon)　57
草绿色链球菌(*Streptococcus viridans*)　106
层粘连蛋白(laminin, LN)　181
插入序列(insertion sequence, IS)　48
查菲埃利希体(*E. chaffeensis*)　205
产黑素普氏菌(*Prevotella melaninogenica*)　140
产碱假单胞菌(*P. alcaligenes*)　173
产气荚膜梭菌(*Clostridium perfringens*)　135
产青霉素酶的淋病奈瑟菌(penicillinase-producing *Neisseria gonorrhoeae*, PPNG)　96
长末端重复序列(long terminal repeat, LTR)　294
长期病情不恶化者(long-term non-progresser, LTNP)　297
肠产毒性大肠埃希菌(enterotoxigenic *E. coli*, ETEC)　115
肠出血性大肠埃希菌(enterohemorrhagic *E. coli*, EHEC)　116
肠道病毒(enterovirus)　273
肠道外传播的非甲非乙型肝炎(parenterally transmitted nonA, nonB hepatitis, PT-NANB)　253
肠道腺病毒(enteric adenovirus)　278
肠毒素(enterotoxin)　70
肠杆菌科(Enterobacteriaceae)　114

肠杆菌属(Enterbacter) 114
肠黏附性大肠埃希菌(enteroadherent E. coli, EAEC) 116
肠侵袭性大肠埃希菌(enteroinvasive E. coli, EIEC) 116
肠球菌属(Enterococcus) 109
肠致病性大肠埃希菌(enteropathogenic E. coli, EPEC) 116
超级耐药细菌(superbug) 95
超级细菌(super bug) 176
超声波(ultrasonic vibration) 41
超氧化物歧化酶(superoxide dismutase, SOD) 30
沉默突变(silent mutation) 57
成人T细胞白血病(adult T-cell leukemia, ATL) 300
程序化死亡(programming death) 28
迟缓期(lag phase) 27
持续性感染(persistent infection) 227
耻垢分枝杆菌(M. smegmatis) 154
虫媒病毒(arbovirus) 302
出血热(hemorrhagic fever) 308
出芽(budding) 222
触酶(catalase) 30
触须(antenna) 217
穿孔素(perforin) 81
穿入(penetration) 221
穿透支原体(M. penetrans) 194
传染性单核细胞增多症(infectious mononucleosis) 289
传染性貂脑病(transmissible mink encephalopathy, TME) 323
传染性海绵状脑病(transmissible spongiform encephalopathies, TSE) 321
传染性红斑(erythema infectiosum) 318
垂直传播(vertical transmission) 226
纯蛋白衍生物(purified protein derivative, PPD) 150
刺突(spike) 217
丛毛菌(lophotrichate) 19
粗糙型菌落(rough colony) 36
醋酸钙不动杆菌(A. calcoaceticus) 176
脆弱类杆菌(Bacterioides fragilis) 140
错义突变(missense mutation) 57

D

DNA探针技术(DNA probe technique) 89

大肠埃希菌(E. coli) 115
大分生孢子(macroconidium) 329
大环内酯类(macrolide) 94
代谢抑制试验(metabolism inhibition test, MIT) 196
带状疱疹(zoster) 286
担孢子(basidiospore) 328
单纯疱疹病毒(herpes simplex virus, HSV) 284
单核细胞李斯特菌(L. monocytogenes) 175
单毛菌(monotrichate) 19
弹性蛋白酶(elastase) 174
弹状病毒科(Rhabdoviridae) 314
弹状体(bullet-shaped) 215
蛋白分泌系统(protein secretion system) 18
蛋白质衣壳(capsid) 216
稻叶型(Inaba) 125
登革病毒(Dengue virus, DENV) 305
登革出血热/休克综合征(dengue hemorrhagic fever/dengue shock syndrome, DHF/DSS) 305
登革热(dengue fever, DF) 305
低温(low temperature) 42
地方流行性真菌病(endermic mycoses) 336
地方性梅毒(endemic syphilis) 185
颠换(transversion) 56
点突变(point mutation) 57
电离辐射(ionizing radiation) 41
丁型肝炎病毒(hepatitis D virus, HDV) 254
定位转移(translocation) 64
东方立克次体(R. orientalis) 204
东方体属(Orientia) 200
动物病毒(animal virus) 213
都柏林假丝酵母菌(C. dubliniensis) 334
痘病毒科(Poxviridae) 319
痘苗病毒(vaccinia virus) 320
毒力(virulence) 64
毒力突变(virulence mutation) 56
毒素-抗毒素系统(toxin-antitoxin system, T-A) 29
毒性噬菌体(virulent phage) 50
毒性休克综合征毒素-1(toxic shock syndrome toxin 1, TSST-1) 103
毒血症(toxemia) 74
独特型疫苗(idiotypic vaccine) 242
杜通疏螺旋体(B. duttonii) 187
对称性(symmetry) 218

对数生长期(logarithmic phase) 27
顿挫感染(abortive infection) 223
多点突变(multiple mutation) 57
多核巨细胞(multinucleated giant cell) 284
多聚蛋白(polyprotein) 274
多瘤病毒属(Polyomavirus) 316
多黏菌素(polymycin) 95
多糖(polysaccharide) 148
多形态(polymorphism) 14
多重耐药结核分枝杆菌(multidrug resistant *Mycobacteriun tuberculosis*, MDR-MTB) 96
多重耐药痢疾志贺菌(multidrug resistant *Shigella dysenteriae*, MDR-SD) 96
多重耐药性(multidrug resistance, MDR) 95

E

EBV核抗原(EBV nuclear antigen, EBNA) 288
EB病毒(Epstain-Barr virus) 288
ED途径(Entner-Doudoroff pathway) 31
EMP途径(Embden-Meyerhof pathway) 31
鹅口疮(thrush) 335
恶臭假单胞菌(*P. putida*) 173
恶性转化(malignant transformation) 289
噁唑烷酮类(oxazolidinone) 94
恩替卡韦(entacavir) 253

F

F质粒(fertility plasmid) 48
发酵(fermentation) 31
发酵支原体(*M. fermentans*) 194
发热伴血小板减少综合征病毒(severe fever with thrombocytopenia syndrome virus, SFTSV) 307
反向疫苗学(reverse vaccinology) 48
反向重复序列(inverted repeat, IR) 54
反义寡核苷酸(antisense oligonucleotide, asON) 241
防腐(antisepsis) 39
彷徨试验(fluctuation test) 54
放线菌纲(Actinobacteria) 206
放线菌科(Actinomycetaceae) 206
放线菌门(Actinobacteria phy. nov.) 206
放线菌目(Actinomycetales) 206
放线菌亚纲(Actinobacteridae) 206
放线菌亚目(Actinomycineae) 206
放线菌属(*Actinomyces*) 206
非典型分枝杆菌(atypical mycobacteria) 153

非结核分枝杆菌(nontuberculosis mycobacteria, NTM) 153
非淋球菌性尿道炎(nongonococcal urethritis, NGU) 198
非同源重组(nonhomologous recombination) 51
非细胞型微生物(acellular microbe) 2
非致病菌(nonpathogenic bacterium) 62
肺孢子菌属(*Pneumocystis*) 336
肺炎克雷伯菌(*K. pneumoniae*) 123
肺炎链球菌(*S. pneumoniae*) 108
肺炎衣原体(*C. pneumoniae*) 189
肺炎支原体(*M. pneumoniae*) 194
分解代谢(catabolism) 31
分类(classification) 36
分类学(taxonomy) 36
分泌系统(secretion system) 25
分生孢子(conidium) 329
分枝杆菌属(*Mycobacterium*) 146
分枝菌素(mycobactin) 25
分枝菌酸(mycolic acid) 148
奋森疏螺旋体(*B. vincentii*) 188
粪肠球菌(*E. faecalis*) 110
粪球菌属(*Coprococcus*) 139
风湿热(rheumatism 或 rheumatosis) 107
风疹病毒(rubella virus, RUV) 271
浮游细菌(planktonic bacteria) 13
福氏志贺菌(*S. flexneri*) 118
腐生营养(metatrophy) 24
附红细胞体(eperythrozoon) 199
附红细胞体病(eperythrozoonosis) 199
复合对称(complex symmetry) 218
复制(replication) 220
复制子(replicon) 48
副流感病毒(parainfluenza virus, PIV) 264
副黏病毒(*Paramyxoviridae*) 264
副球孢子菌属(*Paracoccidioides*) 336
副溶血弧菌(*V. parahaemolyticus*) 127

G

伽氏疏螺旋体(*Borrelia garinii*) 186
干扰抗体(interfering antibody, IA) 298
干扰素(interferon, IFN) 229
干扰素诱生剂(interferon inducer) 229
干扰现象(interference) 223
干燥(desiccation) 41
杆菌(bacillus) 14
杆菌性紫癜(bacillary angiomatosis-bacillary

peliosis,BAP) 205
肝炎病毒(hepatitis virus) 244
肝炎相关抗原(hepatitis associated antigen, HAA) 246
感染(infection) 62
感染性效价(infectivity titer) 235
感受态(competence) 53
纲(class) 37
高频重组株(high frequency recombinant,Hfr) 51
高效抗逆转录病毒治疗(highly active anti-retroviral therapy,HAART) 299
革兰染色(Gram stain) 15
革兰阳性杆菌纲(Bacilli) 175
革兰阳性杆菌目(Bacillales) 175
格斯特曼综合征(Gerstmann-Straussler-Scheinker syndrome,GSS) 322
隔殖(septa) 330
功能基因组学(functional genomics) 48
共价闭合环状 DNA(covakaently closed circular DNA,cccDNA) 248
共受体(coreceptor) 295
钩端螺旋体病(leptospirosis) 180
钩端螺旋体科(Leptospiraceae) 180
钩端螺旋体免疫球蛋白样蛋白(leptospiral immunoglobulin-like protein,Lig) 181
钩端螺旋体属(*Leptospira*) 179
钩状体(hook) 20
古生菌(archaeobacterium) 37
固有免疫(innate immunity) 75
关节孢子(arthrospore) 329
冠状病毒科(*Coronaviridae*) 267
光产色菌(photochromogen) 153
光滑型菌落(smooth colony) 36
光能自养菌(phototroph) 24
广泛耐多药结核(extensively drug-resistant tuberculosis,XDR-TB) 147
广谱抗生素(broad-spectrum antibiotic) 93
龟分枝杆菌(*M. chelonei*) 154
郭霍现象(Koch's phenomenon) 149
过滤(filtration) 41

H

HMP 途径(hoxose monophasphate pathway) 31
海分枝杆菌(*M. marinum*) 153
海绵状脑病(feline spongiform encephalopathy, FSE) 323
海洋单胞菌属(*Oceanomonas*) 177
汉赛巴通体(*B. henselae*) 205
汉滩病毒(Hantaan virus) 309
汉坦病毒肺综合征(hantavirus pulmonary syndrome,HPS) 309
汉坦病毒属(Hantavirus) 308
合胞体形成(syncytia formation) 285
合成代谢(anabolism) 31
合成肽疫苗(synthetic peptide vaccine) 241
何德毛结节菌(*Piedraia houtai*) 333
核酸(nucleic acid) 216
核糖核蛋白(ribonucleoprotein,RNP) 259
核糖体(ribosome) 18
核糖体核糖核酸(ribonucleic acid ribosome,rRNA) 148
核衣壳(nucleocapsid) 216
赫姆斯疏螺旋体(*B. hermsii*) 187
红病毒属(Erythrovirus) 318
红系细胞(erythroid cell) 318
红系祖细胞(erythroid progenitor) 318
红疹毒素(erythrogenic toxin) 107
后抗生素时代(post-antibiotic era) 98
厚壁菌门(Firmicutes) 175
厚膜孢子(clamydospore) 329
呼肠病毒科(*Reoviridae*) 278
呼吸道合胞病毒(respiratory syncytial virus,RSV) 264
弧菌(vibrio) 14
弧菌属(*Vibrio*) 125
互补作用(complementation) 224
华纳葡萄球菌(*S. warneri*) 104
化能自养菌(chemotroph) 24
化脓性链球菌(*S. pyogenes*) 106
化脓性球菌(pyogenic coccus) 101
化脓性炎症(suppurative inflammation) 107
化学渗透驱动转运(chemiosmotic driven transport) 25
黄病毒科(*Flaviviridae*) 253
黄单胞菌科(Xanthomonadaceae) 177
黄单胞菌目(Xanthomonadales) 177
黄曲霉毒素(aflatoxin,AFT) 330
磺胺类(sulfonamide) 95
回复突变(reverse mutation) 56
回归热(relapsing fever) 187
回归热螺旋体(*B. recurrentis*) 185
活性氮中间体(reactive nitrogen intermediates,RNI) 149

获得性免疫缺陷综合征(acquired immunodeficiency syndrome,AIDS) 294
霍乱肠毒素(cholera enterotoxin,CT) 126
霍乱弧菌(Vibrio cholerae) 125

I

IFN-γ释放试验(interferon gamma release assay, IGRA) 151

J

机会致病菌(opportunistic pathogen) 140
基础小体(basal body) 19
基团转移(group translation) 25
基因(gene) 47
基因工程(gene engineering) 59
基因内抑制(intragenic suppression) 56
基因敲除技术(gene knockout) 99
基因突变(gene mutation) 97
基因型(genotype) 47
基因型变异(genotypic variation) 47
基因型混合(genotypic mixing) 224
基因亚型(subgenotype) 249
基因转座(gene transposition) 54
基因组(genome) 47
基因组学(Genomics) 47
基于序列的分类(sequence-based classification) 36
激活蛋白(activator protein) 57
即外排泵(efflux pump) 97
急性感染(acute infection) 74
急性期蛋白(acute-phase protein) 78
急性肾小球肾炎(acute glomerulonephritis) 107
脊髓灰质炎(poliomyelitis) 273
脊髓灰质炎减毒活疫苗(oral polio vaccine, OPV) 275
寄生营养(paratrophy) 24
荚膜(capsule) 19
荚膜样物质(capsule-like substance) 184
荚膜肿胀试验(Quellung reaction) 109
荚膜组织胞浆菌(Histoplasma capsulatum) 337
甲苯单胞菌属(Tolumonas) 177
甲基红试验(methyl red test) 34
甲型副伤寒沙门菌(S. paratyphi A) 120
甲型肝炎病毒(hepatitis A virus,HAV) 244
假产碱假单胞菌(P. pseudoalcaliges) 173
假单胞菌科(Pseudomonadaceae) 173
假单胞菌目(Pseudomonadales) 173
假单胞菌属(Pseudomonas) 173
假结核耶尔森菌(Y. pseudotuberculosis) 165
假菌丝(pseudohypha) 330
假膜性结肠炎(pseudomembranous colitis) 139
假丝酵母菌属(Candida) 334
坚韧肠球菌(E. durans) 110
间歇蒸汽灭菌法(fractional sterilization) 40
艰难梭菌(Clostridium difficile) 138
兼性嗜冷微生物(psychrotroph) 30
兼性厌氧菌(facultative anaerobe) 30
减毒活疫苗(live-attenuated vaccine) 90
碱基置换(base pair substitution) 56
碱性蛋白酶(alkaline protease) 174
建筑模块(building block) 32
鉴定(identification) 36
降阶梯抗生素治疗(de-escalation antibiotic therapy) 98
交叉感染(cross infection) 82
胶原酶(collagenase) 107
焦点代谢物(focal metabolite) 32
酵母菌(yeast) 327
酵母型菌落(yeast colony) 330
接合(conjugation) 51
接合孢子(zygospore) 328
结肠弯曲菌(C. coli) 129
结构基因组学(structural genomics) 48
结核分枝杆菌(Mycobacterium tuberculosis, MTB) 146
结核结节(tubercle) 149
结核菌素(tuberculin) 148
结核性肉芽肿(tuberculous granuloma) 149
解脲脲原体(U. urealyticum) 194
金黄色葡萄球菌(S. aureus) 102
紧密型质粒(stringent plasmid) 48
近平滑假丝酵母菌(C. parapsilosis) 334
旧结核菌素(old tuberculin,OT) 150
局限性转导(restricted trsnduction) 53
具核梭杆菌(Fusobacterium necleatum) 140
聚合酶链反应(polymerase chain reaction, PCR) 89
聚合物因子(aggregation substance) 110
菌落(colony) 36
菌落形成单位(colony formation unit, CFU) 36
菌毛(pilus) 20
菌毛蛋白(pilin) 20
菌群失调(dysbacteriosis) 64
菌丝(chyphe) 327

菌丝断裂(hyphal breakage) 330
菌丝体(mycelium) 328
菌血症(bacteremia) 74

K

卡波济肉瘤(Kaposi's sarcoma,KS) 227
卡波济肉瘤相关疱疹病毒(Kaposi sarcoma associated herpesvirus,KSHV) 291
卡氏肺孢子菌(P. carinii) 336
卡氏肺孢子菌肺炎(Pneumocystis carinii pneumonia, PCP) 336
卡他莫拉菌(M. catarrhalis) 176
开放阅读框(open reading frame,ORF) 102
堪萨斯分枝杆菌(M. kansas) 153
抗毒素(antitoxin) 70
抗辐射不动杆菌(A. radioresistance) 176
抗菌肽(antibacterial peptide, antimicrobial peptide) 75
抗生素(antibiotic) 34
抗生素相关腹泻(antibiotic-associated diarrhea, AAD) 139
抗体依赖性增强作用(antibody dependent enhancement,ADE) 305
抗原漂移(antigenic drift) 260
抗原转换(antigenic shift) 260
柯萨奇病毒(coxsackievirus) 275
科(family) 37
科学名称(scientific name) 37
颗粒酶(granzyme) 250
蝌蚪状体(tadpole-shaped) 215
壳多糖(chitin) 327
壳微粒(capsomere) 216
克雷伯菌属(Klebsiella) 114
克里米亚-刚果出血热病毒(Crimean-Congo hemorrhagic fever virus) 312
克林霉素(clindamycin) 94
克柔假丝酵母菌(C. krusei) 334
克雅病(Creutzfeld-Jacob Disease,CJD) 322
克雅病变种(variant CJD, vCJD) 323
空肠弯曲菌(C. jejuni) 129
空泡毒素(vacuolating cytotoxin) 130
库鲁病(Kuru) 323
快速生长菌(rapid grower) 154
狂犬病病毒(rabies virus) 218
狂犬病病毒属(Lyssavirus) 314
喹诺酮类(quinolone) 94
溃疡分枝杆菌(M. ulcerans) 154
扩散因子(spreading factor) 104

L

拉米夫啶(lamivudie) 253
莱姆病(Lyme disease) 185
类病毒(viroid) 2
类毒素(toxoid) 70
类杆菌属(Bacteroides) 139
类酵母型菌落(yeast-like colony) 330
冷凝集素(cold agglutinin) 198
李斯特菌科(Listeriaceae) 175
李斯特菌属(Listeria) 175
李斯特溶素 O(listeriolysin O,LLO) 175
李糖脂(rhamnolipid) 174
立克次体属(Rickettsia) 200
立体对称(cubic symmetry) 218
利巴韦林(ribavirin,RBV) 254
利福霉素类(rifamycin) 95
痢疾杆菌(dysentery bacterium) 118
痢疾志贺菌(S. dysenteriae) 118
联合感染(coinfection) 255
链道酶(streptodornase,SD) 107
链球菌(streptococcus) 14
链球菌感染后超敏反应(hypersensitivity post streptococcal infection) 107
链球菌溶素(streptolysin) 107
链球菌溶素 O(streptolysin O, SLO) 107
链球菌溶素 S(streptolysin S, SLS) 107
链球菌属(Streptococcus) 105
裂殖(binary fission) 330
林可霉素(lincomycin) 94
淋病(gonorrhea) 112
淋病奈瑟菌(Neisseria gonorrhoeae) 111
磷壁酸(teichoic acid) 16
流产感染系统(abortive infection system, Abi) 29
流产转导(abortive transduction) 53
流行性感冒病毒(influenza virus) 258
硫酸多酰基化海藻糖(multiacylated trehalose sulfates) 148
硫酸脑苷脂(sulfatides) 148
六邻体(hexomer) 218
鲁菲不动杆菌(A. lwoffi) 176
氯霉素(chloramphenicol) 94
卵孢子(oospore) 328
卵磷脂酶(lecithinase) 136
螺菌(spirillum) 14

螺形菌(spiral bacterium) 14
螺旋对称(helical symmetry) 218
螺旋体(spirochete) 179
螺旋体目(Spirochaetales) 180
瘰疬分枝杆菌(*M. scrofulaceum*) 154

M

麻风分枝杆菌(*Mycobacterium leprae*) 152
麻风结节(leproma) 152
马杜拉足(madura foot) 208
麦芽糖操纵子(maltose operon) 58
慢发病毒感染(slow viral infection) 227
慢性感染(chronic infection) 74
慢性消耗性疾病(chronic wasting disease, CWD) 323
猫抓病(cat scratch disease, CSD) 205
毛霉(*Mucor*) 336
毛癣菌属(*Trichophyton*) 333
梅毒(syphilis) 183
梅毒螺旋体抗体微量血凝试验 (microhemagglutination assay for antibody to *Treponema pallidum*, MHA-TP) 185
梅毒螺旋体明胶凝集试验(treponemal pallidum particle agglutination assay, TPPA) 185
梅毒螺旋体血凝试验(treponemal pallidum hemagglutination assay, TPHA) 185
梅毒螺旋体制动(treponemal pallidum immobilizing, TPI) 185
梅毒疹(syphilid) 184
酶联免疫斑点试验(enzyme linked immunospot assay, ELISPOT) 151
霉菌(mold) 327
门(phyllum) 37
门多萨假单胞菌(*P. mendocina*) 173
蒙太利假单胞菌(*P. monteilii*) 173
密度感应系统(quorum-sensing system) 99
密螺旋体属(*Treponema*) 180
绵羊布鲁菌(*B. ovis*) 162
棉尾兔(cotton tail rabbit) 183
免疫电镜技术(immune electron microscopy) 235
免疫毒素(immunotoxin) 69
免疫逃逸(immune evasion) 67
免疫组织化学检测(immunohistochemical staining) 236
灭活脊髓灰质炎疫苗(inactivated polio vaccine, IPV) 275
灭活疫苗(inactivated vaccine) 90
灭菌(sterilization) 39
命名(nomenclature) 36
模仿葡萄球菌(*S. simulans*) 104
模式菌株(type strain) 37
模式生物(model organism) 3
模式识别受体(pattern recognition receptor, PRR) 77
膜壁间隙 17
膜成孔毒素(pore-forming toxin) 181
膜磷壁酸(membrane teichoic acid) 16
摩根菌属(*Morganella*) 114
摩西假单胞菌(*P. mosselii*) 173
莫拉菌科(Moraxellaceae) 175
莫拉菌属(*Moraxella*) 175
莫拉菌属(*Moraxella*) 176
木糖葡萄球菌(*S. xylosus*) 104
目(order) 37

N

NK 细胞(natural killer) 230
纳米(nanometer, nm) 214
钠动力(sodium motive force) 25
奈瑟菌属(*Neisseria*) 111
耐多药结核(multidrug-resistant tuberculosis, MDR-TB) 147
耐甲氧西林金黄色葡萄球菌(methicillin resistant *Staphylococcus aureus*, MRSA) 59
耐万古霉素肠球菌(vancomycin resistant enterococci, VRE) 96
耐万古霉素金黄色葡萄球菌(vancomycin resistant *S. aureus*, VRSA) 95
耐药传递基因(resistance transfer gene) 97
耐药传递因子(resistance transfer factor, RTF) 52
耐药基因盒(resistance gene cassett) 98
耐药决定基因(drug resistance gene) 97
耐药决定子(resistance detemimant, r-det) 52
耐药性(drug resistance) 3
耐药性突变(drug-resistant mutation) 56
脑膜炎奈瑟菌(*N. meningitidis*) 112
脑膜炎球菌(meningococcus) 112
内鞭毛(endoflagellum) 180
内毒素(endotoxin) 68
内毒素样物质(endotoxin-like substance, ELS) 186
内化素(internalin) 175

内罗病毒属(Nairovirus) 312
内氏放线菌(*A. naeslundii*) 206
内芽胞(endospore) 20
内源性感染(endogenous infection) 72
拟核(nucleoid) 18
拟线粒体(chondroid) 18
黏附(adherence) 65
黏附素(adhesin) 65
黏膜免疫(mucousal immunity) 79
黏膜相关淋巴组织(mucosal associated lymphoid tissue, MALT) 79
黏肽(mucopeptide) 15
黏液放线菌(*A. viscous*) 206
黏液型菌落(mucoid colony) 36
念珠菌病(candidiasis) 335
鸟-胞内分枝杆菌(*M. avium-intracellulare*) 154
尿路致病大肠埃希菌(uropathogenic *E. coli*, UPEC) 115
脲原体属(*Ureaplasma*) 194
柠檬酸菌属(*Cibrobacter*) 114
柠檬酸盐利用(citrate utilization) 34
凝固酶(coagulase) 103
凝固酶阴性葡萄球菌(coagulase-negative staphylococcus, CNS) 101
凝集吸收试验(agglutination absorption test, AAT) 180
牛布鲁菌(*B. abortus*) 162
牛放线菌(*A. bovis*) 206
牛分枝杆菌(*Mycobacterium bovis*) 153
牛海绵状脑病(bovine spongiform encephalopathy, BSE) 323
牛结核病(*Bovine tuberculosis*) 153
脓毒血症(pyemia) 74
诺卡菌科(Nocardiaceae) 206
诺卡菌属(Nocardia) 206
诺如病毒(norovirus) 278
诺沃克病毒(Norwalk virus) 280

O

偶发分枝杆菌(*M. fortuitum*) 154

P

庞提亚克热(Pontiac fever) 160
疱疹病毒科(*Herpesviridae*) 282
疱疹性角膜炎(herpetic keratitis) 285
疱疹性咽炎(herpetic pharyngitis) 285
疱疹性龈口炎(herpetic gingivostomatitis) 285
培养基(culture medium) 35
披膜病毒科(*Togaviridae*) 271
皮肤坏死毒素(dermonecrotic toxin, DNT) 158
皮肤疱疹性湿疹(eczema herpeticum) 285
皮炎芽生菌(*Blastomyces dermatitides*) 337
蜱传脑炎病毒(tick-borne encephalitis virus, TBEV) 306
品他病(Pinta) 185
品他密螺旋体(*T. carateum*) 183
破伤风(tetanus) 135
破伤风痉挛毒素(tetanospasmin, TeNT) 134
破伤风抗毒素(tetanus antitoxin, TAT) 135
破伤风溶血毒素(tetanolysin) 134
破伤风梭菌(*Clostridium tetani*) 133
葡萄球菌(staphylococcus) 14
葡萄球菌A蛋白(staphylococcal protein A, SPA) 102
葡萄球菌激酶(staphylokinase) 104
葡萄球菌溶素(staphylolysin) 103
普遍性转导(general transduction) 53
普雷沃菌属(*Prevotella*) 139
普氏立克次体(*R. prowazekii*) 203
普通菌毛(common pilus) 20

Q

Q热柯克斯体(*C. burnetii*) 204
气单胞菌科(Aeromonadaceae) 177
气单胞菌目(Aeromonadales) 177
气单胞菌属(*Aeromonas*) 177
气管细胞毒素(tracheal cytotoxin, TCT) 158
气溶素(aerolysin) 177
气生菌丝体(aerial mycelium) 328
气性坏疽(gas gangrene) 137
启动子(promoter) 57
前病毒(provirus) 222
前噬菌体(prophage) 51
潜伏感染(latent infection) 227
潜伏期膜蛋白(latent membrane protein, LMP) 288
侵袭(invasion) 66
侵袭力(invasiveness) 64
侵袭素(invasin) 181
侵袭性胞外酶(invasive exoenzyme) 66
亲和诱捕(affinity trapping) 97
禽流感病毒(avian influenza virus, AIV) 261
禽星状病毒属(Avastrovirus) 281
青霉素结合蛋白(penicillin-binding protein,

PBP) 94
青霉素类(penicillin) 94
琼氏不动杆菌(A. junii) 176
球孢子菌属(Coccidioides) 336
球菌(coccus) 14
球状体(spherical form) 214
曲霉(Aspergillus) 336
龋齿放线菌(A. odontolyt) 206
全身感染(generalized infection) 74
犬布鲁菌(B. canis) 162
缺失突变(deleted mutation) 223
缺损病毒(defective virus) 223
缺陷干扰颗粒(defective interfering particle, DIP) 223
群特异性抗原(serogroup-specific antigen) 180
群体密度感应(quorum sensing, QS) 27

R

R 质粒(resistance plasmid) 48
染色体(chromosome) 47
热带假丝酵母菌(C. tropicalis) 334
热休克蛋白(heat shock protein, HSP) 186
人工被动免疫(artificial passive immunization) 89
人工主动免疫(artificial active immunization) 89
人巨细胞病毒(human cytomegalovirus, HCMV) 287
人类偏肺病毒(human metapneumo virus, hMPV) 265
人粒细胞无形体病(human granulocytic anaplasmosis, HGA) 205
人轮状病毒(human rotavirus, HRV) 278
人免疫缺陷病毒(human immunodeficiency virus, HIV) 294
人疱疹病毒(human herpes virus, HHV) 282
人葡萄球菌(S. huminis) 104
人乳头瘤病毒(human papillomavirus, HPV) 316
人嗜 T 细胞病毒(human T-cell leukemia viruses, HTLV) 300
人腺病毒(adenovirus) 270
人型支原体(M. hominis) 194
人畜共患病(zoonosis) 180
人源破伤风免疫球蛋白(human tetanus immunoglobulin, HTIG) 135
日本脑炎病毒(Japanese encephalitis virus, JEV) 302
溶菌酶(lysozyme) 15
溶血不动杆菌(A. haemolytius) 176
溶血葡萄球菌(S. hemolyticus) 104
溶血素(hemolysin) 181
溶原性细菌(lysogenic bacterium) 51
溶原性转换(lysogenic conversion) 54
融合(fusion) 221
肉毒梭菌(Clostridium. botulinum) 137
乳多空病毒科(Papovaviridae) 316
乳杆菌属(Lactobacillus) 139
乳糖操纵子(lac operon) 57
乳头瘤病毒属(Papillomavirus) 316
朊蛋白(prion protein, PrP) 321

S

SARS 冠状病毒(SARS coronavirus, SARS-CoV) 268
腮腺炎病毒(mumps virus) 267
三带喙库蚊(Culex tritaeniorhynchus) 302
桑葚体(morulae) 205
瘙痒病(scrapie) 323
色素(pigment) 34
森林脑炎病毒(forest encephalitis virus) 306
杀白细胞素(leukocidin) 103
杀细胞感染(cytocidal infection) 226
沙保培养基(Sabouraud medium) 330
沙波病毒(sapovirus) 278
沙雷菌属(Serratia) 114
沙门菌属(Salmonella) 114
沙眼衣原体(C. trachomatis) 189
伤寒沙门菌(S. typhi) 120
神经氨酸酶(neuraminidase, NA) 259
神经毒素(neurotoxin) 69
神奈川现象(Kanagawa phenomenon, KP) 127
肾综合征出血热(hemorrhagic fever with renal syndrome, HFRS) 309
生长曲线(growth curve) 27
生长抑制试验(growth inhibition test, GIT) 196
生长因子(growth factor) 25
生物安全防护水平(biosafety level, BSL) 46
生物合成(biosynthesis) 221
生物膜(biofilm) 13
生物型(biotype) 37
生殖菌丝体(reproductive mycelium) 328
生殖器疱疹(genital herpes) 285
生殖支原体(M. genitalium) 194
时间分辨荧光测量技术(time-resolved fluorometry, TrF) 237

蚀斑测定(plaque assay) 235
蚀斑形成单位(plaque forming unit,PFU) 235
始体(initial body) 189
屎肠球菌(*E. faecium*) 110
适应性免疫(adaptive immunity) 79
释放(release) 222
嗜肺军团菌(*L. pneumophila*) 159
嗜肝 DNA 病毒科(*Hepadnaviridae*) 246
嗜肝病毒属(*Hepatovirus*) 244
嗜高温微生物(hyperthermophile) 30
嗜碱菌(basophile) 3
嗜冷杆菌属(*Psychrobacter*) 175
嗜冷菌(psychrophile) 3
嗜冷微生物(psychrophile) 30
嗜麦芽窄食单胞菌(*S. maltophilia*) 177
嗜热菌(thermophile) 3
嗜热微生物(thermophile) 30
嗜水气单胞菌嗜水亚种(*A. hydrophila* subsp. *Hydrophila*) 177
嗜酸菌(acidophile) 3
嗜酸性核内包涵体(acidophilic intranuclear inclusion body) 284
嗜吞噬细胞无形体(*A. phagocytophilum*) 205
嗜温微生物(mesophile) 30
嗜血杆菌属(*Haemophilus*) 155
嗜压菌(barophile) 3
嗜盐菌(halophile) 3
噬菌体(bacteriophage) 49
噬菌体型(phage-type) 37
手足口病(hand-foot-mouth disease,HFMD) 276
兽类衣原体(*C. pecorum*) 189
疏螺旋体属(*Borrelia*) 180
鼠布鲁菌(*B. neotomae*) 162
鼠毒素(murine toxin,MT) 166
鼠伤寒沙门菌(*Salmonella typhimurium*) 96
鼠疫耶尔森菌(*Y. pestis*) 165
数值分类法(numerical taxonomy) 36
衰退型(involution form) 14
衰亡期(decline phase) 27
双毛菌(amphitrichate) 19
双歧杆菌属(*Bifidobacterium*) 139
双球菌(diplococcus) 14
双曲钩端螺旋体(*Leptospira biflexa*) 180
双相性或二相性真菌(dimorphic fungus) 327
双组分信号传导系统(two component system, TCS) 28
水痘(varicella) 286

水痘-带状疱疹病毒(varicella-zoster virus, VZV) 286
水疱性口炎病毒属(*Vesiculovirus*) 314
水平传播(horizontal transmission) 225
水肿因子(edema factor,EF) 169
丝状病毒科(*Filoviridae*) 312
丝状病毒属(*Filovirus*) 312
丝状菌(filamentous fungus) 327
丝状菌落(filamentous colony) 328
丝状体(filament) 20
丝状体(filamentous form) 215
丝状血凝素(filamentus hemagglutinin, FHA) 158
斯氏假单胞菌(*P. stutzeri*) 173
四环素类(tetracycline) 94
四联球菌(tetrad) 14
松弛型质粒(relaxed plasmid) 48
宋内志贺菌(*S. sonnei*) 118
梭杆菌属(*Fusobacterium*) 139
梭形梭杆菌(*Fusobecteriurn fusiforme*) 188
索状因子(cord factor) 148

T

Toll 样受体(Toll-like receptor,TLR) 77
胎儿弯曲菌(*C. fetus*) 129
肽聚糖(peptidoglycan) 15
肽糖脂(peptidoglycolipid) 148
炭疽芽胞杆菌(*Bacillus anthracis*) 168
糖肽类(glycopeptide) 93
特拉匹韦(telaprevir) 254
体内基因表达技术(*in vivo* gene expression technology) 99
体液免疫(humoral immunity, antibody-mediated immunity) 79
替比夫定(telbivudine) 253
替考拉宁(teicoplanin) 93
替诺福韦酯(tenofovir disoproxil fumarate) 253
天花(smallpox) 319
天花病毒(variola virus) 319
条件致病菌(conditioned pathogen) 62
条件致死突变(conditional lethal mutation) 56
铁载体(siderophore) 25
同源重组(homologous recombination) 51
铜绿假单胞菌(*P. aeruginosa*) 173
铜绿假单胞菌外毒素 A(*P. aeruginosa* exotoxin A,PEA) 174
头孢菌素类(cephalosporin) 94

头葡萄球菌(S. capitis) 104
透明质酸(hyaluronic acid) 184
透明质酸酶(hyaluronidase) 104
突变型(mutant type) 55
突触泡蛋白Ⅱ(synaptobrevinⅡ) 135
吞噬溶酶体(phagolysome) 67
吞噬体(phagosome) 67
吞噬作用(phagocytosis) 77
豚鼠诺卡菌(N. caviae) 208
豚鼠气单胞菌(A. caviac) 177
脱壳(uncoating) 221
唾液酸糖联结物(sialoglycoconjugates) 196

V

Vi 质粒(virulence plamid) 48
VP 试验(Voges-Proskauer test) 34

W

外表蛋白 A (outer superficial protein A, OspA) 186
外毒素(exotoxin) 68
外斐反应(Weil-Felix reaction) 124
外膜(outer envelope) 180
外源性感染(exogenous infection) 72
弯曲菌属(Campylobacter) 129
万古霉素(vancomycin) 93
万古霉素中度耐药金黄色葡萄球菌(vancomycin intermediate resistant S. aureus, VISA) 95
微波(microwave) 41
微荚膜(microcapsule) 19
微生物(microorganism) 1
微小杆菌(parvobacteria) 155
微需氧菌(microaerophilic bacterium) 30
韦荣球菌属(Veillonella) 139
维罗纳假单胞菌(P. veronii) 173
维生素(vitamin) 34
卫星病毒(satellite virus) 2
卫星现象(satellite phenomenon) 156
温度敏感突变(temperature-sensitive mutation, ts) 56
温和噬菌体(temperate phage) 50
稳定期(stationary phase) 27
稳定状态感染(steady state infection) 226
问号钩端螺旋体(Leptospira interrogans) 180
无隔菌丝(nonseptatehypha) 328
无菌(asepsis) 39
无名支原体(M. incognitus) 199
无性孢子(asexual spore) 328
无义突变(nonsense mutation) 57
五邻体(pentomer) 218
五日热巴通体(B. quintana) 205
戊型肝炎病毒(hepatitis E virus, HEV) 255

X

西尼罗病毒(West Nile virus, WNV) 306
吸附(adsorption) 220
锡克试验(Schick test) 143
细胞胞外基质(extracellular matrix, ECM) 181
细胞壁(cell wall) 15
细胞毒素(cytotoxin) 69
细胞毒相关基因编码蛋白(cytotoxin associated gene A, CagA) 130
细胞呼吸(cell respiration) 31
细胞免疫(cellular immunity, cell-mediated immunity) 79
细胞膜(cell membrane) 18
细胞内成熟病毒颗粒(intracellular mature virion, IMV) 319
细胞溶素(cytolysin) 110
细胞外被膜病毒颗粒(extracellular enveloped virions, EEV) 319
细胞质(cytoplasm) 18
细胞致病效应(cytopathic effect, CPE) 235
细胞周期蛋白(cyclin) 227
细菌(bacterium) 13
细菌的代谢(metabolism of bacteria) 31
细菌生物量(biomass) 26
细菌素(bacteriocin) 34
细菌素型(bacteriocin-type) 37
细小病毒 B19(Parvovirus B19) 317
细小病毒科(Parvoviridae) 318
纤毛(fimbriae) 20
纤溶酶(fibrinolysin) 104
纤维连接蛋白(fibronectin, FN) 182
酰化高丝氨酸内酯(acylated homoserine-lactone, AHL) 28
显微镜凝集试验(microscopic agglutination test, MAT) 180
显性感染(apparent infection) 226
显性感染(apparent infection) 73
限制性修饰系统(restriction-modification system) 28
腺病毒科(Adenoviridae) 271
腺热埃利希体(E. sennetsu) 205

消毒(disinfection) 39
消毒剂(disinfectant) 39
消化链球菌属(Peptostreptococcus) 139
消化球菌属(Peptococcus) 139
硝基咪唑类(nitroimidazole) 95
小RNA病毒科(Picornavirade) 244
小孢子菌属(Microsporum) 333
小肠结肠炎耶尔森菌(Y. enterocolitica) 165
小川型(Ogawa) 125
小分生孢子(microconidium) 329
小干扰RNA(small interfering RNA, siRNA) 240
心脂质(cardiolipin) 184
锌内肽酶(zinc endopeptidase) 134
新发传染病(emerging infectious disease) 8
新分离的流感病毒(newly isolated influenza virus) 215
新生隐球菌(Cryptococcus neoformans) 335
星形诺卡菌(N. asteroides) 208
星状病毒(astrovirus) 278
星状病毒科(Astroviridae) 278
猩红热(scarlet fever) 107
形态突变(morphological mutation) 56
型(type) 37
型特异性抗原(serovar-specific antigen) 180
性传播疾病(sexual transmitted disease, STD) 183
性菌毛(sex pilus) 20
汹涌发酵(stormy fermentation) 136
癣病(tinea) 333
癣菌(ringworm fungus) 333
血凝素(hemagglutinin, HA) 259
血凝素-酯酶(haemagglutinin-esterase, HE) 268
血凝抑制(hemagglutination inhibition, HI) 302
血凝抑制抗体(hemagglutination inhibition antibody) 231
血清学诊断(serological diagnosis) 88

Y

芽胞(spore) 20
芽生孢子(blastospore) 329
芽生菌属(Blastomyces) 336
雅司病(Yaws) 185
亚胺磷霉(imipenem) 105
亚病毒(subviral agents) 2
亚单位疫苗(subunit vaccine) 91
亚急性感染(subacute infection) 74
亚急性硬化性全脑炎(subacute sclerosing panencephalitis, SSPE) 266
亚临床感染(subclinical infection) 226
亚种(subspecies) 37
亚洲璃眼蜱(Hyalomma asiaticum) 312
严重急性呼吸道综合征(severe acute respiratory syndrome, SARS) 268
颜色变化单位(color change units, CCU) 196
厌酷球孢子菌(Coccidioides immitis) 337
厌氧培养基(anaerobic medium) 35
厌氧芽胞梭菌属(Clostridium) 133
彦岛型(Hikojima) 125
羊布鲁菌(B. melitensis) 162
恙虫病立克次体(O. tsutsugamushi) 204
药物的靶位(drug target) 96
耶尔森菌属(Yersinia) 114
野生型(wild type) 55
叶状孢子(thallospore) 329
伊氏埃利希体(E. ewingii) 205
伊氏肺孢子菌(P. jiroveci) 336
衣氏放线菌(A. israelii) 206
衣原体(Chlamydia) 189
医学微生物学(medical microbiology) 4
医源性感染(iatrogenic infection) 83
医院感染(hospital-acquired infection, nosocomial infection) 39
依赖周质间隙结合蛋白的转运(periplasmic binding protein dependent transport) 25
移码突变(frame shift mutation) 57
移行性红斑(erythema chuonicum migrans, ECM) 186
遗传(heredity) 47
乙型副伤寒沙门菌(S. paratyphi B) 120
乙型肝炎病毒(hepatitis B virus, HBV) 246
乙型肝炎病毒表面抗原(hepatitis B surface antigen, HBsAg) 247
乙型肝炎病毒核心抗原(hepatitis B core antigen, HBcAg) 247
异染颗粒(metachromatic granule) 18
异养菌(heterotroph) 24
抑菌(bacteriostasis) 39
抑制基因(suppressor gene) 56
疫苗(vaccine) 90
疫苗接种(vaccination) 89
益生菌(probiotic) 64
吲哚试验(indole test) 34
隐蔽期(eclipse period) 221
隐球菌病(cryptococcosis) 336

隐球菌属(Cryptococcus) 335
隐性感染(inapparent infection) 73
鹦鹉热衣原体(C. psittaci) 189
荧光假单胞菌菌(P. fluorescens) 173
荧光密螺旋体抗体吸收(fluorescent treponemal antibody-absorption, FTA-ABS) 185
营养菌丝体(vegetative mycelium) 328
营养缺陷体突变(auxotroph mutation) 56
营养缺陷型(auxotroph) 24
影印平板(replica plating) 55
硬下疳(hard chancre) 184
永生化(immortalization) 289
优杆菌属(Eubacterium) 139
幽门螺杆菌(Helicobacter pylori) 130
有隔菌丝(septatehypha) 328
有核蛋白(nucleoprotein, NP) 259
有菌免疫或传染性免疫(infection immunity) 149
有性孢子(sexual spore) 328
诱动(mobilization) 48
原发性非典型性肺炎(primary atypical pneumonia) 198
原核细胞型微生物(prokaryotic microbe) 2
原生质球(spheroplast) 17
原生质体(protoplast) 17
原体(elementary body, EB) 189
原养型(prototroph) 24
猿类葡萄球菌(S. simians) 104
约翰逊不动杆菌(A. johnsonii) 176

Z

再发传染病(re-emerging infectious disease) 8
窄谱抗生素(narrow-spectrum antibiotic) 93
窄食单胞菌属(Stenotrophomonas) 177
真核生物(eukaryote) 37
真核细胞型微生物(eukaryotic microbe) 2
真菌(fungus) 327
真菌病毒(mycophage) 213
真菌生长(fungistasis) 39
真菌中毒症(mycotoxicosis) 330
真细菌(eubacterium) 37
整合感染(integrated infection) 226
整合前复合物(pre-integration complex, PIC) 296
整合素(integrin) 182
整合子(integron, In) 49
正痘病毒属(Orthopoxvirus) 319
正黏病毒(Orthomyxoviridae) 258

正嗜肝 DNA 病毒属(Orthohepadnavirus) 246
支原体目(Mycoplasmatales) 194
支原体属(Mycoplasma) 194
脂蛋白(lipoprotein) 16
脂多糖(lipopolysaccharide, LPS) 16
脂寡糖(lipooligosaccharide, LOS) 111
脂磷壁酸(lipoteichoic acid, LTA) 16
脂肽类(lipopeptide) 95
植物病毒(plant virus) 213
指数生长期(exponential phase) 27
志贺菌属(Shigella) 114
志贺痢疾杆菌(Shigella dysenteriae) 117
志贺外毒素(Shigella dysenteria exotoxin) 119
质粒(plasmid) 18
质膜(plasma membrane) 18
质子动力(proton motive force) 25
致病岛(pathogenicity island) 70
致病菌(pathogenic bacterium) 62
致热外毒素(pyrogenic exotoxin) 107
致死性家族失眠症(fatal familial Insomnia, FFI) 323
致死因子(lethal factor, LF) 169
致育因子(fertility factor) 20
中东呼吸综合征冠状病毒(Middle East Respiratory Syndrome Coronavirus, MERS-CoV) 267
中和抗体(neutralizing antibody) 231
中介体(mesosome) 18
种(species) 37
种系分类(phylogenetic classification) 36
重叠感染(superinfection) 255
重配(reassortment) 224
重组干扰素(recombinant interferon, rIFN) 229
周毛菌(peritrichate) 19
周质间隙(periplasmic space) 17
株(strain) 37
猪布鲁菌(B. suis) 162
属(genus) 37
属特异性蛋白抗原(genus-specific protein antigen) 180
柱形原生质体(cytoplasmic cylinder) 180
专性需氧菌(obligate aerobe) 30
专性厌氧菌(obligate anaerobe) 30
砖形体(brick-shaped) 215
转导(transduction) 53
转导噬菌体(transducing phage) 53
转化(transformation) 52

转化因子(transforming principle) 53
转换(transition) 56
转座酶(tansposase) 48
转座因子(transposable element) 48
转座子(transposon, Tn) 49
装配(assembly) 222
准种(quasispecies) 223
准株(quasispecies) 296
着色真菌病(chromomycosis) 334
子囊孢子(ascospore) 328

紫外线(ultraviolet radiation) 40
自养菌(autotroph) 24
自诱导分子(autoinducer, AI) 28
自诱导肽(autoinducing peptide, AIP) 28
足分枝菌病(mycetoma) 208
阻遏蛋白(repressor) 57
阻塞现象(clogging) 97
组织胞浆菌属(*Histoplasma*) 336
最小抑菌浓度(minimal inhabitory concentration, MIC) 95